KB036209

역사를 소비하다

역사와 대중문화

Consuming History

Historians and heritage in
contemporary popular culture

—

제롬 드 그루트 지음
이윤정 옮김

한울
아카데미

이 도서의 국립중앙도서관 출판시도서목록(CIP)은 서지정보유통지원시스템 홈페이지(http://seoji.nl.go.kr)와 국가자료공동목록시스템(http://www.nl.go.kr/kolisnet)에서 이용하실 수 있습니다. (CIP제어번호 : CIP2014018172)

Consuming History

Historians and heritage in comtemporary popular culture

Jerome de Groot

Routledge
Taylor & Francis Group

CONSUMING HISTORY

Historians and heritage in contemporary popular culture

by **Jerome de Groot**

이 책을 샤론 러스턴과 사랑하는 모든 이에게 바친다.

차례

감사의 말

이 책의 연구비를 지원해준 영국 아카데미에 감사의 말을 전한다. 맨체스터 대학 역시 엄청난 지원을 아끼지 않았다.

루틀리지 출판사의 필리파 그랜드, 그리고 빅토리아 피터스는 모든 면에서 뛰어난 활약을 보여주었으며, 리즈 구스터는 시작 단계에서부터 이 프로젝트의 안내자 역할을 했다. 리지 클리퍼드 역시 도움과 지원을 아끼지 않아 감사의 마음을 보낸다. 마틴 L. 데이비스, 프랭크 트렌트만과 익명의 리뷰어들은 탐구심으로 이 프로젝트에 임해주었고, 너그러운 독자가 되어주었다.

필요한 정보와 도움을 주신 다음 분들에게도 마음의 빚을 지고 있다. 얀 딕슨, 루퍼트 게이즈, 베르나뎃 린치, 벤 흄 그리고 돈 헨슨. 특히, 안케 베르나우, 수 채플린, 팀 더비, 크리스 딕슨, 올리비아 드 그루트, 샤론 러스턴 그리고 크리스 테일러는 이 책을 읽고 의견을 제시해주며 커다란 도움을 주었다. 런던과 리버풀과 맨체스터에 있는 친구들 역시 이 책을 만드는 과정 내내 지원해주었다.

이 프로젝트의 여러 측면을 함께 토론해준 분들에게도 특별한 감사를 전하고 싶다. 사이먼 베인브리지, 에린 벨, 루이스 드 베르니에르, 마이클 비블러, 프레드 보팅, 존 코너, 매튜 크리시, 올리버 대도, 알렉스 드레이스-프 랜시스, 로라 도안, 수재너 던, 토비아스 에브레히트, 패트릭 피니, 알렉스 그레이엄, 앤 그레이, 크로퍼드 그리벤, 에이미 홀즈워스, 앤드루 호스킨 스, 매트 홀브룩, 트리스트램 헌트, 이언 잭, 토니 잭슨, 에밀리 케이틀리, 하리 쿤즈루, 존 매콜리프, 스콧 매크래켄, 로버트 맥팔레인, 에마 마호니, 데이비드 매튜스, 케이 미첼, 앨런 먼슬로, 다라 오라일리, 데릭 패짓, 가이 레든, 사이먼 샤마, 재키 스테이시, 사이먼 티틀리-베이스, 세라 워터스, 마크 휘트모어, 제러미 몰에게도 역시 늘 그렇듯 감사를 보낸다.

이 책에서는 킬 대학, 링컨 대학, 리버풀 대학, 맨체스터 대학, 셰필드 대학, 리즈 대학, 랭커스터 대학, 스완지 대학의 연구 세미나와 강연회con-ference에 사용한 자료를 소개했다. 그곳에 필자를 초청해 연구 과제에 대해 다시 한 번 검토하게 해주신 모든 분들께도 심심한 감사를 표한다.

또한 도서관 스태프들에게도 감사를 드린다. 웨일스뱅거 대학의 존 릴랜즈, 맨체스터 대학, 영국영화위원회, 영국기록물보관소, 영국도서관, 맨체스터 중앙도서관. 8, 9, 10, 11장의 각 절은 출판사의 허락을 받아 "Empathy and Enfranchisement: Popular Histories", *Rethinking History: The Journal of Theory and Practice*, 10(3), 2006, 391~413쪽에 재수록됐다.

가족에게 감사와 사랑을 보낸다.

머리말: 역사와 대중문화

왜 전문 역사가는…… '역사란 무엇인가'라는 질문에 대한 적절한 답을 찾는
데 혼자만 동떨어져 있는 것처럼 보이는가?[1]

논쟁적 저서 『역사의 재규정Refiguring History』에서 키스 젠킨스Keith Jenkins
는 전문 역사가들이 자기 직업에 대한 환상이 있으며, 어리석고 그릇된
자기 인식에서 벗어나지 못하고 있다고 말한다. 그는 역사가들은 특정한
'추론적 기법discursive skill'을 사용해 과거에 접근하지만, 과거를 연구하는
다른 분야의 사람들도 그들만큼이나 전문가들임을 알아야 한다고 주장한
다. 저널리스트나 정치가, 방송 해설가나 영화감독, 미술가는 역사가 특
유의 '기술'이나 방법론' 없이도 그 나름대로 방식을 만들어 '과거'에 성공
적으로 접근해왔기 때문이다.[2]
　젠킨스는 역사가들이란 여러 가지 문제를 조사하는 데 자신들은 중요
하다고 생각하지만 별 특별할 것 없는 기술을 사용한다고 말한다. 그는
역사는 과도한 결정론적 모델에서 벗어나야 한다면서 "만약 우리가 '과거'
나 '역사' 같은 용어를 '텅 빈 기표empty signifiers'일 뿐이라고 본다면 융통성

없는 명칭 붙이기에 얽매이지 않고 자유로울 수 있다"라고 주장한다.[3] 이처럼 직업적인 역사가들에게 퍼붓는 젠킨스의 공격은 중요한 질문을 던진다. 그러면 누가 대중에게 '역사란 무엇인가'와 '역사란 무엇을 의미하는가'를 말해줄 수 있단 말인가? 만약 '과거'라는 것이 결국 텅 빈 기표라면 그런 의미를 만들어서 지속시키고 사용해온 기호학적인 과정은 무엇이란 말인가? ― 그런 표현상의 아포리아에 의미를 쏟아붓는 이유는 무엇인가?

이 책에서는 이처럼 직업적인 역사가들과 여타 과거에 '접근'하는 사람들을 가르는 경계선이 흐려지는 상황에 대해 자세히 살펴볼 것이다. 이를 통해 '역사'라는 것이 의미하는 바를 파악하려 한다. 역사가 어떻게 팔리고 있으며, 어떻게 보이고 전달되며 체험되고 있는지 살펴볼 것이다. 전문 역사가들은 그들의 정통성을 잘 지켜왔지만, 과학기술과 이론, 접근 방식이 변화하면서 그것은 점점 약해져 갔다.[4] 역사는 이야기의 모음이고 대중문화가 자유롭게 빌려 쓰는 담론 방식들이며, 그 결과 '역사를 소비하는 일'은 다양한 것이 뒤섞인 혼성 장르가 됐다. 루드밀라 조르다노바 Ludmilla Jordanova는 '대중 역사public history'는 학문적인 연구 방식과는 다른 아주 다양한 장르를 활용한다고 주장한다. 우리가 흔히 '대중적'이라고 지칭한 유형의 역사들은 그 내용들을 그런 방식으로 만들어왔다.[5] 그녀는 "우리가 이런 특징을 가진 분야들을 연구해서 그 내용을 정확히 파악한다면, 대중이 역사적 감각을 발전시켜나가는 방법과 더불어 이 모든 현상을 더 잘 이해할 수 있다"라고 말한다.[6] 이 책은 역사History와 '역사를 다룬the historical'[1] 것들이 만나는 접점을 연구하며, '역사'가 '역사를 다룬' 여러 가지 것들로 확산되어가는 현상을 다룰 것이다. 1990년대 초반부터 '역사'

―――――――

1)   the historical: '역사적(으로 중요한)(historic)'과는 다른 의미다. 이후 모든 각주는 옮긴이 주다.

와 '역사를 다룬' 장르는 문화적인 유물이나 담론, 생산품과 문화적 초점으로 급격히 성장해왔다. 직업적인 역사가들이 이론적인 논쟁에 몰두하는 사이에 레저로서의 '역사'는 붐을 이루었다. 문화적인 수식어구로서 '역사를 다룬' 것들은 1990년대 후반부터 21세기 초반까지 대부분 제대로 검증받거나 연구되지 않은 채 발전해왔다. 수많은 미디어 속에 등장하는 한 국가의 역사는 아주 흥미로운 것으로 보인다. 영국은 역사에 매혹된 사회로, 끊임없이 역사를 읽고 다시 읽고, 색다른 연대표와 또 다른 해석을 만들어내고 있다. 기술적인 진보, 재정 지원의 변화와 제도적인 혁명과 정치적인 개입은 모두 지난 20년 동안 과거를 판매하고 포장하며 재현하는 데 영향을 주었다.

이 책은 다양한 분야의 문화 형태와 문화적 행위 속에서 '역사를 소비'하는 데 어떤 변화가 생겼는지 연구할 것이며, 특히 과학기술과 색다른 체험, 그리고 역사기록학Historiographic적인 논쟁이 역사를 소비하고 이해하고 판매하는 방식에 어떤 영향을 주었는지를 분석할 것이다. 이 책은 이런 새로운 역사 소비의 형태를 분석해 오늘날의 문화를 이해하고, 대중과 역사와의 관계에 대한 이해의 의미를 살펴볼 것이다. 특히 주목할 부분은 온라인 게임에서부터 계보학자들의 인터넷 활용까지 과학 기술이 역사의 접근에 끼친 영향력이다. 즉, 전문 역사가들이 무시해온 미디어 속에 드러나는 역사의 모습을 살펴보면서, 역사학에 '가상적 전환virtual turn' 같은 것이 일어났음을 가정한다.[7] 대중이 역사적 감각을 키워온 방법을 살펴볼 것이며, 특히 과거라는 것이 어떻게 빠른 시간 안에 상품성을 얻어왔는지 연구한다. 한 사회가 역사를 어떻게 소비하는가 하는 문제는 현대의 대중문화를 이해하는 데 중요하며, 재현 자체와 관련된 이슈를 이해하는 데도, 그리고 다양한 방식으로 존재하는 자기이해와 사회적 구성을 이해하는 데도 중요하다. 또한 이것은 다양한 종류의 미디어와 사회경제적인 모델을 통해 '소비'를 설명함으로써 '소비'라는 개념 자체에 대한 질문도 할 수 있게 해준다. 소비 행위는 역사라는 이름으로 포장된 것에 영향을 끼치며, '과거'가 사회 속에서 스스로를 어떤 모습으로 드러내느냐를 정의하는 데도 영향을 미친다.

우리는 문화 속에서 역사가 전달되는 방법도 보아야 할 것인가? '역사'를 사회적인 혹은 문화적인 실체로 이해하고 개념화하는 것이 가능할까? 1994년에 라파엘 새뮤얼Raphael Samuel은 '비공식적인 역사 지식의 제공원' 중에서도 텔레비전이 가장 중요한 자리에 있다면서, 학자들이 이에 관심을 기울여야 한다고 했다.[8] 그는 역사의 진정한 모습, 즉 '지식의 사회적 형태'가 무엇인지를 이해하려면, 포퓰리스트적이고 비일상적인 방식으로 역사 지식이 생성되고 전파되며 영구화되는 것을 학자들이 보아야 한다고 단언했다.[9] 새뮤얼이 이렇게 주장한 이후 문화사와 유명 역사학자, 역사 소설과 영화, 텔레비전 드라마와 다큐멘터리, 그리고 히스토리 채널의 개국(1994년)(영국에서는 1996년)과 데이비드 어빙David Irving 재판까지 문화적 역사를 대상으로 하는 시장이 꽃을 피웠으며, 그 결과 다양하게 변형된 역사들이 주류 역사로 들어오게 됐다. 이런 대중적인 역사 장르들은 아주 다양한 모습으로 전례 없이 광범위한 인기를 얻었다. 이런 식으로 등장해서 팔려나간 '역사'의 유형들을 분석해볼 필요가 있다. 그 첫 번째 이유는 새뮤얼의 '지식의 사회적 형태'를 이해하기 위해서이며, 두 번째로는 그럼으로써 역사가 실체와 담론으로서 동시대의 사회에 어떻게 작용하게 됐는지 인식하기 위해서다. 그것의 의미가 무엇이며 어떻게 의미를 지니게 됐는지, 어떻게 소비되고 있으며 사람들이 그것을 어떻게 사용해왔을까 하는 점 등에 대한 검토가 필요한 것이다.

새뮤얼의 논의는 '과거'가 사회 속에서 어떤 작용을 해왔는지에 대해 그것을 활용하는 사람 쪽에서는 어느 정도는 자각하고 있었다는 것을 의미한다. 비비언 소브책Vivian Sobchack은 이 문제에 대해 조금 다른 관점에서 접근하며 다음과 같이 주장했다.

대중 관객은 역사의 재현에 참여하게 됐고 역사 재현물과의 관련성을 이해하고 있으며 '지금 이 순간에도 계속해서 만들어지고 있는 역사'를 구분해내며, 스스로를 역사의 구경꾼으로서뿐만 아니라 참여자와 재판관으로 보고 있다. 역사의 본질, 형태와 기록을 둘러싼 현재의 논쟁은 더는 학문적인 역사학자만의 영역이라거나 영화와 문학 학자들만의 영역이 아니다. 역사는 대중의 영역에서 지금 '발생하고' 있다. 그곳에서는 목표를 잃고 헤매다가 허접스러운 결론에 이르기도 하고, 이뿐만 아니라 그 과정에서 새로운 역사적 의미와 더 적극적이고 더 사려 깊은 역사 주체가 태어나기도 한다.[10]

이처럼 스스로에 대해 잘 알고 있는 역사 주체가 있는가? 만약 있다면 그것은 무엇에 근거한 것이며 어떻게 정의되며 어떻게 만들어지는가? 역사적 가능성과 경험이 친숙해지고 다양해지는 일은 과거가 소개되는 방식에 어떻게 영향을 끼쳤는가? 어떻게, 왜 그리고 언제 사회는 역사를 '소비하는가?' 역사를 하나의 상품으로 보는 것은 어떤 의미인가? 텔레비전 드라마, 영화, 웹 등 비전문적인 미디어들은 어떻게 문화적 기억을 만들도록 해주는가? 이렇게 허구화된 역사, 즉 문화적 상품으로서의 과거는 대중의 상상력에 어떤 영향을 주는가? 새뮤얼은 텔레비전에 특별한 지위를 부여했지만, 디지털화, 스트리밍 미디어, 웹2.0 그리고 전문화된 틈새 프로그램 등이 등장하면서 텔레비전은 빠르게 시대에 뒤떨어진 미디어가 됐다. 이런 과학 기술들은 대중의 인식과 역사의 이해를 어떻게 바꿔놓았는가? 우리는 이 같은 커뮤니케이션 전달 방식의 진화를 살펴봄으로써 역사가 이해되는 방식을 검토해볼 수 있을까?

이 책은 이런 다양한 질문을 던지려는 노력이며, 또한 지난 15년 동안 영국에서 벌어진 대중과 역사의 만남에서 생긴 커다란 변화를 담으려는 시도다. 여기서 역사학자들이 검증하지 않은 두 가지를 살펴볼 필요가 있다. 첫 번째는 접근 방식의 변화다. 리얼리티 TV에서부터 새로운 박물관 계획 그리고 대중 역사서나 웹2.0 같은 새로운 접근 방식이 등장함에 따라 개인은 개념적으로나 실제적으로 전문가들 없이도 역사에 좀 더 직접적인 방식으로 참여할 수 있게 됐다. 그 결과 역사의 정통성에 대한 위기감 같은 것이 등장했고, 새로운 대중적 인식론이 등장했다.

두 번째로 역사가 점차 문화적·사회적·경제적인 용어와 장르로 확산되고 있다는 점이다. 텔레비전 프로듀서나 큐레이터, 소설가 들이 주장하고 제공하는 역사 심리학(소브책이 말한 '역사적 센스'와 내가 역사적 상상력이라 부르는 것)은 다양한 모습을 띠고, 변화무쌍한 복합적인 형태로 등장하며 큰 인기를 얻고 있다. 역사는 국민성, 향수, 상품, 깨달음이나 지식의 형태로, 또 개인적인 증언과 체험, 폭로 같은 것으로도 등장해왔다. 역사란 한편으로는 멀게 느껴지는 담화이지만, 다른 한편 다양한 미디어 속에서 개인이 마음대로 나름의 방식으로 변화시키거나 체험할 수 있는 것이다.

다음으로 나는 새뮤얼의 주장을 받아들여 대중문화 속의 '비공식적인' 역사들을 살펴볼 것이다. 이러한 연구를 통해 알 수 있는 것은 대중문화와 현대 사회에서 '역사를 다루는' 것들은 여러 층위가 있는 복합적인 것이며, 변화무쌍하다는 점이다. 역사를 활용하는 담화가 다양성이 있다는 것, 즉 제기되는 질문, 역사의 활용과 그 역사에 대한 반응의 복잡다단함, 그리고 형식적이고 기술적이고 일괄적인 시스템을 깨뜨린다는 점, 이 모든 것이 아주 역동적인 중요한 현상을 만들어낸다. 그러므로 이 책에서는 '역사를 다룬' 것들이 문화적으로 중요하고 복합적인 표현 양식이라는 점을 설명해줄 것이다.

대중 역사라고 불리는 비학술적·비전문적인 역사들은 복합적이고 역동적인 모습을 띠고 있다. '대중' 역사에 역사학자들의 참여가 늘어나기는 했지만, 이 새로운 역사 연구 방식이 보여주는 의미에 대해서는 제대로 검토가 이뤄지지 않았다.[11] 이것은 역사 전문가들이 이러한 대중 역사를 혐오했기 때문이다. 역사를 고차원적(역사)인 것과 저차원적인 것(문화유산이나 '역사를 다루는 여러 가지 것들')으로 나누는 이분법적인 모델 때문에 이러한 혐오가 나온다.[12] 역사의 성격과 역할에 대한 이론적인 논의에서는 대중적인 역사가들이나 대중 미디어 속의 역사 이해가 지닌 영향력 같은 것은 분석의 대상이 되지 못했다. 대중문화에서 역사에 대한 논의가 있다 해도 그것이 '역사'의 품격을 떨어뜨린다며 유감을 드러내는 정도였다.[13] 데이비드 로웬설David Lowenthal은 그가 문화유산 상품heritage products이라 부르는 것을 만든 이들에게 쓴소리를 했다.

어떤 것은 기념하고 나머지는 잊어버리는 식으로, '문화유산'이라는 것은 과거를 아주 이해하기 손쉬운 것으로 만들어버린다. 이런 식으로 문화유산을 만들어 내놓고 자랑스러워하는 사람들이나, 그것을 즐겨 소비하는 대중이나 다 마찬가지다. 몇몇 수준 높은 사람들이나 이런 것들이 진짜 역사와는 관계없다는 사실 때문에 괴로워한다. 아무도 역사적 진실성을 추구하지도 않으며, 그것에 진실성이 없다고 해도 신경도 쓰지 않는다.[14]

그는 또 "과거라는 것은 이제 낯선 영역이 아니며 깔끔하게 포장된 친숙한 영역이 됐다"라고 말한다.[15] 영화나 텔레비전(드라마와 다큐멘터리) 광고, 심지어 포르노까지 다양한 산업에서 뻔뻔하게 역사를 팔아치운다. 그들은 역사를 낯설지 않도록 해주는 인공적인 관련 상품을 만들어내고 있다. 흥미로운 점은 이들이 포스트모던한 기법과 결합해 그 인공성에 대해 자의식적임을 드러내며, 스스로가 그 인위적인 성격을 드러내고 그에 대한 성찰을 보여준다는 것이다. 이것은 또한 역사기록학적 의미로서의 일회성이나 주관성 때문이기도 하다. 반대로 역사적 재현이나 인터랙티브한 전시나 디지털 자료 같은 식으로 역사에 대한 접근의 폭은 넓어지고 장르는 뒤섞이고 있다. 이런 현상은 새뮤얼이 주장한 것처럼 역사라는 것이 사회적·문화적으로 만들어지고 소비되는 실체이며, 그 속에 다름과 같음을 가지고 있어 낯섦과 익숙함을 드러낼 수 있으며, 개인에게 과거로부터의 거리를 상기시켜줌과 동시에 그들에게 그 다름을 통해 스스로를 좀 더 복합적인 방식으로 이해하게 해줄 수 있는 것임을 보여준다.

로웬설과 비슷한 입장인 패트릭 조이스Patric Joyce의 주장은 이렇다. "'역사는 상품이 아니'며 역사가들은 '대중, 자본주의 시장의 힘에 맞서' 확고한 자세를 취해야 한다."[16] 그는 또 비판적 역사학은 '현존하는 파워에 대한 비평'이라는 것을 스스로 가지고 있어 현대의 대중적인 패러다임에 맞선다고 강조한다.[17] 역사학은 '역사적으로 의식이 있는' 대중을 만들어야 하고, 이 대중을 소비사회의 위협으로부터 지켜내야 한다는 것이다.[18] 조이스의 근심에 대해 이 책은 두 가지 방식으로 답한다. 첫째, 역사는 역사가들의 활동과는 상관없이 상업화되어왔다. 그리고 현대 대중문화가 과거와 결합하면서 일어나는 커뮤니케이션과 소비 과정을 이해해야만 우리가 이 현상의 세밀한 의미까지 알 수 있는 것이다. 역사학자들이 대중의 역사의식을 지키려 한다면, 먼저 그들이 어떻게 정보와 자료를 얻었는지를 알아야 한다. 둘째, 여기서 언급된 대부분의 행위와 형식의 내부에는 체제저항 가능성이 존재한다는 것이며, 광범위한 체제를 약화시키고자 하는 주관적인 성격이 있다는 것이다. 대중문화는 계속해서 논쟁과 진화를 거듭하고 있으며, 역사적인 것을 재현하는 것 역시 이 발전 과정 속에 있는 것이다. 문화유산소비주의에 문제가 있으며 그것이 파괴력을 가질 수도 있겠지만, 동시에 이 역사 상품들은 시대를 거스르며 새로운 방법으로 자아와 사회의 지식을 규정하려는 잠재력을 내부에 가지고 있다. 그런 저항적인 면모를 생각한다면 그것들이 가치 없는 것이라고 말할 수 없을 것이다.[19] 그러므로 이 책은 어떤 면에서는 포퓰리스트 역사학을 보여준다고 할 수 있다. 오늘날 펼쳐지고 있는 문화-역사적인 작업 방식을 살펴보는 것이 중요한 가치가 있음을 강조하는 것이다. 이에 따라 역사를 드러내고 역사를 만나는 방식에 대해 심층적인 연구를 해야 할 필요가 있다.

대중적 역사를 단지 사소한 세속화나 오락 혹은 선동propaganda으로 여기는 사람들에 대해 루드밀라 조르다노바는 별 관심을 두지 않는다. 그는 "미디어, 박물관이나 대중문화 같은 것과 역사학 사이의 관계에 대해 일관된 입장을 발전시켜야 한다"라고 주장하며, 그것에 대해 좀 더 넓은 맥락에서 보도록 해준다.[20] 나의 접근 방식이 새로운 이유는 역사가들이 무시해오던 자료를 조사하고 드러냈다는 점뿐만이 아니다. 다양한 분야의 학자들은 역사와 대중문화가 만나는 방식들에 대해 통합적인 연구가 필요하다고 주장해왔다. 데이비드 카나딘David Cannadine의 『역사와 미디어 History and the Media』를 리뷰한 글에서 미디어학 교수 존 코너John Conner는 대중문화 속에 나타난 역사의 고결성에 대한 '걱정'이 너무 많아서 그러한 작업들을 '위험하다'거나 '참을 수 없는' 것으로 여기는 역사가들을 비난했다.[21] 코너가 말하고자 한 것은 텔레비전의 역사를 깎아내리거나 '미디어 전시의 조악함을 비난'하기보다는 여러 분야의 학자들이 "대중문화 속에서 대중 역사의 위치와 미디어가 대중 역사를 활용하는 방식을 들여다보아야 한다"라는 것이다.[22] 특히 그는 새로운 미디어 형태들이 대중문화의 역사 재현과 전통적 다큐멘터리 스타일에 끼치는 영향력들을 학자들이 연구해야 한다고 강조한다. 조르다노바의 주장과 마찬가지로 코너가 말한 '일상생활 속에서 등장하는 역사의 복합성과 영향력에 대한 탐구가 필

요한 것이다.[23]

1998년에 로버트 로젠즈위그Robert Rosenzweig와 데이비드 셀렌David Thelen 은 역사가 미국 시민들의 일상생활에 어떤 영향을 주는지 알기 위해 민족지적인 실험을 했다.[24] 이를 통해 '평범한' 미국인들은 대부분 지나치게 학문적인 역사에는 흥미를 잃었지만, 그럼에도 역사가 그들의 삶 속에 널리 퍼져 있다고 느끼며 잘 짜인 내러티브보다 개인적이고 직접적인 설명 듣기를 더 선호한다는 것을 밝혀냈다. 자신들의 프로젝트의 정당성을 주장하면서 로젠즈위그와 셀렌은 이렇게 말했다. "'엘리트들의 주장과 관례를 벗어나는 역사를 만들어내기 위해' 우리는 사람들이 여러 목소리로 과거가 그들에게 얼마나 중요한지 말하는 것을 들어야 한다."[25] 이 책은 그런 다양한 반응들을 충분히 다루면서도, 분석 자료의 범위가 워낙 넓기 때문에 일일이 정확한 분석으로 그런 역사 이용자들의 체험을 낱낱이 정의 내릴 수는 없지만, 기조는 똑같다. 즉, 역사가들이 거의 해독하지 않았던, 역사가 사회와 문화에 작용하고 있는 여러 가지 방식을 설명하려 한다는 것, 그리고 비학문적인 대중이 역사를 이해하고 접하는 방식들이 생각보다 훨씬 더 복합적이라는 것을 말하려는 것이다.

대중문화에서 등장하는 역사의 모습은 이처럼 본래 다양성을 포함하기 때문에 기존 체제에 반하는 역사학을 보여준다. 그런 의미에서 대중문화 속의 역사는 전문적인 역사학자들에게 도전적인 것으로 볼 수 있다. 이런 현상은 우리에게 역사 지식과의 관계나 가치에 대해 많은 것을 말해준다. 그것들은 다양한 경험을 통해 여러 가지 역사 해석을 제공하며, 역사적 담론에 대한 심도 있는 연구와 반응을 제공한다. 대중문화적인 역사는 현재의 문화와 사회적 환경의 복합성을 반영하기 때문에 단일화된 생산품 같은 표준화된 역사를 제시하지는 않는다. 따라서 역사를 읽는 것은 문화 전체가 작동하는 방법을 살펴볼 수 있게 해준다.

대중문화의 역사 활용에서 논란이 된 좋은 사례로 꼽을 수 있는 사건은 ≪데일리 미러≫의 1996년 6월 24일 기사다. 영국이 독일과 유러피언 챔피언십 준결승전에서 붙기 전날 신문의 헤드라인은 'Achtung![2] 항복하라! 너희들의 유로 96 챔피언십은 끝났다!'였다. 여기에 영국 선수 두 명이 군인 모자를 쓰고 있는 사진을 곁들였다. 이처럼 전쟁 영화와 전쟁 코미디의 용어를 사용함으로써 영국 타블로이드 문화권에서는 강렬한 애국주의와 노골적인 국가주의가 여전히 강렬한 울림을 지닌 수식어임을 증명해 보였다.[26] 됭케르크Dunkirk 정신[3]이나 블리츠Blitz 정신[4]은 계속해서 대중의 생활 속에 언급되고, 민속 신화, 텔레비전이나 영화 속의 구태의연한 비유, 게으른 저널리스트들의 글 속에서도 등장한다.[27] 오히려 수정주의 역사는 이러한 사건에 대한 영웅적인 서사를 약화시켜왔다.[28] 여기서 알 수 있는 것처럼 '역사'는 대중문화에 스며들어 있고, 역사가들이 생각하는 것보다 훨씬 더 넓은 범위에서 나타난다. 대중문화가 '과거성'을 이해하고 활용하고 소비하는 방식은 사회가 역사를 어떻게 생각하느냐에 대해 아주 잘 설명해주는 모델이며 패러다임이다. 과거가 현대의 대중문화에 어떻게 작용하는지에 대해 다음의 세 가지 사례가 잘 설명해준다.

1등을 다투는 역사

역사적 '지식' 중에서 역사학자들이 설명하기 어려워하는 것 중 하나는

---

2) Achtung: '조심!' 또는 '주의!'라는 의미다.
3) 됭케르크 정신: 위기에 처했을 때의 불굴의 정신을 의미한다.
4) 블리츠 정신: 1940년 독일의 영국 대공습과 같은 위기에 처했을 때의 불굴의 정신을 의미한다.

게임에서 역사적 지식이 나타나는 방식이다. 게임 쇼와 펍 퀴즈pub quiz 나이트5)와 보드게임 속에서 역사란 올바른 사실과 정답의 모습으로 나타난다. 이 유희적인 인식론에서 '역사'는 지식 경쟁을 통해 문화 자본을 벌게 해주는 것으로 제시된다.29 여기서 역사 '지식'이라는 것은 질문에 대해 즉각적인 답이 튀어나올 수 있는 것들이다. 대개 날짜, 지도자, 사건과 장소 같은 것들이다. 수백만 개의 판매고를 기록한 '트리비얼 퍼슈트Trivial Pursuit (하스브로사, 1982년 출시)' 게임의 오리지널 판 '제너스Genus' 에디션에서 '역사'는 전체 문제의 여섯 범주 중 하나다. 게임의 문제 및 답과 진행 방식에서 역사는 호기심의 대상으로 제시된다. 게임의 이름은 이런 지식이 '사소trivial'하다고 주장하지만, 이런 일차원적인 사실을 알고 있는 사람이 1등을 하는 구조다.30 이 게임의 특별 판이라고 할 수 있는 게임들(Totally 80s, baby Boomer, Silver Screen, Bring in the 90s)은 특정 연대를 중심으로 만들었다. 이런 스페셜 에디션들은 다양한 성별과 계층 그룹을 대상으로 만든 것들이다. 또한 가까운 개인적 과거를 역사적으로 중요한 것으로 만들고 싶어 하는 욕망과 과거에 대한 향수가 합쳐져 이런 게임이 만들어졌다고 볼 수 있다. 어느 면에서는 전기적인biographical 역사에 대한 지식을 시험하기도 한다. 게임을 하는 사람들은 이러한 사실을 배워온 것이 아니라 그 역사를 몸소 거쳐 살아온 이들이다. 트리비얼 퍼슈트는 지금은 온라인에서 전 세계 사람들이 즐기는 게임이며, 미국과 영국에서는 이를 텔레비전 쇼로 만들기도 했다.

텔레비전의 퀴즈 쇼들은 1990년대에 성황을 이루었고 점점 확대됐다. 역사는 퀴즈 문제의 한 범주인데, 게임과 마찬가지로 개인적인 지적 기억 반응에31의존한다. 이것은 목적을 지닌 정보다. 쇼에서 개인의 이야기를

---

5)   **펍 퀴즈 나이트**: 술집에서 열리는 퀴즈 대결을 의미한다.

파고들어 가겠다는 목적을 가진 것이다. 〈당신은 5학년보다 더 똑똑한가요?Are You Smarter Than a Fifth Grade?〉(폭스, 2007년)나 〈대학생의 도전University Challenge〉(BBC, 1962~1987년, 1994년~) 같은 쇼는 역사적 자료를 교육적인 틀 안에서 제시하기도 했다. 게임 쇼들은 다큐멘터리와 마찬가지로 리얼리티 TV의 압박, 규제 철폐나 상업주의, 새로운 문화적 접근 방식, 새로운 가치 평가나 정보 해석의 압박을 받았다. 게임 쇼가 지닌 지식 시스템과 보상 방식은 지나치게 선정적으로 흘러 활력을 잃게 됐고, 비난 문화, 공격적인 집단 심리 그리고 오락프로그램 특유의 무례함 같은 것들과 결합해 프로그램의 품격이 계속해서 떨어졌다.[32] 지식은 여전히 그 시스템의 중요한 부분이었지만, 방송이 오락적 요소를 자꾸 끌어들이고 구성 방식 역시 잡다해짐에 따라 무언가를 아는 재능보다 오락적 재능이 더 중요한 것이 되어버렸다. 인기를 얻었던 '스도쿠Sudoko'에서부터 인터넷 게임과 도박, 그리고 컴퓨터 게임 판매의 급증에서 게임과 퀴즈 텔레비전 채널에 이르기까지 게임은 이제 현대 대중문화의 기반이 됐다. 이러한 오락적 성격은 미디어 지식의 담화와 결합되어, 역사는 복잡한 상호 작용 속으로 들어갔다. 역사의 소유자에게는 신용을 주고 스스로의 가치를 늘려가지만, 게임을 벗어나면 어떤 가치도 가지지 않게 된 것이다. 게임에서 역사가 드러나는 모습은 역사가 지식의 한 범주로서 유연하지 않은 것, 목적이 있는 것, 또한 사람이 문화적 가치나 사회적 지위를 얻기 위해 획득할 수 있는 것으로 여겨진다는 것을 보여준다.

역사적으로 판매하기

라파엘 새뮤얼의 '복고 유행retrochic' 이론은 '일상생활 속에 역사주의적인 판타지를 위한 공간을 만들면서' 과거가 현재로 스며드는 방식을 검토한다.[33] 광고와 포르노는 이 같은 복고 스타일적 욕망이 경제적·신체적으로 투사된 것으로, 현대 문화 속에서 과거가 표현되는 여러 방식을 보여준다. 광고와 포르노는 다음과 같은 다양한 방식으로 역사와 결합된다. ① 향수의 방식으로, ② 현재와 연결되는 한 방법으로, ③ 스스로 만든 지식과 정의의 형태로, ④ 역사의 힘이나 진정한 의미는 없고 그저 알아보기 쉬운 문화적인 비유들로, ⑤ 낯선 어떤 것을 가리키는 재현적 수사 어구로, ⑥ 경제적으로 변용된 역사학으로, ⑦ 소비되고 상품화되고 신체적으로 체험되는 어떤 것으로 등이다. 이처럼 역사가 복잡다단한 '의미'를 지니는 것은 역사를 다루는 문화의 심리 혹은 역사적 상상력이 끊임없이 진화 중이기 때문이다. 인식론적으로 오늘날 역사화된 주제는 아주 다양하다.

광고는 점차 문화적 필수품이 되어가고 있다.[34] 청년들의 생활에서 광고와 다른 것들의 상호 연관성을 보기 위해서는 소비자에게 광고를 전달해주는 수단을 이해해야만 한다.[35] 광고는 대중의 상상 속에서 브랜드를 만들어내어 이를 지속시키는 것으로, 여기서 역사는 직접적인 방식으로 소비되는 것으로 체험된다. 물론 역사가 상품과는 직접적인 연관성이 없는 경우에도 그렇다. 광고 캠페인은 아주 효과적인 수단으로, 상품의 미디어 홍보와 상품 소비는 밀접한 연관이 있다. 가장 대표적인 사례는 역사에 대한 향수를 활용한 호비스의 '바이크 라이드' 광고다. 1973년, 1979년에 시리즈가 나왔다. 리들리 스콧Ridley Scott 감독이 연출한 이 광고는 2006년의 최고 인기 광고로 선정됐고, 같은 해 5월에 재방영됐다.[36] 이 광고는 영국성Englishness에 대한 이상화된 해석을 보여주었다. 광고는 전쟁후를 배경으로 삼았고, 진짜 버터를 다시 가지는 것의 의미를 강조했다. 나이 든 사람들에게 호비스를 먹던 젊은 시절을 그리는 경험을 되살리도록 만든 것이다. 라파엘 새뮤얼의 표현에 따르면 이 광고는 "소프트 포커스 처리된 향수를 텔레비전 광고의 중심 테마"로 만들었다.[37] '바이크 라이드'는 시골의 자갈 깔린 도로에 19세기로 보이는 시대를 배경으로 한다. 초가집과 의상과 외형 등을 포함한 화면 구성은 19세기의 분위기를 풍기고, 세피아 톤의 화면이 예스러운 분위기를 강조한다. 광고 문구는 좀 더 작가적이고 안티디제시스적antidiegetic[6]인 보이스오버로 흘러나오며 역사화된 텍스트를 보여준다. "예전부터 그랬던 것처럼 지금도 맛있는."[38] 이 광고의 향수는 텍스트 자체의 기억과 뒤섞이게 된다. 그것은 두 가지 기능이 있다. 첫째, 상품에 대한 향수적인 은유(어린 시절, 목가적인 영국의 풍경, 드보르자크의 배경 음악)로서, 둘째, 그 광고 자체를, 광고 속에서 펼쳐지는 그런 경험을 가능케 했던 이상화된 과거에 대한 향수적 갈망으로 만들어버리는 것이다. 그 결과 촬영지 도싯은 관광 명소가 되고 광고 음악은 오늘날 '호비스' 음악으로 알려졌다.

리바이스사가 1980년대 자사 광고에서 정통 소울 뮤직을 사용하는 것이라든지, 스텔라 아르투아Stella Artois 맥주사가 프랑스 영화 〈마농의 샘 Jean DeFlorette〉 시리즈를 패러디하는 것까지, 역사적인 비유는 상품을 파는 데 다양하게 사용되어왔다. 이것은 문화적인 상상력 안에 과거라는 것이 얼마나 뿌리 깊게 자리 잡고 있는지 보여준다.[39] 리바이스 광고는 광고의 톤을 영화 〈아메리칸 그래피티〉, 〈그리스〉나 〈해피 데이스〉 같은 1950~1960년대 문화에 맞추고, 스텔라 아르투아는 광고 분위기를 위해 세련된 예술 영화 화면을 이용한다.[40] 이런 광고는 역사적 사실과는 무관하다. 그것은 그저 과거라고 받아들인 과거의 느낌과 모습을 드러낼 뿐이

---

6) **안티디제시스**: 작품 제작 과정에서 자연스럽게 들어간 내재적 사운드는 디제시스적, 이후 편집 과정에서 보이스오버, 후시녹음 등으로 인공적·외부적으로 집어넣은 사운드는 안티디제시스적 사운드로 이해하면 된다.

며, 기성품으로 만들어진 상상 속의 과거 흉내일 뿐이다. 광고는 나날이 진화하는 소비자본주의 시스템에 좀 더 적응되어 있으므로 재빨리 이것 저것을 짜깁기해왔고, 그럼으로써 몇몇 역사 유물을 역사적으로 아무 의미 없는 것으로 만들어버렸다.

라파엘 새뮤얼은 포스트모더니즘에서 세미패러디 같은 '복고 유행'이라는 것은 '단지 역사가 중요하게 여겨지지 않을 때만 일어나는 현상이며, 이런 텍스트의 주된 목표는 '거리 두기detachment와 모순적 거리감ironic distance'이라고 주장한다.[41] 이런 광고는 사실적이거나 내러티브적이 아니며, 그것들은 명확히 상호 텍스트적인 문화다. 광고 속에서 역사는 상품성을 홍보하기 위해 사용되는 수많은 물화된 담론 중 하나일 뿐이다. 스텔라 아르트와 맥주는 벨기에산이지만 광고가 상기시키는 것은 프랑스 영화다. 광고는 유럽 전역에 방영된다. 과거는 상품 광고를 위한 수식어이며, 다음과 같은 말의 줄임이라고 할 수 있다. 진짜인 것, 고품질, 영국적인 것, 우아함. 그러나 역사는 더러움, 무식함, 질병과 전쟁을 의미할 수도 있다. 여기서 중요한 것은 과거라는 것이 경제적인 기준에서 시청자들에게 쉽게 공감하고 소비할 수 있는 것으로 여겨진다는 것이다. 브랜드를 강조하는 데 과거를 이용하는 이유는 과거성pastness이 잘 팔리는 것이며, 평범한 시청자들은 기꺼이 그것을 받아들이기 때문이다. 이런 공감의 개념은 기네스의 '노이투러브NoitulovE' 광고(2005년)에서 잘 드러난다. 이 광고에서는 술 마시는 세 남자가 화면 속에서 동물 진화 단계를 역으로 거슬러 올라가 원시 물고기인 말뚝망둥어로 변하는 과정을 그리고 있다. 완벽한 맥주의 진화에는 시간이 좀 걸린다는 의미다. 또 푸조의 207CC '체인지' 광고(2007년)에서는 두 명의 연인이 1934년의 차 안으로 들어가면 주변 배경이 과거에서 현재로 변하는 모습을 보여준다. 두 개의 광고는 지속성과 품질을 강조한다. 시간을 단축하는 이러한 광고들은 역사를 단선적인 것으로 보여준다. 그 역사 속에서도 변하지 않는 것이 자신의 상품이라는 의미를 강조하는 것이다. 기네스 광고는 상품의 목적론을 만들어냈고(모든 진화는 '좋은 것'을 향한 것이며 그것은 '그것을 기다리는 사람에게' 오는 것이라는 의미), 푸조 광고는 역사의 변화 속에서도 자신들의 차는 언제나 현존하는 방향성이 있다는 것을 보여준다.

광고는 매일매일의 문화적 삶에서 없어서는 안 될 부분이다. 평범한 서양 성인은 하루에 대략 150편에서 3,000편의 광고를 본다. 역사를 소재로 한 광고는 엄청나게 다양한 세미문화적인 현상의 하나로 자리 잡고 있으며, 그것의 역사성과 관련해 특별히 중요한 것은 없다. 시청자들은 아주 편안하게 현대의 광고 세트로부터 1930년대의 광고 세트로 이동하는 광고를 받아들인다. 실제로 많은 광고가 자유롭게 시대를 오간다. 2006년 '과거의 경험'이라는 하이네켄 광고는 1920년대로 거슬러 올라가 여행하는 남자를 설정했다. 주변 세계는 그의 눈앞에서 변하지만, 맥주는 '1873년부터 지금까지 변함없이 똑같다'. 여기서도 상품은 변하지 않는 것이고 심지어 반역사적이기까지 하다. 역사는 배경 화면이 되고, 역사는 일상적인 문화의 일부가 됐다. 어떤 의미에서는 물신화됐지만, 그렇게 되지 않을 수도 없다. 유명인들이 유명한 역사의 한 장면에 등장하는 광고가 늘어나면서 그런 경향은 심해졌다.[42] 1990년 하이네켄 광고에서는 스타들이 영화 속으로 들어가며, 1998년 머큐리의 원투원 광고에서는 유명인들이 이야기를 나누고 싶은 역사적 인물들을 언급한다.[43] 이런 텍스트에서는 일종의 역사학적인 모델이 적용되고 있다. 현재를 향한 꾸준한 진전으로서의 역사, 그리고 정론적이고 익숙한 역사를 의식적으로 인용하는 것이다. 그러나 과거라는 것을 유명한 동시대의 인물이 뽑는 위시리스트로 변화시켜버리는 것에서 나타나듯이 그렇게 역사 기록의 가치를 떨어뜨리는 것은 과거와의 교감, 즉 과거와 자신을 모두 이해하기 위해 과거와 소통하려는 욕망을 강조함과 동시에 이것은 불가능하다는 거리감을 강조하는 것이다. 유명인들은 과거와 시청자에 대한 이해를 통해 좀 더 조화로운 사람이 되고 시청자들과 연결되며, 시청자들은 브랜드를 구매하는 것을 통해 그들 유명인과 교감하고 그들을 통해 역사와 교감한다. 경제적 거래를 통해 온전한 전체가 되는 것이다. 스타들을 과거 화면 속에 집어넣어 과거로 보내는 것은 역사를 단편적인 것으로 만들고 역사의 낯설음을 없애주는 역할을 한다. 반대 방향으로 만든 광고도 있다. 오래된 영화의 장면을 현대적 상품에 삽입하는 것이다. 예를 들면 1997년산 포드 퓨마 광고에서 1968년 스티브 매퀸의 영화 〈불리트〉를 사용하는 것, 폭스바겐의 2005년 광고에서 진 켈리의 〈사랑은 비를 타고〉의 디지털 버전을 "오리지널, 업데이트된"이라는 광고 문구와 함께 사용하는 것, 혹은 페덱스 2000년 광고에서 〈오즈의 마법사〉를 사용한 것 등이 있다.[44]

빈티지, 향수 마케팅, 복고 유행 등은 역사성에 물들어 있는 문화의 핵심 부분이다. 그 역사성이란 끊임없이 진화하는 특정한 과거와의 경제적 관계다. 이런 시각적인 과거는 현시대의 전 세계적인 소비 행태로서 브랜드 인지를 부추기고 지속적인 경제적 투자를 촉진하기 위해 사용되는 것이다. 역사는 여기서 서비스 산업의 부분으로서 소비자들을 자극하는 역할을 맡는다. 역사는 상품 자체는 아니지만 마케팅과 상품화의 부분이다. 따라서 이러한 맥락을 볼 때 역사를 '소비한다'는 말은 많은 의미를 담고 있다. 유명 브랜드와 시대성을 결합한 것에서부터, 상품을 대표하고 팔기 위해 과거를 단지 많은 수식어 중 하나로 만드는 것에 이르기까지 여러 가지 방식으로 역사가 소비되는 것이다. 그리고 경제적 힘을 주는 소비 행위 안에서 과거라는 것이 차지하는 지위 역시 역사 소비가 보여주는 의미 중 하나다.

욕망하는 역사

포르노그래피는 인터넷 검색의 25퍼센트, 이메일의 8퍼센트 등 인터넷 트래픽의 가장 많은 비중을 차지하는 것으로, 역사 혹은 과거의 유행과 떼어놓고 생각할 수 없는 분야다. 수많은 사용자가 역사 에로물과 노스탤지어 포르노를 찾는다.[45] 이처럼 원초적인/문화적으로 변용된 욕망을 만족시키는 것으로서 역사성이 활용되고 있다. 포르노 문화는 문화유산 heritage이라는 말로 향수나 빈티지라는 용어로 팔려나가면서 또 하나의 물신적 특징을 지닌 것으로 과거를 드러내 보인다.[46] 그것은 익숙하고 이용하기 쉽고 소비하기 쉬운 역사다. 간단히 말해 역사 속의 육체는 현대적인 포르노 스타만큼이나 상품성 있고, 구매되고 판매되며 다운로드되는 상품이다. 그것의 '역사적 사실성'이나 역사적 의미, 향수로 정당성을 얻는 상품이다. 역사 포르노그래피는 관람자들에게 어쨌든 권한을 주며, 성역할과 경제의 관계망 속에서 권력관계를 만들어낸다. 또 포르노는 '역사'라는 것을, 표현은 노골적이지만 소비에서는 금지된 것으로 만든다. 온라인의 역사 포르노를 통해 대중문화의 역사 활용이 인터넷의 확장과 더불어 일반적인 현상이 되어가고 전 세계적으로 점점 더 중요한 현상이 되고 있다는 것을 알 수 있다. 또한 역사라는 것이 여러 다양한 형태의 욕망(성적인 욕망이건 경제적인 욕망이건 간에)에 따라 끼워 맞출 수 있는 것이며, 자기실현의 요소가 될 수도 있고, 신체적이고 물질적인 방법으로 소비되고 경험되는 것이라는 점도 알 수 있다.

포르노그래피가 역사의 주류로 들어온 것은 1999년 채널 4의 6부작 다큐멘터리를 통해서다.[47] 역사 포르노그래피와 빈티지 성애물 수집은 합법적인 산업이다. 포르노 영화 산업이 오랜 역사를 지녔다는 사실 덕분에 배우 폴 뢰벤스Paul Reubens는 2003년 아동 포르노그래피 혐의로 체포됐을 때 그것을 변호의 일부로 활용하기도 했다(그 기소는 별도의 음란 혐의 기소가 유죄로 판결이 났을 때 취하됐다). 영국에서 1990년 후반에 일어났던 '벌레스크Burlesque[7)]의 리바이벌'(네오벌레스크라고 부르기도 한다)이나, 다큐멘터리 영화 〈인사이드 딥 스로트〉(펜턴 베일리와 랜디 바바토, 2005년)를 둘러싼 관심, 그리고 〈악명 높은 베티 페이지〉(메리 해런, 2005년)의 개봉 등을 거치며 옛날식 섹스 혹은 그런 시각적 수법이 오늘날 대중문화의 일부로 자리 잡았다. 이러한 예들은 이 책의 주요 관심사와 관련이 있다. 벌레스크는 역사화된 행동을 자의식적으로 재현하고 신체로 구현한다는 의미에서, 또 〈인사이드 딥 스로트〉는 대중문화에서 역사화된 다큐멘터리에 대한 관심을 드러낸다는 의미에서, 또 〈악명 높은 베티 페이지〉는 역사 영화와 드라마가 하이브리드한 성격과 텍스트상의 복합성을 늘려가고 있음을 보여준다는 의미에서 그렇다. 빈티지 에로물들은 또한 익숙한 행위를 고색창연한 세팅에서 의도적으로 드러낸다는 점에서 버트리스 스몰Bertrice Small이나 블랙 레이스Black Lace의 에로틱 역사 소설이나 로맨스 판타지 소설과도 많은 공통점이 있다.[48] 이런 문화적 요소는 하나의 특정한 행위, 즉 섹스를 둘러싸고 있는 것들이다. 그리고 그것이 역사와 관련된 혹은 역사화된 양식으로 오늘날 사회에서 나타나는 방식을 보면, 과거라는 것이 오늘날 아주 비범한 영역으로까지 확산되며 복합적으로 드러나고 있음을 알 수 있다. 또한 역사적인 것들이 오늘날의 삶에 아주 다양하고 복잡하게 스며들어 있는 방식 역시 이를 통해 발견할 수 있다.

---

7) **벌레스크**: 통속적 희가극을 의미한다.

히스토리오코피아/히스토리오글로시아

이 같은 간단한 예에서 알 수 있듯이 '역사를 다루는' 것은 아주 다양한 범위에서 존재한다. 이 책에서도 종종 드러나지만, 나는 그 자료의 범위와 복합성에 놀라움을 금치 못한다. 역사 영화만 하더라도 그 주제, 의도나 관객, 마케팅적인 측면에서 엄청나게 서로 동떨어진 〈여왕 마고〉나 〈복수의 비극Revenger's Tragedy〉, 〈더 퀸〉 같은 영화들을 어떻게 설명할 것인가? 대중 역사책들의 엄청난 복합성을 어떻게 검증할 것인가? 미국과 영국의 관객을 놓고 볼 때 그 나라에 존재하는 엄청나게 다양한 성, 인종, 계층 같은 요소들을 역사와 고려해서 어떻게 볼 것인가? 여기서 다뤄지는 주제는 각각 책 한 권 분량 혹은 경력 전체를 바쳐 연구해야 할 대상인 것들이다. 이런 규모 때문에 이 연구가 아주 어려운 것이기는 하지만, 이 책 『역사를 소비하다』는 날로 확대되는 이런 장르를 분석하는 일이 중요하다는 코너와 조르다노바의 주장을 따르려 한다.

이 책을 쓰면서 나는 그처럼 넓고 다양한 접근이 중요함을 확신하게 됐다. 상징의 다양성과 여러 장르가 내포한 다양한 방식에 깊은 인상을 받았다. 필리파 그레고리Philippa Gregory의 역사 로맨스 소설 『또 다른 불린 여인The Other Boleyn Girl』이 그 하나의 예다. 이 책은 튜더 왕조 소설 시리즈 네 권 중 하나인데, 전 세계적으로 80만 권 이상이 팔렸다. 이것이 세계적인 텍스트로서 차지하는 지위는 중요하다. 아주 특정한 시대의 영국 역사를 다루었지만, 이 책은 그 시대의 역사에 관심을 가질 만한 독자의 범위를 훨씬 뛰어넘어 광범위한 독자의 사랑을 받았다. 이 소설의 장르는 복합적이다. 이것은 로맨스로 독자의 판타지 세계를 만족시키지만, 한편으로 또한 이것은 역사 소설이다. 그래서 그 형식을 나타내주는 방법론과 작가 노트 등이 들어 있으며, 앤 불린의 자필 편지를 베낀 표지 안쪽 종이도 들어 있다. 이것은 쉬운 장르 소설이지만, 동시에 역사 소설로서의 자의식이 있으며, 끊임없이 스스로를 익숙하지 않은 것으로 만든다. 중요한 것은 이 낯섦과 자기 반영성이 이런 형식에서 필수적이라는 것, 그리고 이것이 거부감 없이 독자에게 받아들여지고 있다는 것이다. 이것은 독자들의 반응 역시 세련되어지고 있음을 나타낸다.[49] 또한 역사의 혼돈에 명확함과 내러티브를 부여하고, 동시에 기존 소설에서 주변부로 몰렸던 여자를 중심부로 올려놓는다. 그레고리의 책들은 역사적 사실과 역사적 추측에서 내러티브를 엮어냄으로써 사실과 허구를 녹여낸다. 그 책들은 대중적 로맨스 소설인데 16세기 여성의 고된 생활을 드러내기도 하지만, 그들을 체제에 저항하게 하기보다는 결혼과 가족의 모델로 편입시킨다. 독립적이고 강한 여성, 특히 앤 불린은 역사의 벌을 받고 거부당한다. 반대로 메리 불린은 역사에서 벗어나 모성적인 일상과 결혼으로 돌아가면서 해피엔딩으로 보상받는다. 그레고리는 역사에 근본적인 도덕성을 부여한다. 앤을 근친상간의 마녀로 벌을 받게 하는 설정은 야심만만한 여성에 대한 가부장제의 복수다. 이 소설은 텔레비전 시리즈로 만들어졌고 할리우드 영화로도 만들어졌다. 그레고리는 박사학위를 받은 사람이며 BBC 텔레비전의 고고학 시리즈 〈타임 팀Time Team〉의 고고학 자문으로 나온다. 그녀는 또 영화 제작과 관련해 자문을 맡고 있기도 하다.[50] 그레고리의 전통적인 접근 방식, '리얼리스트'적 스타일과 초기 권위는 불린을 주인공으로 등장시킨 또 다른 소설에 대한 아마존 유저 리뷰에서 강조됐다. 그 리뷰는[수재너 던의 2004 『퀸 오브 서틀티스』의 사례에서 『또 다른 불린 여인』을 참조] "역사적으로 정확하고 진실로 들리는 흥미로운 해석을 하고 있다"[51]라고 쓰고 있다.

이 하나의 텍스트에 대한 복합적 의미, 표현, 사용은 현대의 역사물이 오늘날 문화 속에서 어떻게 표현되고 해석되는지를 알 수 있게 해준다.

역사물은 익숙한 장르이지만, 개념적으로는 역사 소설, 역사적 로맨스 팩션, 텔레비전 코스튬 드라마costume drama, 할리우드 영화 등이 서로 겹친 장르이며, 작가가 여러 가지 제도적·문화적 자원과 자료 등을 활용해 타당성을 확보한 뒤 만든 작품이며, 그에 따라 작가로서의 지위가 그리고 유명인으로서의 지위가 정당한 것이 되며, 명확히 허구적인 것이지만 과거를 스타일 있게 변화시키는 것이 올바른 예술품으로 여겨지며, 그리고 그런 정확성을 통해 문화적인 영향력을 인정받는다는 것 등을 알 수 있다. 이 텍스트를 독립적으로 생각하기란 불가능하다. 여러 담론에서 텍스트의 위치를 다층적인 측면에서 고려할 때만 그것의 의미를 완벽하게 이해할 수 있다. 『또 다른 불린 여인』은 문화적인 '히스토리오글로시아Historioglossia', 즉 하나의 이야기에 여러 개의 혼성 장르 담론이 중첩되어 있는 것이라는 이 단어의 좋은 예라 할 수 있다.[52] 역사와 관련된 것들은 다중적 의미를 가지는 것들이며, 그 모든 의미가 문화 안에서 동시에 한꺼번에 작동한다. 이 책은 그런 것을 파헤치고자 하는 것이다.

이런 크로스 장르적인 연구의 결과로서 나는 우리 시대의 문화적인 행위와 소비의 복합성에 대해 좀 더 많은 지식을 얻었다. 우리가 역사를 실마리 삼아 따라가면 현대의 문화를 이해할 수 있고, 그것이 사회의 소비 행위를 새롭고도 깊이 있게 보여준다는 것이다. 중요한 것은 역사와 관련된 것들의 '범위'다. 전문 역사가라면 과거가 문화 속에서 어떤 형태로 나타나든 그것을 깊이 있게 연구해야 한다. 그러므로 이 책의 범위는 현재 우리 문화 속에서 나타나는 역사의 규모를 보여주려 할 것이다. 따라서 이 책에서는 '히스토리오코피아Historiocopia'를 그려낸다는 말이 맞을 것이다. 즉, 넘쳐나는 의미의 풍부함을 그리는 것이다. 이러한 역사 소비 방식은 아주 다양하며 일관성 없고 복잡하다. 평범한 사람은 하루에도 건축을 통해, 텔레비전을 통해, 그림과 소설, 게임, 잡지와 광고를 통해 역사를 만날 것이다. 이러한 모든 행위는 어떻게든 서로 연관되어 있으며, 역사적 의미와 경험으로 한데 엮인다. 현대 사회가 과거와 결합하고 그것을 소비하는 다양한 방식을 조금이라도 이해하기 위해 이렇듯 서로 다른 형식과 담화의 비교 연구가 중요하다. 이 책에서 나의 주요 관심사는 그동안 거의 깊이 있게 연구된 적이 없는 것이다. 특히 계보학, 역사 재현, 컴퓨터 게임과 인터넷의 미디어와 형식 및 실제 행위 같은 것이 그렇다. 이런 현상을 함께 살펴봄으로써 기존의 익숙한 내러티브와 형식은 신선함을 얻게 될 것이다.

나는 오늘날 역사에서의 핵심적인 면을 고려해 이 책을 6개 부로 나누었다. 1부 대중적 역사가, 2부 역사 소비자의 참여권한 확대, 소유 그리고 소비: 아마추어 히스토리, 3부 역사 공연과 연극, 4부 역사와 텔레비전, 5부 문화 장르로서의 '역사적인 것들', 6부 역사 유물과 해석 등이다. 이를 합쳐보면 현대 문화와 지식 형태에 대한 상세하고도 의미 있는 단면도가 될 것이다. 각각의 부는 오늘날의 역사 참여와 역사 소비가 가지는 풍부한 다양함과 복합적인 의미, 서로 겹치는 기호학과 그 빈도 같은 것들을 잘 설명해줄 것이다.

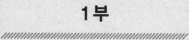

1부

대중적
역사가

The Popular historian

'대중의' 역사

1부의 세 장에서는 과거를 이해하고 과거와 접하고 그것을 소비하는 데 어떤 요소가 기여했는지 알아보기 위해 대중의, 시민의, 문화적인 생활 속에서의 역사에 대한 생각을 살펴본다. 루드밀라 조르다노바는 우리에게 이렇게 상기시킨다.

> 과거는 근본적으로 확장 가능한 것이다. 그리고 역사에 대해 쓴 설명들은 공공의 자산이며, 여러 가지로 활용할 수 있다. 이런 인식을 통해 역사가들은 자신들의 활동을 좀 더 넓은 시각에서 볼 수 있으며, 역사의 실천에 대해 좀 더 폭넓은 의문을 제기할 수 있을 것이다.[1]

1부에서는 사회적 상호 작용과 문화 속에서 나타나는 역사가들의 지위와 현상에 대해 분석해봄으로써, 역사가 '활용'되는 다양한 방법의 개념을 살펴볼 것이다.

미디어 역사가라는 존재는 ― 그들의 행위나 재현이라는 두 가지 측면에서 ― 오늘날 역사의 개념에 대해 무엇을 말해줄 수 있을까? 1장에서는 '유명인' 스타 역사가들이 남긴 영향력을 살펴본다. 또 '문화 역사물' 작가부터 텔레비전 해설가까지를 아우르는 '유명인' 현상을 분석해본다. 그런 '대중적' 역사가들에 대한 시장 및 프로덕션과 시청자의 수요는 그들의 작업에 영향을 미친다. 바로 그 대중적 역사가들은 어떻게 복합성을 설명하고, 미묘한 뉘앙스를 파는가? 사이먼 샤마Simon Shama와 데이비드 스타키David Starkey의 활약은 역사 권위자로서의 그들의 지위에 어떤 영향을 미치는가? 유명인 역사가들은 포퓰리스트populist이기는 하지만, 한편으로는 여전히 '진실'을 보여주려 하고 그것을 만들고 통제하려 한다. 역사의 이 같은 새로운 지위를 이해하기 위해 그 유명인들이 역사 다큐멘터리와 어떻게 만나는지 이해하는 것은 중요하다. 역사가들은 권위 있는 공공의 인물이 됐고, 한 세대 전에 톰슨E.P. Thompson이나 테일러A.J.P. Taylor나 크리스토퍼 힐Christopher Hill이 그랬던 것처럼 영향력을 발휘한다. 그러나 유명인이 되기를 열망하는 이 시대에 그들의 영향력은 더욱 다층적이며 새로운 차원의 영향력이라 할 수 있다. 전국적으로 유명한 역사가들이 학계에서 벗어나 문화 해설가가 됐다. 린다 콜리Linda Colley와 트리스트램 헌트Tristram Hunt는 전국지 신문에 정치 칼럼을 썼다. 리처드 홈스Richard Holmes는 BBC 1채널의 〈빅 리드The Big Read〉[1]에 출연해 시청자들의 투표를 독려하기도 했다.

그리고 이 장에서는 대중적 역사가들이 놓인 새로운 환경을 살펴본다. 그들은 유명인, 문화적 재현, 학계 전문가들의 권위의 위축 같은 새로운 환경을 맞고 있다. 그 전에 몇십 년 전의 가장 유명한 혹은 악명 높은 '대중적' 역사가, 데이비드 어빙을 살펴볼 것이다.

먼저 대학의 역사학자들과 대중적인 역사가들의 관계를 간단히 돌이켜 보자. 학자들이 유명인이 되어 스타 교수가 되고, 이와 연관된 상품화가 증가하는 현상은 대학의 상업화가 확산되면서 생긴 결과로 비난받았다.[2] '학문 자본'과 이보다 더 폭넓은 '문화 자본'의 관계는 복잡하지만, 기업화된 대학이 학교의 시장 점유율과 경쟁력을 높이고자 하면서 둘 사이는 긴밀한 관계를 맺게 됐다. 그러나 조 모런Joe Moran이 지적한 것처럼 일반적으로 스타 학자는 대학 외부에서는 거의 알려지지 않았다. 그러나 근래에는 학계와 외부의 경계가 더 얇아졌고 학과나 대학의 브랜드 인지도

---

1) 〈빅 리드〉: 2003년에 방송된 프로그램으로, 영국인이 가장 사랑하는 책 200권을 시청자의 투표로 뽑았다.

를 위해 학자들이 학교 밖으로 더 많이 진출하게 됐다. 근자에는 이 책에서 언급된 모든 '대중적인' 역사가들이 대학과 관련된 인물들인데, 이것은 여타 분야의 비평가들이나 대중적 문화계의 인물들과 다른 점이다. 이는 역사가-진행자의 권위를 정당화하는 데 학문적인 인정이 여전히 필요하다는 것을 보여준다. 이에 반해 독립적인 학자 댄 스노Dan Snow는 BBC 기자인 아버지 피터 스노Peter Snow로부터 자신의 권위를 얻었으며, 데이비드 스타키는 대학을 떠나기도 했다(그는 케임브리지 피츠윌리엄 대학과 연계되어 작업을 하기는 하지만). 이런 예외적인 사례가 있기 때문에 유명인 역사가 모델은 단편적으로 적용하기는 어렵다. 역사가들은 가장 먼저 자신의 연구 작업을 통해 유명해지고, 그다음 자신의 명성을 통해 유명세를 쌓는다. 명예가 명예를 낳는 사회에서는, 역사가들은 대중의 마음속에 자신들의 존재를 인정받기 위해 실질적인 무언가를 보여주어야 한다. [3]

2장에서는 루드밀라 조르다노바가 말한 '장르'의 아이디어를 더 발전시켜 글의 형태로 역사가 어떻게 팔려나가는지를 검토한다. 주로 책과 잡지를 살펴볼 것이다. 특히 이 '장르'의 복잡성과 활발함을 자세히 살펴본다. 이 장에서는 역사 관련 출판물을 검토할 것이다. 여기서는 증거와 수용에 관련된 질문을 던지며, 역사 유물로서 기념과 관련된 텍스트의 지위에 대해서도 질문할 것이다. 독자들이 볼 수 있는 대중적인 역사 저술의 다양한 형태도 살펴볼 것이다. 이러한 저술의 범위는 정치적인 일기에서 볼 수 있는 사건에 대한 직접적인 이야기에서부터 역사적인 전기물까지 다양하다. 대중적인 역사 작가들을 양산하는 방식도 리처드 홈스의 사례를 통해 살펴볼 것이다.

이러한 장을 통해 드러내고자 하는 점은 대중적인 문화적 상상력 속에 다수의 역사 '장르'가 있다는 것이다. 이러한 장르는 점차 다양한 모습으로 제공되며 끊임없이 진화하고 있다. 이 대중문화 속에서 역사의 모습은 놀라울 정도로 다이내믹하다. 1부에서는 그 대중적인 역사의 복합적인 구성을 이해하고, 부분적으로 그것의 현황을 그리려 한다. 역사가들의 지위와 재현에 대한 좀 더 폭넓은 질문을 위해 1부의 마지막 장에서는 영화나 소설, 게임 같은 허구fiction에 끼친 역사가들의 영향과 의미를 검토해 볼 것이다.

1장 대중적 역사가, 대중의 역사가

새로운 환경 조성과 유명 역사가

대중의 눈에 역사가들이란 새로운 존재가 아니다. A.J.P. 테일러의 대표적인 텔레비전 시리즈는 1984년까지 방영됐고, 노먼 스톤Norman Stone은 마거릿 대처Margaret Thatcher 총리의 조언자였으며, 1980년대에는 E.P. 톰슨이 CNDCampaign for Nuclear Disarmament[1]를 되살리는 데 힘을 보탰다. 그러나 1990년대를 지나면서 '역사'는 점점 사실적인 것보다는 내러티브와 출연자의 개성에 더 관심을 보이는 미디어 문화가 됐다. 텔레비전 프로의 일부분이었던 역사를 전 미디어적인 현상으로 몰고 가는 데 자극제가 된 것은 사이먼 샤마의 〈히스토리 오브 브리튼A History of Britain〉이라는 다큐멘터리 시리즈(BBC 1, 2000, 2001년)였는데, 이 프로 덕분에 역사가들은 전례 없는 인기를 누렸다.[1] 이 시리즈는 엄청난 시청자들을 모았고, 국민성 Nationhood과 기념화Memorialisation에 대한 큰 논쟁을 불러일으켰다. 당시 역

---

1)   CND: 핵무기 폐기를 주장하는 영국의 단체다.

사학과는 아주 인기가 없는 과였고, 대학 입학 지원율도 낮은 때였다. 이 프로그램의 대성공에 이어 데이비드 스타키, 트리스트램 헌트와 니얼 퍼거슨Niall Ferguson 등이 명성을 이어가면서 2001년에는 '역사'가 '새로운 로큰롤', '새로운 요리법', '새로운 원예법'이라는 말로 불렸다.[2] 로큰롤이란 말은 프로듀서들이 그 현상을 근사하고 신나고 멋진 것으로 만들려고 했다는 것을 의미하며, '요리법', '원예법'이라는 표현은 역사가 생활양식의 프로그램과 여가 생활의 세계로 들어왔다는 것을 의미한다. 이런 표현들은 대중에게 과거라는 것이 놀랄 정도로 갑작스럽게 유행했다는 것을 의미한다. 물론 이것은 텔레비전에서만의 성공이며, 그 각각의 수식어는 유난히 인기를 얻은 다큐멘터리, 리얼리티 역사쇼나 그에 따른 계보학의 유행 때문에 생겨난 것일 뿐이라고도 할 수 있다. 이러한 묘사와 더불어 역사는 개인화된 담론 혹은 스타 진행자가 주도하는 텔레비전의 담론 속으로 진입했다. 샤마나 스타키가 자신들의 이름을 딴 역사 프로그램을 진행하거나 퍼거슨이 영국 제국에 대한 시리즈 첫 회에서 자기 가족에 대한 이야기를 늘어놓으면서 이런 개인화된 담론이라는 추세가 확고해졌음을 알 수 있다.[3] 역사는 레저로서 이야깃거리가 됐고, 학문적 추구의 대상이 아니었으며, 역사를 보여주는 사람은 유명인이나 개인이었다.[4]

　대중의 관심이 폭발한 결과, 역사가들은 텔레비전 유명인, 미디어 인사 그리고 문화적 게이트키퍼gatekeeper[2)]를 합친 존재가 됐다.[5] 그들은 학계에서 빠져나와 복합적이고 문제적인 사회 문화 망으로 점점 더 진입했다. 오늘날의 대중적 지식인들은 잡다한 미디어 문화 담론의 일부분이며, 그

---

2)　**게이트키퍼**: 커뮤니케이션의 관문을 지키는 사람이라는 뜻으로, 뉴스나 정보를 취사선택하고 검열하는 기능을 통해 정보를 통제하는 권한을 가진 사람이나 그런 계층을 가리킨다. 이 책에서는 일반 대중이나 비전문가들에 반해 문화나 역사 분야에서 기존에 권위를 인정받으며 정보를 통제하는 모든 분야의 전문가를 지칭한다.

들은 그 문화 담론을 통제하지 않는다.[6] 몇몇 예를 통해 이런 복합적인 특징을 이해할 수 있다. 사이먼 샤마는 미국의 유명 진행자 밥 바커Bob Barker에 비유되곤 했다. 밥 바커는 미국 텔레비전 게임 쇼 〈프라이스 이즈 라이트The Price is Right〉의 진행자였다. 여학생들은 그에게 열렬한 팬레터를 보냈고, 이것이 ≪뉴욕 타임스≫에 소개되기도 했다. 페이스북에는 '사이먼 샤마는 신이다' 등을 포함해 세계적으로 수백 명의 회원을 거느린 11개의 팬 그룹이 생겨났다. 사이먼과 토니 블레어Tony Blair는 총리실 홈페이지에 다우닝 스트리트 지역의 역사 관광을 주제로 한 팟캐스트podcast 비디오를 만들었다. 그는 2003년 케이트 블란쳇Cate Blanchett과 함께 티나 브라운Tina Brown의 토크쇼에 출연해 웨일스의 왕자가 커밀라 파커 볼스Camilla Parker Bowles와 약혼한 일에 대해 토론을 나눴다. 성격상 그는 역사적인 시각으로 비판적인 편에 섰다. "왕이 정부情夫를 거느리는 것이 별일이 아닌 세상이 되어버렸군요. 왕이 나쁜 여인을 착한 여인으로 만들고 있어요".[7]문학 비평가이자 신학자인 저메인 그리어Germaine Greer 역시 채널 4의 〈셀레브러티 빅 브러더Celebrity Big Brother〉(2005년)에 진행자로 뛰어들어 새로운 영향력을 지닌 커뮤니케이션 영역에 입문했다. 샤마는 '역사를 섹시하게 만들었'으며, 그의 스타일이라든가 직설적인 어법, 가죽 재킷 같은 캐주얼한 옷차림을 통해 텔레비전 역사가들의 고상한 이미지를 한 단계 끌어내렸다. 비록 그의 약간 귀족적인 자태와 억양이 전통적인 역사가의 분위기를 유지하기는 했지만 말이다.[8] 샤마는 1980년대의 대중적 역사학자와 포퓰리스트 역사가가 생각하지 못했던 방식으로 대중문화의 영역에 진입했다.

그와 마찬가지로 스타 역사학자로 떠오른 사람이 데이비드 스타키다. 그는 텔레비전 등장 이전부터 화려한 경력이 있기는 했지만, 대중적인 명성은 역시 방송을 통해 얻었다. 그가 1992년 라디오 4 프로그램 〈모럴 메이즈The Moral Maze〉에서 보여준 불쾌하고 공격적인 말투에 대해 ≪데일리 메일≫은 "영국에서 가장 무례한 사람"이라는 기사를 싣기도 했다. 그 덕분에 스타키는 대중적인 이미지를 확보했다. 그는 자신을 "위트의 대명사 스타키"라고 부르기도 했다.[9] 비학문적인 작업으로 명성을 얻게 된 그는 채널 4의 다큐멘터리 제작에 참여하게 됐다. 이렇게 성공을 거듭하면서 스타키는 2002년 채널 4와 이른바 '황금 수갑' 계약을 맺기도 했다. 스타키는 역사가로서 그리고 유명인들과의 대담자로서 대중을 끌어들이는 힘이 있었고, 스타 기질을 지닌 사람이었다. 그의 기사에는 보통 "무례함의 중요성"이라거나 "흥분 잘하는 학자"라는 제목이 붙었다. 그는 또한 커밍아웃한 게이이고 우익이며 포퓰리스트다. 그는 역사가의 전형적인 이미지를 만들기 위해 여러 가지 상투적 이미지cliché를 동원했다. 검투사 같은 모습을 한다거나 옥스브리지Oxbridge임을[3] 강조하며, 남을 얕잡아보고, 양복을 빼입고 안경을 쓰는 식이었다. 그렇지만 이 모든 것에도 불구하고 그는 무엇보다 우상 파괴자였다. 예를 들면 여왕을 '속물'이라고 비난하면서 요제프 괴벨스Joseph Goebbels에 비유했다.[10] 그는 논쟁적이고 도발적인 영국의 지성인에 딱 들어맞았다. 마찬가지로 사이먼 샤마도 그의 이름이 브랜드가 될 정도로 인지도를 얻은 것은 자신의 학문과 무관한 돈 때문이었다. BBC와 맺은 300만 파운드의 독점 계약은 논쟁거리가 됐고, 스타키의 200만 파운드 계약과 비교되곤 했다.[11] 이처럼 유명 진행자들을 자기 방송사에 묶어두기 위해 고액의 계약금을 지급하는 일이 흔해지기 시작했다. 마이클 파킨슨Micheal Parkinson이나 테리 워건Terry Wogan 역시 이 대열에 동참했다. 그들이 등장함으로써 영국 대중문화에서 사이먼 샤마와 스타키라는 두 역사가의 특별함이 더 돋보이게 됐다.[12]

---

3) **옥스브리지**: 옥스퍼드·케임브리지 대학 졸업생을 의미한다.

2004년에 샤마는 〈천재 역사가Historians of Genius〉라는 프로그램에서 매콜리Macaulay, 기번Gibbon과 칼라일Carlyle의 역사학적 논쟁을 소개했다. 새뮤얼 웨스트Samuel West 같은 유명한 배우들이 그들의 책을 읽었고, 관련 문서나 사진 소품 등이 함께 소개됐다.[13] '천재 역사가'는 각 인물들이 이룬 성취와 혁신을 찬양하며, 그들의 작업이 엄청나게 탁월한 것이라는 주장을 펼쳤다. 이 시리즈는 역사가들 자체가 다큐멘터리 연구의 대상이 될 수 있다는 것을 보여줬다. 그러자 2004년에는 텔레비전 프로그램이 역사적 사실을 다루는 것에서 벗어나 역사가들 자체에 초점을 맞추었다. 물론 이것은 비주류 채널(BBC 4)의 작은 시리즈였지만, 역사학을 다큐멘터리로 편입시킨 것은 의미가 있었다. 역사가는 여기서 독립적인 존재였고, 과학자나 발명가만큼 가치가 있었다. 그들의 성취나 창조보다도 그들의 아이디어와 스타일이 프로그램의 핵심이었다. 이 프로그램은 특정한 책이나 인물 중심의 스토리 라인[프랑스혁명이나 몬머스(Monmouth) 반란]에 초점을 맞췄다. 하지만 그 시리즈는 공격적인 면모도 있었다. 샤마는 프로그램에서 당대의 학문적인 역사 저술을 공격했다. "역사의 모험심이 조금 사라졌다.······ 그것은 예전처럼 폭발적이거나 흥미진진하지 않다. 우리가 되살려내야 할 것은 앞뒤를 가리지 않는 문학적인 용기다."[14] 여기서 강조하는 것은 천재로서의 역사가, 위대한 작가로서의 역사가, 사회 문화적으로 중요하고 폭넓은 영향력이 있는 역사가다. 샤마는 역사가를 '모험을 좋아하고, 저돌적인' 중요한 의미의 사람으로 만들려는 욕망을 가지고 있었고, 이를 통해 대중적인 역사가와 학문적인 역사가의 스타일상의 차이를 알 수 있다. 학문적인 역사학자들은 조심스럽고, 대중과의 교감을 잃었지만, 대중적 역사가들은 베스트셀러를 남기며 혁신을 이루는 포퓰리스트들이다.[15]

이처럼 사이먼과 스타키가 큰 인기를 얻자 주류 방송에서는 그들 캐릭터를 다양하게 변주하며 계속 등장시켜 그 인기와 영향력을 실감할 수 있었다. 퍼블릭 릴레이션스Public Relations사의 코미디 시리즈 〈앱솔루트 파워 Absolute Power〉(BBC 1, 2003년)에 나온 호색한 역사가 나이절 하팅Nigel Harting 은 샤마와 스타키를 합친 인물이었다.[16] 인물 성대모사 코미디 쇼 〈데드 링거스Dead Ringers〉(BBC 1, 2002년~)에서는 매일같이 샤마를 흉내 냈다. 예를 들어 〈또 하나의 역사 프로그램Yet Another History Programme〉에서는 〈히스토리 오브 브리튼〉 진행자들의 말투를 비꼬는 식으로 웃음을 자아내고, 프로그램에서 늘 보여주는 상징적인 이미지를 풍자하면서 비꼰다. 그런 풍자를 통해 샤마가 대중문화계에 던진 영향력을 짐작할 수 있다. 그의 개성과 비주얼 스타일은 농담거리와 콩트로 계속 만들어질 만큼 독특했다. 그 쇼에서는 또 '폭군' 샤마와 비열한 왕위 도전자 스타키라는 라이벌 구도로 코미디도 만들었다. 두 사람이 쇼의 스태프들을 모두 결집시켜 싸움을 벌이는 장면도 있었다.[17] 애증이 엇갈리는 경쟁적인 두 사람의 관계를 그린 것이다. 〈데드 링거스〉는 특히 샤마의 독특한 진행 방식을 강조했는데, 이를 통해 그가 역사물 진행에 신선함을 도입했음을 보여주었고, 새로운 프로그램 스타일은 그의 스타성에 대한 열렬한 추종을 부각시켰다. 개인의 매력은 프로그램에서 제공하는 정보만큼이나 중요하다. 스타키와 샤마의 스타일은 워낙 독특해서 거의 하나의 브랜드가 됐다. TV에서 종종 정치가들을 흉내 내듯 문화인인 역사가들을 성대모사하기도 했다.

샤마와 스타키는 문화적·경제적으로 만들어진 인물 상품이며, 따라서 자신들의 직업으로서뿐만 아니라 이름만으로도 유명했다. 그처럼 폭넓은 명성을 얻는 것은 아주 드문 일로, 비슷한 사례를 찾기도 어렵다. 몇몇 눈에 띄는 인물이 있기는 하지만 그들은 '개성 있는 인물'이기는 해도 '유명인'이라고 불릴 정도는 아니었다.

유명인 역사가들은 아직 대부분이 남성이다. 그래도 린다 콜리와 베트니 휴스Bettany Hughes, 리사 자딘Lisa Jardine 같은 여성은 영국에서 비교적 높은 명성을 누리고 있다. 하지만 신문에 제일 많이 등장하는 인물은 고고학자 도러시 킹Dorothy King으로, 그녀에 대한 신문 기사는 지식보다는 외모와 헤어스타일에 더 집중된다. 그녀에게는 "먼지 쌓인 학계라는 틀을 깨뜨렸다"거나, "총명하고 글래머러스하며 화제의 중심인 젊은 고고학자"라는 타이틀이 붙는다. 혹은 더 노골적으로 "금발에 글래머러스하고 두려움을 모르는 재물 사냥꾼이다"라는 표현도 있다.[18] 마지막 표현을 실은 신문사는 그녀가 《플레이보이》의 모델을 제안받았다는 그릇된 정보를 싣기도 했다. 두 번째 언급은 그녀의 출판사에서 나온 말이다. 킹은 《LA 타임스》의 사설을 쓰고, 스스로를 Ph디바PhDiva 혹은 제3의 물결, 포스트페미니스트 학자로 묘사한다.

나는 새로운 유형의 여자라는 자부심을 느끼며 한 주를 시작했다 — 나는 Ph디바다. 우리는 마놀로 블라니크 구두를 신지만 또한 박사학위를 딴 사람이다.…… 우리는 약간의 매력과 약간 예쁜 얼굴 덕분에 원하면 어디든 갈 수 있다는 걸 알고 있다.[19]

킹은 케케묵고 시대에 뒤떨어진 학자의 초상으로부터 자신을 확실히 분리시켜, 글래머러스하고 지적인 새로운 커리어우먼으로 자리매김했다. 하지만 불행히도 자신의 지적인 능력보다는 성적인 매력에 의존하고 있다. 그녀는 옷 잘 입고 똑 부러진 성격인, 미국 드라마 〈섹스 앤드 더 시티〉의 등장인물 같은 학자다. 킹은 텔레비전 방송과 출판물을 통해 자신의 대중적인 이미지를 만들었고, 신문 칼럼을 집필함으로써 그것을 유지했다. 학자 출신으로 이처럼 '역사를 다룬' 분위기를 가미한 칼럼을 쓰는 식으로 활동하는 역사가들로는 트리스트램 헌트(《옵서버》), 린다 콜리(≪가디언≫), 니얼 퍼거슨(≪LA 타임스≫), 히웰 윌리엄스Hywel Williams (≪가디언≫), 맥스 해스팅스Max Hastings(≪데일리 메일≫) 등이 있다. 대부분의 역사가들은 원고를 가끔씩만 썼다. 퍼거슨은 특히 논쟁을 좋아했고, 그의 칼럼 범위는 역사에서 정치, 경제와 특히 미국의 외교 정책에까지 뻗쳤다. 사실 그가 이런 일을 처음으로 한 보수적 역사가는 아니다. 노먼 스톤은 1987~1992년의 ≪선데이 타임스≫ 칼럼을 통해 우익의 시각을 드러냈다. 이처럼 역사가들은 신문에 글을 쓰면서 그들은 문화 자본을 소유함과 동시에 사회적인 게이트키퍼로서의 역할을 하고 있다는 느낌을 강하게 전달했다. 그들은 특별한 지식과 통찰력으로 영향력 있는 여론을 형성할 수 있는 사람들이다. 이런 방식으로 신문에 편입되면서 역사가들은 학문으로부터 거리를 두게 됐고, 학계의 인물이라기보다는 특정 신문과 결합된 언론인이 되어갔다. 그들은 대중의 정치적 삶 속에서 활동하는 인물이었고, 비평가임과 동시에 해설가로서 국민적인 논쟁을 형성하고 이끌었다.

헌트 역시 공적인 역할에 관심을 두었다. 그는 한때 하원의원이 되기를 꿈꾸기도 했다(이것 역시 노먼 스톤의 선례가 있다).[20] 역사가로서 대중적인 리더십이 있는 유명 인물의 예는 쉽게 찾을 수 있다. 영국 총리 고든 브라운Gordon Brown은 1982년 역사학 박사학위 소유자다. 하지만 오늘날 대중의 문화적 삶 속에서 역사가가 전 국민적으로 해설자와 지도자로 인식되는 일은 새로워 보였다. 이전에 린 체니Lynn Cheney도 역사학으로 박사 학위를 받은 적이 있다. 그녀는 남편인 미국 부통령 딕 체니Dick Cheney와 함께 책을 쓴 적이 있고, 또 다른 아동용 역사 도서 『미국: 애국적인 지침서 America: A Patriotic Primer』(2002년)를 펴냈다. 그녀는 또한 제임스 메이슨 도서상을 제정해 아이들에게 역사를 전해주려 애썼다. 이처럼 고위층 정치인들이 특정한 내러티브 히스토리에 참여하고 있다는 사실은 역사 저술이 오늘날 사회에서 뚜렷한 의미가 있다는 것을 증명한다. 체니의 애국적인 작업은 국가주의의 어젠다를 명백히 드러낸다. 그것은 부시 행정부의 확장주의와 궤를 같이하는 것이다. "가장 중요한 교훈은 자유는 필연적인 것이 아니라는 점입니다.…… 이러한 깨달음을 통해 우리가 향유하는 자유는 우리에게 더욱 중요한 것이 되며, 수호해야 할 가치가 있다는 걸 알게 됩니다."[21]

〈히스토리 오브 브리튼〉은 '우리의 이야기'를 강조하는 방식을 통해 여러 가지 면에서 노골적으로 국가주의적인 리더십을 드러낸다. 샤마는 다음과 같은 선동적인 말로 시리즈를 끝맺었다.

역사를 향수와 절대 혼동하지 말아야 한다. 역사는 죽은 사람을 숭배하기 위해 쓰인 것이 아니라 살아 있는 사람들에게 영감을 주기 위해 쓰였다. 그것은 우리의 문화적인 핏줄이며, 우리가 누구인지를 알려주는 비밀이다. 그리고 역사는 우리가 그것을 명예롭게 생각할지라도 역사가 흘러가도록 놓아줘야 한다는 것을, 애도되어야 할 것을 애도해야 한다는 것을, 경축받아야 할 것을 경축해야 한다고 말한다. 그리고 결국에 역사가 스스로를 애국자로 드러낸다면, 처칠이나 오웰 누구도 그걸 절대로 꺼리지 않을 것이라 나는 생각한다. 나 또한 그렇다.[22]

이처럼 국민성을 찬양하고 장려하는 내용을 담은 역동적이고 도발적이며 교육적인 역사물 덕분에 역사가들은 이를 대중에게 설명하는 과정에 참여하는 중요한 인물이 됐다. 그들은 과거에 대해 향수가 아니라 적극적이고 영감 넘치는 시민의식을 불러일으켰다. 이런 모델에서 역사가들은 공공적인 역할을 명확하게 지녔다. 그러나 그 역할은 미디어 출연 때문에 만들어졌다고 보기보다는 사회적 책임감 같은 것 때문에 대중을 그렇게 이끄는 것이라 봐야 한다. 학계의 역사학자들은 텔레비전 역사가들이 국민성에 대해 더 폭넓은 시민의 문제를 제기한 데 대해 불안감을 표시할 수밖에 없었다. 그런 질문들은 학계에서 던지기에는 너무나 문제가 많은 것이었다. 대중적 역사가들의 매력은 합목적적이었고 설명적이었으며 낙관주의적이었다는 데 있다. 샤마는 〈히스토리 오브 브리튼〉에서 '우리의' 역사를 강조함으로써 웨일스 사람들과 스코틀랜드 사람들을 배제시킨다 하여 많은 비난을 받았다.

이처럼 포퓰리스트적인 관심, 또 그 속에서 시민사회와 국가의 중요성을 강조하는 내용이 인기를 얻으며, 비역사물 프로그램에서도 역사라는 주제가 등장했다. 2005년 BBC의 메인 뉴스 〈뉴스나이트〉는 역사가 그레그 닐Greg Neale(당시 BBC 히스토리의 편집자)을 고정 출연시켜 시리즈 역사물을 만들고, 당대의 사건을 역사적인 시각에서 해설하도록 했다. 예를 들어 2005년 4월, 그는 과거의 선거와 관련된 화면을 보여주면서 낮은 투표율이나 뉴미디어의 충격이 오늘날만의 문제가 아니라는 점을 설명했다. 같은 해 1월 그는 아시아에서 발생한 쓰나미 특집 방송에서 역사 속에서 재난이 불러온 심리적인 여파를 설명하기도 했다. 이 같은 역사적 상대주의는 대개 좀 더 낙관주의적으로 사건을 제시함으로써 뉴스 시청자들의 시각을 교정해주었다. 그것은 또한 과거와 현재가 유연한 관계를 맺고 있다는 오늘날의 사고방식이기도 했다. 영화 속에서는 이런 시각을 가져와 사건의 원인을 더 넓은 측면에서 설명하기도 했으며, 또 현대화나 역사적 진보라는 문화적 신화를 약화시키기도 했다. 닐은 현대의 사건을 해석하는 데 역사를 활용하는 것이 어떤 의미가 있는지 볼 수 있는 중요한 코멘트를 남겼다. 그는 미국이 대對이라크 전쟁에서 자국의 공격을 정당화하기 위해 사담 후세인Saddam Hussein을 히틀러에 비유하는 식의 저급한 역사적 비교를 하고 있다는 사실을 날카롭게 지적했다. 이렇듯 닐의 사례를 통해 대중이 처한 상황을 읽는 데 역사가 점점 더 중요성을 얻고 있다는 것을 알 수 있다.

역사, 역사가, 역사기록학, 유명인: 〈위대한 영국인들〉

큰 인기를 얻은 다큐멘터리 시리즈가 명망 높은 학자들을 기용하기는 했지만, 역사 프로그램 전체를 놓고 보면 이것은 적은 비율이었을 뿐이다. 대부분의 역사 프로그램은 역사가보다는 유명인 진행자를 내세웠다. 역사 전문가들은 조언을 하는 역할로 등장했다. 그러나 유명인 진행자들은 그리프 라이스 존스Griff Rhys Jones[대표작 〈레스터레이션Restoration〉], 토니 로빈슨Tony Robinson[대표작 〈타임 팀Time Team〉]처럼 대개 지적인 자질을 가진 사람들이거나, 적어도 진지함이나 열정이 있다고 대중이 믿는 사람들이었다. 물론 여기서도 여성 유명인 진행자는 드물었다. 역사적 주제나 역사 유물을 다루는 대낮 텔레비전 쇼에서도 남성 진행자가 대부분이었다. 역사 프로그램 진행자는 열정적인 아마추어의 입장에서 시청자들을 대표함과 동시에 방송의 지휘자 역할을 했다. 역사가, 계보학자, 건축가, DNA 조사가들로 이뤄진 전문가 해설 패널은 진행자와 시청자에게 조언을 하면서 다음 단계의 실마리를 제시해, 프로그램을 일종의 내러티브 여행으로 만드는 데 일조했다.

유명인들이 직접 역사 서적을 집필하기 시작하면서 역사학자 출신 진행자의 지위는 점점 더 약화됐다. 주로 방송인들이 쓴 역사 서적은 코믹하거나 풍자적인 가벼운 내용을 담은 것이었다 — 코미디언 존 오패럴John O'Farrell의 『완전히 공평한 영국 역사An Utterly Impartial History of Britain』(2007년)는 그 좋은 예다.[23] 그런 저작은 특정한 주제와 목표가 있는 내러티브를 담거나, 크리스틴 해밀턴Christine Hamilton의 『잔소리 많은 영국 여성의 범퍼 북Bumper Book of British Battleaxes』처럼 카탈로그식 역사를 담았다.[24] 이런 종류의 대중적 역사 저술은 역사를 유머의 대상이나 사소한 것 정도로 취급했다. 중요하게 다룰 만한 역사물을 쓰는 대중적 저자도 있었다. 총리들은 흔히 자서전과 역사서를 썼다. 전직 총리 윌리엄 헤이그William Hague나 존 메이저John Major가 대표적이다.[25] 정치가로서 역사서를 쓴 인물로 반드시 언급할 만한 사람으로 윈스턴 처칠Winston Churchill을 빼놓을 수 없다. 그는 이 역사책으로 1953년 노벨문학상을 받았다. 이런 책들은 자신의 생애를 통해 쌓아온 정치에 대한 통찰력을 보여주면서 대중에게 역사 저술이 어떤 것인지를 알려주기도 한다.

텔레비전 진행이자 뉴스 진행자인 제러미 팩스맨Jeremy Paxman의 『영국: 국민의 초상The English: A Portrait of a People』은 국민성에 대한 질문을 역사적 사실로 밝혀보려 한 책이다. "나는 현재 영국민이 자신에 대해 지닌 궁금증의 뿌리를 밝혀보려 한다. 이 책은 과거로 되돌아가 무엇이 이상적인 영국 남성과 여성으로 보이게 하는지를 밝히는 여행이다."[26] 이처럼 유명인 혹은 대중적 인물이 역사 저술가가 되는 현상은 점점 더 전문적인 역사가의 권위를 잠식했고, 지성인의 영역이던 역사 출판이 덜 지성적인 개인에게 개방됨으로써 그들은 책을 통해 대중적 영향력을 지니게 됐다. 텔레비전에서 원예 프로그램을 진행하던 앨런 티치마시Alan Titchmarsh가 쓴 『잉글랜드, 우리의 잉글랜드England, Our England』는 '영국인이 알아야 할 모든 것'을 잡다하게 모아놓은 책이다.[27] 시인 워즈워스Wordsworth에서부터 크리켓의 규칙까지 망라하는 이 책은 팩스맨의 책에서처럼 역사 자료와 사실을 통해 오늘날의 국가에 대한 정의를 찾아내고자 했다. 이 책의 핵심이라 할 수 있는 일종의 아마추어리즘 전통 덕분에 저널리스트들은 역사 저술과 해설에 발을 들여놓을 수 있게 됐다. 국가 패러다임은 1980년대부터 계속해 공격의 대상이 되어왔다. 대학의 역사학에서는 상대적이고 초국가적인 역사, 성 역할의 역사, 식민지 이후의 역사 같은 다양한 모델을 통해 이에 대한 질문을 던져왔다. 하지만 국가의 역사가 대중적인 매력이 있음이 출판을 통해 증명됨으로써 국가라는 것이 대중의 상상력 속에 강력한 힘이 있음을 드러냈다. 역사학자들이 학문적·이론적 이유를 들어 국가를 정의하는 것을 중단한 그 시점에 저널리스트들과 대중적인 진행자들은 역사화된 국가의 의미를 만들어내고 지속시키는 일에 뛰어든 것이다.[28]

역사 분야의 게이트키퍼들의 의미와 지위가 더욱 혼란스러워지는 계기가 된 쇼는 〈위대한 영국인들Great Britons〉이라는 전국적인 콘테스트 방송(2002년, BBC)이었다. 이 쇼는 열 명의 주요 인물을 선정한 뒤 그들의 역사적 중요성을 평가하는 시리즈물로, 전국적인 논쟁을 일부러 불러일으키는 방식으로 만들어졌다. 각각의 인물에 대해 한 사람씩 유명 역사가들이 그들의 대변인을 맡게 했다. 이들은 자신이 맡은 역사 인물이 얼마나 큰 의미를 지닌 사람인지를 놓고 싸웠다. 최종 우승자는 시청자들의 생방송 투표로 선정했다. 그렇게 시리즈에 투표를 도입하자 이 방송은 좀 더 폭넓은 사회적 논쟁이 됐다. 투표라는 요소와 더불어 '위대함'과 국가 개념에 대한 논쟁이 더욱 커지면서, 이 쇼는 시청자들과 상호 작용하며 그들에게 평가를 할 수 있게 하고 의견을 개진할 수 있도록 해주었다. 이 시리즈에 나온 피터 스노는 유명한 선거전문가로 총선의 베테랑인데, 이 시리즈가 공식적이라는 느낌을 주는 데 중요한 역할을 했다. 여기서의 투표는 단순히 인기투표라고는 할 수 없었다. 왜냐하면 시청자들에게 아홉 가지 평가 기준, 즉 '후대에 남긴 유산', '천재성', '리더십', '용맹함', '인간애' 등을 제시해 각각을 평가한 뒤 투표하도록 했기 때문이다. 특정한 자질을 기준으로 역사적 인물을 평가하도록 한 것이다. 이 시리즈는 큰 인기를 얻으며 논란의 대상이 됐다. 방송에서 나온 질문이 의회에서 똑같이 논의되기도 했다. 신문과 방송도 같은 주제를 놓고 토론을 펼쳤다. 박물관에서는 방송에서 선정된 인물에 대한 특별 전시를 열었다. 코미디 프로그램에서는 방송을 패러디했다. 채널 4에서는 이로부터 1년쯤 뒤에 〈100명의 최악의 영국인들100 Worst Britons〉이라는 패러디 쇼를 만들기도 했다(토니 블레어가 1등의 불명예를 안았다). 결승전에는 150만 명의 시청자들이 투표에 참여했다. 이 쇼는 투표를 통해 국가적 유산을 세워나간다는 콘셉트를 내세워 민주적인 성격을 드러냈으며, 시청자들로 하여금 그들 스스로 국가의 스토리를 만들어나간다는 자부심을 느끼도록 해줬다. 물론 여기에는 국가의 스토리라는 것이 남성 중심, 정치 중심 그리고 특정한 '업적' 위주라는 한계가 있기는 했다.

〈위대한 영국인들〉과 그 쇼를 본떠 만든 세계 각국의 프로그램들은 유명인을 역사 인물의 대변인으로 내세웠다. BBC 버전은 과거 재구성, 자료 화면, 역사적 유품, 편지나 손수 쓴 원고, 책 등 다양한 다큐멘터리 스타일을 활용했다. 하지만 이런 쇼는 진행자의 개성에 많이 의존하고 해설자의 비중이 약해져, 특정한 인물에 의해 쇼가 개인화되는 성격을 띠었다. 따라서 이런 프로그램은 역사 다큐멘터리 방식과 사이먼 샤마의 〈히스토리 오브 브리튼〉을 섞어놓은 방식이라 할 수 있다. 강한 개성을 지닌 진행자를 등장시켜 다양한 자료를 곁들여 일관성 있게 논쟁적인 소재의 정보에 파고들게 했다. 이런 프로그램들은 역시 쇼의 구심점을 역사 인물에서 찾아 그들을 최근의 인물에 비유했으며(빅토리아 시대의 기술자들은 로큰롤 스타에 비유됐다), 핵심적 순간을 재연하거나 중요한 논점을 보여줬다. 미사여구를 동원한 진행자들의 번지르르한 말발은 프로그램 성공의 핵심 요소였다. 이점바드 킹덤 브루넬 같은 대단치 않은 인물이 쇼에서 마지막 탑3에 오른 이유는 텔레비전 인기인 제러미 클라크슨Jeremy Clarkson이 시리즈 앞부분에서 강력한 이미지를 던져줬기 때문이다. 이 쇼는 극영화를 자료 화면으로 사용했다 ― 예를 들어 처칠 편에서는 미국 영화 〈도라 도라 도라〉(리처드 플레이서, 긴지 후카사쿠 공동 연출, 1970년)의 진주만 침공 장면을 자료 화면으로 소개했다(비록 자막에서는 이것을 밝히지 않았지만). 대다수의 대변인들에게 자료 화면과 재연 장면은 프로그램의 핵심 요소였다. 그것이 시청자들이 주제를 시각화할 수 있게 하고 주제에 몰입하도록 하기 때문이다. '수세기 전의 일들은 당시의 자료 화면이 없기 때문에 우리는 그것을 너무나 먼 것으로 느끼고, 사람들은 그 시대를 세련되지 못하고 어수룩한 때라고 여기게 마련이다. 당시의 과거가 요즘 사람들에게는 상관없는 일로 여겨지는 것이다.'[29]

이 프로그램의 목표는 변호의 대상이 되는 인물의 역사적 의의를 과거와 현재에까지 미치는 영향력까지 포함해 보여주는 것이었다. 앤드루 마Andrew Marr는 다윈 편의 오프닝에서 "우리에게는 많은 영웅이 있다. 그러나 세상을 바꾸는 인물은 단 한 명이 있을 뿐"이라고 말한다.[30] 각 편은 설득력 있는 주장을 펼치려 했고, 역사 기록 방식은 그런 시각을 반영했다. 하지만 동시에 '역사적 의의'라는 개념이 시리즈 전체를 하나로 묶었다. 이런 접근 방식과 모순되는 것은 이 쇼가 전기적인 요소 역시 중시했다는 점이다. 왜냐하면 그 커다란 업적이란 작은 사건이나 삶의 여러 측면에서 나오는 것이기 때문이다. 또한 방송이 내세운 '위대함'이라는 개념의 근거에는 국가주의가 있었다. 프로그램이 일으키고자 하는 논쟁은 '국가'와 '역사적 의의'에 관한 것이었고, 영국의 가장 중요한 인물을 되새김으로써 'Britishness', 즉 '영국적이라는 것'이 지닌 국제적인 의미를 다시 한 번 천명하는 것이었다. 시리즈는 명백히 전기적인 것에 초점을 맞추었다. 그를 통해 역사적 인물을 외부적인 맥락 속에서 분석하는 것보다 실제 삶을 통해 더 잘 이해할 수 있음을 제시했다. 예를 들어 엘리자베스 1세의 초기 투옥에 대해 마이클 포틸로Michael Potillo는 "이것은 그녀가 특별한 시험을 거쳐야 했다는 것을 의미한다"라고 해석했다. 그녀의 투옥이 그녀의 용기를 확신시켜줌과 동시에 그녀의 자비와 절제, 인간애 역시 강화시켰다는 것이다.[31] 여기서 핵심은 개인주의적인 접근으로 개인의 생애에서 일어난 특별한 사건의 중요성과 국가 성격의 발전을 강조했다는 점이다. 어떤 것은 근거가 부족한 주장이라고 할 만한 것도 있었는데, 주로 인물의 성격에 관한 언급이었다. 엘리자베스 여왕은 사형 명령을 내리기 싫어했다고 포틸로는 주장한다. 또 그들의 행동에 담긴 의미 역시 특별한 증거 없이 해석됐다. 〈위대한 영국인들〉이 초월적인 가치에 대해 주장하고자 하는 것은 역사학자 트리스트램 헌트가 뉴턴 편을 진행할 때 아주 명확히 드러났다.

역사가로서 나는 천재의 아이디어에 매혹됩니다. 어떤 시대에 살건 우리 모두는 비슷한 선을 따라 생각합니다. 우리는 크건 작건 우리 시대의 산물이기 때문이죠. 하지만 종종 역사의 엉킨 실마리를 푸는 사람들을 보게 되는데, 그들은 그들의 시대 외부에 살 수 있는 사람들입니다. 기존의 모든 생각을 뒤집는 사람들인 것입니다.…… 그러한 추동력과 자기확신, 그런 오만함이라니…… 어떻게 뉴턴은 동시대 사람들과 그렇게 다르게 세상을 볼 수 있었을까요?[32]

헌트는 뉴턴을 '천재'라고 소개함으로써 뉴턴에게서 역사를 덜어냈다. "우리는 크건 작건 우리 시대의 산물이다"라는 그의 주장에는 미묘한 역사기록학적인 시각이 있다. 그 설명은 어떤 면에서든 한 인물이 외부적이거나 낯선 타자라는 뜻이며, 그런 남다름을 통해 세상에 큰 영향을 끼쳤다는 뜻이다. 헌트는 뉴턴이 미숙아로 태어난 것이 그에게 영향을 미쳤고, 그런데도 살아남았다는 사실이 고집 센 성격과 의지를 설명해준다고 주장했다.[33] 즉, 생애의 중요한 사건이 사람의 성격을 만들어나가는 데 영향을 미치고, 이에 따라 세상을 조직화하고 변화시킬 수 있다는 것이다.

그러나 어떤 프로그램들은 이런 남성화된 진보 개념과 휘그주의적인 Whiggish[4] '위대함'의 개념을 버리고 좀 더 흥미로운 시각에서 역사의 의미를 파헤쳤다. 페미니스트 저널리스트인 로지 보이콧Rosie Boycott은 다이애나 왕세자비 편을 진행하면서 다이애나가 사실상 거의 아무것도 하지 않았다는 점이 가장 큰 미덕이라는 도발적인 주장을 펼쳤다. 다이애나는 남성 중심적인 진보의 역사라든가 기술혁명 혹은 정치적 지배 같은 것과 관련이 없다는 것이다. 보이콧은 왕세자비 다이애나가 '별 의미 없는 가벼운 존재'라고 주장하는 '지적인 속물'들을 공격하면서, 그 대신 '감정이란 것이 정말로 중요하다'는 것과 발전이나 과학 같은 것만이 '항상 인간의 행복을 더해주는 것은 아니'라고 반박했다.[34] 보이콧은 감정의 중요함을 내세웠고, 다이애나 편에서 그녀의 생애를 그리는 데 삶의 사실적인 요소보다는 좀 더 비실질적인 측면에 관심을 두었다. 보이콧은 국민성이라는 개념에 대해 선정주의적·반反국가지상주의적·비정치적인 사고방식을 제안했으며, "권력과 특권……이란 사랑과 정열이 눈앞에 놓여 있을 때는 아무런 의미가 없는 것"이라고 강조했다.[35]

보이콧은 이런 설명을 할 때 종종 동화의 비유를 이용했다. 역사란 것이 실제 저변에서 일어나는 진짜 스토리를 반영하지 않은 지배층의 문화적 내러티브일 뿐이라는 것이다. 다이애나의 삶은 국가의 욕망과 고통에 대한 상징이며 비유다. 그리고 그녀의 죽음은 온 국민의 감정을 정화시키고 그들을 감정과 느낌의 세계로 들어오게 했다는 점에서 카타르시스적이었다. 보이콧의 말 중 가장 의미 있는 표현은 다이애나의 삶이 "미디어에 시달리며 살아야 했던 삶이며, 자신과는 거리가 먼 '대중'의 이야기에 의해 만

---

4)   **휘그주의적**: 역사를 단선적인 발전의 개념으로 보는 것을 의미한다.

들어졌다"는 것이다. 실제로 다이애나 편에서 보이콧이 근거로 삼은 유일한 실제 역사적 증거는 타블로이드판 신문과 뉴스의 자료 화면뿐이었다.

다이애나는 그녀의 행동에 의해 정의된 것이 아니라 그녀에게 투사된 이미지에 의해 정의됐다. 사람들은 직접 만나지 않고도 그녀를 애도하는데, 그것은 미디어 속에 나타난 모습과 그녀를 동일시하기 때문이다. 다이애나는 유명인들에게 집착하는 사회에 대한 독특한 텍스트가 된다. 그러므로 역사적 인물에 대해 개인화되고 감정적이며 심리 치료적이고, 공적인 자기고백 형식으로 생각하는 이 방식은 리얼리티 프로그램이나 이후의 여타 방송물, 특히 역사 프로그램에서 자기 증언을 드러내는 방식을 만드는 데 아주 중요한 역할을 했다고 할 수 있다.

보이콧의 다이애나 편은 전통적인 역사 접근 방식을 무너뜨리며, 사실과 증거를 중시하지 않고 그 대신 문화적인 인용(『푸른 수염』 같은 동화에서)이나 감정상의 이해와 행복을 중시했다. 위대함이란 역사적 의미에 의해서가 아니라 공감과 이해 같은 내면화된 능력에 의해 측정되는 것이다. 다이애나가 보여준 의의는 〈위대한 영국인들〉 그 자체에 좋은 전형을 제공했다. 얼핏 보면 이 프로그램은 휘그주의적인 '위대한 사람'의 역사를 제시했지만, 그와 더불어 오늘날 대중이 한 인물을 추앙하는 현상을 탐구하고 또 인물의 성격에 대해 이해시키고자 한 것이다. 그리고 개인의 역사적 의의보다는 천상의 인물에 대해 시각을 돌리도록 한 것은 다이애나의 죽음이 남긴 문화적 결과물이라 할 수 있다.

단순 명료한 '위대함'이라는 개념 덕분에 이 프로그램 형식은 향후 독일, 캐나다, 네덜란드, 미국, 남아프리카, 핀란드, 프랑스, 벨기에, 체코, 웨일스, 불가리아, 뉴질랜드와 루마니아에서 제작되어 방영됐다. 콘셉트는 대개 비슷하지만 각국의 쇼에는 나라별 특징이 있었다. 예를 들어 미국에서는 선정된 열 명 중 일곱 명이 대통령이었고(그중 여성은 한 명, 흑인은 두 명), 문화 인물은 한 명(엘비스 프레슬리)이었다. 체코는 '가장 위대한 악인'도 뽑았는데, 그 자리는 전 대통령 클레멘트 고트발트에게 돌아갔다. 그들은 또 문학인도 뽑았다. 자라 침르만이 우승했지만, 나중에 자격을 박탈당했다.[36] 자국의 최근 사회주의 역사를 다룬 나라는 루마니아였다. 신문 ≪에베니멘툴 질레이Evenimentul Zilei≫가 위대한 루마니아인과 최악의 루마니아인을 동시에 투표를 통해 뽑았다. 놀랍게도 니콜라에 차우세스쿠가 1위가 아니라 2위였다(위대한 인물에서는 11위). 독일에서는 히틀러와 나치를 투표 대상에서 뺐고, 영국의 명단에서는 국제적인 성취와 문화적인 중요성이 강조됐다. 독일의 목록은 영국과 비슷했다. 예를 들면 알베르트 아인슈타인, 카를 마르크스, 요한 제바스티안 바흐와 요하네스 구텐베르크 등. 영국과 비슷하게 우승자는 독일 통일의 정치가 콘라트 아데나워가 차지했다. 프랑스에서는 좀 더 가벼운 정치 성격을 드러냈다. 우승자는 샤를 드골, 나머지 순위는 작가 몰리에르, 빅토르 위고, 과학자 마리 퀴리 그리고 에디트 피아프 같은 문화적 인물, 자크 이브 쿠스토 같은 이들이 차지했다.

인기라는 것이 늘 변하는 것이며 투표 참가자들의 인구 분포와 시청자들의 수용 태도. 같은 것들 역시 각각 다르다고 할 수 있다. 예를 들어 미국 쇼 같은 경우 깊이가 좀 얕았다. 그리고 공중파가 아니라 디스커버리 채널에서 방영됐다. 그러나 이런 쇼들은 국가의 자기정의Self Definition에서 역사적 인물 개개인이 중요하다는 점을 명확하게 설명해주는 역할을 했다고 볼 수 있다. 남아프리카공화국 방송은 국가라는 주제에 대한 폭넓은 논쟁의 장이 됐고, 아파르트헤이트와 식민주의자들(유진 테르 블랑시, 세실 로즈, 헨드릭 버워드)의 참여를 놓고 논란이 벌어지기도 했다. 또한 텔레비전과 전화는 주로 백인이 사용하는 것이어서 투표의 접근성에 대한 비난 때문에 쇼가 취소되기도 했다. 또 〈100명의 웨일스 영웅〉 프로그램은

〈위대한 영국인들〉이 드러낸 '영국인'이라는 의미에 담긴 편견에 반발하는 특징을 드러냈다. 〈가장 위대한 캐나다인〉은 국가적인 분열을 낳기도 했다. 캐나다의 프랑스어 방송사인 '라디오-캐나다'는 이 프로그램을 방송하지 않았기 때문에 그 지역 인물은 거의 뽑히지 않았다. 캐나다의 톱 10은 모두 남성이었고 체육인도 포함됐다. 특정 후보들에게는 엄청난 시청자 투표 운동이 벌어지기도 했다. 벨기에(캔바스사 방영)는 투표를 두 번 했는데 하나는 플라망어(벨기에 북부 지역에서 사용되는 네덜란드어)로, 다른 하나는 왈롱어로 진행됐다(RTBF사 방영). 양쪽 모두 '가장 위대한 벨기에인'이라는 제목을 붙였고, 뽑힌 인물이 겹치기도 했다.

'위대함'이라는 개념은 국가적·국제적인 의미를 전제로 한다. 그리고 이 프로그램에 대한 투표나 외부적인 대중의 반응은 각국이 그들의 역사에 대해 어떻게 인식하고 있는지를 드러낸다.[37] 이 프로그램과 관련된 논쟁이 생기기만 하면 대중은 곧 양극화되는 모습을 보이기도 했다. 이 쇼를 보면 대중문화에서는 모든 것을 순위로 나타내고자 한다는 점, 그리고 대중은 자신을 대표할 인물을 고르는 일에 아주 민감하게 반응한다는 것을 알 수 있다. 국가보다는 개인을 강조하며, 인물 투표를 통해 한 나라의 역사를 만들어간다는 구상을 보여줌으로써 이 방송은 국가라는 것이 어떤 면으로는 중요한 의미를 조금씩 쌓아가는 것이 아니라 특출한 것들이 합쳐져 이루어지는 것이라는 생각을 보여주었다.

유명인 역사가들을 활용해 역사적 의미를 살펴보고 시청자들에게 역사의 중요성을 매겨보도록 유도하는 이러한 쇼를 통해 알 수 있는 것은, 역사학자들이 개인적인 스타가 되어가면서 자신들의 학문적 정체성을 잃어가는 현실이 드러났다는 점이다. 트리스트램 헌트나 리처드 홈스 같은 전문 역사학자들이 참여하기는 했지만, 자신의 연구 주제만 파고드는 전문 학자의 권위는 점점 잠식당하고 텔레비전의 도도한 흐름 때문에 남아 있던 권위마저 흐릿해졌다. 역사학자들은 텔레비전 진행자로서 친밀감 때문에 중요한 것이지 그들의 학문 때문에 중요한 것이 아니었다. 텔레비전 역사가들의 '역사학자로서의 특성'은 휩쓸려 내려가기 시작했다. 예를 들어 시리즈가 끝난 뒤 정치 저널리스트였던 앤드루 마는 저널리즘의 짧은 역사를 써서 〈현대 영국의 역사〉(BBC 2, 2007년)의 진행자가 됐다.[38] 역사적 권위는 문화적 인물이나 유명인이 지닐 수 있는 것이 됐으며, 유명하고 잘생기고 장중한 달변의 저널리스트들이 진짜 역사가들의 자리를 점점 더 차지하게 됐다.

데이비드 어빙의 문서 비방 재판과 그 여파

공적인 영역에서 역사가들의 지위가 더 깎이고 문제가 된 사건은 데이비드 어빙과 펭귄 북스가 2000년에 벌인 문서 비방 소송이었다. 이 소송은 샤마의 〈히스토리 오브 브리튼〉의 방영과 같은 해 벌어졌는데, 이 두 가지 사건은 '대중의' 역사에 대해 향후 몇 년간 주된 기조를 제공했다. 앞에서 살펴본 것처럼 샤마의 다큐멘터리 시리즈는 역사 다큐멘터리의 폭발적인 인기를 불러왔고, 역사가들을 대중의 상상 안에 확고히 구축시켰다. 어빙의 문서 비방 재판은 역사가들의 해석 방법과 기록에 의지하는 이 학문이 논쟁의 대상이며 대중 속에 의문을 낳고 있다는 사실을 보여줬다. 1983년 히틀러 일기 위조 사건[5] 이래 이처럼 논쟁을 불러일으킨 일은 없었다.[39] 어빙은 1997년 작가 데버러 립스타트Deborah Lipstadt와 출판사 펭

---

5) **히틀러 일기 위조 사건**: 1978년 콘라드 쿠조가 히틀러의 일기를 발견했다고 주장하자 기자 하이데만이 1983년 이를 사들여 《슈테른》지에 300만 달러를 받고 팔았으나, 결국 이것이 쿠조의 위조물임이 밝혀졌던 사건이다.

권 북스를 문서 비방으로 고소했다. 그가 홀로코스트를 부인했으며 믿을 수 없는 역사가라고 비방한 내용을 담았다는 데 대해서였다.[40] 이것은 데버러가 자신의 책 『홀로코스트 부정하기Denying the Holocaust』에 쓴 내용이었다. "어빙은 홀로코스트가 실제로 일어나지 않았다는 주장을 뒷받침하기 위해 역사적 자료를 왜곡하고 조작했다"라고 밝힌 부분에 대해 어빙은 그것이 "역사가로서의 내 명성을 무너뜨리기 위한 시도"[41]라며 반박했다. 재판은 2000년 초반에 시작됐는데, 그 소송을 다룬 다양한 출판물이 당사자들[리처드 에번스Richard Evans와 립스타트], 구경꾼들[D.D. 거튼플런], 그리고 다른 해설가들에 의해서도 나왔다. 재판은 역사 기록에 관한 것이면서 사실에 대한 것이기도 했다. 이런 점들은 판사가 어빙의 오독과 부정확성, 문제점 등을 지적한 80쪽짜리 판결문을 발표하면서 명확하게 부각됐다.[42] 그러나 이것은 또한 잘못된 해석과 의도된 오역에 관한 재판이기도 했다. 배심원은 어빙이 "적극적인 홀로코스트 부정자이며 반유대적이고 인종주의자"라는 평결을 내렸다.[43]

그 재판은 4개월 동안 진행되면서 세계적으로 언론의 엄청난 관심을 받았다. 대중의 눈에 들어온 것은 단지 어빙만이 아니었다. 에번스, 립스타트와 로버트 반 펠트Robert van Pelt 등 법정에 선 다른 역사가들의 행동과 신뢰도 역시 논쟁의 대상이 됐다. 그 사건에 대해 미디어들은 역사가들의 핵심적인 학문 기술과 역사가들의 해석적 접근에 초점을 맞췄다. 역사가들이 증거를 활용하는 방법, 문헌에 대한 접근법, 논쟁과 자료의 우선순위를 고르는 방식이 토론됐다. 역사학과 법이 만나는 지점은 복잡하다. 판사는 자신의 역할을 다음과 같은 말로 명확히 했다.

과거에 무슨 일이 일어났느냐에 대한 판단을 내리고 발언하는 것은 내가 할 일이 아니다. 그것은 역사가들이 할 일이다. 이 재판을 바라보는 사람들은 명심

해야 한다. 판사로서 나의 역할, 즉 양쪽 간에 발생한 이슈를 해결하는 판사로서의 역할과, 역사적 사건에 대한 정확한 사실을 제공해야 하는 역사가로서의 역할은 명백히 다르다는 점을.[44]

이런 염려를 뒤로하고 펭귄 출판사는 소송에서 이겼고, 이것은 역사적 '진실'의 승리로 여겨졌다. 복잡한 영국「문서비방법」에서 승소를 얻어낸 것이 옳았고 적절했다는 것이다. 비록 잘못된 생각일지 몰라도 '역사가 재판을 받는다'는 것이 대부분 사람들의 생각이었다.[45] 그 재판 결과에 난색을 표시한 역사가 존 키건John Keegan은 어빙이 가장 창의적인 역사가 자질을 지녔다고 주장했다. 그는 우리에게 들려줄 흥미로운 이야기가 많다고 주장했다. 키건 경의 이런 태도에 대중은 의문을 갖고 궁금해했다.[46]

어빙 소송의 핵심이 어떻게 역사기록학에 관련되어 있는지를 보면, 여기서 흥미로운 점은 그것이 주로 해석의 내용보다는 위조와 왜곡에 초점을 맞추고 있다는 점이다. 어빙은 증거를 무시하거나 오독한 것으로 밝혀졌다. 이것은 진실에 대한 윤리적인 의무라고 할 수 있는 것이지만, 판결 이후 그것은 역사에 대한 법적인 의무와 책임감이 된 것이다. 증거와 해석의 문제는 어빙이 쌓아올린 명성을 한순간에 무너뜨렸다.[47] 어빙은 나쁜 역사가는 아니었지만, 역사를 그릇되게 기록한 사람인 것이다. "피고인 어빙이 인용한 대부분의 사례를 보면, 그것은 역사적 증거와 객관적 관찰이 드러내준 역사적 사실을 심각하게 오역했다."[48] 어빙의 역사기록학에 대한 변호자들에 대한 비판은 "거의 한결같이 충분한 근거를 가지고 있었다".[49] 찰스 그레이Charles Gray 판사의 판결문은 다음과 같다.

염두에 두어야 할 것은 어빙이 말과 글로 발표한 것들이 역사적인 증거와 일치하는지의 여부, 혹은 일치한다면 어느 정도까지 일치하는지를 검토해야 한다는 것이다. 왜냐하면 피고인이 밝힌 것처럼 어빙이 특정한 사건이 일어났다는 것을 부인했다는 행위에 대해서는, 자격 있고 양심적인 역사가가 나서서 그의 행위가 역사적 '증거'에 반하는 것이라는 점을 인정하지 않는 한 부인 행위에 대한 비난은 정당할 수 없기 때문이다.[50]

이 재판은 법적으로 역사가 최종적 진실을 설명해줄 수 있는 것으로 규정되어왔음을 의미하는 것일까? 역사와 법이 만나는 지점은 매우 복잡하다. 법이란 건 질서를 요구하는 규율 및 규칙이며, 역사란 좀 더 복합적인 성격의 탐구 전략이라 할 수 있다. 그레이는 여기서 역사에는 일종의 '합리적인 의심'을 넘어서는 요소가 있다는 것을 시사했다. 동시에 그는 이 재판이 역사가로서 어빙이 적합한지를 질문하는 것이라는 점을 보여줬다.

히틀러 일기 위조 사건은 몇몇 명망 있는 역사가들을 곤란에 빠뜨리기는 했지만, 그 사건의 핵심은 단순히 진실 여부에 관한 것이었다. 그리고 그것은 진짜/거짓의 이분법에서 거짓임이 증명됐다. 어빙의 재판은 역사 기록학 출판에서 하나의 분수령이 됐다. 가치라는 것, 도덕의 재판이라는 것, 역사 기록, 방법론 그리고 역사인식론 같은 것이 처음으로 대중적으로 토론됐다. 처음으로 역사적 '진실'의 개념이 더 넓은 공공의 영역에서 검토되기 시작했다. 그러나 오늘날 많은 책이 보여주듯이 이러한 토론은 여러 주장과 드라마 등 다양한 문화 양식과 미디어를 통해 이미 있어온 것이다.

어빙은 학자로서나 대중적인 역사가로서 글자 그대로 변호의 여지가 없는 사람이 되어버렸다. 영국에서는 문서 모독 사건에 대해 법적 판결만을 받았지만, 다른 나라에서는 더 큰 대가를 치러야 했다. 그는 독일과 호주, 이탈리아, 캐나다, 뉴질랜드에서 입국 금지 조치를 당했다. 1992년에 캐나다에서는 강제 추방됐다. 그는 법정에 출두하지 않는 한 프랑스에 입국할 수 없으며, 독일과 오스트리아 정부는 그에게 벌금을 부과했다.[51] 2005년에는 1989년 오스트리아 경찰이 발부한 체포 영장으로 체포됐고, 홀로코스트를 경시했다는 죄목으로 기소되어 10개월간 복역하고 출소한 뒤 추방됐으며 영구 입국 금지 처분을 받았다.

이처럼 1990년대와 2000년대 초반 국제적으로 명성을 누리던 작가는 하루아침에 부패한 방법으로 연구를 한 사람이 됐고, 자신의 편견 때문에 연구 자체를 바꾸어야 하는 사람이 됐다. 영국「문서비방법」은 피고가 어빙이 틀렸다는 것을 '입증'해야 한다는 점에서 복잡하다. 즉, 역사기록학적으로 그의 자료 사용이, 그의 도덕적 태도가, 그리고 그의 학문가로서의 자세가 그르다는 것을 증거로써 증명해야 하는 것이다. 어빙의 재판은 다큐멘터리의 소재가 됐다. 미국의 과학 다큐멘터리인 〈노바Nova〉(이 프로그램 자체가 대중적인 역사 담론의 일부다. 종종 역사적인 발견을 방영하는 프로그램이다)는 2000년 10월에 배우들의 재연을 통해 이 사건을 다뤘다. 소송 건으로 대중매체에 엄청나게 보도되며 명성이 추락한 어빙의 사례는 대중적 역사에 큰 고통을 남겼으며, 동시에 대중적 역사학의 '진실하지 못한' 내러티브를 사라지게 했다. 이는 역사가들에게 우려스러운 일이었으며, 소송 당사자인 데버러 립스타트까지도 어빙 재판의 여파로 역사적인 목소리에 있을지도 모르는 검열에 대해 우려를 표시했다.

어빙은 지금 대중의 머릿속에 불명예스럽고 바보 같은 사람, 거짓말을 하고 역사를 오독한 사람으로 남아 있다. 역사가로서 어떤 잘못된 기법을 사용해서 그랬을지 몰라도, 그는 유죄로 판명이 났다. 한 사람이 하나의 증거를 놓고 여러 가지로 해석할 수 있다는 생각은 겉으로는 사라진 듯하다. 왜냐하면 그런 생각이 자칫 도덕적 상대주의를 낳고, 또 이것이 역사 속에 끔찍한 비극이 일어났던 것을 부정하게 만들었기 때문이다. 이와는 대조적으로 덕망 있는 역사학자들은 자신들의 편견을 극복하고, 대중이

원하는 대로의 결론에 맞추기 위해 사실을 왜곡하지는 않았다. 어빙은 어떤 면에서 대중적 역사가의 완벽한 본보기였다. 그는 학계의 학자가 아니었다. 홈페이지에서 그는 '진짜 역사'를 쓴다고 주장한다. 그는 독불장군이었으며, 특정한 엘리트보다는 더욱 폭넓은 시청자들을 고려했으며, '비공식적인' 역사가였다.[52] 그러나 그는 또한 비전문적인 역사가 어떻게 자신의 객관성을 잃을 수 있는지 보여주는 증거다. 에번스는 "진지한 역사가들 앞에 놓인 진짜 시험대는 어느 정도까지 그가 정치적인 신념을 역사연구의 요구에 굴복시킬 수 있느냐 하는 것이다"라고 말한다.[53] 여기서 진지하다는 것은 솔직하지 않다는 표현이다. 어빙의 패소와 투옥은 도덕적인 역사의 승리로 보인다. 또 이것은 상대주의적이고 포스트모던한 역사기록학에 대중이 한 방 먹인 일이라 할 수 있다. 이 일은 역사적 조사에 의해 밝혀질 수 있는 일종의 진실이라는 것이 정말로 존재한다는 생각을 심어준 듯 보인다. 이와 동시에 모든 사건은 어빙의 몰락에 대한 희비극이었다. 그의 재능과 포퓰리스트적인 능력에도 불구하고 그가 마음속으로는 성격 이상자가 되어 점점 역사 속에서 일어난 일과 아주 멀어졌다는 것이 드러났다. 리처드 에번스는 그의 판결문 뒤에 간단하고 명백하게 밝힌다. "그는 조작했다"라고.[54]

2장 출판에서의 대중적 역사

　새로운 세대의 역사가들은 이미 유명인의 지위에 오른 뒤에도 여전히 책을 통해 자신의 권위를 세우고 경력을 쌓고 돈을 번다. 출판물에서의 대중적 역사물은 역사학자들이 검증하지 않은 방식으로 대중에게 호소하고 그들의 구미에 맞춘다. 이 분야는 엄청난 수익을 남기고 있다. 2003년 출판사 템퍼스Tempus는 역사 시리즈로 1,000만 파운드를 벌었다. 작가들은 거액의 계약금을 요구하고 공격적인 마케팅의 대상이 된다. 이것은 또한 아주 역동적인 장르이기도 하다. 대중적 역사 출판은 한 시대, 인물의 생애, 군대의 역사, 지역의 역사와 특화된 문화의 역사를 광범위하게 아우른다. 서점과 도서관의 대중 역사물 섹션은 이야기를 통해 과거를 접하려는 욕구의 증가에 부응하기 위해 확장 일로에 있다. 대중 역사물은 엄청나게 다양한 방식으로 나온다. 브랜드화된 입문 수준의 책만 해도『바보들을 위한 고대 이집트 가이드Idiot's Guide to Ancient Egypt』나『바보들을 위한 제2차 세계대전World War II for Dummies』같은 익숙한 시리즈에서부터 인민의 역사, BBC에서 나온 국가에 대한 책『제국의 섬This Sceptred Isle』('누구나 접근 가능한 한 세기의 간략한 역사'라고 불렸다) 등이 있다.[1] 이 책의 구성 방식을 보면 인용이나 전기, 문화적 역사, 군사적 역사 등이 있으며, 그 내용을 보면 모든 유형의 기념일에 관한 책, 회고록, 과학의 역사, 제도의 역사, 역사에 대한 증언, 역사지리학, 팩트 북, 미술의 역사, 자서전, 지방사local history를 망라한다. 영국 시민전쟁에 대한 두꺼운 책에서부터 영국의 인도 통치 시절 말기에 대한 해석에 이르기까지 다양한 범위의 내용을 담은 대중 역사물이 상당한 판매량을 기록하는 것을 보면, 역사 저술이 대중의 문화적인 삶에 매우 깊숙이 자리 잡고 있으며 꾸준히 진화했다는 것을 알 수 있다. 대중 역사물의 저자는 학계의 저자, 혹은 저널리스트나 독립적 학자들, 또는 정치가, 코미디언과 소설가 등이다.[2] 대중 역사물은 계속해서 새로운 내용을 선보였다. 하지만 오래된 스테디셀러 역시 출판되고 있으며, 그래서 대중 역사물의 역동성은 다음과 같은 책의 영원성에 의해 뒷받침되고 있다. 앤터니아 프레이저Antonia Fraser, 에릭 홉스봄Eric Hobsbawm, S.R. 가디너Samuel Rawson Gardiner, 스티븐 앰브로즈Stephen Ambrose, 로이 스트롱Roy Strong, A.J.P. 테일러Alan John Percivale Taylor(심지어 기번은 페이퍼백으로도 구할 수 있다). 특정한 시대는 좀 더 인기가 있으므로 많은 책이 나온다. 제2차 세계대전, 이집트 시대, 일반적인 군대의 역사, 영국 제국(이것은 영국인들의 취향이다) 같은 시대가 그렇다. 그러나 로버트 훅Robert Hooke의 주요 전기나 인도의 마지막 통치자 같은 책 역시 큰 시장을 가지고 있다.[3]

다양한 형태로 출간되는 대중 역사책은 엄청난 독자군을 거느리며 거대한 판매량을 기록한다. 2003년에만 3,200만 달러어치의 역사 서적이 팔렸으며, 이것은 전체 서적 판매의 2퍼센트를 차지하는 양이었다. 시장 점유율의 성장 속도나 이 장르의 대중성에 비추어볼 때 이것은 기록적인 수치다.[4] 텔레비전이나 모든 역사 관련 상품과 마찬가지로 대중 역사 출판물은 1990년대에 시장이 급변하는데, 그 결과 판매량이 엄청나게 늘어나고 장르는 다변화됐다. 그렇게 역사 출판은 여러 방향으로 전진하고 발전해왔다. 그렇다면 대중 역사물 장르에 대한 연구 모델은 이러한 다양한 형태를 모두 아울러야 할 것이며, 그것의 특별함, 특이성(동시에 유사성)을 제시하고 독자들의 급변하는 성격을 이해하며, 각각의 특정한 출판물의 양이 나타내는 문화적 가치의 변화에 대해서도 언급해야 할 것이다. 각각의 책은 어떤 면에서는 그 책이 지닌 장점에 따라 선택되어야 하겠지만, 어쨌든 그보다 사회 문화적 맥락 속에서 다시 읽혀야 할 것이다. 여기서는 넘쳐나는 대중 역사 서적을 모두 살펴볼 여유가 없다. 앨리슨 위어 Alison Weir를 A.N. 윌슨Andrew Norman Wilson과 비교해, 혹은 테리 존스Terry Jones를 리베카 프레이저Rebecca Frasier나 앨런 헤인스Alan Haynes와 함께 검토한다거나 할 여유가 없는 것이다.[5] 그 대신 이 부문에서는 간략한 사례 연구를 통해 그것들의 형식과 기법을 살펴볼 것이다. 특별히 개인의 역사와 경험을 이야기하는 다양한 현상에 초점을 맞출 것이다. 이런 글은 '인스턴트식 추모' 책들, 예를 들면 몰락한 정치인들에 대한 해석에서부터 국민성과 정부에 대한 방대한 이야기까지, 가까운 이를 추모하는 책에서부터 전통적인 전기, 혹은 목격자 증언에서부터 어린이를 위한 역사에 이르기까지 다양한 범위에 이른다. 그다음으로는 독자들이 편하게 접할 수 있도록 내러티브식으로 역사를 쓴 책들의 기법과 형식을 살펴보고, 이런 책들의 역동성과 다양성에 힘입어 역사를 접하는 아주 다양한 문화가 번성해나가고 있음을 보여줄 것이다. 이 장은 두 절로 나뉜다. 첫 번째 절에서는 대중 역사 장르의 다양한 기법에 대해 알아보고, 두 번째 절에서는 독자들의 반응과 소비에 대해 알아볼 것이다.

내러티브 역사물

몇몇 유명한 베스트셀러가 출판물 생산과 소비의 폭발 동향을 형성했다. 특히 데이바 소벨Dava Sobel의 1995년 책『경도Longitude』는 대중적 내러티브 역사물의 새로운 시장 개척 가능성을 여실히 보여줬다.[6] 이 책은 존 해리슨John Harrison의 이야기를 담고 있는데, 그는 18세기 중엽에 바다에서 시계를 사용해 정확하게 경도를 측정하는 방법을 만들었다. 몇백 년 동안 바다를 항해하는 데 문제였던 골칫거리를 해결한 공로로 그는 영국의 '경도상'을 받았다. 경도(오늘날 런던 그리니치를 지나는 본초자오선으로부터 동서로 떨어진 위치)와 위도(적도로부터 남북으로 떨어진 위치)를 측정하는 일은 원거리 항해와 지도를 그리는 데 반드시 필요했다. 해리슨은 '가난한 집에서 태어났지만 머리가 아주 좋은 사람'으로, 아주 정확한 크로노미터 chronometer(정밀 시계)를 발명해 뱃사람들이 자신의 정확한 위치를 계산할 수 있도록 했다.[7] 그는 과학의 소망과 항해의 업적에 맞서 자신의 발명품이 제대로 작동한다는 것을 증명해냈고, 그 영향력은 엄청난 것이었다. 해리슨의 이야기는 열정과 집념의 이야기였지만, 이것은 또한 정치와 대영제국과 경제를 아우르는 내용이었다. 책은 재능 있는 이야기꾼으로서의 가능성으로 넘쳐났고 과학 성공 스토리에 목말라하던 독자들에게 아주 매력적인 내용이었다. 간략하고 직설적인 문체로 쓴 소벨의 책은 전 세계적으로 엄청난 출판 성황을 일으켰다. 이 때문에 너도 나도 이 책을 따라했으며, 그는 과학과 문화 유물에 주로 초점을 맞추는 대중적 내러티브 역사 저술과 전기라는 새로운 스타일의 창시자가 됐다.

소벨의 성공은 대중이 인간의 역사 발전에서 잘 알려지지 않은 이야기를 읽고 싶어 한다는 점을 증명했다.『경도』는 또한 대중 역사물의 복합적인 성격을 잘 보여준다. 이 책은 넓게는 출판계의 새로운 움직임을 보여주는 과학 역사책이다. 대중 역사물의 하위 장르로서 과학 역사책은 '발견의 기쁨', 탐구의 독특한 본성, 인간의 삶을 위한 아이디어의 중요성 등을 설명해준다. 한마디로 말하자면 과학의 문화적 의의를 말한다.[8] 대중적인 과학 도서들은 과학을 천재들의 영역으로 제시한다. '그런 책들에서는 칭송 일색의 생애 나열이나 휘그주의식 역사접근법이 즐겨 사용된다.'[9] 대중 역사 분야의 이러한 하위 장르를 통해 우리는 이 정보의 복합적 의미와 천재에 대한 관심과 개인, 특히 평범하거나 가난한 사람에 대한 경의와 낙관주의나 목적론적 세계관의 경향 그리고 많은 독자를 끌어들일 수 있는 능력 등을 볼 수 있다.

사이먼 샤마는 역사가들 중에는 학문성과 이야기꾼으로서의 능력을 동시에 지닌 이들이 더 많이 있다면서 내러티브 역사책의 '황금시대'가 왔다고 주장했다.[10] 샤마 자신 못지않게 트리스트램 헌트, 베트니 휴스, 리처드 홈스, 데이비드 스타키, 리사 자딘, 니얼 퍼거슨, 데이비드 캐너다인 David Cannadine 등이 쓴 책의 인기는 전문적인 역사가들이 쓴 책에 대한 관심을 증명했다. 대중이 이야기체의 책과 포퓰리스트들에 열광하는 점을 보면, 특정한 유형의 대중 역사물이 활짝 꽃피어나고 있음을 알 수 있다. 이런 대중적 글쓰기에서는 흡인력 있는 이야기와 '문학적 자질'이 핵심이었다. 기술적으로 유창한 스토리텔링을 보여주는 이 방법론이 위력이 있다는 것은 샤마가 매콜리나 기번 같은 역사가들을 앞서는 데서 알 수 있다. 이러한 모델의 대중적인 역사가들은 강렬한 이야기나 자신의 개인적인 스타일과 표현의 명료함으로 관객과 소통하는 사람들이었다.

정치적 일기와 증인의 증언

내러티브식 역사물보다 더 직접적으로 독자들에게 과거를 보여주는 많은 방법이 있다. 일기나 목격자 증언, 자서전이나 추모서 등이 그것으로, 이들은 중요한 사람의 삶이나 사건에 대해 독특하고 직접적인 시각을 전해준다. 정치 일기는 몇십 년 동안 중요하게 여겨진 출판물이었다. 일기를 통해 독자들은 그 주제에 제약 없이 접근할 수 있었다. 이와 비슷한 장르가 편지 모음집이었는데, 역시 중요한 인물에 대한 직접적이고도 개인적인 생각을 엿볼 수 있게 해주었다.[11] 그런 일기에는 저자의 편견이나 개인적인 적대감 같은 것도 들어 있었다. 사실 이런 것 때문에 아마추어 역사 애호가들은 이 형식에 더욱 매력을 느끼기도 했다. 그 내용은 저자가 직접 쓴 원전이라는 성격을 드러내주었고, 그래서 대부분의 대중 역사 서적보다 독자를 '실제적' 역사 탐구에 더 가까이 다가가도록 했다. 노동당 하원 의원 토니 벤Tony Benn의 『다이어리스Diaries』(1963년, 출판은 1998년)는 베트남전쟁에서부터 유럽경제공동체까지 중요한 사건에 대한 의견과 함께 독자들에게 유용한 역사적 시각을 담고 있었다.[12] 좀 더 야한 성격의 저술을 보자면, 보수당 하원의원 겸 역사학자 앨런 클라크Alan Clark의 일기 (1955년부터, 출간은 1992~2002년)와 연관된 스캔들은 맨얼굴의 대처리즘을 보여주었고, 또 한편으로는 클라크 개인의 성격과 정치적 성격이 합해져서 그는 장난꾸러기 같고 허영심 많으며 건방지고 생각 없고 색골 같은 인물로 드러나게 됐다.[13] 첫 번째 책이 나온 뒤 클라크는 선정적인 유명세를 얻었다. 이것은 정치 생활을 이야기할 때 그가 보여준 조심스럽지 못하고 팔팔한 스타일 때문이기도 하지만, 그의 실제 사치스러운 생활 방식과 불륜 같은 사생활 때문이기도 하다. 클라크의 직설적인 스타일 덕분에 대중은 그에게 다른 일기 작가들이나 정치가들보다는 훨씬 믿을 만하다는 인상을 받았고, 가식 없는 그의 글쓰기는 작품에 가치를 더했다.

　파란만장한 대중적 이미지를 지닌 또 다른 정치인은 전직 하원의원 에드위나 커리Edwina Currie다. 그녀의 『다이어리스Diaries』는 정치 최고위층에 대한 주목할 만한 시각을 보여줬다고 평가받았던 책이다. 커리는 서문의 작가 노트에서 이 책의 역사성에 대해 강조함과 동시에 자신의 행적은 미래의 학자들이 인정해줄 것이라는 제스처도 드러냈다. "이 책의 원문들은 희망컨대 나중에 런던 여성도서관의 자료실에 있는 보조 자료와 함께 21세기 여성 정치 부문에 놓일 것이다."[14] 뭔가 불분명한 "희망컨대I hope"라는 문구는 자신의 작업의 중요성에 대한 확신과는 일치하지 않는 것이며, 또 이 책을 낸 것이 자기 스스로를 기념하기 위한 것이라는 사실, 즉 자기 이익만 챙기기 위해서 직접 쓴 것은 아니라는 사실과도 모순되는 표현이다. 이런 일기가 자료적으로 중요성이 있는 것은 물론이며, 또한 독자들이 자신의 손에 역사적인 문헌을 쥐고 있고, 그 문헌이 독자들로 하여금 최근에 일어난 일들에 대해 당사자와 직접적으로 만난다는 느낌을 줄 수 있다는 것이 이런 책들의 매력이다. 나아가 출간된 일기는 스캔들의 주인공에게 자신의 행동에 역사적인 시각을 보태줌으로써, 스캔들에서 즉각 벗어날 수 있게 해주기도 한다.

　노동당 하원의원 데이비드 블렁킷David Blunkett은 2006년에 그의 일기를 출간했는데, 2005년 11월의 마지막 부분은 그가 우아한 이미지에서 추락한 뒤 결국 의원직을 사임하게 된 사건에 대해 쓰고 있다. 블렁킷은 일기 전반에 자신의 심정을 드러내는 설명을 써넣었다. "나는 아직도 그들이 그날 저녁 주었던 병을 가지고 있다"거나 "내가 사임할 이유는 없었다"는 식이다.[15] 그는 일기를 출간함으로써 자신을 합리화할 수 있었고, 즉각적으로 자신의 유산, 즉 블레어 노동당의 구성원에게는 아주 중요한 유산을 만들어냈다. 이런 네 가지 예를 통해 개인적 발언으로서 정치적 일기가 저자 자체의 중요성만큼이나 저자의 개성에 의해 흥미로워진다는 것을 알 수 있다. 그것은 날것 그대로의 역사이며, 그것이 일기의 매력이다. 하지만 일기란 흠이 많은 것이며, 특정한 방식으로만 역사를 재정리하는 방식이기도 하다. 오늘날 정치적 일기를 출간하기 위해서는 거액의 계약금을 지불해야 하는데, 출판사들은 이런 투자를 회수하기 위해 일기 장르를 좀 더 외설적이고 호기심을 자극하는 내용으로 이끌게 됐다.

목격자의 증언 역시 역사와 직접 맞닿아 있다. 그런 증언은 보통 사람들의 말과 경험에 초점을 맞춘다. 특히 그들이 겪은 고난이나 공포와 관련된 증언들이 많은 양을 차지한다. 증언에는 증인의 편향성이 담길 수밖에 없고 때로 사실과 다른 거짓일 수도 있지만, 그 위력은 아주 커서 그들의 말은 거대한 무게감으로 다가온다.[16] 리처드 홈스의『전쟁 중의 세계The World at War』는 템스 텔레비전의 기념비적 시리즈물1973년의 대본 중 증언 부분을 편집한 책이다.[17] 그 다큐멘터리는 엄청난 양의 인터뷰를 모아놓은 것인데, 알베르트 스피어Albert Speer[1]에서부터 앤서니 이든Anthony Eden[2]까지, 마운트배튼Mountbatten[3] 같은 위대한 인물에서부터 무명 인물의 증언(키 쓰야코, 1945년의 도쿄 주민)까지 넓은 범위의 증인을 아우른다. 책은 느슨하게 쓴 전쟁 이야기였지만, 증언은 이야기에 복합적이며 미묘한 느낌을 만들어냈다. 이처럼 다양한 목소리는 됭케르크 철수 작전[4]에서부터 복지경제

---

1) **알베르트 스피어**: 유명 건축가이자 나치 정부의 군수부 장관을 지냈다.

2) **앤서니 이든**: 영국 보수당의 정치인이다. 제2차 세계대전 당시 영국의 외무부 장관으로 연합국들과의 외교를 담당했으며, 1955년부터 1957년까지 총리를 맡아 보수당 내각을 이끌었다.

3) **마운트배튼**: 빅토리아 여왕의 증손자이자 제2차 세계대전 때 해군 제독으로 동남아시아 전선 연합국의 최고 사령관을 지냈으며, 인도의 부왕과 총독을 역임했다. IRA의 폭탄 테러로 사망했다.

4) **됭케르크 철수작전**: 제2차 세계대전 초기인 1940년 5월 26일부터 6월 4일까지 유럽에 파

학에 이르기까지 주요 사건에 대한 새로운 시각을 제공해주었다. 이것의 또 다른 효과는 친근한 사람과 사건에 대해 친밀한 시각을 제공한다는 것이다. 로런스 리스Lawrence Rees의 『암흑의 시간Their Darkest Hour』은 목격자 증언 모음집인데, 여기서는 제2차 세계대전을 경험하고 저지른 사람에게 증언을 통해 사건을 설명하게 한다.[18] 리스는 그들에게 말로 모든 것을 설명하게 하지 않고 종종 침묵을 통해 죄책감을 표시하거나 공모에 참가했다는 암시를 던지도록 했다. 여기에는 영웅적이거나 삶을 긍정하는 스토리는 거의 없었다. 진부하게 전쟁의 공포를 추억하기보다는 생존을 위한 분투를 가장 중요하게 묘사했다. 리스가 인터뷰한 대상은 전쟁의 세부 사항, 어느 편에서나 자행됐던 폭력과 포악함을 묘사했고, 거기에는 1945년 영국의 '코사크 배신Betrayal of the Cossacks'[5), 나치가 벨라루스에서 인간 지뢰 탐지기를 사용한 것, 일본군의 생체 실험과 미국의 도쿄, 오사카 폭탄투하에 대한 회고 등이 포함되어 있었다. 리스는 전쟁 참여자들의 심리를 이해하려 했으며, 벨기에 출신 SS 나치 친위대 장교에서부터 폴란드 아우슈비츠의 존더코만도Sonderkommando[6)까지 그 책은 모든 전쟁의 끔찍한 경험을 이해한다는 것의 미묘한 의미를 잡아내려 했다. 목격자 증언 모음집 출판은 광범위한 사람들의 역사를 담는 프로젝트라 할 수 있다. 보통 사람들의 하루하루의 일상에 대한 기록을 담아내고자 하는 것이다. 물론 홈스의 수

견된 영국군 22만 6,000명과 프랑스·벨기에 연합군 11만 2,000명을 프랑스 북부 해안에서 영국 본토로 최소의 희생을 내고 철수를 감행했던 작전이다.

5) **코사크 배신**: 슬라브족의 일부인 코사크인 중 일부는 제2차 세계대전 중 독일군에 부역했다. 종전이 되자 연합군은 얄타회담에서 스탈린과 서방연합군이 합의하여 오스트리아 린츠 지역에 난민촌을 이룬 코사크인 전체를 소련에 강제 송환하기로 비밀리에 협약을 맺는다. 코사크인은 영국인들에게 항복했으므로 안전할 것으로 믿었으나 영국인은 이들을 배신하고 스탈린의 손에 넘겨 이들은 대부분 처형당했다.

6) **존더코만도**: 나치 죽음의 수용소 수감자들의 작업 부대로, 홀로코스트가 자행되는 동안 살해 과정을 도왔다.

집이 드러내주는 것처럼 그런 책은 지도자적인 인물과 주동자의 기억을 포함하는 것이기도 했다.

자서전, 개인적인 기록과 전기

늘어나는 자서전 시장에서 드러나는 경향은 대중이 한 인물의 삶에 대해 점점 더 관심을 쏟으며, 인물에 대한 인스턴트식 자서전, 즉 즉각적으로 가볍게 추모한 내용에 흥미를 느낀다는 것이다. 자서전은 점차 한 인물이 남긴 평생의 업적을 전반적으로 회고하는 내용보다는 특정한 사건을 되새기는 내용으로 변해가고 있다. 자서전은 이전에는 인물의 삶을 돌이켜보는 내용이나 특정한 시기에 대한 추억을 담고 있어 역사 문헌으로서 유용한 가치가 있었지만, 점점 유명 인물의 브랜드 마케팅을 위한 요소로 변화해온 것이다. 이처럼 최근의 과거를 폴라로이드식으로 펴냄에 따라 자서전은 일회용품이 되어갔고 특정 인물이 드러내는 특별한 이야기가 중심이 되어버렸다. 이런 인스턴트식 자서전은 흔히 저자 경력의 초중반에 쓰는 것으로, 충분히 시간을 두고 전체를 반추하기도 전에 그저 핵심적인 순간을 잡아내 드러내고자 한다. 즉, 좀 더 넓은 시각에서 바라본 의미보다는 그 순간의 의미가 더 중요하다는 시각을 보여주는 것이며, 사건을 광범위하게 검토하기보다는 재빨리 그것의 개념을 묻고 역사적 사실로 만들어버리려는 것에만 집착하는 문화가 자리 잡았음을 말해준다. 유명인들의 자서전과 회고록은 엄청난 베스트셀러다. 로비 윌리엄스, 케이티 프라이스, 실라 핸콕과 폴 개스코인의 책은 2005년에 모두 123만 2,604권이 팔려나갔다.[19] 이처럼 유명인 자서전이 유행하는 이유는 그들의 전기에 대한 관심도 높고 그들의 과거가 어땠는지에 대한 관심도 크기 때문이다. 이것은 3장에서 간략하게 살펴볼 계보학적인 관심과 맞물려 있는 것이다. 스타 가족의 족보나 유명 인물의 기원과 뿌리, 즉 스타를 역사화하려는 관심이라 할 수 있다. 유명인 자서전은 대부분 '내 이야기'가 어쨌다는 식으로 이야기를 꽃피우는 데만 관심이 있지, 그 삶의 의미를 다른 맥락에서 짚어볼 생각 같은 것은 없다고 봐야 한다.

영국에서 최근 5년 사이 가장 많이 팔린 자서전은 '조던'이라는 별명을 가지고 있는 글래머 모델 케이티 프라이스Katie Price의 책이다. 『조던으로 산다는 것Being Jordan』은 꾸밈없는 스타일로 자신의 경력을 그려낸다. 솔직담백하고 직설적인 글로 쓰인 이 책은 팬과 독자에게 프라이스의 삶을 들여다볼 수 있는 기회를 준다. 하지만 이 책에서는 종종 필요한 일에 대한 설명을 회피함으로써 솔직하지 못한 면모도 볼 수 있다. "나는 남자들과의 관계에서 실패했던 이유가 내 아버지가 세 살 때 나를 버렸기 때문은 아니라고 생각한다. 물론 내가 인간관계에 불안함을 느꼈을 수는 있다. 나는 계속해서 관계를 재확인하고 싶어 한다. 나는 씁쓸함은 전혀 느끼지 않는다."[20] 조던에 대해 설명하고 자신의 이야기를 들려주면서 이 책은 '지금'이라는 지점을 향해 이야기를 모은다. 독자가 관심 있어 하는 부분은 유명인의 세세한 삶에 대한 선정적인 관심이며, 그들은 이야기 속에서 어쩌면 스캔들에 대해 설명해줄지도 모른다는 기대감으로 책을 본다. 이 책에서 회고되는 인생은 오늘날 그가 지닌 명성의 맥락 안에서만 제시된다. 저자의 오늘날 지위를 정점에 놓고 그곳을 향해 앞으로만 달려가는 이야기인 것이다. 또한 그런 글에는 감동과 그리움 같은 것이 더해진다. 특히 최근에 죽은 사람에 대해 그들을 잘 아는 사람이 쓴 세미semi자전적인 회고록[실라 핸콕의 『우리 두 사람The Two of Us』(2005년), 존 베일리의 『아이리스Iris』(2002년)]에서는 더욱 그렇다. 따라서 오늘날의 자서전은 인스턴트식이며, 이야기 대상의 변화 과정을 차분히 보는 것보다는 단순히 그들이 존재하기 이전의 이야기가 무엇인지에만 관심을 기울이는 것이다. 그것이 유명인 문화의 공허함이라 할 수 있다.

지난 10년 동안 가장 많이 나온 자서전 중 하나는 다이애나 왕세자비의 삶에 대한 추모와 해석을 다룬 책이었다. 물론 그녀가 살아 있을 때도 그녀에 대해 가능한 한 모든 것을 알고 싶어 하는 대중을 위해 쓰인 여러 가지 전기물이 있었다[21][앤드루 모턴의 『다이애나Diana: Her True Story』와 같은 책]. 하지만 1997년 그녀가 죽고 난 뒤 그녀의 기억을 둘러싼 출판물은 폭발적으로 늘어났다.[22] 그녀의 죽음과 삶을 둘러싼 음모론이 등장하고, 그녀에 대한 기억이나 해석을 먼저 소유하기 위해 앞다투어 경쟁하는 상황이 벌어져 반反공식적인 역사라 할 만한 책이 쏟아졌다. 이런 책은 일부러 주류 출판물의 지위와 성격을 버린 채 사건의 '진실'에 대해서는 별 관심이 없는 책이다. 이러한 성격이 제일 두드러진 책은 전직 집사인 폴 버렐Paul Burrell의 책이다. 그의 책들은 논란이 될 만큼 다이애나의 삶과 성격을 발가벗겨 드러내고 있다. 이처럼 비중 있는 내부자가 쓴 책들은 '공식적인' 전기가 놓치고 있는 중요한 개인적인 세부 사항과 정보를 밝혀준다. '더 웨이 위 워The Way We Were'라는 제목을 붙인 이 책은 그녀의 사망 10주기에 맞춰 발간됐는데, 버렐은 여기서 그녀의 매력을 두드러지게 강조한다.

마리오 테스티노Mario Testino[7)]의 왕세자비 사진에 대해 말하자면 이것이 내가 알았던 공주이며, 내가 기억하는 그녀입니다. 마리오가 세상 사람들에게 보여주려 했던 그 공주의 모습입니다. 사진을 본 사람들이 마치 소파에 앉아 그녀와 대화를 나누는 것 같은 느낌을 주면서 말이죠. 마리오와 나는 줄곧 그렇게

---

7) **마리오 테스티노**: 페루 출신의 패션 전문 사진작가로 다이애나 왕세자비의 화보를 비롯해 1997년 교통사고 직전 사진을 찍은 인물로 유명하다.

그녀의 가까이에 있었습니다. 곁에서 그녀를 모셨던 10년 동안.[23]

버렐은 한편으로는 독자들은 자기처럼 실제로 그녀와 함께 소파에 앉을 기회가 없었다는 점을 부각시키면서, 어느 사이엔가 자신을 사랑하게 이끄는 다이애나의 매력을 미묘하게 집어내고 있다.

사실 이것은 다이애나의 유명세가 유별난 것이었음을 증명하는 것이다. 사람들은 겨우 그녀의 사진을 접했을 뿐이지만, 그들은 모두 자신이 다이애나를 잘 안다고 생각하는 것이다. 버렐과 사진가처럼 소파에 앉았던 사람들은 이런 매력을 이해하는 한편, 실제로 그녀와 가깝게 지냈던 사람들이 '특권'을 가졌음을 알고 있다. 게다가 버렐의 속 보이는 책제목 '더 웨이 위 워'는 이런 책 속에 녹아 있는 나르시시즘을 드러낸다. 스스로를 중요하고 유명한 인물 바로 옆자리에 놓겠다는 것이다. 그는 동명 영화의 제목을 따와 자신을 로버트 레드퍼드에, 다이애나를 바브라 스트라이샌드에 비유하고자 했다. 이 책은 새로운 증거와 감춰진 이야기를 보여주면서, 보기 드문 사진과 편지, 개인적인 회고와 사람들이 궁금해하는 다이애나의 사생활 등에 관한 이야기에 기대어 책을 팔아먹고 있다. 버렐은 그녀를 '보스'라 불렀는데, 그는 다이애나가 가장 좋아하는 책으로 꼽은 자기 계발서 『아직도 가야 할 길The Road Less Travelled』[8])에서 발췌한 내용을 책 속에 담았고, 그녀의 비밀 결혼 계획이라든지 그녀가 실려 갔던 병원에서 그녀의 반지를 찾아온 일을 들먹이며 그녀와 자신의 개인적인 인간관계를 강조했다. 예를 들면 자기 어머니가 돌아가신 뒤 다이애나가 어떻게 위로해주었는지 같은 이야기로. 책의 내용은 사소한 일들을 세세

---

8) 『아직도 가야 할 길』: 자신에게 닥친 역경을 극복하라는 내용으로, 스콧 펙(M. Scott Peck)이 지은 책이다.

하게 늘어놓는 일이 대부분이었지만, 그는 마치 사건에 어떤 필연적인 동기가 있는 것처럼 설명했다. "모든 눈물과 고통이 다이애나를 인생의 가장 비극적인 그 순간으로 이끌었다"는 식으로.[24]

이와 비슷하게 다이애나의 개인 비서 제프슨P.D. Jephson은 가장 가까운 곳에서 그녀를 지켜본 사람으로서 그녀를 이해하는 실마리를 주겠다는 의지를 자신의 책[9]에서 드러냈다. 그는 자신의 책이 그동안 다이애나에 대한 잘못된 편견을 교정해줄 수 있는 것처럼 선전했다. "나는 그동안 다이애나의 생각과 동기와 가치의 수호자 같은 역할을 해왔기 때문에, 그동안 나온 책을 보면 내가 아는 다이애나와는 하나도 닮은 점이 없는 것처럼 보인다"라고 했다.[25] 제프슨의 책은 버렐의 책보다는 존경심을 덜어내고 쓴 책으로, 칭송 일색은 아니었고 미묘한 맥락의 뉘앙스를 전달하려 했으며 자신의 시각을 일방적으로 전달하려 하지는 않았다. 예를 들어 이런 식이다. "다이애나는 종종 자신이 좋은 일을 한다는 인상을 남기기 위해 행동을 한 적이 많았다. 그런 그녀의 마음이 얼마나 조작적이고 진지하지 못하고 생각 없는 것이었을지 몰라도, 어쨌든 그런 행동을 하는 데만큼은 일부러 하는 시늉만 내는 그런 식은 아니었다"라고 그는 썼다.[26]

그러나 여기서 중요한 것은 개인적인 해석과 관계, 그리고 개인적인 경험이었다. 심지어 그녀의 경호원들이 털어놓는 이야기까지 진짜 내부자가 바라본 다이애나의 삶이라는 식으로 출간되기까지 했다.[27] 다이애나는 유명인으로서 현실에서 분리될 수 있는 인물이라는 것을 보여주는 중요한 예시였다. 이런 글은 주로 적나라하게 생생한 사실을 보여주는, 사실에 근거한 생각이란 점을 들어 마케팅했다. 그러나 이런 책은 동시에 단순히 호기심을 더 자극하고 음모론을 부추기기도 했다. 이런 책을 통해 대중이

---

9)   *A Shadow of Princess*.

왕가의 삶의 이야기에 끊임없는 관심을 쏟고 있다는 것을 알 수 있다. 접근하기 어려운 유명인의 삶을 개인의 해석을 통해 보여주기를 바라며, 가까운 이들이 그런 이야기를 해주기를 바라는 것이다. 그런 책은 일기와 더불어 독자에게 대상 인물과 직접적으로 만났다는 느낌을 주며, 공식적인 역사 기록이 관심을 두지 않았거나 무시했던 관점을 제시한다. 그런 식의 추모 도서는 흔히 평범한 일상생활을 꼼꼼하게 묘사했으며, 주요 사건에 대해 대개 내부자의 언급을 실었는데, 이것은 자서전과 마찬가지로 감성과 해석을 섞어놓은 것이라 볼 수 있다. 독자들은 그들 삶의 세세한 모습을 보고 싶어 하기도 하고, 한편으로는 그들이 중요한 행동을 하도록 만든 숨은 동기를 알고 싶어 하기도 한다. 이런 종류의 책은 그런 것을 다 보여줬다.

역사와 관련된 전기

이처럼 개인적인 경험을 드러내는 책들과는 대조적으로, 역사 전기는 오랫동안 객관성을 강조해왔다. 어맨다 포먼Amanda Foreman의 『조지애나, 데본셔가의 공작부인Georgiana, Duchess of Devonshir』은 1998년 휘트브레드 전기상을 받은 인기 도서로 아주 모호한 인물에 대한 대중적인 이야기였다. 조지애나 스펜서는 독자에게 추천할 이유가 거의 없는 인물이었다. 독자들이 그녀를 모를 것이기 때문이다. 이유가 있다면 그녀가 다이애나와 비슷한 점이 있다는 것 정도였다. 조지애나는 영국 역사상 첫 번째 '스타 유명인' 여성이었고, 상류층 사회와 패션계의 여왕이었다.

그녀는 열여섯 살 때 억지로 공적인 삶으로 끌려들어 갔는데, 곧 그런 삶이 가져다줄 압박감에 준비가 되어 있지 않았고, 여기에 사랑 없는 냉랭한 결혼 생활은 아무 도움도 되지 않았다. 주위 사람들은 대부분 겉으로 보기에 그녀가 아주 자연스럽고 명랑해서 그녀를 좋아했지만, 얼마나 그녀가 회의감과 외로움으로 고통 받고 있는지는 아주 소수의 사람만이 알았을 뿐이다.[28]

설레브러티 문화가 막 피어나는 듯한 당시 사회를 힘겹게 겪어낸 조지애나의 모습 속에서는 확실히 그녀와 비슷하게 비극적인 삶을 살다 죽음을 맞이한 다이애나와의 연관성을 찾아볼 수 있다. 이 전기는 그에 대한 시각을 제시해주었다. 포먼의 작품은 엄격하고 학문적이었으며, 아주 흡인력 있었다. 그러나 주인공을 다이애나와 연결시키려 함으로써 대중적인 전기가 얼마나 더 광범위한 논쟁거리에 엮일 수 있는지가 여실히 드러났다. 포먼은 앤터니아 프레이저Antonia Fraser와 스텔라 틸야드Stella Tillyard 같은 여성 전기 저자들의 전통에 따랐으며, 자신의 '스톡홀름 신드롬'에 대해 이야기했다. 자신을 저술 대상과 지나치게 동일화하고 있다는 것을 깨달은 것이다. 비록 그녀는 그것이 '연구'의 한 과정이라는 것을 시사하기는 했지만, 포먼은 주관성과 감정 이입 문제를 전기 작가로서의 자의식을 통해 드러낸 것이다. "글쓰기란 이전에 쓴 글을 계속 수정하는 작업이다"라고 그녀는 주장했다.

앞뒤가 맞지 않는 사실과 가정으로부터 이야기를 꾸려나가기 위해서는 감정적으로 그것들과 거리감을 둘 필요가 있으며, 이를 통해 바람직한 균형 감각을 갖출 수 있다. 퍼즐에서 어떤 조각을 선택하느냐는 것이 가장 중요하다. 물론 이것은 쉬운 일은 아니지만. 전기 작가는 이야기에서 넣어야 할 것과 가려내야 할 것에 대한 기준이 있다.…… 자신이 쓰고 있는 글의 대상 인물의 내용을 점점 줄여가며 그 결과를 책에 싣는 것이다.[29]

전기는 여러 가지 사실 중에서 작가가 신중하게 골라낸 내용을 정렬해 순서에 맞게 그 인물을 담아내는 것이다. 작가는 앞뒤가 맞지 않는 사실에 질서를 부여하고 틀을 만들어내는 역할을 한다. 저자가 이것을 '퍼즐'이라고 말한 것은 혼란스럽게 뒤섞인 사람의 일생을 가져다가 특정한 기하학적 형태로 질서 있게 정돈하는 것을 일컫는다. 포먼은 명료한 설명이 객관성을 만들어낸다고 믿었는데, 이 말의 뜻은 복잡하고 혼란스러운 역사를 이해하기 쉽게 정리하고 중요한 점을 부각시키기 위해서는 그것을 명확하게 공식화해서 드러내는 것이 필요하다는 뜻이다. 작가는 독자를 위해 이런 일을 하는 사람이다. 즉, 일기나 문헌 자료, 편지, 이미지, 유물, 역사 기록 등에서 복잡하게 얽혀 있는 과거 사실을 가져다가 독자가 읽을 만한 하나의 텍스트로 만들어내는 것이다. 전기라는 형식은 근본적으로 사람의 인생을 담아내는 것으로, 그것을 설명하고 해석하고 잘 정리하는 것이다.

어린이를 위한 역사: 학교와 『호러블 히스토리』 시리즈

역사책의 또 다른 시장은 어린이 책이다. 이것은 역사물이라는 형식의 유연함과 역동성을 잘 보여주는 분야다. 테리 디어리Terry Deary의 어린이 역사 만화책 『호러블 히스토리Horrible Histories』 시리즈는 1993년부터 출간됐다. 세계적으로 인기를 얻은 이 시리즈는 총 70여 권짜리로, 31개국에서 총 2,000만 부가 팔렸다. 이 책은 어린이들이 피와 폭력 같은 것을 재미있어 한다는 것을 이용해 '끔찍하고 지저분한 내용이 있는 역사물'을 마케팅의 핵심으로 잡았다. 이 책은 장난스럽고 불경스러우며, 우상 파괴적이고 우스꽝스러운 농담을 좋아하는 아이들의 취향에 맞춰, 역사를 손쉽게 접할 수 있는 단순한 것으로 그려낸다. 그림 위주로 된 이 책은 이야기를 풀어놓는 모호한 질문과 답변으로 이뤄져 있다 — 이 책에서 제공하는 정보는 대개 사소하고 우스꽝스러우며 질 낮은 것이다. 이런 정보는 번호를 붙여 나열한 정보나 문장, 글자, 이미지, 지도 등 다양한 방법으로 제시된다. 또 옛날 음식의 요리법을 보여주거나 '너라면 어떻게 하겠냐'고 사지선다형 질문을 던지는 방식으로 독자의 참여를 유도하기도 한다. 이처럼 교육 서적에서 일러스트레이션을 사용하는 방법은 복잡한 정보를 설명하기 위해 흔히 쓰는 방법으로, 1980년대 중반에 처음 나온 글렌 톰슨Glen Thomson의 히트작인 『포 비기너스For Beginners』라는 만화책에서 볼 수 있다.

『호러블 히스토리』시리즈는 얼핏 전복적인 내용인 듯 보이지만 책의 주제에 대해 독자들이 참여하고 열광하도록 만들어졌다.[30] 이 책은 교육적인 목적을 가진 오락물이다. 이것은 학교 역사 과목의 보조 교재로서 인습 타파적이고 수정주의적인 면모를 제시했으며, 학교 교과서 속의 역사는 실제 역사만큼 재미있지 않다는 것을 은근히 암시했다.

> 역사는 끔찍한 것이야. 끔찍하게 배우기 어렵잖아. 역사라는 것이 매일매일 바뀌는 것이거든.…… 역사에서 '사실'이라는 것은 전혀 사실이 아닐 수도 있어. 진짜로 그것은 단지 어떤 사람의 '의견'일 뿐인 거지. 그리고 의견이라는 것이 사람마다 각자 다를 수 있잖아.…… 선생님들은 너희들에게 '옳은 답'과 '그른 답'이 있다고 가르칠 거야. 사실 딱 정해진 정답은 없는데 말이야.[31]

기존의 역사 기록에 대해 회의를 품으려는 이런 자세는 칭찬받을 만하지만, 교사에 대한 반감을 조장하는 것은 객관성을 방해한다.[32] 이 시리즈는 시대에 근거한 연대기를 강조하고 각각의 역사적 시대 앞에 수식어를 붙인다. 쌕쌕거리는 색슨족The Smashing Saxons, 조신한 조지 왕조The Gorgeous

Georgians, 영구 같은 영국 제국The Barmy British Empire 같은 식이다. 대영제국의 역사를 주로 다룬 이 책이 그렇게 폭넓은 인기를 얻은 것을 보면, 인기의 비결은 내용보다는 독특한 분위기와 스타일 때문임을 알 수 있다. 노골적인 내용이 두드러지기도 하지만, 이 책에는 형식에 얽매이지 않는 방식으로 소개된 정보로 가득 차 있다. 예를 들면 대화체의 이런 내용이다. "폭군 이반 황제의 이야기를 듣는 것도 지겹지. 그러니까 난 그 얘기는 안 할래. 뭐? 그래도 듣고 싶다고? 오, 좋았어. 끔찍한 이야기만 빼고 해줄게."[33] '대안적인 독서를 제공하는 의도적인 접근 방식'은 그런 구성을 통해 전통적이고 제도화된 역사 수업의 지식을 거스르는 태도를 강조한다.[34] 이것은 이 책에서 자주 나오는 "너희 선생님을 시험해봐" 같은 부분에서 잘 알 수 있는데, 여기서는 학생들에게 이상한 질문을 던지게 하고서는 "선생님들은 그 사람들이 어떤 옷을 입고 어떻게 살아가는지 다 말씀해주실 거야. 하지만 선생님들이 모든 것을 아는 건 아니야"라고 말한다.[35] 디어리의 이 책을 보면 공식적인 역사 교육에서는 지나간 과거에서 불온하고 지저분한 모습이 대거 삭제되어 있음을 알 수 있다. 그 책들은 과거의 일상생활 속의 경험을 느끼게 하고 그것과 공감하도록 해주며, 꼼꼼하고 상세한 교육법보다는 유머나 즉흥성을 활용한 교육법을 보여준다. 『호러블 히스토리』는 종종 『1066년과 그 이후 영국의 역사1066 and All That』 같은 책처럼 경박스럽고 형식에 얽매이지 않는 스타일로 쓰인 책으로 여겨지지만, 다른 한편으로는 예리하게 흥미를 유발하고 독자에게 정보를 소통시키고 있음을 알 수 있다.[36] 이 책은 특정한 시대나 사건을 자세히 보여주기 위해 더 폭넓은 의미의 역사상의 논쟁거리를 무시하기도 한다. 하지만 연대표나 테스트, 주요 사실 같은 친숙하고 표준적인 내용을 빠뜨리지 않고 담아낸다.

영국 학교에서 가르치는 역사는 내셔널 커리큘럼National Curriculum(이하 NC)를 따르는데, 이 커리큘럼은 교육의 대상과 목표와 교육학적 패러다임 등을 국가에서 정한 것이다. 1995년 이래 역사 과목은 5~14세까지 필수 과목이며, 이후 의무 교육이 끝나는 16세까지는 필수 과목이 아니다. 이 내셔널 커리큘럼은 중앙 집중화된 방식 때문에 논쟁의 대상이며, 그 내용도 단지 몇몇 기본적인 시대나 텍스트에 아이들 교육의 초점을 맞춘다.[37] 이를 통해 역사 교육의 다양함이 실종됐다는 사실을 확인할 수 있다. 한 세대의 아이들에게 엇비슷한, 특정한 역사적 사건과 이슈에 대해서만 가르치고 있다는 뜻이다. 이럴 경우 기본적인 역사 지식이란 어떤 특정한 범위에만 한정되는 것이다. 미국의 학교 시스템도 마찬가지로 전국적인 합의 모델을 만들었는데, 내셔널 스탠더드 포 히스토리National Standard for History라는 단체에서 발표하고 '교육 목표 2000 미국교육개혁법GOALS 2000 Educate America Act'(1994년)에 그것이 수록되어 있다.[38] 영국에서는 GCSE General Certificate of Secondary Education[10])와 어드밴스드 레벨A-level[11])에서는 역사가 붐이었지만, 초등학교나 이전 단계에는 이들을 가르칠 전문 교육을 받은 교사가 부족했고 시간도 부족했기 때문에 학생들은 제대로 배울 수 없어 역사 과목에 대한 흥미를 떨어뜨리는 결과만 낳았다. AS 레벨[12])을 이수하는 숫자는 2001~2006년 사이 40퍼센트나 늘어난 데 비해 2006년에는 학생들의 3분의 2가[key Stage 3 Exam(13~14세)] 이후 역사 과목을 포기했다.

영국의 역사 NC는 1999년에 개정됐는데, 특히 아이들이 '지적인 자율권'을 개발할 수 있는 능력에 초점을 맞추고 있다.[39] 테리 하이든Terry Haydn은 학교 역사 교육의 새 움직임이 국가의 영광과 발전에 대한 이야기에서

---

10)   GCSE: 영국의 10~11학년 과정 및 졸업시험이다.
11)   A-level: 영국의 12~13학년 과정 및 졸업시험이다.
12)   AS 레벨: A-level 중 12학년 과정 및 졸업시험이다.

벗어나 대신 좀 더 객관적이고 질문하는 방식의 접근법으로 향해 가고 있다고 말한다. 이러한 움직임은 어느 정도는 NC 안에도 담겨 있다.[40] 이런 발전은 역사 수업을 오늘날 학생들에게 좀 더 적합하게 만들기 위한 것이고, 직업과 연관된 기술을 그 내용에 넣기 위함이며, 거기에 더해 새로운 역사학적 모델을 가져와 시민의식을 고취시키려는 시도다. 역사는 중요한 사실의 나열이라기보다는 점차 하나의 지식 체계로 가르쳐진다.[41] 초등학교에서 역사가들이 역사를 가르치는 일은 거의 없으며, 이 과목은 종종 통합 교육 운영 계획에 따라 지리나 환경, 문학 같은 다른 과목과 통합되기도 한다. 역사를 가르치는 방법 또한 아주 다양하다. 드라마에서부터 박물관 방문, 음악과 춤 등이 동원된다.[42] 학생들의 배움의 일관성이라든가 '역사 해독 능력' 같은 것은 이러한 방식의 교육에서 점차 더 크게 위협받고 있다.[43] 중등학교의 수업은 역사 교육을 공식화해서 다른 교과 과목과는 분리하기 시작했으나, 학생들이 역사를 선택하는 숫자는 감소 추세다.

NC라는 것은 학생들에게 역사라는 것이 '과거에 살았던 사람들의 고난과 선택 및 신념'이며 감동과 영감을 준다는 생각에 근거해 만들어졌다. NC의 의도는 학생들이 역사를 개인적인 혹은 지역적인, 또는 국가적·국제적인 차원으로 이해해 각자 자신들의 정체성을 개발하도록 하겠다는 것이다.[44] 역사는 아이들의 호기심과 상상력에 '불을 붙이고', 과거 사람들의 어려움과 선택, 믿음을 통해 감동과 영감을 준다.…… 역사 공부는 아이들에게 과거 속으로 뛰어들어 현재의 질문을 던지고 답하도록 만들어준다.[45] 이처럼 '영감을 제시하는 것으로서의 역사 모델'과 동시대의 문제들을 이해하는 근거로서 역사를 가르치는 것은 낯선 과거의 경험을 통해 적극적인 시민의식을 키우겠다는 의도에 따라 역사 과목을 규정하는 것이다.

여기서 언급되는 핵심 개념은 '연대기적인 이해', '문화적·민족적 그리고 종교적 다양성', '변화와 연속성', '원인과 결과' 같은 것이다. 지역적인 논쟁거리는 명확하게 전면에 놓이는데, 왜냐하면 커리큘럼은 '개인적·가족적인 그리고 지역적인 측면의 역사를 연구하도록 해야 하기 때문이다. 학생들은 자료를 연구하고 발표하기 위해 정보·통신 기술Information & Communication Technology(ICT)을 사용할 줄 알아야 한다.[46] 가장 중요한 것은 역사 과목과 시민의식과의 연계성이 강조된다는 것이다. 역사 과목은 시민의식이라는 과목의 입문 과정으로, 커뮤니케이션과 정치적인 이해를 돕기 위해 가르치는 것이다. 국가의 이야기를 아는 것은 시민의식의 핵심이다. 미국 학교 시스템에서 알 수 있는 것처럼. 그러나 역사는 또한 정체성에 대한 이야기를 기록하는 능력이 있기 때문에 유용하다.[47]

중등학교의 역사 교육에서 중요한 것은 감정 이입과 교감이다.

역사는 이미 죽어서 땅에 묻힌 사람들에 대한 이야기만이 아니다.

왕의 이름이나 사건의 날짜를 아는 것이 역사의 전부가 아니다. 역사는 인생에 중요한 의미가 있는 사건으로 가득 차 있다.

한 번 생각해보라.

- 선페스트bubonic plague가 갑자기 발생했다면 당신은 어떻게 했겠는가?
- 시민전쟁 때 당신이라면 의회 당원과 기사단 중 어느 편을 위해 싸우겠는가?
- 당신이라면 노예 제도를 무너뜨리기 위해 저항운동을 했겠는가?

이런 것은 모두 평범한 사람들이 내려야 하는 결정이었다. 그리고 그들이 내린 결정은 오늘날까지 당신에게 계속 영향을 미치고 있다.[48]

하지만 개정 안내서와 커리큘럼을 보면 타임라인과 역사 자료들과 데이터의 해석과 핵심 정보가 여전히 가장 중요한 요소임을 알 수 있다. 역사는 단지 사실에 관한 것이 아니며, 그보다는 그것(사실)을 어떻게 활용하느냐에 관한 학문이다.[49] 실제로 중등 교육의 역사 과목은 그 주제와 역사학적인 내용을 볼 때 아직도 아주 전통적인 방식이다. 그러나 역사에 대한 공감은 점차 교육적인 도구로 사용되어왔다. 이 같은 공감은 교육적인 발전을 촉진시켰는데, 한 연구 결과는 아이들이 "좀 더 가정을 할 수 있게 됐고, 자신의 것과는 다른 시각이나 가치 기준에 대해 이해할 수 있게 됐다"라고 밝히고 있다.[50]

『호러블 히스토리』는 역사를 배우는 사람에게 무엇이 필요한지를 알려준다. 감정 이입, 사실보다는 시대를 중시하는 것, 세밀한 이야기에 대한 관심 등이 그것이다. 역사적으로 불쾌한 일의 사소한 사실 확인에만 집착하고 뚜렷한 역사적 의식 없이 역사적 사건을 별 것 아닌 것처럼 장난스러운 분위기로 말하는 방식은, 명백히 역사적 입장이 필요한 사실에 대해서도 입장 밝히기를 꺼리게 하여 결국 애매한 입장만을 드러내게 할 수 있다. 예를 들어 히틀러가 유대인들을 독일의 골칫거리라고 비난한 것에 대해 "물론 쓰레기 같은 짓이었지. 하지만 슬프게도 그때 사람들은 대부분 그의 새빨간 거짓말을 믿었고, 수백만 명이 죽었어"라고 말하는 식이다. 여기서 홀로코스트는 직접적으로 언급되지 않는다.[51] 그러나 그 책은 또한 독자의 공감을 끌어안으려는 시도를 하고 있다.

러시아의 통치자 이오시프 스탈린Iosif Stalin이 그의 비밀경찰을 보내 2,000만 명의 사람들을 체포하고 처형하려 했을 때 보통 사람들은 무엇을 했나? 아무것도 안 했어. 그들은 문을 걸어 잠그고 커튼을 내려 치고 공포를 멀리한 채 이웃이 죽어가도록 내버려뒀어. 썩어빠진 너의 통치자가 너보고 그들을 죽이고 그들을 위해 죽으라고 한다면 너는 무엇이라 말하겠는가, 이 보통 사람아?[52]

이 책은 큰 인기를 얻었고 계속해서 파생 상품spin-off를 낳았다. 관련 상품이 나왔고 특별판(도시에 관한, 나라에 관한, 해적에 관한 것 등등) 시리즈 책이 나왔으며, 텔레비전 시리즈, 잡지, 연극 쇼와 리즈Leeds의 로열 아무리즈Royal Amouries에서 특별 전시회까지 열렸다. 아무리즈의 전시회는 관객의 참여를 유도하는 학습 방법과 과거에 대한 공감 이입적인 참여를 강조했다. 예를 들어 법정에서는 관객이 피고석에 서도록 했다.

신문[≪텔레그래프Telegraph≫]도 관련 상품을 내놓았으며 아침식사용 시리얼도 나왔다. 그 책의 독특한 스타일은 아이들의 과학·지리·수학 교육에 응용됐다.[53]『호러블 히스토리』는 대중적 역사물의 우상 파괴 성격을 잘 보여준다. 표준화된 이야기 방식에 도전하고, 정보를 복잡하고 역동적인 방식으로 보여주기 위한 교육적인 필요가 있음을 드러낸다. 그러나 사회적인 역사와 '일상생활의 역사'에 대해 주로 관심을 쏟기는 하지만, 그 책들은 여전히 과거의 실제 사실에 관심이 있다. "집에서 사용하기 위해 구상된 역사책…… 그러나 거의 독점적으로 역사적 지식의 사실을 주는 책"인 것이다.[54]

대중 역사물 작가의 지위

새로운 세대의 대중적 역사가들의 영향력이 얼마나 큰지 알아보기 위해서는 언론에서 그들에 대해 어떻게 반응하는지를 살펴보면 된다. 이를 통해 공적인 명성을 얻고 있는 전문 역사학자들이 자신의 학문적 작업과 관련해 어떤 평가를 얻고 있는지를 알 수 있다. 군사 역사학자 리처드 홈스는 〈위대한 영국인들〉의 심사위원이며 BBC 다큐멘터리의 진행을 볼 정도로 뛰어난 경력의 사람이다. 그의 작업은 대개 평범한 보통 군인의 경험에 초점을 맞춘다. 그의 출판물에 대한 비평적인 반응을 살펴보면 현대 사회가 역사에 어떤 자세를 취하는지 그 단면을 엿볼 수 있다. 그것은 작가들이 역사를 상상하는 다양한 방식을 보여주며, 독자들이 과거를 활용하고 과거와 만나는 것에 상상을 가미해 작품으로 어떻게 만들어지는지 잘 보여준다. 대부분의 비평가들은 홈스의 역사 접근 방식이 주변부화된 계층에게 자신의 과거를 직접 말하도록 했기 때문에 그의 책이 잘 팔릴 수 있었다고 지적한다. 도서 리뷰에는 종종 독자가 잘 알 만한 유명 작가들을 논평가로 등장시키기도 한다. 역사 소설가 버나드 콘웰Bernard Cornwell은 나폴레옹 시대를 다룬 소설『샤프Sharpe』시리즈의 저자로, 신문 ≪데일리 메일≫에 홈스의 책인『레드코트Redcoat』(2001년)의 논평을 썼다. 흔히 이렇게 전문 논평가보다 '유명인'들에게 논평을 맡긴다. 이 책의 논평에서 콘웰은 홈스의 소설 기법이 여러 면에서 자신과 유사한 점이 많다고 밝힌다.

나는 리처드 홈스를 만나본 적은 없지만, 그에게 질투심을 느낄 수밖에 없다. 왜냐하면『레드코트』는 내가 과거에 직접 썼으면 하고 바랐던 나폴레옹 전쟁의 재현으로 시작되기 때문이다.……『레드코트』와 가족들은 사람들에게 제대로 평가받지 못했지만, 리처드 홈스는 그들에게 엄청난 추모의 글을 남겨준 셈이다.『레드코트』는 개인적 일화와 분별력으로 가득 찬 환상적인 소설이다. 샤프 이야기Sharpe Story를 즐겼던 사람이라면『레드코트』를 좋아할 것이며, 역사를 좋아하는 이라면 그 책을 소유하고 싶을 것이며, 좋은 글을 소중히 여기는 이라면 기쁨에 겨워 그 책을 읽을 것이다.[55]

역사가는 역사에 의해 주변부화된 사람들에 대한 기억을 보존하고 만들어가는 사람들이다. 이야기로 역사를 기록하는 사람들이며, 독자들이 접하지 못했던 전쟁 같은 사건을 되살려내는 사람들이다. '분별력 있는 양식'을 저장하는 사람들이며, 기쁨과 즐거움을 주는 사람이다. 콘웰은 서사체의 역사학자 혹은 역사 서사물 작가라는 구분을 무너뜨리고, 장면을 생동감 있게 그려내는 홈스의 능력을 높이 샀다(콘웰 역시 1993년에 『레드코트』라는 소설을 썼다). 그는 홈스의 글쓰기 스타일에 대해 "좋다"라는 담백한 표현을 썼는데, 이처럼 솔직하고 직설적인 말로 작품성을 인정하는 그의 평가에 힘입어 홈스는 견고한 명성을 얻을 수 있었다. 반대로 『스펙테이터The spectator』의 저자 앤드로 링클레이터Andro Linklater는 홈스의 작품이 지나치게 엄격한 접근법을 쓰고 감정 이입 방식으로 신화 만들기를 한다며 비난했다. "홈스는…… 포화나 집합 나팔, 낡은 군복의 색깔이 만들어내는 로맨스로 흐르는 경향이 있다"라는 것이다.[56] 소설의 생동감 있는 묘사에 대해 사이먼 헤퍼스Simon Heffers는 반대로 격찬했다. "생생하며 알기 쉽게 잘 쓰였고, 빠르게 전개되며 흥미진진하고, 무엇보다 아주 많은 정보를 주고 있다."[57]

홈스의 소설에 대한 평가는 그가 주로 개인적인 일화를 활용해서 서사를 전개시키고 '감정 이입'을 이끌어낸다는 점에 주목한다. 게리 셰필드 Gary Sheffiled는 ≪인디펜던트≫지에 쓴 홈스의 『토미Tommy』(2004년) 리뷰에서 다음과 같이 밝혔다.

소설가의 자질이 있는 이 역사가는 군인들에게 그들 자신의 말로 발언하게 하면서 능숙하게 1914~1918년의 영국군을 재창조한다. 이러한 기술은 새로운 것은 아니지만, 리처드 홈스를 돋보이게 하는 것은 순전히 그의 뛰어난 글 솜씨로, 글에 배어 있는 인물에 대한 그의 감정 이입 때문이다.[58]

콘웰의 논평과 마찬가지로 가장 중요한 것은 글의 스타일과 함께 풍부한 상상력으로 과거를 만나게 하는 능력이다.[59] 주변화된 인물들의 말을 직접적으로 인용하는 홈스의 스타일은 꾸준히 강조됐다. 엄청난 군사 지식이 들어 있기도 하지만, 특히 '개인적인 진술'을 활용하는 것이 이러한 유형의 역사 저술의 원동력이라는 평가는 논의해볼 만한 말이다. 그것은 홈스가 여러 이야기 중에서 필요한 이야기를 걸러내는 역할을 하며, 다른 사람들의 이야기를 편집하는 역할을 한다는 뜻이다. 더 정확하게 말하면 홈스는 평범한 군인들이 자신의 이야기를 하도록 하고, 그들의 목소리들을 잘 골라내 배열함으로써 감동적인 역사를 만들어낸 것이다.

홈스의 책 『생기 없는 병사들: 현대의 군인과 전쟁Dusty Warriors: Modern Soldiers at War』(2006년)은 영국 군대PWRR(Princess of Wales' Royal Regiment)의 2004년 여름 이라크 복무에 관한 책으로, 특이한 관련성이 있다. 1700~1900년대 영국 군대에 대한 『레드코트』, 제1차 세계대전 보병에 대한 책 『토미』(2004년), 그리고 인도 군대에 관한 책 『사히브Sahib』(2005년) 등에 뒤이어 나온 이 책은 현대사의 중요한 갈등 상황에 대해 일급 역사가가 진지하게 파헤친 책이라는 의미를 지닌다. 홈스는 이 책에서도 전투의 참가자들이 실제 당시에 일어났던 상황을 직접 말하게 하는 방법을 쓴다. 글 속의 인물들에 감정을 이입하는 그의 글은 감정적인 교감을 만들어내면서 비전문가들이 군대를 이해할 수 있게 해주었다. 홈스는 예비군 및 학군단RFC의 지휘관이었으며, 1999~2007년에는 PWRR 대령이었다. 그 책은 따라서 더 넓은 범위에서 일어난 갈등을 이해시키고, 전쟁에 참가한 평범한 군인들의 특정한 이야기에 집중해 그것을 독자들에게 소통시키려는 노력이었다. 그것은 역사물의 기법을 활용하며, 역사가이자 군인으로서 문화자본을 활용하며, 역사가의 지위를 발전시키고 그것의 사회적 개념을 발전시키는 독특한 문헌이었다. 이 책의 논평들은 독자들에게 군사 작가로서 홈스의 경력을 상기시키며, 현대 사회의 갈등에 대한 그의 생각에 대해 정통성과 권위를 부여했다. 그 책에 대한 반응에서는 책의 친밀감, 유창함, 속도감, 내러티브나 묘사의 뛰어남 등이 부각됐다. 어떤 면에서는 홈스가 군대 역사가로서 그것을 썼다는 사실 때문에 논평가들은 책의 정치적인 면에 대한 논의보다는 군인들의 용감함과 직업 정신을 찬양하게 된 측면도 있다. "그 책은 작지만 아주 뛰어난 영국 군대, 즉 우리 군대의 영혼과 심장을 오늘날 들여다볼 수 있는 특권을 준다."[60] 평범한 군인의 용기와 결단력, 능력이 강조되며, 이것들은 홈스가 전작에서 군인의 특성으로 지목한 것과 비슷한 것이다. 묘사의 연속성이 돋보이는 부분이다.

따라서 한 대중적 작가에 대한 이런 반응은 대중적 역사가들의 글과 관련된 몇몇 특정한 의미를 알 수 있게 해준다. 첫째, 역사 저술에 대한 반응이 복합적임을 알 수 있다. 역사 저작물은 소설가의 비평도 받고 역사가 혹은 전문 비평가의 비평도 받는다. 이에 비해 소설은 가독성이라든가 재미로 평가받는데 말이다. 대중적인 역사가들은 역사를 다루는 기술만큼이나 문학적인 자질로써 평가받는다. 즉, 역사적 사실도 정확해야 하고 기록 방식도 혁신적이어야 하지만, 표현의 명료성과 문체 역시 중요하다는 것이다. 대중적 작가의 포퓰리즘은 역사에서 잊혀버린 사람들에게 목소리를 다시 내게 한다는 점 때문에 중시된다. 물론 이런 직접적인 발언은 보수주의(제국을 정복했다는 군대의 수정주의적 발언, 어떤 면에서는 니얼 퍼거슨의 그 제도에 대한 재고와 궤를 같이한다)를 담고 있을 우려가 있기는 하다. 이런 대중적 역사물의 핵심 요소는 정확성, 명료함, 다양한 접근 방식과 직설적 스타일이다. 홈스는 스토리텔러로서 역사가이며, 정보가 있는 재미를 안겨주는 이야기꾼이다. 그는 또한 PWRR의 작업을 통해 역사와 정치적인 논쟁에 중요한 역할을 하며 그 중심에 개입하는 것이 가능하다는 것도 증명했다.

역사 잡지

역사 잡지는 탄탄한 발행 부수를 자랑한다. ≪히스토리 투데이≫는 반 半 학문적·교육적 성격의 월간 잡지인데 평균 2만 6,000부를 발행한다. 이 것은 어림잡아 영화 잡지 ≪사이트 앤드 사운드≫ 2만 2,000부와 비슷한 숫자 다. BBC의 역사 잡지 ≪BBC 히스토리≫는 더 대중적인 성격으로, 평균 발행 부수가 5만 4,000부다. 이것은 BBC의 다른 잡지(*Good Food*는 34만 2,677부, *BBC Homes*는 12만 9,778부)보다는 적은 숫자이지만, *BBC Music*[5만 6,096부]이나 *BBC Wild life*[4만 6,094부] 등에 비하면 양호한 것이다. ≪여 성사Women's History≫라든가, 지방사 관련 잡지 ≪스코틀랜드 역사 History Scotland≫, ≪계간 요크셔 역사Yorkshire History Quarterly≫나 계보학genealogy 관 련 잡지 ≪조상들Ancestors≫, ≪가족사Practical Family History≫, ≪월간 가족사 Family History Monthly≫와 같이 특정 주제의 잡지들은 상대적으로 잘 나갔다. 예를 들어 ≪가계 족보 잡지Family Tree Magazine≫는 1만 6,498부 정도 나갔 는데, 이것은 계보학적 정보를 주로 온라인으로 접할 수 있다는 사실을 고 려해볼 때 그리고 그것이 나머지 다른 세 잡지와 경쟁하고 있다는 사실을 생각해본다면 상당히 높은 숫자다. 이런 종류의 잡지는 경제적으로 부유 한 전문가들을 대상으로 하는 것으로, 이는 대개 ABC 1 계층[13]에 속하는 사람들이며(≪BBC 히스토리≫의 독자 중 89퍼센트, ≪히스토리 투데이≫의 73퍼센트가 이 계층에 속한 사람들이다), 역사책과 전기를 구매하는 사람들이 다. 이런 잡지의 독자층은 남녀 골고루 분포되어 있으며[(≪BBC 히스토리≫ 독자의 남녀 비율은 55 대 45이며, ≪히스토리 투데이≫는 75 대 25로 약간 다른 경 향으로 보인다), 전체의 40퍼센트 이상이 교육받은 계층이다.

---

13)   **ABC 1 계층**: 영국의 계층 분류상 중상류층.

≪히스토리 투데이≫나 ≪BBC 히스토리≫ 같은 명망 있는 월간 잡지들은 교육출판물의 지위를 얻었으며, 유명한 기고가들을 거느리고 시상식을 후원하며 자체 브랜드의 책을 출판한다. 이 잡지들은 온라인으로도 제공되지만, 기본적으로 인쇄 매체로서 역사에 대한 분석과 함께 각종 이미지, 투표, 광고와 편집 사설 등을 함께 싣고 있다. 정기 구독이나 월간 구매를 통해 독자들은 역사에 대해 강한 관심을 나타낸다. 한 권의 책을 사는 것보다 잡지는 정기적으로 반복되는 관심을 보여준다. 마찬가지로 다양한 형식으로 만들어지는 기사는 독자들에게 다양한 역사학적 스타일이나 복합적인 역사적 맥락을 통한 역사 탐구가 가능하다는 것을 보여준다. 또한 ≪히스토리 투데이≫는 여러 분야의 책에 대한 논평을 소개하고 있어, 독자들의 학문에 대한 폭넓은 관심과 함께 학계의 현황을 짚어보고, 역사가 소비되고 생산되는 과정에 참여하고자 하는 독자들의 수요, 그리고 다양한 방법론을 쉽게 접하고자 하는 독자들의 요구가 있음을 잘 드러내고 있다. ≪히스토리 투데이≫나 ≪BBC 히스토리≫ 둘 다 직접적으로 교육적 요소를 활용하며, 온라인으로 학습 안내나 자료 검색, 참고 문헌과 교육 뉴스 등을 제공한다. 그들은 스스로 학생을 위한 자료 제공원이라고 밝히며, 온라인 기사는 자료 판매처 역할도 하고 있다. ≪히스토리 투데이≫의 홈페이지www.historytoday.com는 잡지 기사에 대한 토론 코너를 마련하고 있다(오프라인 잡지를 사지 않아도 무료로 접속할 수 있다). 우수 댓글에는 상금도 준다. 사이트에서 온라인 투표도 실시하며, '클래스룸' 부문에는 참고문헌, 관련 사이트 링크, 학습 지침이 마련되어 있다. 이런 종류의 메타-콘텐트meta-content는 잡지에 대한 좀 더 적극적인 학습을 유발하며, 역사를 연구하고 이해하는 데 자발적인 참여를 끌어낸다는 의미가 있다.

이러한 잡지와 관련 홈페이지는 역사에 관심 있는 사용자들에게 정보를 제공하고, 그들을 여러 가지 역사 기록과 논쟁에 참여하도록 한다. 독자들은 흥미를 느끼며 정보를 제공받으며, 광범위한 지적 대화에 참여한다. 그러한 내용이 다시 잡지에 종합적으로 실리게 된다. 여기서 주목할점은 이러한 정보가 인쇄 매체를 중심으로 소통된다는 점이며, 역사 잡지의 경우 인쇄 매체는 비인쇄물 정보보다 우위를 차지하고 있다는 것이다. 따라서 이는 텔레비전이나 시각적 정보와는 다른 개념으로 여겨진다고볼 수 있다. 이러한 잡지들은 학문적인 역사와 대중적인 역사의 중간에서복합적이고도 중요한 접점을 차지하고 있는 것이다. 대형 출판사의 잡지는 권위와 명망을 얻기 위해 세계적으로 유명한 전문가들의 기사를 싣는다. 그와 동시에 잡지 출판은 잡지의 판매 부수를 늘리고 광고 수입을 얻어야 하는 상업적인 출판 행위이기도 하다.

반응과 소비: 독서 그룹과 독자 리뷰

1996년 〈오프라 윈프리 쇼〉의 북클럽이 성공을 거둔 뒤 북클럽 현상은 일상적인 현상이 됐다.[61] 라디오 4는 '북클럽'을 오랫동안 지속하고 있고, 도서관이나 카페, 신문과 박물관에서도 북클럽을 운영하고 있다. 북클럽은 대개 회원들이 한 달에 한 번 모여 읽은 책에 대해 이야기를 나누는 형식으로 운영된다. 이 '독서 모임'의 기원은 '이달의 책' 클럽과 구독 예약출판Subscription publishing에서 찾을 수 있다. 이렇게 보는 이유는 이런 것이출판에 직접 참여할 수 없는 독자가 자신의 문화 자본을 안정적이고 방향성 있게 축적하고자 하는 욕구가 있다는 것을 보여주기 때문이다.[62] 그런데 독서 모임이나 북클럽은 점차 영향력을 넓혀나갔고, 더 광범위한 계층의 사람들을 끌어들였다. 독서 모임은 대중의 자발적 현상으로, 전통적인 문화적 게이트키퍼들을 배제하고 비평가들을 배제하는 현상이라 볼 수 있다. 리처드와 주디의 북 그룹은 영국 출판계에서 가장 힘 있는 그룹으로, 책의 출간 즉시 독자군을 만들어낼 수 있을 정도다. 출판사들은 이전의 구독 예약 출판에서 이런 독서 모임이 자연스럽게 발전해온 것으로 여기며, 따라서 홈페이지에 책을 소개하는 안내문을 실어 이들을 지원하는 것이 흔한 일이 됐다. 랜덤 하우스는 이 분야에서 가장 큰 활약을 보인다.[63] 독서 그룹은 문화 상품을 대하는 독자의 권리가 확대됐음을 보여준다. 책에 대해 토론하고 관련 커뮤니티를 만들고, 대학이나 학교, 신문, 잡지 리뷰와 같은 전통적 방식에서 벗어나 책을 바탕으로 다른 이들과 교류하려는 독자의 욕구를 보여주는 것이다.

역사 소설로 뭉친 북클럽도 많지만, 한편으로 역사와 전기를 주제로 삼는 독서 클럽도 점점 늘어나고 있다.[64] 이를 통해 역사책 읽기가 인기를 얻고 있으며, 비전문가들의 토론이 특별한 조직화나 지휘 없이도 자유롭게 생겨나고 있다는 것을 알 수 있다. 온라인 독서 그룹은 또한 소셜 네트워킹이나 국제적인 네트워킹으로 발전해나가고 있다.[65] 역사책 읽기 그룹은 커뮤니티를 형성하고 문화 자본을 축적하는 데 학계 외부의 토론을 중시한다. 어떤 점에서 이 현상은 1960년대 노동자교육협회The Worker's Educational Association[14)]나 열린 대학Open University 같은 교외교육extra-mural 운동[15)]과 비슷하다. 독서 클럽의 사용 환경은 복합적으로, 주로 온라인을 통해 이루어지며 국내적이고, 따라서 민중 역사 토론이라는 모델은 해체되고 발전한다. 독서 그룹을 통해 대중적인 역사 독자들이 복합적이며 역동성 있고, 호기심 많고 창의적일 수 있다는 것을 알 수 있으며, 또한 단순

---

14)   **노동자교육협회**: 다양한 계층에게 평생 교육을 제공하는 영국 교육 프로그램이다.
15)   **교외교육 운동**: 대학 캠퍼스에서의 수업에 참여할 수 없는 이들을 위해 학교 외부에서 교육을 받을 수 있게 한 운동을 의미한다.

히 좀 더 전형적이고 수동적인 독서 모델을 따를 수도 있다는 것을 알 수 있다. 온라인이나 오프라인상의 독서 그룹은 독자에게 참여권한을 확대시켜주어 텍스트 사용자들에게 공개적으로 질문할 수 있도록 해준다.

마찬가지로 온라인 리뷰 사이트와 블로그, 인터넷 서점의 소비자 리뷰 같은 것이 전통적인 문화 게이트키퍼들의 영향력을 더 잠식해 들어갔다. 이것의 마케팅 모델은 바로 '당신과 같은' 사람들의 친근한 추천 방식이다. 이것은 민주화된 방식이라 할 수 있다.[66] 아마존의 혁신적인 소비자 분석 데이터베이스는 소비자들에게 자신의 구매 행태에 근거해 다른 책을 추천한다. "이 책을 사거나 본 소비자들은 이 책 역시 구입했습니다"라는 문구를 제시하는데, 이런 추천은 구매자와 일종의 가상적인 관계를 만들어내며, 이 역시 주류 출판계의 게이트키퍼의 영향을 감소시키는 역할을 한다. 또 한 책을 구매하면 그 책을 구매한 다른 소비자들이 제시하는 구매와 추천 목록으로 링크된다. 이처럼 관계에 근거한 상품 소개는 사용자가 만들어내는 경제 시스템과 마케팅을 중요시한다. '하이브리드 소비자'들은 전통적인 상품 검색 방법보다는 새로운 방식으로 정보를 접하게 되며, 여기서 가장 중요한 것은 사용자들이 이끄는 커뮤니티다.[67]

2006년 11월에 소설가 수전 힐Susan Hill을 둘러싸고 큰 논쟁이 벌어졌다. 그녀의 책에 대한 인터넷 리뷰 및 입소문 마케팅과 관련된 일이었다. 평론가 겸 학자 존 서덜랜드John Sutherland는 ≪텔레그래프≫의 칼럼에서 블로그, 아마존 리뷰, 웹사이트, 채팅 포럼 등 검증받지 않은 인터넷 리뷰의 힘이 자꾸 커져가는 현상에 대해 개탄했다. 특히 그는 아마존 영국 사이트에서 레너드 울프Leonard Woolf에 대해 빅토리아 글렌디닝Victoria Glendinning이 쓴 전기의 리뷰를 둘러싼 논쟁을 언급했다. 그녀의 책은 인터넷에서 대부분 낮은 평가를 받았다.[68] 긍정적 리뷰는 하나 정도였는데 후일 그것마저 남편이 쓴 것으로 밝혀졌다. 서덜랜드는 이를 근거로 인터넷 서평이 "경솔하게 마구 지껄여댄다"[69]라고 하며, 리뷰어들을 공격했다. 그는 또 이렇게 말했다.

독자적인 블로거이건 상업적인 운영자이건 간에 인터넷 리뷰를 '독자에게 권력을 넘기는' 경향으로 보는 사람들이 있다. 문학적인 전문가들이 독점하던 것을 민주화한 것으로 말이다. 한편에서는 그것을 문학적 취향의 저급화로 보는 사람도 있다.[70]

서덜랜드가 '문학적 취향'에 호소하는 것을 보면 역동적이고 복잡다단해지는 시장에 참여하는 것이 점차 불가능해지는 게이트키퍼의 본심을 읽을 수 있다. 수전 힐은 블로그에 "당신은 대체 누구인가?"라는 글을 올려 서덜랜드를 공격하며, 전문가 리뷰의 따분함을 이렇게 표현했다.

전국적으로 발행되는 신문의 전통 있는 책 지면은 점점 더 엉뚱한 것을 다룬다. TLSTimes Literary Supplement[16)]는 대부분 학문적인 독자들의 구미를 맞추기 때문에 좀 다른 면이 있지만, 나머지 신문은 사람들이 사지도 않을 책에 대한 리뷰에 지면을 낭비하면서 실제 헌신적이고 열정적인 독자가 살아가는 현실에서 일어나는 일들을 깡그리 무시하고 있다.[71]

수전 힐은 또 이렇게 주장한다.

시대가 바뀌어서 이제 대중이 힘을 가지고 있다. 우리는 '힘'을 얻기 위해 그것을 하는 게 아니라 우리가 책을 사랑하고 다른 이들에게 그 책을 추천하고 싶

---

16) TLS: ≪타임스≫ 일요일판의 도서 정보 부록을 의미한다.

기 때문에 하는 것이다. 그래서 사람들이 그 책을 즐겼으면 하는 것 이외에 아무 이유가 없다. 우리는 아무것도 바라지 않고 재미와 책 또는 문학을 위해 그것을 한다.[72]

그녀가 블로그에 쓴 이러한 글에 대해 익명의 출판 편집자는 다음과 같은 메일을 힐에게 보냈다.

책 리뷰 지면에 대한 당신의 블로그를 읽고 나니, 나는 당신이 쓰고 펴내는 어떤 책도 우리의 출판물 페이지에는 실리지 않을 것이라는 점을 알려드리고 싶군요. 당신의 의견을 보아하니, 그런다고 해서 놀라거나 고통스러워하지 않을 것 같긴 합니다만.[73]

힐은 이 이메일을 자신의 블로그에 올렸지만 누가 보냈는지는 밝히지 않았다.

힐이 '대중의 힘'이라고 한 말, 그리고 문화적인 민주화라고 언급한 것은 온라인 독서 커뮤니티의 새로운 힘을 여실히 보여준다. 그녀의 의견은 이상주의적이라고 할 수 있다. 출판사들이 온라인 리뷰를 점점 더 통제하고 지도하고 있기 때문이다. 그리고 그녀의 단도직입적인 반反지성주의는 문화적인 허위의식을 드러낸다. 하지만 그녀는 전통적인 영역이나 담론 바깥에 존재하는 헌신적이고 열정적인 독자들의 커뮤니티가 온라인에서 생겨난다고 하면서, 새로운 '추천 마케팅'의 가능성을 보여줬다. 역사 도서에서도 이런 예를 볼 수 있다. 거대 사이트 '리뷰 센터'의 하위 섹션은 일반 사용자들의 참여를 장려한다.[74] 리뷰 센터는 아마추어 리뷰어에게 책에 대한 돈의 가치를 매기도록 한다. 그들이 친구에게 이 책을 추천하겠느냐 안 하겠느냐, 혹은 10점 만점 중 몇 점을 주겠느냐, 혹은 좋다·나

쁘다로 나누는 등의 방식으로 가치를 매긴다. 인터넷 구매 지침이 만들어지고 이 같은 리뷰 전문 사이트들이 생겨나는 것은 아마존이나 아이튠에서 볼 수 있는 것처럼 '입소문'의 중요성을 증명한다. 아마존이나 아이튠에서는 소비자 리뷰와 더불어 '이것을 산 사람들은 역시 이것도 샀다'는 추천 방식을 병용한다.[75] 여기에는 '보통 사람'의 경험이 비평가나 전문 역사학자의 의견보다 더 중요하다는 명확한 인식이 있다. 이런 종류의 사이트는 또한 마케팅과 책 추천을 소비 행위 과정 속에 확실히 끼워 넣는다. 여기서의 조언은 '똑똑한 구매 선택'임을 소비자에게 확신시키기 위해 제공된다. 따라서 그곳의 리뷰는 교육적이며 실용적이다. '리뷰 센터'는 책 말고도 자동차 보험부터 노트북, 컴퓨터, 웨딩드레스 등 상품에 대한 소비자 의견을 볼 수 있는 사이트다. 이것은 책이 점차 일반적인 여가 생활의 일부이며, 리뷰라는 것이 점차 독자보다는 소비자의 경험에 관심을 두고 있다는 것을 여실히 보여준다.

오늘날 고급 정론지 신문들은 독자 의견이나 댓글, 독자가 만드는 목록과 토론 등을 점차 늘리고 있다. 공식적인 콘텐츠 제작자와 사용자 사이의 경계는 갈수록 희미해지고 있으며, 이것은 "신문의 리뷰는 대부분 엉뚱한 내용을 다루고 있다"라는 힐의 주장을 뒷받침한다. 게다가 신문의 리뷰만 그런 것도 아니다. 물론 이런 종류의 문화적 비난은 새롭게 민주화된 온라인 커뮤니티에서 가장 잘 드러나는 것이기도 하다. 사용자 콘텐츠가 중심이 된 사이트, 예를 들어 헬륨Helium과 위키피디아Wikipedia 같은 사이트는 전문적이고 제도적인 영역이 점점 잠식되어가고 있는 현상을 보여준다. 그 영역은 이전에는 글쓰기, 출판, 댓글, 리뷰 같은 식으로 명확하게 구분됐던 것들이다. 이처럼 넘쳐나는 의견의 다양성은 주변부 계층의 참여권한 확대와 발언권을 보장하는 것이지만, 또한 그것은 동시에 대중적인 역사가들의 게이트키퍼 지위를 강화하려는 노력과 함께 일어나는 현상이다.

  대중적인 역사가들의 지위와 민중의 새로운 역사 참여 움직임 사이에는 이분법이 존재하는데, 이런 이분법은 이 책에서 살펴본 많은 장르와 미디어가 촉발해낸 것이다. 역사가들은 이전보다 훨씬 더 눈에 띄며, 그에 부수적인 문화 자본과 권위를 누린다. 그것들은 힐이 주장한 블로깅 혁명과는 반대로, 주로 출판물의 힘으로부터 온 것이다.

3장 대중문화 속의 역사가

어린이·모험가·영웅으로서의 역사가

대중 사이에서 학자의 권위가 사그라지는 대신 활력 넘치고 근엄하지 않은 스타 진행자가 떠오르는 이유는 대중문화 속에서 보여준 역사학자들의 모습들 때문이기도 하다. 대중문화 속에 비친 인문학자의 이미지는 답답하고 고리타분하며 대부분 남성이고, 종종 살인 사건의 해결을 위해 등장하는 사람이다. 드라마와 소설 '모스 경감Inspector Morse'에 나오는 인물들은 대개 이 네 가지에 다 해당되는 사람들이다. 에드거 라이트Edgar Wright의 영화 〈새벽의 황당한 저주Shaun of the Dead〉(2004년)에서 딜런 모런 Dylan Moran이 연기한 어리숙한 데이비드는 서른 살의 강사다. 여기서 인문학자들은 말이 없고 남들에게 휘둘리며 앞에 나설 줄 모르는 사람으로, 그러다 결국 죽고 마는 사람들이다.[1] 대학의 역사학자들은 특히 쩨쩨하고 유치한 모습으로 그려지는데, 특히 〈메리 화이트 하우스의 경험The Mary Whitehouse Experience〉[1)](BBC 2, 1990~1992년) 중 '히스토리 투데이' 편을 보면, 저명한 역사 교수 두 명이 토론을 시작하지만 점차 대화 수준이 낮아져 나

중에는 어린이들처럼 서로 욕설을 해댄다.[2] 마찬가지로 채널 4의 드라마 〈티처스Teachers〉에서 앤드루 링컨Andrew Lincoln이 맡은 영어 교사는 시를 가르치는 일보다는 학생들의 환심을 사는 데 더 힘을 쓴다. 연극 〈히스토리 보이스The History Boys〉[2])에서 작가 앨런 베넷Alan Benett이 만들어낸 등장 인물 어윈은 중등학교 역사 교사인데 그는 대안적 교육을 하는 교사로, 학생들이 전형적인 틀에서 벗어나 사고하도록 부추긴다. 명백히 니얼 퍼거슨에게서 따온 듯한 등장인물 어윈은 결말 부분에 1990년대 역사 다큐멘터리 진행자로 등장한다. 무자비하고 도덕성이 부족해 보이는 그의 역사 교육 방식은 학생들에게도 좋지 않고 사회를 위해서도 나쁜 것으로 그려진다. 이와 반대되는 교사는 헥터로, 독특하고 열정적인 성격이기는 하지만 시대에 뒤떨어지고 뒤처진 인물이다. 여기서 역사가는 독불장군식 방법과 역사학의 좋지 않은 영향력 때문에 문제와 혼란을 낳는 인물로 그려진다.

　대중문화 장르에서는 좀처럼 지성적인 교사를 찾아보기 어렵다. 예외가 있다면 〈죽은 시인의 사회Dead Poet's Society〉(피터 위어, 1989년)의 로빈 윌리엄스Robin Williams가 연기했던 존 키팅 선생이다. 그는 학생들에게 스스로 문학에 대한 활력 넘치는 애정을 가지고 그것을 통해 진실을 발견하도록 도와주어 학생들에게 영감을 주는 영어 교사다.[3] 영감을 불러일으키는 교사란 남다른 독특함이 있는 사람이라는 의미다. 물론 이런 교사는 대중문화에서는 잘 등장하지 않는다. 대중문화 상품에서 가장 주목받는

---

1)　**메리 화이트 하우스의 경험**: 영국의 스케치 코미디 쇼로, '히스토리 투데이' 편에서는 동명의 역사 토론 쇼를 코미디언들이 패러디한다.

2)　**히스토리 보이스**: 일류 대학의 입학시험을 준비하는 고등학교에서 학생들에게 순수한 지적 욕구와 즐거운 삶을 살도록 지도하는 역사 교사 헥터와 이와는 다른 성격의 보조 역사 교사 어윈을 대조적으로 그린 연극이다.

학자들은 과학자나 수학자, 기계공학자, 의사나 컴퓨터 전문가로, 그들의 지식은 이해하기 어려운 것이고 종종 세상을 위협하거나 혹은 학자를 미치게 하거나 나쁜 결말로 몰아넣는 것으로 그려지기도 한다.[4] 허구의 과학자들은 프랑켄슈타인 이후 반복해 작품에 등장하면서 그 사회 문화의 대표적인 근심과 공포를 보여주었다. 역사학자나 고고학자, 문학이론가나 철학자 등으로 등장하는 인문학자는 주로 암호를 해독하거나 특정한 글의 진실을 파헤치거나 혹은 불가사의한 해석에 대해 정보를 주는 역할을 한다. 그들은 대개 옥스퍼드 대학이나 하버드 대학 교수이며 주인공인 경우는 드물다.[5]

고고학이나 고대 역사 연구는 원래 대학의 캠퍼스를 벗어나 탐험이나 현지 조사field work를 주로 해야 하는 학문이기 때문에 이 같은 분야의 학자들이 자주 등장하는 것은 대중문화에 여러 가지 중요한 수사법들을 제공했다고 볼 수 있다. 영화 쪽을 보면 〈미이라The Mummy〉(스티븐 소머스, 1996년)의 조연을 맡은 존 해나John Hannah와 레이철 바이스Rachel Weisz, 또 〈잉글리시 페이션트The English Patient〉(앤서니 밍겔라, 1996년)의 랄프 파인즈Ralph Fiennes, 그리고 〈스타게이트Stargate〉(롤란트 에머리히, 1997년)의 제임스 스페이더James Spader 등은 학구적이며 약간 비세속적인 역사학자, 고고학자의 모습을 보여준다. 이 중 가장 중요한 학자 역할은 인디아나 존스와 라라 크로프트다. '툼 레이더' 게임(1996년~)은 라라 크로프트 플레이어가 주어진 힌트를 따라 점점 어려운 육체적 임무를 수행한 뒤 고대 유물을 찾도록 한다. 크로프트처럼 대형 액션 게임에 여성 영웅이 등장하는 것은 흔치 않은 일이다. 2001년 맥스 페인이나 1997년 골든 아이, 2002년 스플린터 셀 같은 남자 주인공 게임과는 대조적이다. 이 게임은 여성 고고학자를 로맨틱한 주인공으로 등장시켜 문제를 해결하고 탐험하게 한다. 그녀는 지성을 겸비한 스포츠우먼으로 학문 탐구는 물론 총싸움에도 능하다. 세계적인 게임에 걸맞게 그녀는 영국 사람이며, 트레이닝 레벨이 올라가면서 귀족인 그녀가 우아한 사이비 제국주의 학문이라 할 수 있는 고고학의 전통과 점점 연계된다. 라라를 조종하는 플레이어는 라라의 대저택 안에 있는 체육관에서 각종 기술을 익히고 트레이닝 레벨을 올리며 게임을 이해하게 된다. 이 게임은 탐험가의 역할로 역사가를 등장시켰으며, 크로프트를 에르고딕한ergodic 과정3)에 밀어 넣어 결국 그녀 스스로 진실을 발견하게 한다. 또한 그녀는 게임의 일부로, 그녀의 유물 탐구 작업은 플레이어가 얼마만큼의 오락성과 상호 작용을 원하는가 혹은 최종 결말을 어떻게 만들고 싶어 하는지에 따라 그 내용이 달라진다. 주인공의 신체는 비현실적이고 욕망의 대상이 될 만하게 만들어졌다(라라 크로프트의 가슴 크기는 현실에서는 불가능하다). 앤젤리나 졸리를 주인공으로 캐스팅한 영화[1편 사이먼 웨스트 감독(2001년), 2편 얀 드봉 감독(2003년)]는 이처럼 여성 탐험가 겸 고고학자의 존재를 관능적인 대상으로 묘사했고, 그녀의 지적 혹은 문화적 권위는 드러내지 않았다. 영화는 유물 탐구가 지닌 지적 연관성을 모두 없애버리고 라라 크로프트를 〈미이라〉나 〈스타게이트〉 같은 익숙한 고고학-판타지-액션 장르에 머물게 했다.

사실 대중적인 고고학 영화는 비밀 단체, 미신 숭배, 마술, 불멸의 존재 같은 데서 벗어날 수 없는 것 같다. 심지어 해리슨 포드가 연기한 단호한 유물론자 역할인 인디아나 존스도 신의 복수심에 의해 구원받았으며, 신성한 돌을 찾는 목사들을 만난다. 〈인디아나 존스〉 시리즈(1981~2008년)는 그래도 존스가 대학에서 강의하는 장면이라도 보여주며 그가 박물관

---

3) **에르고딕한 과정**: 상당한 기간이 지난 후 하나의 체계가 최초의 상태와 거의 비슷한 상태로 돌아가는 조건하에 있는 것을 뜻한다. 게임에서는 주인공을 조종하는 게임 플레이어의 능동적인 실천이 필요하다는 뜻이다. 즉, 게임은 이야기의 기본 재료와 규칙만을 제공할 뿐 책이나 드라마같이 완결된 설정을 제공하지 않는다.

에 등장하거나 실제 역사학적·언어학적 지식을 갖추고 있다는 것을 보여준다.[6] 〈레이더스The Raiders of the Lost Ark〉의 존스는 처음 강의 땐 수줍어하지만, 학문의 영역에서 벗어나면 단호하고 영웅적이며 도덕적인 모습을 띤다. 영화는 의식적으로 1920~1930년대의 '소년들의 이야기Boy's Own'에 나오는 연재물 스타일을 따라[4] 일종의 패스티시pastiche 양식을 만들어냈다. 그것은 역사 탐험 영화이며 그에 따라 이중적인 향수를 품고 있는데, 특히 옳고 그른 것 사이의 뚜렷한 갈등이 있는 경우에 대해서는 더욱 그랬다. 존스는 크로프트처럼 양심이 있는 탐험가로, 르네 벨로크와 뚜렷한 대조를 이루는 인물이다. 주인공의 적인 르네 벨로크는 〈레이더스〉에서 나치와 협력하는 부패한 인물이다. 고고학은 도덕성을 띤 것으로 그려진다. 악한 편을 돕지 않을 뿐 아니라 발견하는 유물을 개인 수집가가 소장하는 것이 아니라 박물관에 보관해야 한다고 믿는 쪽이다. 고고학자는 공적인 양심이 있으며, 특유의 흐트러진 매력과 함께 도덕적인 명확함 및 무기와 고문서를 다룰 능력이 있는 사람으로 등장한다. 영화는 유물 발견이나 지도 따라가기를 중시하며, 실제로 영화의 이야기 형식은 그런 자취를 따라가다가 마지막 결말에 이르도록 하고 있다. 영화 속에서 학자들이 과거에 관여하는 일은 순수한 역사 연구 작업이라기보다는 영화적인 설정으로, 유물이나 고대의 물건을 발견하고 전문가적인 지식을 동원해 수수께끼를 풀어내는 수준에서 이루어진다.

과거를 탐구하는 일은 모험과 호기심 같은 것으로 표현된다. 이와 유사한 등장인물들은 아주 오래된 작품 속에서 찾아볼 수 있다. 〈인디아나 존스〉는 1920년대의 모험 영화의 분위기를 따랐고, 더 오래전 영화로는 〈킹 솔

---

4) 19세기 말부터 발간된 영국의 소년 잡지 *Boy's Own Paper*처럼 영웅적인 남성의 모험을 다루었다는 의미다.

로몬의 광산King Solomon's Mine〉(1885년)이나 〈앨런 쿼터메인Alan Quatermain〉
(1887년)에서 H. 라이더 해거드H. Rider Haggard가 연기한 앨런 쿼터메인이라
는 캐릭터를 본뜬 것이다. 영국 작가들은 최소한 백 년 동안은 고고학과
고대 역사에 매혹을 느꼈다고 할 수 있다. 이것은 아마도 영국 제국이라
든가 대영박물관의 영향일 터인데, 예를 들어 애거사 크리스티Agatha
Christie가 이 주제에 대해 네 편의 소설을 쓴 데서도 이 학문 분야의 매력을
알 수 있다.[7]

　소설가들은 대부분 다양한 학자에게 좀 더 관심을 보여왔는데, 아마도
그것은 외모나 깔끔한 모습 등이 소설에서는 그다지 중요하지 않기 때문
일 것이다. 대학 캠퍼스 소설은 오랫동안 학자 특유의 자기 집착적 성격
을 대중에게 제시했다.[8] 『럭키 짐Lucky Jim』[5](영국 소설, 1954년)부터 데이비
드 로지David Lodge의 『체인징 플레이스Changing Places』(영국 소설, 1975년),
『아주 특이한 관습A Very Peculia Practice』(캠퍼스 메디컬 닥터스, BBC 1, 1986년)
같은 소설은 영국 대학 캠퍼스의 그런 배타성을 풍자했는데, 이러한 작품
은 학자들이 강박적으로 현실이나 속세와 거리를 두고자 하는 점을 강조
했다.[9] 로지의 소설 『나이스 워크Nice Work』(1988년, 1989년에 BBC 영화로 제
작)는 문학 비평가와 엔지니어 공장 소유주 간의 갈등을 다룬 소설인데,
여기서도 인문학자는 현실과 괴리된 모습으로 등장한다. 돈 드릴로Don
DeLillo의 『화이트 노이즈White Noise』(히틀러/문화학자 등장, 1985년)와 조너선
프란첸Jonathan Frantzen의 『커렉션스The Corrections』(문화학자 등장, 2001년)는
둘 다 학자들의 도덕적 공백이라는 문제를 비춘다. 이처럼 성적으로 혹은
도덕적인 흠결이 있는 지적 게이트키퍼로 학자를 그리는 것은 존 업다이
크John Updike의 『로저의 버전Roger's Version』(종교학자 등장, 1986년)과 맬컴 브래

---

5)　**럭키 짐**: 학계를 풍자한 킹즐리 에이미스(Kingsley Amis)의 소설이다.

드버리Malcolm Bradbury의 『히스토리 맨History man』(사회학자, 1975년), J.M. 쿠체Coetzee의 『디스그레이스Disgrace』(영문학자, 1999년)와 도나 타트Donna Tartt 의 『비밀의 계절The Secret History』(계층학자, 1992년)에서도 볼 수 있는데, 여 기서는 그리스 고전 문학 교수 줄리언 모로를 둘러싼 숭배가 결국에는 살 인에까지 이르게 된다는 이야기다.

A.S. 바이아트Byatt의 『포제션Possession』에서 주인공은 "문학비평가는 자연스럽게 탐정이 된다"라고 주장하고, 『단테 클럽Dante Club』(2004년)에 서는 인문학자들이 탐정 영웅이 되며, 움베르토 에코Umberto Eco의 『장미 의 이름Name of the Rose』(1980년)의 주인공도 범죄 연구에 자신의 학문적 방 법을 활용한다.[10] 엘리자베스 코스토바Elizabeth Kostova의 『히스토리언The Historian』(2005년)은 이러한 연구의 초점을 고딕식 비극으로 만든다. 여기 서는 진실에 대한 학자의 집착 어린 탐구가 뱀파이어의 위협을 불러일으 킨다. 전체 소설은 학문적인 역사 연구에 바탕을 두고 쓰였다. 이야기는 처음에 주인공이 이상한 편지 묶음을 아버지의 서재에서 발견하는 것에 서 시작해 드라큘라의 무덤이 어디 있는지를 찾기 위해 터키와 동유럽의 자료를 찾다가 여러 사람이 이 연구에 몰두해왔음을 밝혀낸다. 드라큘라 는 자신에 대한 모든 것을 밝혀내려는 사람을 골라 그들을 희생자로 삼는 다. 그는 자신의 정체에 가장 가깝게 다가간 바살러뮤 로시Bartholomew Rossi 교수를 납치해 자신의 끔찍한 서재를 정리하도록 강요한다. 드라큘라는 바살러뮤 로시 교수에게 필요한 지식을 줄 테니 자신과 동업자가 되자고 유혹한다.

너의 용맹한 정직함 덕분에 너는 역사의 교훈을 알게 될 것이다.…… 사람의 본성은 완벽하게 악마적이라는 것을 역사는 우리에게 가르쳤다. 선함은 완벽해 질 수 없지만, 악은 완벽해질 수 있다. 왜 너는 완벽해질 수 있는 것을 위해 너의 위대한 심성을 쓰지 않느냐?[11]

　드라큘라는 그 결과로 나타날 역사학의 근본적인 변화를 예견한다. "우리가 힘을 합치면 이제껏 볼 수 없었던 수준으로 역사학자들의 연구를 뛰어넘을 수 있다. 역사의 고통이 지닌 순수함보다 더 순수한 것은 없다."[12] 잔인하면서도 냉소적인 이런 역사의 해석은 개인적인 것이 된다. "너는 다른 모든 역사가가 바라던 것을 갖게 될 것이다. 역사는 너에게 현실이 될 것이다. 우리는 피로써 우리의 마음을 깨끗하게 씻을 것이다."[13] 드라큘라는 역사적이면서도 현재적이고 오래됐지만 불멸의 존재로, 잔인하면서 파괴적인 인류 역사의 최후의 모습이다. 그는 소설의 제목 그대로 '역사가'이며 반도덕적인 성격을 띠지만, 실제로는 정직한 학자로서 역사의 본성적인 잔인함을 직시하고 있다. 소설 『히스토리언』 속의 다양한 연구자는 마침내 뱀파이어를 추적하고 그를 죽인다. 역사가들은 그때 최후의 영웅이 된다.

　로버트 해리스Robert Harris의 소설 『아크앤젤Archangel』(1998년)에서 플루크 켈소Fluke Kelso는 술, 담배를 즐기고 명석하지만, 엉망진창인 삶으로 고통 받는 역사학자다. 이 인물은 부분적으로 노먼 스톤과 비슷하게 그려졌다. 전반적으로 그의 성격은 싸구려 탐정소설의 주인공과 비슷하다. 그러나 켈소는 학자의 특징도 확실히 보여준다. 다소 낭만적으로 묘사된 학자, 즉 진부한 연구는 비웃음의 대상이 되고 명석하고 논쟁적인 본능은 찬양받는 그런 학계에 몸을 담고 있는 학자인 것이다. 결국 그는 독불장군 같은 성격 때문에 학계에서 버림받게 된다. 켈소는 역사학자로서 특별한 영감을 받은 인물로 그려진다. 진실을 밝혀내는 사람으로서 그리고 나라의 양심을 지키기 위해 괴로워하는 역사학자인 것이다. "그는 서재를 둘러보고서는 눈을 감았다. 1분이라도 더 과거를 간직하려고 블랙 코듀

로이 양복을 입은 살지고 술이 덜 깬 중년의 역사가인 자신의 과거를.”[14] “그는 탐정 같은 성격을 띤 연구 작업에서 미학적인 즐거움을 발견했다.”[15] 이와는 반대로 2005년 BBC가 이 소설을 각색한 작품에서 대니얼 크레이그Daniel Craig가 연기한 그는 날카롭고 자유분방하며 본능적이다. 그는 젊고 위풍당당하고 금발머리에 멋진 코트를 걸친 영웅 역사가의 모습이었다. 각종 자료를 뒤져 역사의 세부 사항을 추적하고 현재에 이르는 러시아의 역사를 되짚는 켈소의 능력은 그를 영웅적인 주인공으로 만들었다. 비록 주인공의 모습이 하드보일드hard-boiled 탐정소설의 인물과 유사하게 약점이 많은 문제적 영웅으로 그려지기는 했지만.[16]

『다빈치 코드』

댄 브라운Dan Brown의 소설 『다빈치 코드The Da Vinci Code』와 『천사와 악마Angels and Demons』 두 소설은 모두 진실을 밝혀내는 영웅적인 행적으로 학자의 삶을 그려낸다. 소설의 주인공 로버트 랭던Robert Langdon은 하버드 대학의 종교 상징학자다.[17] 2006년의 영화 〈다빈치 코드〉에서는 톰 행크스Tom Hanks가 이 역할을 맡아 연기했는데, 그는 강인하면서도 우아한 매력이 있는 배우다. 〈다빈치 코드〉에서 랭던은 역사에 문외한인 암호전문가 경찰과 팀을 이룬다. 『디지털 포트리스Digital Fortress』에는 모호함을 이해할 수 없는 과학자가 등장한다. 이 소설에서 진실을 이해하고 밝혀낼 열쇠를 쥐고 있는 것은 역사학자다. 브라운의 랭던은 학자풍이면서 여성에게 인기 있을 만한 인물이다.

전형적인 의미에서의 미남은 아닐지라도, 마흔다섯 살의 랭던은 여성 동료

교수들이 "학자답다"라고 할 만한 매력이 있었다. 갈색 머리 곳곳이 희끗거리고 깊고 푸른 눈에 매혹적인 저음의 목소리, 그리고 대학교 대표 운동선수의 강인함과 근심·걱정 없는 사람 좋은 미소. 고등학교와 대학교 때 학교 대표 다이빙 선수였던 랭던은 아직도 수영 선수의 몸매이며, 잘 가꿔온 균형 잡힌 6피트의 체격을 하고 있었다.[18]

텔레비전에 방영된 〈아크앤젤〉과 마찬가지로 브라운의 소설은 역사가를 영웅으로 묘사하는데, 국제적인 음모에 맞서는 인물이기 때문에 이처럼 지적이면서도 운동신경이 뛰어난 학자가 제격이었다. 이와 비슷한 인물은 제프리 아처Jeffrey Archer가 쓴 『배반의 자화상False Impression』에 나온 체조 선수 겸 미술사학자 애나 페트레스쿠Anna Petrescu다.[19] 니컬러스 케이지Nicolas Cage는 영화 〈내셔널 트레저〉(2004년, 존 터틀타웁)에서 랭던 스타일의 강박적인 역사가 겸 모험가를 연기했다. 이 영화는 『다빈치 코드』의 흐름을 따르면서 도덕적인 역사학자-모험가(케이지와 그의 기록보관인 파트너 다이앤 크루거)와 악당이며 반지성적인 보물 사냥꾼(션 빈)을 뚜렷하게 대조시킨다.[20] 이런 세 가지 예시에서 전문가가 원하는 것은 지식이다. 편지, 그림이나 「독립선언문」 같은 유물 형태로 담긴 지식을 찾는다. 그리고 그들은 그런 정보와 보물을 세상과 공유하기 위해 문제의 실마리를 푸는 사람이다. 학자들은 개인적인 부나 명성을 얻으려 하기보다는 역사적 유물에 대해 대중의 이해에 기여한다. 이처럼 비이기적인 행위가 역사가를 돋보이게 하는 것이다.

영화 〈내셔널 트레저〉와 〈다빈치 코드〉, 그 아류작이 보여주고 있는 것은 역사 탐구와 음모 이론의 교차다. 댄 브라운은 소설 속에서는 이른바 '성스러운 여성Sacred feminine'이라는 역사 속에서 사라진 존재를 등장시켰다. 주인공 로버트 랭던은 이 '성스러운 여성'이 후대에 남긴 영향력, 특히 여성에 대한 숭배 현상과 로마 가톨릭 교회가 이를 억압했던 그 시대의 역사에 대한 전문가다. 랭던은 상징에 대한 역사 지식과 논리력을 동원해 암호 해독을 할 수 있는 능력이 있다는 점에서 소설에서 중요한 가치를 지닌다. 이 소설 속에서 역사는 지리학적인, 성스러운, 의식화된, 미술적인 암호가 모여 만들어진 암호의 정교한 패치워크다. 만약 그 암호가 풀린다면 교회가 자신들의 교리를 강화하기 위해 억압해온 진실이 드러나게 되는 것이다. 사람들에게 알려진 '역사'라는 것은 바티칸의 권위를 지키기 위해 쳐놓은 연막이라 할 수 있다. 이 책에서는 유럽의 역사를 로마 가톨릭 교회와 시온 수도회 간의 오래된 전쟁으로 펼쳐 보인다. 정치적이고 신비주의적인 성전기사단의 한 분파인 시온 수도회는 거대한 비밀, 즉 성배Holy Grail와 관련된 문헌, 그리고 예수의 혈통과 관련된 진실을 보호하고 있다. 이것은 소설 속에서 여러 가지 사건을 통해 위협받는다.[21] 소설은 엄청난 양의 종교적·역사적인 정보를 능숙하게 엮어 지난 2000년 역사를 뒤집는 대안적인 이야기를 제시한다. 그 내용은 마리아 막달레나와 예수가 부부였으며, 이는 줄곧 공공연한 비밀이었다는 것이다. 이 음모론의 증거를 찾아내는 것과 2000년 역사에 대한 해석을 바꾸는 것 두 가지가 이 소설의 등장인물과 구성을 끌어가는 핵심적 원동력이다. "진실을 알아가는 것이 나의 인생의 목표가 됐다"라고 랭던 일행을 도와주는 학자인 티빙은 말한다. "그리고 성배는 내가 가장 아끼는 연인이 됐다."[22] 그러나 소설은 또한 암호가 누구나 볼 수 있는 곳에 숨어 있다는 사실을 알려주고 있으며, 그 암호가 본질적으로 도구로 쓰이는 언어라는 사실을 말해준다. "그녀는 혼자 중얼거렸다. '뭔가가 더 있어. 아주 철저하게 감춰진……. 하지만 겉으로는 아무렇지도 않아 보이는.'"[23]

『다빈치 코드』는 '사실FACT'이라는 제목이 붙은 페이지에서 시작된다. 시온 수도회의 역사적 진실성을 강조하는 이 페이지에서는 파리 국립도서관이 1975년에 발견한 기밀문서로 알려진 양피지들에 적힌 시온 수도회 회원들의 이름을 인용한다. 또 같은 페이지에 오푸스 데이Opus Dei에 관한 약간 주관적인 정보를 담고 있다. 본문에는 "세뇌와 강압, '육체의 고행'으로 알려진 위험한 종교 의식이 보도되면서 이 교파는 최근 논란거리가 되기도 했다"라고 적고 있다. 그리고 이 페이지 마지막 부분에서 "이 소설에 나오는 모든 예술 작품, 건물, 자료, 비밀 종교 의식에 대한 묘사는 모두 정확하다"라고 끝맺는다.[24] 『다빈치 코드』는 암호를 해독하고 음모를 추적해나가면서 진실이라는 것이 반드시 존재하며 이해될 수 있는 것이라는 입장을 취한다(비록 성배 이론가들이 궁극적으로는 이야기의 중심 악역으로 밝혀지기는 했지만). 브라운의 소설은 전체적으로 직설적이지만, 그것은 역사가 유동적 상태에 있다는 관점을 보여준다. 확실히 이 소설의 중심 생각은 역사는 눈가림일 뿐이며, 학문적인 탐구가 그런 이야기 속의 복합성과 불규칙성을 보여줄 수 있다는 것이다. 그는 스스로 역사가 주관적인 성격을 띤다고 주장한다. "많은 역사학자들이 오늘날 믿는 바는, 기존 개념의 역사적 정확성을 판단할 때 우리는 우리 스스로에게 좀 더 깊은 질문을 먼저 던져야 한다는 것이다. '역사라는 것은 그 자체가 얼마나 역사적으로 정확한 것인가?'라는 질문 등을."[25] 그러나 『다빈치 코드』는 또한 역사가 암호화된 담론의 모음이어서, 정확한 훈련과 접근 방법, 지식으로 무장한다면 제대로 이해하고 읽어낼 수 있다는 것을 암시한다. 역사 문헌과 증거는 해독이 가능한 고문서이며, 대개 양면적 가치나 모호한 의미보다는 단 한 가지의 의미를 담고 있는 것이다.

또한 이러한 지식의 게이트키퍼들은 모두 남성이다. 소설 속에서 소피 느뵈Sophie Neveu는 아무것도 모르는 순진한 역할을 맡고 있는데, 그는 훈련된 경찰로 암호 해독 요원이다. 소설에서는 경솔한 성격의 느뵈가 하버드 대학 교수인 랭던과 옥스퍼드 출신 영국 학자에게 전수받는 내용이 많이 나온다. 그들은 그녀를 위해 역사를 해독하면서 알려지지 않은 이야기를 들려준다. 수동적인 독자들은 그녀와 시점을 같이하며, 처음에는 혼란스러워하다가 점차 비밀을 밝혀내고 이해하게 된다. 그녀가 아무것도 모를 때는 독자들 역시 아무것도 모른다. 그래서 이 내용에 앞서 책의 첫머리에 '사실'이라는 설명 부분이 등장하는 것이다.

독자는 '대안적인' 역사 이야기를 듣게 되는데, 이것은 학문적으로 왜곡된 것으로 소개되는 음모 이론이다. 그러나 소설의 '핵심'은 우리가 지극히 당연히 여기는 것이 진실이 아닐 수도 있다는 가능성에 있으며, 중요한 것은 독자가 자신에게 던져진 세세한 사실을 생각으로 메워야 한다는 점이다. 브라운은 이렇게 지적한다. "'사실'이라는 쪽은 소설의 주인공들이 말한 옛날의 이론에 대해 어떠한 주장도 하지 않는다. 그 뜻을 해석하는 것은 독자의 몫이다."[26]

소설은 논쟁을 불러일으켰고, 종교학자들은 아직도 브라운이 제시했던 생각에 반박하는 글을 쓴다. 크리스천 출판업자들이 그 책의 '이단성'을 논쟁하고 설명하는 책을 펴내는 출판사를 만들 정도였다. 링컨 성당은 이 소설의 영화 촬영지로 수도원을 제공하고 돈을 받은 것 때문에 성물 매매로 비난받았다. 웨스트민스터 대성당은 촬영을 거부한 바 있다. 역사와 신학의 만남이라 할 수 있는 이 소설은 6,100만 부가 팔리고 44개국 언어로 번역됐으며, 이 같은 논쟁의 결과로 살아 있는 대중적 논쟁거리가 됐다. 아마도 어떤 역사 교습보다 이 소설 한 권이 훨씬 더 많은 역사적 토론을 불러일으키고, 익숙한 담론을 다시 생각하게 하는 계기를 만들었다고 할 수 있다. 소설을 통해 독자들은 교회, 정부, 국가, 대학 같은 것이 어떤 역사적 발전을 거쳐왔는지 알게 됐다. 소설이 신학적인 내용을 포함하고 있다는 점은 또 다른 역사화된 관계를 환기시켰다. 즉, 개인적인 숭배자들과 예수의 육체적인 현현 사이의 관계(비록 이것이 마호메트나 부처와의 관계에 똑같이 적용될 수 있지만)를 생각하게 하는 것이다. 지금/현재의 예수를 숭배하는 사람과 그때/과거 예수의 죽음을 숭배하는 사람들이 같은 시대에 존재한다는 것은, 종교적인 체험이라는 것이 역동적인 과거-현재성, 즉 수천 년 전의 사건을 한 사람의 믿음에 연결하는 역동적인 능력을 소중히 여기고 있다는 것을 보여준다.[27]

이 책의 문제점에 대한 논란은 너무나 많은 방향으로 뻗어나가서 이제는 그 책 자체를 읽는 행위에도 영향을 미친다. 예를 들어 그 소설의 '러프 가이드Rough Guide'라는 것이 있는데, 이것은 소설에 논픽션적인 성격을 부여하려는 해석이다. 우리가 알고 있는 역사나 삶이 거대한 음모의 결과일 수도 있다는 그 개념을 통해 이데올로기에 대한 적극적인 이해가 필요하고, 학교나 교회 같은 문화 게이트키퍼들이 들려주는 이야기를 믿지 않으려는 편집증적인 의지가 필요하며, 그래서 그런 사고의 틀 바깥에서 스스로를 규정할 수 있는 인문주의자 같은 자유로운 욕망이 필요함을 알 수 있다. 그럴 경우 역사의 탐구는 서양 문명의 근간을 흔드는 비밀을 밝혀낼 수 있으며, 탐구자 혹은 지식의 소유자가 새로운 모델로 접근할 수 있게 해준다. 소설과 관련된 현상은 음모로서의 역사를 제시하고 "당신이 알고 있는 모든 것은 틀린 것이다"라고 알려주며, 거기에 지적인 탐구가 개인적인 진실을 발견하게 해줄 것이라고 암시한다.

『다빈치 코드』는 음모론에 푹 빠져 있는 세계의 문화에 대해 발언하고, 그 거짓말의 기반을 약화시키는 문헌들에 주목했다.[28] 그 책은 엄청나게 많은 모방작을 낳았다. 물론 이 책 자체도 단순한 역사 소설이 아니라 광범위한 음모론 스릴러 장르이기는 하다. 예를 들어 마이클 코디Michael Cordy의 수퍼 베스트셀러(1997년) 소설 『미러클 스트레인The Miracle Strain』과 『다빈치 코드』는 교회, 메이슨, 성전 기사단의 밝혀지지 않은 역사를 연관시킨다는 면에서 비슷하다.[29] 역사 음모 스릴러라고 명명할 만한 이 하위 장르는 역사를 유동적인 것으로 상정하며 영웅-모험가를 탐구자이며 인습타파주의자로 등장시켜 짜임새 있는 이야기의 완성을 위해 그들이 지식을 추구하기도 하지만, 거기에 더해 현대 사회와 문명을 지탱하는 제도들의 오류를 여실히 드러내기 위해 그들이 지식을 추구한다는 것을 보여준다.

대중문화 속에 등장하는 역사가들은 지저분하고 특별나며, 구겨진 옷을 입고 여간해서는 죽지 않는 존재이며, 집착적인 성격의 소유자들이다. 그러나 그들은 또한 영웅의 잠재력을 지니고 있다. 영화들은 복합성을 회피하고 선정적인 것을 더 선호한다. 하지만 소설에서는 역사가란 사람들이 종종 복잡·미묘하고 문제를 일으킬 만한 성격으로 등장한다. 데이나 폴런Dana Polan은 "대중적인 개념에서 보면 역사는 상상과 관련된 것이 아니며, 재구성에 관한 것도 아니"라고 한다. 그것은 기껏해야 좋은 의미로 보존하는 일이며, 비해석적인 사실을 잘 다루는 일인 것이다.[30] 대중문화에서 여러 다양한 과목의 학문이 등장하고 있다는 것을 다룬 책이 많다.[31] 이런 책은 종종 권위의 분권화를 언급한다. 성공하기 위해서는 전문가들이 권위자들의 캐릭터와 메시지를 희석시켜야 한다는 메시지를 던지는 것이다. 대중의 머릿속에서 역사학자는 대부분 안경잡이에다 학생 같고, 영웅적인 풍모라고는 없으며, 먼지 쌓인 자료실에서 진실을 추구하는 사람으로 묘사된다. 그들은 탐험가가 될 수는 있겠지만, 그러기 위해 그들은 캠퍼스에서 벗어나 재킷을 벗고 채찍을 휘둘러야 한다. 과학자들이 희망에 찬 두려움을 간직한 가능성의 상징인 것과는 반대로 역사가들은 좀 더 믿음직하지만 재미없어 보이는 사람들이고, 새로운 것을 만들어내는 창조자라기보다는 지식을 전달해주는 사람이다. 그러나 이와 동시에 그들은 진실을 추구하고 통찰력이 있으며 정보의 유형을 알아차리는 능력이 있기 때문에 세상을 다시 만들 기회와 방법을 지닐 수도 있다.

역사 소비자의 참여권한 확대, 소유 그리고 소비:

아마추어 히스토리

Enfranchisement, ownership and consumption: 'Amateur' histories

진지한 레저와 역사 참여권한 확대

2부에서는 역사 소비자의 '참정권/참여권한 확대'가 물질적인 수단을 통해 이루어지는 과정을 살펴볼 것이다. 물질적 수단의 '참여권한 확대'라는 말은 과거의 도구나 유물, 문헌에 소비자들의 접근이 개방되어왔다는 뜻이다. 이 책의 앞부분에서 스타 역사학자인 진행자들이 큰 인기를 얻고 있다는 사실에 덧붙여, 학문적 게이트키퍼들이 가지고 있는 역사 정보에 대한 통제를 점차 시청자들이 가지기 시작했다는 것을 살펴보았다. 통제권을 가진 시청자들은 자기 나름의 내러티브와 이야기, 체험을 발전시켜왔다. 예를 들어 이 책 2장에서 수전 힐이 신문의 출판면에서 전통적인 비평가들의 역할을 비판했던 상황을 살펴보면, 그것은 역사 소비자들의 힘이 커지고 있다는 것을 인정하고 그것에 다가가려는 노력을 보인 것이라 할 수 있다. 데이터베이스 기술과 인터넷과 같은 기술혁명 덕분에 점차 기존 제도나 직업적 역사가들의 도움이 덜 필요하게 됐다. '아마추어' 역사가들(만약 그러한 구분이 가능하다면)의 지위는 점차 복합적이 되고, 그들은 풍부한 자료를 가질 수 있게 되면서 점차 더 눈에 띄게 부각됐다. 인터넷을 통해 역사 자료에 대한 접근이 개방되어가고, 계보학genealogy 등을 통해 역사가 개인화되는 현상에서 알 수 있는 것은 역사에 개인의 참여권한이 확대되어가고 있으며, 역사 탐구 능력이 커짐에 따라 역사의 주체가 바뀌어가고 있다는 점이다. 비비언 소브책의 말처럼 대중이 과거의 유물과 점점 더 많은 관계를 맺어가면서 좀 더 적극적으로 사고하는 역사적 주체가 되고 있는 것이다.[1]

옥스퍼드 영어사전에서는 'Enfranchisement'라는 단어를 다음과 같이 정의하고 있다.

1. 참정권, 선거권을 주는 행위. 참정권, 선거 권한을 가진 상태. 권한을 가짐. 속박으로부터의 해방, 노예 상태, 정치적인 종속으로부터의 해방.
2. (a) 자유에 대한 승인, 도시·자치구·기업의 자유에 대한 승인 혹은 국가의 시민권에 대한 승인; 정치적 권리에 대한 승인, 현재는 특히 선거참정권에 대한 승인.
(b) 마을에 대한 특권의 부여(현재는 주로 의회 대표의 권한을 말함)
3. 부동산을 자유보유권으로 만드는 행위. 프랜차이즈화한다는 것은 '개인적 자유'를 인정한다는 것이고, '자치도시나 정치적인 특권을 인정한다'는 것.

여기서 잘 살펴봐야 할 의미가 몇 가지 있다. 엔프랜차이즈먼트Enfranchisement는 정치적인 논쟁거리이며, 종속과 노예 상태로부터의 확장이다. 일반적으로 거기에는 특권의 양도, 투표권 혹은 공적인 민주적 목소리라는 뜻이 들어 있다. 2번의 의미는 이 단어가 시민권의 문제와 관련 있음을 보여준다. 참정권/선거권을 부여받는다는 것은 정치적인 주체가 된다는 것이다. 역사 분야에서 참정권을 부여받은 사람들은 과거를 더 많이 접하게 됨으로써 더 많은 힘과 문화 자본을 가진 것처럼 보인다. 참정권이란 것은 과거에의 접근을 자유민주적인 분위기로 이론화한 것으로, 이를 통해 평범한 시민들이 자신의 역사적 제도와 담화에 민주화된 접근을 할 수 있도록 해준다는 뜻이다.[1]
역사 탐구의 수단이 평범한 사람에게 확대된 예를 보면 지방사와 계보학 같은 역사의 하위 학문을 들 수 있다. 지방사 운동은 이전부터 있

---

[1] 이 책에서 저자가 최근의 역사 '소비'의 핵심적인 결과로 지적하는 'Enfranchisement'라는 개념은 평범한 사람들과 아마추어 역사 애호가들이 기존의 전문가나 게이트키퍼가 누린 역사에 대한 권위적 지위를 약화시키고 자신들의 참여권한을 확대한다는 의미에서 '참여권한 확대' 혹은 '(역사 소비자의)권한 확대'라는 말로 통칭해 번역했다.

어온 것이기는 하지만, 1990년대 들어서 사람들이 기록에 훨씬 더 많이 접근할 수 있게 되면서 직접적으로 역사를 접할 수 있는 길이 열렸다.[2] 계보학과 지방사는 지난 10년 동안 '대중 역사'에 나타난 가장 중요한 현상 두 가지라고 할 수 있다. 이런 학문들이 인기를 얻는 것은 역사적 주체가 자유로워졌음을 뜻하며, 학계에 있지 않은 평범한 역사 참여자들이 이전에는 접할 수 없었던 자료 정보와 수단을 이용해 그들 나름대로 역사를 발견하게 됐음을 의미한다. 일반적인 대중에게 가능해진 다양한 수단을 살펴보면, 직업적인 전문가로서의 역사학자와 아마추어 역사가 사이의 방법론적·문화적 차이를 추적해볼 수 있다. 이 두 그룹이 접할 수 있는 역사적 지식의 차이점과 그 지식에 접근하고 가치를 매기는 방식의 차이 같은 것을 분석할 수 있는 것이다. 참여권한이 확대된 주체는 스스로 역사와 만나는 다양한 방법을 가지고 있다.

거기에 더해 이 책의 4~6장에서는 역사의 유물과 역사 탐구 조사 행위가 어떻게 점점 더 경제적 관계망 속으로 들어오게 됐는지를 살펴볼 것이다. 특히 2부에서는 지난 10년 동안 영국 사회에서 역사 지식이 상품화된 상황과 역사 자체가 레저화된 상황이 어떻게 서로 연계되어 이뤄져 왔는지를 살펴볼 것이다. 다른 한편으로는 온라인 데이터베이스가 생겨나 접근성이 늘어나면서 지식의 개방이 가속화되고, 이것이 사용자들의 참여권한을 확대해나갔다. 하지만 이런 정보들은 대부분 유료로서 홈페이지들에 돈을 지불하는 방식으로 접할 수 있는 정보다. 계보학 웹사이트들, 센서스나 유언장, 그리고 모든 종류의 사회적 정보 같은 국가적 정보들은 재정적인 기반에 영향을 받는다. 역사적 지식과 정보 형태로 된 문화 유물들은 여기서 자아를 스스로 이해하고 완성시켜나가기 위해 그런 것을 소비하고 싶어 하는 소비자들에게 하나의 상품이 되어가고 있다. 계보학 웹사이트는 역사화된 문화적 경제 시스템 안에서 그 정보들을 상품화해 판매하는 식으로 운영된다. 하지만 계보학 정보가 차지하는 위치 때문에 이 경제 시스템은 문화적 유물의 상품화 시스템보다는 폐쇄적이고 합리적이다. 역사는 그저 돌고 도는 의미와 가치의 한 부분이라기보다는 실제로 가격을 매길 수 있는 무엇이 되는 것이다. 정보는 생산물이고 역사의 노동에 의해 만들어질 수 있는 것이며, 그것은 욕망의 대상이고 돈을 지불할 대상이 되는 것이다.

역사적 과거는 전자 정보로 만들어진 상품이 됐다. 학문적인 호기심의 영역으로서의 역사는 이 같은 '가상적인virtual', 초현실적인, 실제적인 전환에 답변을 해야 할 것이다. 역사가 문화 혹은 언어학계에 했던 것처럼(그것들은 여러 면에서 역사가 연성화될 수 있다는 근심을 낳았다) 가상적인 역사는 디지털화된 자료보관소archive와 사실 및 허구 사이의 경계, 진짜와 경험의 경계를 흐릿하게 만드는 다큐멘터리와 게임의 컴퓨터 그래픽 이미지들과 함께 전개됐다. 역사는 문화와 서로 맞물려 있으며 따라서 포스트모더니티의 복합적인 기술과의 만남에서 생겨났던 문화의 각종 담론과 똑같은 부작용을 역사도 겪고 있다. 새로운 미디어와 새로운 과학기술은 문화를 통해 그리고 역사에 대한 우리의 정의를 통해 정체성과 자아 개념을 확산시킨다. 옥스퍼드 영어대사전의 '가상적virtual'이라는 단어의 뜻 중 네 번째는 컴퓨터와 연관이 있다.

프로그램이나 사용자의 관점에서 보면 물리적으로 존재하지는 않지만 소프트웨어에 의해 존재하는 것처럼 보이게 만들어진 것, 특히 내부적인 기억인 것처럼 보이지만 대부분 외부적인 기억을 말할 때 '가상적'이라고 말한다. 외부/내부 사이의 전이는 필요에 따라 자동적으로 이뤄진다.

이런 정의에 따르면 사이버 역사는 실체가 없는 소프트웨어의 구성물이 되어버리기 때문에 '가상적' 전환이라는 말이 담고 있는 의미를 드러낸다. 즉, 코드화된(간접적으로 표현된) 기표signifier를 기의signified와 구분하는 것은 명백히 가상성을 비현실적이고 순간적인 것, 기계 속의 영혼으로 제시하는 것이다.

계보학의 레저화와 지방사 혹은 '취미로서의 역사'가 등장하면서 그런 문화적 참여에 대해 좀 더 일반적으로 분석할 수 있게 됐다. 최근 들어 사회학자들은 '사회적 정체성을 형성하는 데 레저의 중요성'을 강조하기 시작했다.[3] 취미와 여가 생활은 공적인 사회적 자아를 형성하는 데 기초적인 요소가 된다. 지방사와 계보학은 '진지한' 레저로 분류된다. 진지한 레저라는 것은 말하자면 ① '잘 훈련받은 체계적인 지식과 기술의 습득', ② '자신의 인생에서 이런 활동을 "경력"으로 조직화시키고 성취를 이뤄내고자 하는 것'을 뜻한다.[4] 지방사와 계보학 연구는 '자아실현', '자기 강화', '자아 이미지의 강화', '연대감의 강화' 같은 오래 지속되는 혜택을 안겨주는 여가 활동이라 할 수 있다.[5] 게다가 이런 유형의 대중적인 역사적 탐구는 높은 사회적 참여를 이끌어냄으로써 가상적으로나 물리적으로나 공동연구와 네트워킹의 가치를 잘 드러내준다. 진지한 여가 활동은 사회 자본을 강화한다. 아마추어 레저로서의 계보학이나 가족사 혹은 지방사 등은 역사를 추구하는 행위가 특별한 사회적 기능이 있으며, 일과 관련 없는 취미임을 여실히 드러낸다.

4장 일상 속의 역사

지방사, 금속 탐지, 고미술품 수집

지방사

지방사地方史는 근대 초기의 골동품 연구에 그 뿌리를 두고 있다. 학과목으로 공식화된 것은 1947년에 영국 레이체스터 대학에서 지방사학과를 만들고 호스킨스W.G. Hoskins가 『영국 풍경의 형성The Making of the English Landscape』(1955년)과 『영국의 지방사Local History in England』(1959년)라는 책을 출간하면서부터 시작됐다.[1] 이 학문은 제2차 세계대전 후 수십 년 기간에 등장한 성인 교육의 확장 및 평생교육원과 밀접한 관련이 있다. 따라서 시작부터 학문의 민주화라는 개념과 연관을 맺고 있고, 학문적 영역의 확장이라는 의미도 있다. 호스킨스는 이에 대해 '지역에 대한 관심이 급증하는 것은 세계가 분화되어가는 것과 관련이 있다는 주장을 펼쳤다.[2] 이에 따르면 지방사 역사가들이 추구하는 혹은 그들이 무의식적으로 드러내는 특정한 주제가 있다. '특정한 지역 공동체 혹은 지역 사회의 기원과 성장', 토지의 소유권과 점유에 대한 기록 혹은 '오랜 기간 동안의 인구의 변화', 그리고 지역 커뮤니티가 지난 수백 년 동안 해체되어온 방식 같은 것이 지방사의 대표적 주제라는 것이다.[3] 그의 동료 핀버그H.P.R. Finberg 역시 같은 의견이다. 그는 1952년에 쓴 글에서 "지방사학자가 하는 일은 지역 커뮤니티의 기원과 성장, 쇠퇴와 소멸을 자신의 마음속에서 재현하고 그것을 독자에게 그려주는 것이다"라고 설명했다.[4] 호스킨스는 여기서 쇠퇴라는 주제가 모든 지방사의 가장 중요한 주제라고 강조한다. 다시 말해 지방의 영역이 현대성이라는 산성 물질에 의해 알맹이를 모두 잃어버린 빈 조개껍데기가 되어가는 과정을 연구해야 한다는 것이다.[5] 지역 전체성의 상실을 침울하고 보수적으로 접근하는 이런 방식은 지방을 아주 소중한 것으로 규정하며, 역사의 급속한 발전 때문에 위협받는 관습과 행동, 즉 그런 공동체로 지방을 규정하는 것이다. 지방사는 사회사의 '아래로부터의 역사'라는 모델을 보완하는 것이며, 결정적인 순간에는 지방을 국가나 국제적인 것과는 별개의 것으로 설정한 모델을 제공하는 것이다.

지방사 연구는 또한 구체적인 장소에 직접 나가 현지 조사를 하는 것에 역점을 둔다. "어떤 지방사학자라도 자신의 발을 적시는 것을 두려워해선 안 된다"[6]라는 것이다. 호스킨스가 여기서 강조하는 것은 지도가 놓인 텍스트이며, 위치의 물질성이 진실 추구에 가장 중요하다는 점이다. "최고의 지방사 문헌은 작가가 선택한 장소의 산 너머로 흘깃 보이는 간단한 표지조차 함부로 무시하지 않는다"[7]라고 그는 말했다. 호스킨스의 접근은 아주 정확했고 민주적인 것이었다.

무엇보다 나는 지방사 연구와 지형학이라는 것이 많은 사람에게 큰 기쁨을 주는 취미 활동이라고 여기고 있다. 그들은 전문적인 역사가로서의 훈련을 받지 않은 사람들이기 때문에, 그 학문에 겁먹게 해 그들을 물러나게 한다면 그것은 잘못된 일이다. 그 학문은 즐거움의 수단이며 자신의 외부 세계에 대한 의식을 확대시키는 방편이고, 심지어는 내부 세계의 확대를 가능하게 해주는 것이다.[8]

이렇게 역사적 지식을 개인에게 교육시켜서 그들을 계몽시킬 수 있다는 인본주의적인 가능성은 여전히 이 학문의 중심 기반이라 할 수 있다. 핀버그는 이 학과를 '인간적'인 것이라 불렀으며, 이 학문이 개인에 대해 관심을 가지고 있다는 사실을 강조했다. "그것은 우리를 피와 살이 있는 실체로 보게 해주며, 국가라는 장기판의 졸 따위로 여기지 않는다."[9] 지방사는 학계에서 지역 연구, 역사인구학, 미시 역사, 모든 사회사의 분파, 물질과 연관되어 있는 학문이며, 물질적인 것을 중시하고 개별 사건의 중요성을 강조하는 학문이다.[10] 마찬가지로 지역 내 작은 규모의 가족사에 초점을 맞추기 때문에 그 자체가 사회의 역사 기록에 영향력을 발휘한다. 가족사, 역사적 인구분포학 그리고 새로운 사회사, 이 모두는 '보통 사람들의 삶의 유형을 재구성하고 그 사람들을 배우로 보며 변화 과정의 주체로 본다'는 점에서 상호 연관성이 있다.[11] 좀 더 넓은 의미로 역사의 역동성에 지방사와 가족사가 보탬이 될 수 있는 것은 이런 흥미로운 개념 때문이다. 지방사학자들과 계보학자들은 그들 자신을 사회사라는 연속체의 일부로 여기고, 지방사를 세상 전체의 일에 영향을 미치는 그런 학문으로 보는 것일까? 하나의 지방이 국가나 국제적인 맥락, 즉 전형적인 국가 통제주의자의 역사 패러다임과 어떻게 연관이 되는지, 혹은 한 지역의 사건이 좀 더 광범위한 사건과 어떻게 영향을 주고받는지에 대해서는 이해가 부족한 측면이 많았다. 이처럼 협소한 시각으로 접근함으로써 특정한 종류의 정보들의 가치를 도외시하기도 했다. 캐럴 캐먼Carol Kammen은 "지방사학자들이 탐구 주제를 특정한 것으로 한정하는 것은 스스로 지방사를 검열하는 행위다"[12]라며 이런 경향을 지적했다.

아마추어나 비학문적 지방사는 비전문가들을 역사 탐구에 참여하도록 한다. 일반인들에게 지역의 수준에 맞게 역사 탐구를 할 수 있게끔 도와주는 입문서도 많이 기획됐다. 이런 책들은 용어사전에서부터 좀 더 자세한 안내, 자료보관소 이용법, 구술 역사 기술, 문헌 찾는 방법과 지도 읽기 지침까지 다양하게 나와 있다.[13] 이 책들은 실제 연구 작업을 지원하기 위해 만들어진 것들이며, 따라서 그런 책의 역사 서술은 목적과 대상이 분명하고 대개 구체적인 지리 정보로 특화된 것이다. 1972년 「지방사의 자료들Sources for Local History」이라는 글에서 스티븐스W.B. Stephens는 '지역의 의의'가 담고 있는 역사학적인 중요성을 주장하며, 지역성 연구에서 역사 자료보관소의 중요성을 강조했다.[14] 지방사의 핵심은 장소라는 개념이며, 그 장소의 이야기를 이해하고 싶어 하는 마음이라는 것이다. "모든 집은 그 속에 이야기를 담고 있다."[15] 이처럼 발견, 드러냄, 그리고 지역적 특수성 같은 것들이 지방사의 핵심이라 하겠다. J.R. 라벤스데일Ravensdale의 1982년 BBC 시리즈 〈히스토리 온 유어 도어스텝History on Your Doorstep〉은 이처럼 역사 건축물 속에 담겨 있는 여러 의미를 강조하는 프로그램으로, 지역 고고학 연구를 통해 그것들의 의미를 설명하려 했다.[16] 이것은 극단적으로 유물적인 유형의 역사 탐구이며, 호스킨스가 두 책에서 시사한 것처럼 고고학과 많은 부분에서 겹친다.[17]

지방사 현상에서 핵심이라 할 수 있는 것은 개인적 관심과 만족감의 중요성이다. 역사 탐구 행위는 해방감과 만족감을 주며, 자기 자신과 공동체에 대해 더 현명한 정의를 내리게 해준다. 올바른 질문을 던지고 이에 대한 정확한 자료를 찾는 방법을 제대로 세우는 것이 참여자들에게 역사를 제대로 이해하도록 해주는 것이다. 아마추어들의 여가 활동과 취미로서 지방사는 계보학과 아주 가까운 관계다. 둘 다 참가자들에게 많은 권한을 부여하며, 상대적으로 도전해보기에 수월하다. 둘 다 가깝고 친근한 지역에 생기를 가져다주며, 자료보관소나 도서관, 구전 역사, 각종 시설, 지도, 유형학 같은 수단을 활용하는 학문이다. 또한 이것들은 참가자들에게 자신의 가족이나 현장의 소유권을 갖도록 해준다. 예를 들어 지방사 그룹은 자기 지역의 토지를 측량하거나 보존, 전시 등을 위해 적극적으로 활동하고 있다. '로컬 헤리티지 이니셔티브The Local Heritage Initiative'는 '헤리티지 복권 펀드'가 재정을 지원하는 단체로, 이들은 수백 개의 프로젝트에 자금을 지원한다. 어떤 카운티들은 시골과 지방의 풍경을 모니터하고 보존하는 커뮤니티 혹은 교구 고고학 감시자Community or Parish Archaeology Wardens를 두고 있다. 이처럼 지역 커뮤니티 접근에 법적 장치가 결합되는 것은 오늘날 정치가 사람들의 참여를 확대시키는 데 관심이 있다는 것을 반영하는 것이기도 하고, 일반 대중 역시 지역의 역사에 점점 더 접근해 보고자 한다는 것을 여실히 보여주는 것이다.

대중의 상상 속에서만 존재하던 사회사, 지방사는 에드워드 왕조 시대의 삶에 대한 미첼 앤드 케넌Mitchell and Kenyon 영화사[1]의 영화가 재발견되면서 대중의 눈앞에 구체적인 모습으로 등장하게 됐다. 지역 상영을 위해 만들어졌던 이 영화의 네거티브 필름은 1994년에 발견됐고, 영국영화협회가 이것을 보존했다. BBC 2가 영화를 텔레비전에서 방영한 데 이어 DVD로도 발매되고 영화관에서 잇달아 상영됐다. 일상생활을 기록한 이 영화가 엄청난 인기를 얻으면서 사회사와 지방사에 대해 사람들의 관심이 크다는 사실을 증명했다. 지방사는 또한 대중적 로맨스 분야에서 과거에 대한 상상력에 중요한 밑그림을 제공했다. 소설가 캐서린 쿡슨Catherine Cookson(게이츠헤드와 뉴캐슬), 프레다 라이트풋Freda Lightfoot(맨체스터) 혹은 케이티 플린Katie Flynn(리버풀) 등의 작품을 보면 이를 잘 알 수 있다. 이 작가들은 도시 지역을 배경으로 노동자 계급 거주 지역의 역사 로맨스 소설을 만들어냈다.

---

[1] **미첼 앤드 케넌 영화사**: 영화사 초기인 20세기 초부터 극영화나 전쟁 영화를 제작했던 영국 영화사다. 그들이 당시 만들었던 에드워드 왕조의 논픽션 영화 원본이 1944년에 발견되면서 영화계와 역사학계의 큰 주목을 받았다.

지난 10년 동안 지방사 책과 안내서에 대한 수요는 붐을 이뤘다. 대표적인 지방사 출판사인 서턴 퍼블리싱Sutton Publishing과 템퍼스Tempus사는 거대한 세계적 브랜드로 성공을 거듭했고, 템퍼스사 역시 2003년 큰 수익을 기록했다.[18] 계간 잡지 ≪지방 역사가The Local Historian≫에는 분기별로 얼추 25~30권의 신간 도서 목록이 실릴 정도였다. 여러 가지 저널과 지역사회 서적도 출간됐다. 편집자 피터 크리스티Peter Christie는 2004년의 베스트 북을 선정했는데, 여기서 한 권의 책에 대한 찬사를 통해 지방사가 지닌 장점에 대해 "접근하기 쉽고, 흥미로우며 오늘날 사람들을 자신의 뿌리와 교감할 수 있도록 해주는 것"이라고 설명했다.[19] 크리스티의 언급은 오늘날 지방사에서 '뿌리'의 중요성을 보여준다. 호스킨스가 말한 '죽어가는 커뮤니티'에 대한 설명과 비교해볼 때 이런 주장은 지역 현장(locale)(이것 역시 지방사와 가족사의 결합과 연관이 있는 말이다)에 대한 일종의 개인적인 교감을 보여준다. 이처럼 지방사와 관련된 출판물이 늘어나고, 지역 자료보관소나 다양한 문화유산 보호 프로젝트에 대한 수요가 증가하는 데서 알 수 있듯이, 지방사의 인기가 높아지는 것은 아마추어 역사 애호가들이 좀 더 많은 시간과 에너지를 역사 탐구에 쏟으려는 의지가 있음을 보여주는 것이다. 또한 이것은 기존의 권위 있는 게이트키퍼들이 역사에 의미를 부여하는 것보다 개개인이 역사 연구에 직접적으로 참여하고, 개인적인 연구와 지역, 지리, 유산에 대한 직접적인 이해가 더 중요해지는 경향을 드러낸 것이기도 하다. 이어지는 글에서는 지방사의 다양한 연구 조사 방식에 대해 살펴본다. 여기서는 역사적 유물을 둘러싸고 진행되는 역사 탐구가 역사적 주관성을 복합적으로 드러내는 현상에 대해 분석해볼 것이다.

금속 탐지,[2] 대중 고고학, 보물찾기

이 같은 지역 역사 탐구는 개념적으로만 존재한 것이 아니라 물질적인 형태로도 존재한다. 교육적 혜택을 덜 받은 남성 노동자 계층이 역사 유물을 접하고 취득하는 두 가지 전통적인 방식은 금속 탐지와 고미술품 발굴이다.[20] 금속 탐지는 흔히 고고학자들이 단기 보물 사냥이라며 비웃는 취미 활동이다. 그렇기는 해도 이런 종류의 수집과 탐색, 발견에 주목해 볼 필요는 있다. 그것은 고독하고 지독히 아마추어적인 일이며, 역사학이나 고고학의 탐사 작업과는 전혀 관련 없이 이뤄지는 일이다. 영국에는 약 50개의 금속 탐지 클럽이 있으며 미국에는 수백 개가 있다. 역사적 유물을 접하고 현대에 남아 있는 과거를 연구하는 수단으로 이것은 아주 인기 있고 다양화된 취미 생활이다.

오늘날에는 영국 고고학위원회에서도 금속 탐지에 대한 워크숍을 열고 있고, 전문 고고학자와 아마추어 탐지가 사이의 반목은 지난 10년 동안 누그러진 편이다.[21] 국립 금속탐지위원회가 1981년 설립된 이래 전문적인 장비를 이용한 미술품 발굴과 조사에 대한 작업 규약을 정했다. 1996년의 「보물 헌장The Treasure Act」은 300년 이상 관습법으로 존재했던 '무덤 속 보물treasure trove' 원칙을 대체하는 것으로 금·은·동전의 발견에 대한 법률을 만든 것이다. 뒤이어 '고미술품 발굴 계획Portable Antiquities Scheme(이하 PAS)'이 제정되어 고고학적 발굴품을 자발적으로 등록하도록 했다.[22] 「보물 헌장」은 금속 탐지와 미술품 발굴에 합법적인 틀을 마련했다. 이것은 개인에게 특정한 규약의 범위 내에서만 작업을 하도록 명시했으며, 국가적 문

---

2) **금속 탐지**: 금속 탐지기로 땅에 묻혀 있는 역사적 유물이나 동전 등을 찾아내는 취미 생활을 의미한다.

화재에 대한 좀 더 넓은 관심과 수요를 고려할 것을 의무 사항으로 규정했다.[23] PAS는 금속 탐지에 참여하는 사람들을 문화재 영역으로 한층 더 몰고 왔다. 게다가 그들은 거의 박물관에 가본 적이 없는 50퍼센트에 속하는 사람들이었다. 발굴자의 49퍼센트는 C2, D, E 계층이며, 이들은 박물관 방문자 중 29퍼센트에 속하는 사람들이다.[3][24] 땅에 묻힌 물건은 국가 문화재의 일부로, 그 발굴 과정은 합법화됐다. 금속 탐지가들은 PAS로부터 권한을 부여받았으며, 그들의 발굴 작업은 좀 더 광범위한 국가적 이해와 역사 담론의 일부가 된다.

미국에는 그러한 관련 법규가 없다(비록 그들이 더 많은 토지 접근 문제를 안고 있지만). 미국에서는 금속 탐지가 훨씬 더 목적 지향적이고 경쟁적인 여가 활동이다. 전국 잡지 ≪웨스턴 앤드 이스턴 트레저스≫는 올해의 '베스트 발굴' 탑10 랭킹을 매긴다. 금속 탐지 활동에는 사금 캐내기까지 포함된다.[25] 영국에서 금속 탐지는 상대적으로 작은 규모로 조용히 이루어지고 있으며, 난파선 다이빙이나 병 수집 같은 소소한 여가 활동의 일부일 뿐이다. 그것은 모두 '진지한 여가'로서 교육적인 범위에서 행하는 것이며, 숙달되기 위해서는 상당한 기술을 요하는 것이다. 금속 탐지는 공식적이고 제도적인 틀 외부에서 개인이 독립적으로 역사적 사물을 찾아내고 그것을 접하려는 욕망을 보여주는 것이다. 탐지가들은 기술적인 것에서부터 역사적인 것에 이르기까지 특정한 기술을 필요로 한다.

대중 고고학이 확산되는 현상을 통해서도 대중이 과거를 직접적이고 체험적으로 탐구하는 일에 관심이 많다는 것을 알 수 있다. 대중 고고학은 전 국가적인 수준에서 이뤄지고 있다고 볼 수 있다. 예를 들어 〈타임팀Time Team〉과 같은 텔레비전 프로그램이나 기관 같은 것들을 보면 이를

---

3)   영국은 소득 수준에 따라 중상류 계층 A에서 최저 소득 계층 E까지 인구를 구분한다.

알 수 있다. 지역 차원에서도 대중 고고학은 활발히 전개되고 있다. 영국에만 거의 150개의 지역 단체 그리고 50개의 자치주 조직이 있다. 이런 단체들은 자발적인 등록자들의 회비, 그리고 헤리티지 로터리 혹은 로컬 헤리티지 이니셔티브Local Heritage Initiative로부터 재정 지원을 받는다. 지방사와 마찬가지로 지방 고고학에 대한 관심을 통해 사람들이 특정한 지역에 대해 심리지리학적 관심이 높으며, 일상의 삶 속에서 역사를 접하려는 욕구가 있음을 알 수 있다. 이것은 미시적인 수준에서 역사와 관계를 맺는 방법이며 개인적인 체험을 중시하는 변화를 드러내주는 것으로, 이야기 중심적인 국가의 역사를 우위에 두고 지방을 무시하는 경향과는 대조를 이룬다.

〈타임 팀〉은 채널 4에서 1994년 이래 계속 방영됐는데, 〈앤티크스 로드쇼Antiques Roadshow〉와 함께 텔레비전에서 대중 역사물로는 가장 오래 방영된 것 중 하나다. 팀은 시청자의 제안에 따라 아직 발굴되지 않은 장소를 찾아 나선다. 그동안 약 130군데를 발굴했다. 이처럼 여러 장소가 고고학적인 잠재성이 있다는 사실을 보면 "어떤 물건이라도 그것이 들려줄 이야기가 있다"라는 지방사의 주장을 떠올리게 한다. 이런 프로그램들은 제도화된 문화적·국가적 중심 체제가 아니라 일상의 현장에서 역사를 만나려는 평등화의 움직임이라 할 수 있다. 〈앤티크스 로드쇼〉와 마찬가지로 그 프로그램에서는 종종 발굴에 실패할 때도 있었지만, 이처럼 예측이 불가능하다는 점이 프로그램의 중요한 매력이 되기도 했다. 요즘 다큐멘터리 프로그램의 특징이라 할 수 있는 유연성을 활용해 그 팀은 단지 3일 동안만 작업을 했다. 이런 피상적인 쇼들은 직업윤리에 그다지 충실하지 않다. 여기서는 과거를 시각적으로 드러내기 위해 재구성 화면과 컴퓨터 그래픽 이미지도 사용했다. 이 같은 다양한 표현 방식은 다른 역사 다큐멘터리 제작 기술에도 적용되어 교육적이고 역사적인 자료를 흥미로운 스타일로 활용했다. 이 쇼의 파생 프로그램인 〈극단적인 고고학Extreme Archeology〉에서는 이를 더욱 발전시켜 최첨단의 지리학적 위성 기술을 이용해 멀고 위험한 장소의 고고학적 미스터리를 해결하기도 했다. 이처럼 역사 탐구에 과학을 도입하는 것은 DNA 테스트를 계보학에 사용하는 것을 연상시킨다. 첨단 기술을 활용해 과거를 묘사하고 미스터리를 해결하는 이런 방식은 다큐멘터리 스타일이 좀 더 여러 가지 요소를 더해가고 있음을 보여주는 것이다.

〈타임 팀〉은 전국적인 발굴대회인 '빅 딕Big Dig'을 2003년에 열었는데, 여기서 사람들에게 시굴갱test pit[4])을 발굴하도록 했다. 빅 딕은 포퓰리스트적인 접근을 제대로 보여준다. "대중에게는 진짜 고고학에 참여하는 훌륭한 기회이며, 적절한 방법을 활용해 자신의 지역에 대한 중요한 의미를 배우고 고고학적 지식에도 기여하는 기회다."[26] 이처럼 포퓰리스트적 고고학 쇼는 지방사에 참여하고 '진짜' 탐구 조사를 실시하며, 방법론의 매력과 함께 교육에도 참여한다는 (지식 근간을 만들고 거기에 참여하고 배운다는 의미에서) 여러 장점이 있어 복합적인 매력을 드러낸다. 그것은 고고학적인 탐구를 특정한 시간으로의 탐험으로 제시하며, 알려지지 않은 것으로 향하는 여행, 그리고 지금까지 눈에 띄지 않았던 장소의 역사적 연관성을 깨닫는 일로 제시한다. 어떤 면에서 현장은 계보학적인 탐구의 소재, 즉 과거로부터 현재까지의 여행을 이해하기 위해 과거를 파헤치는 것의 소재가 되는 것이다. 〈타임 팀〉은 고고학이 전부 현지 조사field work라고 주장하며, 역사적 탐구는 숨은 의미를 드러내고 그것을 이해하도록 해준다고 주장한다. 유물은 과거와 연결하는 수단이 될 수 있는 것이다.

이 프로그램의 DVD는 학교 교육 도구로 활용된다.[27] 이 프로그램은 아

---

4)   **시굴갱**: 땅 위의 구멍을 의미한다.

마추어 시청자들의 참여로 이루어지지만, 다른 한편 전문가들을 등장시켜 그들의 지식을 부각시키기도 한다. 계보학적인 프로그램과 마찬가지로 이 쇼는 평범한 개인의 역사 탐구가 특정한 인식론의 틀 안에서 이루어진다면 권위를 인정받을 수도 있다는 점을 제시해준다. 그것은 무너진 집을 소재로 한 BBC의 쇼 〈레스터레이션〉과는 반대 개념이라 할 수 있다. 이 프로그램은 건물을 재건하기보다는 해체해서 그것의 의미와 가치를 이해하자는 프로그램이었다. 또 다른 인기 고고학 쇼 〈선조들을 만나자 Meet the Ancestors〉는 발굴을 통해 조상의 흔적을 조사하는 것인데, 뼈나 다른 증거로부터 삶과 사회적 맥락을 재구성하는 것이다. 그들은 대개 고고학자들이 했던 작업을 되돌아보는 식이었다. 예를 들어 2002년 3월에는 '잊혀버린 전쟁터'라 알려진 곳을 조사하는 내용이 방영됐다. 이곳은 지역의 아마추어 역사가에게 많은 관심을 받은 곳이었다.[28] 〈타임 팀〉과 〈선조들을 만나자〉는 역사적 탐구와 과학적 기술을 활용해 대중의 과거 재건에 대한 관심을 증명했다. 이 쇼들은 잊혀버리고 묻힌 역사를 다시 조명하도록 해주었다. 이것은 지역의 역사이기도 하지만, 좀 더 넓게는 국가의 역사이기도 했다.

취미로서의 역사: 각종 수집과 골동품 수집

한 개인이 과거와 교류할 수 있는 방법 중 하나는 문화 유물과 역사 관련 물품을 접하는 것이다. 가장 일반적으로는 벼룩시장이나 고미술품 바자회, 경매 같은 데 있는 물건을 통해 과거를 만날 수 있다. 과거는 말 그대로 상품이다. 경매 사이트는 구체적인 가격을 제시하지는 않지만 '유동적 가격'을 만들어내고 협상을 벌인다.[29] 이베이 같은 사이트들은 과거를 구매 가능한 상품으로 만든다. 문화 유물의 판매는 과거를 수집하는 행위에 대한 여러 가지 질문을 유발한다. 엘긴 마블Elgin Marbles 논쟁[5]이 대표적이다. 또한 전리품이나 약탈품을 거래하는 암시장black market도 활발히 운영되고 있다.[30]

골동품들은 과거의 복합적인 상품화를 보여준다. 즉, 그 물건의 연령과 역사적 맥락, 그리고 내적인 가치나 예술성에 근거한 물신화가 일어나는 것이다.[31] 최고급 수준의 골동품은 그 자체로 중요한 의미를 지닌 예술 작품이지만, 사람들이 관심을 보이는 대다수 골동품과 오래된 물건은 그저 소소한 중고품, 책, 기념품, 가구 등이다. 빈티지 의류 아이템도 여기에 속하기는 한다. 그것들은 문화 자본의 척도이고 소유자의 가치에 대한 감수성을 향상시켜주며, 그에 따라 그들로 하여금 특정한 취향의 담론으로 들어갈 수 있도록 해준다. 라파엘 새뮤얼이 '복고 유행retrochic'이라고 부른 것들을 역사와 연관해 자세히 살펴보면 옷 같은 역사적 유물의 상업적 물신화를 잘 알 수 있다.[32] '수집'이라는 행위는 사람들이 자기정체성을 확인하는 가장 핵심적인 방법이다. 서양 사회의 성인 중 대략 25~30퍼센트는 자신을 '수집가'로 여기고 있으며, 이는 영국 인구의 약 3분의 1에 해당한다.[33] 여기서 중요한 점은 수집 행위는 일반적으로 계층의 경계를 무시한다는 것이다.[34] 수집되는 물건은 오래될수록 가치를 지닌다. 수집과 관련된 몇 가지 숫자만 보더라도 오늘날의 문화가 상품의 연대 순서라든가 완결성, 배열 같은 상품성에 집착하고 있음을 잘 알 수 있다.

수집 행위는 꼭 골동품을 발굴하거나 경매·구매하는 것만을 대상으로

---

5)　**엘긴 마블 논쟁**: 19세기 초 영국 외교관 엘긴에 의해 그리스 파르테논 신전의 대리석 조각상 중 절반 정도가 불법으로 반출되어 현재 대영박물관에 소장되어 있는데, 제2차 세계대전 후 그리스가 반환할 것을 지속적으로 요청하고 있으나 영국 정부는 이를 거부하고 있다.

하는 것이 아니라 종종 동시대의 물건을 대상으로 하기도 한다. 골동품과 기념품은 둘 다 폭넓은 수집 문화의 한 영역일 뿐이며, 수집 문화의 핵심이나 지배적인 요소라고 할 수는 없다. 물론 골동품 수집은 '취미로서의 역사' 모델에 들어맞는다. 그리고 이것은 참여자의 끈기가 필요하고 자기 개발을 향한 헌신과 교육이 필요한 '진지한' 여가 활동이다. 텔레비전 쇼에서 증명된 것처럼 아마추어들은 골동품을 쉽게 이해할 수 있으며, 골동품 수집은 대중적인 매력을 가진 분야다. 골동품과 기념품은 경제적 관점에서는 폐쇄된 시스템이며, 그것들의 가치는 내재적 가치라기보다는 상대적인 가치라 할 수 있다. 여기서의 물건은 희소성, 독창성, 임의적인 가치그것의 원래 소유권, 혹은 공예적 가치 때문에 금전적인 가치가 있다. 골동품 수집의 용어로 그 물건의 '연령'은 그 물건에 가치를 부여하는 것이 된다. 연령이란 그 물건이 상품이 되기 위해 겪어온 특별한 노동을 상징한다. 그러므로 시간의 흐름이라는 의미로서의 '역사'라는 것이 여기서는 물리적으로 소비의 대상으로 변하는 것이다. 본래 아무런 의미가 없을지도 모르는 물건들은 희소성과 연령 때문에 가치가 생긴다. 그런 점에서 이런 물건들은 역사적·문화적·사회적인 의미 때문에 가치를 쌓아온 박물관의 유적과는 대조를 이룬다.

텔레비전의 골동품 쇼: 〈앤티크스 로드쇼〉, 〈플로그 잇!〉과 〈바겐 헌트〉

텔레비전에 등장하는 골동품의 지위를 살펴보면 텔레비전이 역사적 유물에 대해 임의적이고 유동적인 가치를 어떻게 만들어내는지 알 수 있다. 그리고 이것이 어떻게 소유자의 문화 자본에 더해지는지에 대해서도 알 수 있다. 수천 명의 사람들이 골동품을 수입하고 구매하지만, 더 많은 사람들은 아직도 텔레비전을 통해 대리 만족만 하고 있다. 이런 형태의 텔레비전 프로그램은 시청자들이 수집가의 세계로 편입되고 싶어 하는 소망을 생생하게 보여준다. 시청자들은 또한 그런 쇼를 통해 스스로 거리를 두고 객관적인 입장에서 골동품에 대해 이성적인 반응을 드러낸다. 가장 인기 있는 〈앤티크스 로드쇼〉는 1979년부터 BBC에서 방영됐고, 같은 이름의 쇼가 미국(1997년부터)과 스웨덴(1989년), 네덜란드(1984년) 그리고 캐나다(2005년)에서 방영 중이다. 이런 쇼는 보통 사람들이 역사 유물을 가지고 특정 장소를 방문하면 전문가들이 그것을 감정하는 방식이다. 도자기, 가구, 그림, 보석, 은, 시계와 손목시계, 무기, 총기류, 책 등 그리고 기타 소품으로 분류된 유물들은 전문가의 감정을 거쳐 연대와 진품 여부가 가려지며, 물건에 대한 역사가 짤막하게 소개된 뒤 가격이 매겨진다.[35] 일주일에 한 번씩 방영되는 쇼에서 최상의 유물, 혹은 흥미로운 유물이 소개된다.

〈앤티크스 로드쇼〉는 복합적인 의미를 제공한다. 이 쇼는 어떤 물건이 얼마나 가치가 있는지 찾아내고 싶어 하는 경제적인 욕망과 역사의 상품화를 이용해 시청자의 흥미를 유발하는 프로그램이다. 이런 상품화된 과거에 대해 전문가들은 학술적으로 유물이 가치가 없다고 말하거나, 그 유물이 전문수집가의 대상인 물건이 아니라 그냥 어쩌다 발견된 물건일 뿐이라고 하거나, 독특하기는 하지만 별로 돈이 되지 않아 시장성이 없다는 식으로 평가를 내린다. 역사의 가치는 여기서는 취향이나 문화적 가치 등과는 엇갈릴 수 있다. 하나의 유물은 역사적으로나 개인적으로 중요성을 지닐 수는 있으나 금전적인 가치는 없을 수도 있다. 그 쇼에서는 한 집안의 가보가 등장하기도 하는데, 이럴 때는 그것에 담겨 있는 가족사 때문에 가치가 올라가기도 한다. 그러나 늘 그런 것은 아니기 때문에 한 개인에게 역사의 금전적 가치라는 것은 우연에 좌우되는 것이다. 쇼에 등장하는 물품은 종종 아무런 중요성이나 가치가 없는 것으로 평가받음으로써 경제적으로나 역사적으로 전혀 의미가 없는 것이 되어버린다. 수집품들이 가치를 얻는 것은 그것이 희소성이 있거나 그것을 사려는 사람이 요행히 등장할 때다.

로드쇼에 참가하는 일은 좀 더 참여적이고 쉽지 않은 일이라는 점에서 다른 텔레비전 행사와는 약간 다르다.[36] 로드쇼는 유물의 진품 여부로 쇼를 만든다. 유물을 들고 나온 사람들이 가격과 역사적인 중요성에 대해 예상치를 말하면, 전문가들이 이것을 확인하거나 부인하는 방식으로 진행된다. 전문가와 의뢰인 사이에는 흥미로운 관계가 생성된다. 의뢰인들은 대개 자신의 물건과 특정한 관계가 있다. 그것은 가족의 상속물이라거나, 친척에게 받은 선물, 개인적 수집품, 몇 년 동안 집에 있던 물건 같은 것이다. 그러한 관계라는 것이 역사적 중요성이 있는 것으로 밝혀지기도 하지만, 또한 그 관계는 물건이 지닌 나름의 특징을 만들어내는 것이다. 그 유물들의 역사적인 혹은 금전적인 가치를 시험하고 그것의 진품 여부를 가려내고 싶어 하는 동기는 무엇일까? 전문가들이 감정한 결과 해당 물건에 대해 품었던 기본적인 가정은 종종 부정되기도 하지만, 또 한편으로는 감정 결과 그 물건들의 새로운 의미가 드러나거나 가치 있는 것으로 변신하기도 한다. 이 프로그램은 각지를 돌며 로드쇼를 펼침으로써 개인이 지닌 골동품에 대한 감정을 통해 전 국민이 과거에 대해 가치를 매겨보는 기회를 제공하는 것이다.

〈앤티크스 로드쇼〉는 대중적으로는 성공했지만, 접근법은 고루하고 학문적이라 할 수 있다.[37] 2009년까지 5년 동안 BBC는 이처럼 유물의 공적인 가치와 일회적인 상품적 가치를 다루는 쇼를 계속해서 만들어냈다. 대개 낮 시간에 방영되는 이런 쇼들은 큰 성공을 거두었고, 역사 관련 프로그램으로는 지상파에서 최고 시청률을 기록했다. 〈플로그 잇!Flog

It!〉(BBC 2), 〈캐시 인 디 애티크Cash in the Attic〉(BBC 1), 〈카 부티Car Booty〉(BBC 1), 〈바겐 헌트Bargain Hunt〉(BBC 1) 같은 쇼는 〈앤티크스 로드 쇼〉와 더불어 2005~2006년 가장 좋은 성과를 올린 역사 프로그램이다.[38] 이런 쇼들은(〈카 부티〉만 빼고) 방영 당시 꾸준히 시청률 10퍼센트 이상을 기록했는데, 이 같은 숫자는 광고가 붙지 않는 저예산 텔레비전으로는 의미 있는 숫자다.[39] 그것들은 낮 프로그램이어서 엄청난 시청률을 기록한 것은 아니지만 그래도 중요한 것이라 할 수 있다. 대낮의 시청자는 대개 노년층이나 여성, 저소득 계층으로 여겨진다. 이런 쇼들을 보면 우리에게 역사라는 것이 사회적으로 흥미롭고 복합적인 반향을 만들어낼 수 있음을 알 수 있다. 싸구려 선정적인 프로그램으로 폄하될지라도 이들은 대낮 역사 프로그램으로서는 당당히 괄목할 만한 실적을 올린 것이다. 전체적으로 볼 때 이런 골동품 관련 장르 쇼들은 전통적인 교육적 형태를 지닌 〈앤티크스 로드쇼〉로 시작해 점점 더 진화하고 있음을 알 수 있다. 〈플로그 잇!〉은 전통적인 여행 내러티브를 따르며, 여기에 경매 하우스의 드라마라는 형식을 첨가한다. 〈바겐 헌트〉는 참가자들이 서로 경쟁하는 게임쇼다. 그리고 〈캐시 인 디 애티크〉는 변신 쇼의 일종으로, 일반 가정에 있던 물건이 가치 있는 상품으로 변신한다. 장식용 골동품은 일상생활 속에 역사적 유물이 자연스럽게 녹아 있는 흔한 사례다. 〈앤티크스 로드쇼〉와 여타 골동품 텔레비전 쇼는 이런 관계를 변형시키는 것들이라 할 수 있다. 특히 〈캐시 인 디 애티크〉처럼 집 안의 공간에서 지금까지 간과되어왔던 사물의 가치를 발견하는 쇼들, 혹은 〈바겐 헌트〉처럼 다른 사람들이 보지 못한 가치 있는 유품을 찾는 능력을 강조하는 프로그램들은 일상생활과 역사 유물의 관계를 새롭게 보게 한다. 〈플로그 잇!〉은 그 물건과 사람의 관계를 명백히 돈의 문제로 변화시킨다.

〈플로그 잇!〉은 가장 성공한 대낮 프로그램으로 〈앤티크스 로드쇼〉의 모방 쇼라고 할 수 있는데, 그것은 〈앤티크스 로드쇼〉에 논리적 결론을 추가함으로써 오리지널 쇼의 금전적 중요성을 강조하는 쇼라 할 수 있다. 사람들은 오래된 물건을 행사장으로 가지고 와서 감정을 받은 다음 가장 흥미를 끈 사람들이 선정되어 경매에 붙여지고, 경매 진행 상황이 화면을 통해 전파된다. 이 프로그램은 자신의 물건이 가치 있는 것으로 인정받아 팔리기를 바라는 사람들의 욕망에 바탕을 둔다. 이 프로그램에서는 또한 물건의 예술적 취향이라거나 내재적인 예술적 가치 혹은 감상적인 가치보다는 다른 물건과 비교해 얼마나 비싼 금전적 가치가 있는지에 관심을 둔다. 명령형 문장으로 된 프로그램 제목은 사람들이 들고 나온 물건을 전문가들이 감정하는 것에 대해 납득시키려는 측면을 드러내고 있다. 플로그flog라는 단어는 일반적으로 불법적으로 은밀하게 팔리는 물건에 사용하는 말로서, 중고 자동차 판매 쇼 같은 인상을 준다. 그리고 물건은 일반적으로 〈앤티크스 로드쇼〉보다 덜 비싼 것들이다. 국가 정체성을 강조하는 로드쇼의 요소는 진행자 폴 앨런Paul Allen이 지역 문화를 예를 들어 보여주는 코너에서 강조된다.

〈바겐 헌트〉는 〈앤티크스 로드쇼〉와 수익 추구 프로그램을 짜깁기한 형태로, 〈더 그레이트 앤티크스 헌트The Great Antiques Hunt〉(BBC, 1994~1999년)의 최신판이라 할 수 있다. 여기서는 두 팀이 나와서 경매에서 최고가를 놓고 겨룬다. 두 팀은 중고 물품 가게에서 전문가와 상의한 뒤 물건을 사서 경매 품목으로 내놓는다. 프로그램을 시작할 때 각 팀은 골동품 시장에 전문가와 함께 가서 세 가지 항목의 물품을 약 300파운드 한도로 구매한 뒤 그것을 가져와 판매한다. 이 쇼에는 진행자가 대저택이나 박물관을 방문하는 교육적인 장면이 들어 있다. 쇼는 중고 장식품 속에서 우연히 가치 있는 물건을 발굴하는 과정을 재미있게 구성한다. 각 팀은 그들이 거둔 수익을 가질 수 있게 하여 좀 더 적극적으로 돈 벌기 미션을 수행하게 함으로써 새로워 보이는 쇼로 만들었다. 물건은 정황에 의해서만 가치가 매겨졌다. 그것들은 중고 가게에서는 가치 없는 물건이었지만, 경매에서는 가치를 얻었다. 이런 가치 획득이 보장된 것은 아니었다. 그래서 대개는 사람들이 그 물건을 못 팔 것으로 예상됐다. 그 쇼는 경매를 통해 물건의 '유동적인 가치'를 잘 드러냈다.[40] 여기서는 경매라는 것이 가격 협상의 장소임을 보여주었다. 그것은 역사적 유품이 어떻게 중고 물건에서 비싼 상품으로 발전할 수 있는지를 잘 보여줬다.[41]

〈캐시 인 디 애티크〉에서는 가족이나 개인이 그들의 집이나 다락방을 뒤져 경매나 중고품 매장에 내다 팔 물건을 찾는다. 전문가들은 어떤 상속품이나 쓰지 않는 물건이 돈을 가장 많이 벌 수 있는지 조언한다. 이 쇼에서는 돈을 번 뒤 휴가나 집수리처럼 해야 할 일을 목표로 내세운다. 다른 쇼에서는 가장 높은 감정가를 받는 것이 유일한 목적인 데 비하면 목표가 차별화된다. 그들은 성취해야 할 목표가 있다. 그 쇼는 낭비와 잉여를 표현한다. 참가자들은 너무 많은 것을 가지고 있고 그래서 그들은 자신들의 오래된 유물을 새로운 서비스와 교환하고 싶어 한다. 이 쇼는 사람들이 소유한 역사 유물을 현대적인 소비재와 서비스 상품으로 변신시키는 행위를 소재로 제작된 것이다. 참가자들은 흔히 소유한 물건에 집착하지만 곧 설득당해 앞날을 위해 그것을 팔려고 내놓는다. 〈바겐 헌트〉나 〈캐시 인 디 애티크〉는 경매나 중고 판매소의 흥미진진함과 예측 불가능함을 잘 활용한 쇼로서, 그저 흔히 쓰는 일상의 가정용품이 희소성이나 세월 덕분에 가치를 얻는다는 의미를 잘 보여준다.

〈바겐 헌트〉는 〈앤티크스 로드쇼〉처럼 교육적 가치가 있다. 전문가가 각 물품의 기능과 용도 그리고 예상 가치를 설명해주는 것이다. 전문가들은 큰 수익을 올리지 못할 것으로 생각하는 물품을 다른 것과 바꾸라고 제안하기까지 한다. 그러나 전문가의 견해는 종종 시장 상황과 어긋나는 경우가 많아 그들의 권위가 깎일 때도 있다. 또 이 프로그램의 게임 쇼 형식이라는 것이 시장을 중심으로 돌아가는 것이기 때문에, 여기서 전문가들은 역사적인 가치의 신봉자라기보다는 단지 상품의 경제학에 얽매인 인물일 뿐이다. 〈바겐 헌트〉는 대낮 프로그램의 한계를 뛰어넘어 스타와 어린이용 프로그램까지 만들어지기도 했다. 2002년부터 2005년에는 더 많은 예산을 들인 '프라임 타임' 판이 만들어지기도 했다. 이런 형식의 대중적 인기는 대중문화에 골동품 문화가 어떻게 스며드는지를 잘 보여주는 한편, 게임 쇼라는 요소가 대중의 흥미를 유발할 수 있다는 것을 잘 보여주고 있다. 쇼의 '우승자'는 옛날의 잡동사니로부터 최고로 가치 있는 것을 잘 골라낸 사람이다. 쇼의 패자는 그렇게 영민하지 못해 잘못된 판단으로 손실을 본다. 그러나 그 쇼는 또한 가치를 매기는 또 다른 기준, 특히 개인적인 취향 같은 것이 있음을 보여주려 한다. 진행자 팀 워내콧Tim Wonnacott은 이렇게 말한다. "흥정을 잘하는 것은 좋은 일이며 금전적인 보상의 기쁨이 있다고 하지만, 돈 대신 당신이 기쁨을 얻었다면 거기에 무슨 차이가 있겠나?"[42]

BBC는 이러한 프로그램에 생동감을 불어넣기 위해 다채로운 인물을 활용한다. 유별난 전문가들에게는 다양한 수식어가 붙는다. 〈바겐 헌트〉의 워내콧이나 〈체인징 룸〉의 진행자 로런스 를웰린보언Lawrence Llewelyn-Bowen에게는 '신사/맵시 있는/아마추어 전문가'라는 별명이, 〈레스터레이션〉에서의 탈러미 딘Ptolemy Dean에게는 '열정적이고 젊은 영감 혹은 깐깐한 학자 타입'이라는 수식어가, 〈바겐 헌트〉의 데이비드 디킨슨David Dickinson에게는 '거친 다이아몬드'라는 별명이 붙는다. 이런 진행자들은 유명 텔레비전 요리사나 디자이너처럼 스타급 명성을 얻었다. 데이비드 디킨슨은 다음과 같은 선전 구호로 유명해졌다. "이것은 당신의 인생이다. 당신은 스스로가 누구라고 생각하는가? 나는 유명인이다. 나를 이곳에서 내보내줘!" 유명 디자이너나 요리사와 마찬가지로 그들은 처음에는 자신들의 전문적 지식 때문에 발탁됐지만, 이내 좀 더 넓은 의미망으로 편입됐다. 그들은 다큐멘터리 역사 진행자들의 냉철한 스타일과는 대조를 이루면서, 게임 쇼적인 요소를 강화시켜주는 역할을 했다. 유명인 진행자는 과거로의 여행에 생동감을 주며 시청자들에게 그것을 즐길 수 있도록 해준다.

이런 쇼들은 과거라는 것이 한낮의 텔레비전 프로그램의 주제가 될 수 있다는 가능성을 보여주었지만, 동시에 거기에는 경쟁의 요소나 금전적 가치가 얹혀야 한다는 것을 증명했다. 이러한 쇼들은 시청자들에게 과거가 가치가 있는 것이며 전문가들이 그들을 안내해줄 수 있고, 누구나 그것을 실행할 수 있다는 것을 알려주었다. 유명 요리사들과 변신 전문 디자이너들처럼 그런 쇼들은 역사적인 것에 대한 민주화에 기여했다고 볼 수 있다. 앤티크 전문가, 감정가, 수집가 같은 지식인으로부터 역사적 지식과 능력을 옮겨 가져왔고, 이전에는 보통 사람들이 접근할 수 없었던 영역에 개입할 수 있다는 점을 강조했다는 점에서 그러하다. "우리는 디자인 민주주의의 시대에 살고 있는 그런 단계에 이르렀다. 옷가게들은 텔레비전과 잡지에 등장하는 물건에 즉각적으로 반응을 할 것이다. 취향이라는 것은 일부 소수의 사람들이 정의하는 그런 것이 더는 아니다."[43]

이런 말들은 프로그램 제작자들이 지적인 영역이나 취향을 만들어내는 분야의 경계를 무너뜨리는 일에 신경을 쓰고 있음을 암시한다. 개인 위주로 구성된 대낮의 인기 역사 쇼 역시 민주화를 상징한다. 역사에 대한 이해가 보통 사람의 것이 될 수도 있음을 보여주는 것이다. 이런 텔레비전 쇼는 역사의 대상일 뿐이던 일반인 참여자들을 역사적인 힘과 능력이 있는 사람으로 변신시켜주는 역할을 하는 것으로 보인다. 그러면서도 문화자본을 좀 더 많이 가진 전문가, 진행자 들을 프로그램의 전면에 배치해 가장 중요한 역할을 맡기고 있다. 게다가 앤티크 쇼의 경우에는 의뢰인의 선택이나 전문가의 조언이 예측 불가능한 시장 상황 때문에 전혀 의미 없는 것이 될 수도 있다. 이렇게 볼 때 참여권한을 부여받은 역사 주체는 텔레비전 쇼라는 장소를 통해서만 그 힘을 얻게 되고, 자신의 실제 지식이나 행동을 통해 힘을 얻는 것은 아니다. 시청자들의 지위 변화는 따라서 임시적이며 결과 중심적인 것이라 할 수 있다.

5장 계보학

'아마추어'들이 역사와 만나는 또 다른 핵심 영역은 계보학적 탐구다. 계보학은 여러 면에서 학문적 연구를 용이하게 해주었다. 가족 복원 연구 분야는 1980년대에 중요한 분야로 부상했는데, 특히 존 노델John Knodel이 1988년에 발표한 『과거의 인구통계학적 행동Demographic Behaviour in the Past』의 출간이 기폭제가 됐다. 가족 복원과 역사 인구통계학은 지방사와 동일한 역사학적 움직임에 그 뿌리를 두고 있다.[1] 1964년에 E.A. 리글리Wrigley와 피터 래슬릿Peter Laslett은 인구 역사와 사회구조를 위한 케임브리지 그룹을 설립해 지방과 미시적 사회 구조, 가정 조직과 인구통계학을 연구했다. 그들은 또한 ≪지방 인구 연구Local Population Studies≫지를 창간했다. 지방은 사회적 변화를 탐구하는 곳이 됐고, 여기서는 가족의 구조와 인구통계학적 데이터를 통해 사회적 변화에 주로 초점을 맞추었다. 비평적·철학적인 연구의 모델로서 계보학은 또한 자아를 써내려 가는 수단으로서 주체성과 연관된 학문이 됐다.[2]

인기에 힘입어 계보학은 세계에서 가장 흔한 역사 활동이 됐다. 계보학은 현대의 여가 활동 중 탑5 안에 분명히 들어간다. 전 세계 수백만 명의 사람이 여기에 참여하고 있다.[3] 사용자 숫자는 1,000만 명을 향해 가고 있으며, 그들은 꾸준한 활동을 펼치고 있다. 영국에서는 재정 지원의 방향이 변화하고 공공 기관이 시민들의 더 많은 호응을 얻고자 하는 노력 덕분에 자료보관소가 점차 개방되어 지난 수십 년 동안 대중에게 문호를 열어왔다. 계보학의 성황은 1997년 가계기록센터Family Records Center가 문을 열었다는 사실에서도 여실히 증명된다. 이것의 전신은 '일반 등록청General Register Office'이다.[4] 계보학적인 요구를 수행하는 공공 기관이 필요해졌다는 것은 이 분야가 지난 30년 동안 성장해왔음을 설명해준다. 그 기간 동안 계보학은 '가족사Family History'로 변화해왔다. 가족사라는 말은 부계 혈통을 증명하는 전통적인 의미보다는 정체성을 의미하는 좀 더 포괄적인 용어다. 개인의 역사를 추적하는 것이 중요한 여가 활동이 된 것이다.

패밀리 히스토리(가족사)는 가장 인기 있는 전 세계적인 취미 활동이다. 당신은 당신의 조상을 추적해나가는 끝없는 재미에 몇 시간, 몇 날, 몇 주, 몇 년 동안 빠져 있게 된다. 그것은 정말로 끝이 없는 일이다. 왜냐하면 당신이 그것을 하는 동안 매 단계가 새로운 도전과 경이로움을 만들어내기 때문이다.[5]

이런 취미 활동은 '우리 조상들이 정확히 누구였는지를 밝히며, 그들이 어디에서 왔으며, 어디에 이르는지를 밝혀내고자 하는' 욕구 때문에 생기는 것이다.[6] 이런 호기심의 요소 외에도 기원을 캐내고자 하는 욕망이 늘어나는 것은, 아마도 오늘날 사회가 원자화되고 가족 구조가 붕괴되는 것에 대해 우려하고 있기 때문일지도 모른다. 또한 점차 분화되고 복잡화되는 나라를 보면서 정체성에 대한 국가주의적 관심이 폭발적으로 늘어나고 있다는 사실 역시 여기서 읽을 수 있다.

분명 여기에는 국가적 정체성과 개인적 정체성이라는 것, 과거에 존재했던 개인의 역사로부터 형성된 국민성 같은 개념이 녹아들어 있다. 데이비드 로웬설은 "눈앞에 실재하는 유물이 대거 이동하고 사라지는 현상" 때문에 계보학적인 호기심이 일어날 수 있었다고 주장하면서, 이런 내러티브를 표현하고 엮어내려는 욕구가 계보학을 이해하는 데 매우 중요하다고 말한다.[7] 가족사라는 역사학은 우리가 보지 않았던, 혹은 언급하지 않았던 이야기를 국가의 내러티브라는 틀 안에서 제시할 수 있다. "우리는 영국이라는 나라의 풍요로운 역사로 축복받았지만, 역사가들은 국가 발전에 중요한 영향을 끼친 사건과 사람만을 늘어놓으려 한다. 그런 중대한 사건을 겪어온 일상 속의 사람들은 간과해버리곤 하는 것이다."[8] 실제로 개인의 문화유산을 탐구하는 것은 중요한 정치적 기능이 있다. "가족사는 당신의 조상을 당신의 삶 속으로 되돌려놓는다. 그들의 이야기를 함으로써 당신은 영국 사회의 잊혀버린 부분에 하나의 목소리를 던져주는 것이다."[9] 담담한 문체로 서술하기는 했지만 이 말은 가족사가 정치적인 목적이 있다는 것, 그리고 그 정치적 목적은 학제화된 지방사에서뿐만 아니라 전통적인 계보학으로부터 생겨난 것이라는 점을 잘 설명해주고 있다.

　지방사와 마찬가지로 가족사는 목격자의 증언과 함께 지리학적으로 출발하는데, 이 경우 친척의 증언에서부터 시작한다. "당신의 가족들로부터 가능한 한 많은 사실, 기억, 기념품을 모으는 것"[10]이 바로 가족사의 시작인 것이다. 이런 의미에서 한 지역의 가족사 그리고 문화 유물이나 남아 있는 가족의 특별한 증언의 중요성이 부각됐으며, 이런 주제에 대한 안내서와 인터넷 홈페이지가 늘어나게 됐다.[11] 가족사의 역사 기록은 그에 따라 처음부터 출신 지방에 대한 구체적인 세부 사항과 자료에 집중됐다. 그것은 친숙한 것들을 빛나고 의미 있는 것으로 만들었고, 참가자들에게 많은 권한을 주었다. 실제적인 조사자(아무런 훈련 없이 연구를 할 수 있는)의 의미에서나 또는 가족 구성원(그의 정보는 증거나 자료만큼이나 가치 있는)의 관점에서나 양쪽 모두에게 그 권한은 부여됐다. 인터넷 덕분에 계보학적인 연구는 초기부터 불이 붙을 수 있었다. 뉴스 그룹 넷 루츠 net.roots는 1983년에 시작됐고, 루츠엘ROOTS-L 메일링 리스트는 1987년부터, 다른 사이트에서도 1981년부터 글이 올라오기 시작했다.[12] 초기 사용자들은 그들 스스로 만든 소프트웨어를 사용해 필요한 정보를 찾아내고 소개했다. 인터넷은 협동적인 집단 계보학을 가능하게 했는데, 그런 사이트에 있는 리스트서브listserv[1]와 토론 포럼 같은 것이 정보와 전문 지식을 전달하는 중요한 역할을 해냈다. 실제로 그것들은 인터넷에서 계보학의 초기 발전에 상당히 중요했다.[13] 인터넷 계보학은 뉴스 그룹이나 토론 포럼 같은 방식을 통해 생겨날 수 있었다. 실제 정보는 1990년대 후반이 되어서야 서비스됐다. 예를 들어 국립 자료 등록 기관인 내셔널 레지스터 오브 아카이브스National Register of Archives는 1998년까지는 정보를 공개하지 않았다. 이처럼 정보를 수집하는 방식에서 교육적이면서도 상담 방식의 협조적인 프로세스를 보여줌으로써 온라인 계보학은 기본적으로 정보를 공유하려는 것이며, 비슷한 심성을 가진 관대한 투자자의 커뮤니티에 참여하는 성격을 띠는 것임을 알 수 있다. 영어로 된 계보학 메일링 리스트는 5만 개 이상이 있는 것으로 알려졌다. 관련 사이트 루츠웹RootsWeb만해도 3만 명의 회원을 거느리고 있다.[14] 루츠웹은 또한 사용자들이 만든 데이터베이스와 월드커넥트 프로젝트, 사용자들이 제작한 가계도를 링크하는 프로젝트를 운영한다. 여기에는 5억 명의 이름이 올라 있고 30만 명의 사용자들이 정보를 제공한다.

1991, 1995년 상업적인 투자로 웹서비스가 확장되면서 이런 서비스 역

---

1) **리스트서브**: 특정 그룹 전원에게 전자우편으로 메시지를 자동 전송하는 시스템을 의미한다.

시 급속히 발전해갔다.[15] 특히 인구 조사 기록의 서비스라든가, 교구 기록부, 유언, 시민들의 출생·결혼·사망 등록 정보, 재산 기록과 신문 온라인 등이 인터넷에 서비스되면서 계보학자들은 연구에 박차를 가할 수 있었다. 이러한 정보 대부분은 원본 자료를 그대로 스캔해 올린 것이 아니라 글로 옮겨 기록했기 때문에 연구자들은 원본 자료로부터 곧 멀어지게 됐다. 그에 따라 신뢰성이 문제가 되기도 했다. 지금은 입문 웹사이트들만 해도 수백 개가 있는데 이들 모두 사용자를 위해 수많은 소스에서 원본 자료를 수집한다. 웹사이트들은 가계도 소프트웨어를 팔고 특화된 검색 엔진을 제공하며 데이터베이스와 링크를 제공하고, 또한 그 웹사이트가 소유한 자료보관소에 접근하게 해준다. 이것이 의미하는 점은 조사의 수단이 더는 문장원College of Arms이나 계보학자협회The society of Genealogists 혹은 문장연구소Institute of Heraldic나 계보학 연구소의 전유물이 아니라는 뜻이다. 그렇지만 원본 자료 데이터베이스를 중심으로 발전해나간 웹사이트들은 체계적인 조사를 지원하기 위해 고안된 것이다. 이들은 조사를 위한 팁이나 연구 방법, 온라인 강의를 제공하기도 한다. 그래서 한편으로는 어떤 권위와 게이트키퍼적인 기구의 역할은 잠식당했지만, 다른 한편으로 웹사이트들은 개인 사용자들이 이끌어가는 가상의 정보 제공 산업에 후원자 역할을 했다고 볼 수 있다.

이것은 도구로서의 인터넷 모델이며, 웹에서의 계보학은 크리스 로젝Chris Rojek이 인터넷의 '적극적인 소비' 모델이라 부른 것에 대한 좋은 예가 된다.[16] 그는 인터넷이 기본적으로 상호 작용적인 것이며, 따라서 소비는 점점 더 단순한 수동적인 모델이 아니라 좀 더 복잡화되고 있다고 말한다. 인터넷 이론가들은 인터넷이 기본적으로 사용자들과 정보 공급자들 사이의 관계를 재규정한다고 믿는다.[17] 계보학 웹사이트들이 좋은 예다. 그것들은 국가의 자료보관소들과 자료에 근거를 두고 있고, 물질적이면서도 개념적인 정보와 수단이라는 두 성격을 모두 가진 서비스를 제공하며, 또한 개인의 중요성을 강조함과 동시에 협동을 장려한다. 순수하게 경제적 시각으로 볼 때 그것들은 역시 복합적인 측면이 있다. 대부분의 정보 포털 사이트와 학문적인 웹사이트는 유료 등록이나 회원 가입을 요구하지만, 국립 자료보관소National Archive나 패밀리 레코드Familyrecords.gov 컨소시엄 같은 주요 공공 사이트들은 대개 이런 것 없이 자유롭게 드나들 수 있다. 역사 지식은 따라서 경제학적 관계망으로 들어오게 됐는데, 바꿔 말하자면 전형적인 후기 자본주의 프레임워크 내부에서 욕망되고 소비되는 대상이 된 것이다. 계보학 웹서비스에서는 국가와 관련된 정보, 예를 들어 센서스나 유언, 그리고 모든 종류의 사회적 정보 같은 것이 재정적 기반을 제공해준다. 역사적 지식이나 정보의 형태로 된 문화적 유물이 여기서는 상품이 되는데, 이것은 자아를 이해하고 스스로를 온전하게 보충하려는 욕망들이 이런 상품을 소비하는 산업을 만들어냈기 때문이다. 계보학 웹사이트들은 세계화된 역사 활용 문화 산업 안에서 그 정보를 상품화하는 형태로 운영된다. 그러나 계보학 정보의 지위 때문에 이러한 산업은 닫힌 구조이며 합리적이다. 역사는 그저 의미와 가치의 순환이라기보다는 실제로 값을 매길 수 있는 것이다. 정보는 생산품이고 역사의 노동에 의해 만들어지는 어떤 것이며, 욕망의 대상이 되고 지불의 대상이 될 수 있는 것이다.

그렇지만 여기서 중요한 점은 개인이 정보를 상호적으로 사용한다는 데 있으며, 이것은 교육적인 면을 강조하는 소비라는 점이다. 어떤 면에서 이것은 최고의 소비라 여겨질 만한데, 즉 이것은 상업화된 지식에 대한 순수한 형태의 경제적 욕망으로 사용자를 어떤 면에서는 온전히 만족시킬 때도 있지만 끝까지 만족시키지 않으며 결코 완벽하게 만족시킬 수도 없는 것이기 때문이다. 언제나 새로 발견될 것이 또 있고, 우리가 모르는 것이 또 있다. 계보학은 여기서는 지식 획득의 한 형태이며, 과거를 소유하고 싶게 하는 힘인 것이다. 수동적이기보다는[또한 인간이 과학 기술 및 정보와 맺고 있는 상호 침투적인(interpenetrative) 사이보그 같은 관계의 복합성이라는 근본적인 성격이 더해져]사용자들이 과거에 적극적으로 참여하는 방식으로 과거와 관계를 맺게 된다.[18] 인터넷 리서치는 역사를 다룬 텔레비전, 영화, 소설에 비해 훨씬 더 수동적인 태도보다는 상호 작용을 필요로 하며 욕망을 명확하게 표현하기를 요구한다. 인터랙티브 멀티미디어 사이트 '루츠 텔레비전'은 계보학에 대한 현대 사회의 반응이 복합적임을 잘 보여준다. 이 사이트는 오픈 소스 기술을 사용해 가족사를 위한 '채널'을 만드는데, 블로그와 함께 비디오 로그와 짧은 교육적 영화와 전 세계의 프로그램을 구비해놓고 있다. 이런 복합적인 정보 외에도 계보학 연구의 협동적 측면은 그 소비 과정을 훨씬 더 복잡한 것으로 만든다.

흔히 인터넷은 완결성이 있다는 그릇된 인상을 만들어낼 수 있다. 어맨다 베번Amanda Bevan은 "가족사 사이트는 헌신적인 참여자들만이 이용할 수 있는 정보 중에서도 아주 작은 부분만 가지고 있을 뿐이다"라고 주장한다.[19] 그녀가 '전통적 탐구자'라고 부르는 사람들은 인터넷 말고도 다양한 종류의 자료보관소를 사용하고 있으며, 이들을 여전히 중요하게 여겨야 한다는 것이다.[20] 이러한 종류의 탐구를 하기 위해 참여자들은 새로운 기술을 익혀야 하는데, 예를 들어 고문서학 혹은 연대 결정이나 돈에 대해 알아야 한다. 그래서 아마추어 역사가들은 재빨리 새로운 학문에 특화된 기술을 익힌다. 그들은 현명하게 정보를 찾는 법과 자료에 근거해 생각하는 법을 배운다. 그러나 가장 중요한 것은 정보 검색과 탐지다. 혼돈스러운 역사를 뒤져 가족의 '계보'를 추적하는 일은 과거에 대한 일종의 목적론적 사고라고 할 수 있다. 즉, 과거가 현재를 설명해주는 것으로 바라보는 것이다.

계보학과 가족사 연구는 하나의 로드맵을 보여준다. 그것들은 역사를 이해하는 데 필요한 영역들을 가르쳐주는 것이다. 이것은 가족을 분류의 기능으로 이해하는 것으로, 가족이 혼돈스러운 과거를 분류학적으로 정리해줄 수 있다고 보는 것이다. "당신은 사람들의 삶으로, 그들의 생각으로 깊이 파고들 수 있다. 그들의 행위의 내용과 원인을 찾아가면서 말이다. 탐구자가 자기 나름의 역사를 만들어나가면 이런 행위는 또 다른 차원을 띠게 된다.[21] 이 같은 역사의 개인화라는 것은 중요한 개념이며, 계보학적 조사에서 등장하는 소유라는 개념은 자기현시self revelation라는 중요한 이슈를 잘 드러낸다. 조상의 행위를 이해하는 과정을 통해 탐구자는 진실과 이해에 이르게 된다. 그들은 자신의 가족사를 소유하는 것이다. 계보학은 혼돈스러운 역사 속에서 이해의 경로를 제공하고, 수집의 원칙, 분류학의 실마리를 제공하는 역할을 한다. 아마추어 역사가들은 역사적 기록이 재현하는 정보의 확산이라는 범위 안에 존재한다는 제한적인 상황을 추구하고 욕망하는 것이다. 계보학은 개개인이 연구하는 것을 원칙으로 하며 여기서 얻는 정보가 풍부함을 강조한다. 예를 들어 가계도 모델링은 과거의 혼란스러움과 복잡함으로부터 현재로 향하는 피라미드 형태로 나타난다. 가계도는 계보학의 핵심이며 관계를 보여주는 쉬운 다이어그램이자 역사에 질서를 부여해준다. 마찬가지로 색인화와 데이터베이스의 중요성은 분류화되고 순서화되며, 탐구 가능한 정보의 모델을 제시한다.

"나는 점점 더 유대인이 되어간다, 이것이 진행될수록": 자기정체성과 유명인 폭로

오늘날의 계보학을 더 잘 이해하기 위해서는 대중문화 속에서 계보학이 어떤 모습으로 나타나고 있는지를 살펴봐야 한다. 역사의 개인화라는 단순한 차원에서 벗어나 그 안에 갈등과 중재 같은 것을 내포한 계보학 문화의 사례를 들여다보자는 것이다. 계보학 프로그램은 역사 다큐멘터리 프로그램에 대한 저술에서는 주제로 거의 다뤄지지 않았었다. 이것은 아마도 계보학이라는 것이 아주 새롭게 등장한 것이기 때문이기도 하지만, 그 저술가들이 그것을 진짜 역사로 보지 않았기 때문일 수도 있다. 계보학은 분명 자료를 강조하고 과거를 드러내며 엄격한 연구 방법이 있는데도 그렇게 여겨진 것이다. 역사 다큐멘터리는 형식적으로 복합성이 있는데, 이런 복합적인 형식은 텔레비전 역사물이 역사를 지나치게 단순화했다는 주장에 반발해 나온 것이었다. 이런 다면적인 형식에 대한 반응 역시 복잡해질 수밖에 없었다. 지난 몇 년간 만들어진 계보학 다큐멘터리를 살펴보면 이미 논의됐던 몇몇 논쟁거리를 찾아볼 수 있다. 그러나 거기에는 마찬가지로 이 '공적인' 계보학 연구와 '사적인' 개인 연구 사이의 갈등 같은 것이 있다. 이 두 가지 방식의 불협화음은 흥미로운 것이었고, 역사적 주제를 이런 관계망 속에서 찾는 것을 이해하도록 해주었다.

〈당신이 어떤 사람인지 알고 있습니까?Who Do You Think You Are?〉(BBC 2004, 2006, 2007년)라는 프로그램은 계보학과 사회사와 관련된 역사적 문제를 파헤치는 데 유명 인물의 대리인avatar을 사용해 큰 효과를 거두었다. 그 쇼는 〈레스터레이션〉과 〈위대한 영국인들〉 같은 형식을 따라 오프닝에서 특정 주제에 대해 유명 진행자가 나와 설명해주었다. BBC가 제작한 이 쇼는 온라인 국립 자료보관소를 활용하는 방식으로 연출됐다. 이 프로그램은 현대 사회에서 가족의 연구 방법과 그 동기에 대해 많은 것을 보여주었다. 계보학적 조사가 대중의 역사적 상상력 속에서 중요한 부분이라는 것, 특히 증거의 사용이나 개인적인 역사 내러티브의 사용, 가족 연구의 핵심적인 주제는 숨어 있던 사실의 폭로라는 것 등을 드러내주었다.

처음 BBC 2 채널에서 방영된 이 쇼는 두 번째 시리즈가 높은 시청률을 기록해 이후 BBC 1으로 채널을 옮겨 방영됐다. 첫 번째 편의 시청자는 580만 명, 시청률은 24퍼센트를 기록했다. 이것은 2004년 BBC 2의 최고 시청률이다. 첫 번째 시리즈의 평균 시청자 수는 470만 명이었다.[22] 이런 종류의 다큐멘터리에 엄청난 시청자가 있다는 것을 알 수 있다. 이 프로그램에서는 유명인들이 자신의 가족사를 파고들어 가 문화적·제도적 변화, 사회적 윤리, 그리고 이민 등의 주제를 탐구하면서 여러 체험을 한다. 뉴스 독자부터 코미디언에 이르기까지 다양한 범위의 유명인들이 출연했으며, 그들의 배경과 사회적 정체성 역시 귀족 제러미 팩스맨Jeremy Paxman 부터 동성애자 줄리언 클래리Julian Clary, 흑인 운동선수 콜린 잭슨Colin Jackson에 이르기까지 다양했다. 유명인들이 조사를 통해 겪는 체험에 초점을 맞추는 한편, 이 프로그램은 그들 가족을 통해 중요한 역사적 사건을 꿰뚫으며 사회사를 보여주었다. 이 프로그램의 역사 기록은 경험주의적이다. 자료보관소를 뒤지다 보면 알려지지 않은 진실이 밝혀지고 묻혀있던 이야기가 세상에 드러났다.[23] 여기서는 또한 매우 포퓰리스트적인 접근을 보여주었다. 처음에는 유명인들을 활용하기는 했지만, 이 프로그램의 의도는 시청자들로 하여금 같은 방법을 통해 오늘날 시대 속에서 자신의 과거를 발견하도록 하는 것이었다. 여러 면에서 계보학적인 관심의 폭발을 이용한 측면도 있지만, 이 프로그램에서는 보관된 자료의 탐구에 대한 관심을 불러일으키려는 BBC의 진정한 노력이 돋보였다. 계보학 소프트웨어 회사는 이 프로그램의 관련 웹사이트에 기술적인 지원을 해주었고, 관련 잡지가 2007년부터 발행됐으며, 국립 자료보관소와 지방사 조직들이 연계됐다. 잡지를 발간한 일은 상업적 압박에 의해 쇼가 한층 더 번창할 수도 있다는 점을 잘 보여준다. 첫 번째 시리즈에서 데이비드 바디엘David Baddiel은 자신의 정체성 문제를 언급했다. 가족의 뿌리를 찾아가면서 그는 "회가 거듭될수록 나는 점점 더 유대인이 되어간다. 나는 점점 더 그들의 언어를 사용하고 있다"라고 밝혔다.[24] 계보학을 통해 스스로를 이해할 수 있고 자신의 가족 형성 과정 속에서 진정한 자기 정체성을 찾을 수 있다고 믿는 사람들에게는 바디엘의 이런 감정 표현이 명확한 의미를 드러내주는 것으로 보였다. 개인의 과거를 탐구하는 일은 자기 스스로를 점점 더 드러내주는 낯선 언어를 배우고 사용하는 일인 것이다.

그 프로그램은 참가자들의 가계를 탐구하는 데 여러 가지 증거를 혼합해 사용했다. 그들은 이야기를 끌어가기 위해 의사, 계보학자, 사회사학자 등 전문가들을 활용했다. 이런 전문가들은 특정한 조사에 밀접하게 관련된 구체적인 조언을 하지는 않았지만, 전문가 증인으로 주로 등장해 주제에 대해 주장하고 제안하는 역할을 했다. 같은 방식으로 자료 화면이나 사진 같은 형식적 요소는 개인적인 체험을 보여주기 위해서라기보다는 시간대를 환유법적으로 보여주기 위해 사용됐다. 전문가들의 권위는 여기서는 안내 지침 정도로 활용됐고, 사진이나 이미지는 일반화의 용도로 활용됐다. 첫 번째 시리즈에서는 각 편이 끝날 때마다 전문 계보학자가 탐구 작업에 대해 설명하고 사건에 대해 결론을 내려줌으로써 권위를 부여했다. 이 프로그램들은 또한 사망신고서, 사인 규명 자료, BMD 레지스터, 군대 기록, 사진 등 다양한 자료를 증거로 활용했다. 이처럼 두 가지 방식을 겸비한 역사 탐구는 역사가 남긴 실마리를 한데 꿰어 과거의 이해를 돕기 위한 이미지를 만들어가는 방식을 보여주었다. 목격자들의 증언은 이런 것들보다 더 유용하기는 했지만, 정보로서는 문제점을 안고 있기도 했다.

증언은 대개 살아남은 가족이 이야기하는 형태를 취했는데 그런 증언들은 과거 사람들이 왜 특정한 선택을 했는지 이유를 설명하고 또 과거의 정보를 제공해주기도 했다. 가족 이야기와 구술사는 아주 유용한 도구였으며, 그것들은 또한 극적인 효과를 낳기도 했다. 어맨다 레드맨Amanda Redman의 어머니는 남편의 혼외정사에 대해 질문을 받자 답변을 거부했다. 다큐멘터리 속에는 종종 이처럼 사생활에 대한 침해와 함께 진짜 두려워하는 일이 밝혀질지도 모른다는 가능성이 늘 있었다.

한 사람의 가족을 도대체 왜 조사하는 것인가라는 질문에 대해 대리인들은 여러 방식으로 대답하는데, 이것은 오늘날의 역사 연구의 입장이 다양할 수밖에 없는 것과 마찬가지다. 첫 회에 등장했던 빌 오디Bill Odie는 자신의 탐구 동기가 최근의 우울증에 대한 치료를 위해서라는 고백을 했다. 그는 그의 현재의 병을 이해하기 위해 과거의 정보를 알아야겠다고 느꼈다. 오디는 스스로 "이것은 호기심이 아니며 이 여행은 나 스스로를 돕는 것이다"라고 밝혔다.[25] 그러자 곧 시리즈는 자기현시self-revelation나 성찰의 담화로 흘러갔다. 이런 고백은 한편으로는 개인에 대한 더 깊은 이해로 여겨지기도 하고, 다른 한편으로는 가족 혹은 커뮤니티에 대한 더 깊은 이해이기도 했다. 레슬리 가렛Lesley Garrett은 프로그램 끝부분에서 "나는 다양한 내 조상을 통해 스스로 이해할 수 없었던 많은 자질을 발견했다. 그것이 나 자신을 이해하는 데 많은 도움을 주었다.…… 나를 이루는 모든 것들을 이해하게 된 것이다"라고 밝혔다.[26] 게다가 그녀는 "내가 누구인가가 아니라 내가 왜 나인지에 대해 이해했다"[27]라고도 밝혔다. 거의 모든 참가자가 자신의 기원에 대해 모르던 모습을 탐험한 데 대해 이런 식의 말을 남겼다. 데이비드 바디엘은 "당신은 당신이 어떻게 여기까지 오게 됐는지를 잘 알지 못한다"[28]라고 주장했다. 여기서 분명한 것은 역사를 드러낸다는 것이지만, 거기에 더해 지금까지는 드러나지 않았던 자아에 대한 통찰력을 얻는 것이다.

내가 왜 나인지를 이해할 수 있다는 이런 개념은 아주 매력적인 것으로 증명됐고, 이를 통해 오늘날 개인의 이야기에 대한 관심이 높다는 걸 알 수 있다. 계보학은 자신의 역사에 대한 판단의 기준이 되며, 자아를 정의하고 발견하는 데 도움을 준다. 기억은 정체성과 명백히 연관을 맺고 있으며, 이 프로그램은 참가자들에게 역사와 연관된 가족의 기억을 만들어내도록 해주었다. 그들은 선조에 대한 이해를 통해 점점 더 자신에 대해 정의를 내리고 자아를 완성시키는 방향으로 나아갔다.

또한 이 시리즈는 그동안 '말하지 않았던' 이야기에 대해 관심을 보여, 역사의 혼돈 속에서 내러티브의 중요성을 제기했다. 자료보관소는 너무 거대한 자료가 있어서 제대로 이해하기 어렵지만, 만약 누군가 개인적 경로를 선택한다면 그는 진실과 이해를 향한 실마리를 찾을 수가 있다. 이 시리즈는 역사의 두려움 내부에 있는 개인의 이야기를 들려주는 것이다. 짐 므와Jim Moir에게 그 연결고리는 명백히 신체적이고 공감적인 것이었다. "그들이 만졌을지도 모르는 그 나뭇조각을 만져보는 일은 아주 좋다. 그들이 보았던 같은 것을 보는 것도. 그런 것을 통해 당신은 아마 그들이 느꼈을 감정을 느끼게 된다."[29] 하지만 〈당신이 어떤 사람인지 알고 있습니까?〉는 현명하게도 과거를 '까발리는 것'이 과거가 낳은 문제를 반드시 해결해주지 않는다는 사실 역시 알고 있었다. 빌 오디 편에서 그는 어머니와 죽은 자매 오디에 대한 진실에 대해 그가 알고 싶어 했던 진실을 밝혀냈지만, 만족을 얻지 못했다. 이처럼 과거를 밝혀내는 것이 우울한 결과를 낳을 수도 있다는 사실은 다른 편에서도 찾을 수 있었다. 데이비드 바디엘은 폴란드 바르샤바 게토에서 그동안 추적했던 할아버지의 사실을 되새기며, 확실한 증거는 없지만 자신의 조부가 과거에 그곳에서 일어났던 유대인 폭동에 가담했기를 바라면서 그 편의 마지막 장면을 마무리할 수밖에 없었다. 그렇게 자신의 할아버지를 나치에 맞선 영웅으로 생각하며 끝맺는 것만이 홀로코스트의 잔혹함이 남긴 비극에 맞서 그가 할 수 있는 유일한 길이었기 때문이다.[2][30] 각 편에서 이 쇼는 가족의 역사를 드러내면서 끝을 맺지만, 그것을 통해 역사의 아픔과 불가해함을 드러냈다.

시청자들이 이 시리즈에 열광한 이유는 복합적이라 할 수 있다. 첫째, 여기에는 명확한 다큐멘터리 내러티브가 활용됐다. 즉, 이것은 더 깊은 이해를 향해 가는 여행이라는 내러티브인 것이다. 여행의 모티브는 전 시리즈를 통해 주인공이 기차나 자동차 속에서 잘 알려지지 않은 지역으로 가는 장면을 계속 보여주는 것으로 강조됐다.[31] 이 프로그램은 영국인의 뿌리를 자히토Jaito나 바르샤바에까지 가서 찾음으로써, 역동적인 국가주의와 함께 포괄적인 민족의 의미를 안겨주었다. 이 프로그램은 통제된 다큐멘터리로서 선정적일 것으로 예상됐지만, 그렇게 꼭 선정적인 내용만 담지는 않았다. 여러 편에서 결말 부분은 명확한 설명을 남기지 않은 채 마무리됐다. 짐 므와는 "이 문제에 대해 답할 수 있는 사람이 있을지 모르겠다"라고 마무리했다.[32] 이런 점들이 다른 리얼리티 역사 다큐멘터리와 마찬가지로 시청자들에게 효과를 발휘했고, 과거와의 만남을 통해 개인의 내면 변화가 이뤄지는 내러티브를 만들어냈다. 이와 동시에 증거에 기반을 둔 역사와 자신을 통찰하고, 바디엘이 "점점 더 유대인이 되어간다"라고 말한 데서 드러난 것처럼 자기 계발 과정을 잘 보여주었다. 〈당신이 어떤 사람인지 알고 있습니까?〉는 주인공과 시청자에게 새로운 정보를 공개하는 효과를 낳았다. 그것은 한 인간의 생애를 기록한 전기傳記임과 동시에 자서전적인 것이었으며, 그에 따라 형식적인 면에서 다른 리얼리티 역사물들과는 아주 다른 성격을 보여주었다. 그것은 사람의 이야기를 들려주면서도 그것에 대한 이해를 가르치는 것이었다.

---

2) 데이비드 바디엘은 이 편에서 바르샤바 게토에서 죽은 자신의 할아버지를 찾아 나섰다. 그의 조부는 그곳에서 죽었다는 사실만 확인될 뿐, 그의 죽음의 원인이 굶주림 때문인지 질병 때문인지 혹은 당시 그곳에서 일어났던 유대인 폭동을 주동했기 때문인지 명확한 증거를 찾을 수 없었다.

유명인과 역사를 결합시키는 방식은 이것을 더욱 복잡하게 했다. 짐 므와는 외설스러운 동기를 딱 꼬집어 지적했다. "당신의 개인적인 삼류 드라마……. 짐작컨대 모든 사람이 원하는 것은 약간의 스캔들인 듯하다. …… 종종 거기에는 스캔들이 있다."[33] 그는 심지어 보통 사람들도 자신의 개인적인 역사 속에서 유명인과 문화적인 신화를 추구하려 한다고 지적했다. 비록 그것을 찾는 경우는 드물지만. 므와는 실제로 숨겨진 누이, 이중 결혼, 그리고 이전의 결혼 사실 같은 스캔들 거리를 찾아냈다. 유명인이 자신들의 무언가를 드러낸다는 개념은 여기서 가장 중요한 것이며, 잘 알려진 인물의 개인화라는 것이 그들 삶의 세세한 것까지 더 깊이 알고 싶다는 욕망을 부추기는 그런 폭로 문화의 일부라고도 할 수 있다. 이 쇼에서는 여러 가지 형태를 통해 가족이 더 나은 삶을 향해 가는 이야기를 들려줬다. 가장 핵심적인 것은 이민과 계층 이동이었다. 그리고 가장 중요한 생각은 유명인들 역시 보통 사람과 다를 바 없다는 것, 그들의 가족 역시 고난과 근심의 대상이라는 점이었다. 유명인을 대리인으로 활용한 것은 따라서 복합적인 방식으로 작동했다. 시청자로서 당신 역시 이것을 할 수 있다는 생각을 불어넣어 주었으며, 시청자와 출연자 사이의 거리를 좁혀주었다. 대리인으로서 유명인들은 글자 그대로 어떤 면에서 우리 모두를 대신한 것이었다. 레슬리 가렛의 프로그램에서 보이스오버로 이런 말이 흘러나온다. "우리는 시청자들이 우리와 비슷한 방법으로 당신 스스로에 대해 탐구할 수 있다는 것을 보여주고 싶다."[34] 유명인들을 보통 사람과 동떨어진 인물로 그리지 않고 시청자들과 아주 가까운 사람으로 드러낸다는 개념이 명확히 드러났다. 역사는 그런 동일시를 가능하게 함으로써 외견상 시청자를 민주화시키고 그들의 참여권한을 확대했다.

이처럼 유명인들의 접근 불가능한 지위를 뒤바꿔놓은 것은 다른 중요한 프로그램에서도 볼 수 있다. 예를 들어 〈헬로!Hello!〉 같은 데서는 모든 유형의 개인적인 상황을 카메라가 파고들었으며, 〈설레브러티 빅 브러더 Celebrity Big Brother〉에서는 거의 공격적으로 유명인을 보통 사람화했다. 〈설레브러티 빅 브러더〉는 일종의 프레더릭 제임슨Frederic Jameson적인 의미의 무너짐folding in on itself을 드러내고 있다. 선망의 대상인 유명인들이 평범한 일상의 내용을 경축하는 리얼리티 게임 속에서의 역할 수행을 통해 다시 평범한 보통 사람이 되는 것이다. 그들은 그저 우리와 같은 사람일 뿐이지만, 우리가 그들을 친숙하게 여기면서도(평범한 빅 브러더의 시청자들에게 친숙하다는 것이다), 그들을 비정상적인 환경 속에서 관찰하는 동안 그들은 결정적으로 타자화됐고 변화됐다. 앤디 라밴더Andy Lavander는 "이것의 매력은 친숙한 화면 속의 페르소나persona들이 자신의 '실제' 성격을 집과 게임이라는 한정된 상황 속에서 드러내는 것이다"라고 주장한다.[35] 평범함은 '빅 브러더' 현상의 핵심인 것이다. 이것은 〈당신이 어떤 사람인지 알고 있습니까?〉에도 스며들어 그 쇼의 매력 포인트가 됐다. 유명한 인물의 자아가 발가벗겨진 채 드러나고, 권위가 감소된 유명인이라는 의외성[36] 같은 것이 이 쇼의 매력이다. 유명인에 대한 오늘날의 이 같은 현상이 '현대 대중문화의 비진실성'을 드러내는 것이라는 비판적 논란이 있기는 하지만, 이러한 프로그램은 확실히 그런 주장을 약화시킨다. 그들은 유명인들에게 뿌리를 찾아주고, 그들에게 피가 도는 육체와 다른 사람과 크게 다르지 않다는 느낌을 안겨주었다. 이런 쇼들은 유명인들에 대한 인식을 유사 사회적 상호 작용para-social interaction[3]으로 제시하고 있으며, 또 쇼를 통해 새로운 커뮤니티 관계가 생겨나고 있음을 보여주는 것이다.[37] 이런 모델 위에 〈당신이 어떤 사람인지 알고 있습니까?〉라는 프로

---

3) **유사 사회적 상호 작용**: 일방적인 관계가 형성되는 인간관계를 의미한다. 한쪽은 상대를 아주 잘 알고 있으나 상대는 그렇지 않은, 스타와 팬 사이의 관계 등을 지칭하는 사회학적 용어다.

그램을 통해 교감과 동일화라는 점을 제시함으로써 미디어가 만들어낸 유명인과 개인 사이의 새로운 상호 작용을 만들어냈다고 볼 수 있다. 유명인 스타를 출연시킨 〈셀레브러티 빅 브러더〉나 다른 리얼리티 쇼와 마찬가지로 〈당신이 어떤 사람인지 알고 있습니까?〉는 유명 스타를 일상의 삶 위에 덧대어놓고 보는 방식으로 유명 인물과 리얼리티 TV쇼라는 요소를 결합시켰다. 이 쇼는 엄밀히 말하자면 리얼리티 쇼가 아니지만, 그 핵심적인 형식에서나 전반적인 면에서 유사성이 있다. 주관성의 실존적인 발견 같은 중요한 요소가 있는 것이다.

하지만 동시에 〈당신이 어떤 사람인지 알고 있습니까?〉에서는 유명인들은 단순히 대리인 역할만이 아니라 숭배화된 우상이었고, 우리가 그들의 삶에 대해 더 깊은 통찰력을 지니면서 그들의 뿌리는 좀 더 빛나는 것이 됐다. '이동성'은 내러티브의 핵심 주제였고, 대부분의 에피소드에는 일종의 가난과 고통으로부터 벗어나 진보한다는 의미를 품고 있었다. 따라서 쇼는 거꾸로 거슬러 올라가는 내러티브를 따라갔고, 그런 다음 이야기가 다시 앞으로 흘러가면서 유명인이 누리는 현재 풍족한 삶으로 나아가는 방식으로 진행됐다. 모든 사람은 가족사가 있지만, 오직 유명한 사람의 가족사만이 흥미로웠다. 그 쇼에서는 그들의 가족사에 포함된 스캔들, 공포, 트라우마나 신체 같은 것을 살펴봄으로써 그들이 태어나기 전부터 특별한 사람임을 드러냈다. 마찬가지로 그 프로그램은 유명인들이 현재 지위로 참여함으로써 역사 속에서 일어난 다양한 거래를 고려할 가치가 없는 것으로 만들어버렸다. 〈당신이 어떤 사람인지 알고 있습니까?〉는 역사의 진행이 지금의 현대 속 개인modern individual을 만드는 곳으로 향해 간 것이 아니라 특정한 사람/인물über person[4]을 만드는 것을 향해 전진한 것

---

4)   영어로는 on person.

이라는 입장을 보였다. 역사의 진행이라는 모델은 따라서 목적론적인 것이지만, 그 목적론에서 역사 발전의 방향은 '명성'이라는 지점을 향해 갔다는 입장이었다. 이것은 유명인 휴머니즘이라 불릴 수 있으며, 여기서는 자기규정의 개념이 고백의 방식이나 공적인 인지도profile와 직접적으로 묶여 있다. 그 프로그램은 이데올로기적이고, 유연성이 없는, 계층분화적인 과거 사회로부터 능력주의로 현대가 이동해왔음을 암시했다.[38]

하지만 시청자들의 체험은 단순히 수동적인 것만은 아니었고 아주 상호적인 것이었다. BBC는 애초에 〈당신이 어떤 사람인지 알고 있습니까?〉를 통합된 플랫폼의 미디어 전략으로 기획했다. 이런 전략의 핵심은 프로그램이 단지 사람의 체험의 시작일 뿐이라는 전제였다. 이것이 교육적인 가치와 함께 또한 브랜드화라는 의미도 있었다. 이것은 회사를 대표해 어느 면에서나 역사적인 연구를 용이하게 하려는 것이었다. BBC는 진화하고 있고 뉴미디어의 도전에 반응하고 있는 중이었고, 상호 작용과 복합적인 참여는 프로그램 이후의 체험을 여러 방식에서 만들어내기 위함이었다. 〈당신이 어떤 사람인지 알고 있습니까?〉의 첫 번째 시리즈에는 각 편이 끝날 때마다 5분짜리 미니 코너 '하우 투How to'를 붙였다. 또 관련 주제의 다큐멘터리들이 BBC 4 채널에서 방영됐고, ≪라디오 타임스≫지는 103만 부의 리플릿을 발행했으며, 관련 웹사이트와 전화선의 개통, 라디오 정보, 프로젝션 텔레비전은 디지털 스토리와 '하우 투'의 안내를 담당하는 역할을 뒷받침했고, 가장 인상적인 것으로는 48개의 가족사 로드쇼가 열리고 자료보관소 알기 캠페인과 파트너십으로 총 395개의 행사도 열렸다. 이처럼 연관 프로그램에 대한 반응은 엄청났다. 2만 9,375통의 전화, 1만 8,850개의 리플릿 발송, 제러미 클라크슨 편이 방영된 직후에는 53만 명의 사용자들이 프로그램 홈페이지에 접속했고, 시리즈 통틀어서는 900만 명의 사용자들이 이곳을 찾았다. 국립 자료보관소의 홈페이지는 트래픽 수가 77퍼센트나 늘어났다. 4만 명의 사람들이 로드쇼에 참가했고 자료보관소 알기 캠페인 행사에도 36퍼센트나 방문객이 늘어났다.

이처럼 전례 없는 반응을 통해 계보학의 인기가 여실히 증명됐고, 계보학이 사람들을 확 붙들어 매는 속성이 있다는 사실도 알 수 있었다. 시청자들은 텔레비전 시리즈가 끝난 뒤에도 계속해서 참여하며, 그 '시청자'가 홈페이지 '회원'으로 전환되는 비율은 아주 높다. 이러한 숫자들은 BBC의 통합적 미디어 전략이 옳은 것이었음을 증명했으며, 이런 다층적 플랫폼이라는 접근 방식이 역사 다큐멘터리 시청자에게 들어맞는 것이었음을 보여주었다. 자료보관소의 활용은 단순히 개인적인 역사에만 연관된 것이 아니다. 집이나 지역, 그리고 제도의 역사에 대한 탐구 역시 활발해졌다. 역사와 자료보관소는 다양한 방식으로 접할 수 있는 것이며, 여러 가지 목적으로 접하게 된다. 이해를 위해, 혹은 발견을 위해, 혹은 개인의 스토리텔링을 위해. 과거는 설명할 수 있는 것이고 정확한 도구만 있다면 쉽게 그 가치를 인정할 수 있는 것이다.

프로그램의 이런 스타일은 계속적으로 진화하고 있으며, 이것은 역사 지식을 접하는 형식이 역동성이 있고 변화 가능한 것이라는 점을 보여준다. 2006년에 ITV는 그 쇼의 모방 프로그램이라 할 수 있는 〈당신은 당신이 어떻게 태어났는지 모른다You Don't Know You're Born〉라는 프로그램을 만들었다. 이것은 다양한 장르가 뒤섞인 형식으로 여기서는 유명인들이 자신의 선조에 대해 탐구하고 그들의 직업을 당시의 상황에 맞게 따라 해보는 시간을 마련했다. 이것은 〈당신이 어떤 사람인지 알고 있습니까?〉에서 계보학적인 요소를 가져왔고, 거기에 채널 4의 쇼 〈역사상 최악의 직업The Worst Jobs in History〉(2006~2007년)이 보여준 과거의 역할에 대한 사회-경제적인 관심을 더한 뒤 그것을 '가정' 리얼리티 역사물 형식과 체험-리얼리티 다큐멘터리 모델 속에 집어넣은 것이다. 여기서는 진실을 추구한다는 모델은 흐릿해지고, 그 대신 역사 속 과거의 인물을 사회적·문화적으로보다는 경제적으로 규정하는 식으로 가볍게 그려내며 드라마화한 것이다.

전문 프로덕션 회사인 월투월Wall to Wall은 〈당신이 어떤 사람인지 알고 있습니까?〉와 〈당신은 당신이 어떻게 태어났는지 모른다〉 두 시리즈 모두를 제작했는데, 여기서 몇 가지 중요한 교훈을 읽어낼 수 있다. 두 쇼의 차이점이 가장 흥미로운데, 이것은 역사물 형식이 변형 가능한 성격임을 드러내주는 것이다. 〈당신은 당신이 어떻게 태어났는지 모른다〉는 형식을 개발했고, 오늘날의 역사 다큐멘터리의 혁신적인 가능성과 변형의 가능성을 보여주었다. 〈당신이 어떤 사람인지 알고 있습니까?〉가 어떤 면에서 직설적이고 진지한 의도가 깔린 교육적인 시리즈였다면(그리고 국가적인 교육 기관 국립 문서보관소와 연관되어 있었다), 〈당신은 당신이 어떻게 태어났는지 모른다〉는 방송의 초점이 분명히 포퓰리스트적인 데 있었고 상업적으로 지원을 받은 것이었다[그 시리즈는 인터넷 사이트 제네리유나이트(GeneReunited.co.kr)의 후원을 받았다]. 따라서 〈당신은 당신이 어떻게 태어났는지 모른다〉는 명백히 다른 시장을 목표로 한 것으로 더는 사람들을 탐구하도록 하는 데 목적이 있지 않았으며, 좀 더 과거의 차이점에 대해 소통하도록 하는 데 그 목적이 있었다. 거기에는 관련 정보라든가 관련 홈페이지라든가 연관 교육 같은 것은 없었다. 〈당신은 당신이 어떻게 태어났는지 모른다〉는 〈당신이 어떤 사람인지 알고 있습니까?〉가 제시한 애매하고 흐릿한 역사 공감 같은 데 관심이 있는 것이 아니라 유명인/대리인에게 직접 과거로 뛰어들게 하는 데 힘을 기울인 것이다. 〈당신은 당신이 어떻게 태어났는지 모른다〉는 유명인 계보학 다큐멘터리 장르에 사회사를 결합시켜서 새로운 대중 역사물 형식을 만들어낸 것이다.

여기서는 유명인에게 과거의 전통적인 방법을 그대로 쓰게 함으로써 리빙 히스토리나 문화유산과 같은 면을 집어넣기도 했다. 직업을 따라 한다는 것이 이 프로그램의 핵심으로, 이것 때문에 공감에 기반을 둔 리얼리티 역사물이라고도 할 수 있지만, 실제 계보학이라는 것은 자료를 통해 '진실'을 탐구한다는 점에서 약간 차이점을 보인다. 이 프로그램에서 진실은 체험에 의해 대체되고, 과거 문헌 자료를 연구함으로써 밝혀낼 수 있는 '역사적인historical' 것의 의미는 '오늘날 유명인이 일하는 체험'으로 대체된다. 역사는 현재성에 의해 지워지고, 초점은 그런 행위가 가지고 있는 잠재적인 위험과 우연히 발견할지도 모르는 기쁨에 더 맞춰져 있다. "그들은 자신들이 연예인이 되지 않았더라면 그 시절에 걸어갔을지도 모르는 그 길을 지금 찾아 걷는 것이다."[39] 신의 은총이 없었다면 그 유명인 역시 과거 모습대로 그랬을 것이라는 가정이 거기에 있다. '실제적인' 역사의 주관성이라는 것이 그저 오늘날 짧게 체험하는 어떤 것이 됐으며, 일종의 생애 관광이 된 것이다. 예를 들어 배우 켄 스토트Ken Stott는 '자신이 조상으로부터 전통적인 재봉 기술을 물려받았는지'를 알기 위해 과거를 찾아 나섰다.[40] 또 그가 전통 제빵사와 일하는 시간도 있었는데, 그 제빵사는 계보학적인 우연을 거쳐 그의 먼 친척으로 밝혀졌다. 역사는 궁핍과 가난, 곤궁함의 장소로 제시된다. "그건 정말 힘든 일이다. 밤새 그 일을 하다니 나로서는 도저히 할 수 없는."[41] 그는 또한 이탈리아 생선 장수가 되기도 했는데, 이 장면에서는 불길한 목소리의 보이스오버가 깔린다. "켄은 이제 중조부의 삶이 얼마나 고된 것이었는지를 스스로 발견하게 되는 것이다"라는 내용으로.[42] 하지만 여기서 그가 겪는 과거 체험은 아주 힘든 과거의 삶을 그대로 되살린 것이라기보다는 '유명인의 직업 체험' 수준에 더 가깝다고 할 정도에 불과하다. 그는 유명인 귀족의 입장으로서 힘들지만 근면히 살았던 하층계급의 삶을 잠깐 들여다본 것일 뿐이다. 일하는 것을 겁내는 고상한 인물로 유명인을 제시하는 이런 방식은 여타의 쇼 〈나는 스타야, 여기서 내보내줘I'm a Celebrity, Get Me out of Here〉나, 〈설레 브러티 빅 브러더〉에서처럼 그들에게 고약하게 벌을 주겠다는 분위기는 아니었다. 그보다는 그 쇼가 유명인들에게 고상한 지위를 제공한 것이다.

여기서 유명인은 역사의 우연이 되며, 그들은 자신의 명성 때문에 일반 대중과는 다른 사람이 된다. 물론 유명인들은 정확한 의미의 일이라는 것을 하지는 않으며, 이렇게 경제적으로 규정된 역사적 정체성은 여기서는 그때와 지금의 차이라는 의미를 알려주는 것이다. 우리의 선조들이 직접 옷을 만드는 사람이었고 농사를 짓는 농부였다니 이 얼마나 진귀하고 고색창연한 일인가라는 뜻이 담겨 있는 것이다. 만약 유명인이 공허하며 서비스 중심적인 포스트모던한 세계 경제를 궁극적으로 표현하는 인물이라면, 이런 쇼는 그들이 누리는 부유한 삶과 상상력을 동원해 대신 경험해본 선조들의 과거를 뚜렷이 대비시켜 현대 경제의 비실질적 성격insubstantiality을 보여주는 것이다. 그 쇼의 제목 〈당신은 당신이 어떻게 태어났는지 모른다〉는 이를 의미하며, 그 주체인 유명인이 '진짜' 일의 가치를 전혀 모르고 있다는 것을 암시하는 것이다. 그들이 맡았던 그 직업은 그저 하나의 역할로 여겨지며, 과거에 공감하고 과거를 이해하기 위해 이행한 것이며, 지금까지 이어지는 가치를 갖지 않는다. 그 프로그램이 암시하는 것은 과거를 통해 물려받은 가치라든가 능력, 기술 같은 것이 존재하지만, 안온한 현대의 삶을 살아가는 우리는 알지 못한다는 것이다. 이러한 프로그램에서 과거는 우리가 탐구해야 할 것이기는 하지만, 오늘날 우리의 삶에 진정한 영향력을 미치지 않는 것이다. 과거는 그저 하나의 취미의 대상이며, 그저 한번 해보는 것, 되돌려보는 것에 불과한 것이다.

『뿌리』, 정체성 계보학 그리고 미국

미국의 대중적인 계보학은 알렉스 헤일리Alex Haley의 영향을 많이 받았다. 헤일리의 가족 이야기인 소설『뿌리: 미국 가족의 대하소설Roots: The Saga of an American Family』은 1976년에 출간되어 퓰리처상을 받았고, 37개국 언어로 번역·출간됐다. 『뿌리』는 텔레비전 미니시리즈로도 제작됐고, 엄청난 결과를 가져왔다. 미국에서만 1억 3,500만 명의 시청자, 영국에서는 2,000만 명을 기록했다. 그것은 텔레비전 업계에서 엄청난 사건이었고, 한 사람의 과거를 찾는 정치 이슈화된 관심에 불을 댕겼다. 아프로캐리비안Afro-Caribbean 커뮤니티에 이 프로그램이 던진 충격은 너무나 커서, 『뿌리』가 촉발한 가족 찾기는 계속됐다. 책과 미니시리즈를 통해 나타난 계보학적 현상은 구원의 성격을 띤 것이었고, 거기 참여하는 사람들은 깊이 감동받았다.

이 책은 헤일리 가문의 이야기로, 그의 조상인 쿤타 킨테Kunta Kinte가 감비아에서 18세기 중반 태어나면서 시작된다.[43] 학문적·자료적 연구에 근거해 쓴 이 소설은 헤일리의 개인적 가족사를 거쳐 그가 미국 땅에 도착한 순간을 펼쳐놓는다. "6주 된 어린 남자 아이, 그 아이가 나였다."[44] 이야기는 한참 뒤에야 시작된다. 그의 출생에 이어 소설은 자료보관소와 도서관을 거치며 의미를 찾아가는 그의 과정을 보여준다. 이 책에서 작가가 미국에 도착하는 순간은 일종의 메타픽션meta-fiction적[5]인 순간이다. 이야기는 이 순간을 향해 달려왔다. 바로 계보학이 '나'를 찾는 순간을 향해 가는 것처럼 말이다. 작가/연구자 그 자신이 이 연구와 소설의 목표이며, 그는

---

5) **메타픽션**: 작가가 독자에게 지금 읽고 있는 내용이 실제가 아니라 허구임을 환기시키는 방식으로 쓰는 극이나 소설을 의미한다.

이전 시대에 사라진 모든 것을 한곳으로 모으는 지점이다.

헤일리는 로제타스톤Rosetta Stone을 보고 자신의 가족사를 발견하겠다는 영감을 얻었다. "과거로 향하는 문을 여는 열쇠가 있다는 생각이 나를 사로잡았다."[45] 헤일리는 가족들이 그에게 들려줬던 구술사와 학자들이 로제타의 언어를 해독하는 것 사이에서 어떤 유사함을 보았다. 현재의 정체성을 탐구하는 것을 통해 잘 알지 못했던 과거를 독해하는 이런 모델은 계보학의 목적과 같다고 할 수 있다. 제대로 된 도구만 있다면 그들은 역사의 언어를 이해할 수 있다. 게다가 헤일리는 가족의 이야기에 간직되어 있던 말을 실제로 사용해 아프리카로 자신의 뿌리를 찾기 위한 길을 나섰다. 그가 소년 시절부터 기억해온 단어들은 "나의 아프리카 조상들이 말하던 구체적인 언어의 음성학적 단편들이었다".[46] 이 책에서 나타난 언어의 중요성을 보면 조상들이 사용했던 고유한 언어들이 이후의 전체 가계를 하나로 연결해주는 실마리가 됨을 알 수 있다.

『뿌리』는 계보학적 작업의 정치적인 궤도를 잘 보여준다. 헤일리 가족의 이야기는 역사의 공포를 드러낸다. 그의 가족은 이 모든 것을 대신한다. "나의 조상 이야기는 자동적으로 아프리칸 후대 사람들 모두의 상징적인 이야기가 된다."[47] 계보학은 사람의 정체성과 커뮤니티의 이야기에 충실해 세상 속에서 한 사람의 삶의 맥락을 밝혀내고, 가족만이 간직하고 역사의 중심에서는 다뤄지지 않았던 이야기를 들려줄 수 있다. 가족사는 자신과 커뮤니티 구성원들의 역사적 이해를 더 풍성하게 해줄 수 있다. 『뿌리』는 가족에 대한 관심이 계몽에 이르는 길임을 제시한다. 자기발견과 자기완성이 이루어지는 바로 그 순간 헤일리는 눈물을 흘린다. 감비아 쥐푸레Juffure 마을에서 자신이 '미스터 킨테'라고 불리는 그 순간이다.[48] 그의 이런 말이 진실일 수도 혹은 진실이 아닐 수도 있다는 사실은 흥미롭다. 왜냐하면 그가 자각을 통해 다시 태어나는 그런 이야기 흐름을 만들어냈고, 극단적인 '자기발견' 식의 이야기를 통해 어떤 면에서는 계보학의 접근법에 아주 큰 영향을 미쳤기 때문이다. 마찬가지로 감정적인 그 순간을 통해 헤일리는 좀 더 넓은 범위의 정치적인 강조점을 만들어낼 수 있었다. "역사 속에 존재해왔던 내 동포에 대한 끔찍한 잔인함에 눈물을 흘리고만 싶다. 이것은 인류의 가장 큰 흠이 아닌가."[49]

공유하는, 협동적인 계보학의 연구와 모델 중에서도 예수 그리스도 후기 성도 교회(이하 모르몬교)가 수집해놓은 자료는 아주 중요하다. 모르몬교도들은 가족사에 교리적인 관심을 둔다. 그들은 죽은 사람이 구원받을 수 있고, 교회에서 세례를 받으면 가족이 영원히 하나가 될 수 있다고 믿기 때문이다. 모르몬교는 1,250만 명의 신도가 있으며, 그 결과 그들의 계보학적인 자료는 어마어마하다. 모르몬교에서 가족사는 공동체community 내 투자의 한 부분이며, 한 사람의 조상에 대한 교화와 구원이다. 한 가족의 회고를 통한 교화의 개념은 공동체를 정의 내리는 데 혈통의 중요성을 강조한다. 그것은 또한 계보학의 선언적 내러티브 개념을 보여준다. 모호한 역사 속에 잊혀버린 가족이 구원받아 온전한 하나의 가족이 됐다고 말하는 것이다. 이런 관습은 가족사를 좀 더 단순한 일련성의 모델로 돌려놓았다. 모르몬교도들은 일반화된 연구에 관심이 있다기보다는 그들의 가족에 관심이 있다. 그들의 웹사이트 패밀리서치familysearch.org는 가장 중요한 계보학 연구 자료 중 하나이며, 그들의 무료 소프트웨어 생산품(예를 들어 파일 포맷 GEDCOM 혹은 GEnealogical Data Communication)은 대부분의 웹사이트에서 사용된다. 종교에 근거한 정보와 기술의 사용은 명백하게 계보학적 리서치를 구원의 내러티브 속에서 틀에 맞춰 표현한다. 여기서는 그 구원이 가족에 대한 지식을 통해 얻어지는 것이다.

『뿌리』에서 볼 수 있는 계보학의 모델과 모르몬교의 접근 방식은 대부분 현대의 계보학적 저술들과 대략적이나마 일치한다. 그것들은 커뮤니티 정체성에 접근한다기보다는 개인적이고 개별적인 이유로 연구의 가치를 강조한다는 공통점이 있다. 계보학과 정체성에 대해 잘 보여주는 사례는 흑인 정치인 버락 오바마Barack Obama다. 그가 대권을 위해 대선 캠페인을 벌이는 동안, 한 계보학 웹사이트는 그가 노예 소유주의 후손이라고 폭로했다(흑인 지도자 알 샤프턴Al Sharpton 경 역시 인종주의 정치인 스트롬 서먼드Strom Thurmond의 선대가 자신의 조상을 노예로 소유했었다고 폭로하기도 했다).[50] 이처럼 계보학이 정치적 담론, 혹은 미국 대통령을 둘러싼 미디어 광풍 같은 높은 수준에까지 끼어들게 된 것을 보면, 오늘날 정체성을 설명하기 위해 가계도나 선대에 대해 얼마나 집착하는지를 읽을 수 있다. 이런 일을 기폭제로 공적인 영역에서 유명인들의 계보가 도마 위에 오르기 시작했다. 그러나 오바마는 다른 경로를 통해 자신이 남부 연합군 지도자 제퍼슨 데이비스Jefferson Davis와 북군 장군 크리스토퍼 콜럼버스 클라크Christopher Columbus Clark와 연관되어 있음을 주장하면서 이런 논란을 현명하게 피해나갈 수 있었다. 그런 관계를 언급함으로써 그는 간단히 '미국을 대표하는 사람'이 될 수 있었다.[51] 이런 점은 가족사를 일거에 중립화하려는 시도다. 한 사람의 과거가 국가의 단순한 환유인 것이다. 오바마의 사례는 『뿌리』의 모델을 뒤집는다. 가족사가 정치적·문화적 정체성에 이르는 하나의 특정한 경로를 따르면서 설명되는 것이 아니라 여러 가지 배경을 밝혀내는 것을 통해 설명됐으며, 어떠한 공동체 관계도 중화시켜버렸기 때문이다. 헤일리의 모델은 최종적인 정체성, 새로운 사실을 알게 해주는 정체성 확인을 통해 그에게 안정감을 주었으며, 오바마의 경우에는 비록 명확하게 정치적으로 제시된 것이기는 하지만, 격렬한 정치적 관심보다는 미국의 인종의 용광로Melting Pot 모델을 고수하려는 경향을 보여준다.

과학: 유전적인 계보학과 TV 프로그램의 유전자 조사

계보학이 오늘날 겉으로 드러나는 특징을 설명해줄 수 있다거나 그것에 대한 개인적 발견을 하도록 해줄 수 있다고 믿게 된 것은, 오늘날 유전학에 대한 대중적인 이해가 확산되고 과거와 현재가 관계를 맺고 있다는 믿음이 생겨났기 때문이다.[52] 대중적 계보학은 과거에 대한 문화적 개념이라는 점에서 유전학과 밀접한 관계를 맺고 있는데, 이것은 여러 가지 흥미로운 패러다임을 제공한다.[53] 개념적으로 계보학과 공통의 조상이라는 용어는 유전학을 이해해야만 그 뜻을 정확히 알 수 있다. 유형화, 성격/특징, 조상, 그리고 가족 지문 같은 말은 대중적 계보학의 기저에 깔려 있는 개념이다. 유전학과 계보학은 서로 영향을 주고받는다. 예를 들어 다양성 프로젝트Diversity Project[6]가 가능했던 것은 유럽에서 당시 인간의 과거에 대한 폭발적인 관심이 일어나고 있었으며, 이런 사실을 통해 유전자은행을 위한 사회적 기반이 마련됐음을 의미한다고 인식했기 때문이었다. 이에 따라 그 프로젝트가 지닌 윤리적인 문제는 좀 더 긍정적인 시각으로 검토됐던 것이다.[54]

흔히 계보 연구는 문헌 자료를 통해 이뤄지는 것이었지만, 현실성이라는 측면에서 DNA 테스트가 계보 연구를 뒷받침하는 용도로 점점 더 활용됐다. 이것은 자료 문헌이 하나도 없는 경우라도 거기에 물리적인 정보를 줄 수 있다는 이점이 있다. 가족유전학Family Genetics이라는 조직은 자신들

---

6) 1991년부터 스탠퍼드 대학의 모리슨 연구소와 일군의 과학자들이 시작한 인간 게놈 다양성 프로젝트(HGDP)를 말한다. 수천 종의 인간 유전자 샘플을 모아, 유전자적 유사성과 차이점을 밝히는 유전자 지도를 만드는 것을 목표로 작업했다. 인류의 민족적 기원이나 질병 연구를 위한다는 연구 목적에도 불구하고 과학적인 인종주의나 유전자 특허 분쟁 등의 문제를 낳을 가능성이 있어 인종이나 인권 관련 단체가 거세게 반발했다.

이 세계에서 가장 큰 유전학적 계보학 데이터베이스를 보유하고 있으며, 이를 이용해 비문헌적인 자료보관소를 만들었음을 밝혔다. 얼굴 없는 과학이 개인의 이야기의 한 부분을 맡게 된 것이다.[55] 유전학적 계보학은 대중이 상상을 통해 만들어온 자아의 개념에 과학적으로 정의할 수 있는 자아라는 의미를 더해주었다. 개인화된 유전적 역사Personalised genetic histories(이하 PGH)는 연구자들로 하여금 인구통계학에 대한 이해를 넓히고 의학적으로 대를 이어 유전된 질병을 더 잘 이해할 수 있게 해주었으며, 또 유전인류학genetic anthropology과 범죄과학forensics이라는 새로운 분야에도 기여했다.[56] 또 유전학적 계보학의 등장 덕분에 상업적인 회사들이 PGH를 개인에게 제공해 자신들의 가족사를 추적할 수 있는 서비스를 제공할 수도 있게 됐다.[57] 이 같은 과학적 담론의 레저화는 '개인적 관심의 계놈학'이라고 명명됐다.[58] 유전적 데이터는 가계 혈통을 유추해내는 데 아주 유용하다. 남성의 Y염색체는, 특히 이 세포의 다형성 혹은 돌연변이 덕분에 많은 정보를 말해주며, 여성의 경우 미토콘드리아 DNA가 정보의 핵심 요소다. 이런 유형의 검사는 사용자의 부성 및 모성의 계보를 검사하거나 생물지리학적인 혈통을 판별하는 정보적인 표지를 밝혀내는 데 사용될 수 있다.[59] 첫 번째 유형은 단선 모델의 조사이며, 두 번째 유형은 선조 집단의 백분율 멤버십을 측정하는 것이다. 예를 들어 유전계보학Genetic Genealogy이라는 회사는 이용자들에게 자신의 '심오한' 혈통의 기원을 찾아가는 여행을 하게 해준다. 가계유전학Family Genetics에는 두 가지 선택권이 있는데, 심층 역사 검사 또는 관계 검사가 그것이다. 옥스퍼드 엔세스터스Oxford Ancestors는 옥스퍼드 대학에서 차린 지식 이전 회사로서 이들은 "우리는 모두 인간이며 우리는 그것을 증명할 수 있다"라고 주장하면서, 그 과정에 대한 과학적인 엄격함과 정확성을 지닌 모델을 내세운다.[60] 이런 회사들은 각각 주요 계보학 입문 사이트와 관련을 맺고 있으며, 정통적인 가족사 연구와 다양한 과학 기술을 결합시킨 패키지를 만들어내고 있다.

이러한 검사에는 과학적인 논쟁거리에서부터 인종적인 프로파일링에 대한 문제의식까지 여러 가지 쟁점이 있다.[61] 그것들은 읽어내기 쉽지 않은 자료들이며 주로 통계로 이뤄져 있다. 마찬가지로 그 기술은 샘플링과 유사성 그리고 광범위한 비교에 근거를 두고 있다. 그것이 사용자에게 주는 것은 일련의 가능성, 퍼센트로 나타난 숫자다. 그런 것들은 구체적인 것을 향하고는 있지만 여전히 다른 길로도 해석될 수 있는 것이다. PGH 는 문외한인 일반인이 쉽게 이해하기 어려운 것이기 때문에 그런 검사를 제공하는 회사들은 이를 설명해주어야 한다. 이런 어려움과 해석의 문제에도 불구하고, DNA 검사의 결과를 통해 개인이 자기이해와 자기정의를 얻을 수 있다고 여겨진다.[62] 과학적인 증거가 개인에 대한 정보를 밝혀낼 수 있으며, 다른 조사보다 DNA 검사가 훨씬 더 권위가 있다는 것이다. 이 것이 '평범한' 계보학적 조사에 끼친 영향은 이중적이었다. 한편으로 그것은 계보학적 조사가 과학적인 접근보다는 훨씬 더 불분명한 것임을 의미했다. 다른 한편으로 그것은 우리에게 한 가족의 과거에 대한 계보학적 정보 혹은 지식의 가능성에 대해 이용자들이 크게 신뢰한다는 점을 보여준다. 그런 것들이 오늘날 자신에 대해 정보를 줄 수 있다고 믿는 것이다. 모계 유전계보학은 그것이 현재의 세상을 낳은 이른바 '최후의 어머니final authorship'[7)]를 밝혀준다는 흥미로운 부수 효과가 있다. 미토콘드리아 DNA 는 시간에 걸쳐 느리게 변화한다. 따라서 그러한 검사를 통해 모든 사람이 기본적으로 36개의 선조 모계 중 하나와 연관되어 있다는 사실을 보여주는 것이다. "미토콘트리아 DNA는 무너지지 않는 모계 라인을 거슬러 올라가 글자로 남겨진 기록이 있는 이전 세대의 윗세대까지 추적한다."[63]

---

7)　**최후의 어머니**: 인간의 모계의 근원이나 시작점을 뜻한다.

이처럼 인류 문명 이전, 그리고 잃어버린 과거로 돌아가는 놀라운 능력을 가질 수 있다는 개념들은 상당한 호소력을 발휘한다. 36개의 모계 선조를 추적하다 보면 15만 년 전의 '미토콘드리아 이브'에까지 다다를 수도 있다. 이처럼 모든 인류가 존재를 빚지고 있는 '최후의 어머니'라는 개념은 모든 것을 깔끔하게 수만 년 전으로 한데 묶어버림으로써 과거의 여러 선조에서 현재의 개인 한 명이 나왔다는 평범한 계보학의 궤적을 뒤집는다.

대중적인 역사에서 DNA 검사의 도입은 증거와의 관계를 제시해준다. DNA가 겉으로 드러난 현상을 결정짓는 요인이라는 것은 법의학에서 가장 익숙한 개념이며, 특별히 〈CSI 과학수사대CSI Crime Scene Investigation〉 시리즈 같은 인기 텔레비전 시리즈 덕분에 익숙해졌다. 이 드라마 시리즈는 범죄학자와 과학자가 한 팀이 되어 기괴한 살인 사건을 조사한다는 내용 위주다. 현대의 소설과 영화 속에서도 이미 등장한 바 있지만, 이 같은 과학적 탐정으로서의 법의학이라는 모델은 사건을 재구성하는 것이 가능하고 그것을 통해 최종적으로 진실을 찾아낼 수 있다는 것을 보여준다. 거기에는 또한 병리학의 중요성이라는 의미도 있다. DNA 정보의 비유동성 때문에 과거를 벗어날 수 없는 어떤 것으로 제시하기 때문이다. DNA 검사는 여러 가지 공적 재판 사례에도 불구하고 오류가 없는 것으로 여겨진다. 또 대중적으로는 일련의 유명 대중문화 인사들의 친자 확인 소송에 활용되면서 법적인 권위를 얻기도 했다.

〈당신이 어떤 사람인지 알고 있습니까?〉라는 쇼에서도 DNA 검사가 활용된 바 있지만, 이 테스트가 대중에게 강력한 인상을 심어준 것은 두 편의 시리즈 〈밝혀진 비밀: DNA 이야기Secrets Revealed - DNA Stories〉(ITV, 2007년)와 BBC의 〈유전자 탐정Gene Detectives〉(2007년) 덕분이었다. 〈유전자 탐정〉에서 멜러니 사이크스Melanie Sykes와 계보학자 앤터니 아돌프 Antony Adolph는 한 명의 유전적 배경을 조사했다. 〈밝혀진 비밀〉에서는 로레인 켈리Lorraine Kelly가 보통 사람을 대상으로 DNA 검사를 해 자신의 가족사와 부계 그리고 친척 관계에 이르기까지 가계가 형성되는 중요한 지점들을 발견하게 해주었다. '유전자 탐정'이라는 제목은 이 시리즈의 핵심, 즉 과거를 발견하고자 하는 욕망을 잘 드러내고 있다. 여기서 DNA 검사는 정체성을 밝혀주는 마지막 심판관이 된다. 이 프로그램은 자기발견과 새로운 정체성을 발견하는 길을 따라간다. 전문 상담원은 한쪽에서 주인공이 새로운 현실에 적응하는 것을 돕는다. 〈밝혀진 비밀〉은 참가자의 삶을 완전히 바꾸기 위해 정보를 공개하는 식으로 폭로적 성격이 많았다. 진행자 로레인 켈리는 이에 대해 "프로그램을 통해 우리가 발견하게 된 결과는 잠재적으로 참여한 사람들의 인생을 완전히 바꿀 수 있는 것이며, 그런 점 때문에 이 시리즈는 아주 특별한 것이라 할 수 있다"[64]라고 주장한다. 계보학은 이렇게 되면 폭로 리얼리티 장르가 되는 것이며, 텔레비전과 과학이 개입해 보통 사람을 유별난 사람으로 만드는 셈이 된다. 두 시리즈는 기존 형식에 크게 의존한다. 예를 들어 〈밝혀진 비밀〉에서 개인은 그들의 결과를 받아들이는 장면이 반복된다.

이런 쇼들이 대낮의 텔레비전에서 방영되고 '보통' 사람들을 대상으로 한다는 사실은 그것들이 모두 좀 더 형식적이고 권위 있는 〈당신이 어떤 사람인지 알고 있습니까?〉 같은 프로그램과 장르만 다를 뿐 맥락이 같다는 것을 보여준다. 대낮의 쇼에서 진행자들은 프로그램에 더욱 중요한 역할을 한다. 특히 켈리는 굿모닝 텔레비전(GMTV)을 대표하는 얼굴로서, 〈밝혀진 비밀〉은 〈제리 스프링거Jerry Springer〉나 〈트리샤Trisha〉 같은 고백적 라이프스타일 쇼와 거의 흡사하다.

미국의 쇼에 비하면 영국의 쇼에서는 상대적으로 DNA 활용이 저급한 수준에서 이루어지는 점에서 다르다고 할 수 있다. 〈흑인의 삶African American Life〉(PBS, 2007년)에서는 저명한 학자 헨리 루이스 게이츠 주니어Henry Louis

Gates Jr.가 정통 계보학과 DNA 검사를 결합해, 성공한 미국 흑인 여덟 명의 배경을 조사했다. 〈당신이 어떤 사람인지 알고 있습니까?〉나 〈당신은 당신이 어떻게 태어났는지 모른다〉와는 대조적으로 이 프로그램에서 조사한 대상은 유명 문화인뿐만 아니라 다양한 사람들이었다. 여기에는 유명한 오프라 윈프리Oprah Winfrey, 크리스 터커Chris Tucker, 퀸시 존스Quincy Jones와 우피 골드버그Whoopi Goldberg 같은 인물이 포함됐고, 이 외에도 우주 항공사 메이 제미슨Mae Jamison, 외과의사 벤 카슨Ben Carson, 주교 T.D. 제이크스Jakes와 교육학자 세라 로런스라이트풋Sara Lawrence-Lightfoot 등이 있었다. 여기 출연한 유명인들은 대단한 성취를 이룬 인물이었고, 이처럼 여러 분야의 능력자를 한자리에 모은 것은 흑인 커뮤니티의 우수성에 경의를 표시하는 방법이었다. 이 쇼는 거물급 인물 게이츠Gates를 진행자로 기용함으로써 스스로의 권위를 증명했다. 자기 게시의 내러티브는 이런 종류의 계보학적 조사에서 훨씬 더 확연하게 드러났다. 이처럼 가족사를 통해 스스로를 정의할 수 있다는 점은 자신의 변화 과정을 직설적으로 드러내는 것보다 훨씬 더 큰 효과가 있었다. 영화배우 우피 골드버그는 그런 점을 잘 지적했다. "우리는 우리의 의지와 다르게 여기까지 온 사람들일 뿐이다. 따라서 모든 이야기는 사라졌고 모든 삶도 사라졌고 모든 역사도 사라져버렸다."[65] 〈흑인의 삶〉 시리즈는 과학과 역사적 조사를 사용해 과거로 거슬러 올라가며 역사를 썼는데, 주변화된 과거의 삶을 살았던 사람들에게 오늘날 삶 속에 드러나는 그들의 목소리에 존재감과 울림을 주었다.

DNA 계보학은 주류 계보학의 가계도를 뒤집었다. 현대의 개인은 어떤 구조의 꼭대기에 존재하는 것이라기보다는 큰 덩어리의 일부분이며, 하나의 모델 속에서 어떤 것을 연결해주는 접점이며, 자신을 낳은 근본 지점을 향해 시간을 거슬러 추적해나가는 존재인 것이다. 과학적 정보의 권위는 그런 방식의 정체성을 찾는 일에 특권을 부여하며, 대중적인 친족

패러다임이 이동하고 있음을 보여준다.[66] DNA 조사를 활용하는 계보학
자들은 자신들의 독특한 개성을 강조하기보다는 급속히 일반적인 가치로
향해 가고 있음을 발견하게 될 것이다. 계보학적 호기심이 이처럼 새로운
방향에 관심을 두게 됐다는 것은 전통적인 문자 정보 중심의 형식과 충돌
하게 됐다는 것을 드러내며, 가족론-인식론이 서로 대체되고 있다는 것을
암시하는 것이다.

6장 디지털 히스토리

자료보관소, 정보 설계, 백과사전 , 커뮤니티 웹사이트, 검색 엔진

새로운 자료원, 새로운 도구, 새로운 자료보관소

≪타임≫지는 2006년 올해의 인물로 '당신you'을 선정했다. 이것은 미디어의 도구와 문화적 생산을 소비자가 점령해가고 있는 현실을 제대로 짚은 것이다. 2006년은 '전례가 없던 규모로 생겨난 커뮤니티와 사용자 간의 협동 작업'이라는 주제의 이야기가 만들어진 한 해였다. 이런 이야기 속에는 또한 '소수의 사람들만이 누리던 힘을 일반 사용자들이 가져와 대가를 바라지 않고 자발적으로 서로를 도와가며 세상을 어떻게 변화시켰는지, 또 세상을 변화시키는 방식을 어떻게 바꿨는지' 등의 내용이 담겨 있다.[1] 인터넷의 소통과 공감의 틀을 개선한 '웹2.0'을 포함한 혁신적인 기법은 폭넓은 상호 작용의 가능성을 활짝 열어젖혔다. 인터넷 대기업들은 이런 움직임을 포착하고, 자사의 프로그램과 콘텐츠 파워를 일반 사용자에게 넘겨주는 방향으로 나아갔다. 검색 엔진 구글, 소셜 네트워크 서비스 마이스페이스MySpace와 페이스북, DIY 방송 서비스 유튜브 등이 대표적인 예다.[2] 이러한 서비스 프로그램에서 새로운 세대의 가능성을 발견할

수 있는 부분은 소프트웨어의 하이브리드화였다. 특히 오픈 소스 코드를 자유롭게 짜깁기한다든지 혹은 좋은 의미의 해킹이나 매시업mash up[1] 같은 것들이 그런 경향을 대변한다.[3] 이처럼 똑똑한 개인 정보 소비자들이 생산 수단을 장악하는 혁신적인 움직임은 사실 인터넷과 정보 산업이 그 탄생 초기부터 이상적인 형태로 여겨왔던 방식이라 할 수 있다.[4] 하지만 2006년은 중요한 분기점이 된 듯하다. 현재 수백만 명의 사용자가 이런 변화에 직접 참여하고 있다는 점에서 그럴 뿐만 아니라 '구글Google'이라는 단어가 옥스퍼드 영어사전에 '검색하다'라는 의미의 동사로 등록될 정도로 문화적인 여파를 낳았다는 점, 또한 커뮤니티의 중요성이라는 측면에서 보아도 그렇다.

이것은 역사에 어떤 변화를 만들어낼까? 루드밀라 조르다노바는 인터넷의 혁명적인 영향력에 대해 이렇게 설명한다. "그것은 이미 가르치고 배우는 방법을 바꾸었고, 원전 자료와 정보에 접근하는 방식을 바꾸었다." 그녀는 또 "2005년에는 인터넷이 역사 학문의 본질을 얼마나 획기적으로 어떻게 바꿀 것인지 명확하게 드러나지 않았다.[5] 전문 역사가들은 대부분 정보의 저장소로서나 연구의 도구로서 웹의 효력에 대해 회의적이었다"라고 말하고 있다.[6] 이번 장에서는 오늘날 사람들이 역사를 접하는 방식이 근본적으로 상호 작용적이라는 것과 웹2.0으로 알려진 것들이 지식의 위계질서와 전반적 구조에 도전하는 식으로 작용한다는 점을 살펴볼 것이다. 따라서 온라인에서 역사 정보가 제시되고 정보를 만드는 데

---

1) **매시업**: 웹 서비스나 공개 API를 제공하는 업체들에서 데이터를 받아 전혀 다른 새로운 서비스나 융합 애플리케이션을 만들어내는 것을 의미한다. 매시업은 원래 1960년대부터 음악계에서 쓰던 용어로, 다른 가수의 히트 곡 여러 개에서 일정 구절을 따와 이를 섞어 새로운 노래를 만든다는 뜻이다. 최근에는 음악뿐 아니라 기존 동영상, 사진, 컴퓨터 프로그램, 애플리케이션 등 어떤 형태의 창조물을 섞어 완전히 새로운 창조물을 만들어낸다는 뜻으로 널리 쓰인다.

참여하고 검색되고 보호되는 방법을 살펴보는 것이 중요하다. 이런 변화는 자료 담당 전문가들이라면 이전부터 감지해온 것이겠지만, 역사가들은 이런 변화를 깨닫는 데 시간이 걸렸다. 오늘날의 국제적인 지식경제산업에서 역사는 중요한 자리를 차지하고 있다. 그래서 과거와 연관된 정보는 서로 거래할 수 있는 화폐가 됐다. 따라서 정보의 소비에 대한 논의가 필요한 시점이며, 이에 대한 해석 역시 새로운 모델로 이동하는 시점이라 하겠다.[7] 새로운 세계 경제는 복잡하고 서로 겹치며 분열적인 질서를 지닌 것으로 여겨진다. 기존의 중심-주변부 모델의 시각으로는 이해될 수 없는 질서가 등장한 것이다. 정보혁명은 근본적으로 과거에 대한 이해의 패러다임, 과거에의 참여, 과거의 소유에 대한 패러다임을 바꾸어놓았다.[8]

아르준 아파두라이Arjun Appadurai는 세계화의 결과 나타난 정보의 비영토화에 대해 다음과 같이 언급했다.

집단의 과거가 국가 내부에서든 세계적으로든 점점 더 박물관, 전시장, 수장품의 부분이 되어가면서 문화는 점점 더 피에르 부르디외Pierre Bourdieu가 아비투스Habitus(재생산되는 관습과 성질의 영역)라 부를 만한 것들이 약화되는 방향으로 나아가고 있으며, 점점 더 의식적인 선택, 정당화, 재현의 영역이 되어간다. 재현은 복수의 청중, 공간적으로 흩어져 있는 청중을 향해 행해진다.[9]

사용자들은 그들이 내려받는 정보에 대해 개념적으로나 육체적으로나 연결될 필요가 없다. 그 정보는 새로운 특정한 방식으로 사용되고 복구되고 배치된다. 이런 모델에서는 '역사' 혹은 과거와 연관된 정보, 즉 문헌, 문화 유품, 이미지, 데이터베이스는 사이버 공간에서 또 다른 종류의 그룹이 된다. 이것은 인터넷에만 접근한다면 누구나 접근 가능하고 사용 가능한 것들이다. 이 같은 권위의 혼란 모델, 혹은 의미의 위계 구조 해체가 세계화 시대의 문화 파편화의 핵심인 것이다.

　학자들은 인터넷이 대중에게 완전히 개방되는 디지털 자료보관소를 만들어냄으로써 문화가 생산되고 기록되는 형태를 바꿨을 뿐만 아니라, 문화가 제도화되고 실행되는 조건 역시 바뀌었다고 주장한다.[10] 인터넷은 정보의 수집 보관과 검색에 기반을 둔 서비스이기 때문에 파일을 공개·공유하는 문화가 기본이라 할 수 있다(물론 점점 더 일반인들의 접근을 통제하려는 시도가 늘어나고는 있지만). 따라서 하나의 현상으로서 새로운 웹 미디어는 정보를 만들어내고 사용하는 데 사용자의 참여가 필수적인 것이며, 그런 정보를 공유하는 것 역시 반드시 필요하다. 마이크 페더스톤Mike Featherstone은 월드 와이드 웹의 창시자인 팀 버너스 리Tim Berners Lee가 웹에 대해 밝혔던 입장을 대중에게 상기시킨다. 버너스 리는 웹을 "단지 전 세계적인 자료보관소에서 정보를 검색하는 메커니즘"으로만 보지 않았다. 그보다는 웹이 전통적인 자료보관소에서 나타나는 정보 접근의 계층적인 관계를 극복하고, 대중과 지식 정보와의 창조적인 새 관계의 가능성을 제시했다고 본 것이다.[11] 탄생 이후 계속해서 진화 일로에 있는 인터넷의 현재 상태를 보면, 그것은 기존의 표준적인 지식 정보 검색 모델에 도전해 대중이 과거를 접하고 이해하는 방식을 진정 변화시키고 있다. 여기서 '진화한다'라는 말은 인터넷을 목적론적으로 개념화한 것이다. 이것은 많은 과학기술 이론가들이 사용하는 생태학적이라는 표현과 궤를 같이하는 문제적인 표현으로, 여기서의 '진보'라는 것이 무엇인가 하는 것은 답하기 어렵다고 할 수 있다. 물론 '진보'의 의미는 여기서는 더 나은 것을 향한 것이라기보다는 새로운 방식의 참여를 상징하는 하이브리드를 낳는 분화와 개입이라는 의미에 가깝다고 하겠다.[12] 레이먼드 윌리엄스Raymond Williams는 문화에 대해 목적론적으로 생각하는 것의 문제점을 다음과 같이 바라보았다.

우리가 그 과정(진보)을 인류가 완벽해지는 것, 즉 이상적인 상태를 향해 우리가 나아가는 과정이 아니라 인류의 진화, 즉 인류의 전반적인 성장 과정을 의미하는 것으로 부른다면, 우리는 사실이 무엇인지 깨닫게 되어 다른 정의를 내릴 필요가 없게 될 것이다.[13]

윌리엄 더턴William Dutton은 좀 더 간결한 말로 이를 설명한다. "기술의 변화는 정보의 전파에서 게이트키퍼의 역할을 변화시킨다."[14] 이처럼 기존 권력이 약화되고 관계가 변화하는 일은 실질적으로 일어나고 있다. 지식의 게이트키퍼들은 점점 더 그들의 행동 양식을 수정해야 하는 상황이 됐으며, 그들의 권위는 점점 무시되고 있다.[15] 이것의 생생한 예로 역사 교사 라스 브라운워스Lars Brownworth가 제공한 비잔틴 통치자에 대한 팟캐스트를 들 수 있다. 그의 서비스는 전 세계에서 14만 명의 청취자를 기록했다.[16] 직접적인 커뮤니케이션이 전 세계적인 대중에게 이 정도의 반응을 얻었다는 것은 놀라운 일로, 이것은 직업적인 행동 양식의 변화라기보다는 수용자 측의 변화라고 할 수 있다. 그런데 이것은 진정한 참여의 근본적인 변화일까 아니면 단순히 같은 정보를 제시하는 새로운 방법일까?

인터넷 자료보관소는 사용자에게 더 많은 권리를 줄 수 있고, 그것에는 개인 위주인 지식 계층 구조와는 다른 사회 역사 모델을 적용할 수 있다. 2007년 앤드루 마의 다큐멘터리 〈히스토리 오브 모던 브리튼History of Modern Britain〉은 홈페이지 '당신의 영국 역사'를 함께 열었는데, 여기서는 시청자들에게 방송이 다루는 시대인 1950~2000년의 사진, 비디오, 오디오 등을 올릴 수 있도록 했다.[17] 여기서는 유튜브, 위키피디아를 링크해두었고 인터넷 투표를 실시했다. 인터넷의 여러 가지를 혼합hybrid한 이 사이트는 진행자의 권위를 세워주면서도 시청자에게 많은 권한을 주었다. 그들의 기억은 중요한 증거 자료였다. BBC는 특히 온라인을 잘 활용해 사용자들이 역사 정보를 직접 수집할 수 있도록 했다. 예를 들어 '제2차 세계대전 피플스 워WW2 People's War' 프로젝트는 2003년부터 2006년 사이에 약 4만 7,000개의 이야기와 1만 5,000개의 이미지를 수집할 수 있었다. 이는 일반인 참가자들의 이야기를 듣고자 하는 수요가 존재하며 그들의 경험을 축적해나가는 데 인터넷 기술을 활용하려는 수요가 있기에 가능한 일이었다.[18] 이러한 증언 중심의 프로젝트는 주로 26부작인 〈피플스 센트리 People's Century〉(BBC WGBH, 1995년)를 따른 것으로, 증인들의 이야기를 현대의 화면과 묶어 편집한 것이었다. 이 시리즈는 지방사와 사회사의 역사학을 발전시켰고, 특히 사회사학자 하워드 진Howard Zinn의 밀리언셀러 (1980년)『어 피플스 히스토리 오브 더 유나이티드 스테이츠a People's History of the United States』와, 연관 도서 『보이시스 오브 어 피플스 히스토리 오브 더 유나이티드 스테이츠Voices of a People's History of the United States』(2004년)가 이런 패러다임을 만들기 시작했다.[19] 32시간짜리 캐나다 시리즈 〈캐나다: 어 피플스 히스토리Canada: A People's History〉(2000~2001년) 같은 다큐멘터리들이 드라마화를 통해 주변부화된 사람들의 목소리를 간접적이고 은유적으로 담아낸 것과는 달리 〈피플스 센트리〉는 사건을 겪으며 살아온 사람들과의 직접 인터뷰로 구성되어 있다.[20]

전자 정보의 보관이나 사용 환경 그리고 보존은 역사 연구 활동에 영향을 주었다. 전자 정보와 관련된 문제를 보자면 '태생적인 디지털' 정보, 즉 아날로그 형태나 다른 형태로 존재하지 않았던 정보들의 문제는 훨씬 더 복잡하다. 여기에는 광범위한 형태의 자료들이 포함된다. 이메일, 온라인 문헌, 전자 정보, CCTV 이미지, 사무용 세트 문서, 웹사이트, 오디오 파일, 블로그, 데이터베이스 등등. 태생적 디지털 역사 자료는 사람들의 자료 사용 방법이나 사람들이 접근하고 만들어가는 지식의 유형에 영향을 미쳤다. 거기에는 새롭게 떠오르는 역동적인 글쓰기와 과학 기술에 대한 이해 같은 것이 있었다. 정보의 조각이라는 낡은 의미는 새롭고 복잡한 어떤 것으로 발전하고 변형된다. 자료보관소나 연구자를 위한 태생적 디지털 자료의 영향은 심오하다. 자료보관소의 구조는 디지털 정보를 아날로그와는 다르게 재배치한다. 그리고 이런 제도의 원칙을 조직화하는 데 다양한 변화가 일어나며, 그처럼 문헌이 정리되는 방식, 보존되고 접근되는 방식이 바뀌면서 연구와 학문의 방법도 반드시 바뀌게 될 것이다. 새로운 과학 기술의 영향이 교육 시스템, 연구, 지식 보존과 정보 보관에 끼치는 영향은 심오하다. 그런 변화는 빠른 속도로 생겨나기 때문에 그것을 개념화하는 것 역시 어렵다. 거대한 양의 정보가 사용되고 있고 엄청난 속도로 생성되고 있다. 2000년에 국립 자료보관소에서 내려받은 문서의 숫자는 0이었다. 지금 그 숫자는 해마다 대략 6,600만 건을 헤아린다. 그보다 수백만 정도 더 많은 숫자의 정보가 온라인에서 검색되고 사용된다.

가상 자료보관소virtual archive에 대한 연구는 아주 초기 단계에 있다고 할 수 있다. 로이 로렌즈위그Roy Rosenzwig, 마이크 페더스톤과 타라 브라바존 Tara Brabazon 같은 학자들이 처음으로 태생적 디지털 정보를 분석하기 시작했지만, 여전히 역사학적인 연구는 거의 없다. 수집된 자료의 디지털화와 태생적 디지털 자료들은 운영과 전송, 상호 작용, 저작권 등에 대해 우리가 생각했던 것을 바꿔놓는다. 여기에는 다양한 문제, 즉 호환성, 이동, 안정성, 라이프 사이클, 정보 처리 상호 운용 가능성, 진실성과 신뢰성, 퇴행 같은 여러 논쟁거리가 있다. 디지털 기록은 얼마나 지속 가능하며, 그것의 진실성은 어떻게 확인할 수 있는가? 전자 기록에 대한 새로운 평가 방법이 개발 중이다. 디지털 연속성에 대한 전략이 고안되고 있고, 새로운 소개 시스템도 막 창안 중이다. 매끈한 흐름Seamless Flow 모델[2]은 현존

---

2)   **매끈한 흐름 모델**: 영국 국립 자료보관소가 몇 년에 걸쳐 문서 기반의 자료를 전자정보화

하는 자료를 한데 연결하고, 정보 아키텍처와 자료 저장의 수동적 과정을 자동화한다. 핵심적 프로젝트는 영국 국립 자료보관소의 '온라인 전자 정보Electronic Records Online' 혹은 ' 디지털 연속성The Digital Continuity' 프로젝트이며, '국회도서관'의 9·11 디지털 자료보관소다.[21] 새 자료보관소에 수집되는 생생한 자료가 나날이 늘어나고 있다는 것을 파악할 수 있다. 휴대전화 사진, 애니메이션, 이메일, FDNYThe Official Fire Department City of New York로부터의 일간 PDF 액션 플랜, 오디오 파일. 9·11 디지털 자료보관소는 또한 커뮤니케이션 테크놀로지가 새로운 즉흥성을 보여준다는 것을 방증한다. 예를 들어 뉴스 프로그램은 정규적으로 사건의 목격자들과 구경꾼들이 휴대전화 촬영 화면과 사건의 기록을 보내줄 것을 요청한다. 런던에서 발생한 2005년 7월 7일 폭탄 사태 때 처음으로 뉴스에 방영된 화면은 시청자가 휴대전화로 찍은 것이었다.[22] 이런 이미지는 물론 역사 기록의 일부분이다. 하지만 여러 가지 문제적 논쟁거리, 즉 저장의 유용성과 수집의 모델, 통합과 조직화 등에 관련된 문제가 얽혀 있다.

정보 네트워크 인터페이스: 검색 엔진, 위키피디아

다음으로 살펴볼 것은 인터넷과 데이터베이스 기술은 인문학 학자에게 새로운 유형의 탐구 방법을 제시한다는 점이다.

이전 시대에는 과거를 입증해줄 자료가 너무 부족하다는 문제로 역사가들이 고민해왔다면, 디지털 시대에는 반대로 풍요로움이라는 새 문제들과 역사가들

한 프로젝트의 이름을 일컫는다.

이 맞서고 있는 듯하다. 특히 디지털 형태의 역사 기록들이 훨씬 더 깊이 있고 밀도도 높아졌다는 것은 놀라운 기회이며 선물이라 할 수 있다. 하지만 압도적인 규모의 자료가 존재한다는 것은 다른 한편으로는 그 안에서 잘못된 것들을 걸러내는 데 우리가 훨씬 더 많은 시간을 쏟아야 한다는 의미이기도 하다. 이렇게 정보를 제대로 보기 위해서는 정교화된 통계학과 데이터 마이닝data mining[3] 도구를 필요로 할 것이다.[23]

여기서 말하고 있는 '풍요의 문화'는 자료 보관, 연구 조사, 그리고 정보 공유에 대해 여러 가지를 시사한다.[24] 디지털 정보는 바꾸기 쉽고, 의도적이든 아니든 변질되기 쉬운 것이며, 저장하는 데 돈이 많이 들고, 여러 가지 저작권 문제에 노출되기 쉬운 것들이다. 예를 들어 정보는 이제 국가의 경계를 뛰어넘게 됐기 때문에 전자 정보의 소유권이라거나 자료 보관 비용을 누가 지불하느냐 하는 것들이 중요해진 것이다. 인터넷은 학자들이 역사/과거 정보를 접하는 데만 중요한 의미가 있는 것이 아니라 현재/동시대의 삶을 이해하는 데도 큰 의미를 지닌다. "미래 역사가들이 쓰는 역사 내러티브는 실제로 오늘날 쓰이는 것과 크게 달라 보이지 않을지도 모르지만, 그들이 사용하는 방법론은 혁신적으로 달라질 필요가 있다."[25] 이미 정보 처리 상호 운용성interoperability(관계형 데이터베이스)[4]이라는 것이 등장한 이후 연구 방법은 명백하게 달라졌다. 그리고 새로운 세대의 소프

---

3) **데이터 마이닝**: 많은 데이터 중 감춰져 있는 유용한 상관관계를 발견하여, 미래에 실행 가능한 정보를 추출해내고 의사 결정에 이용하는 과정을 일컫는다. 예를 들어 한 백화점에서 판매 데이터베이스의 데이터를 분석해 금요일 오전에는 어떤 상품이 잘 팔리는지, 팔리는 상품 간에는 어떤 상관관계가 있는지 등을 발견하고 이를 마케팅에 반영하는 것을 말한다.
4) **정보 처리 상호 운영성**: 데이터를 단순한 표(table) 형태로 표현하는 데이터베이스로, 계층 구조보다 사용자와 프로그래머 간의 의사소통을 원활하게 할 수 있는 구조다.

트웨어, 예를 들어 '조테로Zotero'[5] 같은 것은 '무한대의 자료보관소'로부터 학자들의 데이터 마이닝 및 수집과 정보 관리를 돕기 위해 만들어진 것이다.[26] 근본적으로 인터넷은 역사가들이 일하는 방식을 바꿨다. 그들이 인터넷으로 단순히 문헌을 읽거나 저장 자료를 검색하는 것, 기록하는 것 혹은 글을 만들어내는 것 등 어떤 것을 해도 마찬가지다. 이런 소프트웨어를 접해봤던 비평가들은 학자들이 얼마나 새로운 수단을 반대하고, 웹 2.0에 대한 이상화를 경고하는지를 강조해 지적했다.[27] 과학 기술은 정보와의 관계를 변화시켰고, 새로운 계급 구조와 헤게모니 및 사회에 대해 상상하는 방식을 바꿨다.[28]

확실히 검색 엔진은 사람들이 정보를 '구하는' 방법에 영향을 미쳤고, 이에 따라 그들이 역사 지식을 이해하고 접하는 방식에도 영향을 주었다.[29] 존 바텔John Battelle은 만약 우리가 '목적의 데이터베이스'를 분석한다면, 다른 말로 사람들이 무엇을 검색하는지를 잘 살펴본다면 우리는 오늘날의 문화를 이해할 수 있을 것이라고 주장한다. 나아가 검색 엔진이 하나의 질문과 대답의 쌍으로 지식 정보를 축소해놓은 것은 불완전하나마 전자 인식론이라고 할 만한 것을 마련했다고 바텔은 해석한다.[30] 검색 유형을 분석하는 것은 학자들에게 인터넷이 만들어내는 참여와 이해의 구조에 대한 정보를 준다. 그런 분석을 통해 사용자들이 역사 연구에 활용하는 개념적인 접근 역시 알아볼 수 있는 것이다. 이것은 아마추어 사용자들의 수준에 국한된 것이 아니다. 정교화된 소프트웨어는 또한 전문가들을 대신해 자료보관소와 데이터베이스를 데이터 마이닝할 수 있다. 새로 만들어진 미가공 정보는 제대로 해석되어야 하고 거기에 정확한 질문이 던져져야 하지만, 연구의 속도는 자꾸 빨라지고 자꾸 새로운 유형의

---

5)   **조테로**: 문헌 정보 관리 프로그램이다.

정보가 생겨난다. "이처럼 유형을 찾아내고 관계를 규명하고 문헌을 분류하고 정보를 추출하는 데 컴퓨터를 이용한 방법은 앞으로 한 10년 동안 인문학과 다른 학문에서 새로운 연구 수단의 기초를 형성할 것이다.[31] 실제로 독립적인 소프트웨어를 사용해 데이터 마이닝하는 것은 학문에 사이보그적인 요소가 도입된다는 의미다. 글을 쓰기 위해 노트북 컴퓨터를 쓰는 것과 마찬가지다. 즉, 인간적인 요소를 부분적으로 배제하고 우리와 정보와의 관계를 변화시키는 것이다. 인터넷의 원천 자료들로부터 정보를 추출해내고 컴퓨터 기술을 활용해 그것을 보여주는 것은 근본적으로 컴퓨터와 사람 사이의 관계가 모든 학문적인 역사 탐구를 뒷받침하고 있다는 것을 뜻한다. 이것은 의미의 유예나 거리 두기를 암시하는 것으로, 관람객과 이미지 사이의 영화적 간격cinematic gap과 같은 것이다.[32] 마찬가지로 정교화된 검색 엔진을 사용하는 것은 학자들 자신과 미가공 자료 사이의 관계를 변화시킨다. 구글의 알고리즘은 거의 인공지능AI과 가깝고, 그래서 그것을 사용하는 것은 새롭게 기술적으로 정의된 인터페이스를 포함하는 것이다. 정교화된 피드 생성기feed generator와 '정보 트랩Information Trap'에 자동화된 개더링 시스템(구글 같은)을 활용하는 것은 정보의 혼돈 상태로부터 필요한 정보를 추출해준다. 이런 시스템들은 '스파이더링spidering'과 '스크래핑scraping'의 원칙을 기본으로 한다. 스파이더링이란 자동화된 정보의 색인화와 페이지상의 링크 그리고 이 링크를 따라 계속해서 다른 페이지로 가게 되는 것, 이에 따라 데이터가 엄청나게 많이 만들어지는 것(이것은 검색 엔진이 하는 것이다)이다. 스크래핑이란 덜 정교화된, 자동화된 텍스트 기반의 검색을 말한다. 이런 도구들은 학자가 정보의 카오스를 항해하게 한다. 로젠즈위그가 말한 '풍요로움'을 항해하는 것이다. 그러나 그것은 다듬어지지 않은 기술이고 이용 가능한 자원의 왜곡된 이미지만 제공한다. 그것들은 본질적으로 읽기와 말하기의 방법이며,

표준화된 역사 도구의 개선판이다. 동시에 그것들은 사용자들이 역사적 정보와 접하는 방식을 변화시킨다.

새 기술과 미디어는 보통의 아마추어 사용자들이 정보를 접하는 방식에 영향을 미쳤다. 예를 들어 게임 기술은 사용자들이 정보를 배우고 접근하는 방법을 크게 바꿀 가능성이 있다.[33] 구글 스칼라Google Scholar 같은 검색 엔진 모델은 사용자들로 하여금 광고 문구에서처럼 "거인의 어깨에 서게" 해준다. 이 같은 구체적인 방식으로 학계로 급속히 유입되는 인터넷의 모습을 보면 팀 버너스 리가 말한 인터넷의 개념, 즉 기존 지식의 위계질서를 무너뜨리는 것으로 인터넷을 바라본 그의 개념이 유효하다는 것을 알 수 있다. 인터넷의 디자인, 목적 그리고 방법론은 여전히 끊임없는 변화 상태에 있다. 루이스 로젠필드Louis Rosenfiled와 피터 모빌Peter Morville은 "정보 시스템과 그것이 존재하는 환경에는 다이내믹하고 유기적인 성격이 있다"[34]라고 주장했다. 그런 생태적인 모티브와 은유적인 언어는 웹의 토론에서 넘쳐나며 '정보 생태학' 같은 표현들이 흔하게 쓰인다. 그런 개념들은 웹의 잠재적 가능성과 유동성을 잘 보여주는 것이며, 또한 웹을 잘 설명해줄 특화된 담론이 부족하다는 사실 역시 드러내준다. 예를 들어 정보 아키텍처information architecture[6]는 정보를 조직화하고 제시하는 학문이며 성장 중인 분야다. 정보 디자인은 사용자 경험의 개념과 가깝게 연결된다. 인터넷 이론가들이 이런 용어로 웹을 생각한다는 사실을 놓고 볼 때, 그들은 근저에 깔린 역동성과 유연함을 암시하고 있다고 볼 수 있다. 정보 구조의 이론은 특별히 콘텐트 조직화와 접근 그리고 프리젠테이션

---

6)   **정보 아키텍처**: 수많은 데이터와 기능으로 구성되어 있는 웹사이트나 모바일을 어떻게 구조적으로 구성해야 사용자에게 쉬운 내비게이션과 검색을 지원할 수 있는지를 연구하는 학문이다. UI를 구성하는 콘텐츠, 기능 등의 수많은 요소를 사용자가 가장 쉽고 효율적으로 브라우징, 검색할 수 있도록 구성하는 것을 목적으로 구조적인 체계를 잡아가는 것을 말한다.

의 위계질서의 측면에서 봤을 때 사용자가 콘텐트에 참여하는데 그것이 어떻게 영향을 끼치는지에 관심을 두고 있으며, 그래서 어떻게 그들에게 주어진 것을 이해하는지에도 관심을 기울이고 있다.

여기서 중요한 것은 제시된 정보가 복합성을 띠고 있다는 점이다. 보통의 웹 데이터베이스 페이지에는 대개 텍스트와 이미지, 비디오, 오디오, 버추얼 모델링 구글 어스 태그, 학문적인 상호 참조, 참고문헌 목록, 블로그, 관련 팟캐스트 등이 모두 들어 있다. 이 같은 정보의 깊이와 복합적인 연계성 덕분에 출판 미디어는 흉내 낼 수 없는 동력, 특히 시각적인 동력을 얻게 된다. 구텐베르크 e-프로젝트는 컬럼비아 대학 출판부 주관으로 가장 혁신적이고 창조적으로 새 디지털 기술을 사용한 역사 학술 저작에 상을 수여한다.[35] 대상이 되는 출판물에는 심층적인 증빙 자료, 데이터베이스로의 하이퍼링크, 음악, 이미지, 링크와 비디오가 모두 망라된다. 학문적 정보를 제시하는 모델로 이것은 다층적인 정보 제시 가능성을 드러낸다. 그 페이지 구성은 일반적인 저작물보다 훨씬 복잡하다. 그리고 링크들은 계속적으로 진화되고 변화하는 정보의 네트워크 부분이 된다.

웹 페이지는 여기서 동시성의 상태로 존재한다. 부분적으로 이것은 경제적인 의미를 지닌다. 인터넷의 자유라는 모델은 느슨해져 그 내용을 접하는 데 돈을 지불하도록 하는 웹사이트들이 늘어나게 된다.[36] 대부분의 데이터베이스와 저널은 유료 회원 등록을 기본으로 한다. 공짜 콘텐트에는 광고가 따라붙는다. 정보는 화폐이며 '역사'는 단순히 이 전 세계적 지식 네트워크의 일부가 되어간다. 정보 사용자는 이에 따라 존 피스케John Fiske의 말처럼 "광고에 팔리는 상업화된 청중"이 되어가는 것이다.[37] 그러나 대부분의 인터넷 사용에는 수동적인 관계보다는 역동적인 관계가 들어 있다. 사용자는 보통 단순히 정보를 공급받을 수 없고 그것을 찾아 나서야 하는 것이다. 크리스 로젝은 인터넷이 "소비자들에게 창조적인 역할의 일부를 포기한 능동적인 소비를 강조한다"라고 주장한다.[38] 그렇다면 개념적으로 그리고 물질적으로, 웹은 상호 작용의 성격을 띤 정보 자원이다. 사실 리 마노비치Lee Manovich에게는 컴퓨터 사용은 그 자체로 상호 작용적인 것이다.[39] 인터넷의 청중은 텔레비전의 시청자들과는 대조적으로 거의 모든 면에서 능동적이다. 이런 점 때문에 웹이 새로운 대중의 공간을 제시했고 정치적·사회적 참여의 관문을 제시한다는 주장이 가능해졌다.[40] 하지만 이처럼 상호적·참여적인 사용자는 또한 신체의 물리적 성격과 정체성, 책임을 잃는다. "사이버 문화는 노동의 단명화와 재화의 빠른 소실을 낳아 인간성의 상실을 가져온다."[41] 웹 사용자는 동시에 광고주에게 팔릴 재화이며, 새로운 온라인적 정체성을 만들어낼 잠재적 가능성이며, 사회와 생산으로부터 소외된 비신체화한 존재다.

지식의 전통적 시스템에 대한 가장 중요한 도전이라 할 수 있는 것은 사용자들의 참여로 정보 사이트를 만드는 것이다. 2001년 서비스를 시작한 웹사이트 위키피디아는 지식의 소유권에 대해 기존의 상식을 공격하고, 정보 소유의 법적인 정의, 즉 저작권의 토대를 허약하게 만들었다.[42] 이것은 가장 큰 다국어 무료 인터넷 백과사전인데, 영국에서 200만 건, 독일, 네덜란드, 프랑스, 이탈리아, 폴란드, 스페인, 스웨덴과 중국에서 수십만 건의 항목이 등록되어 있다. 여기에는 자체적인 번역 엔진이 탑재되어 있다. 위키피디아는 또한 많은 다른 사이트들의 모델과 소스가 됐다. 물론 이전에는 위키피디아 스스로가 사용자들에게 정보를 공급받고 활용됐다. 위키피디아에서 하나의 용어를 검색하면 흔히 복수의 결과를 얻게 된다. 위키피디아는 역사 정보를 포함한 모든 정보를 백과사전으로, 검색 가능한 데이터베이스로 정보를 제시한다. 따라서 그 서비스는 단순히 구경하는 서비스라기보다는 조사·탐구에 더 초점을 맞추고 있는 것으로서, 방향성이 있는 질문 탐구 혹은 지식의 저장 모델이라고 하겠다. '위키'라는 말은 다중 사용자multi-user가 협동으로 제작하는 웹사이트를 지칭하며, 프로그래밍과 교육에서 흔히 사용되는 페이지 창작의 한 형태다. 구글, 마이스페이스, 이베이가 그랬던 것처럼 위키피디아는 처음의 모습에서 벗어나 새로운 모습을 띠기 시작했고, 지금은 브랜드 인지도가 있으며 시장성과 유행성이 있다. 알렉사Alexa 글로벌 웹 트래픽 랭킹에서 톱15 안에 든다. 그 자체로 이 서비스는 웹의 활용 방식에 대해 많은 것을 말해준다. 위키피디아는 좀 더 확실한 경제적·실용적 혹은 엔터테인먼트 요소가 있는 대항 사이트를 거느리고 있다. 이것은 커뮤니케이션이 인터넷의 핵심이기는 하지만 문화적·사회적·역사적 정보 또한 중요하다는 것을 보여준다. 로젠즈위그는 그것이 "무료 오픈 소스 소프트웨어라는 원칙을 적용한 가장 중요한 사례"를 보여준다고 주장했다.[43] 그것은 수익을 위한 것이 아니었으며 개인적 기부를 받아들이는 재단에 의해 재정이 지원됐고, 그럼으로써 새로운 가상 정보 기구의 한 예가 됐다. 사용자들은 사이트를 스스로 관리하고, 지키는 관리자를 선출한다.

일정한 규칙이 있기는 하지만 누구나 내용을 입력하거나 수정할 수 있다.[44] 이것은 사용자가 직접 제작한 콘텐트를 중시함으로써 정보의 생산과 순환이 일반 사용자들의 참여로 움직이게 하는 참여적인 모델을 제시한다. 그러나 편집 과정은 보수성과 의견 일치를 지향한다. 정보 제공자에 대한 원칙 중 핵심은 '중립적인 시각'을 보여야 한다는 것이다. 어떤 항목에 대한 논쟁이 일어나고 있다는 사실 자체는 실을 수 있지만, 그 내용을 놓고 논쟁을 벌여서는 안 된다. 이 사이트의 내용이 특정한 편견이나 경향이 있다는 의심을 받지 않기 위해서다.[45] 또 개인의 독창적인 연구 내용을 실어서도 안 된다. 한 개인의 이론을 싣지 않음으로써 전체 사이트를 중립적인 위치에 놓으려는 것이다. 이 프로젝트의 핵심은 새로운 무언가를 쓰는 것보다는 기존 정보를 수집한다는 데 있다. "위키피디아에 실릴 수 있는지 여부를 판단하는 핵심은 '입증 가능성' 여부이지, 그것이 진실 그 자체여야 한다는 것이 아니다." 이 문맥에서 '입증 가능성'이라는 말은 어떤 독자라도 검증이 가능해야 하고 위키피디아에 추가된 자료는 이미 믿을 만한 자료제공원이 공식적으로 내놓은 문건임을 확인할 수 있어야 한다는 것을 뜻한다.[46] 믿을 만한 소스라는 것의 정의는 목격, 자료보관소, 편지, 자서전 등 일차적인 것과 책, 잡지, 신문 등 이차적인 것, 그리고 백과사전 등 3차적인 것으로 나뉜다. 사실 누구든 역사를 접할 수 있다 — 그들이 역사 분야의 표준적인 실행 방식인 리서치, 학문 연구, 자료 읽기, 문헌 쓰기 등을 준수하는 한에서는. 역사 학문의 도구는 사용자에게 주어진다. 그러나 그것은 질문을 주고받기는 하지만, 아직은 설익은 역사 학습이라 할 수 있다.

위키피디아는 지식이라는 것을 계속적인 수정 상태에 있는 것으로, 또 여러 가지 시각이 있는 어떤 것으로, 혹은 사실에 근거한 진실을 세우기 위해 다른 소스에 의지해야 하는 것으로 제시한다. 그것은 '객관적인' 의견 일치를 제시한다. 비평가들은 이런 모델이 별 볼 일 없는 역사라고 한다. 왜냐하면 그것이 단순히 진실에만 혹은 진짜로 존재하지도 않는 사실성에만 관심을 두기 때문이다. 위키피디아의 현상은 인터넷의 무한성을 보여준다. 형식을 가지지는 않지만 사용자들이 모양을 만들어나가야 하는 다수의 정보인 것이다. 이런 종류의 서비스는 위키피디아 말고도 여러 개가 있다. 헬리움Helium 같은 사용자 중심 서비스들은 비전문가들에게 역사 외에도 아주 다양한 주제에 대해 글을 쓰도록 권장한다. 이것 또한 인터넷 데이터베이스 기술이 정보 저장에서 검색에 이르기까지 다양한 정보 활용에 큰 영향을 미치는 현실을 보여주고 있다. 인터넷은 전체론적이기보다는 백과사전적이며, 단순한 용어에서부터 규칙이 등장하는 모습 하나하나에 대해 끊임없이 검색하는 사용자들로부터 감시당하는 것이다.

역사 정보를 지도에 덧붙이기: 구글 어스

구글 어스Google Earth(GE)는 위성사진을 이용해 전 세계의 다이내믹한 사진으로 이루어진 3D 지도를 제공한다. 사용자들은 지명이나 위도, 경도, 혹은 지역을 입력하면 그 지역을 자세히 살펴볼 수 있다. 또 나침반과 줌 기능을 이용해 이리저리 스크롤할 수도 있다. 하나의 서비스 기술로서 구글 어스는 여행지의 위치 찾기, 길 찾기 서비스와 이미지 같은 중요한 정보를 제공한다. 이런 구글 어스 정보 서비스의 영향은 명확하다 — 실시간으로 보이는 듯한 세계의 이미지는 지구에 대한 접근을 가능케 함으로써 사용자에게 더 많은 권한을 주고, 모든 지도 제작이 그런 것처럼 창의적으로 공간에 대한 훈련을 시킨다.[47] 학문과 커뮤니케이션 측면에서 그런 이미지를 활용할 여지는 많다 — 그 프로그램은 예를 들어 데이터베이스에서 혹은 백과사전 표제에서 지형 정보의 태그를 달 수 있도록 해주었고, 그 정보가 제시되는 방식을 상당히 의미 있게 변화시켰다.[48] 이것은 기술이 역사적 호기심에 편의를 제공하기 위해 어떻게 구체적으로 적용되는가 하는 하나의 실례다. 구글 어스는 또한 정보의 계층 구조를 무너뜨리는 데도 쓰인다. 이것은 애플리케이션 프로그래밍 인터페이스API[7)]를 명명해놓음으로써 사용자들이 지도를 웹 페이지에 삽입하도록 해놨으며, 지도를 조작하고 매시업Mashup[8)]들을 만들 수

---

7) **애플리케이션 프로그래밍 인터페이스**: 인터페이스 공통 데이터 규격으로, 응용 프로그램에서 사용할 수 있도록 운영 체제나 프로그래밍 언어가 제공하는 기능을 제어하도록 만든 인터페이스를 의미한다.

8) **매시업**: 웹상에서 웹서비스 업체들이 제공하는 서로 다른 다양한 정보(콘텐츠)와 서비스를 조합해 새로운 콘텐츠와 서비스를 개발하는 것을 의미한다. 매시업 서비스는 웹서비스 업체가 자신들의 서비스에 접근할 수 있도록 접근 방법을 공개하는 것에서 비롯된다. 웹서비스 업체들이 공개한 API(Application Programming Interface)에 기반을 둔 독자적인 유저 인터페이스나 콘텐츠를 융합해 새로운 응용 서비스, 즉 매시업을 개발할 수 있게 된 것이다. 구글·마이크로소프트·아마존을 비롯해 네이버·다음·알라딘 같은 국내 업체

있는 방법을 제공한다.[49] 또 이것은 사용자에게 이미지 겹치기overlay를 가능하게 하는데, 이것은 글자 그대로 그들 자신의 이미지를 지도 위에 더하는 것이다. 즉, 그 지도를 쪼개거나, 낱낱이 분해하거나, 다른 것을 끼워 넣거나, 새롭게 그릴 수도 있다는 뜻이다. 사용자들은 구글의 API를 이용해 자신이 필요한 정보를 구글 지도에 첨가할 수 있다.

제러미 그램프턴Jeremy Crampton과 존 크라이기어John Krygier는 이와 같은 '맵해킹map-hacking'[9)]이 지도 제작의 전통적인 관습에서 벗어날 수 있게 해준다는 점을 잘 설명했다. "오픈 소스 매핑은 지형 정보가 이제 더는 지형 정보가들이나 GIS 과학자들의 손에 있는 것이 아니라 사용자들의 손에 있다는 것을 의미한다."[50] 그들은 또 이런 것들을 가능하게 한 기술은 '있는 그대로의' 콘텐츠보다는 정보의 '재현'에 관심이 있다는 것을 지적한다. '역사는 더 많은 데이터들의 모음'이 됐다는 것이다. 권력관계와 감시 등이 중요한 논쟁거리가 되는 그런 학문에서는 이 같은 지도 제작 방식의 변화 결과는 좀 더 범위를 넓혀 역사에도 그 의미를 적용할 수 있다. 만약

들이 자사의 콘텐츠를 외부에서 사용할 수 있게 API를 공개하고 있다. 매시업 서비스로 가장 유명한 것은 구글 지도와 부동산 정보 사이트인 크레이그스리스트(www.craigslist. org)를 결합시킨 '하우징맵(www.housing- maps.com)' 사이트로, 지도 정보에서 특정 지역을 선택하면 해당 지역의 부동산 매물 정보를 보여주는 서비스를 제공하고 있다. 하우징맵은 폴 레이드매처(Paul Rademacher)라는 사람이 구글의 지도 API 코드를 해킹해 만든 것인데, 당시 구글 지도를 활용한 확장성과 가능성을 본 구글은 레이드매처를 고소하기는커녕 구글 직원으로 채용했고, 그때부터 공개적으로 구글의 지도 API를 제공하기 시작했다. '매시업'은 이 책 6장 각주 1)과 동일한 용어지만 다른 방향의 접근이므로, 새로 설명을 달았다.

9) **맵해킹**: 여기서 해킹(hacking)은 일반적으로 쓰이는 불법 해킹과는 관련 없는 말로, 'hack'는 단순히 구글 어스에 부가 정보를 덧붙여 이용을 더욱 편하게 하기 위해 사용자가 내려받는 파일을 말한다. 맵해킹이라는 말은 자신의 웹사이트에 구글 어스 지도를 첨가한다거나, 구글 어스 위의 특정 위치에 사용자가 만든 정보를 첨가하거나 관련 사이트를 연결해놓는 것을 말한다.

사용자들이 지형정보학의 게이트키퍼들로부터 벗어날 수 있고 그들 스스로 지도를 만들기 시작한다면, 특히 논쟁이 되는 장소나 지역의 지도를 만든다면 그들은 역사를 가지고 무엇을 할까?[51] 여기서 기술은 지적 권위 체계를 무너뜨리고 사용자에게 그들 스스로 공간 개념을 만들어내고 통제할 수 있도록 자유롭게 허용하는 역할을 한다.

구글 어스에는 여러 가지 과거에 대한 지도들이 기본 소프트웨어로 프로그램 되어 있는 등 역사 관련 기능이 있다.[52] 1843년 런던의 지도나 1710년 아시아의 지도를 고른다고 치면, 오늘날 위성사진을 그 위에 겹쳐 놓아 볼 수 있다. 현재의 모든 지역 태그들도 그대로 보인다. 여기에는 심리지리학적인 요소가 있다. 과거라는 것을 현재 지도로 겹쳐놓고 한데 합쳐주는 고고학적인 느낌이 있다는 뜻이다. 여기에 투명 슬라이더 기능을 이용하면 겹쳐진 이미지를 뚜렷하고 더 밝게 볼 수 있도록 해줄 수 있어 이런 느낌이 더 강해진다. 또한 이 같은 역동적인 의미의 과거와 현재 사이는 둘 사이가 물리적으로 연관될 수 있음을 보여준다. 그러나 역사 지도는 교통 네트워크, 관광지 위치, 맛있는 음식점이나 생태학 관광지 같은 것과 마찬가지로 지도 보기의 여러 가지 방법 중 하나로 제공되는 것일 뿐이다. 즉, '역사'적이라는 것이 지도 보는 것의 하나의 수단일 뿐이라는 점을 드러낸다. '오래된' 지도들은 또한 '틀린' 정보일 때도 있다. 지형학의 측면에서 혹은 국경선이나 장소의 이름 같은 것들이 틀린 정보일 때가 있다. 즉, 어떤 면에서는 오늘날 실제 이미지보다는 덜 믿을 만한 것으로 자리매김할 뿐이지만, 그럼으로써 동시에 '지도'라는 것의 신뢰성을 미묘하게 깎아먹는 것이다.

구글 어스 소프트웨어와 그것의 부가 서비스를 보면 역사의 물리적 성격에 대한 관심을 느낄 수 있으며, 그 물질성이 바뀔 수 있는 성질이라는 것을 더 깊이 이해하는 데 관심이 있음을 알 수 있다. 이것은 사용자들을 위한 맞춤형 역사 해킹(부가 서비스)이라고 할 수 있다. 즉, 다양한 기관과 조직, 개인이 각종 역사적 장소에 스스로 오버레이 지도와 사진 이미지를 더해 지형학적으로 지도를 만드는 것이다.[53] 이러한 활동의 범위는 고고학의 음파 이미지, 무너진 건물의 풍경 혹은 옛 지도에서부터 대서양에 있는 난파선의 위치에 이르기까지 다양하다. 이러한 지도상의 자료들은 사용자들에게 정보를 재배치하고, 그들의 세계를 역사적 시각으로 다시 만드는 행위를 보여준다. '역사 지도 해킹'은 소프트웨어의 역동성과 사용의 편리함 때문에 개개인들을 독특한 방법으로 세상의 역사 속에 참여하게 해주는 한편, 고정된 지형학적 순간으로서의 과거의 불가변성을 드러낸다. 구글 어스 속에 있는 이런 해체 가능성은 역사적 '사실'이라는 것이 사용자들이 원하는 방식대로 조작할 수 있는 데이터가 될 수 있음을 말해준다.

오픈 소스 코드와 커뮤니티 웹사이트

이런 해킹을 선보이는 웹서비스들은 세상에서 일어나는 일들에 대해 다양한 역사적 시각을 제공한다. 그런 서비스들은 지식 산업들이 흔히 그렇듯 소비자들의 사용과 신뢰 및 광고 수익에 의존하는 형태다. 소비자 권리가 강화되고 세계적인 자본이 결합되면서 이 같은 해킹과 사용자 중심의 웹사이트들이 생겨나게 됐다. 대부분의 블로그와 웹사이트, 검색 엔진들의 디자인은 화려하고 확실히 광고 의존적이다. 이러한 근본적인 상업주의는 웹이 내세우는 '자유분방한' 모델과는 상충된다. 정보의 자유는 광고, 스폰서 링크와 팝업에 의해 재정 지원을 받고 운영이 가능하다. 그러나 오픈 소스 코딩은 적어도 생산 수단의 부분적인 소유권을 가지게 해주고, 정보 검색의 새로운 방법의 진화와 발전을 가능하게 해줌으로써 제한적이었던 경제적 파워의 주류의 중심으로 개입할 수 있는 여지를 준다. "인터넷이 새로운 상업적 교환의 기회를 만들어내는 한편으로 그것은 또한 한계를 벗어나는 범위를 확대한다."[54]

이러한 과정에 대해 위르겐 하버마스Jürgen Habermas는 "새롭게 등장한 부르주아 계급이 중심이 되어, 대중 '앞에서' 통치자의 권력만을 대변했던 공론장public sphere[10]을, 대중에 '의한' 지식적·비판적 담론을 통해 국가의 권력이 공적으로 감시되는 영역으로 점차 바뀌가는 과정"으로 묘사했다.[55] 이런 권위의 이동은 역동적인 정치적 주체를 낳는다. 새로운 미디어 기술의 충격은 이러한 효과, 즉 정보의 급속한 확산의 의미가 낳은 차이점을 더욱 느끼게 해준다. 이와 동시에 새로운 기술을 통해 제시되는 존재는 그저 매개된 자아mediated selfhood로서, 이것은 그들이 세계화된 미디

---

10) **공론장**: 공공 영역, 공론 영역이라고도 불린다. 하버마스는 공론장을 "여론과 같은 것이 형성되는 사회적 삶의 영역"으로 규정한다. 그는 정치 생활에서 비판적 이성을 통해 공개적 토론이 가능했던 공론장이 18세기에 처음 출현한 이후 시민이 정치적 의사 결정에 참여하는 통로로서 민주적 정치 제도에 불가결한 요건으로 발전되다가, 20세기에 들어와 점차 축소되는 과정을 역사적·사회학적으로 고찰한다. 그는 부르주아적 공론장의 발아 형태를 중세 신분제의 토대 위에 성립되어 인격적 특징을 갖는 '대의적 공론'에서 찾는다. 대의적 공론 기능을 한 봉건적 권력들(교회, 영주, 귀족 신분)은 오랜 양극화의 과정을 거쳐 18세기 말에는 사적 요소와 공적 요소로 나뉘었다. 이러한 과정을 거치면서 부르주아 공론장이 형성됐다. 부르주아 공론장이란 시민들이 일반적으로 관심 있는 문제와 정치적 문제를 집회와 결사의 자유 및 표현과 출판의 자유를 통해 자유롭고 개방적으로 논의할 수 있는 영역이다. 이 영역에서는 공적 문제에 대한 결정이 단순한 전통적 도그마와 권위에 의해 이루어지는 것이 아니라 비판적 이성의 기준에 접근하는 합리적 토론에 의해 이루어진다. 이러한 자유 토론의 절차와 전제 조건은 의견의 정당화를 위한 기반으로서 여론을 합법화한다. 이처럼 공론장은 자본주의의 발전과 함께 분리되기 시작한 국가(체계)와 시민사회(생활 세계) 사이의 긴장 관계에 놓인 하나의 사회 영역으로 출현했다. 새롭게 형성되어가는 이 사회 영역 내에서 살롱과 클럽을 중심으로 형성된 '문예적 공론장'이 정치적 성격을 띠는 신문과 인쇄물의 보급, 특히 시민혁명의 경험을 통해 '정치적 공론장'으로 변화됨으로써 정치적 여론이 중요한 역할을 하게 된다.

어 사용 환경 속에서 정의된 주체이지 공동체나 본성적인 특질로 규정된 주체가 아닌 것이다. ≪타임≫지가 올해의 인물로 '당신'을 선정함으로써 그들은 개인이란 것을 서로 구별될 수 있는 차이점이 있는 존재로 본 것이 아니라, 온라인 사용자들을 자기지시적 상징 시스템 속의 커다란 한 덩어리로 만들어버린 것이다.

하지만 오픈 소스 소프트웨어와 오픈 콘텐트 웹사이트(복사되고 재사용되도록 만들어놓은 홈페이지)들은 지식과 정보가 좀 더 유연한 실체가 됐음을 의미한다. 그런 인식론은 의문의 대상이 될 수도 있다. 그리고 사용자들이 조사 작업을 이끄는 사람이 될 수도 있다. 그것은 열린사회로 향하거나 하버마스가 제안했던 새로운 통치 방법을 향해 가는 것으로, 글로벌 경제 양상에 대한 새로운 방식의 소통과 이해를 만들어가는 것이다. 그러나 그것은 단지 수단일 뿐이다. 오픈 소스는 정보와 아이디어의 공유와 순환을 강조한다. 그것은 온라인 커뮤니티가 소프트웨어를 사실상 소유할 수 있도록 해준다. 지방사 데이터베이스나 공공 금융 정보의 트래킹, 데이터 마이닝을 하는 유틸리티들이 이런 현상을 더욱 가속시킨다.

이러한 새로운 도구가 혁신적이고 흥미롭게 쓰이는 방식 중 하나는 커뮤니티 자료보관소를 만드는 것이다. 커뮤니티에 근거한 미디어는 일반적으로 비수익 추구형이며, 특정한 그룹의 회원들을 직접 콘텐트를 만드는 데 참여시킨다.[56] 이것은 회원들의 참여와 지역적인 접근, 비직업적 참여 등을 중시한다. 커뮤니티 근간의 프로젝트는 참가자들에게 힘을 주고 문화적 참여를 촉진시킨다. 인터넷의 커뮤니티 자료보관소들은 이처럼 집산주의collectivism[11]의 확장이며, 특정 그룹의 기록을 만들어내는 데 관심 있는 지역적인 작은 규모의 개인적인 프로젝트들이다. 커뮤니티는 자

---

11) **집산주의**: 모든 농장이나 산업을 정부나 집단이 소유하는 정치 제도를 의미한다.

료보관소를 만들고 그것을 운영하고 편집하고 소유한다. 자료보관소는 스캔하고 사진 찍은 각종 문헌, 이미지, 오디오, 비디오 등으로 구성된다. 그것들은 종종 개인적인 내용이며, 혹은 극단적으로 특별한 내용에 초점을 맞춘다. 자료보관소들은 단순히 특정 사회의 정체성과 연관되어 있지 않고, 지역, 제도, 취미 등을 통틀어 끌어모은다.

이런 수집물 대부분은 온라인에 가상의, 실체가 없는 커뮤니티를 만든다(사용자나 참여자의 지리적 위치는 중요하지 않다). 이런 프로젝트들은 주로 커뮤니티에 그들의 고유한 역사를 직접 접하게 하고, 정보 관리와 관련된 기술을 개발시키고, 좀 더 넓은 청중에게 정보가 이르도록 해준다. 커뮤니티 자료보관소들은 또한 비공식적인 역사를 보존하고, 커뮤니티에 회고와 자성, 자기 정의와 정체성 형성의 공간을 마련해준다. 그것들은 사람들에게 과거 사건에 대한 공식적인 해석으로부터 벗어나 자신들의 역사를 주장할 수 있는 기회를 주며, 사라져가는 생활 방식을 보존하고, 주류적인 역사 이야기에서 벗어날 기회를 준다. 이것의 범위는 사회사로부터 물질문화까지 다양하고 복잡하다. 예를 들어 브라이턴 아워스토리 Brighton Ourstory 자료보관소는 레즈비언과 게이의 역사를 수집하고 보존하기 위해 만들어졌다(그들은 설립 강령에서 "우리의 접근은 보통 사람의 삶에 관심 있는 구술사 그룹의 접근과 아주 비슷하다. 우리의 주 관심은 학술적·이론적인 것이 아니다"라고 밝히고 있는데, 이는 자료보관소들의 주변부적·의도적·비전문적인 접근을 요약한다). 볼 클레이Ball Clay 헤리티지 소사이어티 아카이브는 데번에 있는 볼 클레이 생산 회사, 세라믹 산업계의 기록을 모은다. 애플스Apples와 피어스 패스트Pears Past는 사과주와 배즙 술의 구술사를 위한 자료보관소이며, 아이언브리지 계곡 커뮤니티 자료보관소는 그 지역에 관련된 정보를 모은다.[57]

국가적인 보존 중심 기구에서 권력을 이양해온 커뮤니티 자료보관소들은 제대로 정립이 되자 이후 그들의 고유한 수집 정책과 보존 원칙을 가지고 독립적인 기구가 되어갔다. 그것들은 인터넷의 평준화 기능을 잘 드러낸다. 커뮤니티에게 공간을 만들어서 정체성을 질문하고 발전시킬 수 있도록 하는 공간을 만들 수 있는 기능을 말하는 것이다.[58] 이 같은 웹의 네트워킹 기능은 현존하는 커뮤니티를 강화해줄 뿐 아니라 새로운 커뮤니티의 가능성도 만들어낸다. 그러나 사용자 참여와 접근 문제는 여전히 가장 중요한 것이다. 예를 들어 자료보관소를 만드는 것은 여전히 돈이 들어가는 일이며, 정보 통신의 사용 능력, 그리고 특정한 형태의 정보의 보존과 같은 문제도 거기에 있다(비록 대부분은 정통 자료보관소들보다는 역동적이지만).[59] 그것들은 또한 웹 발전에서의 거시적 발전을 따라 한다. 예를 들어 그들의 작업을 지원하기 위해 관련 상품을 개발하고 책을 파는 것이다.

2004년에 국립 자료보관소는 커뮤니티 액세스 투 아카이브 프로젝트 CAAP를 발족시켜 지역별 자료 수집의 설립을 용이하게 하도록 했다. 그 프로젝트는 '잠재적인 기록 사용자들과 기록 전문가들이 함께 작업해 사용자들이 필요로 하는 자료를 정확히 밝히도록 해주는 것을 목표로 만들어졌다. 그 자료를 가족을 위해서든, 커뮤니티와 지방사를 위해서든, 평생교육을 위해서든, 교육적인 프로젝트나 다른 목적을 위해서든 간에.[60] 그 조직은 정보 수단을 넘겨줌으로써 이전에는 그들과 별로 관련이 없었던 수집품 자료보관소들이 커뮤니티에서 좀 더 인기를 얻을 것임을 알았다. 그것은 상담과 일반 가이드라인에서 최고의 모델을 세웠다. 여기서 자료보관소들은 특정한 커뮤니티의 역사와 정체성의 이해를 한곳에 모은 자료로 이해됐다.[61] 그 자료보관소들은 표준적인 자료 모음 방식에서 벗어나 이야기를 들려주거나 역사를 외부적으로 재현하겠다는 큰 욕심보다는 그룹의 필요에 초점을 맞추었다. CAAP의 동기는 역시 사회 통합이었다. 사회 참여, 즉 커뮤니케이션의 네트워크를 만들어내고자 하는 것이었다.

자선 기구 '콤마넷Commanet'은 대부분의 데이터베이스에 소프트웨어를 제공했는데, 커뮤니티 자료보관소의 목적에 대해 원대한 주장을 펼친다.

커뮤니티 자료보관소들은 세대 간의 그리고 다양한 사회적·민족적·문화적 커뮤니티 간의 이해와 관용과 존경을 불러일으킨다. 커뮤니티에 그들의 문화유산을 기록하고 공유하게 함으로써, 그것들은 적극적인 시민의식을 다문화적인 민주주의 안에서 장려한다.[62]

자료보관소들은 실용적이거나 실제적인 쟁점에 개의치 않고 상상의 커뮤니티를 창조하게 해주었다. 콤마넷에서 그들은 휴머니스트적이고 계몽적인 목표, 그룹 간의 커뮤니케이션을 장려하는 그런 목표를 세웠다. 그들은 또한 정치적 참여를 촉발했다. '적극적인 시민의식'이라는 단어와 커뮤니티의 '권능화·합법화'라는 말은 정보의 자유, 접근과 소프트웨어의 자유가 휴머니스트적인 가치 그리고 좀 더 나은 사회의 형성을 촉진시킴을 나타낸다. 확실히 그런 자료보관소는 소수 커뮤니티가 공공의 문화적 정체성과 문화유산을 창조해내고 공적으로 제시하는 장에 폭넓게 개입하고 있음을 보여준다.

3부

역사 공연과 연극

Performing and playing history

보는 것과 믿는 것: 역사 재현 문화

지금까지 이 책에서는 크게 역사를 접하는 두 가지 면에 대해 이야기했다. 첫 번째는 유명인의 지위를 통해 만나는 역사, 그리고 또 하나는 과거 문화 유물과 텍스트 같은 물질적인 만남을 통한 역사였다. 역사는 가르침의 대상이고, 경험의 대상이다. 대중이 역사를 접하는데 역사가 개인화되는 현상과 개인의 힘에 대해 더 자세히 알아보기 위해 다음 세 개의 장에서는 신체를 활용한 다양한 역사 체험을 분석하고 그러한 체험의 복합성을 파헤쳐 볼 것이다. 여기서는 역사 재현re-enactment[1]이나 역사와 관련된 문화적 퍼포먼스와 게임 등을 살펴보면서, 역사 체험과 역사적 진실성이라는 질문을 던져볼 것이다. 여기서 살펴볼 역사 재현, '리빙 히스토리Living History'[2]와 컴퓨터 게임의 일인칭 역사 같은 현상은 역사라는 범주에 속하는 체험을 제공하는 것이며, 이것들은 소비의 복합성도 제공한다. 그것은 겉으로는 관객에게 더 많은 참여권한을 주는 역할을 하지만, 한편으로는 구경하는 역사, 공연과 스토리, 즉 사건을 바라보는 특정한 서술 규칙이 있는 이야기로서의 역사에 관객을 종속시킨다고 볼 수 있다.

---

[1] **역사 재현**: 우리나라에서도 흔히 '리인액트먼트'라는 영어 원문 표현을 그대로 쓰는 경우가 많고 '리인액트'로 줄여서 부르기도 한다. 이 책에서는 '역사 재현'이라는 말로 번역해서 표기했고, 리인액트먼트 출연자들은 '재현가'로 표기했다.
역사 재현은 특정한 역사상의 사건을 재현하는 활동으로, 주로 영국과 미국의 과거 전쟁 상황을 재현하는 행사를 펼치는 것을 말한다. 대표적인 역사 재현 집단은 영국의 실드 노트(Sealed Knot)로, 1600년대 영국 시민혁명 시대의 전투를 재현하는 공동체다. 미국에서도 독립전쟁 등 주요 전투를 재현하는 공동체가 활발히 활동을 펼치고 있다.

[2] **리빙 히스토리**: 역사 재현보다 포괄적인 개념으로, 역사적인 과거의 생활 모습을 당시 의상이나 생활 도구를 활용해 재현하는 것을 통칭한다. 리빙 히스토리 박물관, 혹은 각종 시대상을 재현하는 이벤트나 전시, 혹은 이를 활용한 역사 교육 방식 등에서 다양하게 이용되는 시대상 재현을 통틀어 리빙 히스토리라고 부른다.

역사 재현과 리빙 히스토리는 둘 다 교육과 소유, 역사적 진실성이라는 질문을 불러일으키는 것이지만, 역사학자들의 연구 대상으로 많이 다뤄지지 않았다. 그것은 일인칭 역할극 게임처럼 '신체를 활용한 혹은 몸으로 구현된 체험 속에서' 역사의 자유로움을 보여주는 활동이다. 이러한 활동은 새롭게 인기를 얻으면서 '역사가 어떤 모습이어야 하는가'와 함께 '역사가 무엇인가'에 대해 여러 질문을 낳았다.

역사 재현은 상상력을 동원해 연극, 자기계발, 지적 증진 그리고 사교 등을 탁월하게 결합시킨 것으로 여러 문화적 장르(재현 영화 혹은 연극, 텔레비전)를 아우르는 것이며, 하나의 미술 작품이고(제러미 델러의 작품과 ICA 재현 연기자 같은 경우가 그렇다). 혹은 정치적 행동주의가 될 수도 있다('라이프라인' 프로젝트의 경우).[1] 특정한 신체적 행동을 통해 과거를 다시 쓰는 것, 과거를 재현해내고 재생시키는 것은 메모리얼 워크에서부터 중세 악기 사용에까지 여러 문화 분야에 넓게 퍼져 있다. 역사 퍼포먼스는 오늘날의 사회가 관심을 두고 있는 역사적 '진실성authenticity'의 주안점이다. 왜냐하면 어떤 면에서는 그런 진실성에서 가장 중요한 것은 개인적 체험으로 여겨지기 때문이다. 역사 재현은 박물관에서 체험할 수 있는 역사적 유물의 체험과 개인의 이야기를 뒤섞는다.

역사 재현은 오늘날 대중이 역사를 접하는 데 가장 핵심적인 활동 중 하나이며, 이 책에서 검토된 거의 모든 미디어와 형식에서 찾아볼 수 있는 것이다. 예를 들어 박물관에서 관객과 상호 작용이 필요할 때, 혹은 리얼리티 역사물에서 화면으로 보여줄 경험이 필요할 때 역사 재현이 등장한다. 라파엘 새뮤얼은 재건이나 리빙 히스토리 등을 통해 '즉각성을 추구하고, 시각적·촉각적으로 현재하는 과거를 찾아나서는' 모습을 연구한다.[2] 새뮤얼은 역사 재현이나 걷기, 운하 되살리기, 오래된 건물의 투광기, 증기기관차 등 '부활주의'의 유행 등을 1950년대의 지방사 부흥과 연관 짓는다.[3] 확실히 역사 재현에는 일반인들의 역사 참여권한을 늘려주려는 시도와, 민중운동 그리고 DIY의 요소가 들어 있고, 그런 역사의 재창조와 역사의 체현이라는 문화적 현상은 주류 역사의 모델과 기존의 지식 전파 방식에 도전하는 것이었다.

다음 세 개의 장에서는 여러 가지 형태로 나타나는 역사 재현과 역사 체현體現, re-embodiment을 자세히 살펴볼 것이다. 여기에는 직업적인 것(대개 박물관에서), 레저 장르로 자리 잡은 것(실드 노트에서 실행되는 것처럼), 역사에 대한 문화적 접근으로서 나타나는 것[글로브Globe에서처럼], 게임으로서 그리고 미술로서 표현되는 것 등 모두가 포함된다. 이런 다양한 유형의 재현과 체현은 역사에 대한 몰입이 다양하고 복잡하게 나타나고 있음을 말해준다. 대중문화에서 여러 가지 모습으로 드러나는 재현의 유행은 역사의 이해에 신체적인 직접 체험이 중요함을 잘 보여준다. 역사 재현을 한다는 것은 과거와의 관계를 통해 그리고 과거의 사건 및 유물과 연관된 여러 표현법과의 관계 속에서 자아를 다시 써내려 가는 것이다.

7장 역사 재현

전투 재현: WARS와 실드 노트

역사 재현은 오늘날 큰 규모로 자리 잡은 다면적인 산업으로서 여기에는 아주 헌신적으로 참여하는 개인주의적인 그룹도 있고, 한편으로는 단순한 레저 활동으로 가끔씩 참여하는 사람들도 있다.[1] 역사 재현은 모두 전투 재현만을 말하는 것이 아니지만, 그래도 역사 재현 참가자 중에서 전투 재현 참가자 비율이 가장 높다(그런데 알고 보면 그것은 '진짜' 전쟁일 필요도 없으며, 점차 판타지 시나리오로 진행되는 전쟁 액션 역할 놀이가 일반화됐다). 전투 재현은 전 세계인이 즐기는 활동이다. 회원들은 대개 백인이고 남성이며, 그리고 상대적으로 돈과 시간이 넉넉한 사람들이다.[2] 재현은 집단화된 체험으로 역사학의 주류인 전문적인 역사와는 철저히 다른 이방인의 위치에 있다고 할 수 있다. 버네사 애그뉴Vanessa Agnew는 이렇게 말한다. "재현은 관습적인 역사학의 형태와는 아주 멀리 떨어져 있는 정치적·문화적 작업을 한다."[3]

아마추어 재현 참가자들은 어떤 목적으로 역사 재현에 참가할까? 재현 집단 중에는 예를 들어 제인 오스틴Jane Austen 혹은 초기 댄스를 재현하는 그룹이 많다. 실드 노트Sealed Knot(이하 SK)는 영국의 재현 집단 중 가장 큰 조직인데 여기서는 다양한 리빙 히스토리 활동을 벌이고 있다. 바구니 세 공에서 요리법, 르네상스 전술법 집단(1968년 결성) 등 다양한 재현 활동 그룹이 여기에 속한다. 이들이 내는 잡지 ≪오더 오브 더 데이Order of the Day≫는 SK 활동과 관련된 다양한 역사적 주제를 다루는 기사를 실어 이 들에게 지적 토대를 제공한다. 여기 실리는 기사에는 주석이나 참고문헌 목록이 덧붙는데, 이것은 재현 활동 전반에 역사적 구조와 다양성을 더해 주는 역할을 한다. 하지만 역사 재현 중 가장 인기 있는 활동은 역시 전투 재현이다. 실드 노트에는 약 6,000개의 모임이 있는데, 이 중 대부분은 전 쟁을 재현하는 것이다. 현실에서 전쟁은 피와 혼란스러움이 난무하지만, 재현되는 전쟁은 전투 참가자들이 자신들이 바라는 만족스러운 결과를 향해 안전하게 진행된다.

재현은 참가자들과 관객에게 역사의 본질적인 타자성otherness을 상기 시킨다. 순수한 형태의 재현은 고난과 복잡함 그리고 배고픔 등을 겪게 하여 과거를 현재와는 다른 것으로 제시한다. 즉, 이것은 '신체적·심리적 인 경험을 통해 과거를 되살리는, 몸을 기초로 한 담화인 것이다'.[4] 리얼리 티 역사 쇼와 비슷하게 역사를 탐구해본다는 것은 여기서는 이런저런 의 미나 개념 같은 것이라기보다는 참여자 개인과 그들의 일상 속에서 춥고 배고프고 불편함을 체험해보는 것으로 느낄 수 있는 것이다. 역사는 재현 연기자들에 의해 소비된다. 즉, 역사는 연기자들이 걸치는 옷처럼 처음에 는 구체적으로 신체적인 연관성이 있고, 그다음에는 일정한 행동 유형이 나 문화가 되어가는 수단과 행위로 재현가들이 소비하는 것이다. 델라 폴 락Della Pollock은 이에 대해 "역사를 연기하는 사람들은 주체이자 객체다"라 며, 관객이 이 사실을 고려할 때 "아직 보이지 않는 역사, 즉 무언가를 시각적으로 보여주려고 하기보다는 행동으로 보여주려고 하는 그런 역사를 볼 수 있도록 해준다"라고 주장한다.[5] 재현가들은 그들이 연기자인 동시에 관객이라는 사실을 인지한다.[6]

하지만 재현은 또한 비전문가들의 참여권한 확대를 제공한다. 이것은 학문적 혹은 공식적인 역사 연구에서는 찾아보기 어려웠던 역사의 상호작용의 복합성을 제공한다는 뜻이다. 역사 재현 체험의 복합적인 담론은 낯설고 새로운 형태의 포퓰리스트적 역사 소비라는 사고의 패러다임을 제공한다. 재현 참가자와 관객이 체험하게 되는 과거와의 상호 작용은 오늘날 역사 소비의 핵심적인 패러다임이다. 그것들은 '진짜' 참여적 역사를 제시한다. 여기서 체험하는 역사는 과거 사건에 존재하는 자질구레한 군더더기는 생략한 역사다. 대중의 역사 재건은 깔끔하게 꾸며진 폐쇄된 버전의 전쟁만을 보여주려 한다. 전쟁에 있게 마련인 볼품없는 세세한 모습은 여기서는 생략되는 것이다. 과거의 재현은(발견, 재현 그리고 어떤 종류의 글과 이야기도) 역사의 단편적인 과정을 보여주려 하지 않고 합리성과 완결성 같은 지속되는 가치를 보여주려 한다. 역사 재현은 일반인들에게 참여의 권한을 주는 것 같아 보이지만, 그것은 또한 완고하고 강압적인 실증주의와 주관화를 드러내는 것이다. 전쟁에서는 여전히 같은 사람들이 승리하며, 좋은 군인은 여지없이 역사의 명령에 순종한다. 공적인 전투는 이야기가 되어버린다. 복합적인 발전이라기보다는 단선적인 국가의 이야기가 되는 것이다.

재현의 중요한 목표는 공연을 통해 교육을 시키는 것이다. 실드 노트의 첫 번째 목표는 "각종 전쟁과 전투 공격 혹은 여타 과거 사건의 재현을 통해 대중을 교육시키고, 우리 문화유산에 대한 관심을 고취시키는 것"[7]이라고 밝히고 있다. 이런 말을 통해 재현이란 것은 교육적인 공연, 정확하고 검증 가능한 역사로서 리빙 히스토리의 범주에 포함되는 것임을 알 수 있다. 이 현상을 공연 이론의 관점에 놓고 봤을 때, 기사 복장을 하고 펼치는 포스트모던 연극의 요소를 포함한 역사 재현이 '역사적' 혹은 '사회적' 정체성의 고정 관념을 약화시킨다고 볼 수도 있다. 그러나 재현의 과정에서는 그에 못지않게 역사적 리얼리즘 역시 중시된다. 실드 노트는 "관객 앞에서 역사를 재현할 때는 17세기와 21세기의 옷을 섞어 입는 의상 스타일은 용납되지 않는다"라고 경고한다.[8] 역사는 연기자가 연기하는 하나의 역할이다. 하지만 그 역사에 의문을 품게 해서는 안 되는 것이다. '검증 가능성'이 있기 때문에 역사는 유연성을 발휘할 수 없는 규칙과 특별함을 지니게 되는 것이다. 역사적 진실성이 역사 재현 활동을 명령하고 훈육시키는 것이다. 윌리엄 C. 데이비스William C. Davies는 재현 참가자들에게 "그 사람이 되어 그 사람처럼 말하고 행동하며 절대로 머릿속에서 1860년대를 벗어나지 말 것"을 주문한다.[9] 역사 재현의 역동성은 재현의 '진실성'과 관객에게 보이는 역사의 사실성 사이에 있다. 그들은 이처럼 진실성에 기초한 공연과 교육의 중요성을 추구하고자 한다. 그러나 동시에 재현가들은 역사적 인물을 연기하고 묘사한다. 따라서 그들이 행하는 동작의 이데올로기적인 혹은 자료적인 의미와는 멀어진다. 그래서 이것은 한편으로는 특별한 규칙을 지닌 여가 활동이고, 또 다른 한편으로는 교육하고 계몽적인 성격을 띤 진지하고 엄격한 퍼포먼스다.

여기서의 역사는 또한 '레저' 담론과 맞물린다. 한편으로는 교육적 측면에서 유용한 것이지만, 또한 여가 시간에 행해지는 행위로서의 레저인 것이다. 재현가는 가르치는 사람이면서 동시에 취미 애호가다. 그들은 연기자 간에 그리고 관객과 말을 나눈다는 점에서 친숙한 존재이면서도, 한편으로 그들은 색다르고 낯선 복장을 한다는 점에서 타자화된다. 여기서 관객과 참여자 사이의 역학은 엄청나게 복잡하고 유동적이다. 게다가 관객은 대개 휴식 중이거나 일에 묶여 있지 않다. 또한 그들의 역사 체험은 교육 제도의 틀 밖에 있다. 여기서 문화는 제도적인 것에 얽매이지 않는 것, 어떤 점에서는 질서 있지만 그것과 더불어 여가 시간의 취미 활동의 일부이기도 한 것이다. 계보학과 마찬가지로 재현은 '진지한' 여가 활동이다(5장 참조). 그 활동을 통해 참가자들에게 자신의 경력을 개발하고, 배우고 개선하며 숙달시켜준다는 의미에서 그렇다. 따라서 그것은 근본적으로 교육적이다.

가장 많은 참가자가 있는 전투 재현 그룹은 미국 시민전쟁이며(약 1만 2,000명이 1988년 게티즈버그의 125주년을 기념했다), 제1차 세계대전, 제2차 세계대전, 그리고 한국전쟁과 베트남전쟁을 하는 재현가들이 점점 늘어나고 있다.[10] 이것은 진실성의 관점에서 윤리적인 이슈를 불러일으킨다. '역사 재현이 전쟁을 재현하는 적절한 방법인가?'[11] 여기에는 역사적 진실이나 폭력을 사소화한다는 문제가 있다. 재현가들은 흔히 자신들의 공연을 통해 전쟁에서 죽은 사람을 추념하는 것으로 여긴다. 그리고 그들을 기념하기 위해 영화를 만들어 바친다. 그러나 거기에는 현대인의 몸에 맞는 군장 한 벌을 찾을 수 없는 등의 여러 가지 시대착오의 문제가 있다. 이 취미 활동은 하나의 역설이라 할 수 있으며, 이는 의식적으로 그렇게 된 것이기도 하다. 그것은 실제 일어났던 역사이기는 하지만 오늘날이라면 다른 길을 택했을(최종적으로 죽음은 피했을) 그런 역사를 다루는 퍼포먼스다. 그것은 광범위한 문제보다는 지역적·구체적인 데 관심이 있다. 재현 활동은 진짜 전쟁처럼 사실감 있게 행해진다 — 참가자들이 그렇게 하기를 원한다. 이런 사실성은 외부적인 힘(학문적인 역사), 전투자의 기술, 그리고 그들의 현실성에 대한 의지가 있기에 가능한 것이다. 그것은 한편으로 포스트모더니즘적인 역사의 패스티시이며, 다른 한편으로 그것은 한 사람이 현재의 자아와 만나려는 레저의 하나일 뿐이다.

다음으로 재현은 역사라는 범주 안에서 다양한 '체험'과 함께 역사 소비의 복합성을 제공한다. 그것은 관객에게 역사에 참여할 권한을 주며, 동시에 그들에게 구경하는 역사, 즉 공연과 이야기(그리고 사건을 조망하는 특정한 내러티브 규칙이 있는 이야기)로서의 역사를 경험하게끔 한다. 바라본다는 사실이 관객들에게 권한을 주며, 그들이 걸을 수 있고 눈길을 돌릴 수 있다는 것이 이런 힘을 더 강화한다. 또 그들에게 어떤 해석적 권위를 준다. 그러나 재현가들은 이런 관계 속에서도 더 많은 권한이 있는 역할을 한다고 볼 수 있다. 왜냐하면 그들은 '입증할 수 있는' 믿을 만한 역사에 대한 권위를 자기 쪽에 가지고 있기 때문이다. 어떤 사람은 진행 중인 재현 공연으로 발을 돌릴 수도 있다. 심지어 당신이 교육을 받지 않으려 한다면 당신은 그 전체 과정 속에 암시된 휴머니스트적 완벽함과 이해의 담론에 참가할 수 없다. 당신이 문화 유적에 관심이 없다면 당신은 국민의 이야기와 국민적 정체성에 참여할 권리를 스스로 내놓는 것이다. 역사를 통해 나라를 이해하려는 휴머니스트적인 동력은 어떤 수준에서나 역사를 가르치는 오늘날의 방식에서 흔한 것이다.

그러나 이런 역사 재현이 보여주는 국가의 이야기는 상대적으로 획일적이다. 그것은 공유된 역사라는 문화초월적인 개념에 의존하는 것으로 민족적인 차이나 문화적 복잡성을 무시한다. 재현가들은 일반적으로 역사적 논쟁이나 복잡한 문제를 회피하려는 경향이 있다. 아일랜드의 독립전쟁을 재현하는 어떤 사람은 클레어세크 오이르Clairséach Óir(아일랜드 전통 악기)를 이용하겠지만, 다른 아일랜드 그룹은 제1차 세계대전을 재현하기도 한다. 또 다른 아일랜드 그룹 오닐스 컴퍼니O'Neill Company는 캐릭퍼거스 성에 기반을 두고 1640년대를 재현하는데, 이것 역시 논쟁의 대상이 되는 시기다. 아일랜드는 특별한 경우다. 당연히 아일랜드의 역사는 표면적으로는 정치적인 현재와 좀 더 연관되어 있다.[12] 물론 재현 그룹 중에는 베트남의 미국전쟁을 재현하는 그룹도 있다. 그러나 일반적으로 재현 집단들은 스스로를 비정치적 그룹으로 소개한다. 이것을 감안한다면 역사 재현에서 '적'의 개념은 흥미로운 것이다. 한편에서 적은 역사에 의해 미리 예견된 것이지만, 다른 한편에서는 적이 당신 조직의 부분이다 ─ 알아보기 쉬운 친숙한 존재이면서 낯선 타자인 것이다. 실드 노트에 참여하는 사람들은 '라운드헤드'나 '카발리에' 둘 중 한쪽을 선택하고, 재현 활동 속에서의 자신의 정체성은 자신이 선택한 쪽에 따라 달라진다. 시민전쟁의 애매한 개념인 친숙한 적 타자enemy other와 싸우는 것은 어떤 면에서는 1640년대 재현가들에게는 좋은 점이라 할 수 있다. 왜냐하면 그것이 양편의 사람들에게 더 큰 맥락의 역사적인 상황을 염두에 두지 않고도 승리를 쟁취하고 전투에서 이기도록 해주기 때문이다. 적은 전체적인 '체험'에 자연스럽게 섞여들어 간다.

많은 수의 재현 집단은 독자적으로 활발하게 '적'을 그려낸다. 월드 워 액시스 리인액트먼트 소사이어티World War Axis Re-enactment Society: WARS는 독일 부대를 재현하는 영국의 상위 조직이다. 예를 들어 한 소사이어티는 '다스 리히Das Reich'의 두 번째 정찰대SS Aufklarungsabteilung 대대를 재현한다 ─ 또 다른 팀은 헤르만 괴링 디비전(HG Flak Abt)을 재현한다. 각 집단의 인터넷 홈페이지들은 스스로를 우익과는 거리를 두며 인종주의적 정치학들과도 거리를 둔다. WARS의 첫 번째 룰은 "절대 농담으로라도 나치식 인사를 하지 말 것"이다.[13] 그 말은 역사적 진실을 지향하는 것이 여전히 가장 중요하다는 것이다. "긴 머리는 회원으로 받지 않으며, 뒤로 길게 묶은 머리와 덥수룩한 수염도 받지 않는다. 이것은 WARS가 그 시대의 독일 군인을 묘사하려고 노력하기 때문이다."[14] 수련생들은 종종 서로 간에 독일어를 쓰며, 그들의 군장은 가능한 한 진짜에 가깝다. 그것의 역동성은 재현의 '진실성'과 보여주는 역사의 '사실성' 사이에 있다. 그러나 그것은 이데올로기에 의해 이해·타협된 진실성이다. 수행자들이 나치즘의 역사적 동기를 부인함으로써 그런 재현 놀이는 이 행위가 게임이나 역할이며, 따라서 우리에게 과거에 대한 심화된 이해를 하도록 해주지는 못한다. 사실 그것은 과거의 소외화, 타자화를 가능케 한다. WARS가 인정하는 것은 우리가 과거의 사실을 이해할 수는 있지만, 그것을 하는 사람들의 동기는 이해할 수 없다는 것이다. 이것은 대본화된 퍼포먼스이며, 감정 이입을 통한 과거의 재창조라기보다는 '역할' 속에 들어가 살아보는 것이다.

재현 참가자들은 '항상' 그들 스스로를 역사로부터 타자화된 사람으로 인식하지만, 한편으로는 역사적 진실성을 추구한다. 그들은 완전한 이해를 내세우지는 않으며, 그래서 역사를 체험하는 것으로 느낄 수 있는 것은 '역사'의 아포리아aporia다. 거기에는 역사적 진실성은 결코 획득될 수 없는 것이지만, 점차 그 진실성을 향해 간다는 목적론적인 이상이 있다. 다음으로 재현은 역사의 약점을 공연을 통해 보여주는데, 그 약점을 '역사의 또 다른 측면'으로 바꾸어놓는다. 이런 체험에서 가장 중요하게 여겨지는 것은 역사 속에 있는 결여와 결핍 그리고 역사의 타자화이며, 이런 타자화에서 진정한 '역사' 체험이 이루어지는 것이다. 역사 속에서 존재하는 우발적인 사건의 우연성이나 다양성에 대해 알게 되는 것이다. 그것은 자아를 잊어버리고 그 순간과 체험 속에 몰입되는 환영에 가깝다고 볼 수 있다. 재현가는 '역사' 속에 들어가는 게임 속에서 스스로를 잃어버린다. 역사 속에 들어간다는 것은 그들이 갈망하는 것이지만, 결코 이룰 수 없는 일이다. 그러므로 게임은 항상 미완성으로 끝난다. 사실 이런 것을 고려한다면 역사 재현 속에 포함되어 있는 포스트모던한 연극이 '정상적인' 삶의 재현보다 실증주의적인 '온전한' 정체성을 거부한다는 점에서는 훨씬 더 진짜 인간적이라는 것을 알 수 있다.

아주 많은 재현은 사적인 것이고, 그런 사적인 이벤트와 좀 더 대중을 즐겁게 하는 공적인 쇼 사이에는 확실히 차이가 있다 ― 특히 그 공개된 재현에는 대본이 있다. 그래서 좀 더 넓은 역사적 내러티브의 측면에서 보면 여지없는 '진짜'다(이에 비해 비공개인 재현 이벤트는 정해진 패턴을 그대로 따라 한다거나 하지 않고 자신들의 의도대로 펼친다는 점에서 훨씬 더 '실제적'이라고 할 수 있다). 톰슨이 말한 대로 "모순적이게도 그들이 어떤 수준의 역사적 진실성을 획득하는 것'은 미리 정해진 역사 대본이 없을 때뿐이다."[15] 재현가 대부분은 사적 재현 행사를 더 선호한다. 왜냐하면 그들은 단순히 공연을 한다기보다는 역사에 대한 그들 나름의 소유를 주장하는 것이며, 교수나 전문가가 생각하고 있는 역사를 그저 주워섬기는 것이 아니라 자신들만의 주장을 펼치는 것이기 때문이다.[16] 그들은 '기존의 학문적이고, 대중적인 역사 영역의 바깥에 있다'.[17] 그들은 또한 평범한 보통 군인이 되는 데 훨씬 더 관심이 있다. 지도자가 되거나 특별히 유명한 누군가가 되는 것은 흔하지 않다. 이것은 그 개인들이 평범함/정상적인 면과 전쟁의 일상을 체험하는 데 더 관심이 있다는 사실을 드러내는 것이다. 이처럼 역사의 정상적인 모습을 연기하고 개인화하는 것이 역사 재현의 '과도한 진실성'의 가장 중요한 핵심이라 할 수 있다. 재현 참가자들이 이렇게 몰두하는 것은 '그들은 자율적으로 자유롭게 행동할 수 있으며, 역사에서 실제로 어떤 일이 일어났는지보다 무엇이 일어났을 수 있는지에 대해 스스로 결정할 수 있다는 것을 의미한다.[18] 그러므로 이것은 역사적인 사실의 배경 화면에 개인이 해석한 이야기를 투사하는 것이며, '역사'를 배경 막으로 사용하면서 자신을 위한 이야기와 등장인물을 스스로 만들어가는 것이다. 우리는 재현의 두 가지 속성을 가정할 수 있다 — 단지 가르치고 싶어 하는 공적이고 교육적인 요소가 있는 한편, 역사학적인 문제보다는 개인화된 역사 체험에 더 관심 있는 요소도 있는 것이다.

이와 동시에 유튜브와 비디오 공유 사이트들이 점점 더 많이 역사 재현가들의 영상을 전파하고 있다. 이런 영상 속에서는 사운드트랙이나 보이스오버, 내용 개요, 관련 정보 화면 등을 함께 담는다. 정통파 재현가들은 이런 요소를 재현 활동이 낭만화되면서 생겨난 것들이라며 탐탁지 않아 한다. 비디오 공유 사이트는 커뮤니티를 만들고, 보는 이들에게 좀 더 예상 하기 어려운 '공연'을 즐기도록 한다. 그들은 또한 재현 활동을 역사 장르 인 전쟁 영화 사이사이에 집어넣는다. 그래서 다큐멘터리에서 진짜 재현 의 사용의 의미를 묘하게 복잡하게 한다. 유튜브의 비디오들은 재현의 임 의성, 전투 상황의 예측 불가능성, 그리고 재현가 사이에서 일반적으로 무 슨 일이 일어났는지 깨닫는 것이 불가능함을 강조한다. 유튜브는 재현과 연관되어 최근 몇 년 사이에 등장하기 시작한 관련 산업 중 하나다. 이 외 에도 다양한 글로벌 회사와 잡지[영국의 ≪스커미시Skirmish≫와 ≪콜 투 암스Call to Arms≫, 미국의 ≪시빌 워 히스토리언Civil War Historian≫ 같은] 그리고 관련 웹사 이트와 다양한 대중적 이벤트가 점점 더 많은 인지도를 얻으며 생겨났다.[19]

역사적 증거로서의 역사 재현과 장소: 다큐멘터리

마이클 윈터보텀Michael Winterbottom의 영화 〈트리스트램 샌디, 터무니없 는 이야기Tristram Shandy, A Cock and Bull Story〉[1](2005년)에는 코미디언 마크 윌 리엄스Mark Williams가 카메오로 등장한다. 그는 역사 재현의 조언자로, 별 로 중요하지 않은 세세한 정보에 집착하는 사람으로 나온다. "나는 죽은 사람들의 명단을 가지고 있어.…… 그날 아침에는 92명이 죽었지.…… 나 는 진짜, 정확한 이름을 줄 수 있고 그러면 그들은 서로의 이름을 불러 재

---

1)   **트리스트램 샌디, 터무니없는 이야기**: 이 영화는 〈트리스트램 샌디〉라는 영화를 찍는 과정 을 담고 있다. 이 영화에서 배우들은 영화 속 영화에서 맡은 등장인물을 연기함과 동시에 영화 밖의 배우 역할을 이중으로 연기한다.

〈트리스트램 섄디, 터무니없는 이야기〉 중에서, 스티브
쿠건(Steve Coogan)과 롭 브라이던(Rob Brydon)이 연
기를 펼치고 있다.

끼며 전쟁을 즐길 수 있을 거야."[20] 다른 영화 속 영화에 출연하는 스타와
감독이 그 영화의 극적인 효과를 칭찬하는 행동을 그는 비난한다. "개떡
같은…… 끔찍하게 처음부터 끝까지 부정확한 영화"들이라고. "우리는
그런 팬터마임에 참여하는 것에는 관심이 없다"라고. 이것은 이 영화의 자
기반영적 성격을 드러내는 것이다. 즉, 카메라 뒤에서 무슨 일이 일어나
는지 보여주려는 것이며, 최종적 산물인 영화의 오류를 설명하려는 것이
다. 그리고 이런 이유로 이 영화는 원자료가 되는 텍스트들을 아주 자세
히 추적한다. 이런 메타 텍스트적meta textual 요소는 코스튬 드라마가 지닌
리얼리즘의 권위를 약화시키며 '진짜'에 집착하는 것은 바람직하지 않다
는 것을 드러낸다. 윌리엄스의 캐릭터는 드라마가 반드시 진짜에 가까워
야 하는 것은 아니라는 것을 보여주고, 코스튬 영화의 리얼리즘적인 궤적
을 무너뜨리는 것이며, 또한 관객들로 하여금 그들이 과거에 접하는 행동
들을 재평가하도록 만든다. '역사적 진실성'은 필수적인 것인가? 만약 그
렇다면 어느 정도로 진짜여야 하는가? 이 영화 속에서 펼치는 이중연기[2]

---

2)   **이중연기**: 더블 퍼포먼스. 영화 속 영화의 배역과 현실의 실제 배우 자신을 동시에 연기

는 일반적인 역사 재현에 대한 여러 가지 논점을 부각시키면서, 그것이 역사와 일치하지 않음을 잘 알게 해준다. 〈터무니없는 이야기〉는 전쟁을 영화로 만드는 것이란 실제로는 몇몇 배우가 옷을 차려 입고 들판을 이리저리 뛰어다니는 것일 뿐이라는 것을 관객이 눈으로 보게 해준다. 그러나 관객은 완성된 장면을 볼 때는 그것이 진짜 과거의 모습이든 아니든 간에 그 속에서 과거를 본다고 전제된다. 그리고 실제로 관객은 그것을 과거의 모습으로 여긴다. 마찬가지로 재현된 장면들은 분명 그때 촬영된 화면이 아니며, 관객은 그 장면에 나오는 사람들이 현대의 배우임을 알고 있다. 잘 알려진 '스타'가 이런 장면에 등장할 때 혹은 역사 드라마나 코스튬 드라마에서 주인공으로 캐스팅될 때, 유명한 스타가 유명한 역사적 인물을 연기하는 그런 불일치 때문에 허약한 영화의 모사를 깨버린다. 적어도 관객은 상상 속에서 여러 가지 생각을 한꺼번에 해야 하는 것이다.

영화 〈터무니없는 이야기〉를 통해 우리는 영화에서부터 다큐멘터리, 박물관, 연극에 이르기까지 역사·문화 산업에서 역사 재현이 꾸준히 활용됐다는 것을 알 수 있다. 문화·역사 상품은 어떤 방식으로든 명백하게 하나의 '재현'이다. 그것은 거시적인 차원에서부터(잘 알려진 전쟁 장면의 사실적인 엑스트라들 같은 경우) 미시적인 차원(잘 알려진 스타들이 전쟁 옷을 입고 나옴)에 이르기까지 다양한 차원에서 이용되고 있다. 영화·드라마·텔레비전과 게임은 그것이 문학적이든 역사적이든 간에 과거를 재생시키며, 역사를 생생하게 눈앞에서 공연으로 펼쳐 보이는 것들이다. 특히 역사 다큐멘터리에서 이루어지는 재현의 활용은 흥미롭다고 할 수 있다. '재현'은 이전과 비교해 상대적으로 1990년 이후부터 내러티브를 드라마화하고 관객 참여를 강조하기 위해 여러 텔레비전 역사 다큐멘터리에서 점차 많이 사

하는 것을 의미한다.

용됐다. 로버트 휴이슨Robert Hewison이 맹비난한 것처럼 "문화재는 과거의 이미지로 실제 사실을 대체함으로써 점차 역사를 지워나간다".[21] 이것은 사이먼 샤마의 〈히스토리 오브 브리튼〉에서 명백히 드러난다. 예를 들자면 말 탄 남자가 나오는 두 개의 똑같은 화면이 각각 다른 맥락에 배치된다(이 환유적인 스타일이 패러디에 적합한지 논의하기 위해서는 1장을 참조할 것). 데이비드 스타키의 시리즈는 다큐멘터리와 드라마의 혼합을 가속시켰다. 〈히스토리 오브 브리튼〉에서는 중간에 다른 장면을 삽입하는 방식을 썼지만, 〈엘리자베스〉의 경우 긴 시퀀스들 안에서 배우들은 왕비, 세실, 더들리와 스콧가의 메리가 대저택을 돌아다니며 서로 이야기하거나 중심인물을 흉내 내는 역할을 했다. 여러 가지 재현 장면에는 편지 읽기나 목격자 증언 등이 들어가는데, 이것은 연기에 실증을 얹어주어 역사적 진실성을 더한다. 〈히스토리 오브 브리튼〉에서처럼 그 시리즈는 역사적 '사실'이라는 것을 추측이나 음악, 퍼포먼스와 함께 뒤섞어서 분위기를 고조시키고 사실성을 더한다. '극적인 역사 재현'이라 부를 수 있는 이런 것들의 활용은 샤마의 '컷어웨이cut-away' 방식 연출[3]보다 역사를 드라마로 바꾸어놓는다. 스타키의 학문적 내레이션이 역사적 사건을 낯설게 했던 것에 반해 이런 장치들은 역사 속 사건을 퍼포먼스의 담론 속에 자리 잡게 하는 것이다. 즉, 역사적인 사건을 알아보기 쉬운 영상화된 실체로 만들어놓는 것이다.

두 가지 예 모두에서 역사 재현은 대체제다. 시각적이며 육체적인 '체험된 역사'가 진짜가 되는 것이다. 이것은 앞에서 말한 영화에서 윌리엄스의 관객에게는 그가 싫어하는 장면이 틀리거나 맞는 것은 중요한 것이

---

3) **'컷어웨이' 방식 연출**: 주요 동작의 흐름과는 직접 관련이 없으나 두 숏 사이에 위치하는 장면 혹은 그 편집 방법을 말한다. 예를 들어 자동차 경주 장면에서 자동차가 달리는 장면을 보여주고 이어 환호하는 관중 장면을 붙인 후 다시 자동차 장면을 보여준다면 관중 장면이 컷어웨이 숏이다.

〈파워 오브 아트(Power of Art)〉 빈센트 반 고흐 편에서 사이
먼 샤마와 앤디 서키스.

아니며, 어찌 됐든 관객은 그 장면에 몰입한다는 게 중요하다는 것과 마
찬가지다. 다큐멘터리에서 역사 재현의 사용은 역시 이것이 대중적 역사
재현에서의 핵심적 수단이고 별로 특별하게 보이는 게 아니며, 과거를 시
각화해서 보여주는 일이 절대적으로 필요한 일이라는 점을 보여준다. 예
를 들어 옛 시대를 다룬 다큐멘터리에서 당시의 자료 화면이 실제 있다면
관객에게 그것으로 충분한 시각적 체험을 줄 수 있기 때문에 재현 장면은
굳이 사용되지 않는다. 이 같은 제작 방식은 관객에게는 보기 괜찮은 것
이지만, 전문적인 역사학자들에게 환영받기는 어려운 것이다.

우선 그것은 원래 가짜인 것이다. 그것들은 역사 혹은 역사의 외양을 재구성
하는 것이 아니다. 부정확하고 왜곡된 오도된 역사를 만들어낼 뿐이다. 예를 들
어 17세기 사람들은 21세기의 배우들과는 다르다. 그들은 키도 작고 더 말랐으
며 질병과 안 좋은 치아 때문에 흉한 모습을 하고 있다. 실제 역사적 인물을 연
기하는 배우들은 그들과 거의 닮지 않았다.[22]

다큐멘터리물이 흔히 하는 역사 재구성의 비사실성에 대한 톰 스턴 Tom Stern의 분노는 재구성에 의해 촉발된 상상력이라는 요소를 무시하고 있다. 시청자들은 그들에게 제공되는 것의 양면성을 알고 있지만, 그 부정확성은 어쨌든 잊혀버린다. 중요한 것은 이런 드라마화가 그 자체로 틀렸다는 것은 아니며, 그런 일은 항상 벌어진다는 점이다. 시청자들은 그것들이 '원래 가짜'라는 것을 알면서도 그것을 보면서 즐거워한다는 것이다. 그것은 다큐멘터리에 연기와 허구적인 요소를 첨가시켜 생기를 더해 준다. 그것은 '문제'가 아니라 다큐멘터리 역사 쇼를 만드는 오늘날의 방식이며, 역사적인 증거나 내러티브를 만드는 방법을 놓고 볼 때 다른 전문적인 역사학자들이 사용하는 여타의 방법과 마찬가지로 주관과 편견이 개입되어 있는 방식인 것이다.

학계의 의구심에도 불구하고 역사 다큐멘터리에서의 재현은 오늘날 흔한 것이며 유별난 기법으로 여겨지지 않는다. 그것은 단순한 배경 설명에서부터 좀 더 복잡한 체현에까지 폭넓게 사용되고 있다. 〈위대한 영국인들〉의 브루넬Brunel 편에서는 자막이 달린 장면에서 사회자 제러미 클라크슨이 브루넬이 건설했던 템스 강 아래 터널을 걸어서 지나간다. 그리고 보이스오버로 다음의 대사가 깔린다. "그들은 그 강이 준설되어 강바닥에 구멍이 있다는 것을 알았다. 그들은 단지 그 구멍들이 어디에 있는지를 몰랐다."[23] 갑자기 벽이 무너지고 클라크슨은 물에 빠진다. 물밑으로 내려가면서 그는 브루넬과 같이 일하면서 죽은 사람들을 이야기한다. 그 장면은 그 순간의 위험과 브루넬 생애의 중요성을 부각시킬 뿐만 아니라 클라크슨에게 브루넬을 연기하도록 함으로써 신체적 공감을 통해 주제를 이해시키고, 시청자에게 이야기를 실감나게 전달한다. 그 편에서는 문화적 유물을 통해 브루넬의 뛰어난 점을 설명한다. 일기, 문헌, 기계 도구와 소유품을 통해 브루넬의 내면을 재구성하는 것이다. 이처럼 사물에 대한 관심은 역사 다큐멘터리 내러티브에서 한 개인을 생생하게 그려내는 데 자주 이용되는 기술이다.

이 같은 시각적 사실성의 필요는 리얼리즘과 관련된 여러 논쟁을 불러일으킨다. 영화에서의 리얼리즘 수사법은 대개 진실성을 만들어내는 시도와 관련이 있다.[24] 재현을 사용하는 다큐멘터리들은 리얼리스트적인 담론을 만들어내려 애쓴다. 코미디 영화 〈몬티 파이선Monty Python〉에서 미시즈 리타 페어뱅크스가 진주만 전쟁을 우스꽝스럽게 재현하거나 〈배틀리 타운즈위민의 길드Battley Townswomen's Guild〉 혹은 〈내셔널 시어터 오브 브렌트 National Theater of Brent〉에서 프랑스혁명을 코믹하게 재현하는 방식은 다큐멘터리에서의 전쟁 재현과는 거리가 멀다. 다큐멘터리의 역사 재현은 사실주의적인 방식을 통해 권위를 얻으며, 그 엄격한 과정에 권위를 부여한다. 확실히 그런 스타일을 사용하는 것은 명백히 시대착오적이고 환영적인 시각적 이미지에 익숙한 관객에게 진행자의 설명을 더욱 자세하게 실체화한 역사를 눈앞에 보여주는 역할을 한다.

클라크슨이 브루넬을 대신해 연기하는 것은 진행자가 겪는 체험의 중요성을 잘 보여준다. 이것은 역사적 현장을 재현하는 것을 통해 가장 잘 느껴질 수 있다. 역사 다큐멘터리에서 진행자는 실제 역사 현장에서 진행하는 방식으로 장소의 중요성을 강조한다. 장소의 중요성에 대해 문화적인 관심이 이동하고 있음을 드러내는 것이다. 그 심리지리학적인 가정, 즉 어딘가에 있는 것이 그때와 지금을 연결해준다는 것은 역사와의 공감을 강조하는 것이다. 그곳을 방문하는 사람들은 과거와 자신들 간의 신체적인 연계성을 그려보며, 그들 스스로 일종의 재현가가 된다는 것을 의미하는 것이다. 문학적이고 지적인 역사 방송을 표방하는 피터 애크로이드 Peter Ackroyd의 〈로맨틱스The Romantics〉(BBC 2, 2006년)는 방송 시간 중 대부분을 1789~1830년 시기의 정치·사회적 배경을 토론하는 데 쓴다. 그 시리즈는 일반적인 오늘날의 다큐멘터리 제작 방식과 마찬가지로 진행자가 그 장소에 직접 가서 내레이션을 하고, 역사 재구성과 약간의 컴퓨터 그 래픽 이미지로 변화를 준다. 이처럼 장소를 구체적으로 드러내는 요소는 그런 시리즈들의 미장센에서 기본적인 것이며, 이런 방송에서 장소의 중 요성을 강조하는 것은 물리적인 문화 유적 장소들이 아직도 우리의 역사 이해에 필수적인 요소라는 점을 보여준다('자유'나 '상상' 같은 개념의 역사에 서도). 애크로이드가 역사적인 장소에 직접 뛰어드는 것은 그 프로그램의 핵심적 기반이라 할 수 있다. 그는 그 장소에 몸소 등장하기도 하지만, 그 것의 역사적 의미를 직접 설명하기도 한다. 그는 파리에서 거리를 돌아다 니며 혁명에 대해 이야기하기도 하며, 혹은 런던의 급진적 언론사들이 들 어서 있는 장소를 방문하기도 한다. 이것은 관객이 시각적 경험을 하도록 문제의 지점을 보여주는 것이다. 바스티유가 있는 장소는 역사적 해석을 위한 하나의 우회로다. 여기서는 이런 종류의 역사는 그 장소를 일종의 양피지로, 일련의 지도로 또한 공간적인 만남으로 본다는 것을 암시할지 도 모른다. 당신은 여기서 무슨 일이 일어났는지 상상하거나, 그 장소에 대해 심리지리학적인 해독을 해야 한다. 블루 플라크Blue Plaque[4] 같은 데 서 그런 꼬리표 붙이기의 좀 더 일상화된 방식을 찾아볼 수 있다. 즉, 그것 은 번잡한 현재 속에서 과거의 향기를 느끼게 해주는 표지판인 것이다. 물론 그것은 한 개인에게 붙인, 그 사람의 사회적 발전에의 공헌을 언급 하는 표지판이기도 하다.[25] 역사는 어쨌든 그것의 지극한 '과거성'을 인정 하면서 '살아'야 하는 것이다.

텔레비전에서 샤마와 스타키는 주로 덜 무너진 장소를 직접 찾아감으

---

4) **블루 플라크**: 공공장소에 역사적으로 유명 인물이나 사건 혹은 유명 장소를 명시해놓은 표지판을 말한다.

로써 이런 역사-공간적인 효과를 얻어냈다(비록 그것들이 잔해만 남아 있더라도 말이다). 때때로 컴퓨터 그래픽을 이용해 그런 장소를 구체적으로 재현하기도 했다. 어떤 프로그램들은 그래픽을 이용해 그 장소 전체를 되살려내기도 했다. 이는 텔레비전 역사물들이 역사를 재현하는 방식이 점차 정교화되고 있음을 보여주는 것이다. 이런 종류의 특수 효과는 〈배틀필드 브리튼Battlefield Britain〉(BBC 시리즈)에서 활용됐다. 여기서는 오늘날 평야나 목장이 된 곳을 컴퓨터 그래픽을 통해 전쟁 당시의 킬링필드로 변모시켜 보여주었다.

(컴퓨터 그래픽 이미지는) 우리에게 전쟁에서 어떤 일이 벌어졌는지를 꼼꼼하게 상세히 보여주며, 전선의 구성과 그들의 움직임을 생생하게 전달해준다. 전투가 벌어진 터를 이해하는 것은 전쟁의 경로를 따라가는 데 가장 중요한 열쇠다.[26]

이 시리즈는 전쟁이 영국 역사의 핵심이라는 것을 보여준다는 점에서 역사학적으로는 보수적인 입장이지만, 그 대신 전쟁의 신체적 체험을 강조한다는 점에서는 혁신적이라 할 수 있다. 디지털 특수 효과를 사용함으로써 우리에게 좀 더 깊이 있게 역사와 가상의 혼합을 보여준다. 이것은 또한 〈반지의 제왕〉(피터 잭슨 감독, 2001~2003년)의 거대한 디지털 전투에서 비롯한 역사를 재현하는 오늘날의 대중문화 수사법과 직접적으로 연계된다. 물론 전쟁이란 핵심적인 영화적 표현 방법이다. 그리고 이런 프로그램에 영화적인 기표가 시청자와 주제 사이에 끼어들지 않고서는 완성되기 어렵다. 한편으로 이 시리즈는 부재absence에 관한 것이다 ― 이렇듯 전쟁의 표지물들이 거의 없고, 어떤 프로그램에서는 진행자 피터와 댄 스노가 텅 빈 거리를 직접 걸으면서 거기에서 무엇이 일어났는지를 설명하기도 한다. 그러나 군인이나 장교 혹은 지도자를 연기하는 배우들에게 카메라를 들이밀고 인터뷰를 함으로써 그들의 행위에 인간적인 면모를 부여한다. 〈배틀필드 브리튼〉은 시각적 재현을 만들어내기 위해 디지털로 공간을 재건해내기도 한다. 그것을 상상으로 메우도록 하는 것이 아니라 그 공간을 실제로 채워 보여주는 것이다. 이것은 역사를 시각적인 모습으로 등장시킴으로써 지각 가능한 '진실'을 보여주는 효과가 있다. 비록 그 진실이 많은 진실 중 한 가지 담론일 뿐일지라도.

역사적 현장은 특히 군대를 연구하는 역사가들에게 중요하다. 그들은 역사와의 공감을 얻기 위해 정기적으로 그곳을 찾아가기도 한다. 예를 들어 〈전쟁 산책War Walks〉(BBC, 1997~2003년)의 진행자 리처드 홈스는 역사가에게 감정 이입이 중요하다는 것을 강조한다. 몬순 계절풍을 따라 인도의 길을 여행하는 것은 그 사람에 대해 많은 것을 말해주었다. 『아서 웰즐리의 마라타 전쟁 기록물The Maratha War Papers of Arthur Wellesley』만큼이나,[27] 이런 주장은 신체적인 공감과 재현이 전쟁의 실제 기법과 전쟁 주역의 동기를 이해하는 데 꼭 필요한 것이며, 적어도 그것이 '실제actual' 역사적 증거만큼이나 중요하다는 것을 의미한다.[28] 〈전쟁 산책〉은 홈스를 따라 여러 중요한 장소를 찾아간다. 각 편에서는 다양한 집단과 조직이 펼쳤던 전투를 재현하기도 한다. 이 프로그램에서 전투 재현을 해야 하는 이유는 몸소 그 역사의 현장에 있어야 한다고 믿기 때문이다. 전투 재현자들은 조상의 업적을 생생한 사람의 모습으로 몸소 담아내는 것이다. 마찬가지로 피터 스노와 댄 스노는 '전투 체험'을 수행한다. 이들의 전투 체험은 가짜 대포를 쏘는 것부터 현대의 폭동 진압 경찰대가 '보호벽'을 치는 것 또는 전투기의 공중전까지 다양하다. 또는 전투의 구체적 내용을 보여주기 위해 친숙한 재현가들을 활용하기도 한다. 여기에서는 또한 야망에 찬 귀족을 따라 전투에 참가했던 것을 후회하는 군인들의 감정이나 동기 같은

것을 부각시키기도 한다.[29]

여기에는 다양한 층위의 '체험'이 있다. 디지털 재현이나 무기 같은 실제적 역사적 유물을 보여주는 것, 대리인인 진행자들의 개인적인 체험, 현대의 시청자들을 이해시키기 위해 전쟁 상황을 개발하는 것, 그리고 컴퓨터 그래픽 시각 자료. 그것을 통해 이런 쇼에서는 전쟁이 오늘날 물리적으로 남긴 것이 없어도 시청자들에게는 기호학적으로 역동적인 자료와 상상적이고 신체적인 체험을 다양하게 제시해주는 것이다. 이 쇼의 부수상품으로 출간되는 책은 본문 구성을 다양하게 함으로써 이런 복합성을 잘 보여준다. 이런 책에는 역사적 사실, 이야기체의 산문, 지도, 문화 유물 사진, 전쟁터의 컴퓨터 그래픽 이미지, 현대의 목판화와 사진, 전투 재현가들의 그림, 역사적 현장의 평화로운 오늘날 모습, 그리고 반다이크Anthony Van Dyck의 찰스 1세 초상화와 컴퓨터 그래픽으로 복원한 그의 얼굴을 나란히 배치하는 등 다양하게 담고 있다. 이런 책에 등장하는 역사적 지도자들의 그림은 대부분 이런 식이다. '진짜' 모습과 '컴퓨터 그래픽적으로 진짜인' 모습이 함께 들어 있다.

역사 정보의 재현에서 가상의 영향력은 디스커버리 채널의 〈가상의 역사: 히틀러 암살의 비밀 계획Virtual History: The Secret Plot to Kill Hitler〉에서 가장 잘 드러난다.[30] 이 가상의 역사물은 이런 종류의 방송물의 분수령이 됐고, 그 프로그램이 혁신적이라는 점은 부인할 수 없다. 하지만 이런 혁신은 여러 면에서 문제를 내포하고 있다.[31] 그 프로그램은 독일군의 반란 당파들이 히틀러를 암살하려 했던 1944년 7월 20일의 사건을 그린다. 대령 폰 스타우펜베르크Von Stauffenberg는 불만이 많았던 선임 장교로, 폭탄을 설치해 독일 지도자를 거의 죽일 뻔했다. 그 프로그램은 이런 종류의 작품에 일반화되어 있는 정통적인 내러티브를 사용한다 — 역사가들이 이야기를 들려주고 배경을 설명하며, 폰 슈타우펜베르크의 아들이 증언을 하고, 오늘날의 뉴스 화면과 사진 등이 첨가되는 방식으로 이루어져 있다. 컴퓨터로 만들어낸 이미지는 그 상황의 지리를 설명하기 위해 사용되고, 시청자들에게 다양한 세팅의 3차원적 계획을 보여주기 위해 사용된다(루스벨트의 기차, 처칠의 침실, 스탈린의 시골 별장, 히틀러의 동부 전선의 지휘 벙커 등이 그것이다). 그 프로그램의 역사적 접근은 보수적이라 할 수 있다. 특정한 성격을 띠는 전쟁 중 일어난 사건의 중요성과 '만약 그랬다면' 성공적인 군대 반란의 결과가 어땠을까와 같은 시나리오 수사법 둘 다에 초점을 맞추고 있는 것이다.

그러나 '가상의 역사' 프로그램이 돋보이는 점은 '실제 역사 사건을 재창조하려는' 시도라고 할 수 있다.

> 역사 속 가장 유명한 인물들이 비슷하게 생긴 배우들과 최신의 컴퓨터 애니메이션 등을 이용해 사실적인 영화 자료의 스타일로 되살아난다. 이것은 마치 역사 속 중요한 그날의 현장에 있는 것 같은 느낌을 시청자들에게 전달한다.[32]

디스커버리 채널은 "당시에는 실제로 촬영되지 않았던 자료 화면을 재창조한다"는 독창적인 주장을 펼친다.[33] 그 프로그램은 주로 사람들의 증언에 의존하면서 비주얼 내러티브를 만들어내고 역사의 빈틈을 메운다. 그것은 '시청자들로 하여금 자신이 바로 거기에 있다고 확실히 믿도록 하는' 것이다.[34] 역사 재현이나 연출은 이제 더는 충분하지 않다. 이런 영화 만들기 스타일은 시각적으로 역사적 사실성을 추구하는 것으로, 마치 당시의 장면을 영화로 촬영한 것과 같은 화면을 만들어내는 것이다.

그러한 재창조적인 방송과는 대조적으로 애크로이드의 시리즈는 과거와 현재의 관계를 강조하기 위한 새로운 접근법을 선보인다. 그 시리즈의 핵심적인 주장은 "낭만파들은 중요하다. 왜냐하면 그들이 현대 세계를 정의하고, 그래서 실제로 창조해내는 데 도움을 주었기 때문이다. 그들은 우리 모두가 지금 생각하고 상상하는 그런 방식을 만드는 데 도움을 주었다"라는 것이다.[35] 이것을 추구하는 데 그 프로그램은 시대착오적 재건이라 명명할 만한 것을 사용했다. 배우들은 바이런, 워즈워스, 루소 같은 역사적 인물의 작품을 명백히 현재 상황 속에서 연기한다. 길거리의 간판과 낙서는 신호 체계와 소품으로 쓰인다. 인상주의적인 카메라는 거의 고정되어 있지 않고 흔들린다. 심지어 가장 중요한 역할을 하는 애크로이드를 비출 때도 카메라가 흔들리는데, 이것은 그에게 초점을 맞추기보다는 그를 그 장면에 더해지는 역할로 만들어버린다. 종종 배우들이 그의 어깨너머 배경으로 보이고, 이것은 진행자와 역사적 재건 사이의 경계선을 없애는 역할을 한다. 이런 효과는 낭만주의 사상이 동시대에 남긴 영향력, 즉 그 시대의 사상이 지속적으로 현존하며 중요성이 있다는 것을 암시한다. 배우들이 역사적 인물들의 말을 그대로 인용할 때 화면에는 그에 대한 주석이 자막으로 보인다. 애크로이드에 따르면 이런 텍스트들이 오늘날의 사회를 세우는 기초적인 단위로서 실체를 띠게 된다. 그들의 구상은 단순히 머릿속에 머무르는 것이 아니라 실제적인 결과를 만들어내며, 그리고 이것은 어찌 됐든 간에 그 저술을 역사적 장소나 유물과 유사한 것으로 만드는 결과를 낳았다. 그것들은 우리의 사회적 경험에 여러 층위를 부여하는 공명의 힘이 있는 장소였다. 또한 애크로이드의 방송 시리즈는 그것이 신체적·심리적으로 동시대 생각의 텍스트적인 기원을 있는 그대로 보여준다는 점에서 심리지리학적이었다.

리빙 시어터: 박물관, 라이브 그리고 리빙 히스토리

역사 재현과 마찬가지로 리빙 히스토리는 과거를 일인칭적으로 해석하도록 해준다. 이와 동시에 그처럼 역사를 연기한다는 것은 교육적인 가치도 지닌다.[36] 리빙 히스토리의 진행 과정은 관객이 공연자와 함께 참가하는 역동적인 관계를 만들어내면서 서로 간의 상호 작용을 통해 이뤄진다. 구데이커Goodacre와 볼드윈Baldwin은 리빙 히스토리, 즉 '역사적 공간에 살기'를 지지하는 사람들로서 그들의 주장은 이렇다.

> 과거와의 관계란 것은 그 과거 속의 인물을 드러낼 때 가장 잘 나타난다. 어떤 집의 구조라든가 그 속에 있는 물건 같은 것은 그 공간 속에서 살아가면서 그 물건을 만들고 직접 쓰고 또 버리고 했던 사람을 이해하지 않고는 제대로 이해할 수 없지 않은가.[37]

이런 관점에서 본다면 문화 유물이라는 것은 실체도 없는 역사성이라는 잣대보다는 사람과의 관계라는 면에서 고려될 때만 의미가 있다고 할 수 있다. 재현 연기는 문화 유물과 장소에 생명을 불어넣는다. 관객이 그 공연에 참여하는 것은 과거에 대해 또 다른 스타일로 과거를 배우고 접하는 것이다. 이는 공연에 즉흥성이 더해질 때 특히 그렇다. 적극적인 관객도 있겠고 수동적인 관객도 있겠지만, 그러한 상호 작용을 통해 그들은 역사에 대한 개인적 반응을 드러내고 새로운 학습 방법을 익힌다. 이와 동시에 그것은 방문자들을 혼란시키고 당황스럽게 할 수도 있다. 이것은 역사와 관련된 수집품을 구경하는 전통적인 방식과는 다른 것이기 때문이다.[38]

재건된 역사 혹은 리빙 히스토리는 라파엘 새뮤얼의 해석에 따르면 포스트모더니즘의 '최고의 비유 혹은 수사법'을 보여주는 것이다. 진짜 사실 대신 그것은 이미지, 즉 하이퍼리얼리티를 우리에게 제공한다. 여기서 옛 날의 사물들은 '지금 이곳'의 사물보다 훨씬 더 현실감 있게 다가온다.[39] 여기에서 제시되는 지식 역시 여느 박물관만큼이나 교육적인 방식으로 제시되지만, 차이점이 있다면 그 지식을 '교육'시키겠다기보다는 '체험'시 키겠다는 방식으로 제시된다는 점이다. 그것은 학문이라기보다는 '학습' 이며, 하나의 생활양식을 선택해 유지하는 것이라고 하겠다. 그러나 재클 린 티버스Jacqeuline Tivers가 지적한 것처럼 '리빙' 히스토리는 교육이나 돈 벌이에 필수적으로 관심을 두지 않는다. 이런 점에서 보면 '리빙 히스토리 는 어떤 점에서 역사를 유용하고 가치 있게 하여, 그 결과 문화유산을 만 들어내는 그런 측면이 있다. 비록 그렇게 만들어낸 문화유산이 여행사들 의 상업적 이득을 위해 사용될지라도'.[40] 리빙 히스토리는 사적私的인 역사 재현이 그랬던 것처럼 '역사의 상업화'라는 경향에서 벗어날 수 있었고, 그 때문에 이것은 독특한 독립성을 띨 수 있었다. 재현과 마찬가지로 리빙 히스토리에 참가하는 사람들은 역사적 진실 속에서 스스로를 잃어버리기 위해 노력했다.

이런 역사 재현의 역할을 맡기가 '얼마나 의식적인가'를 살펴보는 일은 흥미롭 다. 그들은 그들의 역할을 '의식적이지 않은' 것으로 만들기 위해 아주 열심히 노력하며, 그런 의미에서 아마도 그것은 '연기자'로서 묘사되지 않을지도 모른 다.…… 그들은 그것을 끝내기 전까지는 등장인물 속에 머물러 있다.[41]

스톡홀름의 스카센Skansen 민속박물관[5]은 최초의 리빙 히스토리로서

---

5)   **스칸센 민속박물관**: 스웨덴의 스톡홀름에 있는 세계 최초의 민속박물관이다. 스웨덴 사

음악가와 공예가를 동원해 하나의 마을로 만들었다. 1891년 개장해 아직도 매년 100만 명의 사람들이 이곳을 찾는데, 드넓은 야외에 펼쳐진 이곳 박물관 안에는 옛 건물과 옛 시절의 철물점, 빵집, 가구공장 같은 곳에서 어떻게 일하고 생활했는지 당시의 작업 환경을 옛날 모습 그대로 보여준다. 건물의 형태는 스웨덴 전 지역의 것들을 그대로 가져왔기 때문에 이곳은 사실상 스웨덴이라는 한 나라의 역사를 축소해놓은 것과 다름없다. 이렇게 열린 공간의 야외 박물관 형태로는 가장 큰 것으로, 전국 곳곳에 흩어져 있던 역사적인 의미를 지닌 장소가 건축을 통해 한곳에 모였다고 볼 수 있다. 이것이 특별히 유별난 것이라고 할 이유는 없다. 결국 대부분의 박물관들은 다양한 범위의 지역에 있던 자료들을 나름대로 한자리에 모아놓는 것이기 때문이다. 하지만 넓게 퍼져 있는 야외 박물관 안에서 그런 실감나는 환경에 몰입할 수 있게 설계된 디자인 덕분에 이것이 여러 지역의 것들을 한데 뒤섞어놓았다는 생각은 들지 않는다. 이곳에서 재현된 과거는 시대적으로 보면 뒤죽박죽 섞여 있다.[42] 철물점은 1930년대 스타일, 빵집은 1870년 스타일과 같은 식이다. 라파엘 새뮤얼은 이것에 '역사 브리콜라주bricolage'[6]라는 애칭을 붙였다.[43] 스칸센 민속박물관처럼 농공생활과 전통을 재현해놓은 곳으로는 올드 월드 위스콘신Old World Wisconsin, 아이언브리지Ironbridge, 비미시 박물관Beamish Museum[7]과 콜로니얼 윌리엄스버그Colonial Williamsburg 등이 있다. 이런 박물관들이 계속 등장하는 것을

람들의 과거 생활을 보여주는 건물과 농장, 동물원으로 구성되어 있으며, 이곳에서 개최되는 다양한 행사로 유명하다. 스웨덴 각지에서 옮겨온 17~20세기의 건물과 농장 등 150여 개의 시설과 건물이 있는데, 교회·풍차·농가·산장·저택 등 다양한 건축물을 통해 각기 다른 신분의 사람이 어떻게 일하고 거주했는지를 보여준다.

6) **브리콜라주**: 도구를 닥치는 대로 써서 만든 것을 의미한다.

7) **비미시 박물관**: 영국 잉글랜드 더럼(Durham)에 있는 박물관이다. 산업혁명으로 인해 19세기 말과 20세기 초에 잉글랜드 북동부 지역이 변화한 모습을 보여준다.

볼 때 보통 사람들의 민속과 사회사, 생활의 재현에 대중의 관심이 늘어나고 있음을 알 수 있다. '비엘리트 사회 계층의 일상적 삶, 풍속과 의례 전통과 관련된 물품을 수집·전시·보존하려는 방향으로 나가는 것'이다.[44] 비미시 박물관은 영국 북동쪽에 있는데, 1825년부터 1913년의 사람들의 생활을 담았다. 이 박물관은 자신들의 혁신적이면서도 꼼꼼한 노력에 자부심을 가지고 있다.

여기에는 유리전시장 안에 이름표를 달고 있는 전시물들은 별로 없습니다. 이 박물관에서는 대신 당시의 옷을 입고 방문객의 질문에 답하고 대화를 나누는 당시의 인물을 만나게 됩니다. 그 사람들은 그들의 문화유산에 자부심이 있습니다. 우리는 사람이 보여줄 수 있는 생생함이 첨단 기술의 가상현실이 보여줄 수 있는 현실감보다 훨씬 나은 것이라 생각합니다. 우리 박물관은 이런 점에서 여타의 박물관과는 다르다고 믿습니다.[45]

이처럼 '사람이 보여줄 수 있는 생생함'이라는 교육적 효과에 대한 믿음은 옛 시대를 그대로 재현하려는 교육적인 노력을 해왔기에 가능했다. 비미시 박물관의 노력은 엔터테인먼트와 교육을 결합시킨 데 있다. "방문자들에게 지식을 주고 그들을 즐겁게 하고 그들을 교육시키고 참여시키며, 그러면서도 우리의 역사적 진실성은 잃지 않는다"[46]라는 것이 그들의 주장이다. 아이언브리지 계곡[8]의 건립 이념도 비슷하다. 이들 역시 당시 모습의 실연과 혁신적인 전시 방식을 통해 사용자들의 경험을 풍부하게 하

---

8) **아이언브리지 계곡**: 영국 잉글랜드의 샐럽(Salop) 주에 있는 공업 유적지다. 산업혁명기의 공업 지대로 영국이 '세계의 공장'이라 일컬어지던 빅토리아 여왕 시대의 유적을 잘 간직하고 있다. 대표적인 유적으로는 콜브룩데일(Coalbrookdale)의 용광로와 아이언브리지, 철 박물관을 비롯한 여러 산업 기술 역사를 보여주는 박물관이 있다.

겠다는 것이다.[47] 다른 야외 박물관들처럼 비미시 박물관 내부의 건물은 여러 지역의 것들에서 가져온 것이다. 개비 포터Gaby Poter는 비미시 박물관의 접근 방식에 내재된 역사적 진실성에 문제가 있다고 주장했는데, 그 박물관이 여전히 사회관계의 특정화된 모델을 제시하고 있다는 면에서 본다면 그렇다는 것이다.[48] 이런 박물관들의 인기는 대단하다. 비미시 박물관은 연간 35만 명, 윌리엄스버그는 2005년에 76만 7,000명의 방문자를 기록했다. 윌리엄스버그 같은 미국의 야외 박물관들은 관객을 과거로 완벽히 몰입시키는 것을 목표로 한다.[49] 이곳은 교육과 체험을 결합시켜 일인칭적 역사 해석과 일인칭적 참가에 중점을 둔다.

밀랍인형과 애니매트로닉스animatronics[9)]가 박물관에서 몇십 년 동안 역사의 실체화된 모습을 보여주었고, 박물관 전시에서 인간의 모습을 한 로봇이나 인형 등을 등장시켜 역사 유물에 생명을 불어넣으려는 시도가 19세기 이래 박물관의 표준적인 전시 방법이 되어왔다는 데 주목할 만하다. 이런 모델들은 의도적인 불일치라 할 수 있다. 즉, 이것들은 분명 살아 있는 인간이 아니지만 역사를 실체화하며 역사의 복제품을 재현하고 있는 것이다. 박물관 연극 혹은 '교육적 공연'은 박물관의 소장품을 새롭게 소개하고 해석하는 방법이 된다.[50] 그것들은 대개 관객과 상호 작용하는 방식이며, 특정한 장소에 맞는 방식으로 혹은 박물관 외부 행사에서 사용된다. 박물관 연극이나 교육적 공연을 하는 사람들은 1990년대에 전문화됐다. 이는 1990년 국제 박물관 연극 연합IMTHAL과 1999년 IMTHAL-유럽의 결성에 따른 것이다. IMTHAL은 회원의 업무에 대해 다음과 같은 정의를 내린다.

---

9) **애니매트로닉스**: 전자 장치를 이용한 인형을 통해 당시의 인물이나 사물을 살아 움직이는 것으로 보이게 한 장치다.

박물관 연극은 관람자들에게 감정을 이입하도록 해 자발적으로 불신을 유예 willing suspension of disbelief[10])하게 해야 한다. 그런 척(믿는 척)하게 하든가 그렇게 상상하게 만들든가 해야 하는 것이다. 그래서 박물관에서 일어나는 교육적 체험을 강화시켜야 하는 것이다. 그것은 스토리텔링이 될 수도 있고 리빙 히스토리의 해석이 될 수도 있고 혹은 뮤지컬이나 드라마, 인형극, 마임과 같은 방식이 될 수도 있다.[51]

그러므로 박물관 연극은 박물관의 특성에 맞는 교육적인 참여를 유도하는 데 애쓴다. 여기서 핵심은 박물관의 특정한 교육적 목표에 따라 특정한 타입의 연극적 기법이 알맞게 쓰이고 있다는 것이다.[52] 박물관 연극은 대부분 관객에게 그곳의 전시품이나 유물을 통해 느끼는 역사적 체험을 똑같이 재현해낸다기보다는 박물관을 더 자세히 알게 해주는 부가적 설명이라는 점에서 리빙 히스토리와는 다르다. 그것은 소장품들에 생명과 영혼을 불어넣어 주기 위해 내러티브와 있을 법한 이야기를 도입하는

10) **자발적인 불신의 유예**: 문학에서 판타지나 비현실적인 요소의 사용을 독자들이 그럴 수 있는 일로 믿고 받아들이기 위해 필요한 태도를 말한다. 19세기 영국의 시인이자 철학자인 새뮤얼 테일러 콜리지(Samuel Taylor Coleridge)에 의해 주창된 개념으로 17~18세기의 사실주의적인 문학에서 벗어나 환상과 상상의 요소가 도입되기 시작한 19세기 당시의 문학을 설명하기 위해 이런 개념을 주장했다. 그는 작가가 환상적인 이야기에 '인간의 관심과 진실의 외양'을 불러일으킬 수 있다면, 독자들이 그 이야기의 그럴듯함에 대한 판단을 유예할 것이라고 했다. 즉, 허구의 수용을 위해 현실에서라면 절대 받아들이지 않을 전제를 받아들이는 태도를 말한다. '불신의 유예'라는 말은 20세기 들어 훨씬 더 다양한 개념으로 이용되고 있는데, 그 불신의 유예를 획득하는 것이 작가의 의무가 아니라 독자에게 있다는 식이다. 미디어라는 틀 안에 있는 사건을 현실로 수용하는 태도, 즉 미디어 속에 펼쳐지는 모든 허구에 몰입하기 위한 심리적 전제를 말한다고 할 수 있다. 즉, 독자들이 미디어의 한계를 무시하려는 자발성을 보일 경우 그런 전제를 받아들이는 데 거리낌이 없게 된다는 것이다. 이런 문학적인 전제는 어떤 사상이나 이론을 받아들이는 데까지 이를 수 있다.

방식이고, 그래서 특히 아이들이 박물관에 참여하도록 하는 데 아주 효과적인 방법으로 알려져 있다.[53]

중세화되기: 시대착오, 축제와 연회

창조적 시대착오 협회Society for Creative Anachronism(이하 SCA)는 1966년 캘리포니아에서 창설되어 1968년 비영리 기업화됐다. 현재 전 세계에 3만 명 이상의 회원을 확보 중이다. 창조적 시대착오란 말의 정의는 "중세시대에서 최고의 것들을 가져와서 선택적으로 그것들을 현대에 재탄생시킨다"라는 의미다.[54] 운영 규칙을 정하고 회비를 받고 운영되는 회원 중심의 이 조직은 그들 독자적인 이메일 프로그램(Known World 메일)이 있으며, 내부적으로 각료와 왕족으로 구성된 정교한 통치 체계를 만들어놓고 있고, 전 세계를 개념화하는 구체적인 조직 방식이 있다.[55] 현재 19개의 독립적인 왕국이 있으며, 이 왕국들은 모두 전투를 통해 군주를 뽑아 통치하고 있다. 회원들은 아주 유명한 소설 속 인물이나 실제 인물은 쓰면 안 되지만, 각자 나름대로의 '페르소나'[11]를 만들어내며 그에 따른 전기나 배후 설명도 만든다. 그 그룹은 역사상 특정한 시대를 만들어내는 것은 아니고 일반적인 중세 분위기를 내는 것에 관심을 기울인다. 협회 위원회는 다음과 같은 내용을 밝히고 있다.

우리가 목표로 하는 시장은 취향 문화taste culture[12]에 있는 모든 사람이다.

---

11) **페르소나**: 배역을 의미한다.
12) **취향 문화**: 특정 문화 상품에 대한 집단의 선호를 반영하는 하위문화를 의미한다.

즉, 판타지나 SF, 게임, 전투 게임(레이저 태그 같은) 혹은 이와 유사한 활동으로 낭만주의적 활동 영역에 있는 것에 관심이 있는 모든 사람이다. 구체적으로 이 그룹에서 가장 많은 연령층은 14~18세, 19~24세 베이비부머들이다.…… 나는 SCA의 '생산물' 중 가장 첫 번째는 체험이라고 본다. 양질의 전통적인 서비스가 아니라.[56]

'취향 문화'의 개념이라는 것이 여기서의 핵심이다. 즉, 이 조직을 구체적인 재현을 위한 조직이라기보다는, 특정한 하위문화나 생활양식의 선택이라고 여기는 것이다. 여기에서 역사적 요소는 중요하지 않다. 그보다 중요한 요소는 판타지, 전투와 공상 과학이다. 이 조직은 과학 소설에 뿌리를 두고 있으며(이 협회의 이름은 창립 멤버인 공상 과학 소설가 매리언 지머 브래들리Marion Zimmer Bradley가 붙였다), 판타지를 재현과 혼합했다. 그러나 판타지에는 향수적인 요소가 반드시 들어 있다. '낭만주의적'이라는 말은 빅토리아 시대에서 파생한 용어이며, 거기에는 현대 사회의 소외에 대한 반작용으로 무언가 다른 것을 갈망하는 분위기가 있다.[57] SCA가 과거를 '소망하는 체험'으로 접근하는 방식은 비슷한 종류의 하위문화를 형성하는 데 핵심이 됐는데(특히 경제적인 요소와 결합된 것들에서), 이 같은 접근 방식은 육체적인 재현 커뮤니티가 역사의 진실성이나 전투 같은 것에만 관심을 두지 않는다는 것을 잘 보여준다. 여기서 '역사'(유적)는 체험하는 레저의 하나로 소비되는 것이다.

관객이 신체적인 활동을 통해 과거와 접하는 것은 여러 가지 외양을 띠고 있다. 중세 축제는 영국과 미국 전역에서 흔히 하는 행사로 기사들의 대결, 좌판, 춤꾼과 음악가가 참여하는 행사다. 여기서는 방문자들이 벌꿀 술mead과 옛날 음식을 사는 행위를 통해 역사가 글자 그대로 소비된다. 이 같은 역사의 상품화는 휴이슨이 말한 '문화유산' 지우기의 실제 모습이다. 축제는 재미와 가족 활동에 중점을 둔다. 중세주의Medievalism는 새로운 것이 아니다. 중세를 숭배화하는 것은 19세기 초부터 있어왔다.[58] 재현 참여자들은 적어도 1839년 에글린턴Eglinton 마상 시합 때부터 중세를 재현하기 시작했다. 그러나 음유시인이나 벌꿀 술, 낭만과 정중함을 찬양하는 정통적인 중세적 방식에 과거 모습으로 분장한 비전문가와 아마추어를 직접 참여시키는 것을 혼합하는 이런 방식은 새로운 것이다. 페어fair[13]는 특히 영국적인 형태의 시골 행사인데, 그런 행사들을 특별한 지역적 커뮤니티의 느낌을 살려주도록 만들어서 역사적 사실史實을 국가적인 것으로 만든다. 그 이벤트에는 교육적 요소가 있기는 하지만, 페어는 주로 공휴일에 전통적으로 열리기 때문에 참가자들의 태도는 박물관이나 미술관에 갈 때와는 다르다. 영국에서 가장 큰 행사는 허스트몬슈Herstmonceux성에서 하는 것인데, 1992년부터 행해졌고 연간 3일간의 행사에 3만 명의 관객이 참석한다.

  미국에서는 르네상스 페스티벌이나 페어가 엇비슷하게 인기를 얻고 있다. 르네상스 페스티벌 웹사이트는 170개가 있다. 이 행사들은 1960년대 중반부터 행해진 것이다.[59] 이 행사들은 규모가 크다. 메릴랜드 르네상스 페어는 25에이커의 면적에서 22만 5,000명의 방문객이 참가해 3주 동안 펼쳐진다. 펜실베이니아 르네상스 페어에는 12주 동안 25만 명이 참가한다. '판타지가 지배하는 곳!'이라 불리는 브리스틀·위스콘신 르네상스 페어는 1990년에 7주 동안 열려 40만 명을 모았다.[60] 미국의 행사에서 역사적 진실성은 영국에서만큼 중요하지 않아 중세 및 르네상스 시대와 판타지의 요소를 결합시켜 서커스, 동물원, 해적까지 등장한다. 브리스틀 페어의 공동 창립자 보니 조 샤피로Bonnie Jo Shapiro는 "역사적 진실성에 얽

13) **페어**: 풍물 마당을 의미한다.

매일 수 없다. 우리는 사람들을 즐겁게 해주어야 한다.…… 이것은 명백히 오락의 수단이다"[61]라고 주장한다. 미국에서 열리는 각종 페어는 정통적인 '리빙' 히스토리나 재현보다는 '과거'를 문화적으로 다루는 모델이 우위를 차지하고 있음을 잘 보여준다. 특히 〈반지의 제왕〉이나 〈캐리비안의 해적〉 3부작 같은 영화 등이 그 예가 된다. 미국의 페어들은 교육적 요소보다는 놀이공원의 오락적 분위기와 유희적 분위기를 앞세운다. 따라서 여기서 중요한 경험은 감각적인 것들이다. 참가자들은 먹고 마시고 쇼핑하고 벨리댄스를 추거나 노래하는 전염병 환자들singing plague victim[14]의 드라마 같은 쇼를 즐긴다. 관람객들은 다양한 수준으로 이런 행사에 참여할 수 있다. 그냥 구경꾼으로 참여할 수도 있고 페어의 후원자 '플레이트론playtron'이 되어 그 시대의 의상을 입고 참여하는 것에 이르기까지 다양한 방식으로 참여할 수 있다. '플레이트론'은 아마추어 스타일로 행사에 참여해 직업적 엔터테이너와 관람객 사이의 중간 기착지 역할을 한다. 선택이라는 요소는 중요하다. '플레이트론'은 어느 때라도 역사에서 벗어나거나 다른 경로를 선택할 수도 있다. 의상을 입는 것은 다중접속역할수행게임Massive Multiplayer Online Role Playing Game(MMORPG)에서 아바타를 만드는 것과 비슷하다. 하지만 여기서는 역사화된 인물을 자신이 몸소 구현해낸다는 차이점이 있기는 하다(9장 참조).

브리스틀에서는 최근에 '클리비지cleavage[15] 콘테스트'를 13세 이상 입장 가로 정했다. 그 프로듀서는 가슴골의 어느 부분까지 노출될 수 있는지에 대한 명확한 규정이 있다고 주장했다. 그것은 부적절하다고까지는 할 수 없으나, 어쨌든 매우 육감적인 행사다.[62] 역사는 이 같은 과거의 모

---

14) **노래하는 전염병 환자들**: 기다란 코와 흉측한 외모의 중세 사람으로 분장하고 나와 우스꽝스럽게 노래를 부르는 코미디 배우들을 일컫는다.

15) **클리비지**: 가슴골을 의미한다.

조품을 만드는 출발점이 되는 것이지만, 각종 페어는 곧 과거에서부터 벗어나서 역사적인 것들을 육체적으로 풍만한 향연으로 분위기를 바꾸어놓았다. SCA와 마찬가지로 이러한 행사는 커뮤니티를 강조한다. 인터넷에는 르네상스 페어 월드라는 네트워킹 사이트가 있는데, 여기서는 페어가 가진 경제적 성격과 재현에서 행하는 페르소나 만들기를 결합해놓았다. 사용자들을 가상의 커뮤니티로 들어가게 하여, 거기서 그들이 페어 운영자와 엔터테이너의 목표가 될 수 있도록 했다.[63] 페어들은 또한 '월드 오브 워크래프트' 같은 다중접속역할수행게임과 결합해 하이브리드 가상 시나리오를 만들어낸다. 여기에서 핵심은 역사화된 오락에 대한 욕망이며 과거를 상품으로 이용한다는 것, 즉 손쉽게 소비자들에게 판매될 수 있는 오락·레저의 체험으로 이용하는 것이다. 방문자들은 체현화된 역사 체험에 돈을 지불하지만 그들이 테마파크 분위기로 들어간다는 사실을 잘 알고 있다. 페어는 디즈니랜드에 비유되며 그들의 온건한 역사 '테마화'에서 비슷한 체험을 만들어낸다. 진짜이면서도 비현실적인 체험을 만드는 것이다. 역사성은 실제 과거와는 그다지 관련이 없고 구경거리를 만들어내는 것이 정확한 역사 재현보다 훨씬 더 중요하다. '중세적'이라거나 '르네상스' 같은 말은 특정한 연대기적 시대를 지칭하는 말이라기보다 페어 속에서 벌어지는 이벤트의 명칭을 의미하는 것이 된다. 페어의 이벤트들은 역사를 참조했다기보다는 스스로 내용을 구성하고 만들어낸 것이다. 이것은 상품화된 역사이며, 문화유산의 현재 활동상이라 할 수 있다.

MTV에서는 〈잭애스Jackass〉라는 우스꽝스러운 코미디쇼를 통해 중세식 페어들을 비꼰다. 여기서는 키 작은 난장이들이 중세풍의 용으로 분장하고 나와서 중세 기사의 추적을 받아 쫓기는 장면을 그린다. 또 중세식의 전투를 패러디하거나 BMX를 타고 중세 기사들의 창 싸움을 한다거나 검투사 분위기로 테니스를 하기도 한다. 〈잭애스〉가 보여주는 난센스적인 폭력의 묘사는 중세식 엔터테인먼트를 즐기는 곳이나 재현 공연에서 흔히 보는 형식화되고 코드화된 과거의 상품화를 거부한다. 이것은 뜬금없고 폭력적이며 따라서 흥미롭고 좀 더 사실적인 것이다(혹은 푸코식 의미로 말하자면 덜 훈련받은 것이라 하겠다).

중세식 페어에서 좀 더 발전한 것이 중세식 연회Banquet로 영국의 문화 유적지에서 흔히 볼 수 있는 식사다. 정통적으로 전해 내려오는 세팅법이 일반적으로 행해지지만, 런던 중심부에는 야간에 특별한 이벤트를 여는 중세식 연회용 레스토랑이 곳곳에 있다. 중세식 연회에서는 참석자들이 당대의 옷을 입고 당대의 음식을 즐기게 함으로써 과거에 대한 신체적 판타지에 빠지게 해준다. 그러한 연회 재현은 튜더 왕조 시대를 따라 하지만 연회의 식사는 대개 중세 시대와 결합되어 있고 그 시대의 대중문화 스타일을 따르고 있음을 알아야 한다. 고객들은 자신들과는 역사적으로 타자화된 '진짜' 체험을 추구하지만 특정한 방식, 즉 벌꿀 술, 풍만한 가슴의 여자들, 음유시인, 어릿광대, 옛날식 연설, 사슴 뒷다리와 허리 살코기들의 체험을 행한다. 체험은 공감적이고 모든 것을 아우르며, 모든 감각을 다룬다. "연회에서 당신은 엘리자베스 시대 역사의 한 페이지로 곧장 들어가서 한 세기가 형성되는 독특한 분위기를 만끽하게 됩니다."[64] 이런 체험은 두 가지 면을 가지고 있다. 공감을 불러일으키는(비록 그 과거는 텍스트로서 개념화된 과거일지라도 실제로 과거로 돌아가서 공감하는) 면과 잠시 동안 예스러운 분위기로 빠져들게 하는 면이다. 여기에는 거의 하나의 목적론이 있다고 할 수 있다. 즉, 역사라는 것은 고객 개개인이 그것을 소비하는 그 순간으로 이끄는 지속적인 과정이었다는 것을 의미한다.

과거의 음식을 먹는 것은 글자 그대로 역사를 소비하는 아주 흔한 방식이다. 베스트셀러인 『플린 델리트Pleyn Delit』(1979년)의 출간 이래로 옛날 요리 책이 많이 나왔고, 특히 유적지 서점에서 많이 볼 수 있었다. 그 책은 사용자들에게 중세나 르네상스 같은 역사적인 시대 스타일로 집안일을 하도록 한다. 독자들에게 당시 기술을 사용해보거나 음식을 먹는 것을 통해 몸으로 직접 역사를 접해보라는 것이다. 『셰익스피어의 키친: 현대에 적용할 수 있는 르네상스 요리법Shakespeare's Kitchen Through the Ages』(2003년)과 '잉글리시 헤리티지English Heritage'[16]에서 발간한 『각 시대의 요리Cooking Through the Ages』(빅토리아 왕조, 튜더 왕조, 조지 왕조, 로마, 스튜어트 왕조의 전투 식량을 아우르는 책) 같은 책들은 역사를 요리법에 따라 나누면서 역사 정보의 소비를 권장한다. 이런 책을 보면 역사적 진실성이라는 친숙한 재료로 만들어지기는 했지만, 한편으로는 낯선 먹을거리를 만들기 위해 특정한 기술을 사용하는 행위가 된다. 이러한 책은 학문적으로 접근하고 있다. 포타주potage[17]의 유행과 같은 핵심적 용어를 소개하거나 그것의 출처를 인용하는 식이다.[65] 그 책들은 역사적 특징이 있는 요리법을 소개하고 진짜 옛날식 요리 기술을 현대 독자에게 보여주려고 한다. 어떤 책은 "통밀의 껍질을 벗겨 빻는 것보다는 미리 빻아진 밀을 쓰는 게 낫다"라는 식의 유용한 정보를 제공해 옛날 음식을 오늘날 어떻게 비슷하게 만들어 먹을 수 있는지를 알려준다. 이에 비해 『플린 델리트』나 몇몇 다른 책은 이런 방식을 피하고 정통적인 방법을 강조한다.[66] 이와 동시에 그 책들은 수정주의적인 역사학을 강조하는데, 주변부 여성의 지위를 회복시키고 역사적 생활의 세세한 사항에 관심을 표현한다. 예를 들어 『천 개 또는 그 이상의 달걀을 드세요Take a Thousand Eggs or More』(an edition of BL Harleian MSS 279와 4016) 같은 것에서 알 수 있는 것처럼.[67] 이러한 책들은 역사 유적지에서의 리빙 히스토리 계획과 같은 종류의 것으로서 궁전 같은 곳보다는 집

---

16) **잉글리시 헤리티지**: 시민들이 기금을 모아 역사 유적지를 소유하는 방식으로 유적을 지켜나가는 시민운동 모임을 의미한다.

17) **포타주**: 수프의 일종이다.

안에서의 일상생활에 더 초점을 맞춘다. 비록 이런 유적지들, '전통적으로 여성과 함께했던 유물의 배열과 전시를 위한 도구 중 하나'는 인기가 있었지만, 그것들은 '사람들이 그렇게 살았을 것이라고 우리가 믿는 대로 부정확하고 이상화된 이미지가 종종 된다'는 점에서 비판받아왔다.[68]

옛날 요리에 대한 열풍은 다큐멘터리와 결합해 낯선 문화-역사적 일관성을 낳았다. 텔레비전에 나왔던 요리사 휴 피언리휘팅스털Hugh Fearnly-Whittingstall의 DVD 〈에드워드 7세 시대의 시골집 음식Treats from the Edwardian Country House〉(2003년)은 당시의 요리법, 청소, 정원, 미용법 등을 알려주는 TV 리얼리티 쇼의 지침서로 나온 것이다. 그 DVD는 관객에게 그 쇼의 시리즈 참가자들이 먹었던 음식을 먹음으로써 역사적 대리인으로서의 자신들의 지위를 받아들이도록 했다. 관객이 그들을 대신한 것이다. 이와 비슷한 콘셉트로 제작된 것이 BBC 시리즈물 〈카를루치오와 르네상스 요리책Carluccio and the Renaissance Cookbook〉(2007년), 〈빅토리안 키친The Victorian Kitchen〉(1989년), 〈빅토리안 키친 가든Victorian Kitchen Garden〉(1987년) 등이다. 〈빅토리안 키친 가든〉에서 진행자 해리 닷슨Harry Dotson은 전통적 도구만 사용해 당시의 과일과 야채를 재배하거나 요리했다. 이 쇼는 세 가지 생활양식 프로그램인 요리, 정원 가꾸기, 역사를 결합해 옛 시대의 행위를 재현하고 재생시켰다. 〈빅토리안 키친 가든〉은 시대와의 공감을 강조했다. 오감과 몸을 이용한 과거에의 참여와 이해를 시도했다.

조금은 색다른 역사 재현 프로그램으로 소개할 수 있는 것은 채널 4의 리얼리티 쇼 〈아기 키우기Bringing Up Baby〉(2007년)다. 이 프로그램에서는 여섯 가족이 자녀를 생후 3개월 동안 옛날 방식으로 양육했다.[69] 이는 인기 있는 생활 개조 프로그램을 합쳐놓은 것이었다. 좀 오래된 양육 방식을 내용으로 하는 〈그것이 걔들을 가르쳐줄 거야That'll Teach 'Em〉(채널 4, 2003~2005년 방영. 아이들을 1950년대 국가 교육 규정에 따라 가르치는 내용이다)

가 있고, 현대적인 방식으로는 〈말썽꾸러기 캠프Brat Camp〉(채널 4, 2005~ 2006년), 그리고 외부인이 와서 양육을 가르치는 〈수퍼내니Supernanny〉(채 널 4, 2003년~) 등이 있다. 이 쇼가 보여주는 것은 '1950년대 이후 각 연대별 로 양육에 관한 한 차이점이 있다. 아이가 태어난 연대에 따라 아이들은 완전히 다른 방식으로 키워진다'[70]는 것이다. 그들은 프레더릭 트루비 킹 Frederic Truby King[18](1950년대), 벤저민 스포크Benjamin Spock[19](1960년대) 그리 고 진 리들로프Jean Liedloff[20](1970년대)의 양육 방식의 요소를 채택했다. 그 실험은 각기 다른 시기의 양육 방식을 놓고 경쟁하게 해 어느 것이 가장 좋은 것인지 겨루게 했다. 다른 리얼리티 쇼와는 달리 이 쇼는 각각의 가 정에 매뉴얼을 주는 방식으로 진행됐다. CCTV가 이들 가족의 행동을 계 속 지켜봤다. 부모가 신체적으로 하는 역사 재현적 요소, 특히 모유 수유 의 관점에서 보면 그런 요소도 있었지만, 중요한 것은 자녀들의 몸과 마음 에 커나가면서 새겨진 것들이다. 이 쇼는 사회문화적·역사적 차이점이 근 본적인 의학 이론에서 추적될 수 있다는 것을 가정하며, 그 차이점을 경험 하는 것이 우리에게 근본적인 진실을 깨닫게 해준다는 것을 보여준다. 거 기에 출연한 가족은 시청자들의 대리인으로서, 시청자들을 교육시키기 위해 역사적 행위를 재현한 것이다.

---

18) **프레더릭 트루비 킹**: 뉴질랜드의 아동 복지 전문가로, 임신에서 출산까지 자녀와 가족을 국가가 지원하는 플런킷 소사이어티 제도를 정착시켰다.

19) **벤저민 스포크**: 미국의 소아과 의사 겸 작가로 수유와 육아법에 관한 명저 *Baby and Childcare*를 썼다.

20) **진 리들로프**: 미국의 인류학자로 베네수엘라 아마존 밀림에서 에쿠아나라는 원주민 부 족과 함께 생활하면서 어린이의 양육 방식을 연구한다.

8장 재활용 문화와 역사 재현/
문화적 역사 재현

음악, 공연 그리고 리메이크

이 장에서는 앞에서의 논의를 발전시켜, 또 다른 문화적 맥락에서 과거를 재현하는 현상이 어떻게 생겨났고, 어떻게 정당성을 얻어왔는지를 살펴볼 것이다. 음악에서의 역사주의는 지난 몇 세기 동안 존재해온 것이기는 했지만, 최근 들어 새롭게 등장한 역사 관련 현상은 악기의 재활용과 '원전연주Historically Informed Performance'[1]다.[1] 원전연주는 초기 음악Early Music[2] 리

---

1) **원전연주**: 정격연주, 고악기 연주로도 불린다. 음악이 작곡된 당시의 악기와 연주 방식을 그대로 살려 오리지널한 연주를 하는 연주법을 의미한다.

2) **초기 음악**: 우리나라에서는 '고음악'으로 통칭되며, 시대적으로는 18세기 고전주의 이전 르네상스, 중세, 바로크 음악을 일컫는 말이다. 19세기 초까지 고전주의와 낭만파 음악이 대세를 이루면서 이들의 음악만이 대중에게 공연됐을 뿐, 이전 시대의 음악은 거의 알려지지 않았다. 그러나 1829년 멘델스존이 바흐의 「마태 수난곡」을 공연하면서 이전 시대 음악의 중요성이 재발견되기 시작했고, 이후 20세기에는 르네상스 음악이 영국 대성당 합창단의 고정 레퍼토리로 자리 잡는 등 초기 시대 음악의 리바이벌 붐이 일어났다. 초기 음악 리바이벌의 지향점은 이후 세대의 음악의 역사적 재해석이나 현대 악기를 활용한 편곡보다는 당시의 진실성을 살리는 것을 중시했다. 21세기 들어 각국에서

바이벌이 내세웠던 당시 음악의 재현을 지향하는 연주 양식levelling practice 과 연계되는 것으로, 이는 대부분 현대의 고전음악 공연이 지닌 엄격한 형식성을 약화시키면서 구전 전통과 민중적 전통에 의존하는 연주 양식을 말한다. 원전연주는 이와 유사하게 학구적인 작곡가의 중요성을 거부하는 방향으로 나아가는 것이고,[3] 공연과 체험 중심적인 성격을 띠며 주류의 음악학과는 방향을 달리하는 것이다. 그런 작업은 오리지널한 악기와 공연 스타일로 회귀하는 것의 차이를 강조하고, 음색의 부드러움과 투명함을 강조한다는 것을 보여준다. 존 버트John Butt가 주장한 것처럼 원전연주는 시간에 따라 바뀌는 악기를 통해서가 아니라 역사적으로 진실성을 띤 공연을 통해서만 얻을 수 있는 초월적인 텍스트인 것이다 ― 이것은 때로는 'Werktreue'[4]라는 용어로 불린다.[2] 이 스타일은 소품, 문화적 생산물, 학문적 연구와 공연의 결합을 통한 체험을 활용해 역사를 재현하는 것이다. 음악은 물리적인 현상이면서 일회적인 현상이며, 원전연주는 흔히 사람의 귀가 반역사적인 성격을 띠고 있다고 가정한다(물론 그렇지는 않다). 역사 재현의 역설은 연주자/공연/관객의 세 가지 측면 모두에서 드러난다. 이 세 가지 모두 어떤 수준에서는 역사적 진실성을 갈망하고 있으면서도 진실성이 있지 않다. 자극에 반응을 보이는 감각이라는 측면에서 볼 때 여기에는 글자 그대로 소비가 진행되고 있다. 이것은 체현된 역사성이다. 여기서의 경험은 여러 가지 것을 전달한다. 물질적인 사물, 순간적으로 사

초기 음악 축제가 벌어지고 음악 교육에서도 바로크 이전 시대의 중요성을 강조하는 방향으로 확대됐다. 원전연주/정격연주는 이런 초기 음악 붐의 진실성 추구에 따라 등장한 것으로, 당시의 악기와 연주 방식, 분위기를 그대로 살려 연주하는 것을 말한다. 원전연주는 하드웨어적인 진실성을 강조하지만 시대적으로 초기 음악에만 한정하지 않고 이후 시대의 음악까지 포함한다.

3) 재해석에 의미를 둔다는 의미다.

4) Werktreue: '충실함'을 뜻한다.

라지고 마는 소리, 기술의 연구, 그리고 관객 기대 같은. 그런 연주를 듣는 것은 그것이 '진실성을 지닌' 경험이라는 의미에서 '옛것'이면서 동시에 명백히 '지금/현재'에 속하는 행위다.

원전연주는 교회 같은 곳에서의 공연으로 소개되며 관광 체험의 주요 부분이 됐다. 이처럼 좀 더 역사적으로 진짜 정통적 경험을 지향하는 재건주의 움직임은 런던 뱅크사이드의 셰익스피어 글로브 재건축에서 명확해졌다. 셰익스피어 글로브는 1993~1997년에 템스의 오리지널 극장에서 225미터 떨어진 곳에 3,000만 파운드를 들여 새로 지은 것이다. 그 장소에는 극장, 교육 복합 건물, 전시장이 들어섰다. 그것은 관광 명소였고 문화재 센터였으며, 문화적·교육적 시설이었다.[3] 극장은 예전과 같은 장소에 세워졌을 뿐만 아니라(장소에 대한 편향된 동기를 여기서 확인할 수 있는데) 예전과 같은 스타일로 지었다. 이엉을 엮고 지붕은 개방됐으며, 내부 강당은 가능한 한 모사물에 가깝게 만들어졌다.[4] 관객은 거기서 연극을 '체험한다'. 그리고 그 환경의 역사적 진실성은 학자와 배우 모두에게 무대의 역동성을 이해하는 데 도움을 주고, 관광객들과 극장에 오는 사람들에게 있는 그대로의 연극을 보는 느낌을 주며, 셰익스피어 시대 그대로의 모습과 가까운 버전으로 보게 해준다.[5] 물론 이것은 "한 시대의 셰익스피어가 아니라 역사 전체를 초월하는 셰익스피어를 활용한다". 그레이엄 홀더니스Graham Holderness가 지적한 대로 셰익스피어는 다른 무엇보다 관광 명소가 됐다. "스트랫퍼드는 셰익스피어 신화의 영적인 심장이다. 그리고 셰익스피어 숭배의 제도와 유사 종교 숭배는 신화를 유지하는 구조다."[6] 셰익스피어 신화는 글로브의 건물에 국가적 문화재의 가치를 부여했다. 그래서 그것은 박물관임과 동시에 거의 살아 있는 듯한 작가의 작업을 위한 공간인 것이다.[7] 이러한 극장은 오리지널 극장보다는 못한 수준의 대체물의 체험이라 할 수 있다. 특히 오늘날에는 원래 그 극장의 설립 이유가 됐던 다양한 연극적인 실험은 모두 잊혀버린 상태다. 당시에는 여성으로만 혹은 남성으로만 구성된 연극 집단을 위해, 그리고 진짜 의상으로만 하는 연극을 위해 글로브가 세워졌다. 글로브는 그 자체만으로 독립적인 극장이 됐다. 셰익스피어 작품뿐만 아니라 새로운 작품을 공연하게 되면서 이상한 하이브리드적 공연장이 됐다. 예스러운 무대 위에서 상연할 목적으로 쓰인 현대물을 공연하는 극장이 된 것이다.

글로브 공연은 원전음악과 같은 방식의 재현이지만, 그 방식은 복합적이고 도전적이다. 글로브 극장의 모습은, 테이트 모던 아트 박물관Tate Modern Art Museum과 함께 오늘날의 기념물 재활용 그리고 그에 따르는 문화적 체험과 역사성에 대한 유연함의 좋은 예가 된다. 글로브는 튜더 왕조 시대의 유사품이며, 글자 그대로 올드 스타일 흉내 내기라 할 수 있다. 테이트는 재활용된 발전소에 지어진 현대적인 미술관이다. 테이트의 빌딩은 좀 더 역사적으로 정통적이지만 그것은 옳은 용도로 쓰이지 않았다. 글로브는 사실적이지 않지만 특정한 목적을 위해 지어졌다. 관광객과 관객이 행복하게 두 가지 방식 사이로 별 문제 없이 오고 간다는 사실은 문화적 유물과 그것을 담고 있는 곳들을 접하는 행위의 세련됨을 보여준다.

대중음악에도 일종의 물신 숭배적인 행위가 있다. 추억의 물건을 팔고 과거를 상징화하는 악기를 재활용하는 것이다. 하지만 음악을 강화하고 변화시키기 위한 이런 종류의 관습의 재활용은 작업 방식을 따라 하거나, 사운드 재사용 혹은 샘플링 등을 통해 이뤄지는 혼성모방이나 핵심 모티프의 재사용에 가깝다고 볼 수 있다. 복고 음악 스타일은 흔한 것으로, 많은 밴드가 그들의 음악적 선조를 그대로 따라 하는 것 때문에 비난받는다. 예를 들어 대부분의 새로운 록 운동은 특정한 음악적 모멘트에 의존하며, 이 때문에 종종 표절에 대한 법적 소송이 벌어지기도 한다.

1980년대 초반 이래 샘플링은 큰 유행이었다. 이것은 MC가 백 비트를 만들어 그 위에 랩을 얹는 방식이었다. 새로운 음악을 만들기 위해 옛 음악을 활용하는 식이다. 샘플링은 신시사이저나 컴퓨터 같은 과학 기술을 활용해 오래된 음악을 새롭게 만들어낸다는 의미에서 현대적이다. 비록 인정/인식recognition이라는 중요한 요소를 곁들인 새로움이기는 하지만. 1980년대 초반에 시작된 이래 여러 힙합 아티스트, 예를 들어 DJ 섀도(「Entroducing」, 1996년), 걸 톡(「Night Ripper」, 2008년), M/A/R/R/S(「Pump Up the Volume」, 1987년), 비스티 보이스(「Paul's Boutique」, 1989년) 그리고 고! 팀(「Thunder! Lightning! Strike!」, 2004년) 같은 이들은 새로운 음악을 만들기 위해 여기저기서 한데 모은 샘플들을 거의 모두 활용해 앨범이나 노래를 만들었다. 이것은 비정격성inauthenticity의 패치워크/콜라주이며, 기존 문화의 많은 조직으로부터 어떤 것을 새로 만들어내는 것이며, 그러나 동시에 이런 작업 속에서 역사 속의 텍스트는 제 모양을 잃고 왜곡되어 이전에는 보지 못했던 어떤 새로운 것의 일부가 되어버린다. 이것은 옛것을 흉내 내는 예술품과는 다른 것이다. 샘플링은 새로운 것을 만들기 위해 재활용하는 공연이며 전자적인electronic 역사 재현이다. 이것은 옛 음악을 재편곡하는 리믹스와는 확연히 다른 것을 표방한다. 그것은 커버 버전과 유사하다. 음악의 재활용이라는 측면에서 커버 버전은 샘플링만큼 중요하게 여겨지지는 않는다. 커버 버전은 확실히 원곡에 더 의존하고 그 옛날 노래 속에 자연스럽게 섞여 들어간다. 예를 들어 마크 론슨Mark Ronson은 랩 아티스트로서의 경력은 별 볼 일 없었지만, 커버 앨범 〈버전Version〉(2007년)은 베스트셀러를 기록했다. 텔레비전의 재능 발굴 쇼 〈엑스 팩터X-Factor〉나 아메리칸 아이돌 같은 쇼의 우승자는 대개 첫 앨범으로 옛 곡의 커버 버전을 발표한다. 그 노래들이 대중에게 익숙하고 향수를 불러일으킬 수 있어 틈새시장을 노릴 수 있기 때문이다. '새로운' 버전은 노래를 리뉴얼하고 재인식했다는 이유로 정당성을 얻지만, 흔히 단순하게 과거의 표현 방식을 재활용하면서 표면적인 가치 외에는 별다른 것 없는 향수 어린 상품이 되기 십상이다.

좀 더 명확한 의미의 원곡 재작업과 모방 작업에 가까운 것은 트리뷰트 밴드tribute band라 할 수 있다. 트리뷰트 밴드는 거의 20년 동안 인기를 얻으며 성장해온 거대한 산업이다. 지금은 독자적인 트리뷰트 페스티벌과 거대한 규모의 트리뷰트 라이브 공연이 열린다.[8] 트리뷰트 밴드는 문화적인 텍스트와 사건을 일부러 정답과는 '틀리게' 만들어내고자 하는 수요가 있음을 잘 보여준다. 밴드들은 자신들이 선택한 음악적 선배들의 외양과 음악을 충실하게 모사하고 재현한다. 앨런 무어Alan Moore의 말처럼, 음악에서의 '정격성authenticity' 개념에 대해서는 거의 커버 밴드와 경쟁이 되지 않았다.[9] 트리뷰트 밴드와 커버 밴드의 핵심적인 차이는 어쨌든 트리뷰트 밴드는 좀 더 구체적이고 좀 더 정통에 가까운 주요 텍스트의 재창조를 보여준다는 것이다.[10] 트리뷰트 밴드는 원전음악과 좀 더 공통점이 있다. 노래를 가능한 한 오리지널 세팅과 공연에 충실하게 라이브로 재현해 그것에 새로운 생명을 불어넣는 것이다. 이런 경우 원전연주의 요소는 그것의 맥락과 관련되어 있다. 옛날 그대로의 악기를 사용한다기보다 옛날 의상과 당시의 태도와 관련이 있는 것이다. 또한 기술적인 요소에서 원전연주의 의미가 있다. 밴드들은 자신들이 노래를 다시 부를 때 혁신적인 요소를 집어넣으려 하지 않는다. 그럴 경우 트리뷰트라는 의미의 포인트가 사라지기 때문이다. 컴플리트 비틀스Complete Beatles가 주장한 것처럼 "트리뷰트 공연은 온전히 라이브 연주만으로, 음흉한 백킹 트랙이나 장치 없이, 오로지 전적으로 정통적인 사운드만으로 흥겨운 옛 시절의 분위기와 흥분을 되살려내는 것이다!"[11] 여기서의 체험은 공연의 체험과 '진짜 사운드' 체험, 즉 원전연주와 일회성 '라이브'의 결합이 만들어내는 체험이라 할 수 있다. 밴드들은 점차 '트리뷰트' 밴드에서 자신만의 독자성을 띤 밴

드로 발전했다. 2004년 레드 제플린Led Zeppelin의 트리뷰트 밴드 '레드 제
파게인Led Zepagain'은 실제 레드 제플린의 기타리스트 지미 페이지Jimmy
Page와 함께 LA의 한 무대에서 공연하는 영광을 누렸다. 블론디Blondie의
모방 밴드 '인투 더 블리치Into the Bleach'는 블론디의 리더 데비 해리Debbie
Harry로부터 응원 메시지를 받아 웹사이트에 올렸고, 드러머 클렘 버크
Clem Burke의 "샘은 데비를 연주할 수 있다. 완벽한 절대음감이다"라는 언
급도 인용했다.[12] 또 다른 몇몇 트리뷰트 밴드도 공식적으로 오리지널 밴
드가 자신들을 승인했다고 주장한다. 그리고 오아시스Oasis 트리뷰트 밴
드 '노 웨이 시스No Way Sis'는 싱글 차트에서 톱20권을 기록했고, 오아시스
가 공연을 취소했을 때 그들을 대신해 파리 무대에 서기도 했다.[13] 트리뷰
트 밴드는 여기서는 '실제actual'를 대신하는 것이 됐다. 그것은 진짜real 뮤
지션과 별로 상관없는 것이기는 하다. 그리고 중요한 것은 그들은 원전/
정격의 스타일로 연주하는 문화상품이라는 점이다.

트리뷰트 밴드는 세계적으로 인기를 얻고 있는 향수적인 옛 팝송으로
만들어진 주크박스 뮤지컬의 유행과 같은 최근의 문화적 현상과 맞물려
있다. 뮤지컬 〈버디Buddy〉(버디 홀리의 노래로 꾸며진 뮤지컬, 1995년~), 〈위
윌 록 유We will rock you〉(퀸, 2002년), 〈맘마미아Mamma mia〉(아바, 1999년),
〈네버 포겟Never forget〉(테이크 댓, 2007년), 그리고 〈아워 하우스Our house〉
(매드니스, 2002년) 등이 그것이다. 〈맘마미아〉는 세계 일주 공연을 하고
있고 1,000만 관객을 모았으며, 10억 달러가 넘는 수익을 올렸고 영화로
도 제작됐다. 〈위 윌 록 유〉는 6년 동안 같은 극장에서 상연 중이며, 전 세
계 공연을 시작하고 있다. 이런 방식으로 제작된 첫 번째 뮤지컬은 〈그리
스!Grease!〉(1972년, 영화는 1978년)다. 이것은 1950년대의 향수를 자아내기
위해 만들어진 패스티시적인 뮤지컬이었다. 그 뮤지컬은 향수를 자극하
는 것이었으며, 관객이 원하는 음악 텍스트들이 라이브 공연으로, 사적으

로 음악을 홀로 듣는 것이 아니라 공적인 포럼에서 선보인 하나의 '행사'였다.[14]

또한 지난 몇십 년 동안 리메이크는 영화에서 명확한 장르로 자리 잡았다. 아트하우스 영화 〈사이코〉(앨프리드 히치콕, 1960년; 구스 반 산트, 1998년)에서부터 호러 영화 〈텍사스 연쇄 살인 사건〉(토비 후퍼, 1974년; 마커스 니스펠, 2003년)에 이르기까지 감독들은 옛 영화를 재촬영하고 재활용했다. 여기서 알 수 있는 것처럼 문화적 재현과 과거의 재작업은 우리가 현대 사회를 어떻게 이해하는지에 대한 열쇠가 된다. 최근 몇 년 동안에 가장 눈에 띄는 인터넷계의 사건은 비디오 공유 사이트인 유튜브인데, 초창기에는 사람들이 클래식한 음악을 연주하는 비디오와 영화를 공유하는 사이트로 시작했다.[15] 처음에는 '연주'하는 것으로, 다음에는 문화적 생산물을 공유하는 것을 통해 문화적인 헤게모니를 약화시킴으로써, 유튜브의 사용자들은 DIY(자신들이 직접 만든) 콘텐츠에 대한 요구와 오늘날 생활 속 깊숙이 파고든 재생과 재작업에 대한 관심을 잘 보여준다. 프레더릭 제임슨Frederic Jameson은 이런 패스티시 작업, 즉 생명을 잃은 예술의 기법을 끊임없이 다시 이용하는 이러한 작업 덕분에 포스트모더니즘의 깨어지지 않는 표피성이 유지될 수 있다고 주장했다. 그러나 그가 구체화된 문화적 헤게모니 모델을 주장하는 반면 유튜브 모델들은 기존의 것에 도전하고 다른 목소리를 내려 한다. 그것은 문화를 잘게 쪼갠다. 그리고 그것은 미셸 드 세르토Michel de Certeau의 주장처럼 역사적·문화적인 것을 일상생활 속에 밀어 넣어 습관화시켜버리고, 그래서 저항적인 것으로 만들기 위한 전략이기도 한 것이다. 만약 문화와 역사가 손안에 쥘 수는 없는 것이지만 전용될 수 있는 것이고 그것의 비어 있음이 드러나 보인다면, 어떤 면에서 권력은 사용자들에게 돌아간 것이다. 분명히 문화적 재현은 헤게모니에 도전하는 정치적인 공간을 제공할 것이다. 다음 절에서는 그

점에 대해 살펴볼 예정이다.

처음에는 사죄로, 그다음에는 예술로: 구명선 원정대와 제러미 델러

구명선 원정대 프로젝트Lifeline Expedition project는 종교적인 조직으로서, 교육과 일련의 공적인 물리적 사과와 상징적인 역사 재현 등을 통해 노예무역에 대한 보상을 추구한다. 유럽인들과 미국인들이 가짜 쇠사슬을 차고 멍에를 짊어진 채 행진을 벌이면서 노예무역에 대한 반성을 상징화 하는 것이다. 그들은 노예무역 경로를 찾아가 그들 스스로가 화해와 반성의 대사 역할을 행한다. '용서와 자유로의 여행'을 떠나는 것이다.[16] 행진하는 사람들은 무릎을 꿇고 자신들의 미안함을 고백하며, 이를 통해 용서받은 뒤 몸에 찬 쇠사슬을 풀게 된다. 바베이도스, 마르티니크와 과들루프, 퀴라소 등 카리브 해 지역 항구 도시와 서아프리카의 두 개 지역 감비아와 베냉에서 구명선 원정대 활동이 열리고 있다. 미국에서는 또한 유명한 노예 지역과 노예 시장을 거치는 걷기 행사가 펼쳐진다. 또 영국에는 샌코파Sankofa 화해의 걷기 행사가 토머스 클라크슨Thomas Clarkson의 1787년 경로를 따라간다. 이것은 영국의 세 군데 노예 항구 런던, 브리스틀, 리버풀 사이를 걸어가는 것으로, 여기서는 기념이라는 의미로 행사가 벌어지는 것이며, 몸에 쇠사슬을 두르거나 끼거나 하지는 않는다. 그런 프로젝트들은 다른 유형의 의례화된 성지 순례나 기념하는 행위, 즉 참가자들을 위한 에이전시도 있고 폭넓은 의미도 가지고 있는 행사들과 겹쳐 있다. 행진하는 사람들은 그들 스스로를 전체 국가를 대표하는 사람으로 여기며, 상징적인 행위를 통해 그들의 역사적 범죄에 속죄하고자 하는 마음이 있다. 이것은 가장 환유적이고 일반적인 방식의 역사 재현이며, 재현의 문화적인 힘을 드러내는 가장 특별한 순간이라 할 수 있다. 이것은 역동적인 방식으로 재현하고 의미를 드러낼 수 있는 방식이기는 하지만, 다른 한편으로는 진부함으로 흐를 수 있는 경향도 있다. 적극적으로 폭력과 잔인함에 대한 '사죄' 분위기를 만들기 위해 노예 제도를 실시한 국가들을 참가 인물들이 대표하고, 그들은 육체적으로 벌을 받는다. 전반적으로 노예무역이라는 시대 상황이 일련의 액션으로 바뀌지만, 그런 액션은 아주 광범위한 의미를 지닌다. 이런 기념적인 역사 재현 활동에는 화해의 가능성이 있으며, 그러므로 과거를 이해하고 용서하려는 움직임이 있다. 여기서 역사 재현은 그저 대표성만 지닌 정적인 활동이 아니라 역동적인 힘과 활력을 지닌 활동이라 할 수 있다.

설치미술과 비디오 아티스트들 역시 정치적으로, 역사적 순간을 재현해내는 데 점점 더 관심을 보이고 있다. 이들은 사회적 상호 작용을 면밀히 조사하고 포스트모던 시대의 미디어화한 사회에 대한 사고를 작품에 반영한다. 비주얼 아티스트들이 역사 재현이라는 개념에 관심을 둔다는 사실은, 하나의 개념으로서 그것이 동시대의 상상력 속에 스며들어 가고 있음을 증명한다. 런던의 인스티튜트 오브 컨템퍼레리 아트Institute of Contemporary Art는 미술을 통한 역사 재현을 잇달아 펼쳤다. 여기에는 이언 포르시스Ian Forsyth와 제인 폴러드Jane Pollard, 유명한 아인슈튀르첸데 노이바우텐 Einstürzende Neubauten의 1984년 공연을 2007년 조 미첼Jo Mitchell이 재공연한 것 등이 포함된다. 이런 재공연 행사는 폴러드와 포르시스가 약 10년 정도 해왔던 것들로, 그들은 퍼포먼스에 대한 숭배나 미메시스Mimesis에 대한 생각을 드러내면서 아티스트를 모방자로 변신시켰다. 이런 일련의 작업으로는 〈더 스미스 이즈 데드The Smith is Dead〉(1997년), 〈로큰롤 수이사이드Rock 'n' Roll Suicide〉(1998년) 그리고 '파일 언더 세이크리드 뮤직File under Sacred Music'(2006년)이 있는데, 이는 대중음악의 중요한 공연을 재현한 것이다. 이 공연들은 각각 스미스의 마지막 공연, 데이비드 보위가 자신의 페르소나인 지기 스타더스트Ziggy Stardust를 죽이는 행위, 나파Napa 정신 병원에서의 크램프스Cramps 라이브 등을 재현한 것이다.[17] 이러한 작업은 역사적 사건을 문화적 기성품으로 여기며, 재개념화와 재작업의 대상으로 보는 것이다. 그들은 또한 브루스 나우만Bruce Nauman 같은 주요 작가의 작업을 같은 방식으로 재검토한다. 이렇게 재현된 장면은 이미 대중의 상상 속에 숭배화된 사건들을 다시 한 번 기념한다.

개념 미술가conceptual artist[5]들 역시 다양한 접근 방식으로 역사 재현을 한다. 샤론 헤이스Sharon Hayes의 〈심바이어니즈 해방군 이야기Symbionese Liberation Army(SLA) Screeds〉 (#13, 16, 20 & 29)[6]는 1974년 4월 패티 허스트Patty Hearst 납치 당시에 집으로 보내졌던 목소리 녹음 테이프를 그대로 다시 재현한 것이다. 이것은 우상의 개인화를 반영하는 것이며, 신디 셔먼Cindy Sherman[7]과 같은 맥락에서 카멜레온/주체로서의 아티스트를 반영한 것이다.[18] 로마울트 카마카Romauld Karmakar의 영화 〈힘러 프로젝트das Himmler

---

5) **개념 미술가**: 미니멀 아트 이후 대두한 현대 미술 경향이다. 종래 예술에 대한 관념을 외면하고 완성된 작품 자체보다 아이디어나 과정을 예술이라고 생각하는 새로운 미술적 제작 태도를 가리킨다. 마르셀 뒤샹(Marcel Duchamp)이 선구적인 개념을 만들었고, 이후 미니멀 아트의 논리적 귀결로 등장했다고 볼 수 있다. 네오다다이즘이나 플럭스(flux) 파문을 일으켰던 1960년을 전후해 기존의 여러 형식을 파괴하는 일련의 운동과 함께 발생했다.

6) **SLA**: 1970년대 초에 미국의 캘리포니아 주를 중심으로 활동하던 좌익 과격파 조직이다. 언론 재벌 윌리엄 랜돌프 허스트(William Randolph Hearst)의 손녀 패티 허스트를 납치한 뒤 자신들에게 동화시켜 은행 강도로 변신시킴으로써 '스톡홀름 신드롬'이라는 말을 유명하게 만들었다.

7) **신디 셔먼**: 1956년~. 매스미디어 시대의 자각적인 사진 개념인 '구성사진(constructed photo)' 작가다. 작가 스스로가 명화나 드라마, 영화, 포르노 등 기존 작품의 주인공을 재현한 사진을 연출해 찍은 자화상을 남겼다. 그런 사진 속에서 셔먼은 예술가와 이미 존재하는 이미지와의 간격을 줄이는 작업을 선보였다.

Projekt〉(2001년)[8]는 힘러의 포즈난 연설을 재현한다. 이 공연은 관객에게 그 역사적 사건 속에 숨어 있는 공포를 상기시키고 이미 너무 쉽게 상징체계 속으로 편입된 힘러라는 인물을 익숙하지 않은 낯선 인물로 만들기 위한 것이다. 힘러를 연기한 배우 맨프레드 자파트카Manfred Zapatka는 감독이 '수중 음파 탐지기sonar'라고 부른 장치 역할을 했다. 즉, 그는 역사 텍스트 속으로 들어가 그 텍스트가 다시 말하도록 한 것이다.[19] 로드 디킨슨Rod Dickinson은 FBI의 '심리영화 전쟁'을 재창조한다. 이것은 웨이코에서 브랜치 다비디언Branch Davidian[9]이 사용했던 반복적인 사운드를 섞어 초기의 폭력 사태에 대해 재고해보고 국가 통제의 잔인함에 대해서도 생각해보게 한다. 다음에 이야기할 제러미 델러Jeremy Deller 역시 이 문제를 연구했다—디킨슨과 델러는 모두 폭력 행위가 어떻게 역사 내러티브 속으로 녹아들어 갈 수 있는지를 연구했다. 디킨슨은 또한 밀그램의 복종 실험[10]이나 존스타운 대학살[11][20] 같은 다른 비극적인 장면을 재현하면서 그 사태의 동기와 군중의

8) **하인리히 힘러**(Heinrich Himmler): 제2차 세계대전 당시 독일 친위대와 게슈타포의 지휘자로 유대인 학살을 지도한 최고 책임자다.

9) **브랜치 다비디언**: 극우 민병대 조직으로 1993년 클린턴 정부의 총기 규제와 환경 규제 정책에 반감을 품고 대정부 투쟁에 나섰다가 조직원 76명이 텍사스 웨이코에서 몰살됐다.

10) **밀그램의 복종 실험**: 미국의 심리학자 스탠리 밀그램(Stanley Milgram)이 1961~1962년에 예일 대학에서 실시한 심리학 실험으로 두 명의 참가자 중 한 명은 교사 역할을, 한 명은 학습자 역할을 맡도록 했다. 학습자는 의자에 묶인 상태에서 단어를 외우도록 하고, 교사는 학습자가 단어를 잘못 외우면 약한 전기 충격을 가하도록 했다. 실제로 학습자는 아무런 전기 충격도 없는 상태에서 비명을 지르도록 교육받은 실험관계자였다. 실험 전 실시한 예측 조사에서는 대부분의 사람들이 교사 역할을 맡은 사람이 실험 중단을 곧 요구할 것이라고 답했으나, 실제 실험에서는 교사 역할을 맡은 사람 대부분이 가장 높은 단위의 전압에 도달할 때까지 실험을 계속 수행했다. 이 실험은 이전에 받았던 교육은 망각하고 복종에 대한 인간의 욕구가 우선시됨으로써 인간의 자유의지에 대한 의구심을 불러일으켜 충격을 주었는데, 그 윤리성 때문에 논란을 던진 유명한 심리학 실험으로 기록되고 있다. 이 실험은 10년 후인 1974년 비로소 그의 저서 『권위에 대한 복종(Obedience to Authority)』에 실렸다.

변화 양상을 탐구했다. 그는 "대중문화가 텔레비전에서 범죄의 재구성 같은 역사 재현 형태에 투자하고 있으며, 그것은 이제 시청자들에게 익숙한 것이 됐다"라고 하면서, 미술 역시 그런 기법을 활용하면서 문제를 제기해야 한다고 주장했다.[21] 이러한 주장은 관객이 세련되어졌으며, 역사 재현이라는 개념을 현명하게 받아들일 수 있는 능력이 있다는 것을 바탕으로 한다. 따라서 오늘날의 문화에서 '공연'이라는 개념이 심오한 영향력을 지니게 되는 것이다.

이와 유사한 정치화된 형태의 미술 분야의 역사 재현으로는 제러미 델러의 2001년 터너상 수상작인 오그리브 전투Battle of Orgreave 재현이 있다. 1984년 파업을 벌이던 영국 탄광에서 광부와 경찰 사이의 충돌이 일어나면서 파업은 전환점을 맞았다. 델러는 사건이 일어났던 그곳에서 그 전투를 재현했다. 하워드 자일스Howard Giles가 이 전투의 재현을 연출했는데, 그는 잉글리시 헤리티지English Heritage의 이벤트 감독 출신이다. 또한 감독 마이클 피기스Michael Figgis가 이 전투 재현을 영화로 만들어 이후 채널 4에서 방영했다. 전투 재현에는 실제 전투 현장에 있었던 광부와 경찰도 참가했다. 이 전투 재현은 노동 역사의 대표적인 사건을 한 편의 예술 영화 작품으로 변모시켜놓았다. 재현의 대상이 되는 역사의 중요한 사건이라는 관점에서 보면 이 전투가 사회·문화·정치적 발전이라는 측면에서 시민전쟁이나 제2차 세계대전만큼 중요하다는 것을 암시한다. 사실 그것은 또 다른 시민전쟁의 일부분이라고 할 수 있다. 이것은 교육을 통해 배울 수 없는 역사이며, 새로운 생명을 얻어 대중 앞에 다시 선보이는 민중역사folk-history라 할 수 있다. 이와 동시에 이 사건과 연관된 형식의 문제는 모

---

11) **존스타운 대학살**: 1978년 미국인 짐 존스(Jim Jones)가 남미 가이아나에 세운 종교 공동체 존스타운에서 존스를 포함해 900여 명의 신도가 집단으로 약물을 복용하고 한꺼번에 사망한 사건이다.

순, 혼란, 오염을 부각시켰다.[22] 재현은 그 지역 공동체를 위한 치유의 장이었고, 특정한 시간을 재환기시키는 것이었다. 델러는 이에 대해 "상처를 치료하기 위해서는 예술 프로젝트 이상이 필요할 것이다.…… 이것은 무언가에 당당히 맞서는 행위이며, 그 사건을 다시 바라보고 토론하는 것을 두려워하지 않기 위한 행위이다"라고 주장했다.[23] 델러가 여기서 말하고자 한 것은 창조적인 역사 재현이다. 단순히 포스트모던한 패스티시나 고통에 찬 역사를 미화시키려는 의도가 아니라, 역사적인 순간을 더욱더 잘 이해하고 그 과거와 공감하기 위한 노력으로 사건의 재현을 활용했다는 것이다.

'극단적인 역사가': 과거 되살리기

그러나 재현은 단순히 코스튬이나 공연을 통해서만 이루어지는 것이 아니다. 거기에는 또한 공간이라는 요소가 있다. 특정한 유형의 재현이나 역사 공연은 그들의 지역적인 위치의 독특함을 강조하면서 자신들의 독특함을 대중에게 판다. 1994년 이래 문화 유적지들은 사용 허가를 받아 역사적 건물과 박물관을 결혼식장으로 개방했다(박물관 공간의 경제적 재활용에 대해서는 15장 참조). 오늘날 남녀 커플들은 르네상스 페어에서 중세풍 드레스를 입고 음유시인을 배경으로 거느린 채 결혼식을 올린다. 또는 역사적인 환경으로 둘러싸인 고성 혹은 아이언브리지 계곡 박물관에서 말과 수레를 타고 입장하기도 한다. 히스토리컬 하우스 협회The Historical Houses Association는 261개의 장소를 확보하고 이를 결혼식 장소로 제공한다. 오래된 건물이 지닌 '정통'의 느낌이 결혼식에 부여된다는 것이 이것의 핵심이다. 그 장소의 오래된 연한과 그런 독특한 장소를 발견할 수 있는 한 쌍의 남녀의 안목을 보여준다는 점에서다. 결혼식에 참가하는 남자들은 흔히 모닝드레스[12]를 입는데, 이것은 그날의 특별함을 부각시키는 역할과 함께 역사가 부여해주는 진지함을 강조하는 역사화된 복장이라 할 수 있다. 이러한 것을 통해 교회가 신성한 장소로 대체되어버린 세속화된 사회를 비춰볼 수 있다. 유적지가 있는 곳은 그 장소가 지닌 이데올로기적인 기호 언어를 빼앗긴 채 산업 지대/공장 지대나 대저택의 경우와 마찬가지로 단지 그것이 오래되고 문화유산으로 인정받는다는 이유로, 또한 건축학적인 중요성이 있다는 이유로 역사-문화적 엄숙함을 제공하는 장소가 되어버렸다.

마찬가지로 오래된 건물을 주거용 아파트로 개조하는 것은 그 건물들의 원래 용도, 그 뒤에 숨어 있는 문화 유적으로서의 가치, '오리지널'한 특징을 무시하는 경향이 있다. 건물 개조가 유행하는 것은 역사적인 환경에 특이한 방식의 개입이 시작됐다는 것을 알려준다. 건축물에서 역사라는 장르는 그 건물의 등급을 더해주는 역할을 한다. 그것은 지금 현존하는 역사라는 의미다. 오래된 공장 건물, 교회나 창고 등을 아파트로 개조하는 방식으로 소유하는 일은 그런 건물의 가장 중요한 핵심 요소를 빼버리는 것이나 마찬가지다. 건물의 본질적 특징을 제거해버리는 것이다. 그러나 그런 건물 개조는 어떠한 향수를 반영한다고 볼 수 있다. 즉, 그것은 사람들이 몸소 과거 속에서 살고자 하는 의지를 보여주는 것이다. 혹은 현재로 끌어들여 온 과거의 건축술을 제시하려는 의지라고도 할 수 있겠다. 이것은 1980년대에 유행했던 튜더 왕조식 건축물을 피상적으로만 흉내내는 장식법에서 나타난 그릇된 '과거성'과는 직접적으로 대조를 이룬다. 건물 개조는 내부는 교체하지만 거짓된 외형을 만드는 것이 아니라 '진실

---

12) **모닝드레스**: 결혼식과 같이 격식을 많이 갖춘 남성 예복을 의미한다.

성을 지닌' 외관을 유지한다. 아파트 내부는 취향과 권위를 부여하기 위해 '거짓의' 문화재 기표를 사용하기보다는 역사적 구조를 그대로 따르는 것이다. 유사 튜더 건축 스타일은 프레더릭 제임슨이 말한 패스티시 개념과 비슷하다고 볼 수 있다. 제임슨은 패스티시가 "스타일리스틱한 가면을 쓰고 죽은 언어로 말하는 것이다. 그러나 패스티시는 그런 모방을 중립적으로 수행한다"[24]라고 말했는데, 이런 중립적인 수행[13)의 개념과 비슷하다고 할 수 있다. 이와는 대조적으로 건축을 개조하는 것은 역사적으로 건축된 환경에 사회적 투자가 이루어진다는 것을 의미한다. 단지 외면에서만이 아니라 일종의 변증법적인 건축이라 할 수 있는 것이다. 이러한 고급 주택화의 과정은 물론 완전히 계층에 기반을 둔 것이며, 건물을 단순히 교체하기보다는 유기적으로 발전시키는 상상력 있는 건축을 보여주는 것이다. 이에 비해 맨체스터의 하시엔다Hacienda나 이스트 런던East London의 게인즈버러Gainsborough 스튜디오 같은 장소를 재건축하는 일은 그 건물 자체보다는 단지 그것의 명성만을 이용해 먹는 일이다. 그 두 건물은 이미 다 무너진 건물이었다. 새로 건축된 건물은 옛 건물과 장소는 같지만, 이러한 건물은 의식적으로 이상화된 역사의 기억을 유추하도록 이끈다. 하시엔다 아파트는 "이제 파티는 끝났다. 당신은 집으로 올 수 있다"라는 광고 문안과 함께 팔렸는데, 이것은 그 건물의 가르침을 잘 보여준다. 나이트클럽 같은 역동적인 문화 공간으로부터 통제된 재산 투자로의 이동인 것이다. 오래된 건물을 재개발하는 것은 과거를 물리적으로 소유하는 일이다. 그러나 그것의 목표는 바뀌었다고 볼 수 있다. 그것은 역사 재현이나 역사 체현이 아니라 '오래된' 것을 가치화하는 것이다. 그것

---

13) **중립적인 수행**: 여기서 중립적이란 말은 숨어 있는 동기나 풍자 의도 혹은 유머 감각 같은 것을 전혀 찾아볼 수 없는 표면적인 모방을 의미한다. 제임슨은 이것을 '공허한 패러디'라고 불렀다.

의 실제 이데올로기적인 기반 혹은 원래의 의미로부터는 단절된 채로 말이다. 그런 건물 대부분은 오래된 공업 지역에 있는데 이것은 초기 산업자본 모델로부터의 이동을 반영함과 동시에 과거라는 것이 실질적으로 이제 서비스 경제 체제의 한 부분이 됐음을 여실히 보여준다. 개조 주택에 사는 사람은 그 건물의 진정한 혹은 원초적인 의미를 고려하기보다는 순수하게 그 건물의 연한 때문에 건물에 부여된 문화 자본을 소유하는 것일 뿐이다.

역사적 공간은 그러므로 말초적인 '체현'을 드러내는 핵심적 사회 공간이라 할 수 있다. 즉, 저차원적인 복고풍 주거생활이 줄 수 있는 흥분감을 안겨줄 수 있는 문화유산 상품인 것이다. 이처럼 문화유산성이라는 것을 말초적인 경제성에만 초점을 맞추는 데 대해 어떤 집단들은 의문을 제기했다. 오래된 공장, 무너진 건물과 황무지 공간을 미술적·연극적으로 사용하는 것은 흔한 관습이다. 예를 들자면 이 지역에 생기를 불어넣고 현대와 고대의 것을 융합시켜 독특하고 생기발랄한 체험을 이끌어내는 작업이 흔히 이뤄졌다. 그것은 과거가 '문화유산화되어' 아파트가 되어버리거나 자문위원회가 나서서 재건 커뮤니티로 바꿔버리기 전에 자신들이 직접 과거를 되돌리려는 하나의 방식이다. 이처럼 버려진 공간을 활용하는 것은 1980년대 뉴욕의 미술계까지 거슬러 올라갈 수 있고, 그것은 이제 역사적 공간에 개입하려는 표준화된 작업이 됐다. 이것은 공식적일 수도 비공식적일 수도 있다. 예를 들어 맨체스터의 빅토리아 배스가 TV 프로그램 〈레스터레이션〉의 대상작으로 선정되어 재건되는 동안[14] 코브웹

---

14) 맨체스터의 빅토리아 배스(Victoria Baths)는 1906년 건립된 건물로 수영장과 터키식 사우나, 대중 목욕 시설을 갖춘 시설이었으나, 1993년 폐쇄됐다. 이 건물의 재건을 위한 국민적 노력으로 기금을 모으고 있었는데 2003년 BBC 방송사의 프로그램 〈레스터레이션〉에서 시청자들의 투표로 재건축 대상에 선정되어 2008년 재건축됐다. 현재 콘서트장 및 전

Cobweb 프로젝트는 그 장소에 특화된 작업을 펼쳤다. 코브웹은 그 공간이 겪었던 전환기에 관심을 두었다. 빅토리아 배스 프로젝트에 참가한 학예 연구사 앨리슨 커쇼Alison Kershaw는 그 공간을 경계적liminal이며 힘이 있는 곳으로 인식했다.

> 비록 거의 황폐화됐지만 그 공간은 결코 비어 있거나 버려지지 않았다. 그것은 단지 우리가 생각하는 의미로 재개발되지 않았을 뿐이다. 그것은 일종의 '중간 상태in-between'적인 곳에 있는 공간이며, 아직 일정 정도 사용이 가능한 공간이다. 최소한의 제약을 받으며 탐구할 수 있는 이런 큰 건물이 있다는 것은 흔치 않다. 빅토리아 배스가 재개발되어버리면 그 공간은 그런 자유를 누리지 못할 것이며, 그런 기대를 품을 수도 없을 것이다.[25]

버려진 건물에 설치 예술을 하는 것은 무너지기 쉬운 단기의 작품을 만들어내는 일로, 일반적인 화랑에서는 하기 어려운 도전이라 할 수 있다. 이것은 또한 그 공간의 역사적 울림을 활용해 그 작품의 파괴 가능성을 알면서도 그것을 이용해 어떤 새로운 것을 창조하려는 시도다. 역사적인 공간에 뛰어들어 가서 그 장소의 혼란스러움을 통해 위계적인 구조화를 약화시키려는 노력이며, 또한 오래된 것과 새것이 만들어내는 불협화음을 활용해 아주 특별한 무언가를 만들어내려는 작업이다.

이와 비슷하게 건축 환경에 대한 관점에서 대안적인 작업이라 할 수 있는 것이 도시 탐험이다. 지난 10년 동안 버려진 빈 공간을 탐험하는 데 대한 관심이 폭발했었다. 도시 관광객들은 유기된 장소를 돌아다니며 사진을 찍는 거대한 하위문화를 만들어냈다. "나에게 그것은 '익스트림 스포

시장 등으로 활용되고 있다.

츠Extreme Sports'[15])가 결코 아니다. 그것은 익스트림 역사가가 되는 일이라 할
수 있다.······ 우리는 정말로 그 장소에 들어가기를 원하고, 그 내부 공기
의 분위기를 정말 느끼고 싶어 한다."[26] 도시 탐험가들은 문화 유적지를
재천명하고 그것을 새롭게 만들기 위해 노력을 기울인다.

주말이 오고 대부분의 사람들이 돈을 쓰거나 그들의 숙취를 달랠 때 당신은
버려진 터널이나 동굴을 탐험하며 지하에 있을 것이다.······ 혹은 유기된 정신
병동의 수용실/방 벽에 있는 낙서를 읽고 있을 수도 있다.[27]

그런 탐험가들은 흔히 현대의 삶을 거부한 채 텅 빈 공간 속에서의 고
립을 즐긴다. 이런 '익스트림 히스토리'는 무엇보다 자기 스스로 규정하려
는 성격의 것으로, 어떠한 종류의 권위나 명령 체계를 거부한다. 그것은
역사의 공간을 재천명하려는 시도이며, 몸소 직접적으로 과거의 환경과
맞닥뜨리려는 시도다.

이것을 하려는 내 동기는 단순히 내가 새로운 장소를 탐험하고 과거를 탐험
하기를 좋아하기 때문인 것으로 생각한다. 박물관의 흐릿한 유리창 너머로 그
것을 바라보는 것이 아니라 이 공간을 몸소 체험하고 그것들이 간직한 이야기
를 이해하려는 것이다.[28]

이런 모험가들은 관광객으로는 처음으로 현대 영국의 산업/포스트산
업 문화 유적을 탐험하는 데 나선 사람들이다. 탐험가들은 특별히 그 건
물의 연한이나 의미 같은 것에는 신경을 쓰지 않는다(수용소, 예전의 병원,

---

15) **익스트림 스포츠**: 신체를 극한적인 위험이나 체력적 상황까지 몰고 가는 종류의 스포츠다.

공장과 터널 등이 인기가 많기는 하지만). 그들을 움직이는 힘은 "유기되거나 허물어지거나 사용되지 않는 것들을 어느 것이라도 찾아 나서는 것이다. 도시 탐험은 이처럼 잊혀버린 공간을 경험하고 방문하는 것이며, 그것들이 영원히 사라지기 전에 사진을 찍어두는 행위다".[29] 버려진 건물 탐험이 주로 찾는 곳은 알려지지 않은 곳, 한 번도 드러나지 않은 장소다. 즉, 그들은 개척자가 되는 것이며 동시에 니컬러스 로일Nicholas Royle이 말한 것처럼 "이런 버려진 건물 속에서 실제 일어났을 일에 관심이 있다기보다는 나만의 대안적인 현실에서 일어날지도 모르는 상상 가능한 일에 관심이 있다. 내 머릿속에 있는 사실reality 말이다".[30] 이것은 '공식적인 역사'를 거부한 채 과거를 이해하려는 것으로, 아주 거칠게 표현된 참여권한 확대라고 할 수 있다. 도시 탐험은 과거가 무너져 버린 바로 그곳에서 가능성의 공간을 열어젖히는 것이다. 그것은 문화 유적이라는 개념을 벗어나려는 한 방식이다. 역사를 단순화하고 상품화하는 것을 피하려는 움직임이며, 그 역사에 대한 공동의 소유권을 재천명하려는 움직임이다.

9장 히스토리 게임

    8장에서 살펴본 역사 재현 활동에 대한 논의를 통해 다양한 집단이 다양한 목적으로 '역사'를 체현해내려고 애쓴다는 것을 알 수 있었다. '체험으로서의 역사'를 분석해보면 역사는 하나의 제도화된 틀에서 분리되어 나온 여러 가지 다양한 내러티브라고 할 수 있고, 다양한 사회적 실체에 의해 다르게 사용되는 것이라는 점을 알 수 있다. 이 장에서는 역사 재현이라는 주제를 같이하는 또 다른 모델의 역사 '체험'을 검토해보고자 한다. 현대의 컴퓨터 게임에서 재현되는 역사 체험이 바로 그것이다.[1] 첫 부분에 등장하는 게임들은 얼핏 리얼리티 히스토리 쇼가 그랬던 것처럼 사용자들에게 어떤 힘을 주는 듯 보이지만, 그 힘의 성격을 자세히 보면 양가적인 면이 있고, 심지어 그 힘이라는 것은 착각일 뿐이라고도 할 수 있다. 그다음 절에서는 또 다른 게임에서 이루어지는 역사 '체험'을 살펴보고, '과거'가 만들어내는 유희적인 역사학의 가능성을 살펴본다. 이러한 게임은 어떤 사람들에게는 취미이자 아주 중요한 활동일 수도 있겠지만, 대개 불규칙적으로 가끔씩 하는 여가 활동이다. 게임을 하는 사람들은 전 세계에 있고, 모든 연령대를 망라하며 상대적으로 남성이 더 많다. 게임은 복합적인 일단의 문화역사적 현상을 대변한다. 이것은 일인칭적인 체험이나 아바타를 활용한 역사의 신체화이며, 역사 체험인 것이다. 이런 식의 게임 모델과 장르에서 역사가 등장하는 모습은 사용자의 편에서 상호 작용의 복합성을 드러낸다. 전 세계적으로 수백만 명의 게이머들이 가상의 신 나는 세계로 빠져들어 가서 역사를 만난다. 과거를 대표하는 것에 적극적으로 참여함으로써 일종의 역사의식을 얻는 것이다.

일인칭 슈팅 게임에서의 역사

일인칭 슈팅 게임First person shooters(이하 FPS) 혹은 주관적 시점Point-of-view(POV) 게임은 특정한 유형의 시각적 역사 체험이다. 이런 게임은 컴퓨터 게임의 등장과 함께 상품으로 나오기 시작했다. '배틀 존Battelzone'(아타리사, 1980년), '테일 거너Tail Gunner'(벡터빔사, 1979년)에서 시작해 초기의 성공적인 프랜차이즈 게임 '골든 아이Golden Eye'(레어웨어사, 1997년)나 '둠Doom'(id 소프트웨어, 1993년) 등이 그것이다. 하지만 게임의 규칙은 대부분 비슷하다. 시점 게임은 대부분 폭력적인 내용으로 '슈팅 게임shoot'em ups'이라는 범주로 분류됐다. 이러한 게임의 화면 속에서는 오로지 게임 속 플레이어가 손에 쥔 총만 보인다. 그런 게임들은 화면 속에 플레이어의 아바타 캐릭터가 등장해 진행하는 것이 아니라, 화면 자체가 플레이어 자신이 바라보는 시점이 되는 식이다. 플레이어는 이 캐릭터와 일체가 되어 오로지 화면에서 고정된 자신의 시점만으로 화면 속에 움직이는 모든 것을 보아야 한다. 이렇게 되면 화면 안에서 방향을 잃어버리기 쉽다. 이런 게임들의 새로운 버전은 플레이어에게 동작 방향을 제어할 수 있고 시점의 방향도 통제할 수 있도록 바뀌었다. 이 시점의 게임은 역사적 체험에 관해 많은 것을 알 수 있게 해준다.

여기서 특별히 관심 있게 볼 게임들은 제2차 세계대전을 배경으로 한 FPS인 EA 게임사의 '메달 오브 아너Medal of Honor'[1]다. 이 게임은 처음 1990년대 후반에 FPS로 성공적인 첫발을 내디뎠을 때부터 그 독특함으로 주목받았다. 여타의 다른 게임이 대부분 판타지적인 배경을 쓰는 데 비해 이 게임은 아주 현실적인 배경화면을 게임에 적용했기 때문이다.[2] 이 게임의 구조는 플레이어에게 게임을 하나의 내러티브로 체험하도록 해준다. '메달 오브 아너' 게임은 여러 가지 버전의 시리즈로 나왔는데, 프랑스에서의 비밀 레지스탕스 미션에서부터 태평양전쟁에 이르기까지 배경이 다양하다. 제2차 세계대전 시기의 미션을 수행하게 하는 이 게임은 플레이어에게 전투 해병 역할을 부여해 그들을 좀 더 거대한 군대의 틀 속으로 들어오게 한다. "당신은 게임을 하는 것이 아니다. 당신은 군인으로 지원하는 것이다"라는 것이 게임이 내세운 구호였다. '메달 오브 아너: 프론트라인'(EA 게임사, 2002년)은 노르망디 상륙작전을 재현한 것으로, 이것이 '당신의 일생일대의 시간'임을 강조했다. 게임의 미션은 '노르망디 해변을 급습하라', '나치의 무기를 격퇴시키라' 등이다. 두 번째 버전에서는 '일본제국을 격퇴시키라'로 바뀌었다. 배리 앳킨스Barry Atkins는 전략 게임인 '클로즈 컴뱃Close Combat'에 대해 이렇게 언급한 바 있다. "역사 이야기의 큰 흐름이 이런 전쟁 축소판 게임을 통해 이해하기 쉽게 됐고, 개인은 그 결과가 아직은 불확실한 상황 속에서 '중요한 차이'를 만들 수 있는 존재로 제시된다."[3]

'메달 오브 아너'는 그 풍경과 게임 플레이 방식에서 일종의 선형성

---

1) **메달 오브 아너**: 미국 최고 훈장의 이름을 따서 드림웍스 인터렉티브(현재의 EA 게임사)가 제작한 일인칭 슈팅 게임 시리즈다. 1999년 11월 10일 플레이스테이션용 게임으로 발매된 이 게임은 영화감독 스티븐 스필버그가 총지휘를 맡았다.

1998년 스티븐 스필버그가 연출한 영화
〈라이언 일병 구하기〉의 포스터.

linearity과 역사의 방향성을 만들어
냈다. 게다가 게임은 좀 더 넓은 역
사의 흐름 안에서 아주 자유로운
존재로 군인을 보는 실존주의적·
신자유주의 시각으로 영웅적인 개
인을 판매하는 데 초점을 맞추었
다. '한 사람이 진짜 중요한 변화를
만들어낼 수 있을까?'라는 것이 '메
달 오브 아너: 연합 공격'(EA 게임
사, 2002년)의 초판의 구호였다. 게
임이 가정하는 것은 그들이 변화
를 만들어낼 수 있다는 것이었다.

게임은 시각적으로 영화 〈라이언 일병 구하기Saving Private Ryan〉나 드라
마 〈밴드 오브 브라더스Band of Brothers〉의 베리테Verité 다큐멘터리 스타
일[2]을 채택했다. 마찬가지로 이 게임은 여러 전쟁 영화의 기법을 활용하
면서, 역사 시뮬라크라simulacra 속에서 가상적인 상호 작용을 하도록 했
다. 해안에 상륙할 때 이 게임은 '진동' 효과를 내도록 했다. 플레이어가
화면 속에서 폭격을 맞으면 손잡이가 흔들리고 진동하도록 한 것이다. 이
것은 정신없이 어지럽고 소란스러우며, 길을 잃는 상륙의 경험을 느끼도
록 하기 위함이다. 플레이어는 몸을 숙이거나, 뛰어오르거나 뛰어야 한
다. 거친 숨소리가 계속 들리고, 끊임없이 폭격이 일어나고 고함치며 지
휘하는 소리도 들린다. 플레이어는 대부분의 시간 동안 총격을 받는다.

---

2)   **베리테 다큐멘터리 스타일**: 사실성과 객관성을 강조, 사건을 있는 그대로 의도적인 개입
      없이 카메라에 담는 것을 말한다.

그런 게임은 아주 잘 조직되어 있고 엄격하게 정연한 방식으로 레벨을 상승시키며, 플레이어에게 적들을 죽이게 함으로써 군사적 혹은 지리적인 목표를 성취하도록 한다. 플레이어는 각 레벨을 건너뛰거나 싸우지 않을 수는 없다. 이것은 주로 게임들이 흔히 쓰는 '타깃' 버전을 많이 활용했다. 점점 더 어려운 시험의 연속이지만 끝내는 극복하는 식으로 진행되는 식이다. 게임은 단계가 올라가고, 점점 더 어려워진다.

플레이어는 역할을 연기하고 이야기를 진행시켜나가야 한다. 그렇지 않으면 게임이 진행되지 않는다. 여기서의 역사는 플레이어가 어떤 기준을 만족시키지 않으면 앞으로 나아가지 않는다. 그는 계속해서 정확히 적들을 제거하면서 스스로 살아남아야 하는 것이다. 그러므로 플레이어는 내러티브 역사 안에 있는 것이 아니라 시뮬레이션의 범위 안에서 활동하는 실행자다. 비록 그 시뮬레이션이라는 것이 영화나 다큐멘터리 같은 내러티브 역사를 흉내 내는 것이기는 하지만. 그 게임은 상호 작용적인 성격을 띠지만 에르고드적ergodic[3]이지는 않다. 그보다는 점점 복잡해지는 상상 속의 상황이 펼쳐지는 일련의 단계인 것이다.[4] 상호 작용과 조종이라는 요소를 포함하고 있기는 하지만, 이 게임은 수동적인 경험이라는 측면과 자신이 통제하고 있다는 환상의 측면 두 가지를 균형 있게 조화해나가면서 재미를 만들어내는 것이다. 그것은 내러티브로서의 게임과 시뮬레이션으로서의 게임이라는 게임 연구의 두 가지 입장 간의 충돌을 드러낸다. 게임은 많은 면에서는 사실 양측 모두에 해당한다. 게임 체험에서의 핵심은 참여자의 권한 확대와 내러티브 사이의 균형이다. 조종한다는 환상을 준다는 점이 게임 플레이의 핵심이다. 플레이어는 강력한 존재이

---

3)   **에르고드적**: 상당한 기간이 지난 후 하나의 체계가 최초의 상태와 거의 비슷한 상태로 돌아가는 조건하에 있는 것을 뜻한다. 게임 참여자의 능동적인 참여를 필요로 한다는 의미다.

기도 하지만 동시에 쉽게 죽을 수도 있는 아바타이기도 하다. 한편으로는 군대 탱크의 작은 톱니바퀴이기도 하지만 동시에 전쟁에 아주 중요한 존재이기도 하다. 전쟁의 체험은 낯설고 타자화된 것인 동시에 그들에게 많은 참여권한을 주는 것이기도 하다. 전쟁은 플레이어의 주변에서 늘 일어나는 것이지만, 그들의 역사 경험은 파편화된 것이고 존재론적이며 특별한 것이기도 하다.

'메달 오브 아너'의 투박한 전쟁 분위기에 뒤이어 나온 것이 '라이징 선Rising Sun'(2003년)이다. 이것은 좀 더 세련된 가상의 풍경으로 개선된 '메달 오브 아너'의 후속판이다. 게임에 담긴 역사에 대한 관점은 바뀌지 않았다. 플레이어는 얼굴 분간이 안 되는 일본 군인을 상대로 싸우며, 진주만 폭격은 '치욕의 날'이라 불린다. 이 버전은 전투에 대한 개인의 개념을 중시한다. "태평양전쟁의 조류를 바꾸기 위해서는 할퀴고 물어뜯어야 한다. 당신은 태평양전쟁 초반부의 중요한 전투를 향한 긴 여정을 시작한다"라는 것이다.[5] 이 게임은 플레이어에게 비디오 화면을 열게 하거나 메달을 따게 하거나, 뉴스의 자료 화면을 보게 하거나 집에서 온 편지를 받아 보도록 한다. 문서는 플레이어가 만날 사람들(그중의 한 명은 그들의 형제다)과 그들 자신에 대한 이야기를 담고 있다. 온라인 플레이에서 플레이어는 좀 더 복잡다단한 상황 속으로 들어가게 된다. 그들은 온라인에서 '죽음의 경기death match'를 벌인다. 그러나 자유 전투 레벨은 전체 게임에 해당되는 것은 아니다. 그리고 다시 한 번 만약 플레이어가 다른 사람과의 경기를 선택한다면 그들은 팀을 이뤄 여러 목표물에 이르러야 한다. 전략 게임에서 한 플레이어가 역사의 코스를 바꿀 수 있을 정도로 그럴듯하게 게임을 잘할 수 있는 것과는 달리 이런 종류의 슈팅 게임은 역사적 사건의 해석에서 덜 세련된 모습이다. 플레이어는 그들의 고유한 미션으로 보이는 것들을 따라가야 하고, 그들 혼자만의 역사를 구성해나가야 한다. 하지만 중요한 것은 상호 작용이나 재창조의 요소는 사라진다는 점이다. 그들의 시점은 그들 스스로의 것이 아니다. 비록 그것이 그렇게 보인다고 해도 말이다. 그러나 이 게임은 여전히 전투에 임하는 개인의 중요성을 강조하고, 보병의 중요성을 인정한다.

'콜 오브 듀티Call of Duty'(액티비전사, 2003년)는 '메달 오브 아너'의 시장에 기반을 둔 FPS 게임으로, 이 같은 하위 계급 군인의 중요성을 더욱 강조한다. 이 게임의 분위기는 좀 더 모든 것을 아우르는 포괄적인 것이며, '메달 오브 아너'보다 덜 개인주의적이다. 이 게임의 구호는 "혼자 싸우는 사람은 아무도 없다"라는 것으로, 팀워크나 연합의 의미를 강조한다. "세상을 바꿔나가는 전쟁에서는 어떤 사람도 혼자 승리를 쟁취할 수 없다. 전쟁의 혼란스러움을 통해 보통 병사들은 다른 사람들과 함께 싸우고 죽는다."[6] 이 게임은 '메달 오브 아너'보다 영화적인 체험에 더 초점을 맞추지만, 평범한 군인들을 찬양하면서도 그 군인들의 전투 모습을 영화적인 전형으로 만들어버리지 않고 절묘한 균형 감각을 유지한다. 전쟁 모습은 여기서 영화 화면으로 바뀌는데, 그럼으로써 역사라는 것이 낯설어 보이게 하는 측면도 있지만, 다른 한편으로는 전쟁의 역사가 대중의 눈에 익숙한 영화적 기법의 패턴이나 언어로 느껴지게 한다.

제2차 세계대전의 대전투, 즉 노르망디 상륙작전, 스탈린그라드 전투, 베를린 교전의 영화적 강렬함을 체험해보라. 현대 역사의 흐름을 만들었던 시민 병사와 연합군 무명용사 영웅들의 눈을 통해.[7]

평범한 군인들은 이 게임에서 중요한 변화를 만들어낼 수 있다. 하지만 그들의 이런 능력은 그 '영화적인 강렬함'에 의해 어느 정도는 약화된다. 게임은 영화가 되고, 조종 가능한 장르가 된다. 실제로 게임은 이전 시대와는 달리 할리우드와 연계를 맺는다. 영화 〈크림슨 타이드〉와 〈피스메이커〉의 작가 마이클 시퍼Michael Schiffer가 이 작품에 참여해 '관객을 게임에 더욱 몰입시키고 제2차 세계대전의 영화적 강렬함을 포착했다. 게임 플레이어들을 더욱 게임 속 인물과 동화되도록 만들었던 것이다'.[8] 그러나 이런 감정적 강렬함은 역사적 진실성에 대한 요구와 결합된다. 이 게임의 두 번째 판인 '유나이티드 오펜시브United offensive'는 군사 전문가를 참여시켜 '전투 전략과 대형 그리고 전쟁 상황에 대한 진짜 생생한 묘사'를 만들어냈다.[9]

이처럼 역사와 군대에 대한 '정통성'과 감정을 중시하는 할리우드식 수사학이 제대로 결합한 게임은 '배틀필드 1942Battlefiled 1942'(EA 게임사, 2002년)다. 이 게임의 제2차 세계대전판은 영화에 의존하지만, '배틀필드 베트남'(EA 게임사, 2004년)에서 이 게임은 패스티시를 넘어 직접적인 인용을 하기 시작한다. 오프닝 시퀀스에서의 헬리콥터는 바그너의 「발퀴레의 기행」이 흘러나오며 영화 〈지옥의 묵시록〉(프랜시스 포드 코폴라, 1979년)의 헬리콥터 장면을 연상케 한다. 이 게임은 한편으로 전략적이기는 하지만, 개인적인 노력의 투입이라는 의미로 돌아온다. '전쟁의 결과는 당신이 내린 선택에 달린 것이다.'[10] 플레이어들은 더 많은 권한을 소유하게 되지만 동시에 연속된 기표signifiers 속으로 편입된다. 하나의 역할을 수행하는 것이다. 이와 비슷한 것으로는 '베트콩: 퍼플 헤이즈Vietcong: Purple Haze'(일루전 소프트웍스, 2004년)에서 지미 헨드릭스Jimi Hendrix의 음악을 인용한 것을 들 수 있다. 플레이어에게 허용된 '자유'는 게임이 시작되기 이전부터 강제된 규칙에 의해 약화된다.

'브러더스 인 암스Brother in Arms'(유비소프트, 2005년)는 '이전에 볼 수 없었던 사실성'을 내세우며 실제 이야기를 바탕으로 만들어졌다. 이 게임은 세부적인 부분에 공을 많이 들였다. 이 게임은 '역사적으로 정확하고 세세하게 묘사된 전쟁터와 미 육군 통신대의 사진, 공중 정찰대의 사진과 전투 목격자 증언 등을 이용해 만들어낸 사건들과 전쟁 장비들을 게임 속에 담았다'.[11] 이처럼 역사적 정통성과 영화가 결합한 것은 게임들이 적극적으로 '내러티브'와 역사적 진실성에 노력을 기울이고 있다는 사실을 보여준다. 하지만 '사실적'인 역사와 영화적인 기법이 결합되면서 정체성의 영역을 흐릿하게 만드는 결과를 가져오기도 했다. 게임 자체는 예전의 것보다 개선되고 진화된 것으로 보인다. 이것은 단순하게 총 쏘고 때려 부수는 FSP 게임이라기보다는 '전술적인 슈팅 게임'이라 할 수 있고, 전략과 팀워크가 개인의 사격술만큼 중요하게 여겨지는 새로운 종류의 게임이었다. 이 게임에서의 역사의 소비는 학문적이면서도 허구적이다. 이 게임을 통해 체험할 수 있는 것은 내러티브와 시뮬레이션, 고정된 기표였으며, 그와 동시에 역사의 도도한 흐름 역시 체험할 수 있다. 플레이어가 목표를 얻고 미션을 완수하는 것은 어느 게임과 비슷하지만, 감정적 교감과 강렬함이 더해졌다는 점이 새로웠다. '브러더스 인 암스'는 전투 지도자가 자신의 부하를 '가족'으로 여기는 것으로 묘사했는데, 이것이 '밴드 오브 브러더스'라는 제목을 낳게 해줬다. 플레이어는 역사 재현, 시뮬레이션, 게임, 역사 모두에 동시에 참여한다. 게임은 플레이어에게서 이해와 반응을 모두 기대하며, 여러 개의 정체성과 체험을 당연한 것으로 받아들이게 했다.

온라인 커뮤니티는 게임을 하는 데 아주 중요한 역할을 하는 곳이다. 한때는 2,000명의 플레이어가 '배틀필드 1942'에 접속하기도 했다. 이 숫자를 영국 전체의 실드 노트 역사 재현가 6만 명과 비교해보면 이 공동체의 규모를 알 수 있다. 게이머들은 스스로 연대별로 나뉘고, 역사 재현의 세세한 부분에 대한 관심과 열정에 따라 각각의 커뮤니티로 나뉜다. 연대는 1주일에 한 번씩 연습을 하며, 전략에 대해 대화한다. 여기에는 소속과 소유라는 의미가 있다. 이들은 '신세계의 질서', '영예로운 분대', '운명의 병사들', '러프넥스RuffNecks'[4], '울부짖는 독수리들'이라고 이름 붙인다. 이러한 조직은 아주 진지하게 받아들여지는데, 게임이나 전쟁영화에서 학습된 수사법과 수식어를 활용해 포스트모던한 역사적 체험으로 다시 섞여들어 가는 것이다. 이러한 공동체에는 또한 학문적인 요소가 있다. '브러더스 인 암스' 웹사이트는 '역사 포럼'을 만들어서 박물관이나 새 책, 지도나 무기 정보 관련 사이트를 연결해놓고 있다. 온라인 전투는 자체적으로 진화하고 있으며, 사용자들은 한곳에만 앉아 있는 것도 아니다. PSP[5] 콘솔과 휴대전화 게임 기술은 무선 네트워크와 결합해 플레이어들이 이동하면서도 미션을 수행하고 게임에 참여할 수 있도록 했다. 이러한 이동 가능성 덕분에 사람들이 더 많이 게임에 참여하게 됐다. 모바일 기기에 구현된 역사 네트워크 형성의 도움을 받아 사용자들은 더는 한곳에 머물지 않고 새로운 레벨의 게임에 참여할 수 있게 된 것이다. 또 다른 혁신은 HMDHead Mounted Display[6]로서, 이것은 게임에 신체적으로 더 몰입된 느낌을 줄 수 있는 기기다.

이러한 게임에서 역사의 모습은 남성 중심적인 배경을 제공하고 있다. 여성 캐릭터는 찾아보기 어렵고, 플레이어의 숫자 역시 남성이 훨씬 많다. 게임은 그 자체적으로만 의미가 있으며, 다른 것과는 거의 관련이 없는 것이었다. 플레이어들이 배우는 기술은 다른 데서는 통용할 수 없는 것이었다. 심지어 서로 다른 게임끼리도 기술이 통용되지 않는다. 이런 종류의 역사에서는 배울 것이 없다. 어떤 정보도 얻을 수 없는 것이다. 그러나 그

---

4) **러프넥스**: 거친 남자들을 의미한다.
5) PSP: 소니의 비디오 게임기다.
6) HMD: 안경처럼 머리에 쓰는 디스플레이 기기다.

것을 벗어나려는 존재론적인 움직임, 역사적 담론에 참여하려는 움직임이 있다. 게임들은 과거에 대한 그들 시각의 정당성을 강조하려고 애쓴다. 게임 속 무기나 군복 같은 것의 정통성을 강조하며, 플레이어가 '전쟁의 강력한 사실성을 경험하기 위해' 게임을 한다고 주장한다. 이러한 게임들과 역사와의 관계를 살펴볼 때, 개인의 연대화된 참여권한의 확대가 이루어진다는 점에서 역사 재현과 그리 멀리 떨어져 있는 것은 아니다.

게임들은 또한 논란의 대상이 되는 역사적인 이야기들이 풍성해질 공간을 마련해준다. 미국의 베트남 관련 게임들은 여러 방식으로 역사를 기억 속에서 지우면서, 상황의 복잡성을 단순화한 영웅적인 이야기를 통해 목적론적 사고를 보여준다. 다른 미국 게임들은 이라크 특수 부대의 활약을 그대로 옮겨온다['컨플릭트: 데저트 스톰Conflict: Desert Storm 1'(sci 게임스, 2002년)과 '2'(sci 게임스, 2003년), 이 두 게임은 FPS는 아니다].[12] '데저트 스톰 2'는 플레이어를 '독재자의 권력에 맞서' 싸우도록 보내 1991년 당시 실제 전쟁에서 해결하지 못한 일을 게임 속 전투를 통해 마무리 짓도록 한다.[13] 이런 게임들은 모두 국민으로서의 정체성, 즉 자유를 위한 전투와 즉각적인 해결책을 지지한다. 그런 한편 중동 지역을 이국적이면서 야만적인 곳으로 만드는 오리엔탈리즘적 시각을 보이기도 한다. FPS 게임 중에는 헤즈볼라Hezbollah 온라인 게임도 있고, 플레이어가 팔레스타인 해방 전사가되어 싸우게 하는 이슬람 지하드Jihad 게임도 있다.[14]

FPS 게임에서 화면에 나타나는 자아는 가상적인 것이고, 보이지 않는아바타가 플레이어를 역사에 참여시키고 또한 역사를 이해하도록 해준다. 사실 그 경험은 아주 '사실적'이다. 플레이어는 역사의 일부가 되도록초대받으며, 현재를 향해 목적론적으로 움직이게 된다. 역사 재현이나 리빙 히스토리에서 볼 수 있는 에듀테인먼트 일인칭 역사 체험을 본뜬 이런게임 안에서 역사는 역사적 체험의 복합성과 꽉 짜인, 유연하지 않은 역사 모델을 보여준다. 이런 종류의 체험이 존재한다는 것은 역동적인 역사 모델에 뛰어들고자 하는 욕구가 존재하며, '체험'과 '역사적 진실성' 사이의 긴장을 향한 역사적 욕망을 활용하는 산업이 존재한다는 사실을 증명하는 것이다. 이처럼 다양한 모습으로 등장하는 게임은 오늘날 '체험으로서의 역사' 소비가 문화적인 상품이라는 것과 경제적인 체험이라는 것을 증명하는 것이다.

롤플레잉 게임과 정체성으로서의 역사

이것은 온라인 롤플레잉 게임에서 복합적인 모습으로 더 잘 드러난다. 롤플레잉 게임에서는 타자화된 가상의 역사 속 아바타가 사용자의 신체를 대신한다. 미디어 시스템과 재현 방법이 통합되면서 개념적인 것과 실제적인 것 사이의 경계는 빠른 속도로 더욱 모호해졌으며, 역사를 다룬 온라인 롤플레잉 게임에서 이런 경향은 더욱 뚜렷해졌다. 다중 접속 온라인 게임MMOGs[7]과 다중 접속 온라인 롤플레잉 게임MMORPGs은 게임 플레이와 가상 사회를 담은 소프트웨어를 독특하고 대중적인 방식으로 결합시킨 것이다.[15] 플레이어는 아바타를 디자인해서 가상의 3D 온라인 세계로 들어가게 하고, 그 아바타들은 다른 플레이어들과 만나게 된다.[16] 그들은 공간을 빌리거나 여행하거나 건물을 짓거나 물건이나 생산품을 고안해 만들어내는 등 복합적인 일을 할 수도 있다. 여기서의 개념은 게임과 역할 놀이롤플레잉와 가상현실의 시뮬레이션을 결합시켰다는 것이다. '세컨

---

7) **다중 접속 온라인 게임**: 수백 명, 수천 명의 멀티플레이어들이 인터넷이나 플레이스테이션, PSP, 닌텐도, 스마트폰을 이용해 동시에 온라인에 접속해 즐길 수 있는 게임이다.

드 라이프Second Life'(린덴사, 2003년)는 동시 접속 인원이 1만 명에 달할 정도이며, 약 900만 명의 사용자가 등록되어 있다. 시나리오는 사용자들의 상상에 의해 만들어지며 일정한 구성의 원칙이 있다. 현실 세계의 법은 점점 더 무시된다. MMORPGs는 무언가를 추구하고 과제를 수행한다는 점에서 전통적인 게임에 가깝고 규칙에 근거한다고 할 수 있지만, 이 게임은 한편으로는 현실 세계를 모사한다기보다는 서로의 플레이를 위한 가상의 광장을 만드는 데도 초점을 맞춘다. 대부분의 MMOGs는 그들 나름대로 내부적인 경제 체제가 있어, 그것이 '현실 세계'의 모습을 대신하는 형식이다.[17] 그 게임들은 교육에서부터 페스티벌, 혹은 미군들이 도시 전투에서 군인을 훈련시킬 때도 활용된다. 셰리 터클Sherry Turkle이 주장하는 것처럼 이런 게임들은 또한 '자아의 형성과 재건을 위한 새로운 환경'을 제공하기도 한다.[18]

인기 있는 MMOGs 게임은 대개 오늘날 동시대의 세상('세컨드 라이프'의 경우)에 기반을 두는 반면, MMORPGs 게임들은 역사적인 분위기를 풍기는 로맨스 판타지 전투 시나리오를 지향한다. 예를 들어 '월드 오브 크래프트World of Craft'(블리자드사, 2004년)나 '에이지 오브 코난Age of Conan'(펀컴사, 2008년)들이 그렇다. 〈반지의 제왕〉이나 〈캐리비안의 해적〉처럼 영화를 원작으로 한 게임들이 점점 더 늘어났다.[19] 또한 MMOG와 FPS를 뒤섞은 '울펜슈타인: 에너미 테리토리Wolfenstein: Enemy Territory'(액티비전사, 2004년) 같은 것도 있다. 중세의 성이 등장하고 당시의 옷을 입는 등 유사 중세의 분위기를 담은 '레그넘 온라인Regnum Online'(NGD사, 2007년), '라키온Rakion'(소프트 닉스사, 2005년), '룬스케이프RuneScape'(자겍스사, 2001년) 같은 게임도 인기가 높다. '룬스케이프'는 900만 명의 등록 회원을 보유하고 있다. 여기서 한 걸음 더 나아가 켈틱Celtic, 고대 스칸디나비아, 그리스, 한국, 중국의 신화를 활용한 하위 장르도 등장했다. 이런 게임이 보여주는 것은 사용자들이 지닌 역사 지식의 모호함이 이런 게임 공동체를 형성하고 거기에 영향을 미친다는 것이다. 특정한 지역이나 역사적 사건에 대한 관심보다는 좀 더 일반적이고 다양한 역사적 원형들이 인기를 얻는다. 게임 참가자들은 '월드 오브 워크래프트' 같은 게임을 해킹해 그 안의 그래픽을 가져다가 애니메이션 역사 영화에 등장한 시퀀스들을 새로 만들기도 한다. 그러한 작업의 결과물은 유튜브 등을 통해 공개되고, 이런 것들은 일종의 혼성 모방 작품으로 게임에 대한 일종의 헌사나 모방이라고 할 수 있으며, 문화 생산품을 가상 세계 속에서 재탄생시키려는 사용자들의 의도를 보여주는 것이다.

그러나 역사적인 사실성을 중시한 MMORPGs도 속속 등장하고 있다. 게임 디자이너들이 게임을 차별화하고 실험적인 시도를 함에 따라 이런 게임은 점차 늘어나고 있다. 역사적 내용을 담은 MMORPGs는 사용자들을 역사적인 환경 안에서 움직이도록 하지만, MMORPGs의 좀 더 정교화된 요소(인간 아바타가 서로 상호 작용하는 것과 그들이 세상을 만들고 발전시켜 나가는 것을 말한다)들은 그 게임들이, 즉 그것의 역사적 상황이나 역사적 발전이 플레이어들이 변화함에 따라 그 내용에 조금씩 변화를 주고 있음을 의미한다. 이런 역사 게임들은 인기가 많다. '로마 빅터Roma Victor'(레드 베들럼사, 2006년)는 5,000명의 회원이 있다. 개발자가 "이전에는 볼 수 없었던 수준의 역사적 사실성을 세밀하게 그려내기 위해 수년간 힘든 노력을 쏟아부었다"라고 말하는 이 게임의 핵심은 FPS 게임과 마찬가지로 그 체험의 생생함이라 할 수 있다.[20] 이러한 게임들은 중국을 중심으로 한 무역 게임 '실크로드Silk Road'(조이맥스사, 2005년), 파이어니어pioneer 게임 '프론티어 1859Frontier 1859'(코스믹사, 개발 중) 탐험 게임 '대항해 시대Uncharted Waters Online'(KOEI사, 2004년)을 중심으로 업계를 발전시켜왔다. '항해 세기 Voyage Century'나 '로마 빅터' 같은 게임은 플레이어에게 무역업자나 상인 같은 직업을 갖게 하여 농사, 어업, 요리, 제련업, 양조업 등 아바타가 현실 세계의 어떤 것이든 그 속에서 똑같은 것을 만들어낼 수 있도록 했다. 이런 게임의 대부분은 과제나 탐험 중심인 게임으로, 기술에 기반을 둔 자율을 플레이어에게 주고 그 결과물로 경제적 정체성을 키우도록 한다. MMORPGs 게임은 중국, 미국, 한국의 게임 회사들이 만들지만 전 세계 플레이어들이 참가할 정도로 국제적인 게임이며, 이를 통해 경제적 관계망 안에서 세계적인 게임 환경이 이루어졌음을 알 수 있다.

이런 게임에서는 점수와 순위를 얻기 위한 수단으로서 '경험'이나 '기술'을 쌓아가기 위해 역사의 일부가 될 필요가 있다. 그 게임들은 온라인 FPS와 마찬가지로 그 역사에 관련된 시나리오에서 가상적인 상호 작용 외에도 커뮤니티나 연대감, 팀워크 등을 중시한다.[21] 재생을 할 수 있다는 점은 끊임없이 반복적으로 지속되는 성격의 이러한 게임에서는 문제가 되지 않는다. 플레이어들은 게임 속 전투 중에 죽을 수도 있지만, 그들이 잃는 것은 쌓아온 경험과 약간의 금전적 손해다. 게임 자체는 계속된다. 그래서 타임라인은 영향을 받지 않는다. 이런 게임들은 또한 역사를 학습 가능하고 완벽해질 수 있는 '역할'들의 모음으로 제시한다는 점에서 특별한 의미가 있다. 정체성은 체험을 통해 지워지거나 부여되거나 구체화될 수 있다.[22] 플레이어는 자신의 역할을 연기해내고, 또 더욱 큰 게임의 부분으로서 역사적인 시대를 재연해낸다. 선택된 아바타는 플레이어를 게임 시나리오 속에 비추어 나타내주는 동시에 실제 존재를 지워나간다. 게임 시나리오와의 상호 작용은 복합적이다. 플레이어는 감정적·물질적으로 그 환경 속에 편입되어 경기를 하면서 각각의 게임 안에서 가치 있는 기술을 습득해나가지만, 다른 한편으로 동시에 역사성을 연기하고 있는 것이다.

최근의 연구를 보면 여성들이 MMORPGs 게임에 점점 더 참여하고 있는 것으로 나타났다. 게임에 참가하는 사람들은 더욱더 다양하게 늘어나고 있다.[23] 테일러는 이런 게임에서 경험할 수 있는 '다양한 맥락'을 설명하면서 이러한 복합성이 게임 체험과 게임 매력의 핵심이라고 주장했다. MMORPGs의 게이머들은 다양한 과제를 수행하고, 다수의 시나리오 속으로 들어가 다양한 플레이어들과 '사회적'으로 상호 작용한다. 이러한 게임들은 유희를 통한 자기표현을 가능하게 해준다. 또한 몸소 자신의 신체를 이용해 역사를 접하고 과거를 이해하는 방식으로 이런 게임은 접근의 유연성과 함께 과거와 현재의 차이를 인식하고 있음을 보여준다. 아바타는 어디에도 속하지 않은 경계적인 역할로서, 플레이어를 게임의 세계와 연결시켜준다. 게이머를 과거의 낯선 세계로 이끄는 것은 자기 스스로가 아닌 것이다.

'문명' 게임과 디스크 콘텐츠: 전략 게임[24]

다음으로 살펴볼 것은 전략 게임이다. 전략 게임은 '체험으로서의 역사'를 제시하는 데 몸을 이용하기보다는 지적 활동을 통해 역사를 체험하게 하는 것이다. 그러나 포스트모던한 복합성과 질문을 던지는 역사방법론으로서는 앞서의 게임 못지않게 흥미로운 게임이라고 할 수 있다. 시드 마이어Sid Meier가 개발한 '문명Civilization' 게임(마이크로프로즈사, 1991년~) 시리즈는 리얼리티 전략 게임으로 알려진 것 중 가장 성공한 것이다. 이 전략 게임은 역사적·지리적, 혹은 사실적 배경들로써 게임을 구성했다. 이러한 종류의 게임 중 가장 유서가 깊은 것은 '리스크Risk'인데, 이것은 1957년 등장한 보드게임의 한 버전으로 1988년 컴퓨터 게임으로 탄생했다. 이 게임의 목표는 단순한 정복이다. 이에 비해 턴 방식의 '문명'과 리얼타임 게임[8] '에이지 오브 엠파이어Age of Empire'(앙상블사, 1997년~)는 무역이나 학문 그리고 기술적 혁신을 이용해 영토를 확장하는 데 중점을 둔다.[25] 이런 종류로는 또한 마피아 게임, 무기 거래상 게임과 철도 대부호 컴퓨터 게임이 있다. 이처럼 전략 게임은 오랜 기간 동안 다양한 모습으로 발전해왔다. 전략 게임은 발전의 목적론을 강조한다. 즉, 플레이어는 기술, 경제, 군사력과 관련된 여러 선택과 결정을 내리고, 이에 따라 게임의 승부가 갈리는 것이다. 이런 목적론은 발전의 구조에 나타난다. 그런 발전 구조에서는 엄격하게 구조화된 질서에서 발명·발견된 다른 것들에 의해 새로운 진전이 이루어진다.[26] 이런 게임은 시청각적으로 플레이어들을 역사에 빠져들게 하여 그 결과로 게이머들의 역사 감각을 키워준다. 그 영향력은 이전 세대의 역사 게임보다 훨씬 크다. 그리고 케빈 슈트Kevin Schut가 주장하는 것처럼 게임들의 내러티브는 가부장적이고 체계적이며, 역사를 '공격적인 파워의 결과물'로 제시하는 경향이 있다.[27]

'문명' 게임은 플레이어에게 자금력을 보충하기 위해 세상의 '불가사의wonders[9)]'를 건설하거나 사회를 더 행복하게 발전시킬 수 있게도 해준다. 여기서는 문화도 중요하고 국가주의도 중요하다. 그리고 이 두 가지는 돈을 활용하거나 그것에 자원을 제공함으로 써 확장될 수 있다.[28] '문명'은 역사를 일련의 발전으로 제시하는 게임이다. 상대팀의 플레이(AI나 사람) 외에 선택 불가능한 것은 없으며, 보통의 플레이어들은 성공(즉 문명화)을 향해 쉽게 전진해나간다. 리얼타임 게임들은 이와 유사하게 개발과 발전, 황제의 건축 등으로 이루어지는 역사 모델을 제시하기는 하지만, 예측 가

---

8) **턴 방식 게임과 리얼타임 게임**: 턴 방식 게임은 참가자들끼리 혹은 컴퓨터와 플레이어가 한 번씩 순서를 바꿔가며 경기를 하는 전략 게임이다. 이에 비해 리얼타임 게임은 모든 참가자들이 한꺼번에 게임을 한다.
9) **불가사의**: 에펠탑이나 앙코르와트 같은 건축물 혹은 대학이나 서사시 등 문명별로 건설할 수 있는 종목을 '문명' 게임 속에서 부르는 말이다.

능성이 낮다. 그런 게임들은 역사를, 특히 현대 이전의 역사를 전쟁을 치르는 제국들로 보여준다. '에이지 오브 엠파이어'는 플레이어가 자신들의 부족을 석기 시대, 신석기 시대, 청동·철기 시대 등을 통해 발전하도록 해준다. 이러한 게임에서 과거는 하나의 뼈대이자 시스템이며 여러 가지 일이 우발적으로 일어날 가능성이 있지만, 한편으로는 명확한 영역과 경계가 있는 것이다. 즉, '역사적 발전에 대한 거친 캐리커처'(니얼 퍼거슨의 표현)인 것이다.[29]

이런 시나리오에서 게이머들은 통치자이며, 역사의 과정에 개괄적인 시각을 지닌 이들이다. 이들은 경제적·군사적인 의사 결정을 내리면서 성공적인 결과물을 내놓기 위해 여러 가지 시도를 한다. 테드 프리드먼Ted Friedman은 이런 게임의 플레이어가 스스로를 한 개인으로서 여기지 않고 전체 게임 속에서 보며, 이 게임의 재미와 목표는 '컴퓨터처럼 생각하는 데' 있다고 주장했다.[30] 물론 동시다발적으로 여러 활동에 참여할 수 있다는 점은 상호 작용의 복합성과 복수의 역할을 하는 사용 환경을 잘 보여준다. 플레이어는 전체 게임을 보며 여러 가지 다양한 역할을 맡는다. 그 역할은 구체적인 것(통치자/신) 혹은 다른 것을 대표하는 환유적인 것이다(플레이어는 자신이 경기하기로 결정한 부족이나 나라다). 이진법적 사고방식, 즉 컴퓨터처럼 행동하는 것, 혹은 프리드먼이 말한 '사이보그적인 의식'과 역사의 뼈대가 결합함으로써 사용자들은 과거에 대해 생각하는 방식을 바꾸고 과거에 참여하는 방식을 바꾸는 가상의 역사를 경험한다. 그러면서 그들에게 정확한 의사 결정 과정을 통해 해결해야 할 역사를 과제나 문제, 이슈 등으로 인식하도록 한다. 게다가 이러한 게임플레이에는 사이보그적인 성격이 결합되어 있어 전자적인 프레임 워크 위에 게임 플레이를 덧씌우는 방식이기 때문에 이 게임들의 시뮬레이션이 역사 재현과는 다른 것임을 알 수 있다. 게임의 체험은 같은 방식으로 신체화되지 않으며,

그것과는 다른 지성적이고 두뇌적인 방향으로 제시된다.

이런 게임에서 역사의 과정은 기술의 발전과 한정 자원의 능숙한 활용에 의해 발전한다. 비록 이것이 결정론적으로 보일 수는 있어도 시나리오는 풍부한 임의성이 있어 역사는 거의 끝없이 다른 결과물을 만들어내며 재생될 수 있다. 재생될 수 있다는 것은 이런 게임의 목표이자 매력으로, 게이머들은 끝없이 반복해서 플레이하기를 기대한다. 새로운 결정은 또 다른 결과를 만들어내고 역사 과정은 복합적인 여러 가지 과정으로 여겨진다. 이런 게임은 또 협동을 강조하며, 특히 온라인에서는 더욱 그렇다. 따라서 이 게임들의 역사방법론은 게임마다 다른 형식에 의해 복잡해진다. 그 게임들에는 재환경 설정이 있어 끝없는 생산물을 만들어내기 때문이다. 게임들은 역사의 무질서함을 보여주지만, 한편으로는 플레이어에게 3D 지도에 나타나는 세상 위에 질서를 세우게 한다. 그것은 또한 게이머들에게 역사적 발전이란 것이 다양한 결정의 결과물에 따른 것이라는 생각을 하게 해준다. 플레이어는 자신이 하고 있는 행동의 결과를 생각해야 한다. 그리고 채택되지 않는 경우도 여럿 있다. 그러므로 그것들은 조건법적 서술(일어나지 않았지만 다른 상황에서 일어날 수 있는 것)로 해석되며, 혹은 적어도 발전을 향한 중요한 움직임 속에서 다른 역사적 타임라인의 가능성을 보여주고 있는 것으로 해석된다. 니얼 퍼거슨은 전쟁 게임이 역사가들에게 필요한 이유가 그 게임의 조건법적 서술의 성격 때문이라고 주장했다.

퍼거슨은 그러한 게임을 칭찬했는데 왜냐하면 그것이 '전략적으로 능숙한 세대'를 교육시키는 사회적인 효과가 있기 때문이다.[31] 이렇게 게임이 교육적·사회적으로 유용하다는 입장, 특히 구조화하지 못한 정보를 질서 정연하게 해준다는 점에서 유용하다는 데 스티븐 존슨Steven Johnson 역시 동의했다.

게임하지 않는 사람들에게 게임은 뮤직비디오와 닮았다. 번쩍거리는 그래픽, 이미지와 음악과 텍스트의 중층적인 혼합, 스피드가 몰아치고 특히 오프닝 시퀀스에서는 더욱 그러한 것들 말이다. 하지만 실제로 게임을 당신이 움직이고 싶은 대로 해보는 것은 아주 다른 일이다. 그것은 혼란스러움을 참거나 그 속에서 아름다움을 발견하는 것이 아니다. 그것은 세상 속 질서와 의미를 발견해내고, 그러한 질서 정연함을 만들 수 있는 의사 결정을 내리는 것이다.[32]

존슨과 퍼거슨에게 게임은 구조와 질서를 부가하는 것 외에 다양성을 검토하게 하는 방식이다. 그것들은 규율과 지적인 기술을 가르치며, 역사 게임의 경우 특정한 역사방법론적인 양가적 태도도 가르친다.

'에이지 오브 엠파이어'는 특별히 역사 게임으로 개발되어 다른 판타지 중심의 리얼 타임 게임과는 차별화될 수 있었다. 디자이너 브루스 셸리 Bruce Shelley는 이렇게 말한다.

플레이어들은 이미 어떤 일이 벌어져야 할지 미리 예상하고 있는 상태이며, 따라서 어떻게 경기해야 하는지도 조금은 알고 있다. 그들은 일어나는 일들에 대해 유사 과학적 근거를 배울 필요가 없다. 역사는 우리에게 게임을 만들 뼈대를 제공해주었다. 우리는 역사의 흥미로운 부분 중에서 어떤 것을 골라내서 그것을 게임에 넣을 것이냐 말 것이냐를 결정한다.[33]

플레이어들이 역사에서 어떤 일이 일어났는지에 대해 대강의 지식이 있다는 것은, 이런 게임들이 사람들로 하여금 현실을 재생하고 다시 명령을 내릴 수 있도록 해준다는 의미다. 역사는 '뼈대'로서 그 위에 게임을 비춰주는 모델이다. 그리고 그것은 쉽게 강탈당할 수 있는 것이기도 하다. 이런 게임에서는 특히 역사적 진실성은 문제가 되지 않는다.

대부분의 오락 상품에서 광범위하고 세세한 연구는 필요하지 않으며, 그렇게 하는 것이 좋은 생각도 아니다. 가장 좋은 참고 자료는 어린이들이나 읽는 책이라고 할 수 있다. 왜냐하면 게임을 즐기는 대중의 역사적 흥미의 수준이 딱 이 정도이기 때문이다. 만약 너무 많은 역사 세부 사항이 들어가 있다면 그 게임은 재미없고 둔한 느낌을 줄 위험이 있다. 플레이어들이 재미를 느껴야지, 디자이너들이나 연구자들이 재미를 느끼는 것은 의미가 없다. 우리는 사람들을 즐겁게 만들려고 하는 것이지, 우리의 학문적 깊이로 그들을 감명시키려 하는 것이 아니다.[34]

　여기서 셸리는 사용자 대부분의 역사 이해 수준이 중등학교 이하라는 것을 효과적으로 주장하고 있다. 이렇게 셸리가 말하는 것처럼 전략 게임에서 역사적 세부 사항을 중시하지 않는 점이 '메달 오브 아너' 같은 FPS와는 크게 다른 점이라고 할 수 있다. 그런 게임에서 플레이어들은 전략 게임에서보다 훨씬 덜 독립적이다. 그들의 결정은 잘못된 것일 수 있다. 그리고 그 게임을 하는 사람들은, 특히 FPS가 주관적 시점의 화면을 사용하기 때문에 그 게임이 아주 기초적이고 본능적인 수준에서 그려내는 역사적 과정에 포함된다.

　그 게임들이 중등 교육에서 사용되어왔다는 사실은 이런 게임이 지닌 매력과 함께 응용 가능성을 잘 보여주는 것이다.[35] 그러나 이런 게임을 통해 설명되는 역사 이론은 논란을 불러일으켰다. 특히 셸리의 언급을 고려해보면 논란의 여지가 더 많다. 물론 다른 게임들은 그들 스스로의 역사적 사실성에 대해 자부심이 있기는 하다. 또 전략 게임과 리얼타임 게임의 혼합 장르인 턴 방식 게임 '로마: 토털 워Rome: Total War'(크리에이티브 어셈블리 사, 2004년)의 게임 엔진[10]은 BBC의 〈타임 커맨더스Time Commanders〉

---

10)　**게임 엔진**: 게임을 만드는 데 근간이 되는 소프트웨어를 의미한다.

(2004~2005년)와 히스토리 채널의 〈역사상 중요한 전투Decisive Battles〉(2004년)에 활용됐다. 두 방송은 역사상 유명한 전투를 재연하는 데 이 게임의 기술을 사용한 것이다. 〈역사상 중요한 전투〉는 실제 장소에서 찍은 화면과 함께 게임 화면을 이용한 가상 모델을 동시에 사용했다. 이것은 상당히 흥미로운 일인데, 텔레비전 역사 프로그램이 이런 방식으로 가상성을 활용한 예가 없었고, 역사에 대한 시각적 재현을 한 적이 없었기 때문이다. 역사의 이야기를 표현하는 데 게임의 미장센을 활용한다는 것도 흥미로웠다. 〈타임 커맨더스〉에서는 두 팀이 전쟁 시나리오를 놓고 경쟁을 벌이는데 전문가들은 의견을 주어, 시청자들에게 무엇이 '실제로' 일어난 일이며 왜 특정한 결정이 비용적으로도 행운이며 혹은 전략적으로도 좋은 것인지를 설명한다. 이러한 가상의 모델은 과거라는 것을 변형 가능한 어떤 것으로 제시하고 역사적인 의사 결정에 따르는 비용을 강조하며, 목적론적이고 제국주의적이고 전투에 근거한 역사의 예상 불가능함을 보여준다. 이렇게 컴퓨터 그래픽 이미지와 게임 기술을 역사 프로그램에 활용하는 것을 보면 텔레비전 다큐멘터리가 서서히 가상의 세계에 가까워지는 것을 알 수 있으며, 또 대중이 역사를 텔레비전 게임 쇼 형식으로 받아들일 수 있다는 사실도 알 수 있다. 또한 비디오게임, '사실fact'과 장르 사이의 관계가 점점 모호해지고 있다는 것 역시 알 수 있다.

전쟁 게임과 스케일 모델

컴퓨터화된 전략 게임과 롤플레잉 게임은 물론 이전 시대의 미니어처나 인형을 사용한 전투 게임을 단지 좀 더 세련되게 개선시킨 것이다. 미니어처/인형을 이용한 테이블톱 전쟁 게임은 유구한 역사가 있다. 1913

년 웰스H.G. Wells의 '리틀 워Little Wars'까지 거슬러 올라가는데, 이것은 장난
감 병정을 '소년과 (좀 똑똑한) 소녀'들이 가지고 노는 규칙을 만들어 발표
한 것이다. 이것은 전략이나 전투 재연, 전투 유형이나 조직에 대한 사람
들의 관심을 보여주는 것이며, 또한 전쟁에 대한 교육적인 효과도 담고
있다. "'리틀 워' 게임을 서너 번만 하면 제1차 세계대전이 얼마나 잘못된
일인지를 알게 될 것이다."[36] 레크리에이션 전쟁놀이는 1960년대와 1970
년대에 확산됐는데, 애벌론 힐이라는 회사에서 상품을 많이 만들어냈지
만, 이후에는 온라인 게임에 자리를 내주었다. 그런데도 그것들은 과거를
향한 그들의 접근법, 즉 역사의 휘그주의[11]적 전환점이라고 불리는 것을
보여주었다. 이들은 과거에 대해 정보를 얻고 절차적인 방식으로 접근하
며, 이를 통해 역사의 대상을 명확한 원칙이나 예상 가능한 결과물로 만
들려고 한다.

　미니어처 전쟁놀이, 카드 전쟁놀이, 보드게임식 전쟁놀이는 아직도 사
람들이 즐기고 있으며, 이런 것을 통해 역사적 전투를 그려보고 실제로
전투를 수행해보며 정신적으로 개념화하는 많은 방법을 익힌다.[37] '위 더
피플We the People'(애벌론 힐사, 1993년)은 카드로 된 보드게임 전쟁놀이card-
driven wargame(CDG)로, 미국 독립전쟁을 주제로 하여 '미국인'과 '영국인' 플
레이어에게 세계적인 대혁명을 흉내 내는 행위를 유쾌하면서도 역사적으
로 정확한 게임 속에서 즐길 수 있게 해준다. 전쟁에서는 이기거나 지거
나 비길 수도 있다.[38] '디플로머시Diplomacy'나 '배틀 크라이Battle Cry' 같은 보
드게임은 주로 주사위를 사용하기 때문에 운이라는 것이 이 시나리오의
한 요소임을 보여주고 임의성이라는 요소를 더한다.[39] 다른 미니어처 인

---

11)　**휘그주의**: 목적론적 사관의 하나로 인간과 사회는 가치 증진적인 방향으로 필연적으로
　　전진한다는 낙관적인 진보 사상을 바탕으로 한다. 영국 역사는 의회의 발달, 민권과 자
　　유를 실현한다는 목표를 향해 투쟁하며 진보해온 것으로 해석한다.

형을 이용한 전쟁놀이는 테이블 위에 붙이지는 않지만, 여러 개의 영토와 복잡해진 규칙을 도입하고 있다. 어떤 게임들은 보드게임과 미니어처 인형을 동시에 쓴다.

실물처럼 축소된 군인 인형, 탱크, 비행기와 선박을 전쟁놀이 시나리오 구성의 일부로 쓰는 것은 비슷한 취미다. 비주얼 아티스트 제이컵Jacob과 디노스 채프먼Dinos Chapman은 5,000개의 에어픽스사 군인 인형과 기타 축소 모형을 이용해 박물관 디오라마Diorama[12] 작품 〈헬Hell〉(1999~2000년)과 〈전쟁의 참사Disasters of War〉(1993년)를 만들었다. 〈전쟁의 참사〉의 경우 화가 고야의 동명의 작품 시리즈에서 이미지를 그대로 옮겨놓기 위해 유리섬유로 만든 인형을 사용했다. 〈헬〉에는 훼손되어 끔찍한 모습으로 뭉뚱그려진 모습이기는 하지만, 독일인임이 분명한 사람들이 자행하는 전쟁터의 잔혹 행위 등이 묘사되어 있다. 게임의 도구들 혹은 장난감을 이용해 그런 끔찍하고 참혹한 이미지를 만들어내는 것, 흔히 애브젝트 아트 abject art[13]라고 불리는 이것은 오늘날의 여가 문화에 전쟁이 얼마나 깊숙이 퍼져 있는지 보여주는 것이다.[40] 이 작품은 또한 전쟁에 대한 우리의 이해가 멀어졌음을 그런 재현물을 통해 보여주는 것이다. 군인들은 현대 문화에서 단지 작은 인형에 불과하다. 인형들은 평범하고 대량 생산되며, 비슷하게 만들어진다. 반면 고야의 〈스페인〉에서 그들은 정확하게 사람의 모습으로 그려졌고, 사실적인 이해보다는 역사적인 캐리커처에 의지해 모양을 드러낸다. 그 이미지는 놀이용 장난감 병정을 사용해 이 시대 폭력의 복제품을 보여준다. 경험하지 않은 어떤 것, 오리지널한 것(고야의

---

12) **박물관 디오라마**: 박물관 안에 특정한 사건이나 장소를 재연하기 위해 인형과 축소 모형을 사용해 만들어놓은 입체 모형을 의미한다.

13) **애브젝트 아트**: 신체의 분비물, 내장, 골반, 정액, 혈흔, 토사물 등 불쾌한 것으로 작품을 제작하는 것을 의미한다.

작품)에 근거한 모방작이기는 하지만, 그것의 '실제'와는 전혀 관계없는 것이 되어버린 것이다. 채프먼은 역사가 아무런 생각 없이 사회에 퍼져 있고 역사가 남긴 정신적 상흔, 전쟁과 지옥 같은 개념이 게임의 일부로 변해버린 방식에 대해 비평하는 것이다. 게임이란 순서에 따라 즐기면서 사람들이 이기고 지는 것을 가리는 행동일 뿐이다. 이처럼 FPS에서부터 전략 게임의 지적인 목적론에 이르기까지 역사를 유희로 접하는 것들은 과거에 대한 오늘날 대중의 이해가 복합적이 됐으며, 게임 플레이어가 상상을 통해 역사에 개입할 수 있는 가능성이 있다는 것을 보여주는 것이다. 이것은 역사적 상상력이 지금까지 생각했던 것보다 좀 더 다양해지고 복잡해졌다는 것을 암시하며, 관객은 역사적 생산물과의 만남에서 극단적으로 세련됐다는 것을 보여준다.

4부

역사와
텔레비전

History on television

민주화와 규제 완화

텔레비전과 시각적 매체의 역사 해석은 오래전부터 역사적 사실을 제시하고 역사를 레저 활동으로 만들어내는 데 중요한 역할을 해오고 있다. 여기서 만드는 프로그램은 모두가 '사실적'이거나 '교육적'임을 드러내려 하기 때문에 구성된constructed 역사의 주관적인 버전이라 할 수 있다. 10장과 11장은 텔레비전에서 '역사'가 어떻게 표현되는지를 살펴봄으로써, 문화적인 실체로서의 '과거'를 우리가 어떻게 생각하는지 검토할 것이다. 여기서는 텔레비전이 다루는 역사의 다양한 장르를 살펴보고, 또 새로운 기술과 개념이 이런 장르에 끼친 영향력을 검토할 것이다. 또한 사이먼 샤마와 데이비드 스타키의 프로그램이 구현한 '새로운' 내러티브 다큐멘터리 역사물의 핵심 요소를 살펴보고, 이 같은 '스타 진행자 중심'의 프로그램이 증언을 중심으로 하는 쇼나 리얼리티 쇼와는 어떻게 다른지 비교할 것이다. 증거의 형식, 특히 대중문화의 '포괄적인' 체험의 활용, 위치의 중요성, 다큐멘터리 증인 등에 대해서도 검토할 것이다. 컴퓨터 그래픽 이미지와 당시 건축물의 재건, 혹은 디지털로 당시의 이미지를 재연해내는 등 텔레비전 다큐멘터리의 신기술은 새로운 가상적 역사를 보여주는데, 이런 방식의 이야기에서는 '리얼'한 것과 상상의 요소를 섞은 몽타주를 주로 활용한다.[1]

1990년 영국 방송법UK 1990 Broadcasting Act,[1] 세계화와 경쟁 체제 등이 가

---

1) **영국 방송법**: 1990년에 제정된 이 법은 영국 방송 산업의 전체 구조를 개정하는 내용이다. 영국의 방송은 라디오와 텔레비전 모두가 공영 방송 BBC와 상업 방송 IBA의 이원적 방송 제도로 운영되고 있었고, IBA와 계약을 체결한 프로그램 제작회사 및 자회사를 통해 방송을 실시하는 형태를 취해왔다. 그러나 1990년 방송법의 시행으로 IBA는 폐지되고 그 대신에 ITC가 케이블을 포함한 텔레비전 부분을, RA가 라디오 부문을 관리하게 됐다. 경쟁과 선택을 핵심 개념으로 하는 시장 원리를 대폭 도입함으로써 상업 방송에

져온 규제 완화의 압박에 따라 다큐멘터리의 재편이 일어났고, 이 중 가장 극심한 변화를 겪은 분야가 역사 다큐멘터리다. 특히 리얼리티 TV는 다큐멘터리 형식의 영역을 붕괴시켰고, 여러 장르가 혼합된 형태로 변신했다. 이러한 다큐멘터리에서는 시청자들의 개인적이고 경험적이며 적극적인 역할을 강조했다. 리얼리티 프로그램은 다큐멘터리라는 점과 함께 사회가 과거에 접근하는 방법을 잘 보여준다. 역사와 리얼리티의 결합은 여러 면에서 사실성과 교육의 측면을 다시 강조함으로써 새 다큐멘터리의 문제점을 시정해왔다. 현대의 역사 다큐멘터리들은 확실히 시청자들에게 최소한 두 가지 종류의 접근 방식을 모두 접할 수 있게 해주었다. 샤마, 스타키, 퍼거슨도 재건 방식을 사용하지만 기본적으로 A.J.P. 테일러와 케네스 클라크Kenneth Clarke의 전통을 지키려고 하는 반면, 리얼리티 역사물은 좀 더 혁신적이고 역동적이다.

10장에서는 전통적인 대중 역사물과 관련된 논쟁을 소개할 것이다. 1960년대부터 계속된 다큐멘터리, 특히 데이비드 스타키와 사이먼 샤마의 다큐멘터리가 그 대상이다. 이 장에서는 그들이 어떻게 역사적인 정보를 제시하는지, 그들의 역사방법론의 위치가 어떠한지, 그리고 자신들을 교육적인 수단으로 어떻게 인식하고 있는지를 살펴본다. 11장에서는 최근 텔레비전 프로그램 중 가장 혁신적이고 흥미로운 현상이라 할 수 있는 리얼리티 역사 쇼 프로그램을 살펴본다. 역사 다큐멘터리 제작에 리얼리티 TV가 미친 영향은 특히 리얼리티 TV 형식이 경험적·개인적·감정적인 것을 강조하는 형식이라는 점에서, 현대 사회가 텔레비전을 시청하는 방식을 드러내줄 뿐 아니라 현대 사회가 역사를 인식하는 방식을 제시하는

대한 규제를 완화하고 이들의 영향력이 강화되는 결과는 낮은 대처리즘의 대표적인 법률 개정안으로 꼽힌다.

것이라 할 수 있다.[2] 리얼리티 TV는 텔레비전의 지평을 활짝 여는 데 엄청난 영향을 끼쳤다. "다큐멘터리와 리얼리티 TV가 하나의 프로그램 안에 합쳐져 완전히 허구도 완전히 실제도 아닌, 그렇다고 둘 중 어느 것이라고 딱히 말할 수도 없는 것이 등장한 것이다."[3] 새로운 프로그램은 기존 장르의 혼합이고, 이것의 문법은 계속 진화 중이다. 아네트 힐Annette Hill은 이에 대해 이것이 "텔레비전이 생존하기 위해 제 살을 스스로 떼어먹는 방법이다"라고 주장한다.[4]

　이런 다큐멘터리들을 보는 데 우선적으로 계속 던져야 할 핵심 질문은, 그 다큐멘터리들이 외견상 역사의 민주화에 얼마나 기여했는지와 이 책의 앞부분에서 말한 역사적 주제의 행위자agency들의 참여권한을 확장시키는 데 기여했는가 하는 것이다. 예를 들어 사이먼 샤마는 텔레비전이 '권위지배층'의 몰락에 기여하고 '지식의 민주화'를 가져왔다고 주장한다.[5] 마찬가지로 몇몇 비평가들은 리얼리티 TV의 디지털혁명이 상호 작용을 통해 '시민이 근간이 되는 민주주의'를 부활시키는 '보이지 않는 정치적' 형태가 될 수 있다고 생각했다.[6] 리얼리티 TV의 경제 이론가인 마크 안드레예비치Mark Andrejevic는 리얼리티 TV의 혁명 가능성에 대해 주장했다. 그는 리얼리티 TV가 "문화적 상품을 탄생시키는 데 시청자의 집단적인 참여를 통해 역사적 사실성에 대한 그들의 주장을 지켜내려는 생각이 있으며, 이것은 기존의 문화산업에서 행해졌던 문화 권력의 상명하달 방식에 대한 문제 제기"라고 해석한다.[7] 이를 통해 알 수 있는 것은 대중문화에서 드러나는 역사적 비정통성이란 시청자들을 제작 과정에서 소외시키는 데서 비롯하는 것이며, 그와 비교해 리얼리티 TV는 '제작에 직접 참여함으로써 문화 생산품들이 정통성이라는 것을 내세우는 데 도움이 된다'는 뜻이다.[8] 그런 면에서 이 모델은 그 생산품의 소비자들이 생산자가 되는 방식의 혁신을 제안하는 것이다. 안드레예비치의 분석은 이보다 더

미묘하다. 그는 리얼리티 TV 안에 있다는 것은 자기 상품화의 문화에 좀
더 깊이 개입하는 것이라고 말한다. 하지만 그의 개념들은 일반 역사 프
로그램에 적용될 때 더 타당성이 있다. 역사 프로그램에 시청자가 개입하
는 것은 국가의 문화재와 역사를 공동으로 소유하고 있다는 의미를 불어
넣어 주는 것이다.

10장 오늘날의 역사 다큐멘터리

형식으로서의 다큐멘터리: 자의식과 주의 전환

주류 다큐멘터리 이론과 작업은 수십 년 동안 이 장르의 자의식을 놓고 고민했다. 다큐멘터리 이론가들은 이 장르가 본래 '진실'을 드러내줄 능력이 없다는 것을 잘 알고 있었다. '다큐멘터리는 만들어진 것/구성물constructs이다. 그러나 다큐멘터리는 실재를 조작하지 않고 드러내려 노력한다. 다큐멘터리를 시청한다는 것은 이런 두 가지 모순된 믿음을 동시에 지녀야 하는 일이다. 이것은 사람들에게 흔히 일어나는 부정disavowal의 과정[1]이라 할 수 있다. 그러면서도 한편으로는 그것에 대해 그 불안한 마음을 가질 수밖에 없다.[2] [1] 비평가들이 주장하는 것은 다큐멘터리의 형식 자체가 '진실'이 될 수 있다는 것이 비현실적이라는 것이다.[2] 이런 주장을 반박하기란 어렵다. 텔레비전에 등장하는 역사는 그다지 복합적이지 않으

---

1) **부정의 과정**: 다큐멘터리의 사실성을 믿지 않으면서도 그것을 사실인 양 받아들이는 것을 의미한다.

2) 다큐멘터리에서 표현된 진실이 과연 진실일까 의심하는 것을 의미한다.

며, 단순한 진실만을 보여준다. 혹은 그것은 태생적으로 자기 반영적이고 자의식이 있는 것이어서 '진실'의 자격을 주장할 수 없다.

실제로 카메라와 대상 사이의 잘못된 관계는 첫 번째 장편 다큐멘터리 영화 〈북극의 나누크Nanook of the North〉 (1922년)에서부터 시작됐다. 로버트 플래허티Robert Flaherty는 실물을 바꾸고 사건을 조작하는 방식으로 대상을 왜곡했다. 다큐멘터리의 비현실성은 연극에서처럼 관객이 진행자의 편견을 받아들이고 조작된 정보를 받아들이기 때문에 가능하다. 리처드 킬번Richard Kilborn과 존 아이조드John Izod는 이에 대해 "다큐멘터리의 제작은 단순한 역사 기록이 아니다. 그것은 사실의 모습을 변형시키는 일에 더 가깝다"[3]라고 말한다. 그들은 영화 제작자이자 이론가인 존 그리어슨John Grierson의 지적(1946년)을 인용한다. 그는 다큐멘터리는 '사실성을 창의적으로 다루는 일'이라고 말한 바 있다.[4] 그리어슨은 다큐멘터리가 교육적인 가치를 지니며 사회를 개선하는 데 중요하다고 주장했다. 그것은 개인에게 정보를 제공해 적극적인 시민의식을 가지도록 해준다는 것이다. 1960년대 이전에 다큐멘터리는 관객을 교육하기 위한 목적으로 진지한 주제를 주로 다루었다. 하지만 1960년대 이후로 다큐멘터리 형식과 연계해 재현의 문제가 가장 중요한 것으로 떠올라 이에 대한 토론과 논쟁, 작업이 이루어졌다. 이러한 정당성의 위기는 학문으로서의 역사가 느껴야 했던 권위의 하락을 떠올리게 한다. 역사의 지위란 것이 질문의 여지없는 확고부동한 자리에서, 복잡하고 역동적인 쪽으로 바뀌어간 것을 말하는 것이다. 대개 다큐멘터리 작업은 그것이 불완전할 것을 알면서도 사실성을 지향해야 한다는 점에서 역사와 유사한 것으로 여겨진다.

다큐멘터리 이론가 빌 니컬스Bill Nichols는 텔레비전 역사물이 우리의 시청 의식에 불일치를 가져왔다고 주장한다. 그런 불일치가 텔레비전 미디어의 비현실성을 보여주는 것이다.

우리가 알고 있듯이 이미지라는 것은 항상 현재형이다. 이미지가 가리키는 대상, 즉 그 이미지들이 대표하는 것은 여기 아닌 다른 곳에 있을 수 있지만, 이런 지시 대상의 부재[3]라는 것은 그것을 파악하는 순간 계속 생겨난다. 이것은 포스트모더니티에서 쇠퇴해가는 역사의 의미를 더욱 악화시킬 것인가, 아니면 글이 아닌 다른 형태로 나오는 역사 재현에 대한 가능성을 열어놓을 것인가? 확실히 다른 점이 있다. 역사적인 의식이란 보는 사람으로 하여금 현재 보이는 영상들이 과거의 일을 나타내고 있다는 동영상 이미지의 이중적이고 모순적인 성격을 인식하라고 요구한다.[5]

다큐멘터리 속의 역사 이미지가 지닌 단편적, 불완전한 속성은 시청자들을 부재/결여와 무의식으로 이끌기도 하지만, 한편으로 과거를 본다는 것의 모순을 적극적으로 인식하도록 한다. 시청자는 과거와 좀 더 복합적인 연관을 맺기도 하지만, 또한 그 과거로부터 거리를 유지하는 역설적인 상황에 놓인다.

주로 목격자 인터뷰로 이루어진 홀로코스트 다큐멘터리 〈쇼아Shoah〉에 대해 토머스 엘새서Thomas Elsaesser는 다음과 같이 주장한다.

〈쇼아〉에서의 그 많은 증언은 부재만을 기록하고 있다. 6시간 동안 진행되는 그 증언을 보고 난다면, 사람들은 어떤 역사 기록도 그 많은 사람의 죽음이라는 생생한 현실을 담거나 대변하거나 의미할 수 없다는 강렬한 생각에 휩싸이게 된다.[6]

---

3) **지시 대상의 부재**: 언어학 용어로 단어가 가리키는 대상이 실제로 존재하지 않는 것이다. 여기서는 역사 텔레비전에서 제시하는 이미지가 현재에는 존재하지 않는 것을 말한다.

불일치를 만드는 것은 다큐멘터리 형식이 아니라 사건 그 자체에 있다. 과거의 순수한 무게는 담을 수 없다. 엘새서에게 〈쇼아〉는 과거를 이해하는 것이 불가능하다는 것을 보여준다. 그것이 어떤 매체에 담긴다 해도 마찬가지다. 〈쇼아〉에서 증인들의 실제 목소리로 담긴 혼란스럽고 놀라운 증언은 그 참혹한 과거의 복잡성에 대한 역사 논문 한 편보다 훨씬 효과적이다. 여기서 다큐멘터리의 특징이라고 지적한 복합성은 직업적 역사연구가의 불편함이 그 형식 자체에 내재된 복합적인 문제를 이해하지 못한 데서 기인함을 알 수 있다.

'완전히 허구적이지도, 완전히 사실적이지도 않은': 텔레비전 역사물

1976년 역사가들은 역사 텔레비전 다큐멘터리의 문제점에 대해 논쟁을 벌이고 있었다.[7] 텔레비전 역사물들은 아주 강력한 영향력을 가지고 있으며, 과거를 연구하는 방법에 대해 미묘한 영향을 미친다. 예를 들어 에이드리언 우드Adrian Wood는 대중이 제2차 세계대전에 대해 그들이 본 흑백 화면의 기록물에만 근거해 생각하기 때문에 이것에 큰 오류가 있다고 주장했다. 1940년대부터 전쟁을 담은 컬러 필름이 없었던 것은 아니지만, 그것을 활용하지는 않았다. 전쟁을 담은 컬러 화면은 언캐니 효과uncanny effect[4]를 만들어내 보는 사람을 불편하게 한다.[8] 이것은 역사 다큐멘터리의 문제만은 아니다. 제1차 세계대전에 대해 수정 역사학자들은 BBC 코미디 시리즈 〈블랙애더Blackadder Goes Forth〉가 서부 전선에 대한 이

---

4) **언캐니 효과**: 실제와 매우 흡사하게 제작된 예술 작품이나 모형을 볼 때 지나친 현실감 때문에 알 수 없는 으스스한 거부감을 느끼게 되는 현상을 의미한다.

시대의 대중적인 신화를 고착화했다고 주장했다. 스티븐 배드시Stephen Badsey는 BBC 다큐멘터리 〈타임워치Timewatch: Haig-The Unknown Soldier〉에서 헤이그에 대한 대중의 생각을 보여주기 위해 〈블랙애더〉의 영상을 역사학자들의 인터뷰 사이사이에 끼워 넣었다고 주장했다.[9] 그 쇼는 역사학 논쟁에서 증거로 사용됐으며, 이런 일은 역사학에서 대중문화의 영향력이 증가하고 있음을 보여준다.

이런 영향력과 더불어 텔레비전이라는 것이 지나치게 모든 것을 단순화하는 매체라는 잘못된 인식 때문에 텔레비전은 항상 역사와 껄끄러운 관계를 유지해왔다. 역사가들은 텔레비전의 피상적인 점, 즉 복합적인 면을 보여주지 못하는 점 때문에 늘 그것을 불신하고 있다. 톰 스턴은 "주류 텔레비전 역사물을 보면 마치 역사란 것이 자료를 활용한 연구에 있지도 않고, 역사학 내부의 논쟁과도 관련 없는 것처럼 보이게 만든다. 그 대신 역사란 그저 모든 것을 다 아는 것처럼 행동하는 진행자의 말, 배우들이 연기하는 과거의 '재구성'일 뿐이라고 생각하게 만든다"라고 지적했다.[10] 이 텔레비전 역사물이란 포퓰리스트적이고 문제가 많으며, 내러티브에 지나치게 의존하며 뚜렷한 색깔을 보이지 않고, 인상주의적인 모습을 보인다. 이언 커쇼Ian Kershaw는 "물론 강력하기는 하지만 그것은 결국 피상적일 수밖에 없다"라고 말한다.[11] 〈전쟁 중의 세계The World at War〉의 제작자인 제리 쿨Jerry Kuehl은 오래전에 즉각적 성격immediacy의 문제를 지적했다.

커뮤니케이션 매체로서 텔레비전의 특징은 시청자들에게 거의 사고할 시간을 제공하지 않는다는 점이다. 말하자면 텔레비전이란 것은 숨 돌릴 틈 없이 에피소드 다음에 에피소드가 이어지도록 하는 순차적인 매체다. 이를 통해 알 수 있는 것은 이 매체가 분위기를 조성해나가면서 재미있는 이야기를 전달하는 데 가장 적합한 매체인 한편, 산만한 인상을 주는 매체라는 것 역시 알 수 있다.[12]

1950년대의 사진을 한데 모아 마치 당시 현실을 재연하는 듯한 환영을 만들어내는 방식에 대해 프로듀서 제러미 아이작Jeremy Isaac은 이런 것이 업계에서 통용되는 작업 방식이라고 고백한다. 그는 역사 속의 복잡다단하고 혼란스러운 사건들을 이처럼 단선적인(이 경우에 이 말은 '거짓된'의 의미다) 시각적 내러티브로 묘사해버리는 것 때문에 대부분의 역사학자들이 텔레비전이 문제가 있다고 지적한다고 설명했다.[13] 더크 아이첸Dirk Eitzen의 주장은 더 도발적이다. "역사 다큐멘터리 시청자들은 과거의 복잡한 특징이나 그것을 설명해주는 데 관심이 없다. 그들이 가장 바라는 것은 강렬한 감정적 '체험'"이라는 것이다.[14] 역사적 진실의 엄격함을 중시하는 사람들은 역사적 지식의 단순화에 대해 비웃고, 그런 식의 해석에 오류와 문제가 있음을 지적한다. 리처드 에번스는 이렇게 말한다. "광범위한 시청자들에게 역사를 전달하는 일은 불가피하게 어느 정도는 단순화할 수밖에 없고, 할리우드 영화의 경우 아주 심한 왜곡도 불사한다."[15] '진실'은 광범위한 시청자들에게 소통시키기에는 너무 복잡한 것이다. '광범위한' 시청자들과 소통하는 과정 자체가 필연적으로 메시지를 단순화시킨다. 이런 시각에 내재된 생각은 진정한 역사는 역사 전문가에게 맡겨야 한다는 것이다. 그런 역사학자들이 대중 매체에 제기하는 문제는 매체가 과거를 정확하게 제시하는 복합적인 성격을 띠고 있지 않아 어쩔 수 없이 제한적이며, 단순화되고 직설적인 성격을 띤다는 것이다. 역사를 해석하고 프로그램을 만들어내는 데는 어느 정도의 통제가 필요한 것이다. 에번스는 대중적 역사가 "세부적인 연구를 기본 바탕으로 생겨났다"라는 일종의 낙수효과[트리클 다운trickle down]를 주장한다.[16] 에번스의 요점은 '진실'이 단순화를 거치며 왜곡된다는 점이다.

또한 텔레비전의 역사 작법은 역사학의 서술 방식보다는 일관성이라거나 스토리텔링을 더 중시한다. 사이먼 샤마는 그의 프로그램을 이렇게 설명한다. "스토리텔러로서의 나와 시청자로서의 여러분과의 관계 안에 모든 것이 다 들어 있다."[17] 진행자 트리스트램 헌트는 "일관성 있는 내러티브를 만들어내는 것이 텔레비전 역사물의 가장 중요한 덕목이다"라고 말한다.[18] 헌트는 여러 프로그램 중에서도 사이먼 샤마의 〈히스토리 오브 브리튼〉과 케네스 클라크의 〈문명Civilisation〉의 공로를 칭찬한다. "사람들이 그 이데올로기적인 의제에 동의하든 안 하든 간에 그 프로그램들은 흥미로운 작가의 내러티브를 만들어내서 수백만 시청자들을 집중시켰다"라는 것이다.[19] 이 경우 시청자들이 가지게 마련인 수동성은 텔레비전을 교육적인 수단으로 사용할 때 어쩔 수 없이 발생하는 문제점을 보여준다. 클라크는 목적론적 실증주의적인 이 시리즈물에서 문명의 진행이란 것이 마치 점과 점을 연결해 그림을 완성시키듯이 하나의 문화에서 큰 성취를 이룬 뒤 또 하나의 문화로 옮겨가는 것이라는 의견을 제시했다. 샤마의 시리즈는 역사적 주관성에 대해 좀 더 개방적이었으나, 총괄적이고 개략적인 역사 해석을 보여주었을 뿐이다. 이런 시리즈들은 역사를 내러티브로, 발전으로, 발전을 향한 과정으로 제시했다. 헌트의 지적 중에서 중요한 것은 텔레비전이 사실적·경험적 의미에서 역사에 대한 이해를 높일 수 있다는 점이다. 그는 여전히 역사가 하나의 이야기이며, 규칙으로써 정의 내릴 수 있는 과목이라고 하면서 역사를 옹호한다. 텔레비전이 하는 것은 이러한 이야기에 대한 더 큰 이해, 그리고 그러한 이해로부터 생겨나는 공감을 만들어낼 수 있도록 해주는 것이다.

텔레비전 프로듀서 테일러 다우닝Taylor Downing은 "좋은 역사물 진행자는 시청자들을 과거의 한 단면 사이로 데리고 가서, 자신만의 해석을 들려주는 사람"이라고 주장한다. "홈스, 스타키, 샤마가 우리 시대의 스토리텔러들이다. 그들은 학계의 연구 작업을 가져와 대중에게 선보였다."[20] 이처럼 텔레비전 역사가들은 '스토리텔러로서의 역사학자'라는 핵심적인 특징을 지니게 됐다. 그러나 여기서 역사의 스토리텔링적인 면을 찬양하는 데는 일종의 역사기록학적인 의미가 있으며, 역사물 시청자에 대한 엘리트주의적인 생각이 있다. "수백만 명의 지적인 사람들이 과거가 오늘날 우리의 모습을 어떻게 만들어왔는지에 대해 관심이 있다"라는 것이다.[21] 국가의 개념 혹은 공유된 역사라는 개념은 오로지 지적인 사람들에게만 호소력이 있다. 또한 '스토리텔링'이라는 개념은 명백히 현재 국가의 이야기와 연결된다. 이러한 프로그램의 핵심 요점은 우리에게 '우리가 누구인가'를 설명해주는 것이다. 여러 계층과 나이의 시청자 입장에서 보면 문제가 되는 것은 이런 주장이 독점적이고 배타적이라는 점이다. 다우닝은 또한 학계가 대중적 역사와 상호 작용해야 한다고 주장한다.

> 텔레비전의 역사학자들은 최선을 다해 대중적 역사가가 되어 이런 학문적인 작업을 내러티브로 바꾸어 전달해주어야 하며, 그런 노력은 수백만의 지적인 시청자들, 즉 자신의 소중한 여가 시간을 〈누가 백만장자가 되고 싶은가Who Wants to be a Millionaire〉나 〈위키스트 링크The weakest Link〉[5], 〈이스트엔더스East Enders〉[6] 따위나 보면서 보내고 싶지 않은 이런 시청자들에게 먹혀들 것이다.[22]

다우닝이 텔레비전 역사물의 시청자로 상정한 사람들은 독립적이고 지적인 엘리트이며, 포퓰리스트가 아닌 사람들이다. 그는 텔레비전 역사물을 여타의 포퓰리즘으로부터 차별화하기 위해 애썼다. 그런 프로그램은 어쨌든 일일 드라마나 게임 쇼보다는 훨씬 중요하고 지적이며 흥미로운 프로그램이라는 것이다. 이것은 텔레비전 역사물 또한 이런 쇼들과 같

---

5) 미국에서 최고의 인기를 얻은 퀴즈 쇼들이다.

6) **〈이스트엔더스〉**: 영국 BBC 드라마다.

은 프로그램의 한 부분일 뿐이라는 점을 간과한 것이며, 그것이 꼭 역사물만 보기 위해 처음으로 텔레비전을 본 사람들만이 아니라 훨씬 더 많은 대중을 끌어들인다는 점을 무시한 것이다. 역사물의 시청자들은 드라마나 게임이나 다큐멘터리도 즐겨 본다. 실제로 나중에는 텔레비전 역사물들이 게임 쇼나 드라마 다큐멘터리 등과 혼합된 형태로 방영되기도 했다. 하나의 장르로서 또는 교육적인 요소를 지닌 채널 특성으로서 역사물은 풍성한 텔레비전 문화의 중요한 요소 중 하나인 것이지, 그것과 동떨어진 것은 아니다. 다우닝의 말 중 또 다른 논의의 핵심은 역사가 '중요한 여가 시간'에 소비된다고 말한 점이다. '역사가 오늘날의 우리를 만드는 데 어떤 역할을 해왔나'에 대한 관심을 보이는 일은 바쁘지 않은 여유 시간의 활동인 것이다. 그것은 교육적인 성격이기도 하면서 동시에 여가 생활적인 성격을 띤다.

포스트모던 역사 이론가들은 다큐멘터리의 '내러티브로서의 역사'라는 것이 전문가적/학제적인 학문 방식에 대한 명쾌한 변용이라고 주장하기도 한다. 헤이든 화이트Hayden White는 역사학자들에게 내러티브가 가져오는 충격과 전략을 깨달아야 한다고 강조했다.[23] 오늘날의 역사서술학적 작업은 과거를 접하는 것이 기껏해야 인상주의적이라는 사실을 부각시킨다. "'과거'라고 불리는 것은 존재하지 않으며, 우리는 그것을 재현의 방법을 통해서만 알 수 있다"는 것이다.[24] 키스 젠킨스는 "모든 역사는 필연적으로 역사학자의 위치에서 포장되고 꾸며지며, 해석되고 주장되는 것이다.…… 이것은 인식론으로서의 역사가 아니라 미학으로서의 역사다"라고 말한다.[25] 역사 다큐멘터리는 진정한 과거를 재구성할 수 없고, 그 때문에 정확히 규정할 수 없으며 불완전한 그림만을 제시한다는 것을 잘 알고 있다. 다시 말하면 그것은 스스로의 처지를 파악하고 과거를 일련의 내러티브나 스토리로 제시하는 것이다. 역사 다큐멘터리를 시청하는 행위는 바로 그런 표현 방식이나 형식적인 개념 그리고 기술적인 요소를 만나는 것이며, 그런 것이 텔레비전의 역사 지식을 실체가 없는 것으로 만든다. 텔레비전 역사물의 인식론은 사실상 불완전하고 편견을 보이며, 인물의 이야기나 신화와 같은 내러티브와 스토리텔링에 의해 영향을 받는다. 그것은 시청자들이 복합성을 대할 수 있는 능력을 설명해주는 것이다.

게다가 텔레비전 다큐멘터리는 하이브리드 장르로서, 여러 가지 다른 형식에서 시청자가 기대하는 것과 그것의 기술적 수행물을 가지고 와서 다양한 의미 시스템을 만들어낸다. 역사 다큐멘터리의 텔레비전 문법은 복잡하고 무엇보다도 재연, 재구성, 컴퓨터 그래픽 이미지, 저자 소개, 문서 고증, 기록 영상과 사진, 목격자 증언, 문헌, 편지, 일기, 녹음, 디제시스적diegetic 혹은 안티디제시스적 사운드,[7] 다양한 방식의 관객 참여, 현장 촬영, 전문가와의 인터뷰를 포함한다. 마찬가지로 역사 프로그램을 만드는 방식은 진행자나 프로듀서로 하여금 새로운 지적 선택을 하게 하는 새로운 종류의 기술을 요구한다. 야외 촬영, 편집, 음악, 사운드 믹싱, 대본 등등. 다큐멘터리는 모든 제작팀의 협력 작업이고, 그것은 또한 학계가 설정해놓은 한계와는 거리가 먼, 분명한 경계 안에서 발전되어가는 것이다. 실제로 역사 다큐멘터리의 그 형식적인 복합성 덕분에 "텔레비전 역사물이 지나치게 모든 것을 단순화한다"라는 주장에 과감히 맞설 수 있는 것이다. 스티븐 존슨은 이에 대해 '대중문화의 비단선적인 성격과 복합적인 성격이 인지적인 효과가 있으며 시청자들을 이전과는 다른 좀 더 세련되어진 정보 소비자로 변화시킨다고 주장했다.[26] 현대 다큐멘터리의 다면적인 형식은 반응의 세련됨을 요구하는 것이다.

---

7) 작품 제작 과정에서 자연스럽게 들어간 내재적 사운드는 디제시스적, 이후 편집 과정에서 보이스오버 등으로 인공적·외부적으로 집어넣은 사운드는 안티디제시스적 사운드로 이해하면 된다.

'현대적이고 활기 넘치는 평등주의자': 샤마와 스타키

이런 복잡한 형식을 연구하기 위해 지난 십 년간의 텔레비전 다큐멘터리 역사의 선두 주자인 사이먼 샤마와 데이비드 스타키를 살펴볼 필요가 있다. 두 사람은 개성 강한 진행자가 중심이 되는 포퓰리즘적 내러티브 역사물을 만들었는데, 이것은 영국 및 전 세계 시장을 겨냥한 것으로 텔레비전이 구사할 수 있는 온갖 종류의 기법과 기술을 활용해 시청자들을 사로잡았던 프로그램이다. 그들의 작업에서 주로 애용했던 핵심적인 영국 텔레비전 다큐멘터리 전통은 대서사 시리즈에서 가져온 것이었다. 처음에는 BBC가 대규모 다큐멘터리 시리즈를 시작했다. 〈그레이트 워The Great War〉(1964년), 〈로스트 피스The Lost Peace〉(1966년), 〈제2차 세계대전의 대전략Grand Strategy of World War Ⅱ〉(1972년) 등을 통해 다큐멘터리에 대한 본보기를 세웠다.[27] 이러한 시리즈는 거대한 규모로 제작됐고, 복잡한 전쟁을 이해할 수 있게 내용을 다듬었다. 그들은 임페리얼 전쟁 박물관 Imperial War Museum이 소장한 영상을 주로 사용했다(〈그레이트 워〉의 제작자는 역사학적 문제 때문에 당시 박물관 관장이던 노블 프랭클린과 사이가 틀어지기도 했다). 또한 여기에 재구성된 장면과 사진, 증인들의 인터뷰, 도서관 자료와 해설도 더했다.[28]

〈전쟁 중의 세계〉(템스 TV, 1973년)는 이와 같은 대규모의 광범위한 스타일로 만들어진 최초의 상업적인 다큐멘터리였다.[29] 그것은 의도적으로 BBC 다큐멘터리의 제작 방식을 바꿔 주로 '평범한' 이야기를 강조하고 구두 증언과 자료 영상을 주로 활용했다. 이 시리즈의 공동 프로듀서 제롬 쿨Jerome Kuehl은 이 프로그램이 공식적인 '상층부의 세련된 역사'를 만들지 않으려 노력했다고 밝혔다. 그래도 해외 판매를 위해 보이스오버에는 대배우 로런스 올리비에Laurence Olivier의 엄숙한 목소리를 사용했다. 이 시리즈는 또한 전쟁을 표현하는 데 영국 중심적인 방식을 벗어나 독일, 러시아, 일본의 전쟁 경험을 담아냈다. 여기에 이 다큐멘터리는 프라임 타임에 홀로코스트를 다룬 최초의 프로그램 중 하나였고, '제노사이드Genocide' 편은 내용의 명쾌함으로 언론과 대중의 찬사를 받았다.

현대 다큐멘터리 제작자들이 활용한 두 번째 핵심 전통은 진행자 중심 혹은 작가 중심 다큐멘터리였다. 대표적인 것은 케네스 클라크의 미술사 시리즈 〈문명〉(BBC, 1969년)과 제이컵 브로노우스키Jacob Bronowski의 인류학 시리즈 〈인류의 진보The Ascent of Man〉(BBC, 1973년) 등이다. 이 작품들은 제작 규모에서나 다루는 시대 범위에서나 대작이었고, 둘 다 목적론적 내러티브를 선보였다. 로버트 키Robert Kee의 〈아일랜드Ireland: A Television History〉(BBC, 1980년)는 샤마가 부분적으로 사용했던 해석적인 스타일을 도입했다. 이런 '서사' 다큐멘터리는 자연사natural history나 경제학 같은 학문과 유사성이 있다. 이것들은 진행자의 개성에 힘입어 인기를 얻었다. 샤마는 다음과 같이 경고를 한다. "이 시리즈에서 부정관사 a의 의미에 주목해야 합니다. 이것은 하나의 역사It's a history입니다. 왜냐하면 그것은 나만의 해석본이거든요."[30] 이 쇼는 텔레비전 방영뿐만 아니라 시리즈 내용을 담은 책도 발간되어 인기를 얻었다. 1990년대 이전의 가장 유명한 역사학자 진행자는 A.J.P. 테일러로, 1957년부터 1967년까지 그리고 1976년부터 1984년까지 방영된 그의 프로그램은 대본 없이 스튜디오에서 진행되는 강연이었다.[31] 테일러의 역사는 이야기체로 포퓰리스트적인 것이었으며, 이 강연은 '이야기나 일화로 주로 진행되고', '인물 전기에 기우는 경향이 있었으며' 실질적으로 내러티브와 스토리에 쇼의 모든 것을 내주는 방식이었다.[32] 이 쇼는 주류 방송사인 BBC가 아니라 당시 갓 출범한 상업 채널 ATV에서 방영됐다. 테일러의 강연과 관련된 여러 주제에 대한 다양한 책 상품이 나오기도 했다.

이 같은 인물 중심적인 프로그램 제작은 1980년대에는 인기를 얻지 못했다. 1장에서 본 것처럼 이런 형식의 다큐멘터리가 되살아난 것은 사이먼 샤마의 〈히스토리 오브 브리튼〉이 기폭제가 되어 유명인 대중 역사물이 2000년대 초반에 쏟아졌기 때문이다. 15시간짜리 이 시리즈는 2000년부터 2002년까지 BBC 1에서 방영됐다. 이 시리즈는 의도적으로 영화나 서사극적인 방식을 자국의 역사에 적용시켰는데, 초기 기원에서부터 1960년대에 이르는 발전 상황을 다루어 영국적 정체성의 출현을 설명했다. 이 시리즈는 항상 주관적인 내러티브임을 내세웠다. 즉, 오늘날의 시청자들을 잡기 위해 중요한 이야기를 들려준다는 것이다. 샤마의 핵심 역량은 그가 내세운 네 가지 커뮤니케이션 방법에 초점이 맞추어져 있다. 직접성, 상상력을 이용한 공감, 도덕적 참여, 시적인 교감. 이런 생각들은 '진지한 텔레비전 역사물'을 만드는 그의 접근 방식을 표현한 것이었다.[33] 샤마는 그 자신을 '시청자와 주인공 사이에 있는 질문자/대화자'로 보았다. 저스틴 챔피언Justin Champion이 지적한 것처럼 그는 역사학자를 도덕적 지도자, 안내자 그리고 내러티브에서 지속적으로 존재하는 사람으로 제시했다.[34] 샤마는 비드Bede[8]에 대해 이렇게 말한다.

그는 단지 영국 역사의 창립자가 아니라 명백히 영국 문학을 통틀어 가장 뛰어난 스토리텔러다.…… 그가 진정한 역사학자일 뿐 아니라 빛나는 초기 교회의 선전원이 될 수 있었던 것은 그가 내러티브를 거장다운 방식으로 다루었기 때문이다.[35]

---

8) **비드**: 672/673~735년. 앵글로색슨 시대의 신학자이자 역사가다. 사학, 자연과학, 음악 등 광범위한 분야를 연구하여 라틴어로 약 40권의 책을 저술했다. 앵글로색슨족의 기독교 개종사를 다룬 중요한 사료인 『영국인 교회사』를 썼다. 영국 사학의 시조로 불린다.

확실히 샤마의 역사물은 내러티브적이면서도 역사의 도덕적 기능에 대해 뚜렷이 기여하는 부분이 있었다. 이런 것이 특정한 유형의 인본주의적 역사를 만들어냈다고 볼 수 있다.[36]

각 프로그램은 각각 40년부터 130년에 이르는 한 시대를 다뤘고, 특정한 줄거리를 읽을 수 있도록 주요 주제를 내세웠다. '왕조', '국가', '선의의 제국' 등. 샤마의 대본은 이미지와 발상의 반복에 관심을 기울였는데, 이는 역사에 풍부한 울림을 주기 위한 것이었다. 똑같은 장면 전환 방식이 다른 요점이나 사건을 묘사하는 것 같은 전형을 강조하기 위해 사용됐는데, 이것은 영국 역사에서 같은 일이 계속해서 일어나고 있음을 강조하기 위한 것이었다. 또한 과거가 오늘날의 일에도 중요한 영향을 주면서 현재한다는 것을 강조한 것 역시 예리한 지적이었다. 특히 '혁명' 편에서 샤마가 유대인 남성들의 작고 동글납작한 모자인 야물커yarmulke를 쓰고 예배당에서 크롬웰 이후 시대의 유대교 역사와의 개인적인 교감을 강조하는 것은 상당히 인상 깊었다. 이 편에서는 보인Boyne 전투 설명이 그 전투를 기념하는 벽화와 함께 보이고 통합주의자와 공화당 측 연설이 뒤에서 흘러나오면서 끝난다.[37] 여기서 말하고자 하는 것은 역사란 단순히 과거에 있는 것이 아니라 반복과 반향과 메아리로 가득 찬 것이라는 점이다. 당신은 역사를 피해 갈 수 없고 또한 당신은 실수를 저지르는 사람이라는 뜻이다. 따라서 이 프로그램의 주안점은 역사의 교육적인 힘이며, 그것이 우리에게 내세우는 예시다. 2000년에 만들어진 이 프로그램은 역사가 주는 교훈의 가치를 되돌아보고 배우는 기회를 주었다. 이것은 형식에서나 내용에서 교육적이면서도 모범적이었다.

샤마가 유대교 회당인 시너고그synagogue에 모습을 나타낸 것은 예외적인 역사 개인화의 순간이었다. 이 시리즈를 통해 그는 '우리의' 역사라고 말하면서 시청자와 내용 그리고 자신 사이의 교감을 강조했다. 그러나 유대교도 모자를 쓰고 나온 그 순간의 장면은 튀어 보였다. 이것은 샤마의 개인적 역사이며, 그만이 특별히 관련된 역사이기 때문이었다. 그래서 그 것은 시청자들에게 공감의 역사 서술을 하도록 하는 것이었다. 그러나 시 청자들 중 대다수는 유대인이 아니었다. 그래서 여기서 역사의 개인화는 또한 차이를 부각시키는 것이다. 여러 가지 목소리를 내는 사람들이 뒤섞 여 있다는 차이점. 샤마는 이것을 다문화 사회인 영국, 그리고 영국성의 실체로 본 것이다. 그는 '우리'인 동시에 '남'이며, 그가 보여주는 역사는 복합적이지만 우리의 모든 부분이며, 이런 순간을 향하고 있는 것이다.

  이 시리즈에서는 그 안에 사용된 시각적 이미지에서 역사학적인 효과 를 내기 위해 '반복'의 기법을 활용했다. 예를 들자면 찰스 왕, 크롬웰과 윌 리엄 3세의 얼굴을 화면에 띄웠다가 서로의 얼굴이 겹치면서 사라지게 하 는 방식으로 그들의 관계를 표현한 것이다. 찰스는 크롬웰이 되고 또 그는 윌리엄 3세가 되는 것이다. 이런 식으로 시각적인 교감을 강조하는 것이 다. 도상학적으로 여기에는 그런 교감이 있다고 볼 수 있다. 그런 익숙하 지 않은 초상화를 통해 시청자들은 그들에게 관심을 기울일 수밖에 없기 때문이다. 샤마는 같은 어구를 반복 사용하여 사람들을 묘사했다. '알파 와 오메가'라는 표현은 그가 가장 자주 쓴 표현이다. '대외 관계의 재앙'도 마찬가지. 이런 말들은 그들 간의 연결고리를 강조하면서, 광범위하게 진 행된 역사 발전에 대해 이해하기 쉽고, 주기적으로 같은 일이 반복해 일어 나는 것으로 이해하도록 해주는 것이다. 샤마는 통속적인 상투 어구를 사 용하는 것으로 많은 비웃음을 샀는데 이것 역시 이런 맥락, 즉 역사를 친 숙하게 하며 알아듣기 쉬운 수식어의 내러티브로 만들어내는 장치로 이 해할 수 있다. 대중에게는 낯선 고관대작일 뿐인 역사적 인물들이 친숙한 언어 속에 자연스럽게 녹아들어 갔다. 나폴레옹 군대의 위협은 '손에 땀 좀 났던 때'를 의미했고, 엘리자베스 여왕 시대의 왕족들은 '성적 매력'이 있는 것으로 묘사됐다. 이렇게 속어를 써서 역사를 묘사하는 것을 순수주의자들은 싫어했지만, 비슷한 방식을 썼던 데이비드 스타키와 더불어 그의 방식은 역사가 친숙한 것이 되어가고 있음을 상징했다. 자료나 음악, 이미지, 단어, 모든 것이 합쳐져 텔레비전 역사물을 만들어냈던 것이다.

물론 이 같은 표현 방식은 역사학 자체에도 영향을 주었다. 〈히스토리 오브 브리튼〉의 요점 중 하나는 국가 발전이 같은 일의 순환과 발전을 향한 사건의 합이라는 것이다. 왕조와 왕국, 군주 같은 것은 모두 '영국Britain'과 지금 현재를 향해 쌓아올린 것들의 일부라는 것이다. 그래서 샤마는 소유격인 'our'와 'we'라는 말을 자주 사용했다. 이것은 시청자로 하여금 국가의 내러티브 속으로 들어가게 함과 동시에 과거와 지금의 연결고리를 강조하는 것이기도 하다. 이 프로그램은 역사란 종교적 분쟁, 켈트족의 반란, 반反유럽 정서, 정치적 방편 등이 계속 반복되는 사이클이라는 것으로 제시했고, 이 모든 것이 핵심적 인물 헨리 왕, 앤 불린,[9] 엘리자베스 여왕. 스코틀랜드 메리 여왕, 찰스 2세, 빅토리아 여왕 같은 사람들의 능력이나 캐릭터와 서로 맞물려 만나게 되는 것이라고 주장했다. 여기서의 핵심은 영국 자유 민주주의의 성장, 나라들 간의 단합, 그리고 '대영국Britain'의 탄생, 종교 갈등, 자본주의의 발생 등이다. 샤마는 그 주제를 시대를 통해 추적해 들어갔다. 영국은 한 전쟁에서 다른 전쟁을 통해 점차 변화해갔다. 마스든 무어Marsden Moor에서 컬로든Culloden 전투로, 다시 워털루Waterloo 전쟁까지. 주요 인물은 국가를 반영하고 대표한다. 크롬웰, 피트Pitt,[10] 워즈워스, 울스턴크래프트Wollstonecraft,[11] 월폴Walpole,[12] 코빗

---

9) **앤 불린(Ann Boleyn)**: 영국 헨리 8세의 두 번째 왕비다. 교황이 헨리 왕과 첫 번째 왕비 캐서린과의 결혼을 무효로 인정하지 않은 것이 영국 종교개혁의 발단이 됐다.
10) **윌리엄 피트**: 18세기 영국의 정치가다.
11) **울스턴크래프트**: 18세기 영국의 작가·여권신장론자다.

Cobbett[13])과 같은 인물들이 그렇다. 여기서는 보통 사람들의 이야기나 그들의 일상생활, 사회·경제·문화적 변화에 대해서는 다루지 않았다. 그 대신 샤마는 흥미로운 성격의 인물들의 역사를 한데 모아 엮었다. 크롬웰에 대해 반은 몽상가로 반은 무자비한 정치가로 묘사했고, 보니 프린스 찰리 Bonnie Prince Charlie[14])에 대해서는 낭만적인 이미지를 강조했고, 와인을 마시는 월폴의 사람 좋아하는 품성이라거나 찰스 2세의 '이성' 같은 것들이 그의 인물 소개 방식이었다. 이들 사이에서 공통으로 볼 수 있는 것은 '인간적인' 요소다. 예를 들어 토머스 코럼Thomas Coram[15])이 아이들을 위해 편들링 병원에 남긴 유품은 1700년대 초기 사회 병폐를 자세히 보여준다. 이런 유품을 통해 샤마는 역사를 개인화했으며, 같은 접근 방식으로 '평범한' 인물 메리 울스턴크래프트Mary Wollstonecraft를 등장시켜 중요한 사건을 설명하고 경험하게 함으로써 이런 일에 개인화된 울림을 주고 시청자들에게 공감을 불러일으키도록 했다. 여기서 중요한 것은 과거 경험에 대한 이해와 인식이다. 그러나 궁극적으로 이런 역사는 특별한 일을 했던 중요한 인물의 이야기인 것이다. 인도의 클라이브,[16]) 캐나다의 울프,[17]) 피트의 '자유의 제국', 빅토리아 여왕의 '자매들' 같은 식으로. 이것은 내러티브 히스토리이며, 인간적인 요소를 갖춘 이야기지만 확실한 줄거리가 있는 이야기다.

---

12) **월폴**: 18세기 영국 정치가다.
13) **코빗**: 18세기 영국의 급진주의적 문필가이자 정치가다.
14) **보니 프린스 찰리**: 스코틀랜드 스튜어트 왕조의 마지막 왕위 계승자인 찰스 에드워드의 별칭으로, 전설적인 스코틀랜드의 영웅으로 사람들의 기억에 남아 있다.
15) **토머스 코럼**: 17세기에 고아를 위한 런던 펀들링 병원을 설립한 복지가로, 세계 최초의 기업화된 자선 재단을 설립했다.
16) **인도의 클라이브**: 동인도 회사의 첫 총독이다.
17) **캐나다의 울프**: 퀘벡 성에서의 승리로 백년전쟁을 마무리한 영국 사령관이다.

역사물은 공영 방송 서비스를 위한 규제 기구 오프콤Ofcom이 만든 지침 안에서 만들어졌다. 오프콤은 공영 방송사PSB 교육 주관 부서로서, 역사 프로그램은 채널 4와 BBC에서 방영됐는데, 이 두 채널은 프로그램의 내 용을 교육적인 성격과 교육적 가치에 두는 것을 의무로 여겼다. 따라서 이 채널들은 역사를 교육적인 프로그램 중 하나로 생각했다. 채널 4는 자신 들만의 채널 특성을 대안적인 시청으로 만들기 위해 역사 프로그램 스타 일을 활용했고, 연간 프로그램 리뷰에서 많은 응답자의 반응을 인용했다.

시청자들은 채널 4가 역사에 대해 다른 채널과는 다르게 좀 더 현대적이고 생생하면서도 평등주의적인 접근을 하는 것으로 인식하고 있습니다. '좀 더 보 기 쉽게 만들어줍니다······', '역경에 맞서 싸우는' 식의 역사 프로그램 종류가 아니라는 것이죠(여성 50~59세 연령층 시청자의 반응). 채널 4에 등장하는 전 쟁은 군인의 시각으로 표현됩니다. 채널 2라면 정치인의 시각이었겠죠(남성, 30~49세층 시청자의 반응).[38]

이 채널의 주력 다큐멘터리는 데이비드 스타키의 다큐멘터리였는데 여기서는 활기 넘치는 분위기를 주 무기로 내세웠다. 그의 시리즈 〈엘리 자베스Elizabeth〉(2000년), 〈헨리 8세Henry VIII〉(1997년)와 〈헨리 8세의 여섯 명의 아내The Six Wives of Henry VIII〉(2003년)는 튜더 왕조의 이야기를 소개했 고, 〈군주제Monarchy〉(2004년~)는 당시 제도를 시대를 통해 접근했다. 이 시리즈는 영국 왕국을 중심으로 개성을 활용한 정치에 주로 초점을 맞췄 다. 여기서는 허구적 장치를 많이 사용했기 때문에 이 프로그램은 다큐멘 터리라기보다는 에세이 같아 보였다. 이런 '현대적이고, 활기 넘치며 평 등주의적'인 접근 방식은 코너가 포스트다큐멘터리 작업에서 지적한 '주 의 전환diversion'을 잘 드러내주는 것이다(11장 참조). 스타키 시리즈는 여러 유형의 증거를 활용했고, 그들의 정보를 다큐-드라마에서부터 강연, 음악과 글 같은 다양한 스타일로 보여주었다. 이들은 모두 시청자들의 주목을 '주의 전환'하는 방식으로 끌었다.

〈엘리자베스〉는 주제 대상의 중요성과 매력 등을 간결하고 예리하게 요약하여 설명해주는 것으로 시작한다.

> 1559년 1월 엘리자베스 1세는 영국의 여왕 자리에 올랐습니다. 그는 위대한 튜더 왕조의 마지막 계승자였고, 이 나라와 세상을 깜짝 놀라게 한 빛나는 스타였습니다. 대부분 스타들의 성취는 빨리 사그라지게 마련이지만, 엘리자베스의 업적은 거의 4세기 동안 지속됐습니다. 그리고 그 이유를 찾기는 어렵지 않습니다. 여왕은 격동의 45년 세월을 통치했으며, 그의 해군은 스페인 무적함대를 패퇴시키고 전 세계를 주름잡았습니다. 그의 재위 시절 셰익스피어는 희곡을 쓰고 스펜서는 시를 썼죠. 영국의 귀족들과 다른 나라의 왕자들까지 그의 환심을 사려 애썼지만, 미혼의 여왕은 자신의 사랑을 아무에게도 아닌 충성스러운 영국 국민들에게 바쳤습니다.[39]

스타키는 그의 트레이드마크라 할 수 있는 경쾌하고 딱 부러지는 스타일을 활용해, 여왕의 업적을 군대와 백성과 결합시켜 보여주면서 여왕을 세 가지 말로 정리했다. 그녀의 처녀성, 스페인 무적함대, 셰익스피어의 시대(물론 셰익스피어는 여왕 시대 이후에도 살아 있었지만). 이것은 직접적이면서도 명쾌한 스타일의 수준 높은 화려한 문장이었고, 이 시리즈를 관통하는 뼈대를 제시한 것이었다. 〈엘리자베스〉는 시청자들을 사로잡는 다큐-역사물로서 내러티브와 함께 거대한 범위의 역사를 개인화시켰다. 스타키는 개인적인 것과 정치적인 이슈의 균형을 맞췄다. 그는 〈엘리자베스〉의 '업적'을 이해하려 노력했다. 그리고 자신은 이미 잘 알려진 이야기

사이의 빈틈을 400년 후에 메운 것뿐임을 그는 보여주었다 ─ 여왕의 명성이 우선이었던 것이다.

스타키의 진행 방식은 샤마와는 아주 다르다. 그는 정장과 넥타이를 갖춰 입고 샤마처럼 클로즈업 숏을 쓰기보다는 멀리서 전신 숏full body shot의 화면에 등장했다. 그는 시청자의 친구가 아니었고, 안내자도 아니었다. 샤마의 〈히스토리 오브 브리튼〉에서처럼 '우리'나 공유된 역사라는 말을 써서 시청자들을 하나로 묶으려 하지도 않았다. 스타키의 대본에는 농담이 거의 없었고 그는 진지함을 핵심 분위기로 내놓았다. 샤마는 화면 속에서 풍경을 배경으로 종종 등장했지만 스타키는 그런 방식을 잘 쓰지 않았다. 그 대신 그는 대저택 주변을 걸으며 카메라를 향해 권위 있게 강의하는 식이었다. 그는 진지한 역사학자로서 텔레비전에 등장한 것이지, 그저 역사물 진행자로 나온 것이 아니었다.

그러나 그의 역사학적 방법은 샤마와 마찬가지로 주관적인 것이었다. 그리고 그의 작업은 전체적으로 좀 더 포퓰리스트적이었다. 이 시리즈는 권위 있는 BBC보다는 실험적인 성격의 채널 4에서 방영됐다. 샤마는 영국학회의 명성이라는 든든한 배경이 있었고, 그에 비해 스타키는 자신의 방송이 피상적인 화려함만을 추구한다는 비난을 면하기 위해 애를 써야 했다. 그는 샤마처럼 역사 내러티브 속에 스스로 등장하지는 않았는데 그래서 역사가가 등장하는 다른 타입의 역사물, 즉 주관적 해석자라기보다는 독립적인 발언가 역할을 했다. 스타키의 시리즈는 인터뷰 출연자를 고를 때 과거와 현재를 연결시켜주는 것에 주안점을 두었다. 역시 학문적인 다큐멘터리 접근을 피하면서 〈엘리자베스〉에서는 특정한 인물에 대해 그의 후손들이 직접 말을 하게 하는 방식을 썼다. 그래서 윌리엄 세실 William Cecil[18]의 후손인 레이디 빅토리아 레섬Lady Victoria Leatham[19]이 1550년 대 선대에 대해 어떻게 생각하고 있는지를 엿볼 수 있었다. 현직 세인트폴 대학 학장이 존 노엘John Noel 전 학장의 설교를 읽고 그것이 미친 영향력 등에 대해 추측해보는 장면도 있었다. 가톨릭 신부가 수도원의 몰락에 대해 살펴보고, 메리 1세의 가톨릭주의의 성격에 대해 언급하기도 한다. 베딩필드와 시모어[20]의 후손은 그들의 시골집을 돌아보며 그들의 조상에 대해 이야기를 나눈다. 부담 없는 비학문적인 접근으로 그들의 조상과 새롭게 친숙함을 느끼게 하면서, 이 출연자들은 샤마의 시리즈에서는 볼 수 없는 스타키 시리즈만의 특징적인 증언 활용 방식을 만들어냈다. 그들의 설명은 정치적이고 오래된 사건에 인격을 불어넣어 주었으며, 연기자들의 연기 재연과 스타키의 권위 있는 내레이션을 거치며 뚜렷한 주제로 정리된다. 어떤 면에서 이런 사람들을 참여시키는 것은 큰 역사적인 변화가 일어났음을 보여주는 것이다. 세실이 국무장관이었던 곳에서 그의 후손은 나라와 특별한 연관을 맺지 못하고 있고, 세인트폴 대학의 학장이 한때 정치적인 정책에 영향을 주던 곳에서 그의 후손은 아무런 국가적인 역할을 맡지 않고 있는 것이다. 그러나 그런 '전문가'들을 이용하는 것은 인물의 성격이 핵심이라는 점을 보여주는 것이다. 그리고 특정한 종교적이고 학문적인 개성이 핵심임을 보여주는 것이다. 그들의 주관적이고 추측에 가까운 의견은 학문적 전문가들의 의견만큼이나 많은 정보를 제공한다는 것이 이 시리즈가 시사하는 점이다. 실제로 이런 사람들은 적어도 그 역사적 인물에 대해 학자들보다는 일종의 공감을 주장할 여지가 있다.

공감이라는 개념은 각 시리즈가 역사학에 던진 가장 중요한 자극이다. 둘은 모두 공감의 역사를 유발하는 방법을 사용하려 한다. 텔레비전 도구

---

18) **윌리엄 세실**: 엘리자베스 1세 시대에 국무·재무 장관을 역임한 정치가다.
19) **레이디 빅토리아 레섬**: 귀족의 아내나 딸, 또는 남성의 기사에 해당하는 작위를 받은 여성이나 기사의 아내를 칭한다.
20) **베딩필드와 시모어**: 각각 영국과 호주의 도시다.

들이 교감을 만들어내는 데 활용될 수 있기 때문에 시청자들을 알아듣기 어려운 전문 용어나 주석, 엄청난 세부 사항으로 소외시킬 이유가 없었다. 이러한 이유로 속어를 대사에 쓰고, 음악과 텔레비전 특유의 기법을 활용하는 것이다. 친숙한 수단과 형식(드라마, 다큐멘터리, 상투 어구)으로 역사를 소개함으로써 이 시리즈들은 시청자를 소외시키기보다는 친숙해지게 한다. 두 시리즈는 휘그주의적 역사관의 '위인great men'론을 강조하는 한편, 시청자를 자신들의 역사와의 관계 속으로 끌어들이는 데 관심을 보인다. 형식에서나 특징 면에서나 두 시리즈는 명백히 '내러티브'로 된 인물 중심의 다큐멘터리로서 복합적인 실체다. 그들은 인터뷰 출연자나 증인(혹은 증인의 친척)의 증언, 문서 자료, 관련 자료화면, 재구성과 음악 그리고 다양한 카메라 기법을 사용해 그들의 핵심적인 지적 메시지를 포장해낸다. 이런 복합적인 성격은 사실적 프로그램에 새로운 유형을 제공하고 있으며, 이것은 코너가 말한 '주의 전환'에 가까운 방식이다.

샤마와 스타키는 엄청나게 성공을 거두었다. 〈히스토리 오브 브리튼〉의 첫 회는 BBC 2 채널 시청률 1위였으며, 430만 시청자들이 보았다.[40] 넓게 보면 이것은 BBC 1의 톱30에 진입하지 못했겠지만, 채널 4에서는 〈브룩사이드Brookside〉(금/수요일)에 이어 3위의 성적이고, 채널 5에서는 독보적인 1위 수준의 시청률이다. '왕국' 편은 평균 200만 시청자가 시청했는데, 이것은 채널 4로서는 엄청난 숫자였다. 1장에서 말했던 것처럼 그들은 전례 없는 방식으로 영국 문화생활의 일부가 됐다. 그들의 프로그램은 유명 인물이 이끄는 내러티브 역사물이 영국과 미국에서 시장성이 있음을 증명한 것이다. 이런 내러티브 시리즈의 인기에 힘입어 이후 니얼 퍼거슨의 〈제국: 어떻게 영국은 현대 세계를 만들었는가Empire: How Britain Made the Modern world〉(채널 4, 2003년)와 트리스트램 헌트의 〈영국 내전The English Civil War〉(BBC 2, 2002년)과 같은 후속 작품들이 나올 수 있었다.

역사물들은 소수의 생활양식을 주제로 한 것치고는 괜찮은 시장점유율을 얻었다. 역사 관련 메이저 채널이 많이 있다. UKTV 히스토리(UKTV의 자매 채널이자 BBC가 공동 소유), 히스토리 채널, 디스커버리 시빌라이제이션(디스커버리 채널의 자매 채널) 등이 그것이다. 여기에는 '심플리 노스 텔지어' 같은 역사 자료 서비스 전문 채널은 포함되지 않았다. 이들은 만만치 않은 시장점유율을 보였고, 이 외에도 기타 '생활양식' 프로그램들도 있다. 2005년 6월 하순 이런 채널의 주간 시청 시간 점유율은 다음과 같았다. 히스토리 채널HC 0.2퍼센트, UKTV히스토리 0.4퍼센트(UKTV는 동률 최고 기록이다), 디스커버리 시빌라이제이션 0.1퍼센트.[41] 이런 점유율은 스카이 스포츠 익스트라(0.1퍼센트)나 CBBC(0.4퍼센트)에 뒤지지 않는 것이다. 시청자 수의 비율로 환산해보면 히스토리 채널 5.2퍼센트(213만 1,000명), UKTVH 9퍼센트(347만 2,000명), 디스커버리 시빌라이제이션 2.7퍼센트(103만 명)다. 이를 모두 합하면 역사물 시청자 총수(663만 3,000명)는 스카이 무비 채널을 모두 합한 숫자(18퍼센트, 694만 2,000명)에 거의 맞먹는다. 그러나 '프리뷰[21])'를 시청하는 숫자가 급격이 증가하고 있고 웹이나 모바일 기반의 텔레비전 시청 플랫폼도 발전 중이어서, 시청 인구의 퍼센티지가 상대적으로 정체를 보인다 해도 전체 시청자 수는 앞으로 상승일로를 달릴 것으로 보인다.

영국 외 텔레비전의 역사물

다음 장 '리얼리티 역사물'로 넘어가기 전에 프랑스, 독일, 캐나다의 역

---

21) **프리뷰**: 영국의 지상파 다채널 무료 서비스를 의미한다.

사 다큐멘터리를 비교해보는 것이 도움이 될 듯하다.[42] 프랑스에서는 텔레비전 역사물이 처음에는 엄격하게 통제된 공공 텔레비전 시스템 안에서 열리는 정치적인 논쟁의 한 수단으로 사용됐다.[43] 1953년부터 1965년 사이에 역사 드라마(47개)는 이런 방식으로 이용됐다. "프랑스 텔레비전에서 정치 토론을 꺼렸을 때는 당통Danton과 로베스피에르Robespierre의 프랑스혁명 시절의 논쟁이 소개되기도 했다."[44] 역사 다큐멘터리가 방영됐을 때 이것은 종종 스튜디오 토론을 위한 것으로 사용됐고, 지속적인 검열 때문에 어떤 논쟁거리는 검토의 대상이 되지 못했다. 예를 들어 드레퓌스Dreyfus 사건이나 비시Vichy 임시정부 시절 같은 것들이 그것이다. 1970년대 후반부터 1980년대에는 오락물이 부상해, 심지어 지금은 '역사 프로그램은 프로그램 편성자들의 의무 사항일 뿐'인 정도가 됐다. 이러한 프로그램들은 지금은 문화적인 의무 정도로나 여겨질 뿐이며, 상업 채널이 하지 않는 공공 채널의 영역으로 여겨지고 있다.[45] 프랑스 텔레비전 역사물의 흐름은 어느 면에서는 영국과 거의 같다. 1980년대의 침체, 오락물로의 이동 등. 그러나 영국처럼 권위적인 요소가 없고, 프로그램들은 영국 시리즈들처럼 학문적인 스타일이라거나 서사물 스타일보다는 좀 더 폭넓은 쟁점과 논쟁을 더 많이 다룬다. 눈에 띄는 것은 프랑스 텔레비전은 영국이나 미국의 리얼리티 역사물 유형을 도입하지 않았다는 것인데, 아마도 도덕적인 적절함에 치중하는 경향이 남아 있기 때문인 듯하다.[46]

독일 텔레비전이 근현대사를 표현하는 데는 당연하게도 문제점이 발견됐다. 미국 NBC의 미니시리즈 〈홀로코스트〉(1978년)의 방영은 엄청난 대중적 논쟁을 불러일으켰다. 주디스 도니슨Judith Doneson이 '35년 동안 나치의 잔혹 행위에 대해 토론하는 것을 금기'해온 것을 깬 데 대한 이 논쟁은 직접적으로 서독의 정치적 변화로 연결됐다.[47] 〈홀로코스트〉가 미국에서는 그 선정적인 접근 방식과 내용의 허구화 때문에 비난을 받았으나,

스위스, 프랑스, 독일 등 유럽에서는 "유럽 유대인들을 막대하게 몰락시키는 행위에 맞서자"라는 움직임이 일어났다. 이 과정은 고통스럽고 공적인 것이었다.[48] 토비아스 에브레히트Tobias Ebbrecht는 오늘날의 제2차 세계대전을 다룬 독일 드라마와 다큐드라마에 대한 연구를 했는데, 여기서 그는 독일 프로듀서들이 드라마화라든가 디지털 재현 같은 기법을 특별한 방식으로 이용하고 있다고 주장했다. 그는 같은 시대를 다루는 영국 다큐드라마의 객관적인 시각과는 대조적으로, 독일의 프로그램들은 다큐멘터리와 허구적 기법의 재현으로 특정한 종류의 긴장감과 신비한 분위기를 만들어내 독일 시청자들에게 가해자와 공감할 수 있는 감각적이고 감정적인 여지를 제공한다고 주장했다.[49] 그러한 프로그램이 내세운 '시청자 대중을 위해 역사를 감정적인 내용으로 만들자'라는 접근은 영국적인 접근과는 확실히 어긋나는 것이다.[50]

미국에서 가장 영향력 있는 중요한 역사 다큐멘터리는 켄 번스Ken Burns가 만든 것이다. 그는 아주 긴 '이벤트' 텔레비전 다큐멘터리를 만들었는데, 12시간짜리 〈미국 남북전쟁The American Civil War〉은 PBS에서 1990년에 5주 연속으로 방영됐다. 시청자 수는 첫 방송에 1,400만 명이고, 이후 재방송과 비디오 출시로 더 많은 숫자로 예측된다. 이를 보면 이것은 아마도 '역대 최고의 인기 역사물'로 보인다.[51] 번스의 접근 방식은 상대적으로 혼성 장르라고 할 수 있다. 그는 다양한 범위의 자료를 활용했다. 1930, 1934, 1938년 퇴역 군인의 자료화면, 셸비 푸트Shelby Foote와 기타 역사학자들의 출연, 자료보관소 화면, 전쟁터의 실제 촬영 화면, 음악, 보이스오버, 신문 기사, 인쇄물 등. 그는 움직임이 많고 장중한 화면을 추구했다. 카메라는 패닝하고 교차하고 주위를 도는 등 전후좌우로 다양하게 움직였다. 이미지들은 시각적 내러티브를 만들어냈다. 핵심적 쟁점은 보이스오버의 사용이었다. 제이슨 로바즈Jason Robards나 스터즈 터클Studs Terkel

같은 유명인들이 더글러스에서 링컨에 이르는 많은 현존 자료를 읽었다. 이것은 화면에 신뢰를 불어넣었고 전체 프로그램에 명성과 '품격'을 안겨 주었다. 이 쇼는 작은 개인적 이야기에서 시작해 그 시각을 넓혀간다. 서사적 역사 구성이 요점인 것이다. 이것은 일종의 역사적 공감을 불러일으켰고 작품 속에는 매력적인 내러티브가 있었다.

이 프로그램을 보면서 당신은 이것이 게티즈버그 전투 3주 후에 찍힌 사진이라는 것을 믿으려 하지 않습니다. 당신은 그냥 실제로 거기 있다고 느낄 겁니다. 그렇게 된다면 역사는 100퍼센트 제대로 작동하는 것입니다. 우리는 우리가 하려고 했던 것을 이루었습니다. 역사적 자료들이 스스로 자신의 이야기를 들려주는 것이죠.[52]

〈미국 남북전쟁〉과 그의 또 다른 시리즈 〈야구〉와 〈재즈〉는 회고와 증언을 이용해 미국의 인종을 연구한 것이었다. 번스의 작품은 미국 역사 다큐멘터리들이 서사적 다양성을 이루고, 국가에 대해 발언하는 고품질의 작품임을 보여준 것이었다.[53]

캐나다의 다큐멘터리는 1992년 CBC 3 필름 시리즈 〈용기와 공포The Valour and the Horror〉를 둘러싼 논쟁에서 회복하는 데 오랜 시간을 보냈다. 이 작품은 유럽과 남동아시아에서의 전쟁을 다룬 것이었다. 이 시리즈는 지휘부의 무능력을 은근히 드러냈고, 1944년 노르망디에서 캐나다 군인들이 전쟁 범죄를 저질렀다는 사실을 보도했다. 특히 캐나다 공군이 드레스덴과 뮌헨에 폭력적이고 복수적인 폭격을 가했다고 주장했다. 캐나다의 전역군인협회는 시리즈의 프로듀서 브라이언Brian과 테런스 매케나Terence Mckenna를 명예훼손으로 고소했다.[54] 캐나다 의회의 전역군인담당 위원회는 이에 따라 방송 프로그램에 대한 청문회를 열었고, CBC 옴부즈

맨은 이 방송이 심각한 오류가 있다는 보고서를 내놓았다. 1996년에 대법원은 소송 중지를 선고했다.[55] 이 시리즈는 일기나 편지를 대본으로 옮겨 당시 모습을 재연해 몇몇 사건을 특별히 강조했고, 이런 특정한 장면이 군인들의 집중포화를 받았다. 이 방송은 이후에도 추모와 공영 방송의 책임감, 폭로 저널리즘과 관련해 계속된 논쟁을 남겼다. 이러한 사건들은 수정주의적 영상 제작이 극단적으로 공공연하게 공격받을 수 있으며, 특히 영국적인 환경에서는 별 문제가 되지 않을 친숙한 기법도 역사적 진실성이나 정확성이 없다는 이유로 공격당할 수 있음을 잘 보여준다.

11장 리얼리티 역사물

공감, 역사적 정통성, 그리고 정체성

주류 다큐멘터리는 형식적인 엄격함과 더불어 장르에 대한 자의식이 있는 장르이지만, 문화적인 변화와 더불어 이와는 다른 새로운 형식과 기술이 등장했다. 존 코너는 〈빅 브러더〉가 특히 미학적인 충격과 사회적인 충격을 다큐멘터리에 가져왔다고 주장했다. 이것은 그가 '주의 전환'이라고 부른 것으로의 이동을 말하는 것이다. "연기의 요소, 혹은 유희적 요소가 사실을 다루는 새로운 종류의 작품에서 발전해왔다."[1] 이러한 분석은 '유희성에 대한 강제가 생겨나고, 공적/사적인 영역 간 차이점이 사라지고, 일반 시민과 유명인의 차이점이 줄어들며 미디어와 사회적 공간의 차이점도 줄어드는 현상'을 설명하고자 하는 것이다.[2] 고전적인 다큐멘터리 이론가 빌 니컬스Bill Nichols는 리얼리티 TV가 다큐멘터리의 종언을 의미하며 따라서 시청자들을 "사회 구조나 역사 진행 과정에 대한 더 많은 이해와 정교해진 개념을 갖도록 해주어, 그들을 세상 속에서 움직이도록 만드는" 시대는 끝났다고 주장했다.[3] 오늘날 다큐멘터리는 교육과 시민의식에 대한 자극을 피하고 있다는 것이 그의 견해다. 린다 윌리엄스Linda Williams는 이와 마찬가지로 역사적 특수성이 약해지고 포퓰리즘이 부상하고 있으며, 이는 이 사회의 "재현 방식이 자기성찰적 위기에 빠져 벗어나지 못하는 상태로 들어갔음"을 의미한다고 주장했다.[4]

다큐멘터리는 많은 점에서 특히 영국에서는 엄숙함, 특히 교육적인 진지함에 기본적으로 의존하는 것인데, 새로운 압력이 닥치자 분열하고 있다. 코너는 '포스트다큐멘터리'라는 용어를 내세우며 다큐멘터리 형식은 그것을 지탱해오던 미학적이고 정치적·문화적 조화가 약해지고 변화함에 따라 '작업 방식, 형식, 기능에 따른 재배치' 단계를 겪고 있다고 말했다.[5] 그는 그것을 "사실성에 대한 새로운 생태학"이라고 불렀고, "다큐멘터리 작품이 전적으로 오락을 전달해주는 기능으로 기획된다면 재현의 형식과 시청자 관계에서 급격한 변화가 일어날 것"이라고 주장했다.[6] 이러한 형식적인 변화와 더불어 텔레비전 채널은 다큐멘터리와 역사에서 학문적인 접근을 피하는 대신, 감정을 자극하고 경험을 중시하는 접근 방식으로 바뀌어갔다. 2002년 심플리 텔레비전사는 '심플리 노스탤지어' 채널을 만들었는데, 이것은 40세에서 64세 연령층을 대상으로 한 것이었다. '이 채널은 20세기 영국에 학문적인 측면보다는 감정적인 측면에서 우러나오는 시각을 제공한다'는 목표를 내세웠다.[7]

이처럼 값싼 방식으로 '주의 전환하는' 노스탤지어식 프로그램의 예는 자료보관소 리스트 쇼 같은 것들이다. 2000년부터 시작해 미국과 영국의 텔레비전 채널은 자료보관소의 화면과 출연자의 견해 등으로 구성한 질 낮은 '회상' 쇼를 방영하기 시작했다. BBC의 〈아이 ♥ 1970년대〉(2000년), 〈아이 ♥ 1980년대〉(2001년), 〈아이 ♥ 1990년대〉(2001년)와 VH 1의 〈아이 러브 80년대〉(2002년), 〈아이 러브 70년대〉(2003, 2006년), 〈아이 러브 90년대〉(2004, 2005년) 같은 쇼가 큰 인기를 얻었고, 프라임 타임에 방송됐다. 이 쇼들은 BBC에서 개발되어 미국으로 수출됐다. 이 쇼들은 문화적 향수와 함께 당시 유행하던 리스트 매기기 스타일의 다큐멘터리 방식을 활용했다. 매회 각 연대의 한 해씩을 다루는 방식이었다. 쇼의 형식은 정통 다큐멘터리 양식을 따라 했지만, 포퓰리스트적인 요소와 대중문화적 역사학 방법을 결합시켰다. 이 쇼들은 자료보관소의 화면과 참가자들의 증언, 그리고 도입 부분의 보이스오버나 관련된 웹사이트 등을 소개하기도 했다. 그러나 초점은 사실적인 것이나 뉴스로서 가치가 있는 사건에 맞추어진 것이 아니었다. 그 대신 유명인 출연진은 다양한 문화 현상, 즉 영화, 텔레비전, 패션, 장난감, 스포츠와 유명 인물에 대한 견해나 추억을 말했다. 그 쇼는 문화적 자료집이나 경험의 백과사전 같은 것이라 할 수 있겠다. 학자들을 대신해 소수의 유명인들이 초청되어 그들의 경험을 회고하고 해석하면서 전문가이자 증인이자 그 회상에 동참하고 싶은 시청자들의 대리인 역할을 동시에 한 것이다. 시청자들의 경험은 참여와 교감, 회고의 체험 같은 것이었다. 이 쇼는 사실적인 사건이 아니라 문화적 경험의 공유에 따라 사람들을 하나의 공동체로 묶어주는 것이었다. 빌 니컬스는 이에 대해 "이 쇼는 제한적이고 선별적인 회상만을 보여준다. 그런 전략은 사람들이 말하는 증언을 줄 맞춰 서 있는 꼭두각시처럼 평면적으로 만들어버린다. 그들의 회상은 시각의 차이로 구분되는 것이 아니라 개성의 강함에 의해 그 차이가 구분된다"라고 주장한다.[8] 이들은 인기를 얻고 있는 미니 장르, 즉 '리스트' 형식의 다큐멘터리에 의존하고 있다. 카운트다운식으로 '톱' 순위를 뽑는 것들도 마찬가지로 저급한 방식의 다큐멘터리다. 특정 사건이나 이벤트나 인물을 대상으로 순위를 매기는데, 유명인 출연진이 그 중요도를 검토하거나 그 가치를 평가한다. 〈텔레비전의 위대한 순간 100〉, 〈가장 섹시한 순간 100〉, 〈위대한 스포츠 순간 100〉, 〈위대한 텔레비전 광고 100〉 등이 그것이다. 여기서 핵심은 가치를 평가하는 역사문화적인 도구로서 목록이며, 이것은 경험을 양적으로 조직화하고 배치하는 하나의 방법이다. 이것은 이질적인 문화 실체를 동시에 나란히 놓고 검토하는 방법이다. 〈가장 위대한 100〉 쇼는 상호 작용적인 요소가 있다. 그것이 대개는 시청자들의 투표로 결정되기 때문이다. 따라서 여기에는 문화 역사의 민주화가 존재한다. 시청자들은 어느 수준까지는 참여권한을 부여받았으며, 순위가 매겨지는 대상이 대중문화에서 기념하고 중요하게 여겼던 것들이라는 점에서 이 쇼가 나타내고자 하는 성격을 알 수 있다. 리스트 쇼들은 특징을 공유하는 사건을 비교할 수 있게 해주어, 그에 따른 가상의 공동체를 만들거나 같은 경험의 시청자들 간에 연대감이 생길 수 있도록 해준다. 톱10 리스트가 종종 비평가들에 의해 주도되는 반면(예를 들어 연말 결산 순위나 '가장 위대한' 무엇을 뽑는 경우가 그렇다), 점차 대중의 참여가 늘어나면서 시청자들은 문화적인 결정권을 쥐게 된다.

이 쇼들은 대부분 자료 화면과 몇몇 유명 스타의 재능을 보여주는 장면을 섞는다는 외형적 방식에서 서로 비슷하지만, 이런 다큐멘터리들의 내용적인 측면에서의 입장은 조금씩 다르다. 〈아이 ♥ 1970년대〉는 집단적인 문화적 향수를 활용하는 데 반해, '리스트' 다큐멘터리는 진지한 것이든 가벼운 것이든 간에 경쟁의 역사를 보여준다. 〈위대한 영국인들〉의 마지막 쇼가 '그들 모두 중에서 가장 위대한'이라는 제목을 달았던 것은 이런 이유에서다. 이런 쇼에서 시청자들에게 보여주는 자료 해석은 역사적 승자, 즉 모범적 인물을 향한 발전에 대한 해석이다. 그러나 〈아이 ♥ 1970년대〉와 비슷하게 리스트 다큐멘터리는 문화적으로 구성된 과거에 대한 해석을 선보였다. 사회적 변화는 영화나 작은 기기, 음악과 텔레비전 쇼 같은 문화적 생산물을 통해 설명될 수 있다는 것이다. 이런 쇼들을 통해 증언 다큐멘터리 형식이 다양화되고 있으며, 포퓰리즘과 주의 전환을 지향하는 경향을 알 수 있다.

리얼리티 TV

텔레비전 역사물에 관한 논쟁에서 리얼리티 TV 스타일 프로그램은 변변치 않은 주변부 역할로 취급받아왔다.[9] 역사 재현물들이 '대중화'되어간다고 비난하는 사람들은 이런 종류의 접근 방식에 대한 논의를 꺼렸다. 그리고 리얼리티 TV의 역사 표현에는 깊이가 없다고 생각했던 사람들 역시 마찬가지다.[10] 프로그램 수단으로서 리얼리티 TV가 텔레비전 역사물에 명확하게 공헌해온 것을 생각해본다면, 비평가들이 이런 식으로 거리를 두는 행위는 흥미롭다고 하겠다. 리얼리티 역사물은 텔레비전 산업의 최소 공통분모이며, 재현물로서 시청자들에게 그 주인공의 평범함에 자신을 동일시하도록 만들어주었다. 그리고 여러 면에서 이것은 깔끔하고 일관성 있는 내러티브 히스토리와는 큰 차이가 있다. 이것은 분명 문화적 생산물과 역사적 사실에 대한 게이트키퍼 역할을 담당해오던 학자들이나 텔레비전 역사가들의 역할을 곤란하게 했다. 존 더비John Dovey는 "이전에는 교육과 지식과 계몽의 영역이 담당하던 영역까지 오락물의 물결이 흘러넘쳐 들어왔다"[11]라고 말한다. 리얼리티 역사물이란 여기서 시청자에게 역사적 경험의 참여권한을 확대해주는 프로그램들을 말한다. 그 참여 방식은 '하우스'의 게임 스타일 재연 방식이거나(여기서는 사람들이 일정한 시간 동안 특정한 세트에 들어가서 역사적 시대 스타일로 행동하도록 한다), 혹은 투표나 후보 추천, 의견 달기 등 다양한 방식의 상호 작용을 통해 이루어진다.

리얼리티 TV의 문화적 영향력에 대한 논쟁은 많이 있어왔는데, 특히 '보통' 사람의 경험에 초점을 맞추고 있다. 존 더비가 『프리크쇼Freakshow』

라는 책에서 이상주의적인 시선을 잘 보여주고 있다.

리얼리티 TV는 진부하고 낡은 공식, 즉 공공 서비스의 영역에서 특권을 누리
던 해설자들이 우리를 대신해 말하던 이런 공식에 민주적인 영향력을 끼쳤다.
게다가 이런 민주적인 자극은 단지 오락성을 위한 강한 내러티브 형식에만 담
겨 있는 것이 아니라, 시민의식을 되살리고 적극적으로 우리의 참여와 상호 작
용을 이끌어내는 역할을 한다. 이것은 과거에는 사적이던 것이 공적인 발언의
필수 요소가 되는, 사회적 주관성의 새로운 형성을 의미한다.[12]

이 모델은 전달 매체에서 협의의 매체로, 즉 시청자들에게 권한을 주는
중요한 상호 작용의 매체가 되어가는 텔레비전의 변화를 리얼리티 TV가
담고 있다고 보는 것이다. 다른 모델에서는 리얼리티 TV가 업계의 최소
공통분모이며, 시장의 힘이 만들어낸 생산품이라는 이유로 의심스럽게
본다. 더 심화된 논의에서는 이 형식과 관련해 보드리야르Jean Baudrillard의
시뮬라크라simulacra 개념을 적용한다.

리얼리티 TV는 시청자 역할이 바뀌어가고 있음을 잘 드러낸다. 리스식
BBC 모델[1]은 정보전달자로서 텔레비전의 교육적 힘에 대해서만 주로 고
려했지만, 오늘날 텔레비전 경험은 좀 더 분화되어 있고 참여에 훨씬 더
관심을 보인다. 디지털 텔레비전 혁명의 핵심어는 상호성이다. 오늘날 텔
레비전 채널은 더 많은 선택, 상호 작용과 통제권을 제시하고자 한다. 시
청자들은 점점 많은 권력을 얻고 있다. 리얼리티 TV는 이것의 궁극적 표
현이다. 평범한 보통 사람들이 변신이나 투표 등을 통해 평범하지 않은

---

1) **리스식 BBC 모델**: BBC 회장이었던 존 리스(John Reith, 1889~1971)의 방송 이념을 일컫
    는 것으로, 그는 TV가 대중 교육의 도구가 되어야 한다고 주장했고 이것이 BBC의 이념
    이 됐다.

사람이 되는 것이다. 리얼리티 TV는 누구나 팝 아이돌이 될 수 있다는 것을 보여주며(실제로 수백만의 사람이 그렇게 되고자 한다), 일종의 능력주의 시스템에서 시청자들이 더 많은 참여권한을 받고 과정에 참가해 그 결말에까지 동참하게 되는 그러한 시스템을 보여주는 것이다. 많은 미디어 해설가들은 리얼리티 TV의 상호 작용적 특징이라는 핵심적인 차이점 때문에 그것을 중요하게 취급했다. 마크 안드레예비치에게 이것은 매력인 동시에 문제점이기도 했다.

> 미디어 생산 수단에의 접근이 대중에게 활짝 열렸다는 의미로 볼 때 이것의 한편에는 상호 작용성에 대한 전망이 있다. …… 다른 한편에는 리얼리티 TV가 재현하는 리얼리티의 문제가 있다. 그 상호성이 점차 감시의 형식을 낳는다는 점이다. 이는 감시받는 일로부터 발생한 생산물의 상품화를 가능하게 해주는 것이다.[13]

상호성은 시청자로 하여금 자기표현이나 자기규정을 가능하게 해주고, 개인적 선택이나 참여에 대한 합의 문화를 가능케 해준다. 안드레예비치는 하워드 라인골드Howard Rheingold의 말을 인용해 "컴퓨터 미디어의 커뮤니케이션이 정치적으로 중요한 이유는 강력한 커뮤니케이션 미디어에 대한 정치적 독점을 거스를 수 있게 해주기 때문이며, 그런 방식을 통해 시민이 기반이 되는 민주주의를 재생시킬 수 있기 때문이다"[14]라고 말한다. 애니타 비레시Anita Biressi와 헤더 넌Heather Nunn은 다음과 같이 말한다.

> 보통 사람들을 볼 수 있다는 것, 점점 더 그들의 목소리가 들린다는 것, 그리고 텔레비전에 이들이 등장함으로써 사회적 이동 가능성이 보인다는 점을 고려한다면 방송에 보통 사람들과 그들 생활을 재현할 수 있는 공간을 제공해야 하

지 않느냐는 질문이 생긴다는 것을 알 수 있다.[15]

에스텔라 틴크넬Estella Tinchnell과 파바티 래거램Parvati Raghuram은 "이런 과정에서 생겨난 참여의식은 시청자들에게 소유권이 더 많아진다는 느낌을 경험하게 해줄 것이며, 이것은 또한 텍스트에의 참여를 강화시킬 것이다"[16]라고 주장했다. 그러나 다른 한편에서는 안드레예비치의 주장처럼 리얼리티 TV가 '감시를 당하는 일로' 이루어진, 새로운 자기 상품화의 자본주의적 시스템의 일부일 뿐이라는 주장도 있다. 개러스 파머Gareth Palmer는 〈빅 브러더〉[2)]가 '다큐멘터리 프로젝트의 감성화'를 드러낸다고 주장한다. 이런 리얼리티 TV가 사람들의 관심을 사회적인 문제에서 사적인 관심으로, 혹은 사회의 발전보다는 개인적인 패션 같은 것에만 흥미를 보이는 리얼리티 다큐멘터리로 이동시켜버린다는 것이다.[17] 저스틴 루이스 Justin Lewis는 이런 이분법에 대한 가장 미묘한 언급을 했다. 그는 리얼리티 TV가 "그럼에도 불구하고 현실과 판타지 사이에 있는 연속체의 부분으로서, 텔레비전 시청의 의례적인 상식을 일부분 유지시킨다. …… 그것은 단지 텔레비전 자체의 모호한 성격을 드러낸 것뿐이다. 하나의 대상으로서 그것은 우리 세계의 외부에 있는 것이면서 내부적인 것이다"라고 했다.[18] 명확한 사실은 리얼리티 TV와 그것이 만들어낸 새로운 텔레비전 문법이 부상하고 있으며, 이것은 '시청자들이 오락물 상품을 소비하는 방식에서 변화가 일어나고 있다'[19]는 점이다. 이 새로운 형식 혹은 혼성 형식은 다큐멘터리 특히 역사 다큐멘터리에서 어떤 의미가 있는 것일까?

사이먼 샤마는 최근 에세이에서 그가 말한 '역사 리얼리티 TV'와 '(일반)

---

2) 〈빅 브러더〉: 영국의 대표적인 리얼리티 TV 프로그램으로, 참가자들이 한 공간에서 지내는 24시간의 모습을 그대로 보여준다.

텔레비전 역사물' 사이의 차이점을 부각시키려 했다.

역사 리얼리티 TV 프로그램은 때로 텔레비전 역사물과 같은 종류인 것인 듯 보인다. 그러나 사실상 그것들은 같지 않다. 왜냐하면 우리가 프로그램의 캐릭터에 몰입하는 것은 그것들이 진짜 실제로는 '우리 같다'는 전제에서 이뤄지기 때문이다. 리얼리티 프로그램들이 출연자들을 우리와 다른 사람으로 보이게 할 수 있다 해도 그들의 다른 모습은 사회적이고 물질적인 것일 뿐이라는 것, 즉 출연자들이 비누가 아니라 잿물로 빨래를 하고 요즘은 입지도 않는 코르셋을 입는다든가 하는 그런 정도로 지금과는 다른 행동을 하지만, 결국 그 사람들 역시 오늘날을 살고 있는 우리와 다를 바 없는 사람이라는 전제에서 이뤄지는 프로그램인 것이다.[20]

이런 모델에서 '역사 리얼리티 TV'는 역사가 아니다. 그리고 '학문적인 색깔을 지닌' 텔레비전 내러티브 역사물과도 거리가 있다. 시청자들과 출연자들 사이의 유일한 차이점은 '사회적이고 물질적'이라는 것이다. 시청자의 경험은 리얼리티 TV에 나오는 '나와 같은 사람'들의 참여 때문에 아주 다른 것이 된다. 존재론적 상호 작용이라는 개념은 일반 텔레비전 역사물과 결합할 수 없다. 샤마는 '텔레비전 역사물의 시학'이라는 알쏭달쏭한 해석을 내놓았다. 역사라는 것과는 약간 거리가 있는 변신의 체험이라는 것이다. 그는 이렇게 말한다. "시적인 복원poetic reconstruction이 제대로 되기 위해서는 캐릭터들을 포기해야 한다. 그리고 더 나아가 그들을 바라보고 있는 우리 역시 그들이 현대 사회로 되돌아올 것이라는 생각은 까맣게 잊은 채 완전히 그들만의 세상 안에 있어야 한다."[21] 이 같은 초월 모델은 시각적 체험을 시청자들이 살아온 세상으로부터 분리시키며, 어쨌든 텔레비전 역사물을 역사 '바깥에' 있는 것으로 만든다. 이것은 또한 멀리 떨어진 곳에서 벌어지는 '퍼포먼스로서의 역사'라는 모델을 강조한다. 자신의 경험과는 동떨어진 어떤 행동을 하고 그것을 관찰당하는 방식의 퍼포먼스가 있는 것이다. 주인공들은 '캐릭터'들이며 모든 일은 드라마 내러티브에 맞춰 그대로 진행되는 것이다. 역사의 소비라는 모델은 여기서는 행동하기보다는 관찰하는 시청자를 말한다.

샤마가 말한 리얼리티와 텔레비전 역사물의 차이점에서 나타난 여러 정치적인 문제는 나중에 논의한다 하더라도, 그는 리얼리티 TV가 오늘날 역사 소비와 전달에서 지닌 역사기록학적인 의미를 놓치고 있는 듯하다. 포퓰리스트 텔레비전 역사물을 폄하하는 사람들을 비평하려고 하면서도, 그는 스스로 역사가를 '과거'에 대한 게이트키퍼 자리에 놓으려는 일종의 새로운 헤게모니 창출에 끼어들고 있다. 자신의 일은 혼성 장르인 리얼리티 역사물과는 상관없다고 주장하는 것은 '내러티브의 담당자'라는 역사가의 역할에 대한 근심을 드러내는 것이다. 리얼리티 TV 역사물의 기본적인 중요성은 그 안에 있는 사람들이 이상화된 모습으로 주관적으로 재구성된 사람들이 아니라, '나와 같은 사람'이라는 사실이다. 모든 역사적 표현은 확정적인 것이 아니고 주관적인 것이지만, 리얼리티 역사물은 적어도 이것을 인정하고 샤마의 말 뒤에 깔려 있는 '역사적 사실성'에 대한 거대한 주장과는 달리 시청자들의 권한을 확대한다는 목표를 내세운다. 다음에 나오는 것은 역사 재현물에 '보통' 사람들이 참여하면서 역사에 대한 기존 개념이 어떻게 변화했나를 간략하게 살펴본 것이다.

리얼리티물 제작과 역사 프로그램 제작의 세계에는 중요한 접점이 있다. 예를 들어 BBC의 〈레스터레이션〉(2003, 2004년)과 연관 시리즈물은 〈빅 브러더〉를 만들었던 엔데몰사에서 제작됐다. 그 프로그램에서 시청자들은 반쯤 무너진 역사적 건물 중에서 복원되어야 한다고 생각하는 것에 투표를 했다. 유명인들은 각각의 건물들을 지지하고 '승자'는 많은 돈과 명성을 얻었다. 이런 종류의 역사 재건은 역사적으로 권한이 늘어난 개인의 책임감으로 인해 문화유산의 재건이 일어나고 있음을 보여준다. 내셔널 로터리가 300만여 파운드를 후원해주기로 약속했을 때 엔데몰 UK 프로덕션의 총책임자 니키 치댐Nikki Cheetham은 이렇게 말했다. "헤리티지 로터리 펀드의 엄청난 지원에 감사를 드린다. 이런 건물을 되살리는 것은 공동체에 새로운 생명을 불어넣을 것이며, 사람들의 삶에도 눈에 띄는 영향을 미칠 것이다."[22] 이것은 재건으로서의 역사이며, 과거의 사회적 유용성에 대한 담론이다. 문화유산은 말 그대로 국가적 복권(내셔널 로터리)이 됐으며, 기억의 보고로 유명한 문화의 일부가 됐다. 또 다른 예는 〈위대한 영국인들〉 시리즈다. 이것은 리얼리티 TV 유형과 역사 담화가 만나는 지점이다.

〈레스터레이션〉이나 〈위대한 영국인들〉 같은 프로그램과 리얼리티 역사물과의 차이는 그 과정에 인간적 참여가 없다는 점이고, 투표 같은 시청자 참여가 없다는 것이다. 일반적으로 리얼리티 역사물은 신체적이고 감정적인 역사 경험이라 할 수 있다. BBC 1의 〈데스티네이션 디데이Destination D-Day: The Raw Recruits〉(2004년)는 일군의 자원자들을 훈련시켜 노르망디 상륙을 그대로 따라 하도록 한다. 참가자들의 일기를 보면 이런 재건 프로그램에서 중요한 개인적 성취에 대한 신자유주의적 수사 어구를 볼 수 있다.

제이미 베이커Jamie Baker: 오늘 해안 공습을 연습해보니, 디데이에 노르망디 해안에 우리가 갈 것이라는 것이 쉽게 상상되더군요. 총알이 선박들을 향해 쏟아질 것이고 사람들은 해안에 닿기도 전에 죽겠죠. 아주 큰 용기가 필요할 겁니다. 여기에 정신을 집중하니까 내가 품고 있던 문제들을 훨씬 넓은 시각으로 볼 수 있게 되더군요. 사람이란 대단한 일을 해낼 수 있어요. 불가능은 이뤄질 수 있어요.[23]

BBC 1은 최근에 〈트렌치The Trench〉(2002년)를 내놓았는데, 이것은 1916년 서부 전선에서 벌어진 동요크셔 연대 제10대대의 전투 경험을 되살린 것이다. 헐과 동요크셔에서 온 자원자들은 아주 진짜같이 만들어진 프랑스의 참호 체제에서 2주를 보낸다. 그들이 왜 이런 일에 자원했는지는 명확하지 않다. 사실 리얼리티 TV와 역사물 사이의 간격이 드러나는 때는 참호 전투대의 한 구성원이 오락물이라는 이유로 몇 가지 일을 거부한 때였다. 이곳의 지원자들은 또한 특정한 행동을 거부하기도 했다. 〈석기 시대에서 살아남기Surviving the Iron Age〉(BBC, 2001년)에서는 심지어 고고학적 실험을 거부하고 출연자가 나가버리기도 했다. 과거의 궁핍함을 견디지 못하는 이런 상황 덕분에 시청률이 치솟았다. 과거와 현재 사이에 열려 있는 공간이 과거 체험 그 자체만큼이나 재미있는 것이다. 사실 역사적 차이점이란 개념은 역사적 유사함이라고 해도 되겠지만, 시청자를 끌어들이는 중요한 요소다. 〈트렌치〉의 프로듀서 딕 콜서스트Dick Colthurst는 다음과 같이 말한다.

우리는 신세대들이 쉽게 접근할 수 있는 제1차 세계대전에 관한 프로그램을 만들려고 했어요. 우리는 한 번도 그것을 리얼리티 쇼로 생각해본 적은 없습니다. 이것은 역사를 체험하는 새로운 방법입니다. 제1차 세계대전의 문제점은 자료 영화가 없어서 당시 일상생활에 대한 이야기를 만들려면 새로운 방법을 찾아야 한다는 것이었습니다.[24]

이것은 역사에서 말하는 '공감', 즉 의식의 재연을 통해 만들어진 사실적 증거와 교감하는 내러티브 역사물 만들기라는 개념으로의 복귀일까? 콜링우드Collingwood는 행동의 그럴듯함에 의문을 제기하기 위해서는 역사적 사건을 이해하는 데 재현이라는 것의 의미가 필요함을 주장했다. 리얼리티 역사물에서 벌어지는 일들은 시청자들에게 '너 자신이 거기 있다면' 이라고 생각하게 하는 것이며, 그들의 감정 이입과 체험을 만들어내려는 것이다. BBC 프로그램에는 공감의 진실성을 향한 몸짓이 있었다. 〈트렌치〉의 자원자는 같은 지역에서부터 모았다. 오늘날의 활발한 인구 이동을 생각해봤을 때 같은 지역 출신이라는 것이 그들의 행동과 어떤 연관성을 가질지도 모른다는 것처럼 말이다. 자원자는 훈련받은 다음 일정한 임무를 수행하도록 되어 있다. 거기에는 승자도 없었다. 이 쇼의 전체적인 포인트는 그때의 상황을 재생시켜서 특별한 체험을 해본다는 것이었다. 여기서는 역사에의 '교감'을 강조하려고 노력했고, 이것이 역사 체험에 대한 깊이 있는 이해로 나아가는 몸짓이라고 생각했다. 이런 종류의 재현은 체험으로서의 역사를 제시하며, 학습되고 모방될 수 있는 존재론적 기술의 모음으로 역사를 제시한다. 〈더 십The Ship〉(BBC 2, 2003년)은 18세기 모험에 나서는 21세기 선원들을 따라간다. 자원자, 역사가, 과학자가 캡틴 쿡의 대항해를 되살려 인데버Endeavour호를 타고 호주의 동쪽 해안까지 갔다.[25] 여기에는 전문적 기술과 평범함의 결합이 있었다. 자원자들은 이 체험에서 학생이 됐고 학자들은 안내자가 됐다. 전문가의 지위를 지우는 것은 〈그린밸리로부터의 이야기Tales from the Green Valley〉(BBC 2, 2005년)에서도 재현됐다. 참가자들 중에 역사학자, 고고학자가 섞여 있었는데 이들은 1620년대 식으로 1년간 웨일스의 농장을 운영했다. 전문가들은 평범한 사람이 되어갔고, 그들의 학문적·이론적 지식은 옛 시대의 육체적인 어려움 때문에 별로 중요시되지 않았다.

  이런 유형의 쇼는 세계적으로 인기를 얻었다. 그리고 이에 따라 문화 상품의 세계화 과정에 참여하게 됐다. 실비오 웨이스보드Silvio Waisbord가 말한 것처럼 텔레비전 방식의 세계적 인기 특히 리얼리티 TV 장르는 "텔레비전 비즈니스 모델의 세계화와 함께 지역 문화의 쾌활함을 다루는 국제적인 회사와 국내 회사들이 세계화하고 있다는 것을 설명해준다".[26] 패러다임이 한 번 만들어지자 과거의 궁핍함을 이겨냈던 자원자들은 다른 어느 나라로도 나갈 수 있었다. 심지어는 이 쇼를 게임 형식으로 만들기까지 했다. MTV의 〈70년대 집The 70's House〉이라는 프로가 그것이고, CBBC에서는 어린이용 버전인 〈이베큐스Evacuees〉(2006년)를 만들었다. 여기서는 열두 명의 아이들을 1940년대 스타일의 농장으로 데리고 갔다. 영국 회사 월투월은 〈하우스〉라는 리얼리티 TV 역사물 형식의 영국, 미국 판권을 소유했는데, 다큐드라마를 만들었으며 따라서 여기서 논의되는 내용의 책임을 맡았다. 월투월의 성공은 민영 회사가 BBC나 영국 지상파 텔레비전에 미친 영향과 함께 그 형식이 여러 나라의 미디어 환경에도 적용될 수 있다는 것을 보여줬다. 월투월사 포트폴리오에서 프로그램의 발전은 하나의 장으로서 리얼리티 역사물의 진화 가능성을 보여준 것이었다.

여러 나라의 콘셉트가 비슷해지면서 나라별 차이를 나타내기가 어려워지기는 했지만, 그래도 특별한 나라마다의 특성을 강조한 작품도 있었다. 오리지널 〈1990 하우스〉(채널 4, 1999년)의 미국·캐나다·호주 판은 개척자나 국가 건설과 관련된 순간을 응용했다. 〈프론티어 하우스Frontier House〉(PBS USA, 2002년, 배경: 1883년), 〈콜로니얼 하우스Colonial House〉(PBS USA, 2004년, 배경: 1628년), 〈아웃백 하우스Outback House〉(오스트레일리아 ABC, 2005년, 배경: 1861년), 〈텍사스 랜치 하우스Texas Ranch House〉(PBS USA, 2006년, 배경: 1867년), 〈더 콜로니The Colony〉(오스트레일리아 SBS, 2005년, 배경: 1800년대), 〈파이어니어 퀘스트Pioneer Quest: A Year in the Real West〉(캐나다 크레도, 2000년, 배경: 1870년대), 〈퀘스트 포 더 베이Quest for the Bay〉(캐나다 프랜틱, 2002년, 배경: 1840년대), 〈클론다이크Klondike: The Quest for Gold〉(캐나다 프랜틱, 2002년, 배경: 1897년) 등이다.[27] 〈아웃백 하우스〉의 홍보 문구는 이 쇼가 설명하고자 하는 보수적인 역사학의 종류를 잘 보여준다. "이것은 호주를 건설한 사람들의 이야기입니다. 19세기 내내 용감한 기업가이던 그들은 미개척 황무지인 이 땅에 부자가 되겠다는 꿈을 품고 발을 디뎠습니다."[28] 이 같은 극단적인 개척의 개념과 '처녀지' 역사는 특정한 국가 신화에 반영된다. 〈파이어니어 퀘스트〉는 두 쌍의 남녀에게 '최초의 정착자가 그랬듯이' 그들을 '처녀지'에서 살도록 한다.[29] 〈콜로니얼 하우스〉를 본다는 것은 다음과 같은 국가 건립에 대한 수사법에 참여하는 것이다.

흔히들 미국은 위대한 인물의 위대한 업적 위에 세워졌다고 말합니다. 그러나 우리는 미국이 또한 셀 수 없이 많은 사람이 뼈를 깎는 매일매일의 노력 위에 세워진 나라라는 것을 알고 있습니다.[30]

이것은 적극적인 시민의식의 개념으로 결론을 맺는다.

내가 기대한 바와 같이 이 프로젝트는 조국에 대한 내 사랑을 단단하게 해주었습니다. 아프리카계의 미국인으로서 나의 더 나은 삶을 위해 이 땅에 피를 흘렸던 선조를 둔 후손으로서요.…… 나는 민주주의란 거저 오는 것이 아니며, 그것을 지키고 가꾸기 위해서는 나의 참여가 꼭 필요하다는 것을 잘 알게 됐습니다.[31]

이렇듯 초기 개척과 관련된 행사는 〈트렌치〉나 〈1940년대 저택The 1940's House〉(채널 4, 2001년)에서도 볼 수 있다. 이런 쇼들은 국가 발전의 목적론에 기여하는데, 특히 개척자가 현대 문명을 '건설'했다는 개념을 강조했다. 과거 생활의 단순함과 평온함이 강조된다.

다음으로 리얼리티 역사물은 향수 어린 공유된 과거, 기억의 대상으로서의 과거를 만들어낸다. 그러나 그것은 또한 다름을 부각시키고 역사적 사실과는 불일치된다는 문제점이 있다. 예를 들어 〈슈바르츠발트하우스 Schwarzwaldhaus 1902〉(독일 SWR, 2001~2002년)는 20세기 초반 가난한 농장 생활을 하던 이스마일 보로Isamil Boro라는 귀화한 터키 이민자를 주인공으로 등장시킨다. 〈콜로니얼 하우스〉에서 흑인 참가자는 미국 역사의 노예 제도 이전의 의미를 부각시켰다. 〈프론티어 하우스〉나 〈텍사스 랜치 하우스〉는 흑인이나 아시아인 참가자가 없다는 점에서 대조된다. 그리고 〈아웃백 하우스〉는 말 번스Mal Burns라는 호주 원주민을 등장시켜 '우리 조상들이 어떻게 살았나를 체험하게' 한다.[32]

이런 쇼들은 상호적인 요소를 강조하는데, 예를 들어 웹사이트에서 전통적인 사진 갤러리를 보여주거나 팟캐스트, 인터넷 퀴즈, 온라인 포럼이나 동영상 일기 등을 보여준다. 그 쇼들은 또 스스로 인터넷 자료보관소를 만들어낸다. 2002년 4월에 첫 방영된 〈프론티어 하우스〉는 아직 웹사이트를 운영하고 있다. 이런 시리즈들의 가장 중요한 요소는 다양성과 유연함이다. 텔레비전(일반/디지털), 웹(채팅, 포럼, 일반 웹사이트, 링크, 관련 자료) 관련 서적과 잡지 기사 등 여러 미디어를 유연하게 활용한다. 이것은 여러 가지 방법으로 작동한다. 비레시와 넌은 다음과 같이 말한다. "〈트렌치〉는 그 시대를 기념하면서 역사적 자료를 제시하는데, 이것은 군대의 정신적 상처를 보여주려 하는 것이고 또 이것은 집단의 도전이기도 하다."[33] 이 쇼들은 역사 다큐멘터리의 일반적인 기법, 즉 중인들의 증언, 자료화면, 사진과 편지 등을 이용하면서 동시에 비디오 일기 같은 혁신적으로 사실적인 기법도 활용한다. 그러나 〈트렌치〉는 다큐멘터리 접근 방식에서 〈하우스〉 시리즈보다 훨씬 세련됐다. 그것은 단순히 참가자들의 경험에 초점을 맞추기보다는 더 역사적인 이야기를 들려주려고 하기 때문이다.

종종 이런 프로그램들은 과거를 보여줄 때 눈속임을 하기도 한다. 예를 들어 〈1940년대 저택〉의 타이틀 시퀀스 때 세피아 색조를 띤 화면을 보여주는 것이다. 이런 사소한 순간 때문에 그 프로그램의 가치는 떨어질 수밖에 없다. 또 〈아웃백 하우스〉의 출연진을 소개하는 화면에서 가짜 카메라 플래시가 터진 후 세피아 색으로 전환된다. 마찬가지로 '브러더스 인 암스'에서 게임 상자는 게임 화면 갈무리 화면을 사진으로 바꿔 그 사실성을 강조한다. 이러한 시각적 눈속임은 과거를 보여주는 미학에 문제가 있으며, 사실성이라는 개념과 과거를 수식한다는 개념에도 문제가 있음을 보여준다. 일부러 세피아 색조로 화면을 바꾸는 것은 역사적 사실성의 윤기를 더해준다. 따라 나오는 음악이 진짜로 사실적일 때도 그렇다. 이것은 동시에 시청자로 하여금 그들이 시청할 역사라는 것이 가짜이며 연기임을 상기시킨다. 실제로 이런 짧은 순간에 시청자들은 계속해서 화면의 내용에 대해 의심을 품게 되며, 그런 것들 때문에 카메라가 거짓말을 할 수 있다는 것을 깨닫게 된다. 시작 장면을 통해 카메라의 권위를 즉시 약화시키는 것이다.

역사적 차이와 이데올로기

리얼리티 역사 쇼의 핵심적 요소는 차이다. 그것은 나라면 저기서 어떻게 살았을까 같은 감정 이입의 가치가 있지만, 그 쇼는 또한 '그때'의 문제를 중시한다. 이와 관련된 문제 중 하나는 동물의 권리다. 많은 쇼가 동물을 다루는 방식은 쇼의 참가자나 시청자 양측의 진정성과 불협화음을 이룬다. 〈1940년대 저택〉에서 역사의 '게임'을 총괄하는 조언자 그룹에서 토끼를 잡아먹으라고 했지만, 참가 가족들이 토끼를 죽일 수 없어 에피소드가 무산되기도 했다. 〈아웃백 하우스〉는 농장의 동물을 잔인하게 다루어 대중의 격렬한 반발을 샀다.[34] 리얼리티 역사물은 역사의 정체성이 유연하다는 것을 보여주지만, 동시에 역사의 낯설음도 보여준다. 역사는 해체됐지만, 동시에 역사는 우리의 참여가 없다면 낯선 담론이다. 사건이라기보다는 게임이다. 보통 사람들이 대상이 되는 다른 리얼리티 TV와는 대조적으로 리얼리티 역사물은 특정한 목표 없이 정교한 역사의 드라마를 보여준다. 리얼리티 역사물은 기존의 생각에 도전하고 우리의 역사나 문화유산의 내러티브를 보여주지만 그것을 혼란스럽게 바꾸어버리기도 한다.

역사에 '평범하게' 참여하는 사람들도 있지만, 어떤 시청자들은 스토리에 열정을 쏟아붓는다. 분명 그 스토리는 히스토리 채널이나 트리스트램 헌트의 시민전쟁 시리즈에 나오는 다큐멘터리와는 다른 것이다. 역사는 살았던 경험으로, 익숙한 가난함으로, 신화적이거나 낯선 것이 아니라 친숙한 것으로 소개되며 익숙한 사람들이 겪는 것이다. 줄리엣 가디너Juliet Guardiner가 주장한 것처럼 "이 형식은 커다란 쟁점에 대해 논쟁점으로서가 아니라 일상에의 영향력을 통해 파고들게 해준다".[35] 리얼리티 역사물은 따라서 역사 재현에 근거를 두고 있는 텔레비전 역사물과는 다른 독특한 차이점을 보여준다. 흥미로운 요소가 남아 있는 역사인 것이다.[36] 역사는 살았던 경험이며, 뭔가 지저분하고 더러우며 고통스러운 것이다. 리얼리티 역사물은 여전히 역사를 '고정된' 것으로, 융통성 없는 것으로 그려낸다. 그 시리즈들은 역사에 깨뜨리기 어려운 규칙이 있다는 것을 제시한다. 역사를 겪는 주체는 자신에게 선택된 역할을 거역하거나 그에 대해 의문을 제기하면 안 된다.

지난 10년간 리얼리티 TV의 또 다른 주요 장르는 개조 프로그램이다.[37] 이것의 핵심은 안내자와 지도자와 동료가 여행을 떠나 도덕적 재발견과 변신을 하게 된다는 것이다. 이것들은 대개 집과 관련된 것이다(〈레스터레이션)과 〈옛날 집들Period Property〉 같은 쇼들]. 이러한 개조 프로그램과 텔레비전 역사물의 유사성은 전문가/지도자/역사학자 그룹이 우리를 안내해 개인적인 성취의 마지막까지 이르게 해준다는 것이다. 개조 쇼보다는 좀 더 정통적인 휴머니스트 스타일의 텔레비전 내러티브 역사물은 오락물과 교육을 겸한 것임을 내세운다. 나 자신과 나라, 역사에 대해 더 많은 이해를 하게 해주어서 완벽한 모습에 가깝게 이끌어준다는 것이다. 이런 리스식의 텔레비전 역사물 버전에는 실존주의적인 자기발견이 들어가 있다. 경험 중심의 리얼리티 TV 쇼에도 마찬가지다. 시청자들은 자신을 개선하고 경험을 습득하며, 다른 '진지한 여가 활동'처럼 이것은 그들을 더욱 나은 사람으로 만들어준다는 것이다. BBC에는 〈무슨 옷을 입느냐가 당신의 삶을 바꾼다〉라는 프로그램이 있다. 게다가 개조 프로그램은 소비를 통해 개인을 변신시켜놓는다. 텔레비전 역사물은 경험을 통해 개인을 바꾸어놓는다. 한편으로는 내러티브 역사물은 국가의 완벽함을 제시하고, 다른 한편에서 리얼리티 역사물은 공감을 통해 개인을 완성할 수 있는 가능성을 보여준다.

이러한 시리즈의 핵심은 '보통 사람에 대한 관심과 그들이 겪은 역사 경험의 가치'다. 이것이 리얼리티 프로그램이 역사기록학과 만나는 지점이다. 〈트렌치〉는 '평범한 보병으로 세계대전이라는 거대한 역사에 임했던' 참가자의 삶에 초점을 맞추었다.[38] 여기서 강조하는 점은 '체험'이며, 공감의 역사를 만들기 위해 리얼리티 쇼의 '민주화' 형식을 사용했다는 것이다. 한 참가자는 "그 형식은 거창한 쟁점에 대해 토론의 요점으로서가 아니라 일상생활에 끼치는 영향력으로 파고들 수 있게 해준다"[39]라고 말한다. 익숙함에 대한 인식과 낯설음을 잘 조합하는 것이다. 이것이 리얼리티 TV 시리즈의 기본 반응이다(사람들은 평범하지만, 그들은 평범하지 않은 일을 한다). 이런 쇼들은 시청자들에게 지적·감정적으로 역사에 참여하도록 해준다. 이것은 사람들의 역사이며, 따라서 개인의 증언(증인, 일기, 편지)의 중요함과 체험의 사소함에 대한 강조는 역사의 큰 논쟁거리라기보다는 걱정거리 정도라고 할 수 있다. 마크 안드레예비치는 리얼리티 TV 형식이 역사의 접근권이라는 관점에서 무엇이 일어나고 있는지를 보여줄 수 있다는 이상주의적 해석을 내놓았다.

리얼리티 TV는 참가자들에게 프로그램의 포괄적인 감시에 자신을 노출시키는 것이 단지 캐릭터를 쌓는 도전일 뿐만 아니라 '성장'의 체험이었으며, 오랫동안 시청자들을 수동적인 구경꾼 노릇으로 만들어왔던 미디어에 직접 참여하는 방법임을 깨닫게 해준다는 것이다.[40]

리얼리티 역사물은 오랫동안 수동적인 구경꾼 역할의 구성원으로 격하됐던 시청자들에게 담론에 참여할 수 있는 기회를 주었다. 여기에는 도덕적 쟁점이 들어 있었는데, 이것은 꾀병을 부리거나 무단 탈영을 해서 쫓겨난 특정 군인들을 훈련시키는 과정에서 드러난다. 그들을 해고시킬 때 소대의 중사는 시청자들에게 그곳에서 생겨나는 기억에 대해 상기시켰다. "당신은 다른 나머지 사람들이 하는 방식으로 게임을 하지 않았습니다.…… 당신은 우리가 재현해야 하는 사람들의 기억을 훼손시켰습니다."[41]

〈트렌치〉는 불안정한 정보의 조합을 활용했다. 특히 동요크셔 연대 제10대대의 생존자 증언을 끼워 넣어 당시 그들이 겪은 경험을 묘사하려 했다. 이런 기법은 '진짜' 역사 경험과 프로그램에서 펼치는 사건 간에 연결고리를 느끼게 해주었다. 역사 증인들의 증언은 오늘날의 〈트렌치〉 풍경과 겹쳐졌다.[42] 이와 동시에 상황과 관련 없는 비디제시스적인[3) 보이스오버가 사건을 설명했다. 보이스오버는 리얼리티 역사물에서와 마찬가지로 여러 면에서 목격자 증언보다는 권위 있는 것으로 여겨졌다. 이런 두 가지 유형의 해설은 체험과 설명의 관계를 강조하기 위함이었고, 그 순간의 본질을 나중에 전후 사정을 알고 난 뒤의 깨달음과 비교해 보여주기 위함이었다. 시청자들은 감정적(경험의) 차원에서 그리고 교육적(역사적 세세함의) 차원에서 참가할 수 있기를 기대했다. 자원자의 체험은 거의 역사적·사실적 실재와 관련이 없었다. 그들은 그들의 세트나 그런 구체적인 것에 관심이 없었다. 그 대신 그들의 역할은 굶주림과 궁핍함, 혼란, 수면 부족, 공포, 폭격의 결과를 설명하는 것이었다.

극적 시퀀스를 활용하기 위해, 예를 들어 황무지에 발이 묶이거나 돌격하는 것[〈에드워드 시대 대저택〉(채널 4, 2002년)], 축제와 저녁식사를 하는 것, 혹은 〈1940년대 저택〉에서의 굶주림과 식량 배급 등 여러 가지 해야 할 일이 제시됐다. 그래서 쇼는 한편으로 일상생활의 경험에 관한 것이지만, 동시에 과제 지향적인 내러티브였다. 역사는 이런 쇼에서 임의적인 것이 아니라 줄거리가 있는 것이다. 이 쇼는 진정한 전쟁의 공포를 표현하지 않는다는 이유로 비난받았다. 물론 폭발 공격과 비행기와 저격수의 공격이 있기는 했다. 예를 들어 전쟁 일지에 기록된 피해자들을 따르기 위해 '사라진 참가자'라는 원칙이 세워졌고, 여기서는 그것의 일반적인 영역에 어긋나는 기억을 새롭게 만들어내야 했다. 군대의 상등병은 초소를 다른 곳에 세워야 했고, 죽은 군인의 외투를 수집해야 했다. 이것은 한편으로 감동적인 일이기도 했지만, 다른 한편으로 보면 이 쇼가 정통적인 것이라기보다는 역사를 연기하는 것에 지나지 않는다는 것을 드러내는 것이었다. 따라서 이것은 생존자들이 자신의 동료에 대해 증언하는 것과는 대조되는 것이었으며, 그들을 죽인 독일군에 복수하고자 하는 열망과

---

3)   **비디제시스적**: 화면 속 인물의 목소리가 아닌 배경 음향으로 사용된다는 의미다.

도 대조되는 것이었다. 결국 오늘날의 체험이라는 것이 단순히 감정을 자극하는 역할뿐이라는 것이다.

리얼리티 쇼를 '진실성'이라는 관점에서 볼 때 가장 문제되는 것 중 하나는 카메라였다.[43] 〈빅 브러더〉는 숨겨진 카메라를 사용해 이러한 문제를 노출시켰는데, 대부분의 쇼는 CCTV 화면이나 숨겨진 카메라를 활용하지 않았지만, 시청자 시점에서의 화면이라는 전통적인 관행에도 불구하고 연기의 떨림frisson이라는 문제가 있었다. 카메라는 참가자들이 갈 수 없는 곳까지 촬영할 수 있었다. 카메라는 대저택의 이층이나 황야 같은 곳까지 촬영했다. 이것은 지식과 접근의 위계화를 낳으며 시청자들은 '평범한' 보통 참가자들이 접근할 수 없는 사건의 윤곽을 볼 수 있도록 했다. 참가자들이 갈 수 없는 곳까지 시청자들은 전지적 시점에서 보도록 한 것이다. 마찬가지로 프로그램은 익숙한 유형의 내러티브적인 긴장감을 만들어내는 식으로 구성됐다. 〈트렌치〉는 극단적인 방식으로 이것을 활용했다. 손에 땀을 쥐게 하는 쇼의 결말 부분 등은 실제 사건의 내용보다는 감정적인 자극을 통한 서사적 진행 같은 그릇된 분위기를 만들어냈다. 이것은 내러티브적으로 명확하게 하려 했기 때문이고 동시에 역사의 일상성을 더 강조하기 위한 것이다.

이런 시리즈에서의 행동은 강력하게 통제되고 조직된 것이어서, 그 프로그램은 시청자들에게 이러한 제약이 그들의 생활과 어떻게 연관되는지 궁금증을 자아내게 했다. 그런 원칙과 행동 방식들은 낯설어 보이지만, 그렇게 한 이유는 역사의 뒤늦은 깨달음을 얻게 하기 때문이다. 한편으로 이것은 그런 이데올로기가 오늘날 생활에도 여전히 작용한다는 것을 보여주는 효과가 있었고, 리얼리티 역사물을 반체제적인 것으로 읽도록 해주었다. 이와 동시에 그런 규칙은 지배적인 이데올로기가 역사적으로 볼 때 자의적이고 유동적인 것이라는 점을 보여주며, 개인에 대한 실증주의적인 목적론, 즉 역사적인 시대의 제약에서 벗어나 오늘날의 세계 속에서 깨달음과 고귀함으로 향해 가는 것처럼 인식하게 만든 것이다. 이와 동시에 규정집이나 전시 내각, 역사의 사실적 견본을 활용한 것은 사회적 삶이 하나의 역할임을 보여준 것이다. 이런 패러다임은 역사의 수행성 performativity을 잘 보여준다. '사실적'이기 위해서는 겪어내야 할 규칙이 있다는 것이다.

〈트렌치〉는 역사에 대한 공감을 자아낼 수 있고 역사 지식의 위계 구조를 무너뜨릴 수 있다는 가능성에도 불구하고 여전히 권위적인 요소를 대폭 활용해 그것으로 전체적인 틀을 만들어냈다. 내레이터나 전문가, 목격자 증언, 정통성이라는 요소 같은 것이 그것이다. 〈에드워드 시대 대저택〉 프로그램의 참가자들은 하인 규정집이나 가족 에티켓 책의 지침을 따랐다. 그들은 역사적 사실성과 행동적 특수함에 대해 훈련받았다. 〈트렌치〉의 경우 자원자들은 역사적으로 특별한 연대의 행동을 그대로 모방하거나 비슷하게 흉내 냈다. 그들은 역사 문헌과 사료의 규칙을 의무적으로 준수해야 했다. 전쟁 일지나 군대 매뉴얼 등이 그 규칙이었다. 훈련 매뉴얼 역시 정통적인 진짜 체험을 위해 활용됐다. 그러나 더 중요하게 여겨진 것은 제10대대의 원본 전쟁 일지였다. 이것은 정통적인 일반 정보뿐만 아니라 〈트렌치〉에서 벌어진 일의 날짜, 전투 준비 수색 작전, 부상자에 대한 준비에까지 이르는 세세한 체험을 조직해내기 위해 활용됐다. 이런 견본들은 일상적인 역사 체험보다는 전시 체험에서 더 많이 활용되면서 그 시리즈가 나타내고자 하는 이데올로기를 세세히 드러냈다.[44]

〈에드워드 시대 대저택〉에서는 다양한 역할에 대한 규정집을 여성 내레이터들이 감정을 배제한 딱 부러지는 어조로 읽어주었다. 오늘날의 보이스오버와는 많이 다른 어조의 목소리였다. 이러한 내레이터들의 목소리는 과거 당시 사람들의 목소리를 재현한 것이었기 때문에 여러 면에서 현대의 보이스오버가 드러내는 권위보다 훨씬 더 강하게 들렸다. 그런 목소리로 깔린 규정집의 내용은 참가자들이 어떻게 행동해야 하는지 설명했고, 이런 장치들은 역사적/맥락적인 설명식 내러티브와 행동상의 훈육 간에 명확한 차이점을 잘 드러내 보여주었다. 그것은 다시 말하자면 역사와 체험 간의 차이라고도 할 수 있다. 〈1940년대 저택〉 프로그램에 참가한 사람들의 행동은 역사가들의 전시 내각 지침에 따라 구성됐다. 이 역사가들은 '이것이 아마 소련을 제외한 나라 중 가장 잘 통제된 국가'임을 밝혔다.[45] 그들의 목표는 되도록 최대로 진짜 당시의 체험을 만들어내는 것으로 먹는 음식이나 석탄 난로에 이르기까지 그런 원칙이 행해졌다.[46] 〈트렌치〉에서는 내레이터나 목격자, 혹은 군인 그리고 프로그램의 프로듀서에게 이런 규칙이 부여됐고, 그들은 연대 구성원의 사라짐을 그대로 모사하기 위해 참가자들을 탈락시키는 방식으로 전쟁 일지의 행위를 도입했다.

〈콜로니얼 하우스〉에서는 이런 디제시스적인 권위를 더욱 발전시켜 참가자들이 벌칙을 줄 수 있도록 했다. 특히 식민지의 통치자에게 강력한 권한을 주었다. 그런 규칙은 스포츠나 무역이나 인디언들과의 행동, 주인과 하인, 음주, 신성모독, 중상모략 같은 것에 대한 '사회의 질서화'나 숭배, 왕권 같은 것으로 인식됐다. 식민지 통치자와 식민지 주민들은 식민지 법령과 마이클 달턴Michael Dalton의 책 『국가의 정의Country Justice』(1619년)를 받았다. 식민지의 행동은 이에 따라 책으로 인쇄된 진품 역사의 정보에 근거했고, 극화된 이데올로기의 설명에 따랐다.

현실적으로 식민지 주민들이 그런 책을 받지는 않았겠지만 당시 주민들은 영국의 법령들을 알 수 있었고, 실제로 그런 것이 존재함을 알고 있었을 것이다. 법령집은 그들에게 어떤 식으로 행동해야 하는지 상기시키는 역할을 했으며 그 법을 위반할 경우 어떤 벌칙이 가해지는지에 대해서도 일깨워주는 역할을 했다. 그 법은 종합적인 내용을 다 담고 있지는 않았지만, 통치자에게 식민지를 운영하는 데 필요한 기본적인 틀을 제공했다.[47]

사회 운영을 위한 이러한 '기본적 틀'이라는 것은 역사적 사실과는 상관없이 부여되어 참가자들이 제대로 행동할 수 있게 했다. 참가자들이 재연하는 과거 역사상 인물들은 어떻게 행동해야 하는지 알았을 것이다. 그 시리즈는 벌칙을 중요시했으며, 특수법의 지배에 영향을 받도록 함으로써 17세기의 삶을 떠올리게 한다. 이처럼 이데올로기를 강조하는 것과 그런 이데올로기를 전달하는 역할로서 법을 활용하는 것이 리얼리티 역사물의 핵심이라 할 수 있다. 이런 쇼들은 참가자들의 행위에 관심을 기울였고, 역사적 제약을 그 행동에 적용했다. 그리고 이런 이데올로기는 빨래할 때 세탁기를 사용하지 않는 식으로 적용됐다.[48] 실제로 이런 시리즈들은 대부분 그런 행동 제약 상황을 과거의 궁핍한 상황에 대한 문제 제기로 여겼다. 이 시리즈들이 나타내는 것은 역사성이 물리적인 동시에 사회적이라는 것이다. 이런 쇼들이 보여준 상황들은 행동에 부가되는 이데올로기의 제약을 부각시키며, 그런 제약을 전쟁, 식민지 혹은 계급적으로 계층화된 영주의 대저택에서 보여준 것이다. 역사는 사회적·행위적 규칙이며 그런 것은 기술의 발전이나 의생활의 차이와는 다름을 알려주는 것이다.

역사적 진실성과 자아의 역사 속 재발견

〈1940년대 저택〉이라는 프로그램은 비슷한 쟁점, 즉 전시 체험이라는 요소를 채택했다. 그러나 여기서는 〈트렌치〉보다 훨씬 더 참가자들을 집이라는 요소에 가깝게 끌어들였다. 〈트렌치〉와 마찬가지로 여기에는 기억에 대한 기념이라는 의미가 담겨 있었다. "전쟁을 겪으며 살아온 사람들에게는 아무것도 아니겠지만 우리는 그들이 겪었던 고난을 사소하게 만들지는 않겠다"[49]라는 것이다. 프랑스에 참호(트렌치)를 만들기보다는, 이 프로그램의 제작자들은 전쟁의 이야기를 담고 있는 집을 찾아냈다. 전쟁으로 폭격을 맞고 징발된 집들로서, 개조 과정에서 전쟁 당시 폭격을 맞아 심장마비로 사망한 가족의 이야기가 적힌 책들이 발견된 집이다. 따라서 그 프로그램이 촬영된 공간은 역사적으로 진짜인 곳이었고, 역사의 한 단면이라고 할 수 있다. 마찬가지로 시리즈 첫 회에서는 그 집의 가구와 장난감, 요리 기구나 의류 등 세세한 것에 초점을 맞출 것이라는 설명을 했다. 프로그램이 강조한 것은 여러 가지 제약이었다. 장난감도 부족하고, 담배나 오늘날 같은 가정용품들도 부족했다.[50] 참가자들은 이런 것들을 실제로 행하며 이를 통해 어떤 교육적 효과를 내려는 의지가 있었다. "우리는 전후 세대들에게 당시의 실제 상황들을 보여주어야만 한다.…… 우리가 알고 있는 것은 책이나 영화를 통해서이기 때문에 이런 우리의 체험과는 다른 모습일 것이다. 우리는 과거의 어려운 시절을 체험하는 사람이 될 것이다."[51] 리얼리티 역사물은 새로운 문헌들과 일치하는 문제들에 대해 발언하고 그런 형식의 교육적인 효과에 대해 그리어슨의 이상적인 생각을 지켜나가려 했으며, 그런 한편 장르 스타일을 바꾸고 코너의 '역사 사실에 대한 새로운 생태학'이라는 생각을 바꾸고자 했다.

이런 방식의 새로운 다큐멘터리 문법은 교육적인 목표를 가지고 포스트다큐멘터리적인 사실적 프로그램으로 진화하려는 움직임을 보여주는 것이다. 실제로 프로그램 제작에 참여한 줄리엣 가디너Juliet Gardiner는 이런 쇼가 전통적인 형태의 '리빙' 히스토리보다는 '리얼리티'적인 요소가 덜하다고 주장했다.

이것은 '국내 전선home front'의 핵심적인 특징을 뽑아 리빙 히스토리를 만들어내는 실험이라 할 수 있다. 이를 통해 전시의 가족들이 어떻게 그런 상황에 적응하면서 궁핍함과 기타 전쟁 상황이 만들어내는 제약을 견뎌왔는지 보여주는 것이다.[52]

이런 시각에서 새로운 다큐멘터리 역사물의 포스트다큐멘터리적인 요소는 리얼리티 쇼의 전형적 기법보다는 행동 중심적이고 교육적인 역사 요소를 도입하고자 했다. '리빙' 히스토리 요소는 평범한 보통 사람들을 박물관이나 역사적인 장소로 끌어들였다. 그러나 비디오 일기나 보이스 오버의 사용, 전문가들이 전시 내각의 역사상 교본을 사용하는 점들이 있기 때문에 이런 시리즈들은 리빙 히스토리 실험이기도 했지만, 리얼리티 쇼의 성격을 동시에 지닌 것이기도 했다. 이런 시리즈의 핵심은 감정 이입적인 반응이었다. 역사가들과 전문가들은 전시 지침을 통해 교육적인 소관을 행하고 있다고 여겼고, 그것이 사실적이며 공감을 불러일으키는 역할도 한다고 여겼다. "나는 극단적인 상황에 놓인 사람들의 심리에 대한 것을 우리가 찾아내리라고 생각한다", "그것은 시청자들에게 아주 특이한 발견을 하도록 해줄 것이다. 그들이 스스로에게 '나라면 저 시대에 어떻게 살았을까?'를 생각하게 해주기 때문이다".[53]

〈1940년대 저택〉이 〈트렌치〉나 〈에드워드 시대 대저택〉과 다르게 제시한 중요한 차이점은 폐쇄된 공동체가 아니었다는 것이다. 2회에 등장한 마을 이웃들은 하이머 가족이 앤더슨 은신처를 파는 일을 도왔다. 여러모로 이것은 그 행위를 연기로 만들었고, 그 집이 지역 주민들에게 박물관으로 개방됐다는 사실 때문에 더 강조됐다. 〈트렌치〉에서는 목격자들이 증언을 통해 권위를 부여했지만, 이와는 달리 〈1940년대 저택〉은 좀 더 복합적인 방식으로 증언을 활용했다. 하이머 가족의 린과 커스티는 퇴직자들의 공동체를 방문했다. 이들은 여성 자원봉사대Women's Voluntary Service, WVS의 복장을 하고 등장함으로써 이런 활동에 연기적인 요소를 강조했다. 그들은 거주민들과 자신의 체험에 대해 이야기를 나눈다. 자신들의 복장이 '어때 보이냐'고 묻는다거나 "옛날에는 무슨 일을 했냐"라는 등을 질문한다. 이것은 과거와 현재의 결합을 보여주며, 목격자 증언과 오늘날 역사 연기의 결합을 보여주는 것이다. 또 그 가족을 방문하는 마거릿 패튼이라는 사람은 전쟁 당시 내무성에 근무했던 사람이다. 그녀는 또 다른 '목격자'로서 그 가족의 체험의 진위 여부를 시험하며 그들에게 경의를 표한다. 그녀는 카메라를 향해 그 가족의 체험에 대해 말한다. "커스티와 린은 전쟁 당시 여성들이 어떻게 생활해왔는지를 상징한다"라고.[54] 레지널드 롱은 린의 퇴직자 전용 아파트 친구로 소방관 출신인데 이 프로그램에서 전쟁에 대한 자신의 시각을 시청자들에게 들려주고 폭격에 대해 쓴 신문 기사를 읽는다. 이런 증언은 정통적이고 공식적인 것으로 당시 음식이나 정전 상황 등을 점검해주지만, 여타의 다른 사람들은 그냥 스쳐 지나가는 사람들로 하이머 가족보다 좀 더 현실적인 체험을 하며 그런 상황을 견디며 살아온 보통 사람들의 과거를 상기시켜주는 역할을 할 뿐이다.

그러나 이러한 쇼들은 여전히 개인적인 깨달음의 중요성을 간직하고 있다. 비레시와 넌은 '자아의 발견'과 '정통성을 가진 자아'의 탄생이 고백적이고 참여적인 텔레비전 프로그램을 통해 이루어지고 있다고 해석했다.[55] 이런 쇼의 자원자들은 상상화된 '온전함', 즉 '실제' 세상의 근심 때문에 그들이 잃어가고 있는 공동체를 찾고 있다. 참가자들의 불만은 진짜 옛날식 공동체를 그리워하는 것과 겹쳐져 있다.[56] 〈콜로니얼 하우스〉의 클레어 새뮤얼스Clare Samuels는 이런 종류의 교감을 예로 든다. "나는 매일매일 마음속에서 되살아난다. 나는 새로운 친구들과의 친밀함이 그립고, 깊이 있는 교류가 그립고, 단순한 삶이 그립다."[57] 여러 면에서 이처럼 이상화된 공동체는 개인적인 깨달음/발견과 연관되어 있다. 자신이 희망하던 자아로의 이동인 것이다. 〈1940년대 저택〉에서 마이클 하이머의 '소년 시절 꿈'은 1940년대로 돌아가 앤더슨 대피소를 짓는 것이다.[58] 린 하이머는 결말 부문에서 "나는 이것이 우리의 삶에 이토록 큰 영향을 줄 것이라고 생각하지 않았다. 이것은 세상을 전혀 다른 관점에서 보도록 해주었다"[59]라고 말한다. 다른 시리즈들과는 달리 〈1940년대 저택〉과 〈1900년대 저택〉 두 쇼는 마지막 회에서 자원자들이 나와 자신의 체험이 어떻게 스스로를 변화시켰는지를 반추해보도록 했다.[60] 하이머는 체험이 스스로를 교육시켰고 가족의 건강을 개선시켰다고 말했다. 그들은 살이 빠지고 운동량이 늘었으며, 고혈압 수치가 낮아졌다. 자녀들과 커스티에게도 체험은 '좋은' 것이었다. 텔레비전이나 플레이스테이션 같은 기기 없이 살아보면서 물질적인 차이점을 느꼈고, 커스티는 가족이 전보다 덜 다투고 아이들이 공부도 더 열심히 하고 가족이 가진 것에 대해 더 만족한다면서 많은 것을 경험했다고 밝혔다. 린은 편지와 일기를 쓰기 시작했으며 언어에 대한 기억이 돌아왔다고 했다. 모든 과정을 통해 커스티와 딸은 좀 더 능동적인 존재가 됐다. 가장 어린 벤은 "1940년대 집에서 살고 난 이후 생활이 더 나아졌다"라고 간단히 답변했다.[61] 1902년의 집을 체험한 레야는 자신의 삶이 더 풍요로워지고 그런 경험을 통해 삶의 에너지를 보충할 '보조 탱크einen Zusatztank'[62]를 얻은 것 같다고 주장했다. 여기에는 역사의 궁핍함이 자아에 미치는 반역사적인 요소도 있는데, 예를 들면 〈아웃백 하우스〉에 나온 댄의 경우 특별히 치유라는 용어를 사용했다. 그는 가족과 떨어지면서 '외롭고 우울함'을 느꼈는데, 그런 느낌이 당대의 느낌이었을 것이라고 말했다.[63]

〈트렌치〉의 참가자들 중 존 로빈슨은 역사에 대한 관심과 개인적인 개선을 위해 이 프로그램에 지원했다. "나는 두 가지 이유로 지원했습니다.

첫 번째는 헐Hull의 역사 때문이었고, 두 번째는 개인적인 이유에서입니다. 내 스스로를 억압된 상황에 몰아넣고 그런 상황을 헤쳐나갈 수 있는지 보기 위해서였습니다."[64] 그런 체험에 따라 지원자들은 과거라는 것을 개인적으로 이해하게 됐다고 밝혔다. "나는 사람들이 어떤 삶을 겪어왔는지 몰랐습니다. 지금은 과거의 사람들이 겪어야 했던 죽음에 대한 두려움 없이 살고 있습니다."[65] 그런 체험은 공감/감정 이입이라는 요소에 초점을 맞추었고, 특히 역사적인 상황에 가까운 삶을 살게 함으로써 이를 부각시켰다. "우리의 과거 삶이 역사적인 중요성이 있다는 것을 이해했다"[66]라는 것이다. 그러나 리얼리티 쇼의 역사 재현을 행한 사람들은 존경심을 보여주기 위해 균형감과 역사적인 거리감을 유지했다고 주장했다.

나는 내가 무슨 일을 하고 있는지 내가 어디에 있는지 잘 알고 있었다. 왜냐하면 내가 진짜 1916년으로 돌아갔다고 말하는 것은 옳지 않다고 생각하기 때문이다. 그러나 그 시대에 대한 통찰력은 분명히 얻었다. 나는 내가 죽음의 위험에 처해 있지 않다는 것과 진짜 군인이 아니라는 사실을 자각하고 있었다.[67]

이러한 역사 리얼리티 재연을 통해 참가자들은 개인적인 변화를 겪었다고 말한다. "나는 나의 삶을 더 잘 이해하게 됐다"[68]라는 것이다. 게다가 그들은 자신의 역사 체험의 교육적인 중요성을 강조했다. 그들은 당시 실제로 전쟁 상황을 겪었던 사람들에 대해 존경심을 느끼는 것은 물론이고 오늘날 리얼리티 쇼와 역사상 사건 사이에는 아주 다른 차이점이 존재하고 있음을 엄연히 깨닫고 있다.

〈에드워드 시대 대저택〉에 나온 집사 에드거는 자신의 행동이 보여준 역사적 사실성이 개인적인 승리였다고 말한다. "나는 내 조부모가 살았던 그 세계를 살아봤으며, 그들은 손주인 내가 이런 경험을 한 것에 대해 자랑스럽게 생각할 것이다. 나는 에드워드 시대 인물과 똑같이 행동했기 때문이다."[69] 이처럼 과거를 '살았다'는 개념은 〈에드워드 시대 대저택〉에서 더 생생히 살아 있다. 실제로 하인의 방에서 힘들게 살아가는 사람들은 자신의 체험을 수행 과제로 인식하면서, 그 가족들은 점점 더 현대의 실제에서 벗어나 과거의 환상 속으로 들어갔다.[70] 올리프 쿠퍼 여사의 하녀는 여사가 이곳으로 온 뒤로 아주 많이 바뀌었다고 말한다. 그리고 하녀 역시 스스로 그 체험을 하면서 스톡홀름 신드롬을 겪었다고 말한다. "나는 마님이고 사람들이 당신을 마님으로 여긴다면 당신은 그 자리에서 어떻게 달라질 수 있을지 궁금하다. 존 경Sir Jhon은 자신의 작위에 수월하게 익숙해졌고 실제로 나는 그것이 그의 성격 중 가장 좋은 점을 드러내 보여주었다고 생각한다."[71] 3개월 체험의 몰입적 성격은 오늘날의 나를 잊게 하고, 역사성 속으로 녹아들어 가게 한다.

나는 내가 진짜로 21세기를 좋아한다고 믿지 않는다.…… 우리는 모든 상황에서 어떻게 행동하는지 체험을 통해 그것을 생각해냈다. 따라서 지금 우리는 에드워드 시대의 사람들처럼 사고한다.…… 우리는 에드워드 시대 최후의 생존자다.…… 나는 에드워드 시대 사람처럼 생각하고, 현대적인 삶과는 관련 없는 그런 사고를 한다.[72]

그녀의 언니 에이브릴은 이런 상황을 체험하면서 큰 혼란을 겪어 병이 나기도 했다. 하녀의 말에 따르면 그녀는 '규칙을 준수하는 것에 희생됐고, 그녀는 진정한 에드워드 시대 사람'으로 살았다. 그래서 그녀는 대가를 치러야 했다.[73] 에드거 씨는 그녀의 상태를 "딱 정확히 반으로 나뉜 삶이었다. 어찌나 철저히 에드워드 시대 사람으로 살았는지"라고 설명했다. 이 쇼에서 실패한 것도 그녀가 지나치게 진짜로 당시의 삶을 살려고

했기 때문이라는 것이다.[74] 물론 과장이 있겠지만 리얼리티 역사물이 세
상과 동떨어진 역사적으로 중요한 시대의 폐쇄된 공동체를 주요 무대로
했다는 점에서 〈에드워드 시대 대저택〉은 〈빅 브러더〉와 비슷하다고 볼
수 있다. 참가자들의 도덕적 세계관이 의미를 잃어버리고, 존 경이 말한
것처럼 "그들은 2001년 상식과는 다른 행동을 그 집에서 했다".[75] 예를 들
어 〈아웃백 하우스〉에서는 좀 더 커뮤니티 지향적인 행동을 했다. "우리
들은 협동을 통해 더 많은 성취를 이루었다."[76]

　리얼리티 역사 다큐멘터리 양식은 아주 다양하며, 또 그런 프로그램을
통해 과거를 접하는 대중들의 참여는 이제까지 역사가들이나 문화학자들
이 점검하지 않는 사이에 아주 정교화되고 복합화됐다는 것을 알 수 있다.
한편으로 리얼리티 스타일의 방송은 역사를 물신화된 것으로 바꾸어 놓았
다. 역사라는 것이 시청자나 참여자가 '진짜를' 체험하는 것으로 바뀐 것이
다. 이와 동시에 역사의 풍부함은 사라지고 평면화됐다. 역사는 또 다른
비유법의 하나이며, 무인도 체험(서바이벌 쇼 같은)이나 공동생활 저택(〈빅
브러더〉)과 비슷한 또 다른 형태의 고생 체험이 되어버린 것이다. 여기에
는 역사에 대중적인 참여라는 명확한 의미가 있으며, 역사의 다양한 활용
은 개인의 발견이나 현대의 자아에 대한 정의와 관련이 있다는 점을 알 수
있다. 또한 역사의 행위적 이데올로기와 개인적 성취에 대한 강조 역시 드
러난다. 이것이 지식의 '민주화'일까? 리얼리티 역사물은 역사에 대한 접
근을 개방해 일종의 '대중적' 역사물의 전형을 만들었다. 그러나 그런 프로
젝트들의 능동적인 동시성(카메라의 존재로부터 자료화면 사용 같은 다큐멘터
리 기법의 활용까지)은 전체 과정의 인위성을 드러내주는 것이다.

　리얼리티 역사물은 다큐멘터리 형식의 경계를 무너뜨리고 개인적·체
험적으로 적극적인 시청자들의 역할을 강조하는 하이브리드 형식으로 급
격히 이동하는 모습을 보였다.[77] 줄리엣 가디너는 〈1940년대 저택〉과

〈에드워드 시대 대저택〉의 역사 컨설턴트로서 이렇게 말한다.

> 모든 사람은 자신만의 역사를 만든다. 그러나 그것들은 자신이 선택한 조건 안에서만 만드는 것이 아니다. 현재의 다양한 사람들이 가진 지식과 질문으로 과거의 상황에 살게 함으로써 역사적인 진실에 가장 가까이 접근할 수 있는 기회를 제공할 수 있었다.[78]

이처럼 생활을 통한 체험과 더 광범위한 의미 사이의 관계가 이 리얼리티 쇼의 핵심 요소라고 할 수 있다. 리얼리티 역사물은 사람들이 과거를 접하고 이해하는 데 심도 깊게 접근할 수 있도록 해주었다. 역사적 사건에 대해 학문적인 이해를 제공하는 것 대신에 이러한 프로그램들은 '체험으로서의 역사'의 가장 좋은 예를 보여주었다. 리얼리티 역사물들은 오늘날 문화에서 과거와의 상호 작용 중 가장 지배적인 것이 신체화나 참여, 그리고 체험을 통한 것임을 잘 드러내준다. 그런 체험들과 과거에 대한 신체적인 이해를 통해 리얼리티 역사물들은 역사적 주제를 연구함으로써 오늘날 자아를 발견하게 해줄 수 있다는 것을 잘 알 수 있다.

5부

문화
장르로서의
'역사적인 것들'

역사라는 장르

대중문화에서 '역사적'이라는 말은 하나의 수식어나 표현상의 맥락으로 이미 널리 퍼져 있고, 여러 분야를 포괄하는 형태로 발전해왔다. 12장부터는 이런 상황을 살펴볼 것이다. 루드밀라 조르다노바는 이에 대한 분석을 위해 "전문적인 역사학자들은 텔레비전과 픽션을 이해하고 그들의 복합적인 효과를 이해해야 한다"[1]라고 말했다. 과거를 문화적으로 재현하는 것은 현대 사회의 역사적 상상력에서 아주 중요하다. 베스트셀러 로맨스 스토리에서 블록버스터 필름에 이르는, 그래픽 노블graphic novel에서 코스튬 드라마에 이르는 이러한 역사적 상상력의 넓이는 문화 생산물에 역사적인 것이 얼마나 큰 지배력을 발휘하는지 여실히 보여준다. 여기서 '역사'라는 것이 주목할 만큼 넓고 다양한 영향을 끼치고 있음을 알 수 있다. 이것은 또한 역사가 문화 산업 속에서 소비 상품으로 변해가면서 물화되고 상품화되어가고 있음을 나타낸다. 즉, 오늘날의 사회는 역사와 관련된 픽션을 소비하고 이런 종류의 글을 사고, 이런 유형의 영화를 보고, 이런 DVD를 빌려본다. 이 사회가 다양한 버전의 '과거'에 집착하고 있음을 잘 알 수 있다.

역사는 포화 상태에 이를 정도로 대유행의 시기를 맞고 있다. '역사적인 것'은 현대 문화에서 아주 일상적인 것이 되어버린 것이다. 이 장에서는 이처럼 사회 문화가 역사를 해석하고 역사를 접하고 복잡화시킨 결과, '역사적'인 것이 그 자체로 하나의 장르가 되어 도전받고 전복의 대상이 되어가는 과정을 살펴볼 것이다. 그러나 그런 과정에서 가장 중요한 것은 과거의 과거성이다. 왜냐하면 이러한 형식과 미디어는 정통성/사실성을 통해 타당성과 정당성을 얻으려 하기 때문이다. 주류 역사 드라마와 영화에서는 파격이나 분절, 대안적 시도 같은 형식적이거나 스타일적인 실험이 거의 이루어지지 않았다. 그러한 시도가 있었다 해도 아직은 과거 재현에서 리얼리즘의 활용 같은 일정한 규칙에 얽매이고 있다. 텔레비전 속의 역사물은 일종의 '과도한 역사적 진실성', 즉 암묵적으로 승인된 사실성을 얻으려고 노력한다.[2] 소설을 바탕으로 만든 드라마나 시대물은 과거의 리얼리티를 아주 엄격하게 사실적인 방식으로 표현하고 결과물 역시 진실한 것으로 제시하려 한다. 과거를 허구적인 방식으로 소개하는 역사 스타일은 진실과 허구를 문제시한다.[3] "역사적 분위기가 과거를 허구화된 설명으로 제시하기 위해 사용되기 때문에 진실과 허구는 문제가 된다." 정통성/사실성은 명백히 공범주empty category이지만, 그러나 이러한 시리즈들은 사실성을 위해 노력해왔고, 외관상이라도 사실성을 담기 위해 여러 기법을 써왔다. 코미디에서만 풍자화된 환영을 통해 사실성을 변형시킨다. 이런 쇼에서는 역사적이라 불리는 장르의 전반적인 프레임워크 위에 비유나 몸짓으로 덧씌워진 과거를 선보인다.

죄르지 루카치György Lukács는 역사 소설 이론가로 '역사적' 텍스트가 독자들 사이에서 불러일으키는 소격 효과를 설명한다.

> 월터 스콧Walter Scott의 '필수적 시대착오'란 그의 인물들이 실제 그 시대 사람들이 했을 법한 것보다 더 명확한 방식으로 사실적이고 역사적 관계에 대한 감정과 생각을 표현하게 해주는 데 있다. 그러나 이런 감정과 생각, 그들의 실제 사물과의 관계는 항상 역사적·사회적으로 정확하다.[4]

다른 말로 하면 그러한 작품에서 등장인물들은 시대착오적으로 말하지만, 그건 필수적으로 그 작품이 받아들여지도록 하기 위해 그렇게 하는 것이며, 그것은 독자에 의해 암묵적으로 이해되고 있다는 것이다. 역사적인 텍스트들은 끊임없이 구성물construct[1])로 스스로를 드러내지만, 독자들은 기꺼이 이것을 잊으려 한다. 브레히트Bertolt Brecht의 소격 효과(극적 텍스트 그 자체에만 주목하게 하는 드라마적 텍스트)는 여기서 '역사적인' 분위기를 만드는 낯선 과정에 반드시 필요한 요소다. 역사 소설은 현대 소설보다 한층 더 복합적인데 이는 그것의 역사적 특징 때문에 그렇다. 그것은 독자에게 끊임없이 이것이 가짜이며 동시에 진실성과 사실성을 갈구하고 있다는 것을 보여준다. 이것은 '역사적' 텍스트를 접하는 경험을 명확하게 묘사해준다. 즉, 독자/청중/시청자는 계속해서 내러티브의 '다름'을 알고 있으면서, 동시에 이 과거성이 그 자체로 위조라는 것도 알고 있다는 것이다. 이 모든 것을 동시에 생각할 수 있다는 것은 역사적 생산품의 소비에는 참여의 복잡성이 있으며, 그 복잡성 수준은 '현대적인' 텍스트의 복잡성보다 몇 수준 높은 것이라는 점을 말해준다. 인지 가능하면서도 오늘날과는 뚜렷이 다른 텍스트를 '읽는다'는 과정은 이 같은 반응의 정교화를 필요로 한다. '역사' 텍스트는 그 역사적 진실성에서 의도적으로 연극적이지만, 그 과거를 제시하고 연기하는 데 현재의 지위를 무시할 수 있다는 점에서는 '사실적'이다. 이런 종류의 모순은 그러한 텍스트 내에서 끝없이 유동적인 상태를 유지하도록 한다. 이것은 역사 재현이나 리얼리티 역사물에서 발견된 '전율'과 같은 것이다. 과거성을 연기하는 현대의 주체, 그리고 어쨌든 그들의 동시대성과 연기로 표현된 역사성이 있을 수 있는 것이다.

이런 관점에서 다큐드라마가 1990년대에 점점 인기를 얻었다는 데 주목할 필요가 있다.[5] 다큐멘터리 자료를 가지고 배우들을 이용해 드라마처럼 재현하는 다큐드라마는 역사 재현 연기자들과 마찬가지로 과거를 시각화해낸다. 다큐멘터리 작업 방식이 변화되는 것에 대해 존 엘리스John

---

1)   조작된 진실이라는 의미다.

Ellis는 "이것은 포괄적인 가치가 관객과 감독과 제도 사이에 공유된 가정에 근거하고 있음을 보여주는 명확한 증거"[6]라고 주장했다. 데릭 패깃 Derek Paget은 이 같은 협력 모델에 동의했다. 그는 다큐드라마가 시청자들에게 '의미의 적극적인 협상자'[7]라는 권한을 부여해준다고 주장했다. 〈블러디 선데이〉(ITV, 2002년)나 〈힐즈버러〉(ITV, 1996년) 같은 영화는 텔레비전 드라마와 영화의 불편한 결합을 잘 보여준다. 그것들은 시청자들에게 중요한 사건의 드라마화에 대해 또 역사적인 순간의 재구성과 허구적 재연에 대해서도 편하게 볼 것을 제시했다. 다큐드라마는 사실적이면서도 낯선 것/타자화된 것이며, 허구적이면서 리얼리티 TV 같은 것이다. 그리고 이런 형식적 모순은 역사의 문화 상품에 참여하는 모든 때에 항상 존재하는 것이다.

역사 장르에서 아주 많은 양의 작업이 영화나 텔레비전에서 이루어져 왔다. 그러나 그것들의 형식은 계속해서 진화하고 문화 상품은 엄청난 숫자로 쏟아져 나오기 때문에 일반화를 어렵게 한다. 역사는 텔레비전과 영화, 코미디 드라마와 판타지에 이르기까지 작품의 재료로서, 배경으로서, 영감으로서, 무대 설정이나 동기로서 풍성하다. 그것은 현대 세계의 연구를 가능케 해주며, 일정한 문화적 헤게모니의 영속화를 가능케 해주며, 비주류적인 성적 정체성의 탐험을 가능케 해준다.

12장 텔레비전 역사물

고전물 연속극, 코스튬 드라마와 코미디

텔레비전 드라마는 여러 가지 형태로 향수를 이용해왔다. 이 중 대표적인 것이 코스튬 드라마1)다. 이런 '헤리티지(문화유산)' 상품은 주로 중산층 시청자들에게만 호소한다는 점, 또 피상적인 의상이나 계층의 책략에만 관심을 둔다는 점 때문에 비난받아왔다. 고전 문학 작품을 각색한 '헤리티지' 상품은 주로 여성 시청자가 보는 것이라서 문화적 보수주의 경향을 띠고, 역사적 정체성에 대한 잘못된 신화를 중시하는 경향이 있다. 텔레비전 역사 드라마는 일반적으로 교육받은 중산층 시청자들과 연관된다.[1] 그러나 '헤리티지'에 대한 대부분의 비난은 오직 영화와 관련된 것이며, 특히 1980년대에 쓰인 것들이다. 클레어 몽크Claire Monk는 그런 '단선적인 비평'은 "역사적으로 특수한 담론, 특정한 문화적 조건과 사건에 뿌리를

---

1) **코스튬 드라마**: 시대극, 역사극, 역사 영화 등을 포괄하는 개념이기는 하지만 엄밀한 의미에서는 시대극보다 제한적인 개념이다. 시대극은 역사적으로 실재했던 사건을 있는 그대로 그리는 데 중점을 둔다면, 코스튬 드라마는 실재했던 사건의 역사적 무게감보다는 주로 당대의 시대 상황과 맞는 의상 등 관습에 초점을 맞추어 볼거리를 제공하고 현실감을 살리는 데 무게를 둔다.

두고 그것에 반응하는"[2] 것이라고 주장했다. 영국 텔레비전의 고전물 각색 드라마 연작은 대개 이런 비평의 대상이 됐다. 영국성을 세계에 판다는 것 등으로 비판받은 것이다. 이것은 많은 부분 사실이기는 하지만 그 시리즈들은 문화적 정설을 세우고 익숙한 수사법을 정립했다. 〈오만과 편견Pride and Prejudice〉 같은 경우에는 또한 복합적인 역사 주체성 모델을 촉발시켰고 예상이 틀렸음을 입증했으며, 시청자들을 교육시키기 위해 과거의 중요한 정치적 쟁점을 검토하기도 했다. 그 결과 그런 것들은 무미건조하거나 보수적인 신화를 만들어내지 않고 이후의 또 다른 버전에서는 유동성 있고 혁신성 있는 모습으로 등장하기도 했다. 과거를 드라마로 재현한다는 것은 편안하고 안락한 '헤리티지'적 비유적 표현을 강조한다는 것이다.[3] 이와 동시에 그것은 문제적이고 도전적일 수 있다. 포스트모던한 향수적 텍스트가 형식을 바꾸고 복합성을 수용하며 기존 체제에 도전적인 자세를 취할 수 있다는 점은 프레더릭 제임슨이 말한 '포스트노스탤지어'라는 말로 이론화된다. 이것은 텍스트가 가진 풍부함과 자각이 여러 가지 방식으로 자의식과 모호함을 통해 비평을 가능하게 한다는 뜻이다.[4]

이 장에서는 코스튬 드라마의 클래식한 형태를 살펴본다. 코스튬 드라마뿐만 아니라 다른 유형의 텔레비전 역사 드라마와의 관계를 통해 그것을 볼 것이다. 예를 들어 코스튬 드라마와 역사 코미디의 관계를 검토해서 드라마에서 역사를 접근하는 광범위한 방식을 살펴봄으로써 역사가 제공되고 소비되는 과정의 세세한 의미를 파악할 예정이다. 역사 드라마의 핵심은 역사적 정통성/진실성에 대한 질문이며, 이것은 문화헤게모니나 미장센mise-en-scène 등을 통해 부여된다. 다음으로 이 장에서는 정통성을 고수하는 두 가지 미국 시리즈를 파헤쳐 보고 이른바 하이퍼오센틱hyper-authentic이라는 개념을 살펴본다. 다음으로는 코미디와 포퓰리스트 드라마가 역사의 정당성을 약화시키는 방식에 대해서도 살펴보겠다.

각색물과 코스튬 드라마

고전 문학 드라마 혹은 소설 각색 작품은 원전이 지닌 문화적 가치를 즉각적으로 가지게 된다. 영국 문학사의 깊이와 풍부함을 가지게 되는 것이다. 영국 것이 아니거나 소설이 아닌 각색 작품은 거의 드물다. 이런 고전 각색 연재물은 BBC 같은 방송 채널이 자국 내에서 주도권을 유지해나가는 데 큰 역할을 했을 뿐만 아니라, 전 세계적으로도 '영국적인' 유형의 고전적인 문화 상품을 파는 주요 전략이 됐다. 레즈 쿡Lez Cooke이 지적한 것처럼 1990년대의 비싼 코스튬 드라마의 부활은 국제적으로 시장성 있는 국가적 문화 브랜드를 만들고자 하는 필요에 의해 촉발됐다.[5] 존 카기 John Caughie는 미국이나 호주에 이런 역사물을 팔기 위해 특정한 시청자 대상의 맞춤형으로 상품을 제작하게 됐다고 주장한다. 즉, 고전 각색물들은 '영국적인 특색'을 '아이러니와 위트'로 단순화한다는 것이다.[6] 특히 BBC는 미국이나 호주, 네덜란드, 프랑스, 핀란드 등으로부터 재정 지원을 받아 고전 문학 각색물들을 만들어 배급했다. 미국에서는 PBS가 BBC의 작품을 '명작 극장Masterpiece Theatre'이라는 제목으로 방영하면서 그 각색물의 고전적이고 연극적인 연관성을 강조했다. 지금 그것들은 DVD 세트로 더 많이 판매되는데, 여기서는 오리지널 텔레비전물과는 전혀 상관없는 별도의 시리즈물처럼 포장되어 판매되고 있다.[7] 헤리티지 TV 산업계는 '영국성'이라는 것에 상품 가치를 부여했으나, 반대급부로 그 프로그램들의 독특한 특징이 흐려지고 희화화만 늘어나는 결과를 가져오기도 했다. 마찬가지로 원래 시리즈물에서 문제가 됐던 향수라든가 역사적 상상력에 대한 관객의 태도라든가 하는 문제는 모두 사라지고 오직 시장성 있는 영국적 정체성 같은 것만 중요시됐다.[8] 하지만 다음에 논의할 것처럼 고전문학 드라마들은 비록 겉으로는 역사에 대해 문제 제기를 하지 않는 해석과 진부한 방식의 이야기를 보여주기는 했지만, 과거와 현재의 편안한 관계에 문제를 제기하고 기존 체제에 저항적인 입장도 포함할 수 있는 잠재력이 있었다.

1990년도부터 나온 코스튬 드라마들은 다음과 같다.

● BBC

The Mayor of the Casterbridge(1991년), *Middlemarch*(1993년), *Martin Chuzzlewitt*(1944년), *Pride and Prejudice*(1995년), *Persuasion*(1995년), *Tome Jones*(1996년), *The Mill on the Floss*(1996년), *The Tenant of Wildfell Hall*(1996년), *Ibanhoe*(1997년), *The Woman in White*(1997년), *Our Mutual Friend*(1998년), *Vanity Fair*(1998년), *Tess of the D'Urbervills*(1998년), *David Copperfiled* (1999년), *Wives and Daughters*(1999년), *Great Expectations*(1999년), *Oliver Twist*(1999년), *Madame Bovary*(2000년), *The Way We Live Now*(2001년), *Lorna Doone*(2001년), *Daniel Deronda*(2002년), *North and South*(2004년), *He Knew He Was Right*(2004년), *Bleak House*(2005년), *Jane Eyre*(2006년), *The Diary of a Nobody*(2007년), *The Cranford Chronicles*(2007년), *Oliver Twist*(2007년), *Fanny Hill*(2007년), *Sense and Sensibility*(2008년), *Lark Rise to Candleford*(2008년), *Tess of the D'urbervilles*(2008년)

● ITV

Emma(1996년), *Moll Flanders*(1996년), *Jane Eyre*(1997년), *Rebecca*(1997년), *Far From the Madding Crowd*(1998년), *Wuthering Heights*(1999년), *The Turn of the*

Screw(1999년), *Doctor Zibago*(2002년), *The Forsyte Saga*(2002년), *The Mayor of Casterbridge*(2003년), *Persuasion*(2006년), *Northanger Abbey*(2006년), *Mansfield Park*(2006년), *The Old Curiosity Shop*(2007년), *A Room with a View*(2007년)

● 채널 4[Anna Karenina(2000년)]

18년 동안 만들어진 이 40여 편의 품격 있는 고예산 시리즈 드라마들은 이런 장르가 주요 방송사에 끼치는 영향력과 생명력을 잘 보여준다. 이런 작품의 원작자는 주로 19세기 영국 작가들이다. 외국 작가는 톨스토이 Tolstoy, 플로베르Flaubert, 파스테르나크Pasternak 정도다. 시대적으로는 19세기가 거의 대부분이었다. 디킨스Dickens, 오스틴Austen, 트롤럽Trollope, 스콧 Scott, 하디Hardy, 개스켈Gaskell, 엘리엇Eliot 등이 대표적 작가다. 이런 교과서적인 작가의 흐름을 거스르는 작가로는 E. M. 포스터E.M. Forster를 꼽을 수 있는데, 그의 소설은 영화들로 다시 만들어져 아주 큰 영향을 남기기는 영화가 되기도 했다. 한편으로는 BBC 어린이용 클래식 각색물이 또 다른 줄기를 이루고 있다. 주로 판타지 클래식 소설 각색물로서 〈기관총 사수The Machine Gunners〉(1983년), 〈박스 오브 딜라이트The Box Of Delights〉(1984년), 〈나니아 연대기The Chronicles of Nania〉(1988~1990년), 〈톰의 미드나이트 가든 Tom's Midnight Garden〉(1989년), 〈바로워즈The Borrowers〉(1992~1993년), 〈피닉스와 카펫The Phoenix and the Carpet〉(1997년) 그리고 〈유괴Kidnapped〉[9](2005년) 등이 있다. 이런 작품은 미국 제작사와 공동 투자로 제작되고 국제적으로 판매됐다. 이러한 어린이물은 성인용 드라마와 마찬가지로 대규모로 제작됐고, '고품격' 드라마를 지향했다. 문학 작품 원전과 거대 제작비, 훌륭한 연기자들을 사용한 것이다. 특히 어른 역할에 노련하고 유명한 연기자들을 기용했다. 이러한 드라마들은 고풍스럽고 기묘한 분위기의 '영국적'인 특색을 잘 활용했다. 21세기 들어 이런 경향이 일반화됐다. 〈유괴〉라는 어린이 고전물 연속극과 어드벤처 장르물은 액션 활극 서사물 시리즈인 〈로빈 후드Robin Hood〉(BBC, 2006~2007년)와 거의 비슷했다.

코스튬 드라마는 BBC의 대표적 상품이 됐으며, 이 방송사는 이것을 계기로 '고품격' 드라마 쪽으로 방향을 전환하고 방송 편성에서도 중점을 두게 됐다. ITV는 '고전 클래식 소설' 시리즈물을 정기적으로 방영하지는 않았지만 '고품격'물을 만든다는 찬사를 얻기 위해 이런 시리즈물을 종종 활용했다.[10] '고품격' 드라마의 개념은 일반적으로 연기나 의상, 제작 규모, 그리고 대본 등을 기준으로 한다. 드라마에서 '품질'을 따지는 또 다른 기준은 '문화유산/헤리티지 수출물'로서의 가능성, 원작 그리고 드라마에 확실한 투자가 이루어졌느냐 하는 것이었다.[11] 이처럼 많은 각색물이 제작되고 DVD로 재활용되고 또 전 세계적으로 팔려나가는 현상은 문화와 문학 작품 등을 통한 역사 참여 수단으로서 드라마들이 단순히 일요일 밤 오락물의 위상에서 벗어나 훨씬 더 폭넓은 의미를 얻게 된다는 것을 의미한다.

대개의 '고전 문학 연속극'들은 시청자들로 하여금 두 가지 분리된 개념을 긴장감 있게 유지하도록 만든다. 역사적 진실성의 개념과 허구의 개념이 그것이다. 시청자들은 화면 속 이야기가 진짜 역사적인 재현의 틀 안에서 일어나는 이야기라는 것을 믿는다고 여겨진다. 2005년 방영된 〈셰익스피어: 개작ShakespeaRe-Told〉(BBC)이나 2003년 방영된 초서의 〈캔터베리 이야기Canterbury Tales〉(BBC) 등의 각색 드라마와는 달리 고전 소설들은 시대에 맞춰 개작되거나 현대적으로 배경과 인물을 꾸미지 않는다.[12] 이야기는 그 작품 속 시대에 일어나는 것이고, 따라서 내러티브들이 의도적으로 팩션Faction의 분위기가 있다고 해도 시청자들에게는 역사를 그대로 시각적으로 재현하는 것으로 여겨지는 것이다. 세라 카드웰Sarah Cardwell은 고전 소설 각색 드라마들이 '과거를 조심스럽게 재구성'하는 것을 통해

'고품격' 드라마의 지위를 획득한다고 말한다. 코스튬 드라마를 본다는 것은 역사적 진실성에 대한 요구에 따른 것이라는 뜻이다.[13] 카드웰은 또 "비록 시청자들이 이 이야기가 허구임을 인식하지만, 그들은 그 드라마가 과거를 재현하는 것이 타당하다는 점을 받아들인다"[14]라고 해석했다. 이런 연속극과 영화의 시각적 미학은 과거에 대한 대중의 개념을 만드는 데 자연스럽게 영향을 미친다. 카드웰의 의견을 좀 더 살펴보면, 시청자들은 화면 속의 설정이 역사적 진실성을 가짐과 동시에 그 내러티브들은 허구라는 점을 잘 이해하고 있다. 시청자들은 코스튬 드라마를 한편으로는 허구, 라이브 액션, 익숙한 미학적 수사법으로서, 그러면서도 동시에 실제 일어난 역사로 받아들일 수 있다. 이 같은 복합적 이해가 가능하다는 사실은 시청자들이 한꺼번에 여러 가지 기준으로 텍스트를 받아들일 수 있는 역동성 있는 존재라는 것을 의미한다. 그러나 이 같은 시청자들의 유연한 수용성은 텍스트가 '진실성'에서 방향을 전환할 때는 문제가 될 수 있다. 예를 들어 드라마가 역사 소설에 바탕을 두었다거나 코스튬 드라마가 아닌데도 똑같은 사실적인 미장센을 활용했을 때 그러하다[예를 들어 〈대드스 아미Dad's Army〉 같은 경우].[15]

어떤 면에서 텔레비전 코스튬 드라마는 1980년대의 헤리티지 이론가들을 당황하게 하면서 그것이 그 시대의 일부임을 보여줬다. 그와 동시에 그 연속극 중 품질이 떨어지는 것들은 영국적인 것과 현재의 역사에 대한 게으른 진부함clichés을 직설적이고 상상력 없이 엘리트주의적인 자세로 남발했다. 〈미들마치Middlemarch〉(1994년)는 1990년대 각색물의 첫 번째 흐름 중 하나인 드라마로, 이 장르의 핵심 요소를 잘 드러냈다. 세련되고 우아한 각색을 쓰는 것으로 꼽히는 톱클래스의 영국 작가 앤드루 데이비스Andrew Davies가 대본을 쓴 인상적인 고전물로서 거대 규모로 제작되고, 많은 예산을 들여 기존 형식의 장면shot을 많이 썼으며, 위엄 있는 음악과 세련된 영국식 연기, 거대 서사와 장대한 길이(총 6회에 걸쳐 375분짜리로 제작됐다)[16]로 만들어진 것이다. 드라마의 시작 장면은 그런 드라마를 비난할 때 자주 등장하는, 양떼들이 뛰어노는 그림 같은 전원의 풍경이다. 그러나 이때 그 가운데로 마차가 달려오면서 오래된 시골길 사이로 개발의 움직임이 지나가는 듯한 은유가 펼쳐진다. 이는 리드게이트와 그의 동료가 변화를 거부하는 지방에 개혁을 시도하려는 것을 보여주는 것이다. 첫 번째 대사 중에 반쯤 완성된 철도 위를 증기기관차가 지나가며 리드게이트(더글러스 하지)가 "저기~, 미래를 바라보게"[17]라고 하는 풍자적인 장면이 나온다. 이처럼 빅토리아 시대를 개괄적으로 보여주면서 동시에 현대의 시청자에게 증기기관차를 아주 구식의 유물로 해석하게 함으로써 이 드라마가 과거를 현대로 향하는 목적론적 진보 과정에 놓인 것으로 보고 있으며, 과거를 낯설고 무지한 상태로 보여주려는 자세를 드러낸다. 이 드라마는 소심한 영국 마을에 닥친 진보와 개혁의 혼란스러움을 파헤친다. 여기서는 미신적인 농부가 철도 건설자를 공격하는 내용도 나온다. 이언 맥킬롭Ian Mackillop과 앨리슨 플랫Alison Platt은 코스튬 드라마에서는 시대착오에 대한 이해가 반드시 필요하다고 말했다. '역사' 시리즈는 필수적으로 눈에 익숙하게 만들어야 하는데 이것이 아주 문제적이라는 것이다.[18] 그들은 각색을 했다는 선택 자체가 BBC가 심각하게 그 장르를 문제로 몰아넣고 있다고 주장했다. 〈미들마치〉는 가볍게 선택된 소설이 아니며 그 자체가 역사의 개념과 현재의 모습과의 대화 속에 있다. 그것은 자연스럽게 느껴지거나 편안하지 않다. 그리고 그것의 복잡성은 비평을 거부한다. 〈미들마치〉는 고전적 시리즈로서는 상대적으로 직설적임에도 모든 그런 각색물이 그러하듯이 아주 일반적인 비평으로 보면 문제점을 내포하고 있다. 원작 소설 저자인 엘리엇의 풍자는 대부분 사라졌고, 이야기의 전체적인 주제는 영광스럽지 않다. 진보를 가로막는 소심함과 가난, 약탈, 질병, 사악함과 유연하지 못한 계층 구조에 대한 공포 등이 그대로 있다. 1871년 원본 소설은 그 자체로 역사적 허구로서 개혁적 분위기의 1830년대를 배경으로 하는데, 독자들로 하여금 교묘히 당시 사람들을 비난하도록 유도한다. 수동적인 드라마의 시청자들은 똑같은 덫에 모르는 사이에 걸리게 될지 모른다. 그들 스스로가 더 문명화되고 발전됐다고 생각하면서 말이다.

마찬가지로 각색 작품은 소설보다 훨씬 더 도러시아에게 초점을 맞추면서 여성의 독립과 교육에 대한 욕망을 강조한다(1995년 데이비스의 〈오만과 편견〉에서 엘리자베스 베넷을 그렇게 다룬 것처럼). 첫 회에서 로지의 생각 없는 "나는 가정교사가 되지는 않을 거야"라는 대사는 그 시대의 여성에게 제한적인 가능성만 있었음을 보여준다.[19] 이 시리즈의 마지막은 리드게이트가 바라던 개혁과 현대성의 모델(위대한 인물의 위대한 행동이다)이 아주 건방진 것이었음을 보여주며 씁쓸함과 실패로 마무리 짓는다. 소설의 마지막 대사가 나올 때 각색의 나머지 부분에서는 부족했던 일인칭 전지적 작가적인 엄숙함이 제시되면서 시청자들은 잊혀버린 친절함의 작은 행위를 기억하게 된다. "좀 더 나은 세상은 부분적으로 비역사적인 행위를 통해 이루어진다."[20] 여기서의 역사학적 추동력은 발전을 향한 전진보다는 지역과 관대함이라는 것을 향한다. 억압받고 통제되고 추락한 여성의 지위는 고전적 각색물의 주된 관심이다. 그들 안에 역사가 존재하는 방식 중 하나는 역사를 낯선 것으로 만들거나 역사적 정체성을 이데올로기적인 제약과 질서로 설명하는 것이다. 시골 대저택의 리얼리티 쇼처럼 클래식 각색과 그런 역사 드라마들은 거리 두기 — 이상한 옷을 입고 구식의 질서정연한 방식으로 연기하는 사람들 — 와 동시에 재개념화를 보여준다. 시청자들이 그 드라마의 공간을 그들 자신의 삶을 반영하는 것으로 이용한다는 뜻이다. 〈미들마치〉에는 이상화된 보수적인 영국의 전망이 들어

있는데, 도러시아가 돕고 있는 죽어가는 성마르고 가난한 사람으로 가득
차면서 그런 이상화된 모습이 훼손된다. 그녀의 대사 "우리는 모두 우리
의 집에서 쫓겨나야 한다" 역시 마찬가지다. 그녀가 제임스 체탐으로부터
사랑의 징표로 쓸모없는 애완동물을 받았을 때 던진 이 대사는 미장센의
화려한 영광을 훼손하고, 그녀가 어머니의 보속을 거부하는 장면 역시 의
상에 집착하는 가벼움을 잘 보여준다.[21] 도러시아는 그녀 스스로 시골집
을 거부하고, 사랑을 위해 돈을 포기하고 '거리에서 살기'를 택한다.[22] 각
색물들이 좀 더 현대적인 모습으로 등장하면서부터 고전물의 각색은 진
지하고 윤리적으로 복잡한 텍스트를 채택했으며, 그것을 좀 더 도전적인
방식으로 보여준다.

클래식 각색물은 데이비스의 다음 시리즈 〈오만과 편견〉(1995년) 이후로
특별한 문화적 인기를 얻었다.[23] 이 시리즈는 아주 큰 인기를 얻어 첫 번째
드라마가 방영된 지 1년도 지나지 않아 재방영됐으며, ≪라디오 타임스≫
의 표지에도 등장했다. 방영 후에도 예기치 않은 인기를 얻으며 각색물의
패러다임 변화를 보여준 이 프로그램은 방영 후 DVD로도 엄청난 판매량
을 기록했다. 처음 발매된 1만 2,000개의 비디오가 두 시간 이내에 팔렸고,
첫 주에 7만 개가 팔려나갔다. 이 시리즈는 아카데미상을 수상한 영화 〈센
스 앤드 센서빌리티Sense and Sensibility〉(이언, 1995년)와 함께 오스틴 각색물
의 대중적인 인기를 확인시켜주었다.[24] 〈엠마Emma〉(1996년)가 뒤이어 ITV에
서 방영됐고, BBC에서 〈설득Persuasion〉(1995년)이, 영화로 〈엠마〉(더글러
스 맥그라스, 1996년)와 〈맨스필드 파크Mansfield Park〉(패트리샤 로제마, 1999
년), 〈오만과 편견〉(조 라이트, 2005년) 등과 함께 발리우드Bollywood 각색물
〈신부와 편견Bride and Prejudice〉(거린더 차다, 2004년) 그리고 〈비커밍 제인
Becoming Jane〉(줄리언 재롤드, 2007년) 등이 뒤를 이었다. 바스와 윈체스터에
서는 오스틴이 관광 상품이 됐고, 그녀의 작품은 여전히 잘 팔려나간다.[25]

영화와 텔레비전 각색물은 주로 직설적이었으며 오스틴의 대중적 이미지에 의존했다. 로제마Patricia Rozema의 〈맨스필드 파크〉 같은 것은 에드워드 사이드Edward Said 작품의 영향을 받아 텍스트에 대한 탈식민주의적 해석으로 노예 문제를 부각시키려고 노력하기도 했다.[26] 이러한 텍스트들에서 오스틴은 '영국적인 것'의 특징을 전형적으로 드러낸다. 얌전하고 지적이고 차분하며, 자기희생적이고, 재치 있고, 로맨틱한 것 등.[27] 배경은 나무가 우거진 풍경이며 부유한 저택에, 배우들은 연기가 뛰어나고, 의상은 멋지며, 대화는 날렵하다. 눈에 거슬리거나 예상치 못한 말들은 없으며 진짜 가난하다거나 고단한 역사의 진실 같은 것도 없다. 이에 비해 〈맨스필드 파크〉는 당대의 진짜 삶에서 느껴지는 경제적인 공포를 표현하려고 시도했다.[28] 오스틴의 소설은 "스스로를 안목 있고 문화적 자본에 대해 훌륭한 취향이 있다고 생각하는 중산층 백인에게 부담 없는 경험을 제공하는 특징이 있다".[29] 〈오만과 편견〉의 큰 성공은 특정한 유형의 코스튬 드라마가 붐을 일으키도록 해주었고, '고품격'의 문학적 각색물이 문화적 헤게모니를 가질 수 있다는 가능성을 제시했다. 데이비스의 〈오만과 편견〉은 코스튬 드라마 장르에 뛰어난 기술로서 응답했고, 명확한 비유의 세트의 규칙에 맞춘 것이었다. 이 시리즈들은 특정한 유형의 이상화된 향수를 장르와 결합시키고 오스틴과 결합시켜 명확한 의미의 '고품격'을 낳았다. 그것은 '영국적인 것'의 해석을 전달해주었고, 그리고 오스틴 관련 산업과 더불어 그 거대한 인기를 통해 깔끔하게 정리된 오스틴식 과거와 국가적 정체성의 개념을 대중이 요구하고 있다는 사실을 확인할 수 있게 됐다. 그러나 그것은 이런 작품이 말할 수 있는 것보다는 훨씬 더 복합적인 것이다. 〈오만과 편견〉은 연속극soap opera의 요소를 채택해 19세기 초반 성sexuality의 역동성을 고찰했고, 콜린 퍼스Colin Firth가 호수에서 물에 젖어 나오는 장면 등 에로틱한 화면을 선보이기도 했다.[30] 이처럼 각색을 통해 오스틴의 우아함을 현대화시킨 것은 풍자를 강조한 그녀의 작품에 대한 현대의 학문적 재고찰이었고, 그녀의 작품에 대한 신랄한 도전이었다.

여러 고전물 연속극 시리즈들은 때로 실패할지라도, 서로 차별성을 강조하고 문화적인 구별을 지으려고 노력했다. 예를 들어 18세기는 대개 토머스 게인즈버러Thomas Gainsborough적이기보다는 윌리엄 호가스William Hogarth적으로 그려진다. 1700년대를 악당과 범죄의 시대로 인식하는 것은 채널 4에서 방영한 다큐드라마 시리즈 〈조지 왕조 시대 암흑가Georgian Underworld〉를 통해 자리 잡았고, 또 〈교수형으로의 초대An Invitation to Hanging〉(2002년), 〈18세기 포크처럼 이상한Queer as 18th Century Folk〉(2002년)와 원형 탐정물 시리즈 〈악의 도시City of Vice〉(2008년)' 등을 방영하면서 완전히 정착됐다. 이 다큐멘터리들은 급진주의, 흑인 맨주먹 복서, 노상강도나 피털루 학살Peterloo Massacre[2] 등에 초점을 맞추었다. 〈악의 도시〉는 1750년대 런던이 범죄의 용광로로 매춘과 폭력이 끊이지 않았다는 사실에 기초해 만들어진 드라마다. 〈조지 왕조 시대 암흑가〉 시리즈는 이후 빅토리아 시대의 고상한 분위기와는 완전히 다른 당시의 바글거리는 도시의 모습을 강조했다.[31] 예를 들어 사이먼 버크Simon Burke의 〈톰 존스Tom Jones〉(BBC, 1996년)는 소설의 특성을 따라 장난기 넘치는 재치와 유려한 내러티브, 만화적인 인물과 '오락물'로서의 뻔뻔한 지위로서 다른 위엄 있는 작품의 클래식 시리즈 각색물과는 확실히 차별화됐다. 〈미들마치〉 같은 주류 시리즈와 비슷한 방식으로, 여기서는 영국의 풍경을 보여주면서 시작한 뒤 내레이터인 헨리 필딩Henry Fielding(존 세션스)에게로 카메라를 돌리면 그는 곧 마차에 의해 쓰러진다. 이 시리즈는 이런 익살스러운 요소를

---

2)   **피털루 학살**: 1819년 8월 16일, 영국 맨체스터의 성 피터 광장에서 기병대가 의회 체제 개혁을 요구하는 집회를 열고 있던 6만~8만 명의 군중에게 돌격해 15명을 죽이고 400~ 700명을 부상시킨 사건이다.

많이 넣었는데, 예를 들면 교회 밖에서 진흙탕 레슬링을 하는 여인, 방귀 뀌는 남자, 시끄럽게 떠드는 악당 등을 등장시켰다. 또 매끈하지 못한 편집과 장난스러운 대본 같은 요소도 채택했다. 〈톰 존스Tom Jones〉의 의도적인 불경스러움과 야한 분위기는 〈몰 플랜더스Mall Flanders〉(1996년)와 〈패니 힐Fanny Hill〉(2007년)에서도 이어졌다. 이처럼 18세기를 떠들썩하고 난리 법석의 분위기로 인식하는 것은 19세기의 진지하고 내면적이고 사려 깊은 소설과는 대조를 이룬다. 이런 것은 첫째로 도덕적 진지함과 관련된 그리고 소설의 품질과 관련된 오랜 문학의 비평의 위치를 영속화하며(소설이 복잡할수록 더 좋다는 의미를 암시하며), 둘째로는 18세기의 시각적 아름다움을 19세기와 명확하게 대조시킨다. 이것은 오스틴 같은 작가를 상대적으로 한층 높은 자리에 놓이게 한다. 그녀의 작품은 진지하고 질 높은 방식으로 다뤄진다. 동시에 18세기 소설의 각색은 오스틴/엘리엇/디킨스 각색물의 장중함과는 반대되는 방식의 역할을 한다. '고전물' 연속극들이 다른 원전에서도 만들어질 수 있으며, 다른 시대의 이야기 그리고 다른 스타일로 접근할 수 있다는 것을 보여주기 때문이다. 예를 들어 두 시리즈에서 다루는 성적 역할은 확연한 차이가 있다. 〈톰 존스〉에서 여성은 성적으로 탐욕스럽고 매우 자유롭게 돌아다닌다(여성들의 아버지가 그걸 막을 때까지). 이후 오스틴의 각색물에서 나타나는 많은 여자가 창가에 서서 기다리거나 혼자 걷거나 병약함 때문에 집 안에 머물러 있거나 하는 모습과는 대조적으로, 소피아는 밖에 나가 사냥을 하며 그 사이에 여성이 아니라 톰이 자리를 잃게 된다.[32] 〈톰 존스〉는 성적 관계에서 이후 시대만큼이나 완고한 모습을 보이지만, 시청자들로 하여금 그것에 동조하기보다는 비판적인 시각으로 볼 것을 요구한다. 더 일반적으로 고전물 연속극들은 일반적이고 규범적인 성 역할 모델을 훼손하는 것으로 보였다. 분명 〈흰옷을 입은 여자The Woman in White〉나 〈리베카Rebecca〉 같

은 고딕풍의 각색 작품은 여성성과 가정에 대한 일반적인 인식에 질문을 던졌다.[33]

〈톰 존스〉에서는 해설자의 기용이 다른 시리즈물과는 달랐다. 여기서는 시청자와 이야기 사이에 거리를 두는 것으로 설정되어 필딩은 텍스트 외부에서 내레이션을 하는 동시에 화면 속의 디제시스적 부분을 같이 말도록 했다. 원본 소설에서 하는 것과 마찬가지로 그는 그 사이 중간쯤에서 맴돌고, 이런 스타일을 유지함으로써 이 드라마는 원본에 충실함을 유지할 수 있었다. 이와 같이 원본 소설의 내러티브 스타일에 충실한 것은 상대적으로 흔하지 않다. 이렇게 시청자와 텍스트 간의 관계에 메타 텍스트적인 강조는 〈트리스트램 섄디〉를 찍는 과정을 담은 마이클 윈터보텀의 2005년 영화 〈터무니없는 이야기〉에서도 찾아볼 수 있지만, 주류 작품에서는 볼 수 없는 것이다. 몇몇 작품은 보이스오버를 사용하기는 한다. 이후 시리즈들은 의상이나 대본, 음악과 연기 등을 통해 불경스러움은 줄이고 장중함과 권위 등은 좀 더 드러내고자 했다. 그러나 지금까지 검토된 예를 통해, 주류 코스튬 드라마에는 다양한 변용이 있으며, 그들의 목표를 일반화하고 그들의 제작 방식과 그 효과를 일반화하기 위해서는 이런 다양성을 무시해야 한다는 점을 알 수 있다. 무엇보다도 코스튬 드라마에 편안하고 부르주아적이고 정치적으로 과격하지 않은 분위기를 생겨나게 한 것은 오스틴의 각색 작품이다. 그에 비해 소설 각색물은 사회적 이슈를 다루거나[〈가스켈과 디킨스Gaskell and Dickens〉] 관계를 풍자하거나[〈트롤럽과 엘리엇Trollope and Eliot〉] 했고, 시청자들로 하여금 사람들이 전형성에 따라 행동하지 않는 과거의 모습을 만나도록 했다.

각색물들은 또한 형식적으로나 내용적으로도 자의식성이 있다. 예를 들어 〈블리크 하우스Bleak House〉(2006년)는 BBC 각색물의 전형적인 표현 방식, 예를 들어 '진짜' 지저분한 미장센, 고전 작가, 유명한 배우들 같은 것들을 갖추고 있긴 하지만 일반적인 고품질 드라마의 장중한 전개 방식과는 다른 시도를 했다. 예를 들어 고전물 시리즈들과는 다르게 정규적으로 방영되는 일반 연속극 편성처럼 일주일에 두 번 30분씩 15회에 걸쳐 방영하는 식이었다.[34] 〈또 다른 불린 여인〉(BBC, 2003년)은 현대식 카메라 앵글과 기법을 쓰면서 부분적으로 즉흥 대본을 활용했다. 이런 결정은 종종 미학에 근거해 내려졌다. 〈블리크 하우스〉는 자유분방한 일반 연속극 분위기와 오리지널 소설의 에피소드식 출간 성격을 반영하는 방식으로 연출됐다. 그리고 〈몰 플랜더스〉(ITV, 1996년)는 카메라에 직접 대고 말하는 방식을 채택해 대니얼 디포Daniel Defoe 소설에서의 내레이터 스타일을 재생시키려 했다. 2006년 BBC의 작품 〈제인 에어〉는 진 라이Jean Rhy가 1966년에 쓴 가상의 제인 에어 속편 스토리인 『넓은 사르가소 바다Wide Sargasso Sea』같은 후속 작품을 낳기도 했다. 라이의 책은 오리지널 소설 속에서 볼 수 있었던 식민지 시대의 충동 같은 것을 훼손했다. 로체스터가 비열하게 숨기고 이름을 바꾸고 가두어버린 그의 크리올 출신 첫 아내의 이야기를 하는 그 소설은 19세기 작가들이 흔히 사용했던 '다락방의 미친 여자'에 대한 페미니스트적인 반박이다.[35] 소설 『광막한 사르가소 바다Wide Sargasso Sea』는 특정한 유형의 소설 만들기에 대한 비평이며, 따라서 〈제인 에어〉 텔레비전 드라마에 대한 비평이기도 하다. 두 가지 판版을 다 합해서 보면, 고전물 시리즈에서 이상화되고 상상화된 과거가 적극적으로 도전받고 잘못된 오류로 여겨질 수도 있다는 그런 역동적 관계가 생겨남을 알 수 있다. 사실 〈제인 에어〉의 내러티브 자체는 당시 시대의 현실을 무시하려고 하는 소설적 시도로 여겨진다. 또한 〈광막한 사르가소 바다〉는 프라임 타임보다는 BBC 4에서 방영됐는데, 이것은 소설과 고전 문학 각색물이 지닌 문화적 헤게모니가 아직 견고함을 보여준다. 또한 주류와는 다른 목소리를 내려는 것은 쉽게 제재를 받고 주변화된다는 것을 알 수 있다.

장르를 퀴어화하기: 〈티핑 더 벨벳〉과 〈라인 오브 뷰티〉

세라 워터스Sarah Waters의 1998년 소설 『티핑 더 벨벳Tipping The Velvet』은 1890년대에 태어난 킹이라는 여성이 자신의 동성애적인 정체성을 깨달아간다는 이야기를 담고 있다. 이 소설은 주류 역사에서 주변화된 인물의 목소리를 담고자 하는 시도였다. BBC의 〈티핑 더 벨벳〉(2002년)은 고전문학 드라마 시리즈가 패스티시와 미학적 분위기에 대해 자의식을 얻어가고 있음을 보여주는 것이었다. 그것은 역사적인historic 소설이기보다는 역사historical 소설의 각색 작품으로, 나중에 나온 〈또 다른 불린 여인〉과 마찬가지로 일인칭으로 쓰이고, 후기 빅토리아 시대 문학의 선정주의적 스타일을 모방한 것이었다. 따라서 클래식 시리즈물의 핵심적 요소인 진품 고전 텍스트의 장중함과 문화적 가치 같은 것은 있지 않았다. 하지만 이것은 예를 들면 〈오만과 편견〉과 같은 정통 클래식 드라마와 같은 환경에서 촬영됐고 연기됐으며 '코스튬 드라마'로 판매됐다. 이처럼 역사 소설의 모작 같기도 하고, 복화술적인 형식을 드라마로 채택하고, 또 그것을 고전 소설의 드라마처럼 만드는 이런 일은 역사 드라마의 새 경지를 열어주었다.[36] 그 결과 이 드라마는 제작 방식이나 마케팅에서는 클래식 작품 수준이지만, 한편으로는 이런 드라마의 본성적인 비사실성, 파격적인 주제와 소재 같은 것 때문에 원래 코스튬 드라마라고 알려진 장르의 단단한 벽을 깨주는 역할을 했다.[37] 마찬가지로 내러티브상으로도 역사적으로 주변부화된 여성 동성애자의 잃어버린 목소리를 다시 쓴다는 것을 목표로 함으로써, 이 드라마는 결과적으로 전체 장르 내부에서도 동성애 드라마의 목소리를 확대시키는 결과를 낳았다. 지배적인 장르를 흔들어 놓음으로써 〈티핑 더 벨벳〉은 고전 문학 드라마에게 반체제적이고 비주류적인 목소리를 내볼 기회를 주었다.

첫 회의 시작 화면은 주인공 시점에서의 장면에 보이스오버가 깔린다. 이것은 소설의 일인칭 시점을 따라 하는 것이다. 여기서 시청자들은 주인공 난의 집인 굴 요리 식당으로 카메라를 따라 들어가게 된다. 보이스오버는 시청자들을 끌어들이며 "위트스테이블에 가보셨나요, 거기 있는 굴 식당을 가보셨나요?…… 문을 열고 들어가서 그 식당 뒤편의 어둑어둑하고, 낮은 천장에 냄새 나는 방에 가보셨나요?"[38]라고 질문을 던진다. 보이스오버의 사용은 작가의 일인칭 목소리를 재현한 것이지만, 이것은 또한 시청자들에게 동성애자라는 비주류적인 정체성을 비주변부화하는 데에 동참하도록 한다. 이에 따라 시청자들은 고전 문학 드라마 혹은 역사 드라마의 성격을 문화적 장르로 재규정하는 데 함께 참여하게 되는 것이다. 이 드라마에서 동성애의 성적 표현은 생각보다 과감한 것이어서 언론과 대중의 분노를 사기도 했다.[39] 이런 비난이 기대하는 효과는 두 가지다. 첫 번째로 텍스트에서 언급된 레즈비언 정체성을 다시 주변부화하자는 촉구이며, 동시에 이런 종류의 역사 제시, 즉 경계적이고 분절적인 방식으로 역사를 제시하는 것은 '고품격'이 아니라는 뜻이다. 이 시리즈가 민망하다고 생각한 사람들은 특정한 유형의 보수적인, 문화적으로 일차원적인 '고전 문학 드라마' 시리즈의 죽음에 애도하고 있다. 〈티핑 더 벨벳〉이 보여준 것이 소설이었다는 사실을 달갑게 여기지 않는 것이다. 보수적인 비평가들이 기대했던 역사물은 레즈비언이 없고, 그 자체로 독자적인 진품이라기보다는 만들어진, 그럴듯한 구성물인 것이다. BBC 드라마는 성적인 표현에서 상대적으로 도발적이었으며, 어떤 면에서는 홍보 효과를 위해 혹은 그러한 불협화음을 만들어내기 위해 논란을 의도적으로 불러일으켰다. 〈티핑 더 벨벳〉은 그렇다면 텔레비전 코스튬 드라마가 스스로에 대해 잘 알고 정치 이슈화되는 그런 지점을 대변한다고 볼 수 있다. 문화적 헤게모니보다는 가능성의 공간으로서 진화하는 모습을 보여준 것이다.

다른 프로그램들, 예를 들어 〈로터스 클럽The Rotter's Club〉(BBC, 2005년)이나 〈화이트 티스White Teeth〉(채널 4, 2002년)와 비사실적인 스릴러 〈대천사Archangel〉(BBC, 2005년) 같은 것들은 좀 더 자의식적인 스타일로 역사 시리즈 형식을 활용했다. 〈로터스 클럽〉은 조너선 코Jonathan Coe의 소설을 각색한 작품으로 딕 클레멘트Dick Clement와 이언 라 프레네스Ian La Frenais가 각본을 썼다. 이들은 코미디 드라마 〈포리지Porridge〉(1974~1977년) 혹은 〈아우프 비더젠, 페트Auf Wiedersehen, Pet〉(1983~1986년)로 유명한 작가들이다. 이들의 이름은 앤드루 데이비스의 우아함에 비해 포퓰리스트적인 느낌을 더 많이 주었다. 중요한 점은 이 시리즈가 코스튬 드라마의 제작 규모와 스타일을 흉내 냈다는 것이다. 음악의 사용, 역사적 세부 사항에 대한 관심, 시대를 아우르는 내러티브, 개인의 경험 속에서 역사적 순간을 개인화하기, 그리고 소설에서 각색하기 같은 것을 말한다.

〈라인 오브 뷰티The Line of Beauty〉(BBC, 2007년)는 앨런 홀링허스트Alan Hollinghurst의 2004년 소설을 각색한 드라마로 여러 면에서 좀 더 관습적이지만, 역사적 소설을 원본으로 하여 고전적인 코스튬 드라마를 만들어냈다는 유사성이 있다.[40] 이 시리즈는 코스튬 드라마라는 아이템을 최근의 과거로 이끌고 왔다는 점에서 의미가 있다. 왜냐하면 드라마가 1983년부터 1987년 사이를 다루기 때문이다.[41] 〈라인 오브 뷰티〉는 많은 면에서 반反헤리티지 드라마의 성격을 띠고 있다. 〈티핑 더 벨벳〉이 코스튬 드라마를 약화시키는 것과 같은 방식이라 할 수 있다. 〈라인 오브 뷰티〉는 헤리티지 영화의 가장 핵심부에서부터 이야기를 전개한다. 드라마의 몇몇 인물은 영화 〈전망 좋은 방〉을 보러 갈 것인지 의논한다. 여기서 등장하는 정치적 인물은 1980년대 중반의 보수적인 '영국성'을 드러내는데, 이것이 헤리티지 이론가 패트릭 라이트Patrick Wright가 맹렬히 비난하는 부분이다.[42] 제럴드 페든은 하원 의원이다. 닉 게스트가 그의 집에 머물게 되면서 드라마가 시작되는데, 첫 회에서 제럴드는 그의 선거구에서 축제를 열면서 "이것이 클래식한 영국적 하루이며 클래식한 영국적 풍경이다"라고 말한다. 이것은 세월이 흘러도 변하지 않는 헤리티지 분위기에 동조하면서 귀족을 연기하는 것이다. 역사의 느낌과 정치적인 질서를 둘러싸고 표현되는 영국성의 분위기를 불러일으키는 이 순간의 활력은 라이트가 주장했던 1980년대에 벌어진 국가적 과거를 둘러싼 논쟁, 즉 우리의 '공통의 문화유산'이라는 것은 본능적으로 보수적인 기득권에 대한 역사화된 이미지로 볼 수 있다는 점을 소중하게 여기는 태도다.[43] 제럴드는 심지어 오래된 스포츠 '웰리 행잉Welly whanging'[3)]으로 주민을 이겨 옛날 방식에 대한 자신의 지배력을 보여주려 한다.

그러나 제럴드와 그의 친구가 야심가이기는 하지만, 그들 중 누구도 돈이나 취향이 없다. 첫 회에서는 호크스우드에 있는 조상 대대로 내려오는 제럴드의 집에 닉이 초대받아 부의 함정을 보게 된다. 대저택에 대한 물신숭배와 옛 시절 부의 성과의 의미는 약화된다. 이것은 영향력 있는 헤리티지 시리즈 〈브라이즈헤드 리비지티드Brideshead Revisited〉에서의 에피소드와 똑같은 것이다. 여기서는 방문자 찰스 라이더가 브라이즈헤드의 화려함의 진가를 알아보거나 혹은 그것에 예술적으로 반응하는 유일한 사람이다. 실제로 이런 것을 소유하는 어느 누구도 신경 쓰지 않으며, 〈라인

---

3) **웰리 행잉**: 고무장화를 누가 가장 멀리 던지는지를 겨루는 우스꽝스러운 게임이다.

오브 뷰티〉에서 그들은 홀에서 디스코를 추며 술 마시고 취하는 데 더 관심을 보인다. 파티 장면에서 떠들썩한 파티 음악이 흘러나오며 번쩍이는 조명 아래 벽에 걸린 오래된 초상화를 보여주는 장면이 있는데, 이것은 현대성의 화려함, 표피성과 더불어 옛것들과의 충돌을 강조하는 것이다.

이 드라마는 〈브라이즈헤드〉를 직접적으로 그대로 따라 한다. 예를 들면 순진한 내레이터가 부유하지만 흠이 많은 가족과 사랑에 빠지고 처음에는 그의 아들을 통해 그다음에는 그 딸을 통해 그들과 가까워진다는 설정 등이 그렇다. 그 집의 가장 제럴드는 괴물 같은 존재로 온 가족을 결국 파멸로 몰아넣는다. 원작 소설에서는 코스튬 드라마에 대해 언급한다. "마틴은 좀 놀랍게도 이렇게 말한다. '이제 그건 좀 지겨운 것 같아. 과거에서 모든 게 일어나는 것은 말이야.'"⁴⁴ 텔레비전 시리즈는 이 부분을 빼놓고 있지만 주인공 닉이 그의 동성 애인인 와니와 함께 헨리 제임스의 『포인턴의 전리품The Spoils of Poynton』을 영화로 제작하기 위해 회사를 차린다는 이야기를 통해 메타 텍스트적인 모티브를 유지한다. 말할 필요도 없이 미국 후원자는 좀 더 많은 섹스 장면을 넣자고 하고, 여주인공의 이름을 플레다 베치에서 다른 것으로 바꾸려 한다. 『포인턴』의 메시지, 이것은 '사람보다 물건을 사랑한 사람'에 관한 이야기라는 것은 미국의 문화적 무식함에서는 사라질 것이며, 그래서 본성적인 영국 보수주의가 여기서 작게나마 펼쳐지는 것이다. 비록 그것은 약간 분위기가 다를 뿐 별로 대단한 작품도 아닌 것을 미국인이 찬양하는 정도이지만.

이 시리즈의 결말 부분에서 제럴드는 닉이 동성애자라는 것을 깨닫고 이에 분노하면서 닉을 집에서 나가라고 한다. 국가의 보수성이 동성애적인 차이를 쫓아내는 것이다. 결국 닉은 제럴드 가족과 헤어진다. 이것은 좀 더 넓은 의미에서 사회적인 추방이다. 닉이 이해하는 순간, 즉 그가 애정을 품었던 사람들이 가졌던 공포에 대해 그가 이해하는 그 순간은 소설에서

돈 많은 상류 계층의 고풍스러운 정체성을 비판하도록 하는 순간이다. 이 시리즈는 여기서 '영국성'의 진짜 얼굴을 보여준다. 〈브라이즈헤드〉와 비슷하게 그 가족들은 물신화된다. 그들이 얼마나 즐겁지 않은지를 정확히 보여주기 위해 소설에는 다음과 같은 묘사가 등장한다.

헨리 제임스라면 우리를 어떻게 만들었을까? 난 궁금해. 그녀가 말했다. "글쎄……." 닉은 곰곰이 생각해보았다. 그는 그녀가 고결한 이모 같다고 생각했다. 확고함과 순수함으로 질문하는 그는 겸손하게 그녀의 성적인 전망이 무엇일까 궁금해했다. 어떤 유의 남성은 그 포동포동한 하얀 목의 깃을 올리고 싶어 할 것이라고 그는 말했다. "그는 우리에게 매우 친절했어. 그는 우리가 얼마나 훌륭하고 얼마나 아름다웠는지 말했고, 그는 우리에게 믿기 어려운 미묘한 말할 것들을 주었고, 그리고 우리는 그가 우리를 꿰뚫어보고 있었다는 것을 마지막이 되기 전까지는 깨닫지 못했던 거야."[45]

이처럼 비꼬듯 말하는 효과는 명백히 시리즈 동안 계속된다. 닉과 함께 시청자로서 우리는 그 가족의 공포를 깨닫기 전까지는 그 가족과 사랑에 빠지기를 바란다. 닉이 그 아름다운 집을 둘러볼 때 그는 우리, 즉 시청자이며, 그 아름다운 집을 숭배하고, 보수적인 헤리티지의 1980년대 모델의 핵심이었던, 좀 더 확대하면 그 집에 연결된 생활양식을 숭배하는 것이다.[46] 마찬가지로 시청자들은 그 시대의 환경과 사랑에 빠지고, 그것이 주는 향수적인 가치와 그것의 사실성을 즐기며, 그러다 1980년대가 성공과 경이만 상징하는 것이 아니라 에이즈와 내부자 거래, 동성애 혐오나 죽음을 대표한다는 것을 깨닫게 되는 것이다. 그러나 이런 점은 모든 그런 각색 작품이 그렇다고 말할 수도 있다. 일관적으로 사회나 정치를 신랄히 비판해온 디킨스라는 예외가 있지만, 당시 흔히 선택된 작가들은 시대적 모순에 집착하는 경향을 보였는데 이것은 오스틴의 페미니즘 이전에서부터 트롤럽의 부드러운 풍자를 거쳐 엘리엇의 명석한 화려함, 거만함의 해체에 이르기까지 이런 전통에서 연유한 것이다.

〈라인 오브 뷰티〉와 〈티핑 더 벨벳〉의 공통점이라면 노골적인 성적 표현과 비주류 주변부적인 성적 정체성의 탐구라고 할 수 있다. 두 드라마는 시청자들이 중심인물과 동일시하고 반응하는 것을 드러내 보였다. 〈티핑 더 벨벳〉은 친근한 보이스오버를 사용해 시청자와 주인공 간의 관계를 만들어냈다. 〈라인 오브 뷰티〉는 닉의 대저택에 대한 숭배를 보여줬다. 이것도 시청자들 역시 공유한 감정이었다. 또한 그의 성적 자유분방함도 보여줬다. 특히 파티 시퀀스에서 그는 남성들과 초상화를 보면서 돌아다닌다. 그는 순수한 존재로부터 깨어나 여러 경험을 겪게 되는데, 그 과정에서 자신의 여러 가지 성적 취향을 점점 더 이해하게 된다. 이 같은 경험은 관객도 함께 겪는 것이다. 그 시리즈는 표준적인 역사적 작품에는 있지 않은 성적 취향을 파헤친다. 그들은 주변부 사람을 다시 써넣고, 과거에도 성적 관계가 있었으며 그들은 환영받는 관계였을 수도 있고 동성애 관계였을 수도 있다고 처음으로 주장했다. 그래서 작품의 노골성은 동성애와 결합되는 것이다. 〈톰 존스〉 외에는 대개의 클래식 각색물에서는 이런 점은 부족하다. 동시에 이런 두 시리즈는 특정한 성적 취향의 역사를 이성애가 정상으로 여겨지는 목적론과 충돌하는 것으로, 역사의 일부가 아닌 것으로 쓰고 있다. 레즈비언과 게이는 역사적 조작의 부분으로 여겨지며 동시에 의도적으로 역사와는 별개의 것으로 여기고, 주류의 성과 역사성과는 날을 세우고 있는 것으로 여겨진다.

남성들의 정통 드라마: 〈샤프〉와 〈혼블로어〉

그러한 혁신과 복잡성은 대부분의 코스튬 드라마에서 나타났지만, 코스튬 드라마 중에는 덜 미묘하고 좀 더 직접적인 정체성을 다룬 것도 많았다. 〈샤프Shrape〉는 버나드 콘웰의 소설을 각색한 작품으로 1993년부터 15회작으로 만들어져 ITV에서 방영됐다. 〈티핑 더 벨벳〉과 마찬가지로 〈샤프〉의 각색물은 패스티시 방식을 보여주고 있는데, 이것들이 과거를 흉내내거나 현재에 쓰인 과거에 대한 소설 각색이라는 점을 고려한다면 그렇다는 것이다. 〈혼블로어Hornblower〉는 포레스터C.S. Forester의 소설(1937~1957년에 출간)을 각색한 8회 드라마로 1998년에서 2003년에 ITV에서 방영됐다. 이 드라마들은 클래식 고전 소설의 자격을 만족시킨다. 왜냐하면 이것들은 포레스터의 사랑받는 고전 작품을 스크린으로 옮긴 것이기 때문이다. 하지만 원작 소설이 역사 소설이라는 점 때문에 마찬가지로 문제는 복잡해진다. 〈혼블로어〉와 〈샤프〉는 많은 시청자를 모았고 텔레비전계의 사건이었다. 〈샤프〉는 부활절 연휴나 크리스마스 연휴 같은 중요한 날짜의 프라임 타임에 방영됐다. 이것은 연속극은 아니다. 왜냐하면 이것은 한 편씩, 장편 영화 길이의 에피소드로 방영되기 때문이다. 그러나 그것은 텔레비전 드라마가 역사적 허구를 다루는 방법에 대한 우리의 이해를 복잡화시켰다. 이런 드라마들은 BBC 역사 드라마가 그랬던 것처럼 '고품격'이라는 승인을 받으려 노력하지 않았지만, 그들 역시 역사적 정통성을 취하려 했고 남다른 시청자들을 모으려 노력했다. 그러나 한편으로는 시청자들은 여전히 역사적 프레임워크에서 펼쳐지는 허구적 내러티브를 보고자 했다.

두 드라마는 또한 해외에서도 좋은 성적을 올렸는데, 특히 미국과 호주에서 인기를 얻었고, BBC 고전 문학 드라마 시리즈가 대변하는 영국성의 보수적인 표현과는 다른 각도에서 접근했다. 이 드라마들은 다른 드라마들처럼 비싼 제작 규모로 만들어졌고 세세한 사실과 로케이션, 계층 구조에 오스틴 각색물처럼 관심을 기울였다. 이 두 시리즈에서 나타난 영국성, 즉 굳세고 품위를 지키는 군인들의 모습 등은 BBC의 코스튬 각색물의 재치 넘치는 스타일과는 거리가 있었다. 이 드라마들은 두 가지 다른 유형의 남성상을 제시한다. 한 명은 장교이며 한 명은 평범한 군인이다. 이것은 어떤 면에서 국가에 대한 환유가 될 수 있다. 그들의 의무감, 한결같은 충정, 그리고 영국인 특유의 재치 같은 것들을 잘 보여준다는 점에서 그렇다. 나폴레옹 전쟁은 대부분의 전쟁과는 달리 문제 있는 정치 쟁점을 드러내지 않는다. 따라서 이 시리즈들은 명확성의 시대에 대한 그리움을 드러낸다. 또한 이것들은 남성성과 우직함 등을 잘 드러낸다. 이것은 대저택의 코스튬 드라마와 비슷한 측면이 있다고 볼 수도 있지만, 이 드라마의 예상 시청자층이나 역사적 진실성의 모델이나 드라마가 지향하는 품격 같은 것에서 차이점을 보인다고 할 수 있다.

〈샤프〉 시리즈의 첫 번째 작품은 〈샤프의 총Sharpe's Rifles〉(ITV, 1993년)이다. 전투 음악이 흘러나오며 무기나 군복 같은 군인의 용품을 보여주는 시퀀스로 시작한다. 시작부터 드라마는 코스튬 드라마와 마찬가지로 의상이나 액세서리를 강조한다. 여기서의 표현 방식은 〈미들마치〉를 본 사람이라면 익숙한 면도 있겠지만, 약간 다른 방식으로 연출됐다. 첫 번째 전경 장면은 여전히 자연 풍경을 담고 있지만, 여기서는 영국의 아름다운 전원 풍경을 그려내기보다는 보병대의 행진으로 시작한다. 〈혼블로어〉에서는 함대가 등장한다. 역사적 사실성과 드라마의 품격을 높여주는 요소는 군복과 말, 전략, 무기와 액션 시퀀스 등이다.[47] BBC 시리즈가 뛰어난 배우를 기용했던 것과는 대조적으로 주인공 역할의 배우 숀 빈Sean Bean은 영국 왕립 연극학교를 다니기는 했지만, 제대로 연기 훈련을 받은 사람은 아니며, 셰필드 지방의 억양으로 말한다. 그는 대저택 드라마의 주인공보다는 훨씬 더 거칠고 화통한 성격이다. 화면에 처음 등장할 때 그는 얼굴을 닦으며 셔츠를 열어젖힌 채 등장한다.

이 드라마에 보이는 자유로운 성적 표현이나 빈의 남성성은 대저택 드라마의 주인공과는 대조를 이룬다. 〈샤프의 총〉의 오프닝 장면에서 샤프는 강에서 총을 쏘고 싸우면서 흠뻑 젖은 모습으로 등장하는데, 이것은 〈오만과 편견〉에서의 콜린 퍼스를 연상시키지만 그는 피에 젖은 모습이다. 콜린 퍼스의 성적 매력은 엘리자베스 베넷이 등장하면서 생겨나는 것이지만, 이에 비해 샤프가 옷을 벗는 장면은 남성 사이의 우정, 의무감, 폭력적인 면과 연결된다. 그러나 퍼스의 모습이 활짝 열린 개방의 한순간인데 반해(그 시리즈가 제시하는 사회적 노출은 그들이 적절히 서로를 '바라보는' 순간이다), 빈은 계속 피 흘리고 싸우고 소리 지르며 지저분한 모습이다. 그의 저속한 육체성은 퍼스의 향기롭고 아름다운 모습과 대조를 이루면서, 통제되고 위엄 있는 고품격 각색 작품들과 대조되는 대중적이고 직설적인 프로그램의 특징을 보여준다. 퍼스는 보수적인 귀족인 데 반해, 빈은 다르시가 즐기고 있는 제국을 건설하고 보호하는 근위병이다. "나는 싸움밖에 모른다."[48] 건방진 평민이 그가 있지 말아야 할 곳에 있다는 것이 〈샤프〉 시리즈의 핵심 주제다. 특히 〈샤프의 총〉 편에서 샤프는 그를 의심하는 사람에게 그가 장교임을 스스로 증명해야 한다. 오스틴의 사회적 계층 구조가 현대의 시청자들에게 이해되지 않는 것과 마찬가지로, 〈샤프〉 시리즈는 의전이나 계층의 차이, 군대 훈련과 같은 익숙하지 않은 것을 도입한다. 역사적 주관성의 모델은 양쪽 각색물에서 비슷하다. 주인공은 독립적인 존재를 스스로 만들어내기보다는 독립적인 존재에 의존한다.

〈샤프〉와 〈혼블로어〉는 특정한 유형의 국민성과 영국성을 보여준다. 보수적이고 남성적이고 공격적인 애국자의 정체성을 의무감이나 존경심 그리고 명예 같은 것을 통해 보여주는 것이다.[49] 이 두 작품은 예를 들면 아일랜드인 등장인물을 이용해 전쟁의 도덕성에 질문을 던진다. 〈샤프의 총〉 편에서 샤프는 스페인 사람을 도와 영국 쪽에서 나폴레옹의 승리를 바라는 백작을 패퇴시킨다. 왜냐하면 그는 샤프처럼 미신보다는 이성에 의해 지배받기를 원했기 때문이다. 〈샤프의 총〉과 전체 시리즈는 국가를 이상화하는 데 대해 냉소를 보였다. "당신은 정말로 사람들이 깃대에 매달린 헝겊 조각을 위해 싸운다고 믿나?" 샤프가 질문을 던진다. 이에 "너는 그래, 리처드. 너는 그래"라고 답한다. 하지만 명백히 왕의 전쟁에 대한 국가적 이데올로기는 상대적으로 샤프와는 관련이 없다. 〈혼블로어〉에서는 국가적 의무는 좋은 행동의 최상의 전형이 된다.[50]

이 프로그램들은 반프랑스적인 〈스칼렛 핌퍼널The Scarlet Pimpernel〉(BBC, 1999~2000년)과 함께 '액션 모험 영웅swashbuckler' 장르 드라마라고 할 수 있다. 이런 장르들은 1950년대와 1960년대에 인기를 얻었으며, 역사적인 영웅과 직접적인 동기에 관심을 두고 있다. 스펙터클을 주로 사용하고 종종 피가 흐르는 끔찍한 장면을 넣어 남성성이 전투 공간에서 만들어지는 것임을 암시한다. 그리고 사회적 지위보다 존경받는 것이 더 중요하다는 생각 역시 이러한 드라마가 내세우는 메시지다. 이런 드라마들은 문학 작품의 각색에 제동을 걸었고, BBC 코스튬 드라마의 경직성을 약화시키는 데도 일조했다. 〈샤프〉의 반권위주의적 자세는, 예를 들자면 그의 불손함과 사회적 출세를 무시하려는 경향 같은 것을 통해 그가 속한 사회의 완고한 계층적 틀에 도전하며 그를 위대한 독립적인 남자로 만들어주는 데서 나타난다. 그를 어렵게 만드는 그 사회는 오스틴의 소설 속 같은 사회라는 암시가 여기에 들어 있다. 〈샤프〉는 고품격 코스튬 드라마가 한계에 부딪혔음을 잘 보여주는 드라마다. 이것은 오스틴의 대저택 드라마의 안정성에 대한 현대의 가치 평가를 보여줌과 동시에 오늘날 시청자들이 과거의 드라마적 재현에 접근하는 방식이 복잡화됐음을 보여주는 것이다. 그것은 따라서 〈샤프〉가 의무감, 질서와 안정감을 강조하고, 코스튬 드라마와는 달리 거의 체제 비판적이거나 복잡함을 포함하지 않는다는 것을 보여주는 것이다. 이것의 예로는 〈샤프〉와 〈혼블로어〉의 성 정치가 될 것이다. 여성은 아주 문제적이고 별로 이야기와 관련 없고, 거의 고려되거나 재현되지도 않는다. 〈샤프〉는 군대가 능력 중심주의의 상징이라고 보여준다. 그러나 한편으로는 훈련을 통해 성장하는 곳이라는 것이다. 그래서 이 드라마들이 직접적으로 클래식 각색 작품들의 문화적 보수성을 약화시키기는 해도, 이것들은 뉘앙스라거나 장르에 대한 포스트노스탤지어적인 질문을 하지 않고 주류 시리즈들이 하는 재현 같은 것에도 질문을 던지지 않는다.

역사 코스튬 드라마는 점차 다른 장르와 섞여갔고, 이런 하이브리드화에서 ITV는 BBC보다 융통성을 보여왔다. 이들의 쇼는 로맨스에서부터 [큰 인기를 얻은 18편의 캐서린 쿡슨Catherine Cookson 각색물이 1989년부터 계속 제작됐다] 탐정 장르[애거사 크리스티의 〈푸아로〉(ITV, 1989년~), 〈캐드펠Cadfael〉(ITV, 1994~1998년)] 그리고 사회코미디 등에 이른다. 여기서의 핵심은 이러한 프로그램들이 소설에 근거한다는 것, 아주 친숙해진 문화적 가치인 '영국성'이라는 모델과 오랜 시간 동안 확고하게 자리 잡은 캐릭터를 등장인물로 이용하고 있다는 것이다.

경찰 시리즈 〈하트비트Heartbeat〉는 1960년을 배경으로 하는데, 1990년 중반에 가장 큰 인기를 얻어 비非연속극으로는 가장 큰 성공을 거뒀고, 1,000만~1,500만 명 정도의 시청자를 모았다.[51] 이것은 커다란 문화적 영향력을 발휘했는데, 이 시리즈가 촬영된 요크셔 지방은 현재 '〈하트비트〉 촬영 마을'로 관광객에게 마케팅되고 있다.[52] 이것은 또한 또 다른 아류작 병원 드라마를 탄생시켰다. 〈로열The Royal〉이라는 드라마는 쉬운 역사물이 포퓰리스트 드라마 장르로 바뀌면 양적으로 훨씬 풍부하게 만들어질 수 있음을 보여주었다. 〈하트비트〉는 유기적으로 구상됐다기보다는 시장에 맞게 맞춤형으로 제작됐다고 볼 수 있으며, ITV의 규제 완화에 따라 만들어진 것이라 볼 수 있다.[53] 이것은 과거를 좀 더 평화롭고 솔직하고 안락한 곳으로 그려냄으로써 과거에 대한 향수를 보여주었다. 이것은 힉슨 Higson이 말한 노스탤지어 영화의 하나라고 할 수 있다. "상실의 내러티브, 상상 속의 역사적 궤적을 안정에서 불안정으로 전개시키는 것"이다.[54] 〈하트비트〉 같은 대충 만든 역사 드라마의 히트를 보면, 시청자들이 어느 정도는 대개 익숙하고 역사적으로는 덜 힘든 프로그램들을 원하고 있다는 사실을 알 수 있다. 향수는 옛날에 좋은 시절이 있었다는 식으로는 편안함을 주고 그리고 현실을 피해가도록 해준다. 〈하트비트〉와 〈샤프〉 같은 드라마들은 향수와 부르주아적이라는 것의 연결고리가 완성되지 않았다는 것을 보여준다. 이런 드라마를 보면 과거가 대중의 상상력에 영향을 미치는 방식을 이해하는 일이 단순하지 않다는 것을 알 수 있다.

1990년대 코스튬 드라마는 단순히 대저택과 보수적인 가치만을 다루지는 않았다. 전형적인 코스튬 드라마에 대한 비난은 그것의 보수성을 향한 것이었고, 이것은 대개 BBC의 고품격 제작물들에 대한 것이었다. 역사 드라마의 개념, 각색물 그리고 고전 문학 연속극이라는 개념이 필수적으로 이런 우아한 고품격 텔레비전에 합쳐질 필요는 없다는 것이다. 사실 BBC 제작물들이 외형상 즐기는 문화적 이단성은 전통적으로 드라마와 역사가 만나는 접점을 왜곡한 것이라 할 수 있다. BBC 헤리티지 시리즈는 역사와 드라마의 접점을 좀 더 대중적으로 넓게 만든 것의 하나다. 품격 있고 고전적인 것의 각색만 주장하는 연구는 드라마적 상상력으로 표현되는 역사의 유행이라는 흐름을 놓친 것이고, 그것이 장르를 변화시키고 시청자들의 마음을 끌고 권위를 얻어가며 시장을 열고 있다는 사실을 놓친 것이다.

혁신과 외설: 드라마 〈로마〉와 〈데드우드〉

미국의 방송사 HBO가 만든 두 편의 드라마 시리즈는 기존 역사물 장르에서 보이던 관습적인 이야기를 타파하고 수정주의적인 접근을 통해 새로운 시각을 선보였다. 이 드라마들은 품격 있는 역사 드라마를 만드는 것이 단순히 역사적 사실성에만 있지 않다는 점을 잘 보여줬다. 비록 두 드라마는 기존 표현 방식을 깨뜨리기 위해 끔직한 현실을 그대로 보여주는 사실성을 강조했지만, 다른 한편으로 이 장르에서 시청자들이 기대하는 점을 뛰어넘으려 했다. 그 결과로 꼽을 수 있는 대표적 드라마는 〈소프라노The Sopranos〉(1999~2007년)이다. HBO사의 이 드라마는 복잡한 미로와 같은 대서사 드라마와 윤리적으로 모호한 입장을 취하는 이 시리즈를 통해 큰 명성과 인기를 얻었다. 〈로마Rome〉와 〈데드우드Deadwood〉는 이 성공 방식을 그대로 가져와 역사 드라마에 적용시켰다.

드라마 〈로마〉(2005~2007년, BBC와 합작)는 1억 달러라는 초대 규모 예산으로 제작되어 기원전 49년부터 기원전 31년까지의 역사를 품격 있게 다루었다. 이 드라마는 전 세계적으로 팔려나갔다. 이 시리즈물의 컨설턴트이자 공동 제작자인 조너선 스탬프Jonathan Stamp는 이 드라마에서 가장 중점을 둔 부분이 '위대한 로마'라든가 흰색의 기둥, 하얀 토가를 입은 로마의 묘사 같은 전형을 피하는 것이었다고 밝히고 있다.[55] 그는 묻는다. "당신이라면 이미 엄청나게 많은 방식으로 이야기되고 또 다시 새롭게 이야기된 바 있는 이 신화를 가져와서 어떻게 다시 생동감 있게 만들 것인가."[56] 이 드라마는 로마를 소재로 다룬 많은 작품, 즉 문학적 해석[〈나, 클라우디우스I. Claudius〉(1976년), 코믹물[〈업 폼페이Up Pompeii!〉(1971년)], 그리고 액션 영화[〈글래디에이터〉(리들리 스콧, 2000년)] 같은 로마의 현대적 해석은 물론 셰익스피어의 문화적 유산과도 경쟁해야 했다. 이러한 작품보다 앞서기 위해 이 드라마는 더럽고 누추하며 폭력적인 도시의 모습을 강조했고, 특히 노골적인 언어와 섹스, 폭력 등을 드러냈다. 배경은 극단적으로 세부 사항을 살렸고 불쾌함을 강조한 것 등이 역사적 사실성을 드러내주었다. 이것은 드라마를 보는 시청자들로 하여금 드라마와 좀 더 복잡한 관계를 맺도록 하려는 의도였는데, 첫 번째로는 드라마의 사실성을 인식시킴으로써 그들의 마음을 움직이고자 하는 것이었고, 두 번째로는 역사적인 시대를 친숙한 현대적인 환경 속에 자리 잡게 하려는 것이었다. 이 사람들도 당신들과 다를 바 없다는 것을 강조하는 것이다. 이 드라마는 주변부 인물을 부각시켰다. 노예, 여성, 보통 사람 등. 대중의 상상 속에서 로마의 역사는 아마도 어떤 다른 역사적 문화적인 것보다도 율리우스 카이사르나 마르쿠스 안토니우스 같은 주요 인물을 중심으로 자리 잡고 있을 것이며, 드라마 〈로마〉는 그들의 운명을 조명하면서 도시 전체의 초상을 그려냈다.

이 시리즈는 사실성과 함께 의도적으로 충격적인 장면을 결합시켰는데, 오프닝 시퀀스에서부터 포르노그래픽적인 그래피티와 페티시fetish, 희생 제의를 비롯해 강간과 약탈, 잔인한 이미지를 선보인다. 애니메이션으로 표현된 이런 이미지가 도시의 벽과 거리에서 드러난다. 이런 이미지를 배경으로 시민들이 걸어가는 모습이 나오고, 그 시퀀스는 그 전체가 하나로 이 시리즈의 우아한 상징물이 된다. 이것은 현실적인 실체 위에 상상의 그림을 투사함으로써, 무언가 인공적인 것이지만 한편으로는 '사실성'에 근거한 진짜를 새겨 넣는다. 마찬가지로 이 시퀀스는 컴퓨터 그래픽 이미지의 우아한 사용을 보여줌으로써 일종의 정통성을 만들어낸다.[57] 이 시리즈는 로마의 모호한 도덕성, 복잡한 이교도적 종교, 문제적인 성 정치, 그리고 검투사들의 경연에서부터 노예들의 묘사에 이르기까지 잔인한 액션들을 보여준다. 이런 것들은 사실성을 강조하며 등장인물들을 명백히 오늘날의 우리가 이해하는 것과는 다른 모습으로 보여준다. 이런 모델에서는 만약 시청자가 그 당시에 무엇이 일어나고 있는지에 대해 알고 있지 못하다면 그것을 사실적인 것으로 인식한다(시청자 경험으로서는 더욱 만족스럽다). 이 시리즈는 익숙한 배경과 인물에 대해 새로운 시각에서 다시 보게 하고, 이런 새로운 방식은 드라마의 강한 내러티브와 함께 이 드라마의 주된 매력이 된다.

드라마 〈데드우드〉는 1876년 골드러시 시대를 배경으로 서부 개척을 드라마로 만든 것이다. 명목상의 도시는 무법천지이고, 드라마에서 서부는 법이 없고 범죄가 난무하며 난잡하고 도덕적으로 부패한 지역으로 그려진다. 그리고 이런 것이 역사적 차이점을 강조하고 이 드라마의 사실성에 무게를 주고 있다. 대부분의 액션은 마을의 창녀촌에서 일어나며, 등장인물들은 음습하고 복잡하고 타협적인 성격이 있다. 화면의 미장센은 의도적으로 지저분한데, 이것은 당시의 사실성을 살리고 오늘날과는 다른 모습을 강조하기 위한 것이다. 드라마 〈로마〉에서처럼 진흙과 먼지 등이 깔끔하고 위생적인 현대 세상과는 다른 차이점으로 부각되는 것이다. 이 쇼는 목적론적인 분위기를 강조한다. 이 드라마의 웹사이트에서 밝힌 바와 같이 〈데드우드〉의 범법자 캠프는 점차 문명으로 진전해나간다는 입장이다. 하지만 동시에 이런 폭력, 욕설, 죽음, 성적 노골성 같은 역사적 설정을 강조하기도 한다. 이처럼 두 가지 입장을 모두 보여줌으로써 이 드라마는 이런 일들이 현재에도 일어나고 있다는 동시대성을 반영하면서도, 한편으로는 시청자들이 그런 지저분한 야만적인 모습은 오늘날에는 일어나지 않을 것이라 생각하게 함으로써 역사의 차이점도 드러내는 것이다.[58] 드라마의 폭력성, 즉 신체적인 폭력과 모호한 도덕성이 보여주는 개념적인 폭력 모두는 〈로마〉와 비슷하며, 날것 그대로의 역사를 보여주는 방식이고 우리 조상들의 어리석음에 대한 수정주의적 접근인 것이다.

이 시리즈를 만든 데이비드 밀치David Milch는 다른 드라마 〈NYPD 블루
NYPD Blue〉(1993~2005년)나 〈힐 스트리트 블루스Hill Street Blues〉(1981~1987
년) 등을 통해 사실적이고 혁신적인 드라마들을 만들어왔다. 그는 배우들
로 하여금 맥락을 이해하게 하고 당시 시대의 미묘함을 이해시키려고 노
력했는데, 이런 것은 텔레비전 드라마에서뿐만 아니라 대학교수로서 일
한 경험에서도 나온 것이다.[59] 마찬가지로 그는 또한 그가 서부 영화 장르
에 대해 가지고 있던 일반적인 이해를 거스르고자 했는데, 서부 장르에서
는 '마치 미국이 서부라는 순수하고 영웅적인 과거가 있는 것'[60]으로 그려
지기 때문이다. 그는 또 "내가 연구한 바로는 서부라는 지역은 서부 영화
와는 별 관계가 없어 보였다"라고 말하기도 했다. 밀치가 자신의 작품
〈데드우드〉에 대해 말한 것처럼, 우리는 문화적인 비유가 역사적으로 만
들어진 것이며 따라서 그의 드라마는 좀 더 '진짜'에 가까워지고자 한다는
것을 알 수 있다. 이것은 모방이나 희화화가 아니라 진짜 서부에 좀 더 가
까이 다가간 작업이기 때문이다. 이 드라마는 과거를 순수한 것으로 보는
과거에 대한 문화적인 해석 방식을 공격한다는 점에서 기존의 인습을 타
파하려는 성격이 있으며, 공격적으로 기존 역사 장르에 도전하고 있는 것
으로 보인다. 서부의 비도덕성과 영웅적 모델에 대한 우상화를 피하려는
노력은 존 포드John Ford의 〈수색자The Searchers〉(1956년)에서부터 클린트
이스트우드Clint Eastwood의 〈용서 받지 못한 자Unforgiven〉(1992년) 등에서 찾
아볼 수 있다. 이 텍스트들의 도덕적 상대주의와 윤리적 모호함은 이후
많은 작품이 비판적인 시각을 유지하는 데 기준이 됐다. 이런 시각이 텔
레비전 시리즈까지 시도됐다는 것은 텔레비전 시청자들이 도덕적으로 복
잡하고 문제적인 프로그램을 받아들일 준비가 됐다는 것을 제작진 측에
서 입증했다는 뜻이다. 그런 드라마의 출발점은 〈소프라노〉가 성공하면

서부터다.[61]

이 두 쇼는 즉각적인 영향력을 낳았다. 역사에 대해 비슷한 접근 방식을 시도하는 드라마들이 급속히 늘어났다. 채널 4의 〈악의 도시City of Vice〉는 소설가 헨리 필딩과 그가 만든 런던에서 첫 번째로 합법화된 경찰 조직 '런던 경찰Bow Street Runner'의 이야기를 그린 드라마다. 이 드라마는 실제 사건과 사물을 결합시켰다. 예를 들어 존 클릴랜드John Cleland의 소설 『패니 힐Fanny Hill』이라든가 잭 해리스Jack Harris가 출간한 매춘 목록 같은 것이 인용됐다. 에피소드는 대개 여러 장르가 뒤섞인 경찰 드라마로 거기에 시대적인 요소를 섞었다. 섹스나 욕설 그리고 지저분함이 그런 것이다. 〈악의 도시〉는 런던을 더럽고 공격적이며 시끄럽고 법이 없는 곳으로 보여준다. 이 시리즈는 각색물은 아니지만 실제 사건을 허구화해 언급하며, 이 중 대부분은 런던 중앙 형사법원Old Bailey의 법정 기록물과 ≪뉴게이트 캘린더Newgate Calendar≫를 각색한 것이다. 이것은 주류 코스튬 드라마와는 명백히 다른 접근 방식이다. "우리는 흔히 잘 알려진 소설을 가져와 각색해 만드는 점잖고 예의바른 여타 텔레비전 역사 드라마와는 완전히 다른 역사 드라마를 만들고 싶었다."[62] 〈데드우드〉나 앤드루 페퍼스Andrew Peppers의 소설 『뉴게이트의 마지막 날The Last Date of Newgate』처럼 웨스턴 드라마나 경찰 드라마에서 가져온 일반적인 표현법을 사용하는 것은 과거를 은근히 '길들이려' 하는 것이며, 탐욕스럽고 짐승 같은 그 시대에 일정한 유형의 합리적인 질서를 가져오는 것이다.[63] 이런 드라마에서 과거는 이상화되지 않으며 그 대신 공포의 공간이며, 그리움을 불러일으키는 것이 아니라 달아나야 할 장소로 그려진다. 필딩이 사회에 합리성과 질서를 가져오려 했던 시도는 그가 현대화와 좀 더 눈에 띄는 문명을 건설하려 했음을 보여줬다. 동시에 탐정 장르의 발동은 필딩이 혼란한 사회에 맞서 질서를 세우려 했음을 보여준다. 그는 그의 주변에서 날뛰는 악에 맞서

헛되이 싸운 것이다. 시리즈의 프로듀서 롭 퍼시Rob Pursey는 시청자들의 기존의 관점에 도전하고자 하는 욕망을 언급했다. "나는 시청자들이 조지 왕조 시대의 행동에 놀랄 것이라고 생각한다. 하지만 런던 거리의 악행은 결코 새로운 현상이 아니다."[64] 이런 유형의 프로그램은 과거를 아름다운 것으로 절대 보지 않으며, 전형적인 각색물에서 드러나는 향수적인 정서에 도전한다. 그것은 역사적 과거의 시대를 어둡고 위험하며 불쾌한 곳으로, 그래서 통제가 필요한 곳으로 드러낸다.

'굿 모우닝': 코미디와 시간 여행

역사를 배경으로 한 코미디와 가벼운 드라마는 영향력이 있기는 해도 텔레비전 프로그램 중 소수를 차지한다. 대개 이런 프로그램들은 전형적인 이야기 방식을 활용한다. 하지만 시리즈가 드러내는 자의식 속에서는 향수가 약화되고 있음을 볼 수 있다. 필수적으로 가벼운 코미디나 포퓰리스트 드라마가 역사적 사건의 재현이나 진지한 역사 참여로 여겨지지는 않지만, 이런 프로그램은 역사가 웃음을 위해 이용될 수 있고 또 진지하게 활용되어 자아의 정의를 생각해보는 데 이용될 수도 있으며, 또한 텔레비전 장르를 이루는 한 부분이 될 수도 있음을 보여준다. 이런 쇼들은 기존 아이디어와 풍자 희화화와 역사적 시대의 시각적 상상을 만들어오고 지속해오고 있다. 이 부문에서 논의되는 모든 시리즈들은 DVD와 외국의 케이블 텔레비전으로 팔려나가기도 했다. 그리고 2007년에는 〈알로 알로'Allo 'Allo〉의 제작자들에게 독일 회사가 연락해 와서 그것을 방영하고 싶다고 하기도 했다. 역사적 코미디와 가벼운 드라마는 코스튬 드라마나 진지한 다큐드라마보다 훨씬 영향력이 있다. 그것들은 더 많은 사람이 즐기며, 폭넓고 다양한 시청자가 있고, 또 여러 형태의 관련 상품으로 만들어진다. 이런 쇼들은 사람들이 좋아하는 특징을 가지고 있어 생명력이 상대적으로 짧은 코스튬 드라마보다는 훨씬 더 많은 돈을 벌어들인다. (〈오만과 편견〉은 약간 사정이 다르겠지만) 그리고 시청자 수는 훨씬 더 많다. 다른 형태의 미디어로도 생명력을 계속 이어간다. 연극 무대나 관련 도서, 관련 음악 싱글과 사운드트랙 앨범까지 나온다.

〈알로 알로〉(BBC, 1982~1992년과 2007년)는 세계적으로 연극으로 공연된 프로그램이다. 제2차 세계대전 당시 프랑스와 이탈리아, 독일과 영국을 대표하는 구성원들이 주인공이다. 이들은 재치 있게 우스꽝스럽게 강조된 억양을 써서 다양한 나라 사람이 모였음을 알게 해준다. 그들은 또 우습게 만들어진 군복을 입고 나온다. 이 쇼는 과거를 진지하게 다루는 그런 프로그램에 뿌리를 두고 있고, 역사적인 코미디의 전통과도 연결되어 있다. 이것은 〈대드스 아미Dad's Army〉(1968~1977년)와 〈엄마, 뜨겁지도 않아요It Ain't Half Hot, Mum〉(1974~1981년)과 같은 BBC 시트콤의 전통을 따라 특정한 스테레오 타입을 활용해 계층과 영국성을 드러낸다. 게다가 이 쇼는 직접적으로 레지스탕스 드라마인 〈시크릿 아미Secret Army〉(BBC, 1977~1979년)를 패러디한다. 이것은 전쟁을 시각적으로 재현해내어 시청자들에게 전달해주고, 주인공에게 역사적이고 국가적인 모델을 부여하는 식의 영향력이 있다.

〈알로 알로〉에서의 프랑스식 영어, 전쟁영화의 언급과 터무니없는 플롯 라인은 명확히 프레더릭 제임슨의 향수를 드러내준다. 권위와 사실로서의 역사와 헤리티지는 여기서는 약화되고, 그저 단지 그런 척하는 것으로만 보인다. 특히 헤르 플리크가 게슈타포를 연기할 때 더욱 그렇다. 그의 아리아인 비서와 그의 가죽 애호 취향이 웃음을 위해 사용된다. 그는 나치의 이데올로그 출신이지만 지금은 성적 무능력자로 변해버린 사람으로 나온다. 괴물 같은 성격을 이렇게 무능하게 변화시킨 것은 이 시리즈가 저항군적인 기조가 있다는 것을 드러낸다. 즉, 전쟁의 공포를 드러내는 것이다. 하지만 그것을 코미디로 바꾼 것은 이런 본뜻을 감퇴시키는 것으로 보이며, 나치즘의 전쟁 시절 정신적인 상처는 익살스러움 속에 가려진다.

> 헤르 플릭: 전축 바늘 상자가 어디 있었는데. [서랍을 열며] 아, 여기 있군.
> 헬가: 뭐 하려고?
> 헤르 플릭: 축음기로 히틀러 연설 레코드 좀 들어보려고. 거 정말 재미있거든.
> 헬가: 히틀러 연설이 재미있다고?
> 헤르 플릭: 웅. 2배속으로 그걸 돌리면 꼭 도널드 덕이 꽥꽥거리는 소리가 나.[65]

도널드 덕은 전쟁 당시 연합군의 선전 영화에 두루 쓰였다. 1942년 〈총통의 낯짝Der Fuehrer's Face〉에서처럼. 이런 유머는 히틀러와 연합군 장교를 희화화하는 식으로 체제비판적인 역할을 한다고 할 수 있지만, 다음과 같은 유머는 이 인물들의 포스트노스탤지어적인 공허함을 보여준다.

> 헤르 플릭: [「호키 코키Hokey cokey」 노래에 맞춰] 오른쪽 군화를 앞쪽으로, 오른쪽 군화를 뒤로 빼고, 소리를 높이 질러 주먹을 흔들어봐. 소시지를 불에 굽고 마을도 불태우고, 그게 전부야.[4] 아, 히틀러, 히틀러 히틀러······.[66]

---

4) 독일어 발음을 흉내 내기 위해 their를 ze로, that's what it's all about을 zat's vot it's all about으로 가사를 바꿔 불렀다.

히믈러를 들먹이고 불타는 마을을 조롱하는 것, 모든 것을 요란한 웃음과 함께 부르는 것은 제2차 세계대전의 폭력을 상투적 가사와 비유, 혹은 실제 일어났던 일이나 그 결과로 생긴 참상과는 관계없는 액션으로 바꿔버리는 것이다. 역사는 이렇게 패러디나 패스티시가 되어버린다. 이 쇼가 명백히 〈시크릿 아미〉를 모방하는 데서도 알 수 있다. 무엇을 가리키는 것인지도 불분명한 의미 없는 농담인 것이다.

이상한 의상과 억양은 처음에는 농담처럼 등장하지만 점점 상승되어 프랑스 경찰을 흉내 내는 영국 비밀 요원이 들어왔을 때 그의 끔찍한 억양이 그를 들통 나게 하는 데까지 이른다. 여기서 시청자들의 웃음이 터진다. '굿 모우닝Good Moaning'은 여기서 캐치프레이즈다. 등장인물들은 계속해서 그의 과장된 영국적인 억양에도 불구하고 그가 프랑스 사람이 아님을 숨기려 하고, 그리고 그 상황의 터무니없음은 이 쇼의 역사적 사실성을 훼손시킨다. 등장인물들은 명백히 프랑스성으로 '연기'하는데, 프랑스인이 아닌 것은 분명하다. 그들은 프랑스어를 사용하지 않고, 프랑스 발음 비슷하게 흉내만 낸다. 이 공연은 주디스 버틀러Judith Butler[5]의 드래그drag 이론의 코미디 연기 버전이라 할 만하다.

> 만약 연기자의 몸이 이미 연기자의 성별에서 뚜렷이 구별된다면, 그리고 그 두 가지가 연기의 성별에서 뚜렷이 구분된다면, 그렇다면 그 연기는 성과 연기 사이의 불일치만 보여주는 것이 아니라 성과 성별, 성별과 연기 사이의 불일치도 보여주는 것이다.[67]

〈알로 알로〉의 코믹 효과는 이렇다. 국가란 것이 연기이며, 역사의 방

---

5) **주디스 버틀러**: 후기 구조주의 철학자로 페미니즘, 퀴어 이론 전문가다.

12장 텔레비전 역사물 **403**

식mode 안에서 정체성은 의상이나 제스처 그리고 엄격하게 이데올로기적으로 정의 내려진 공간 내부에서의 액션 등에 의해 비슷하게 서술된 것이다. 과거란 것은 주인공의 프랑스 억양처럼 진짜가 아닌 것이며, 이런 설정이나 플롯이 계속해서 활용된다는 것은 대중이 쉽게 접하고 쉽게 이해할 수 있는 역사적 인물을 요구하고 있다는 점을 보여준다. 하지만 동시에 그런 것을 반복해 사용하는 것은 인물이 지닌 오류를 드러냄으로써 그들의 권위를 약화시키기도 한다. 그 프로그램을 통한 과거와의 만남은 영국 인물들이 프랑스어를 흉내 내는 것만큼이나 알아듣기 어려운 의미 없는 것이다.

이런 경향은 〈블랙애더〉(BBC, 1983~1989년)에서 더 강해졌다. 이 프로그램은 역사적 사실성을 유쾌하게 공격하는 한편 일정한 정도의 '역사적 정통성'을 추구하려 한다. 〈블랙애더〉의 등장인물은 네 개의 다른 역사적 시대에 등장한다. 중세, 엘리자베스 여왕 시대, 조지 왕조 시대, 제1차 세계대전. 그리고 각 시리즈는 그가 비밀스럽고 음흉하게 자신의 출세를 모색하는 것을 따라간다. 이 프로그램에서 '역사'에 대한 풍자가 이뤄지는 방식은 시청자가 졸렬하게 모방되는 역사를 알아보는 것과 동시에 익숙한 장치(의상, 음악, 세트 디자인)를 통해 드러나는 일종의 '역사적 정통성'을 존중한다는 사실이다. 이 시리즈는 직접적으로 역사에 대해 발언하지는 않았다. 나쁜 의상을 입고 역사를 코미디의 배경으로 연기한 것이다.[68] 그러나 〈블랙애더〉의 많은 농담은 역사적 지식에 근거하고 있었다. 역사적 사실에 대한 지식에 근거하거나 혹은 좀 더 인상주의적으로 그 시대의 지식에 근거했다. 이것은 '역사 조크'라는 것이 단순히 옛날을 허구적으로 꾸며놓고 웃음거리를 만들어내는 것이 아니라 어느 정도 수준에 이르러야 한다는 생각을 하도록 했다. 〈블랙애더〉가 역사를 이용하는 방식은 〈알로 알로〉보다는 훨씬 더 세련됐다. 왜냐하면 여기서 과거라는 것은 캐릭터나 내러티브와 서로 맞물려 있기 때문이다. 단순히 옷만 옛날 옷을 입고 슬랩스틱 코미디를 하는 식으로 역사를 배경으로만 생각하지 않았다는 뜻이다. 사실 〈블랙애더〉는 역사성이 있다고 여겨졌다. 그래서 이 시리즈는 지나친 희화화의 가능성 때문에 대중의 역사 이해에 영향을 미칠 우려가 있다는 이유로 비난을 받기도 했다.[69] 이 코미디는 학교에서 보조 교재로 사용되기도 했으며, 과거를 인식하는 시각에 큰 영향을 끼쳤다고 볼 수 있다.[70]

이처럼 포스트노스탤지어 방식으로 과거를 표현하는 것과 대조적으로 역사적 차이점을 강조하는 드라마와 같은 주류 프로그램도 있었다. 〈굿나이트 스위트하트Goodnight Sweetheart〉(BBC, 1993~1999년), 〈라이프 온 마스Life on Mars〉(BBC, 2006~2007년)와 이것의 속편 〈애시스 투 애시스Ashes to Ashes〉(BBC, 2008년) 같은 것은 주인공들이 어느 날 갑자기 과거의 시간 속으로 들어간 자신을 발견하고 놀라워하는 내용을 위주로 인기를 얻었다. 역사 속으로 주인공이 들어가는 방법을 드라마화하는데, 이 두 쇼는 가변성을 제시했다. 우리가 살고 있는 현재에서 과거로 들어가는 것이 상상의 측면에서나 물리적인 측면에서나 그 장벽이 높지 않다는 것이다. 그러나 이런 드라마들은 또한 과거가 사람에게 큰 영향을 끼칠 수 있다는 것도 보여주었다. 이런 면에서 좋은 비교가 될 만한 작품은 〈사선을 넘어Quantum Leap〉(NBC, 1989~1993년)로, 여기서 주인공 영웅은 과거로 날아 들어가 '잘못 됐던 일을 바로잡고' 더 나은 현재를 위해 타임라인을 바꾸는 일을 한다. 이와 비슷한 작품으로 어린이 시리즈 〈타임 워프 트리오Time Warp Trio〉(NBC, 2005년)에서는 어린이 팀이 과거로 돌아가 역사가 올바르게 진행되고 있는지를 확인하기도 한다. 이와 유사한 영화로는 〈백 투 더 퓨처 Back to the Future〉 3부작[로버트 저메키스Robert Zemeckis, 1985~1990년]이 있다. 이 영화에서 주인공은 과거와 미래를 오가며 현재가 존재하기 위해 반드시 일어나야 할 과거의 일이 일어나도록 하고 모두를 위한 해피엔딩을 만들기 위해 노력한다. 이런 프로그램은 대부분 〈닥터 후Doctor Who〉(BBC, 1963년~)의 영향을 받은 것이다. 이 작품에서는 시간 여행에 대한 일종의 도덕적 절대 요소를 상정하지만, 시간 사이의 이동은 특정한 시기로의 이동만큼 고려되지 않는다. 마찬가지로 이 시리즈는 특정한 순간의 특별함에 관심이 있지 그 순간들과 다른 순간들과의 관계 같은 것에는 별 관심이 없다. 〈닥터 후〉에서 과거란 단순히 특별한 에피소드의 이야기를 꾸려나가기 위한 배경으로 이야기 속에서 펼쳐질 사건과 서로 맞물리게 되는 것일 뿐이다. 〈굿나이트 스위트하트〉와 〈라이프 온 마스〉의 도덕적 복잡성은 이렇듯 상대적으로 단순한 관점으로 시간 여행을 개념화하는 것이 너무 순진하다는 생각을 하게 했다. 과거와 현재 사이의 역학에 대한 이런 드라마들의 관심은 역사적 차이점을 드라마화하는 데 있었고, 또 그것을 포괄적인 오락물로 만들어내는 데 있었다. 이러한 드라마들의 또 다른 요소는 '현재'를 혼란스럽게 하는 것이었다. 두 드라마의 중심인물들은 상대적으로 '현재'에 살고 있는 그들의 삶에 대해 양가적인 입장을 취하고 있다(과거의 삶이 훨씬 더 궁핍한 것임에도 불구하고).

〈굿나이트 스위트 하트〉는 시트콤에 가까운 드라마인데, 주인공 개리 스패로는 그가 현대와 1940년 전쟁 당시의 런던을 오갈 수 있음을 깨닫는다. 그는 두 가지 삶을 동시에 산다. 그것은 리얼타임으로 동시에 일어난다. 그리고 현대의 역사적 자료로부터 구해온 물건으로 과거의 생활을 꾸려나간다. 스패로는 과거로부터 가져온 물건을 현대로 와서 골동품으로 팔기도 한다. 그가 자기도 모르는 사이에 1940년대로 처음 들어갈 때 그는 그가 간 곳이 옛 시절을 테마로 한 카페라고 생각한다. 이 시리즈는 따라서 부드럽게 오늘날의 과거 숭배를 풍자한다. 이와 동시에 옛날식 테마 카페를 언급한 것에서 알 수 있듯이, 오늘날 생활에 과거가 물질적으로나 문화적인 측면에서 많이 스며들어 있음을 알려준다. 이 프로그램의 도덕적 입장은 명확하지 않아 이것이 이 코미디 쇼에 미묘한 차이를 부여한다. 게리는 과거와 현재 모두와 연관을 맺고 있고, 양쪽 연인들과 결혼한다. 그는 미래에 어떤 일이 일어날 것이라는 예측을 통해 돈을 벌고 비틀스의 노래가 자신의 작품이라고 주장한다.[71] 이런 윤리적인 쟁점은 과거와 현재 사이의 긴장감에 의해서만 만들어질 수 있는 것이며, 주인공이 양쪽을 오갈 수 있어야만 나올 수 있는 상황인 것이다. 〈굿나이트 스위트 하트〉에서 역사적 시대에 실제적으로 육체적으로 감정이입을 하는 것, 즉 종종 그 시절로 가는 것은 바람직하지 않은 행동을 하도록 한다.

〈라이프 온 마스〉는 〈하트비트〉를 뒤집어 만든 작품이라고 할 수 있다. 여기서는 경감 샘 타일러가 차에 치인 뒤 1973년의 세상에서 깨어난다. 그는 자신이 차에 치였다는 것을 알기 때문에 아마도 이것이 환영일지도 모른다는 생각을 하고 있다. 여기서의 1970년대라는 과거는 향수 어린 시각으로 추억되는 시절이라기보다는 현대에 비해 대조적으로 끔찍한 모습으로 묘사된다. 타일러가 과거임을 인식하도록 하는 첫 번째는 시각적인 것이다. 자신의 지갑, 옷, 차 등을 보고 시대가 바뀌었음을 안다. 두 번째로는 사람들의 행동을 통해서다. 그는 사람들의 태도나 말투, 물건 같은 것을 이해하지 못하며, 이렇게 과거에 대해 이해할 수 없는 것이 연기를 통해 나타나면서 역사성을 만들어내고 있다. 현대성이나 동시대성을 나타내는 지표는 휴대전화나 지프 같은 물건이거나 혹은 성차별주의, 인종차별주의, 동성애 혐오의 여부로 알 수 있는 행동 방식이다.

그는 과거에서도 같은 경찰서에서 일을 하지만, 1970년대 경찰의 분위기와 작업 방식을 끔찍하게 싫어한다. 당시는 인종주의나 동성애 혐오 등의 성차별주의가 흔한 시대였고, 용의자들에게 폭력을 쓰는 것이 일상화되어 있었는데, 자신의 상사인 성질 못된 경감 진 헌트가 이 모든 것을 갖춘 사람이기 때문이다. 이렇게 주인공이 주변 배경과 화합하지 못하는 상황은 이 시리즈의 영향력에서 중요한 역할을 했다. 이 쇼의 제목인 '라이프 온 마스'에서 알 수 있듯 이 드라마는 1970년대에 살아가는 타일러의 감정을 나타냄과 동시에 1971년 데이비드 보위David Bowie가 발표한 노래 제목이기도 하다. 마음의 상태이면서 역사의 한 부분인 것이다. 1970년대는 지금과는 현격히 다른 것으로 묘사되며, 거의 지금과 비교해 알아볼 수 없을 정도다. 그러나 줄담배와 나팔바지 같은 것을 통해 당시 시대에 대한 향수를 느끼게도 한다. 그러나 이런 향수는 〈하트비트〉의 그것과는 다른 것이다. 〈하트비트〉는 이상화된 과거를 따뜻한 시선으로 바라보았다. 〈라이프 온 마스〉의 향수적인 요소는 단순히 그때의 스타일을 드러낸 것일 뿐, 과거를 무해하고 단절된 것으로 드러내는 편안한 '회고' 분위기로 보여주려 한 것은 아니다. 이 쇼는 또한 드라마상의 아이러니를 이용해 잃어버린 것과 함께 얻은 것, 특히 현대의 공동 사회 상실에 대해 생각하게 한다. 3회에서 수사팀은 망해가는 공장 노조를 조사하는데, 타일러는 그 빌딩이 지금 자신이 살고 있는 건물임을 알게 된다. 5회에서는 훌리건의 폭력에 의해 축구장의 관중이 다치는 상황을 보여준다.[72]

〈라이프 온 마스〉는 또한 타일러의 방법이 대개 좀 더 효과적임을 보여준다. 그는 다른 사람들처럼 사람을 때리거나 하지 않으며 좋은 결과를 얻어낸다. 그는 〈굿나이트 스위트하트〉의 게리 스패로처럼 역사적인 뿌듯함을 맛보게 되는데, 이것은 뒤늦은 깨달음과 긍정적인 사고, 즉 과거보다는 지금이 낫다는 생각이 합쳐져 생겨난 것이다. 이러한 생각은 그들이 인간관계에 얽혀 두 사람이 과거에 영원히 머물지를 고려해보는 장면에서 약해지기는 한다. 현재가 앞으로 어떻게 달라질 것인지에 대한 개념 없이 현재가 가장 좋은 곳이라는 그러한 생각은 위선적으로 역사에 대해 도덕적 우위를 부여한다.

압력 단체들은 이 드라마의 '사실적'인 1970년대의 특징적 언어, 예를 들어 성차별주의, 동성애 혐오, 인종차별주의적인 욕설 같은 것이 BBC 드라마로는 적절하지 않으며 모방 범죄를 일으킬 수 있다고 비난했다.[73] 이는 드라마 속에 프라임 타임용으로는 부적절한 요소와 언어폭력 같은 것이 있음을 보여준다. 〈라이프 온 마스〉는 〈로마〉나 〈데드우드〉 시리즈처럼 과거를 폭력적이고 끔찍하고 재건되지 않은 것으로 드러낸다는 공통적으로 감정적인 특질이 있다. 이런 쇼에서 과거를 바라보는 방식은 단순히 옛날이 존재했었다는 식으로가 아니라 과거를 새롭게 상상해보고 그것을 좀 더 복잡한 스타일로 검토하는 데 있다. 〈라이프 온 마스〉는 장르 프로그램이기는 하지만 그것이 작동하는 방식은 약간 차이가 있다. 이것은 타일러와 경찰 양쪽 모두가 의미를 찾는 과정과, 그 결과로 얻어지는 진실 및 이해의 과정을 드라마로 나타내고 있다. 과거의 장면에서도 혼돈 속에서 질서를 찾으려 하고 있다. 〈라이프 온 마스〉는 1970년대를 도덕적으로 죽어 있는 곳으로 만든다. 당대는 진솔한 진실을 발견하고 조사의 동기를 제공하는 곳인 것이다('과학'이 지배하는 현재와 비교해볼 때). 오프닝 시퀀스에서 타일러는 법리에만 집착하고 직감에 따라 생각하지 않는 것으로 질책받는 부분이 있다. 동시에 '과거'는 아마도 실재 존재하는 것이 아니다. 이것은 코마 상태 속의 꿈이다. 따라서 1969년에 태어난 사람의 마음속에서 과거의 재현은 〈더 스위니The Sweeney〉 같은 텔레비전 경찰 드라마나 뮤지컬 사운드 트랙에 근거를 두고 있다. 한마디로 이것은 허구화된 이야기며, 솜털 무늬 벽지와 플레어 등으로 대표되는 1970년대의 삶에 대한 스케치인 것이다.[74]

〈애시스 투 애시스〉(BBC, 2008년)는 〈라이프 온 마스〉의 속편으로, 과거로의 여행이라는 요소를 더 복잡하게 확대시켰다. 경감 알렉스 드레이크는 총에 맞은 뒤 1981년의 런던으로 가게 된다. 이때 진 헌트가 우연히 이스트엔드 지역을 일소하기 위해 그곳으로 온다. 그 시절 역시 성차별주의와 동성애 혐오가 난무할 때이지만, 헌트의 '진짜 남자' 기질과 그의 무례하고 직설적 성격은 그곳에서는 숭배의 대상이 된다. 필립 글레니스터 Philip Glenister가 연기한 헌트 경감 역은 시청자들로 하여금 나쁜 남자에 묘한 호감을 느끼도록 했다. 공격적이기는 하지만 경찰답지 않은 그의 성격은 드레이크 경위의 융통성 없는 딱딱한 성격과 좋은 대조를 이루었다. 이 드라마에는 1980년대를 남자가 남자다웠고 마음대로 거친 말투로 이야기할 수 있었던 순박한 시절로 그리면서 당시에 대한 향수를 드러낸다. 논리적이고 효율을 중시했던 타일러와는 달리 드레이크는 신경질적이고 알 수 없는 용어를 지껄이며, 직감을 활용하기는 하지만 그녀의 직감은 대부분 틀린다. 그러나 외계에 온 듯한 원작의 과거 여행 모티브는 이 드라마에서 그다지 발전되지 않는다. 1980년대를 상징하는 것들(빨간 치아 교정기, 뉴로맨틱스, 부둣가)은 드레이크에게는 친숙하고 익숙한 것들이라 그녀는 아주 편안하게 과거의 시간에 정착한다.

이 시리즈는 아주 자의식적이고 자기 참조적이다. 드레이크는 샘 타일러 사건의 전문가로서 첫 회는 그녀의 딸이 그의 노트를 읽은 것으로 시작한다. 이 대사들은 샘이 〈라이프 온 마스〉의 각 편이 시작할 때마다 읽었던 말이다. 그녀의 딸이 "그러시든가" 하는 식으로 대사를 던지는 것은 이 드라마가 잘 쌓아온 신용도를 약간 무너뜨리기도 하지만, 곧 시청자들은 드레이크가 1981년 템스 강의 배에서 깨어나면서 편안하게 그녀와 함께 시간 여행에 동참하게 된다.[75] 타일러와는 달리 드레이크는 곧장 자신이 겪고 있는 이 상황이 그저 환영일 뿐이며 총을 맞은 정신적 상처에 대한 심리적 반응일 것이라고 생각한다. 타일러에 대한 보고서를 보았기 때문에 그녀는 이 상황이 과거에 대한 판타지라고 믿는 것이다. 그녀는 그녀가 만들어냈다고 믿는 사건에 대해 사과한다. "나는 이게 어디서 왔는지를 모르겠어."[76] 그와 마찬가지로 그녀는 이것이 그녀의 판타지이기 때문에 자신이 제어할 수 있다고 생각한다. "나는 당신을 다시 상상해내야 할 것 같다." 그녀는 헌트에게 이렇게 말한다.[77] 이런 자의식은 이 시리즈를 아주 개념적으로 불안정한 것으로 만들지만, 또 한편으로 역사적인 가능성에서는 살아 있는 것으로 만들기도 한다. 드레이크의 과거의 경험은 그녀가 생각하기에는 그녀의 현재 처지에 대한 허구적인 리액션이라는 것이다. 이 시리즈는 데이비드 로웬설의 주장, 즉 문화유산이란 것은 과거에 대한 이해보다는 현재에 대해 알아가는 과정이라는 주장을 대변하고 있다. 〈애시스 투 애시스〉는 과거를 판타지의 세계로 제시하면서 그것이 오늘날의 문제점에 대한 해결책이 될 수 있다는 점을 암시한다. 드레이크는 그녀가 자신의 상상력으로 만들어낸 과거라고 생각하는 장면을 몸으로 경험한다. 그녀는 판타지 촉감의 깊이에 놀라움을 표시하지만, 또 한편으로 그녀의 상상 속에서 신체적인 징후가 나타난다는 것을 걱정한다. '입술 위의 한순간, 엉덩이 위의 사후 인생' 등.[78] 그 '체험'은 그녀로 하여금 그녀의 지금 시대의 삶을 이해하게 해준다. 드레이크에게 그것은 모두 껍데기이며, 과거의 모방이며, 깨달아가는 경험이며, 역사적인 낯설음을 심리적으로 받아들이는 과정은 아닌 것이다.[79]

샘 타일러는 낯선 지옥에 살았고, 코마 때문에 생겨난 역사의 꿈속에 살았다. 〈라이프 온 마스〉에서 지나친 역사적 상상력은 한 사람을 효과적으로 미치게 했으며, 시리즈 끝에서 타일러는 전망의 결과 때문에 자살한 것으로 보인다. 이 쇼는 허구적인 표현, 시각적인 상징, 이상한 행동, 과거에 일어났던 일에 대한 신비화를 통해 오늘날의 시청자들이 과거에 참여하고 개념화하는 방식을 잘 드러내준다. 역사적 상상력은 사실적이지만 왜곡된 것은 아니다. 알렉스 드레이크는 그녀의 역사에 대한 판타지를 인식했고, 그녀가 만들어낸 과거의 세밀함에 놀라움을 드러냈고, 명백하게 현재를 되돌아보게 하는 수단으로 과거를 보여줬다. 그녀에게 1980년대는 벗어나야 할 무엇이며, 깨어나야 할 악몽이며, 평범한 일상으로 돌아가기 위해 해결해야 할 문제인 것이다. 그녀의 역사적 상상력에 있는 자의식은 과거를 비유와 연기로 제시하며, 깊이가 없고 목표도 결여된 것이다. 이 드라마들이 보여주는 이원성은 이 장에서 계속 논의된 것을 잘 설명해준다. 과거를 다루는 대중적 역사 드라마의 가능성과 다양성 같은 것 말이다.

13장 역사 영화

내셔널 시네마, 국제적 관객 그리고 역사 영화

　시각적으로 과거를 상상하고 구성하는 문화 생산품 중 텔레비전만큼 중요한 것이 영화다. 영국의 역사 영화를 하나의 실체로 연구하는 것도 중요하겠지만, 관객은 영국 역사 영화와 다른 역사 영화를 비교해서 볼 것이다. 〈좋은 친구들Goodfellas〉(마틴 스코세이지, 1990년)로부터 〈피아니스트The Pianist〉(로만 폴란스키, 2002년)까지 어떤 영화라도 점차 국적을 초월해 국제화하고 있다.[1] 실제로 이 두 가지 예는 역사 영화의 범위와 복합성을 잘 보여준다. 〈좋은 친구들〉은 아주 세련되고, 자의식적이며, 갱스터로서의 삶을 살펴보는 작품이다. 〈대부Godfather〉 3부작(프랜시스 포드 코폴라, 1972, 1974, 1990년)의 방식으로 그려진 이 영화의 뒤를 이어 1990년대에는 많은 수의 갱스터와 마약 영화가 1970년대를 배경으로 그려졌다. 〈도니 브래스코Donnie Brasco〉(마이크 뉴웰, 1997년), 〈블로Blow〉(테드 드미, 2001년), 〈부기 나이츠Boogie Nights〉(폴 토머스 앤더슨, 1997년), 〈아메리칸 갱스터American Gangster〉(리들리 스콧, 2007년) 등이 있다. 〈피아니스트〉는 유대인의 나치로부터의 고통스러운 탈출에 대한 설명이며, 홀로코스트를 소재로 꾸준히 만들어져 온 영화 중 하나다. 〈쉰들러 리스트Schindler's List〉(스티븐 스필버그, 1993년)와 〈인생은 아름다워Life is Beautiful〉(로베르토 베니니, 1997년) 등이 같은 유의 영화다. 스필버그의 〈뮌헨Munich〉(2005년)은 1972년 검은 9월단의 이스라엘 올림픽 선수들 암살에 뒤따르는 모사드의 대테러counter-terrorist 임무를 역사 스릴러로 만듦으로써, 이러한 비유를 더 다양화했다. 이 영화는 명확히 이스라엘 국가의 결정에 의문을 제기하고 유대인성에 대해 반성하며, 또한 9월 11일 이후 대테러 미국전쟁에 대해서도 반성한다. 이렇게 역사 영화가 다양하기 때문에 여기서는 모든 영화를 깊이 있게 다룰 수는 없다. 이 장르는 거대하고 국제적이다.[2]

역사 영화와 알레고리allegory는 영화 제작자들이 활용해오면서 최근의 과거에 대한 쟁점, 특히 폭력과 국가적 정체성과 관련된 작업에 이용되어 왔다. 이러한 영화에서 '역사'는 여러 기준점, 즉 알려지거나 때로는 알려지지 않은 '사실들'이 됨과 동시에 현재와 연결되지만 개념적으로는 멀리 동떨어진 그런 공간, 혹은 추상적으로는 여러 사건이 일어난 공간이지만, 이해와 재검토 작업을 거치면서 바뀔 수 있는 공간이 되어왔다. 에미르 쿠스트리차Emir Kusturica의 〈언더그라운드Underground〉(1995년)는 유고슬라비아 역사의 여러 단계에 대한 초현실적인 이야기인데, 어떻게 한 국가가 건설되고 폭력을 거치며 살아남았나에 대해 이야기를 펼친다. 독일 영화의 현대 역사 접근을 보면, 히틀러라는 인물을 통해 작업하는 것을 예로 들 수 있다. 〈다운폴Downfall〉(올리버 히르슈비겔, 2004년)이 그런 예다. 〈다운폴〉은 히틀러의 비서 트라우들 융게Traudl Junge의 기억을 근거로 만든 영화인데, 한 인물에 대한 전기 영화일 뿐만 아니라 그 사람의 오늘날 인터뷰를 제공함으로써 영화의 주관성을 드러내기도 했다. 그 결과 역사적인 진실성은 더 강화되기도 하고 더 약해지기도 했다고 볼 수 있다. 이런 불명확함과 함께 역사적 사실을 이해하려는 욕망, 그리고 어렵고 광범위한 쟁점으로부터 피해 나가고자 했던 욕망 같은 것들이 역사의 '악한'에 대한 역사 전기 영화의 성격을 규정한다고 볼 수 있다. 최근에 독일 감독들은 장벽이 무너지기 이전의 삶을 파헤치기 시작했다. 이것은 사회주의 세상에 대한 코믹한 향수를 보이거나[〈굿바이 레닌!Good Bye, Lenin!〉(볼프강 베커, 2002년)] 혹은 가장 악랄한 비밀경찰인 슈타지Stasi 작전의 중심에서 인간성에 대해 사색하는[〈타인의 삶Das Leben der Anderen/The Lives of others〉(플로리안 헨켈 폰 도너스마르크, 2006년)] 방식으로 드러나고 있다.[3] 특히 〈타인의 삶〉은 역사 다시 쓰기에 대한 고찰이다. 마지막 장면에서 도청 작전의 주체였던 드레이만은 1989년 이후 새롭게 공개된 자료보관소에서 슈타지 비밀 파일을 보게 된다. 그 장면에서는 자료보관소의 담당자가 파일 보관소로 들어가는 데 시간을 끄는 방식으로 주제를 드러낸다. 관객의 관심을 보관되어 있던 증거에 집중하도록 하는 것이다. 그가 읽은 문헌은 그러나 드레이만과 그의 연인을 보호하기 위해 작전의 리더가 변형한 것이었다. 슈타지 장교를 영웅으로 만든 것은 문제의 소지가 있으며, 또 영화는 공산주의 통치하의 삶을 단순화시켰다.[4] 영화의 '오스탈기Ostalgie'(공산주의에 대한 향수)와 슈타지 방법론과 독일 민주공화국GDR 탄압 정책에 대한 단순화된 표현을 통해 이 영화가 내러티브적인 가치와 소재적 진실성이 있다는 것 외에 어떤 가치도 없다는 것을 드러냈다. 이야기상 액션과 캐릭터는 역사적으로 진실한 것이 아니다. 감독은 영화와 함께 공개된 발표문에서 주장했다. "나는 한 인간이 그때 당시 상황에서 어떻게 행동했을까 하는 것을 탐구해보고 싶었지, 진짜 벌어진 이야기로 말하려 했던 것이 아니다. 이 영화는 휴머니티에 대한 믿음의 표현이지 실제 일어났던 일에 대한 설명이 아니다."[5] 이 영화는 본질적으로 사실적이지 않다. 그 대신 이상적인 것에 대한 생각을 드러낸다. 즉, 정권에 대한 용서는 그것을 불가능할 정도로 휴머니즘화함으로써만 가능하다는 것이다.

중국 역사는 1980년대와 1990년대의 이른바 '제5세대' 감독에 의해 다양하게 변주됐다. 장이머우張藝謀 감독의 〈국두〉(1990년), 천카이거陳凱歌의 복합적 서사시 〈패왕별희〉(1993년)의 역사적 프레임워크는 전제정치, 협상, 정치와 예술 사이의 관계를 탐험하는 데 기본 틀을 제공했다. 이 영화들은 국제 영화제에서 수상했고, 세계 영화 관객에게 인기를 얻었으며, 주연 배우들을 스타로 만들었다. 1990년대 초반의 중국 역사 서사시들은 진지하고 정치적인 분위기였다. 지금은 아주 다른 것이 됐다. 몇몇 '제5세대' 감독들은 정치성 대신 중국 역사와 문화에 대한 물신화를 통해 인기를 얻었다(물론 이들보다 국제 시장을 제대로 개척한 작품은 미국에서 만들어진 2001년 리안李安 감독의 〈와호장룡〉이다). 예를 들어 장이머우 감독은 초기 역사물에서는 여성성과 권력과의 관계를 분석한 〈홍등〉(1991년) 같은 작품을 만들었지만, 최근에는 신비한 무술 영화 〈영웅〉(2002년), 〈연인〉(2004년) 그리고 〈황후화〉(2006년) 등 중국적인 특징을 남용하는 작품으로 이동했다.[6] 천카이거 감독은 자신의 국가에 대한 생각을 반영하기 위해 역사를 활용했지만, 이런 영화들은 회피주의적인 세미semi 신화적 판타지로밖에 볼 수 없다. 물론 이런 식으로 국가의 미화된 과거를 펼쳐 보이려는 움직임은 분명히 홍콩의 귀속 이후 강화된 중국 당국의 검열에서 비롯되었다고 볼 수 있다.[7]

각국의 영화 산업에서 생겨난 논쟁은 극단적이거나 정치적이거나 순수화라는 목표가 있다. 사적 요소가 담긴 현대 스페인 영화들은 최근의 사건에 파고들어 이를 이해하려는 시도를 보여준다. 특히 프랑코 정권과 시민전쟁에 대해 파고든다. 하지만 이것은 영화 산업 속에서 오랫동안 지속되지 않았다.[8] 상대적으로 스페인에 대해 비관적이고 비타협적인 영화, 예를 들어 페드로 알모도바르Pedro Almodovar의 〈나쁜 교육La Mala educación Bad

Education〉(2004년)과 기예르모 델 토로 고메즈Guillermo del Toro Gomez(이 사람은 멕시코 사람이지만)의 〈판의 미로El Laberinto del Fauno Pan's Labyrinth〉(2006년) 같은 것들은 그런 국민적 카타르시스로써 해외 시장을 개척했다. 물론 앞에서 언급된 대부분의 영화는 해외 시장에서 환영을 받았다. 그 대부분은 영화제에서 상도 받았다. 이런 영화는 역사 영화 관객에게 중요한 질문을 던진다. 이런 영화에서 볼 수 있는 역사라는 것은 타국의 관객에게 중요한 것인가, 혹은 과거는 정말로 다른 나라처럼 낯선 것이 되어버린 것일까?

한 국가의 정신적 상흔을 탐구하는 영화는 종종 대중에게 큰 인기를 얻지는 못한다. 정치화된 영화들, 예를 들어 붉은 여단의 알도 모로Aldo Moro 살해를 다룬 이탈리아 영화 〈굿모닝, 나잇Good Morning, Night〉(마르코 벨로치오, 2003년)나, 좀 더 편안한 분위기의 〈시네마 천국Cinema Paradiso〉(쥐세페 토르나토레, 1988년) 같은 영화가 공히 역사를 다루는 영화라는 점에서 볼 때 '역사 영화'라는 것이 정치적으로 쟁점을 던지는 것일 수도 있지만, 단순히 역사의 사건에 대한 온화한 향수적인 시각을 보여줄 수도 있다는 것을 알 수 있다. 두 가지 모두 과거를 이상화한 것으로 받아들인다. 하지만 전자는 분명치 않은 공포를 국가 정치 발전의 핵심으로 분석하는 반면, 후자는 명확히 생각 없는 노스탤지어 영화의 관습을 따른다. 영화는 나이든 사람의 회상으로 시작해서, 우울한 분위기가 몸에 배어 있고 행복했던 시절을 이상화한다. 결정적인 차이는 한 영화는 '실제' 사건에 기초하고 있지만, 다른 하나는 과거의 재건보다는 과거의 분위기와 인상만을 보여준다는 것이다.

프랑스 영화들은 최근의 과거를 많이 다루어왔다. 대개 식민지 역사를 현대적인 배경으로 다루는 것이 많았다. 미카엘 하네케의 2005년 〈히든 Cache: Hidden〉 같은 작품의 경우가 그렇다 — 하네케는 독일인이기는 하다. 하지만 〈대령Mon Colonel〉(로랑 에르비에, 2006년), 〈영광의 날들Indigènes〉(라시

드 부샤렙, 2006년), 〈친밀한 적L'Ennemi Intime〉(플로렝 에밀리오 시리, 2007년)
이 모두는 알제리 전투의 행위와 여파를 탐구하고자 한다. 프랑스 영화에
서 과거의 재현은 영국의 것과 비슷하다. 예를 들어 〈여왕 마고La Reine
Margot〉(파트리스 셰로, 1994년), 〈몰리에르Molière〉(로랑 티라드, 2007년) 같은
비싼 코스튬 드라마, 시대에 뒤떨어진 코미디 〈비지터Les Visiteurs〉(마리 푸
아레, 1996년), 그리고 문학 각색 작품 〈제르미날Germinal〉(클로드 베리, 1994
년) 혹은 〈시라노 드베르주라크Cyrano de Bergerac)〉(장 폴 라프노, 1990년) 등
이 있다.[9] 프랑스 역사 영화의 대표 주자는 머천트 아이보리Merchant-Ivory
영화사로, 그들은 〈마농의 샘Manon des Sources〉 1, 2편(클로드 베리, 1986년)
으로 영국 내외에서 엄청난 성공을 거두었다.[10] 두 영화는 단순하고 전원
적인 시골 공동체를 향한 보수적인 애도를 잘 보여준다. 그리고 〈시네마
천국〉과 함께 이 영화는 전 세계적으로 폭넓은 인기를 얻었다. 자국 내에
서는 주류 서사물 영화로 인기를 얻은 데 반해 외국에서는 예술 영화로 소
개됐다.

역사 영화의 기법이 엄청나게 인기를 얻었다는 사실은 M. 나이트 샤말
란M. Night Shyamalan의 2004년 영화 〈빌리지The Village〉에서 잘 알 수 있다. 영
화는 19세기의 고립된 한 마을을 등장시킨다. 영화의 맨 마지막에 반전이
드러나는데, 이 마을이 사실은 현대 도시의 삶에 대한 공포로부터 피난처
를 찾아 떠나온 현대인들로 이뤄진 마을이라는 점이다. 영화는 관객의 가
정, 즉 이것이 역사 영화라는 전제와 이런 분위기에서 느낄 수 있는 안락
감 같은 것을 훼손시킨다. 이 반전은 역사 영화라면 이럴 것이라는 생각
덕분에 생겨나는 것이다. 이런 역사적 수사법의 교묘한 배치와는 반대로
〈빌과 테드의 엑설런트 어드벤처Bill and Ted's Excellent Adventure〉(스티븐 헤렉,
2001년) 같은 코미디는 과거를 불손하게 재현해낸다. 이런 영화에는 〈흑
기사 중세로 가다Black Knight〉(길 정거, 2001년), 호러 영화 〈이블 데드 3-암흑

의 군단Army of Darkness〉(샘 레이미, 1992년), 그리고 의도적으로 무정부주의
적 입장으로 장르를 약화시키는 〈기사 윌리엄A Knight's Tale〉(브라이언 헬겔
런드, 2001년) 혹은 〈물랑 루즈Moulin Rouge〉(배즈 루어먼, 2001년) 등이 있다.[11]

헤리티지 논쟁과 영국 영화

이런 복합적인 국제적 관계망에서 영국 역사 영화는 한편으로 뚜렷하
게 국가의 표상이라는 분위기였고, 또한 보수주의의 반목과 의심에 대해
전략을 발전시킬 수 있을 정도로 강한 것이었다. 1980년대의 텔레비전과
영화에서의 헤리티지 상품은 하나의 실체로 여겨졌고, 여러 비평가는 영
국 '헤리티지 영화'가 하나의 장르로 자리 잡았다고 주장했다.[12] 이것의 대
표적인 영화·텔레비전 상품으로는 〈브라이즈헤드 리비지티드〉(그라나다,
1981년), 영화 〈불의 전차Chariots of Fire〉(휴 허드슨, 1981년)와 머천트 아이보
리 영화사가 만들었던 1985년 〈전망 좋은 방A room with a View〉에서부터
1993년 〈남아 있는 나날The Remains of the Day〉 사이에 만들어졌던 일련의
영화가 있다. 〈모리스Maurice〉(1987년)와 〈하워즈 엔드Howard's End〉(1992년)
도 이들이 만들었다. 이 장르의 또 다른 영화로는 〈몬테리아노 연인Where
angels Fear to Tread〉(찰스 스터리지, 1991년), 〈도브The Wings of the Dove〉(이언 소
프틀리, 1997년), 〈조지 왕의 광기The Madness of King George〉(니컬러스 하이트
너, 1995년), 그리고 데이비드 린David Lean의 〈인도로 가는 길The Passage to
India〉(1984년)이 있다.
　'코스튬 드라마' 헤리티지 영화는 삶이 덜 복잡했던 그 시대를 회고조로
뒤돌아보는 식으로 만들어져 '잃어버린 혹은 사라진 대저택 시대의 영국'
이라는 시각에 영합했다는 비난을 받았다.[13] 이런 비평의 핵심은 영화가

문화적으로 보수적인 엘리트들을 다루면서 향수적인 영국성을 드러냈다는 것이다. 앤드루 힉슨Andrew Higson, 패트릭 라이트와 로버트 휴이슨은 모두 헤리티지 문화 상품이 특정한 형태의 '영국성'에 대한 갈망을 드러낸다고 주장했다.[14] 힉슨은 그런 작품이 '중산층의 수준 있는 문화 상품이며, 아트 영화와 주류 상업 영화의 중간쯤에 위치한 것이며…… 기교 있고 보기 좋게 엘리트를 그려냈으며, 국가의 과거에 대한 보수적인 시각을 보여 주는 것으로 여겼다.[15] '정본적인 문화 자산', 예를 들어 소설, 대저택, 코스튬 같은 것을 파는 그들의 행위를 통해 이런 작품은 정치적으로 우익의 시각을 지지했다. 심지어 그들은 국가성과 헤리티지의 정의에서 여러 다양한 텍스트와 문화 유품의 특권적 지위를 받아들였다.[16] 패트릭 라이트는 '브라이즈헤드 콤플렉스'가 '귀족적 반동주의'적인 지배력을 가지는 것을 비난했다. 헤리티지가 단순히 반동적인 멋으로 여겨지고 있다는 것이다.[17] 휴이슨은 헤리티지 영화가 대저택에 대한 봉건 시대의 바보 같은 웃음으로 돌아가고자 하는 것일 뿐이라고 비난했다.[18]

라파엘 새뮤얼은 헤리티지가 1980년대보다 훨씬 이전부터 생겨난 것이지만, 영화 코스튬 드라마가 보수적인 우익, 중산층 어젠다와 아주 단단히 결합되어 있다고 지적했다. 코스튬 드라마는 과거를 바라볼 때 품격과 정통성이라는 두 개의 렌즈를 통해 과거를 바라보게 하고, 과거를 동질적이고, 계층 의존적이며, 시각적으로 풍성한 것으로 바라보게 했다. 혁신적인 1990년대와 2000년대의 코스튬 영화는 이 같은 헤리티지 시리즈의 고착된 이미지로써 논쟁거리를 삼는다. 그리고 리얼리즘, 섹스, 분절화된 내러티브와 도덕적 복합성을 새롭게 도입하는 식으로 변화를 추구한다. 하지만 이런 변화를 시도했던 작품, 예를 들어 무정부주의와 반체제적인 혹은 부가적인 스토리텔링을 선보인 제인 캠피언Jane Campion의 〈여인의 초상Portrait of a Lady〉(1996년), 샐리 포터Sally Potter의 〈올란도

Orlando〉(1992년), 데릭 재르먼Derek Jarman의 〈에드워드 2세〉(1991년), 패트리샤 로즈마Patricia Rozema의 〈맨스필드 파크Mansfield Park〉(1999년), 알렉스 콕스Alex Cox의 〈복수자의 비극Revenger's Tragedy〉(2002년) 같은 것은 비평가들의 찬사에도 불구하고 시장에서 특별히 성공적이지는 않았다.[19] 하지만 이런 영화의 의미는 헤리티지 영화의 주류에 거스르고자 하는 영화가 존재했다는 것이다.

1980년대부터 1990년대까지 헤리티지 영화와 드라마를 돌이켜보면, 확실히 특정한 중산층의 영국성의 시각이 드러나기는 하지만 알려진 전형적인 모습보다는 훨씬 더 복합적인 모습임을 알 수 있다.[20] 〈브라이즈헤드 리비지티드〉는 전쟁이 닥친 후 이른바 '잃어버린 영국'이라는 느낌을 그리며 천천히 몰락해가는 귀족 가족에 대한 공감을 만들어낸다. 여기서는 헤리티지 드라마의 전형적인 관습, 즉 권위 있는 배우, 음악과 호화스러운 역사적 재창조, 과도한 의상과 향수적인 분위기 같은 특징이 잘 살아 있다.[21] 하지만 그것은 또한 침울하고 악랄한 것이기도 하다. 그토록 자랑스러웠던 모습의 영국이 몰락하는 것은 한편으로는 그리움을 자극하고, 씁쓸한 것이며, 어쩔 수 없는 느낌을 준다. 이런 달콤 씁쓰레한 감정이라는 요소는 시리즈 전체에 배어 있어, 이 드라마는 과거로 돌아갈 수 없다는 것과 기억이라는 것이 별 의미가 없다는 사실을 강조한다. 역사를 향수 어린 시각으로 극화했고 이에 대해 비평가들이 비난한 것이다. 시리즈의 끝 부분에서 찰스 라이더는 브라이즈헤드를 떠나 전쟁터로 향하고, 그를 대표했던 모든 것은 부패하고 몰락했다. 보이스오버를 통해 그는 시청자의 대리인이 되며 또 작가적 인물로서 발언한다. 생기발랄한 신선함과 순진한 얼굴로 작품 초반에 등장한 그는 끝부분에 가서는 씁쓸하고 외로운 분위기로 바뀐다. 관객은 그와 함께 여행하면서 겉으로는 빛나고 아름답던 것들이(서배스천 플라이트, 로드 마치메인, 줄리아 플라이트) 쇠락하고 죽는 것을 본다. 이 시리즈의 향수는 삶의 방식을 향한 그리움이기보다는 청춘과 순수함 같은 것을 그리워하는 것이다. 시청자들은 찰스와 같은 생각, 그와 같은 아이러니를 느낀다. 이런 것을 더 한층 풍성하게 하기 위해 찰스는 시리즈 마지막 부분에 성당에서 구원을 찾는데, 가톨릭교의 선택이라는 것은 확실히 향수적이고 보수적인 것이며, 프로테스탄트 국가인 영국에 대한 도전을 보여주는 것이다.

머천트 아이보리 영화사의 영화 중 한 작품은 성적인 변이에 대한 입장이 분명하다. 영화 〈모리스〉는 포스터[1]의 생애에서는 출판되지 않았던 동성애 소설에 기반을 둔 작품이다. 한편 기타 다른 작품은 그 내용이 계층과 국가적 정체성의 내용을 논의하고 있다. 〈하워즈 엔드〉는 계층 갈등을 특별히 철저하게 묘사한다. 특정한 영국성이라는 의미를 가정하기 위해 E.M. 포스터의 소설을 사용한 것은 국가적인 정의에 대해 복잡함을 불러일으킨다.[22] 〈인도로 가는 길〉만 하더라도 양가적인 입장이 드러난 작품이다. 이 작품은 특정한 순간을 해석하는 데 영국적인 행동 양식과 인도적인 것이 아주 다르다는 식의 눈으로 해석한다. 〈간디Gandhi〉(리처드 애튼버러, 1982년) 제작 후 2년 뒤에 만들어진 이 영화는 제국주의의 영향에 대한 탐구다.[23] 소설은 직접적으로 정체성을 드러내지는 않는다. 영화는 흔히 보수적인 미장센을 선보이지만 내용은 복합적이다. 〈전망 좋은 방〉에서는 호모소셜리티homosociality[2]가 등장하고, 〈하워즈 엔드〉에서는 분절된 내러티브가 등장한다. 영화의 결말에서 집안의 유산 문제를 놓고, 중산층이지만 딱히 영국적이지는 않은 슈레겔 가족은 상속권이 없는 레너드 배스트에게 재산을 물려주게 된다. 줄리앤 피덕Julianne Pidduck은 머천

---

1) **E.M. 포스터**: 20세기 대표적인 영국 소설가로 『하워즈 엔드』, 『인도로 가는 길』, 『전망 좋은 방』, 『모리스』 등의 작품을 남겼다.

2) **호모소셜리티**: 남성끼리만 교제하는 동성 사회성을 의미한다.

트 아이보리 영화사의 영화는 "여성의 욕망과 도착적 성에 대한 자극적인 드라마로 읽을 수 있다"라고 주장했다.[24] 이런 종류의 마지막 영화 〈남아 있는 나날〉이 다른 영화와 다른 점은 정통적인 자료에 의존한 것이 아니라 역사 소설에 기초하고 있다는 것이다. 게다가 이시구로 가주오石黒和夫가 쓴 원작 소설은 기존의 생각, 스테레오타입, 규칙과 문화적 관습과의 충돌을 개념화한다.[25] 원작 소설과 영화는 비평의 대상인 특정한 유형의 영국성을 그려내려 한다. 헤리티지 영화 시리즈의 마지막 주자 같은 이 영화는 특별히 대저택 시절이라든가 국가적 정체성, 자아에 대해 반동적인 입장을 취하는 것으로 보인다. 영화 제작사의 작업방식을 들여다보면 게이 미국인-인도인의 파트너십이라든가 유럽-인도 혼혈인 작가 루스 프로어 자발라Ruth Prawer Jhabvala를 고용했다든가 하는 점에서 문화적인 복합성을 느낄 수 있다. 관객에게 이 영화는 특정한 유형의 영국성만을 찬양하는 것으로 읽히겠지만, 이렇게 영화의 뿌리를 보면 훨씬 더 활력 있고 복합적인 관계가 얽혀 있는 것이다.[26]

과거 20년 동안 영국 역사 영화는 주로 계층을 분석하고 국가적 정체성 그 자체, 그리고 나머지에 관심이 있었던 것으로 보인다. 최근 국가의 역사를 그린 영화는 대개 가볍고 도피적인 판타지가 대부분이다. 예를 들자면 광부의 파업을 배경에 놓은 〈빌리 엘리엇Billy Eliot〉(스티븐 프리어스, 2000년), 부드럽게 1950~1960년대의 영국 인종주의를 비꼬는 〈우리는 파키스타인East is East〉(데이미언 오도넬, 1999년), 혹은 대처 시절의 영국 실업 문제를 다룬 〈풀 몬티The Full Monty〉(피터 카타네오, 2001년) 같은 코미디 등이다. 예외적으로 사회적인 역사 영화로는 〈베라 드레이크Vera Drake〉(마이크 리, 2004년)가 있다. 영국 역사 영화는 전기, 특히 왕족의 생애에 집착했다[예를 들어 〈더 크레이스The Kray's〉, 〈피터 메닥Peter Medak〉(1990년)].[27] 이 같은 종류의 영화는 연극을 원작으로 하는 코스튬 드라마[〈조지 왕의 광기〉

(니컬러스 하이트너, 1994년)]에서부터 좀 더 혁신적인 정치적 분석을 담은 세카르 카푸르Shekhar Kapur의 〈엘리자베스: 더 골든 에이지Elizabeth: The Golden Age〉(2007년)를 거쳐 감수성 가득한 〈미시즈 브라운Mrs. Brown〉(존 매든, 1997년)에 이르기까지 다양하게 전개됐다.[28] 텔레비전에서도 비슷한 종류의 전기적 역사물들이 많다. 레이 윈스톤Ray Winstone의 〈난폭한 헨리 8세〉(ITV, 2003년), 헬렌 미렌Helen Mirren의 〈엘리자베스 1세〉(ITV, 2005년), 〈찰스 2세〉(BBC, 2003년), 〈더 튜더스The Tutors〉(BBC, 2007년) 그리고 앤마리 더프Anne-Marie Duff 주연의 〈더 버진 퀸The Virgin Queen〉(BBC, 2005년)이 그것이다. 스티븐 프리어스Stephen Frears 감독이 다이애나의 죽음에 대한 국가적인 반응을 분석한 〈더 퀸The Queen〉(2006년)은 여왕의 눈을 통해 정치·문화·역사적인 사건을 읽으려 한다. 영국 영화는 과거를 작품 속에 등장시킴으로써 자기 나라에 대한 해석을 보여주려 했다. 그러한 과거를 통해 과거를 향한 그리움과 군주제 같은 것을 탐구한 것이었다.

역사, 복잡성 그리고 공포: 〈어톤먼트〉와 〈보리밭을 흔드는 바람〉

이 장의 마지막 부분에서는 앞에서의 단순하고 직설적인 역사 드라마와는 달리 자의식적인 입장을 담고 복합적인 역사를 제시한 코스튬 드라마 두 개를 살펴보려 한다. 영화 〈어톤먼트Atonement〉(조 라이트, 2007년)를 보면 클래식/코스튬/역사 극영화가 얼마나 세련된 드라마로 발전할 수 있는지를 확인할 수 있다. 이 영화는 헤리티지 영화의 화법을 복합화하려는 영화라고 할 수 있다. 이런 영화로는 로버트 올트먼Robert Altman의 〈고스퍼드 파크Gosford Park〉(2001년)가 있다. 〈어톤먼트〉는 과거를 바라보고 돌이켜보는 데 주관성을 드러내려 한다. 원작 소설과 영화는 코스튬 드라마와 역사 영화를 비판하는 입장으로, 그런 작품들이 과거의 전쟁 같은 것을 우상화하고 낭만화하고 거짓으로 만들었다고 비난한다. 영화는 상상력이 풍부한 소녀 브라이오니의 시각에서 하룻밤의 이야기를 펼쳐 보이는데, 브라이오니는 뒤에 자신이 거짓말을 했다고 밝힌다. 영화 속 액션은 두 번씩 반복되면서 사건의 의미가 사람의 시각에 따라 어떻게 달라지는지, 과거를 돌이켜 볼 때 메타텍스트적인 요소가 어떤 영향을 미치는지 보여준다. 즉, 다시 생각해본다면 더 잘 이해할 수 있을 것인가? 역할을 맡고 있는 등장인물들은 결코 그렇지 않다는 의미를 잘 보여준다.

영화는 시작 장면에서 브라이오니가 자신의 최근 희곡 작품의 마지막 줄을 쓰는 모습을 보여주며 시작해 자기인식을 하고 있음을 화면으로 보여준다. 인형의 집 클로즈업 숏은 이 영화가 장르를 인식하고 있음을 더 강조한다. 그러한 움직임은 대저택 모델에서 행해지는 한 장면임을 보여주며, 단순히 지어낸 이야기임을 암시하는 것이다.[29] 이런 자의식적인 시작 장면에 이어 대저택의 딸과 집사의 아들이 잔디밭을 가로지르는 전형적인 장면이 등장한다. 그러나 화사한 화면에도 이야기는 어두운 측면을 담고 있다. 화면에 드러나지 않는 감춰진 비밀은 소아성애증이다. 우아한 대저택 영화 장르가 이렇게 무너지는 것이다.

로비가 체포된 뒤 장면은 전환되어 1940년 됭케르크로 넘어간다. 됭케르크 해변에 도착한 로비와 동료를 영화는 5분간 스테디 캠으로 담아낸다. 해변과 배, 술집과 산책 길 등 그가 가는 곳을 따라 찍는 화면 속에는 수백 명의 엑스트라가 있고 말이 있고 합창단이 나와 노래를 부른다. 그것은 아주 끔찍한 장소로, 냉담하고 절망으로 가득하다. 카메라는 이리저리 흔들리면서 종종 주인공에서 벗어나서 철수하는 군대의 군인들에게 초점을 맞춘다. 이 사람들의 이야기가 각자 펼쳐지면서 로비의 이야기는 별로 중요하지 않은 것처럼 보이기까지 한다. 개인은 역사 안에 자리 잡고 있다. 하지만 역사보다 더 중요한 것은 아니다. 영화는 한 남자의 이야기에 관심이 있지만, 거기에는 수백 명의 이야기가 있다. 또한 관객은 이 특정한 숏의 허위성을 알고 있다. 기술적으로 아주 인상적인, 잘게 이어 붙이지 않고 길게 연결해나가는 낯선 장면, 그리고 그런 장면을 만들어내는 재주 같은 것들이 하나로 합쳐져 역작을 만들어내고 관객의 마음을 움직인다. 그 장면은 범위와 탁월함과 모든 것을 포함하려는 시도에서 '과도하게 정통적over-authentic'이다. 그런 것을 통해 영화는 시청자와 작품 사이의 연결고리를 끊는다. 과도한 사실주의적인 접근을 통해 영화는 역사적인 정통성을 약화시키는 것이다.

영화의 끝 부분에는 아주 나이 든 브라이오니가 유명 소설가가 되어 연극으로 상연 중인 자신의 책에 대해 인터뷰한다. 그녀는 이야기들이 자전적인 것이기는 하지만 내용 중 일부는 실제 일어난 일이 아니었다고 고백한다. 그녀는 자신과 처지가 비슷한, 없던 일을 꾸며낸 사람들의 말을 인터뷰함으로써 자신의 양심을 속죄하려 한다. 브라이오니는 관객에게도 자신이 거짓말을 했다는 것을 인정한다. 오래전 어린 시절 대저택에서 일어난 일에 대해 거짓말을 했던 것처럼 관객에게도 거짓말을 했고, 이것은 지나가버린 모든 것의 가치를 허물기 위해서였다는 것이다. 관객이 공감했던 그 등장인물은 그녀의 상상의 산물 이상이었다. 단순히 저자가 일어났을지도 모른다고 생각하는 그런 단순한 과거가 아닌 것이다. 신뢰할 수 없는 저자라는 설정은 소설에서 흔히 등장하는 것이기는 하지만 영화에서는 그다지 활용되지 않았다. 이런 저자를 등장시킴으로써 영화는 역사 영화의 진실성에 대해 질문을 던지는 것이다. 유명한 작가와 배우가 등장하는 코스튬 드라마를 통해 자신들이 잘 알고 있는 사건에 참여하는 관객은 속임수를 보고 있다는 것이다. 이런 사실이 리얼리즘을 뒤흔드는 것이다. 영화는 '사실적인' 배경을 활용하는 방식으로 촬영함으로써 관객을 끌어들인다. 익숙한 화법, 소품, 촬영 장소, 의상의 사용, 거기에 더해 역사적 정통성을 살린 요소들이 동원된다.

각색물 소설과 진짜 역사 영화의 화법이 서로의 모습을 채택하면서 '역사' 영화와 소설은 '허구적'이라는 말과 비슷해졌다. 둘 사이의 장르적 차이점을 밝혀내기가 어려워졌다. 역사적 정통성은 그저 이야기의 배경을 위해 필요한 것이 됐고, 특정한 이데올로기적 관심을 이끌어내는 장치 정도가 됐다. 켄 로치Ken Loach의 〈보리밭을 흔드는 바람The Wind That Shakes The Barley〉(2006년)은 1920년부터 1923년 당시의 아일랜드를 배경으로 한 영화다. 이 영화에 그려진 아일랜드 독립전쟁을 놓고 영국과 아일랜드에서 국가적인 논쟁이 벌어지기도 했다. 이 영화는 '향토색'으로 꾸며진 장면으로 시작한다. 소년들이 야구모자와 옛날식 옷을 입고 신나게 놀고 있고 아일랜드 민속 음악이 흐른다. 거창한 롱숏으로 카메라는 그 풍경에 머문다. 전원의 풍경으로 가득한 이 장면 바로 뒤로 끔찍한 장면이 이어진다. 이처럼 코스튬 드라마의 화법을 한순간에 깨뜨리는 것은 이 영화가 정치적인 이야기를 하기 위해서다. 첫째, 소년들을 군인들이 잡아가서 위험한 무기를 들게 하며, 그중 한 명은 자신의 이름을 영국어로 말하지 않는다는 이유로 매 맞아 죽는다. 여기서 아일랜드 민속 음악은 저항을 상징하고, 코스튬의 정통성은 잔인함을 불러일으키는 이유가 된다. 영화는 계속해 헤리티지 영화가 손쉽게 가정하고 있는 것을 거스르면서 충성심, 제국, 범죄 공모에 대한 질문을 던진다. 영화의 장면마다 날짜를 붙이는 것은 영국 헤리티지 영화들이 제국 자체와 제국의 종말에 대한 근심을 그려내지만, 실제로 제국의 이름으로 벌인 짓이 얼마나 악독한 것이었는지를 드러내기 위한 것이다. '대저택'의 가치란 것은 영화의 주인공에 의해 공격받고, 또 아일랜드 공화국군 깡패가 지역 신사인 농부를 서재에 잡아가둘 때 제대로 무너진다. 이 영화는 헤리티지 영화의 일반적인 규칙, 즉 풍경이나 음악, 춤 장면, 억양을 제대로 사용하고, 코스튬과 게일 언어 같은 것을 원칙에 맞게 잘 쓰고 있다. 하지만 차이가 있다면 헤리티지 영화 속에서는 부각되지 않았던 농장에서 일하는 노동자들이나 철도 노동자들을 그려낸다는 것이다.

영화는 거침없이 당시의 아일랜드에서 벌어진 여러 정치적 갈등을 실제 그대로 보여준다. 심지어 영화 제목조차 1798년 반란과 연관된 노래에서 왔는데 아일랜드 공화국군이 부른 노래다. 그리고 영국 사람들이 얼마나 끔찍한 역사를 만들 수 있는지를 보여준다. 이 영화는 한편으로는 영국인의 공격에 대한 정당화의 기회를 제공했다고도 볼 수 있다. 영국 장교는 전쟁의 정신적 상처가 그의 부대에 큰 영향을 주었다고 말하기도 한다. 하지만 영국군이 자행한 엄청난 잔인함이 영화에 더 부각되면서 로치 감독은 아일랜드 공화국군IRA에 대한 지지 성향이 있다고 공격받기도 했다. ≪데일리 메일≫지는 대놓고 "켄 로치 감독은 왜 그렇게 조국을 혐오하는가?"라고 물었고, 독자들에게는 "진실을 알려드리자면 여러 제국 중에서도 영국 제국이 가장 책임감 있고 인간적인 제국이었습니다"라고 주장했다.[30] ≪더 타임스≫에서는 로치 감독을 나치 선전용 영화감독으로 유명한 레니 리펜슈탈Leni Riefenstahl에 비유했고, ≪더 선≫에서는 "끔찍하게 반영국적인 영화다.······ 우리나라의 명예를 진흙탕으로 끌어내리기 위해 만들어졌다"라고 썼다.[31] 이런 반응을 볼 때 단지 복잡한 정치적 사건을 이해하고 발언하려 시도하는 역사 영화는 영국에서 환영받지 못한다는 것을 알 수 있다. 스페인 내전을 다룬 켄 로치의 〈랜드 앤드 프리덤Land and Freedom〉이 1995년 개봉됐을 때는 이런 비난은 없었다. 반대로 1972년 벨파스트 사건을 다룬 다큐드라마 영화 〈블러디 선데이〉(지미 맥거번, 1992년)는 아주 조심스러운 접근법을 보이고 있다. 그렇지만 영국 경찰과 군대의 행위에 대한 공포를 표현하고 있다. 로치의 영화는 아일랜드에서조차 그 역사적 사실의 정확성을 놓고 논쟁을 불러일으켰다. 닐 조던Neil Jordan의 〈마이클 콜린스Michael Collins〉(1996년) 역시 그랬다. 로치와 조던의 영화는 둘 다 복잡한 사건을 단순화했다는 비난을 받았다. 각각 영화에 대한 반응을 통해 역사 이야기를 작품 속에서 한다는 것이 중요한 국가적 논쟁을 일으킬 수 있다는 사실을 보여주었다. 이와는 대조적으로 영국에서 로치의 영화를 놓고 신경질적인 반응을 보인 것은 골치 아픈 어려운 문제에 대해서는 논쟁을 벌이고 싶지 않다는 의미로 읽어낼 수 있다.

하지만 〈보리밭을 흔드는 바람〉에 등장하는 영국 국가의 잔인함이라는 배경에는 일종의 안도감을 느끼게 할 실마리들이 있다. 첫째, 데이미언(실리언 머피)이 영국인들에게 "내 나라로부터 나가달라"라고 요구하며 총부리를 겨눈 뒤 쏟아내는 말을 통해, 둘째, 영화의 진짜 주제가 영국인들과의 조약 이후 당파 간 싸움이라는 사실이라는 점 때문이다. 로치는 나라들이 폭력 행위를 발생시키는 방식을 탐구하고, 시작 화면의 헐리Hurley 게임은 형제간 싸움의 은유이다. 데이미언이 그의 형제 테디(파드라익 덜레이니)의 명령에 의해 처형되면서 그 은유는 현실이 되어버린다. 영화 초반부에 데이미언은 그가 어렸을 때부터 알아왔던 한 배신자를 처형할 준비가 되어 있다고 말하며 그 상황의 두려움을 말한다. "나는 5년 동안 해부학을 공부했어. 지금 나는 이 사람의 머리를 쏠 거야. 나는 우리가 목숨을 바쳐 싸우고 있는 아일랜드가 그럴 가치가 있는 것이기를 바라."[32] 〈랜드 앤드 프리덤〉과 비슷하게 영화는 낭만화된 순간, 즉 영광스러운 반란, 영국의 저항을 통해 탄생된 나라 같은 신비성을 제거한다. 그리고 그것들이 지저분하며 계속되는 공포에 맞서 공포를 양산하는 분투임을 보여준다. 그것은 황량하고 비관적이며 으스스한 영화로서 헤리티지 영화 역시 역사라는 주제를 열정적으로 다루면서 역사 이해의 불확정성을 동시에 드러낼 수 있다는 것을 잘 드러낸 영화다.

14장 상상 속의 역사

소설, 희곡, 만화

참고문헌이 붙은 보디스 리퍼[1]: 역사 소설

역사는 낯선 것이고 현재는 익숙한 것이다. 역사가들의 일은 낯선 것으로부터 익숙한 것으로의 이행을 설명하는 것이다. 역사 소설가들 역시 과거와 현재 사이의 차이점을 파헤치는 일을 하지만, 그들이 과거를 다루는 방식은 과거를 잘 알아볼 수 있게 하는 동시에 익숙하지 않은 것으로 만드는 것이다. 역사 소설가들은 잘 알려진 역사적 사실 사이사이에 존재하는 역사적 빈틈에 초점을 맞춘다. 즉, 실제 역사적 사실들 사이의 빈틈에 대해, 학자들이 설명하지 않는 부분에 대해 역사 소설 작가들이 쓰는 것이다. 루카치가 지적한 것처럼 역사 소설은 '필수적인 시대착오'를 활용한 형식이라 하겠다. 그것은 본래 거짓이면서, 그것의 타자성으로 끊임없이 주목을 끄는 것이다. 대개 사실주의 스타일을 사용하기는

---

1)   **보디스 리퍼(bodice-ripper)**: 역사 로망 소설로, 중세 시대를 배경으로 한 괴기, 로맨스, 섹스 등의 내용을 담고 있다.

하지만. 역사 소설은 자의식적이고 자기 반영적인 형식으로 독자에게 암시적으로 그것의 부조리함과 비정통성을 전달한다. 물론 사실주의 스타일에 반하는 존 파울스John Fowles의 『프랑스 중위의 여자The French Lieutenant's Woman』(1969년) 같은 작품들이 있기는 하다. 이런 사실주의 역사 소설 표현 방식이 가장 잘 드러난 것은 작품의 역사적 참고 자료를 보여주는 것이다. 월터 스콧의 『웨이벌리Waverly』(1814년) 이래 모든 역사 소설에 덧붙이는 작가 노트, 서문과 해설 부분 등이 그것이다. 이 같은 자의식은 마크 로슨Mark Lawson의 『이너프 이즈 이너프Enough is Enough』의 작업 후기에서 잘 드러난다.

> 앞에서 쓴 작가 노트의 경고를 다시 한 번 여기서 반복해야겠다. 이 소설이 사실적인 자료를 기초로 쓰인 것이기는 하지만, 이것은 소설 작품이며 여기서 나온 인물들은 현실 세계에서 쉽게 알아볼 수 있는 사람이라 하더라도, 그들의 행동은 모두 허구의 것이다.…… 나는 이 작품 속에서 역사적 자료에 근거해볼 때 불가능하다거나 그럴듯하지 않은 대사나 행동을 나의 인물들에게 시키지 않았다. 그러나 그들의 대화 분위기를 당시의 사실에 가깝게 잡아내려 했다고는 하지만, 대부분은 내가 만들어낸 것이다.…… 전체적으로 작품 속의 세부 사항이 이상해 보인다거나 우스꽝스럽고 간편하게 쓰인 것으로 보여도…… 이것은 분명 사실이거나 최소한 기록에 남아 있는 것이다.…… 이 소설의 구조를 다중 시점으로 한 것은 역사에 대한 서로 다른 증인 사이에 생겨나는 갈등을 반영하고자 한 것이다.[1]

로슨의 염려는 역사 소설 쓰기가 어쩔 수 없이 지니는 이상함을 잘 보여주고 있다. 우선 이 작가 노트가 보여주는 사실을 살펴보자. 대부분의 소설은 그러한 자료나 정보 없이 작성되며, 역사 소설의 참고문헌이나 주석, 부록 같은 장치는 이 역사 소설이 일반적인 소설과는 다른 종류임을 나타낸다. 로슨의 역사 소설은 자료에 근거를 두고 있지만, 동시에 그것은 허구다. 그것은 진실성과 상상적 글쓰기 사이의 어디쯤에 불편하게 자리 잡고 있다. 로슨이 '불가능하거나 그럴듯하지 않은' 것을 쓰지 않으려고 했다는 점은 비록 작품 속의 대화나 행동이 자신이 만들어낸 것임을 작가도 알지만 스스로는 역사적 사실성에 집착했음을 보여준다. "그들의 대화의 분위기를 잡아내려 노력"했다는 부분은 역사 소설가들이 능숙하게 역사를 흉내 낸다는 사실을 알려준다. 그들은 사실성과 실제 일어난 사건을 고수하는 한편, 그 소설이 그런 사실성을 거부해야만 한다는 사실을 인정한다. 소설에서 복수의 시점을 사용하는 것은 단일한 역사라는 개념과는 배치되는 것이다. 역사에 대해 다양하게 떠들어대는 여러 목소리에 또 하나의 허구적인 목소리를 더해 소개하는 것, 이것이 역사 소설의 동력이다. 동시에 소설 속에서 역사는 뚜렷한 내러티브 안에 담겨 있어 '아주 받아들이기 편안한' 것이며, 그러면서도 '사실인 것 혹은 최소한 기록에 남아 있는' 것들에 대해 발언할 수 있는 것이다. 그렇다면 이 작가 노트 하나에서 우리는 역사 소설이 만들어낼 수 있는 의미와 중요성, 즉 그것의 모호성과 문제적 담론을 보게 된다. 역사 소설은 과거를 향한 모호한 의무가 복잡하게 섞여 있다는 점을 드러내는 것이다. 얽혀 있는 사실 속에서 역사적 진실과 사실적인 재현, 역사에 대한 추모, 역사의 타자성에 대한 설명을 모두 추구하고자 하는 것이 역사 소설인 것이다.

지난 20여 년 동안 문학 소설은 다양한 방식으로 역사를 탐구해왔다. 저넷 윈터슨Jeanette Winterson의 『체리나무 접붙이기Sexing the Cherry』(1989년)와 『열정The Passion』(1987년), 마거릿 애투드Margaret Atwood의 『일명 그레이스Alias Grace』(1996년), 하리 쿤즈루Hari Kunzru의 『인상주의The Impressionist』(2002년) 등이 대표작이다. 로즈 트레메인Rose Tremain의 1989년 소설 『레스

터레이션Restoration』은 문학적 역사 소설의 인기와 가능성을 보여주며, 높은 판매고와 함께 여러 상을 수상하기도 했다. 트레메인은 대중적 인기와 비평가의 찬사를 한 몸에 받았다. 지금은 진지한 소설가들이 역사 소설을 쓰는 일이 흔하지만, 20년 전만 해도 그렇지 않았다. 다른 한편으로 역사적인 성격이 덜한 대중 소설이 이전에 비해 훨씬 큰 판매를 기록하기도 했다. 예를 들어 밀스 앤드 분 출판사의 '역사 로맨스' 시리즈는 세계적 베스트셀러가 됐는데, 필리파 그레고리, 트레이시 슈발리에Tracy Chevalier[『진주 귀고리 소녀Girl with a Pearl Earing』(2000년)], 데버러 모거치Deborah Moggach[『튤립 피버Tulip Fever』(2000년)] 등이 대표작이다.[2] 역사 소설은 역사의 경험에 대한 이해와 허구라는 두 가지 방식으로 역사를 탐구했다. 지금부터는 역사 소설의 다양함을 검토하면서 그들이 오늘날 역사의 소비에 대해 무엇을 말하고 있는지 검토해보겠다. 특히 여기서는 네 명의 여성 역사 소설가들의 간단한 예를 검토해보고, 대중적으로나 비평적으로 인기를 얻었던 작품 모두를 살펴봄으로써 오늘날의 소설에서 역사성이 다양한 방식으로 표현되고 있는 상황을 검토해볼 것이다.

필리파 그레고리는 역사 소설가로서 엄청난 성공을 거두었다. 『또 다른 불린 여인』은 그의 튜더 왕조 연작의 첫 번째 작품으로 멀티플랫폼 작품의 시작을 알렸다. 『더 퀸즈 풀The Queen's Fool』은 영국에서 5만 부가 팔렸고, 『버진스 러버The Virgin's Lover』는 미국에서만 18만 부의 선주문을 받았다. 그녀는 역사가로서 교육을 받은 작가이며, 역사 소설가의 작업 방식에 대해 자의식이 있는 작가였다.

역사적인 사실에 이야기의 질서를 부여하는 것은 거짓말을 만들어내는 것이 아닐까? 나는 당시에 일어났던 어마어마하게 많은 사실 중에서 내가 이야기로 만들어낼 만한 것들만, 증명할 수 있는 것들만, 내가 쓰고 싶은 것만 뽑아내는

것이 아닐까?…… 이것은 편견과 선입견에 가득 찬 시선이지 않은가?…… 다른 역사책처럼 말이다.[3]

이처럼 기록에 대해 고민하고 허구적이면서 사실적인 것을 만들어낸다는 데 대해 의식하는 것은 루카치가 말한 '필연적인 시대착오성'을 보여준다. 그는 그것을 실용적인 것으로 보았다. 그것은 '필요에 의한' 것이다. 그러나 그것이 역사 소설을 쓸 때 피할 수 없는 어떤 것이라고 생각하는 것이 훨씬 도움이 될 것이다. 과거의 타자성이란 끊임없이 전면에 등장하는 것이고, 소설가들이 지닌 경험의 허위성, 명확한 편견, 접근의 주관성 같은 것이 역사가 제시되는 상태의 흐름을 만드는 것이다.

그레고리 소설 3부작의 시작인 『또 다른 불린 여인』에서 '또 다른 불린' 여인은 메리 불린, 즉 앤 불린의 동생이다. 소설 속에서 메리는 궁으로 들어와 헨리 8세의 눈에 먼저 들게 된다. 소설은 두 명의 여성 사이에서 이원적인 설정을 취한다. 앤은 경박하고 프랑스식 재치가 있으며 궁정의 인기인이고 야망으로 가득한 성취 지향적 인물인 반면, 동생 메리는 영국에서 학교를 다니고 검소하며 약삭빠르지 않고 야망이 없는 여성이다. 메리는 단지 왕의 사랑을 받고 싶어 하며 그의 아이를 원하는 인물로, 앤과 전반적으로 대조되는 성격이다. 그녀는 모성애가 있으며 사랑스럽고 너그러우며 한결같지만, 앤은 계략적이고 성미가 급하며 까다로운 성격이다. 메리가 이 소설의 주인공인데 그 이유는 그녀가 평범함과 행복을 바라기 때문이다. 그녀에게는 약간의 페미니즘적인 기질이 있어서, 가족의 요구로부터 독립을 바라게 된다. 여성들은 남자들의 세상에서는 거래의 대상이다. 그러나 여성은 남성들의 게임에서는 저당물에 불과하다. 하지만 이 책에서는 메리의 편에 서서 그녀가 한결같이 야망을 버리고 앤의 대리자로서의 역할을 거부한 것을 서술하고 있다. 이 소설의 드러나지 않는 여주인공은 아라곤가 출신의 캐서린 왕비다. 그녀는 헨리 왕이 버린 아내로, 그녀의 날카로운 시선은 앤의 세속적인 욕망이 헛된 것임을 꿰뚫어 본다. 여성들은 결혼과 가정에서 행복을 추구할 때만 권한이 있다. "아빠와 엄마는 사랑 때문에 결혼했고, 그들은 부와 지위를 버리고 서로를 택했다."[4] 소설은 사회적 경계를 극복한 이상화된 고결하고 순수한 사랑을 찬양한다. 사랑이 이 소설의 핵심이며, 사람이 추구해야 할 모든 것으로 제시된다. 그것은 헛된 허영과 욕망과는 반대되는 것이다.[5] 이 사랑은 파괴적이기보다는 도덕적으로 순수하고 창조적인 것이다. 이 책에서 찬양되는 미덕은 한결같은 마음, 신중하고 사려 깊음, 복종과 가정적인 면 등이다. 캐서린은 "여자는 자신의 의무를 알아야 하고, 그 의무를 실천해야 하며, 신이 자신에게 내린 자리 안에서 살아야 한다"라고 말한다. 메리는 이에 대해 "캐서린은 앤이 '신이 내린 자리 안에서 살고자 하는 대신 자신의 미모와 재치로 화려한 새 자리를 얻어낸 것'이라고 믿는다"[6]라고 말한다. 캐서린의 한결같은 성격과 금욕적 태도는 찬양을 받고, 앤의 변덕스러움과 활력 넘치는 성격은 헨리 왕에 의해서뿐만 아니라 소설 전체를 통해 벌을 받는다. 그녀는 너무 많은 것을 성취하려 했고 그것 때문에 벌을 받게 된 것이다.

이 소설은 역사 속 앤의 모습을 구체화하지만, 그녀에게 내려진 역사의 차가운 비판적 시각을 반복한다. 캐서린을 향한 헨리의 태도는 무례하고 불공평한 것이었음에도 불구하고, 소설 속에서 아무런 문제의식 없이 앤 불린을 계산적인 나쁜 여자로 상투적으로 그려내고 있는 것이다. 이것은 계속해서 유지된다. 메리는 소설의 끝 부분에서 이렇게 말한다. "나는 여전히 언니를 사랑해.…… 언니 스스로가 여기까지 자신을 몰고 왔고 조지까지 이렇게 되도록 만들었다 해도……."[7] 헨리 왕은 욕정만 가득 찬 나쁜 성격의 어리석은 사람이지만 역사의 진행에 필요한 행위자historical agency

이므로 벌을 받아야 할 사람은 앤인 것이다. 헨리는 어리석고 주색에 빠진 사람이지만, 앤은 약삭빠르고 똑똑하다. 여성은 세상을 바꾸려 하면 안 되고 세상에 순응하며 살아야 한다. 여성은 성적이지 않아야 하고 순박하며, 똑똑하지 않고 사랑스럽고 한결같아야 한다. 여기서 역사가 주는 교훈은 남성은 언제나 남성이어야 하며 중심부를 차지하기 위해 싸움을 하는 대신 여성은 주변으로 물러나서 가정을 꾸려야 한다는 것이다. 메리는 몸을 숙이고 자신의 운명을 받아들인다. '여자는 운명의 장난감인 것이다.' 소설은 또한 그녀가 역사의 뒤로 물러난 것을 찬양한다.[8]

그레고리가 튜더 왕조를 소재로 쓴 두 번째 소설 『더 퀸스 풀The Queen's Fool』은 주인공 해나의 일인칭 시점을 사용함으로써 역사와 허구 간의 역동적인 관계를 중시한다. 주인공 해나 그린은 미래를 예견하는 능력이 있는 사람으로, 소설 속의 모든 사람에게 믿음을 받는 '신성한 바보Holy Fool'로서 역할을 한다. 그녀의 예지력은 한 번도 틀린 적이 없다. 이처럼 미래를 내다보는 인물을 설정한 것은 독자들에게 사후의 깨달음 속에서 자신과 동일화할 수 있는 사람을 제공함으로써 역사 소설의 극적 아이러니를 변용한 것이다. 해나는 소설 전반에 남자처럼 옷을 입고 등장하면서 자신의 독립을 강하게 주장한다. 그녀는 독특하고 함부로 건드리기 어려운 자족적이며 확신에 찬 성격이다. 그러나 우연히 남편이 부정하게 얻은 아들을 키우게 되면서 그녀는 자신 안에 있던 모성적 본능을 발견하고, 이것이 그녀에게 행복으로 가는 길을 보여준다. 독립을 꿈꾸던 소망은 사라지고 그녀는 가정에 충실하고자 한다. "어둠 속에서 기도하면서 여왕님도 아들이 있어서 이런 놀랍고도 예상치 못한 기쁨을 느끼시기를 바랐다. 아이를 키우는 그 행복을, 아이의 모든 인생이 내 손안에 달려 있는 그런 기쁨을."[9] 그레고리는 자신의 도덕적 목적에 맞추기 위해 역사의 특별한 해석을 제시했다. 그녀의 왕비 메리는 수정주의적이었다. 그녀는 상투적으로 묘사되는 것처럼 독재자가 아니며, 너그럽고 사랑스럽고 경건한 여인이었다. 이것은 그녀의 의자매인 엘리자베스와 뚜렷한 대조를 이루었다. 이 소설에서 엘리자베스는 추측과 소문에 근거해 비난의 대상이 된다. 메리는 이교도적인 화형집행자라는 이미지에서 회복되지만, 이에 비해 엘리자베스는 유부남과 결혼한 사실이 강조된다. 엘리자베스는 "다른 여성의 남편을 애인으로 삼기 좋아하며, 어쩔 수 없는 상황에 놓인 남성들에게서 욕망을 일으킴으로써 남편을 지키지 못한 여인들에게서 맛보는 승리감을 즐긴다.[10] 엘리자베스는 자신의 어머니 앤처럼 나쁜 여자이며, 그녀의 매력적인 성격에도 불구하고 도덕적으로 결함이 많은 사람으로 소설에 묘사된다. 이 같은 반감은 튜더 왕조에 관한 세 번째 소설 『버진스러버』에서도 계속된다. 이 소설은 엘리자베스를 겉만 번지르르한 경박한 인물로 그리는 데 반해, 로버트 더들리의 첫 번째 아내 에이미는 한결같고 순박하게 그려 대조를 이룬다.

튜더 왕조 3부작은 모두 도덕에 대한 역사를 담고 있다. 남성을 유혹하고 간통을 저지르며 불경스럽고 변덕스러우며 야망에 넘치는 행동으로 여성이 왕좌를 손에 쥘 수는 있지만, 그것이 행복을 가져다주지는 못한다는 것이다. 앤 불린과 그녀의 딸의 야망은 역사를 진전시키는 원동력이 되지만, 메리 튜더의 충실함이나 헨리 8세의 욕망 역시 마찬가지라는 것이다. 공직과 야망은 그레고리의 소설에서는 부패하는 것들이다. 해나와 메리 불린이 깨닫는 것처럼 결혼을 하고 안정적인 생활을 하는 것이 더 낫다는 것이다. "나는 메리나 엘리자베스가 되고 싶지 않아, 나는 내가 되고 싶어."[11] 이 소설은 모성적인 사랑이든 로맨틱한 사랑이든 간에 사랑을 이상화한다. 사랑은 더러운 궁궐의 세상과 역사를 뛰어넘는다. 그 대신 주인공은 역사 밖으로 물러나는 것을 선택한다. 그레고리는 보수적인 역사해석을 보여주면서 여성은 자신의 처지에 의문을 품어서는 안 된다는 시각을 보여줬다. 그 대신 여성은 진정한 사랑을 찾고 가정의 울타리에서 어머니로서 행복을 추구해야 한다는 것이다.

많이 팔린 책은 아니지만 불린 이야기에 실험적인 성격을 보탠 소설은 수재나 던Susannah Dunn의 『퀸 오브 서틀티스The Queen of Subtleties』다. 던의 소설 속 인물은 서로에게 욕설을 지껄이고, 오늘날의 독자들의 귀에 익은 속어로 대화한다. 이름도 '찰리', '톰', '빌리' 같은 식으로 편하게 부른다.[12] 이처럼 일부러 실제 역사와 비정형적인 스타일 사이의 불일치를 만들어 낸 것은 이 소설의 전개와 목표에서 중요한 의미가 있다. 당시 사람들이 실제로 말했던 것과 시청자들이 상상하는 것의 역사적 차이점은 흥미로운 요소를 만들어냈다. 던의 해석 방법은 여러 면에서 독자에게 많은 권한을 주는 것으로 보인다. 이런 역사적인 인물이 친숙하고 쉽게 알 수 있는 사람들이므로, 그들이 시청자들과 비슷한 언어를 사용한다고 설정한 것이다. 그러나 이 소설에 대한 독자의 반응에서 명확히 드러난 것은, 그들이 튜더 왕조 시대의 정통적인 역사적 사실성을 기대했고 요구했다는 점이다.[13] 예를 들어 아마존 리뷰에서는 소설 속 언어가 "내용에 집중하지 못하게 했고, 불필요했다", "소설의 이야기가 바보 같은 이름을 사용하지 않고 좀 더 전통적인 언어를 쓰는 정통 방식을 택했더라면 훨씬 그 시대에 충실할 수 있었을 것"[14]이라는 지적이 나왔다. 또 다른 리뷰에서는 "현대식의 속어가…… 이 시대의 진짜 분위기를 느끼려 했던 생각을 망쳐버렸다"고도 했다.[15] 이런 예에서 사실성의 오류가 중요시됨을 알 수 있다. 독자들은 '전통적인' 역사 해석을 추구하며, 여왕이 정중한 모습으로 그려지기를 원하는 것이다. 현대적 언어는 '어리석고 어울리지 않으며 당시의 느낌을 느낄 수 없게 한다'[16]는 것이다. 독자 반응 중에는 이렇게 경솔한 방법으로 역사를 다루는 것에 대해 분노하고, 불린에 대한 기억을 지키고자 하는 것도 있었다. "앤 불린의 인생은 칼로 마무리됐다. 지금 그녀는 악랄한 혹평의 칼을 받게 됐다."[17] 이런 독자들은 역사에 낯설음과 다름이 있기를 바라며, 역사적인 이야기를 현대의 범주에서와는 다르게 그리는 전통적인 접근 방식을 원하는 것이다. 이런 반응을 보면 역사적 사실성을 주관적으로 구성함으로써 이 장르의 성격을 모호하게 하는 이런 경향이 문제점을 지니고 있음을 알 수 있다. 반대로 『또 다른 불린 여인』은 웹사이트 '뉴스데이'로부터 역사적 사실성과 작품성을 잘 조화시켰다는 격찬을 받기도 했다.

해마다 이런 고민을 할 것이다. 당신은 재미있으면서도 깨달음을 얻을 수 있는 책을 찾고 싶어 한다.…… 진짜 손에 땀을 쥐게 할 정도로 재미있는 책을 원하지만, 그렇다고 당신의 문학적 취향을 더럽히는 책을 원하지는 않는 것이다. 그렇다면 『또 다른 불린 여인』이 좋은 선택이다. 이 책은 참고문헌을 겸비한 보디스 리퍼다.[18]

던은 이 책에서 궁궐 내의 정치 모략 같은 것을 파고들거나 역사적 세부 사실에 집착하지 않았다. 그녀는 이것을 익숙한 줄거리로 가정하고 직접적인 이야기 방식을 선호했다. 던이 앤 불린을 그리는 방식은 의도적으로 이전의 소설보다 훨씬 복잡하다. 그녀는 두 가지 관점에서 앤의 이야기를 풀어낸다. 자신의 딸 엘리자베스를 위해 앤이 고백 투로 내러티브를 펼치며, 또 헨리 왕의 조제사 루시 콘월리스를 등장시켜 그녀와 마크 스미턴, 즉 앤의 연인과의 관계에 대한 이야기를 풀어나간다. 이것은 흥미로운 내레이션의 분절로, 다양한 시각을 드러내준다. 그러나 이는 또한 화자의 역사적 서열을 만들어낸다. 불린의 내러티브는 직설적이고 딱딱하며 빈틈이 없고, 콘월리스는 이와는 정반대다. 이런 차이는 지식의 차이라 할 수 있다. 불린은 과거에서 이야기를 들려주면서 자신이 이야기의 중심이고 전체 그림을 아는 입장에서 이야기를 한다. 콘월리스는 그저 그녀에게 일어났던 이야기를 하는데, 그녀는 단순히 그것을 겪었을 뿐이고 여러 면에서 자신의 주변에서 일어났던 역사의 외부에 있던 사람으로서 이야기를 하는 것이다. 낮은 계층의 사람에게 역사는 그들에게 일방적으로 펼쳐지는 것인 반면, 앤 불린은 시대의 중요한 변화의 가운데에서 역사를 행하는, 즉 역사의 진행에 필요한 행위자인 것이다. 그레고리의 작품과는 대조적으로 그녀의 이야기에서 전반적으로 앤은 공격적이고 영리하고 똑똑하며 매력적이다. 그녀는 흠이 많은 여주인공으로 의식적으로 죽음을 향해 걸어간다. 양가적인 도덕적 입장을 취하는 그레고리에 비해 여기서 그녀의 몰락은 그녀를 희생자로 만들기는 한다. 그녀는 역사 기록자로서의 자신의 위치를 잘 알고 있어, 딸에게 종종 조심해야 할 점에 대해 경고를 보내기도 한다. 그러나 결코 규범에 순순히 따르거나 실수를 인정하지는 않는다. 그녀는 평범하고 순종적인 동생을 계속 비웃는다. 이것은 그레고리의 소설 속에 나타난 성 역할의 실태에 대한 거시적 비판이라 할 수 있다. 여기서 앤 불린은 가부장적 사회 체제 속에서도 자의식으로 자신의 인생을 개척한 최초의 현대적 여성으로서 그려졌다(역사적으로 이것이 사실인지에 대해 의문을 제기할 수 있겠지만). 그레고리의 소설 속에서 단순히 일차원적 야망만 있던 인물로, 가부장제에 저항하다가 그것에 의해 파멸하는 것으로 묘사된 앤과는 뚜렷한 차이가 있다. 그레고리의 현대적 여성은 자신의 남편을 고르고 자신의 가족을 즐겁게 해준다. 던의 분노는 남성 역사의 행위에 맞선다. 또한 그 소설은 엘리자베스와 모계사회의 가능성에 기대를 건다.

제인 스티븐슨Jane Stevenson의 소설 『아스트라이아Astraea』[미국 출판 시 제목은 '윈터 퀸The Winter Queen']는 훨씬 더 형식적으로 복잡한 작품이다. 그레고리나 던과 마찬가지로 스티븐슨은 감춰졌던 역사의 주변부에서 이야기를 만들어냈다. 이야기는 망명을 온 보헤미아의 여왕 엘리자베스 스튜어트와 그녀의 비서 역할을 하는 전직 노예 펠라기우스Pelagius를 중심으로 펼쳐진다. 책의 첫 쪽부터 소설은 스스로의 방대한 지식을 자랑하지 않고 미묘하게 드러낸다. 스티븐슨의 학문적 경력은 첫 쪽의 짧은 약력에 수록됐다. 그녀는 에버딘 대학의 영어과 부교수다. 소설가로서의 그녀의 지위가 또한 언급되고, 이런 경력이 그녀의 학문적 경력과 합쳐져 그녀를 권위 있는 작가로 보이게 한다. 그녀는 다른 작품도 썼고, 약력의 목록에 그 작품들이 올라 있다. 이것은 이 책의 뒤표지에서도 확인되는데, 여기에는 이 소설이 "17세기의 생활과 정치적인 음모에 대한 설득력 있는 그림"이라고 쓰여 있으며, ≪이미지 매거진≫이 "환상적인" 시대적 세밀함으로 "힘이 넘치는 1640년대의 유럽을 그려냈다"라는 찬사를 쓴 것을 그대로 인용하기도 했다. 또 다른 인용문은 "그들의 사랑은 그러나…… 영원성을 얻었다"라는 표현을 쓴다. '영원성' 있는 사랑과 역사적 사실성의 결합이 이런 장르가 인기를 얻는 핵심 요소임을 지적한 것이다.

소설의 겉표지 역시 텍스트가 역사를 재현하는 방법에 대해 면밀히 검토하고 있다. 겉표지 이미지는 세 가지의 다른 그림을 합쳐 만들어냈다. 남성의 모습은 히로니뮈스 보스Hieronymus Bosch의 그림 〈동방박사의 경배〉에서, 여성은 미힐 얀스존 판 미레벌트Michiel Janszoon Van Miereveld의 〈보헤미아의 여왕 엘리자베스의 초상〉에서, 붉은 휘장은 조슈아 레이놀즈 Joshua Reynolds 경의 〈알렉산더 러프버러, 얼 로슬린과 로드 챈슬러Alexander Loughborough, Earl Rosslyn and Lord Chancellor〉에서 따왔다. 이것은 합성한 그림으로 역사와 관계없다. 이 그림들이 시대 차이는 170년이다. 표지 그림은 사실적인 요소와 허구의 요소를 혼합해 권위 있는 합성 이미지를 만들어냈다. 레이놀즈와 판 미레벌트의 그림은 실제 사람을 그린 것이며, 보스의 그림은 상상 속의 왕이다. 이 같은 역사의 콜라주는 스티븐슨의 책이 역사적 사실과 허구적인 요소를 결합했음을 상징적으로 나타낸다. 스티븐슨 책과 그레고리나 던의 책의 공통점은 근본적으로 '만약 이랬다면' 식의 허구적인 가정을 도입했다는 점이다. 그러나 스티븐슨은 그것을 좀 더 미묘하고 복잡한 역사적 정보로 뒷받침한다. 게다가 그림들은 글의 내용에 영향을 주고 있다. 판 미레벌트와 보스의 그림이 이야기 속에 등장한다. 따라서 이런 복합적인 이미지는 다시 텍스트의 사실성과 자연스럽게 뒤섞여 소설의 주제에 신빙성을 더해준다.

스티븐슨의 복합적이면서도 자의식적인 스타일은 이 같은 상대적으로 명료한 구성의 연속을 드러낸다. 이 작품은 날짜로 시작한다. 1639년 2월 10일. 격식 있고 객관적인 3인칭 서술로 네덜란드의 실내 장면에서 한 여인과 남성이 모습을 살짝 드러낸 뒤 어둠 속으로 사라지는 장면을 묘사한다. 남성은 어둠 속에서 거의 보이지 않고, 여인의 흰 피부가 검은 드레스와 대조를 이룬다. 첫 쪽의 글자체는 다른 책보다 작은 것을 사용하고 있다. 책 말미에 실린 인용문과 같은 크기의 글자체다. 일반적인 크기의 글자체로 시작되는 다음 쪽도 역시 1834년 6월 27일이라는 날짜로 시작된다. 처음에 등장하는 장면의 개괄적 설명은 소설의 후반부에 일어나는 일로, 펠라기우스와 엘리자베스 양쪽의 입장에서 3인칭 시점으로 좀 더 친밀하게 묘사된다. 이 장면은 소설의 받침대가 되는 "나에게 이야기를 들려주세요"라는 말을 중심으로 전개된다. 소설은 자기반영적이고 시점의 복합성 때문에 구체적으로 밝힌 날짜의 의미를 경감시킨다. "바다의 딸, 암스테르담의 아름다운 날이다"[19]라는 말로 1634년의 암스테르담 부둣가에서의 특별한 하루를 경쾌하게 묘사함으로써 본격적으로 시작된다. 여기에 입증 자료가 더해진다. "이것은 공적인 기록이다. 뒷받침할 명확한 자료가 많은 사실의 기록이다. 구체적인 예를 들자면 암스테르담 신문 〈카우란테 아위트 이탈리언 언 다위츠흘란트Courante uyt Italien en Duytschland〉

1634년 6월 27~28일에 기록된 내용이다"라고 밝히는 식이다.[20] 이 설명은 약간 간교한 농담을 같이 담고 있다. '이것은 당시의 독자들에게만 말했던 내용으로, 우리를 속이려는 의도는 없었다.'[21] "여기에는 역사적 진실성에 대한 암시와 수사 어구의 개념, 장르와 역사의 사후 해석, 거기에 원자료의 비신뢰성에 대한 논박의 의미가 있다. 스티븐슨은 권위 있는 자료를 인용해 자신의 소설을 만들고 소설에 신뢰감을 더했다. 그러나 그녀 자신의 역할을 작가, 역사학자, 그리고 소설가로 능수능란하게 조작할 수도 있었다. 이어지는 문장은 펠라히위스 판 오버르메이르Pelagius van Overmeer의 움직임을 다루는데, 이것은 그가 30년 뒤에 쓴 개인적인 연대기에 의해서만 입증할 수 있는 것이었다.[22]

허구의 인물들은 역사적 사실과 나란히 놓여 서서히 진짜 존재하는 사람이 되어간다. 이처럼 우아한 시작은 자유분방한 포스트모던 기법임과 동시에 이 책을 사실적인 것으로 보이게 한다. 비록 해석상의 사실에 근거한 것이기는 하지만. 이 책은 『또 다른 불린 여인』처럼 추측에서조차 거리를 두는 객관적인 시점에서 역사를 제시한다. 이 소설은 허구와 역사의 틈새에 자리 잡고서 두 가지를 잘 엮어내고 있다. 실제로 역사 소설 형식으로서의 요점과 매력은 이처럼 '사실적'인 것과, 허구의 핵심이라 할 수 있는 추적 불가능한 경험의 재발견 사이의 동력에 있다. 역사 소설 독자는 역사의 담론과 허구의 담론 두 가지를 모두 접하게 되며, 둘 사이의 상호 작용이 이 장르의 핵심이라 할 수 있다.

『티핑 더 벨벳』을 비롯한 3부작 소설의 대성공 이후 세라 워터스는 1940년대, 1942~1947년을 배경으로 한 『나이트 워치The Night Watch』를 내놓았다. 워터스는 역사 소설 이론가이기도 하다. 특히 레즈비언 역사 소설 분야 전문가다.[23] 워터스에게 역사 소설은 대안적인 레즈비언 역사에 대해 발언할 수 있는 공간을 제공하는 것이다. 그녀의 책은 주변부화된 인물들의 목소리를 다시 들려준다.

역사 속에서 사라졌거나 주변화된 목소리라고 당신이 생각할 많은 것에 초점을 맞추는 것은 필연적으로 당신의 책에 정치적인 울림을 줄 것이다. 당신의 소설은 효과적으로 주장을 하고 있다. "이 사람들에 대해 글을 쓰고 그 글을 읽는 것은 가치가 있는 일이다. 이 사람들에게 주의를 기울이는 일 역시 가치 있는 일이다.[24]

『나이트 워치』는 레즈비언의 역사를 밝히기보다는 사람들이 전쟁을 어떻게 체험했는지에 더 관심을 두고 있다. 워터스는 자신의 일인칭 시점 서술을 피하고, 게이와 일반인 다수의 목소리로 서술한다. 소설은 우연한 사건으로 엮이게 된 두 그룹의 인물을 다룬다. 한 명은 비브로 그는 낙태 수술이 잘못되어 앰뷸런스 운전사 케이의 도움을 받게 된다. 이 짧은 만남에서 케이는 비브에게 헌신적인 모습을 보이며, 이것을 중심으로 다른 사건이 이어진다. 그러나 이 소설은 1947년부터 1944년으로 다시 1942년으로 시간을 거슬러 올라가며, 역순으로 복잡하게 진행된다. 이것은 작가 워터스가 『어피니티Affinity』(2005년)라는 작품에서 시도했던 방식이지만, 여기서는 특별한 의도로 이런 서술 방식을 쓰고 있다. 도안Doan과 워터스는 레즈비언 소설이 이성애자들의 역사 서술 모델을 그대로 흉내 내는 것은 문제가 있으며, 그래서 이런 역순의 진행이 규범적인 역사 지식의 계층 체계에 도전하고 그것을 깨뜨리는 방식임을 보여주었다. 이런 구조는 독자를 끊임없이 앞으로 나아가도록 이끄는 것이 아니라 반대 방향으로 이끌며, 이처럼 디제시스 바깥으로 독자들을 끄집어내는 것이 이 책의 체험을 복잡하게 한다. 이 책의 의미를 찾는 독자의 탐구는 모르는 사이에 약화된다. 이미 그들이 본 비참한 최후의 시작이 어떻게 됐는지를 따라가야 하기 때문이다. 역사 체험을 그대로 본뜬 이 책의 이런 구성은 다 읽고 나서야 이해된다. 『나이트 워치』는 한때 아주 익숙했던 것이 파괴되고 무너지는 일에도 관심을 둔다. 여기서는 새롭게 변하고 있는 런던의 지도와 건물의 폭발 효과(앰뷸런스 운전사 케이와 건축가 아버지를 도와 무너져 가는 건물의 조사를 돕는 줄리아를 통해 작가는 익숙한 건물이 무너지는 충격을 파헤친다) 등을 검토하고 있다. 이것은 일종의 역사 기록이라고 볼 수 있다. 과거의 증거가 무너지는 것을 이해하는 일은 과거의 덧없음을 이해하는 데 중요하기 때문이다. 무너진 집들은 잃어버린 일상성을 상징한다.

앞에서 살펴본 네 가지 소설의 예는 역사 소설이 다양한 가능성이 있으며, 정통의 장르 소설에서부터 역사성의 역동적인 모델, 혹은 주변화된 정체성에 대해 발언하는 것까지 다양한 모습이 있음을 잘 보여준다. 이것들은 여러 가지 관련된 쟁점, 소재의 혁신이나 마케팅 혹은 독자의 기대가 내포한 문제점 등을 드러낸다. 역사 소설은 실질적으로 도전적이고 자기반영적이며, 독자들에게 상호적 관계와 역사의 복잡성을 제공한다.

그래픽 노블과 혼합 장르

역사 그래픽 노블은 주류적인 작품 해석의 대상에서는 벗어나 있는 '역사 장르'라 할 수 있다. 영향력은 있지만 학자들에게는 무시를 당했다. 그래픽 노블의 형식은 대개 언더그라운드적인, 시시하고 단순화한 것으로 여겨졌고 따라서 그에 대한 논의도 거의 없었다. 그러나 그래픽 노블의 혼합적 성격은 이것이 기존의 역사 해석에 대해 의문을 제기하고 도전하는 모습을 가능케 해주었으며, 아트 슈피겔만Art Spiegelman의 『쥐Maus』 같은 경우 역사 호러를 다루는 완전히 새로운 방식을 선보이기도 했다.

그래픽 노블이나 만화 같은 '연속 예술sequential art'은 전통적으로 역사적 주제를 다루지 않고 판타지[닐 게이먼Neil Gaiman의 『샌드맨Sandman』(1989~ 1996년)]와 평행 세계parallel world[워런 엘리스Warren Ellis의 『트랜스메트로폴리탄 Transmetropolitan』(1997~2002년)], 혹은 현재[제임스 델러노James Delano의 『헬블 레이저Hellblazer(1988년~)] 등을 주로 다루었다.[25] 앨런 무어는 그래픽 노블 을 하나의 형식으로 새롭게 만들어낸 핵심 인물로, 특히 그의 작품 『워치 멘Watchmen』(1987년)은 전후 매카시 시대의 마녀 사냥이 공산주의와 복면 쓴 자경단으로 향하는 상황을 그린다. 무어는 만화책 장르의 한계에 대해 새로운 사고방식을 보여주며, 좀 더 세련된 '영웅주의'[26]를 선보인다. 그의 다음 작품 『젠틀맨 리그The League of Extraordinary Gentlemen』(1999년~)는 빅토 리아 시대 소설 속 인물을 데려와서(앨런 쿼터메인, 홀리 그리핀, 미나 머레이, 캡틴 니모, 에드워드 하이드) 그들을 1989년의 세상으로 던져 넣는다.[27] 이 작품은 허구적인 가상 상황을 그린 혼성 모방품이며, 남성들의 숨 막히는 모험 이야기로 영웅주의와 우상에 대한 이야기를 전한다. 무어는 인물들 을 눈에 익숙한 빅토리아식 런던으로 밀어 넣어 허구적인 그들을 사실적 인 것처럼 다룬다. 이어진 작품 H.G. 웰스의 『세상의 전쟁War of the Worlds』에 서 이 그룹은 화성의 침략자들에 맞서 싸운다. 문학적인 영웅을 코믹북 인 물로 만들면서 무어는 문화적 헤게모니에 대해 질문을 던진다. 그의 역사 장르 패스티시는 그가 사용하는 상징과 비유가 그 자체로 이미 허구적이 라는 면에서 미묘한 새로움을 주고 있다. 연쇄살인범 잭 더 리퍼Jack The Ripper를 다룬 『프롬 헬From Hell』(1999년)에서는 세상을 다양한 방법으로 드 라마화하면서 이처럼 '사실fact'을 모호하게 만드는 그의 방법이 더 강조된 다. 이 같은 심리지리학적 작품은 아주 혼성적인 것으로, 학문적인 주석을 만화의 칸 안에 담아놓기도 했다. 무어는 일련의 사건 속에서 현대 국가의 탄생을 본다. 이야기 속 살인자인 윌리엄 화이티 걸William Withey Gull 경은 그의 운전사에게 "이것은 시작이야, 네틀리. 시작일 뿐이라고. 좋든 싫든 21세기라고. 내가 그걸 전해줬지"라고 말한다.[28] 이 책은 빅토리아 사회의 이야기면서 탐정 소설이고, 학문적 논쟁이면서 런던을 구성하는 것의 나열이며, 휘슬러식 패스티시[2]라 할 수 있다. 비주얼과 사실적인 역사를 혼합한 이 작품의 스타일은 독자에게 남다른 수준의 정보와 의미를 제공한다. 『프롬 헬』은 잭 더 리퍼를 찾는 것은 불가능함을 인정하고, 조심스럽게 그에 대한 해결책을 여러 가지 가능성 중 하나로 제시한다.

그래픽 노블은 영화와 마찬가지로 역사의 시각성에 의존한다. 작가들은 장르를 반영하고 과거에 대한 시각적 재현을 위해 이 형식을 사용해왔다. 맥스 앨런 콜린스Max Allan Collins의 자의식적인 『로드 투 퍼디션On the Road to Pedition』 시리즈(1998~2004년)는 하드보일드 느와르와 정통 코믹, 그리고 탐정 소설 수법을 결합시켜 대공황 시대 시카고를 무대로 구원과 희생의 이야기를 펼친다. 2002년에 샘 멘디스Sam Mendes 감독이 이것을 영화로 만들었다. 비록 역사적 주제를 다루면서 대중문화를 대표하는 갱스터나 범죄 스릴러를 채택하고 있기는 하지만, 이 시리즈는 만화로서는 역사 장르 소설에 거의 근접한 작품이라고 볼 수 있다. 유명 작가 프랭크 밀러Frank Miller가 쓴 『300』(1998년)은 테르모필레 협곡 전투를 다룬 것으로, 남성미 넘치는 스파르타인들이 그리스의 문명과 자유를 지키기 위해 쇠퇴한 페르시아 왕국에 맞서 싸우는 이야기를 유혈 난무하는 영웅의 이야기로 그린 것이다. 밀러는 스파르타 인들의 공격적인 자세가 페르시아 군대를 물리친 것으로 해석한다. 이 책은 영웅의 덕성과 남성의 연대를 강조하며, 과장된 미사여구와 거만한 연설로 가득 차 있다. 2006년에 『300』

---

2) **휘슬러식 패스티시**: 미국의 유명 화가 제임스 맥닐 휘슬러가 어머니 초상화를 우스꽝스럽게 변형시킨 여러 패스티시 그림을 선보인 이후에 등장했다.

은 영화로 옮겨졌는데, 디지털 기술의 도움을 받아 액션 영화이면서도 그래픽 노블 스타일로 만들어져 원작 만화의 외형을 그대로 옮길 수 있었다. 이 디지털 기술은 영화의 프레임을 애니메이션화하는 것인데, 캐릭터 캡처라는 기술을 이용해 배우들이 컴퓨터 그래픽 이미지로 바뀌게 되는 것이다. 배우들이 블루 스크린 앞에서 연기를 하면 디지털 기술로 배경화면을 더해 원작 그림의 밝지 않은 그레이 톤을 그대로 살리는 방법이다. 이 영화는 또 원작 만화를 숏포숏shot-for-shot[3] 방식으로 그대로 가져왔다. 이는 영화의 내러티브에서 시퀀스적인 스타일의 중요성을 드러내는 것이며, 영화의 형식적 기원이 어디에서 비롯됐는지를 강조하는 것이다. 밀러의 네오느와르『신 시티Sin City』(2005년)의 각색 영화에서도 비슷한 기술이 사용됐다. 〈300〉은 엄청난 인기를 얻어 박스 오피스와 DVD 판매 기록을 깼고, 〈글래디에이터〉(리들리 스콧, 2000년)이나 〈알렉산더Alexander〉(올리버 스톤, 2004년)와 함께 고전적인 영웅적 서사 내러티브의 역사적 상상력으로 회귀하는 경향의 대표작이 됐다. 〈베오울프Beowulf〉(로버트 저메키스, 2007년) 역시 비슷한 기술로 만들어진 영화로 높은 수익을 올리며, 옛날이야기가 판타지적이고 모호한 유사 리얼리티와 잘 어울린다는 것을 보여줬다.

논픽션 만화 작품은 대개 르포르타주나 자서전 혹은 현대의 정치를 다룬다. 예를 들어 하비 피카Harvey Pekar의 자서전 시리즈물『아메리칸 스플렌더American Splendor』, 조 사코Joe Sacco의 2001년『팔레스타인Palestine』, 혹은 마제인 새트래피Marjane Satrapi의 2003년 이란에 대한 회고물『페르세폴리스Persepolis』등이 있다. 눈에 띄는 예외도 있다. 호 체 앤더슨Ho Che Anderson의『킹King』은 마틴 루터 킹의 이야기를 다루면서 주류를 비튼 형

---

3) **숏포숏**: 만화의 한 칸 한 칸을 그대로 영화로 옮기는 것을 의미한다.

식을 일러스트레이티브 아트로 시도함과 동시에 교육적인 전기의 모습도 취한다.[29] 마찬가지로 타요 파탈루나Tayo Fataluna의 『아워 루츠Our Roots』는 사회활동가의 교육적 연구 과제로, 전 세계 흑인의 성취와 투쟁을 그렸다.[30]

잭 잭슨Jack Jackson은 언더그라운드 코믹스comix(comics가 아니라)의 자유로움을 이용해 권위 있는 역사 기록의 외부에서 쟁점거리를 파헤친다. 특히 북미 원주민들이 겪은 폭력과 정신적 상처에 대해 『코만치 문Comanche Moon』(1979년)과 『로스 테자노스Los Tejanos』(1981년) 등에서 다루고 있다.[31] 주류와는 거리가 먼 게릴라 방식으로 잭슨은 자유롭게 그의 초기작에서 끔찍한 이미지를 선보인다. 비전통적인 장르를 택함으로써 공식적인 역사에 대해 질문을 던질 수가 있는 것이다. 그는 2005년까지 많은 책을 텍사스 주 역사협의회나 텍사스 A&M 대학 출판사에서 냈는데, 이 책을 통해 지방의 역사와 체험을 그래픽으로 옮기는 일에 관심을 보였다. 그의 또 다른 관심은 샘 휴스턴Sam Houston이나 존 웨슬리 하딘John Wesley Hardin 같은 주요 인물에 대해 자료적인 해설과 이미지에 근거해 논쟁적인 수정주의 전기를 제시하는 것이었다. 잭슨은 그의 작업이 독자들에게 "당시의 분위기를 느끼고 이해하도록 해준다.…… 나는 사람들이 타임머신을 타고 그때로 돌아가서 이 사람들의 눈을 통해 당시의 사건을 보도록 하고 싶은 것이다"[32]라고 밝혔다. 이처럼 역사적인 공감에 시각적인 것이 중요하다는 개념은 다른 다큐멘터리 유형의 작업에서는 핵심이지만, 이런 맥락에서는 흔치 않은 것이다.

또 다른 그래픽 작가들은 이 예술 장르가 지닌 복잡한 성격의 잠재력을 활용해 '이미 친숙해진' 역사적 사건을 살펴보았다. 아트 슈피겔만은 『쥐』에서 폴란드 유대인인 아버지의 체험을 1930년대부터 아우슈비츠 투옥 시절까지 다루고 있다.[33] 이야기는 뉴욕과 플로리다에서 오늘날 슈피겔만과 그의 아버지의 삶의 모습을 보여주는 순간 다른 것으로 바뀐다. 슈피겔만 작품의 핵심은 첫째, 이야기를 그래픽 노블 형식으로 들려준다는 것이고, 둘째, 이야기 속에서 서로 다른 인종을 서로 다른 동물로 제시하는 것이다. 유대인은 쥐, 독일인은 고양이, 스웨덴인은 사슴, 미국인은 개로 묘사했다.[34] 이런 방식은 작품이 천진하고 유치하게 보이도록 하면서도 거대한 공포를 표현해준다. 동물 그림은 또한 그런 분류를 통해 독자에게 일반적인 인간성을 보지 못하게 하는 역할도 한다. 자기 아버지의 생애를 활용함으로써 슈피겔만은 한 '평범한' 유대인의 체험을 탐구할 수 있었다. 그의 아버지는 사랑스럽고도 짜증스러운 인간이었으며, 그 자신이 인종적 차이를 받아들이지 못했다. 첫 번째 책 끝 부분에서 슈피겔만은 아버지가 어머니의 노트를 불태웠다는 사실을 알게 된 뒤 그의 집에서 나오면서 '살인자'라는 말을 떠올린다.[35]

이 소설은 이런 작품의 선조라 할 수 있는 나카자와 게이지中澤啓治의 1970년대 『맨발의 겐Barefoot Gen』(히로시마에 관한 이야기), 제이 캔터Jay Cantor의 『크레이지 캣Krazy Kat』(핵무기에 관한 이야기, 1987년)과 함께 톰과 제리의 만화 기법도 같이 활용하고 있다. 『쥐』의 내러티브와 주제의 복합성은 그래픽 노블이 감정적·개념적 깊이를 지닐 수 있는 형식임을 보여준다. 1992년 이 책은 퓰리처 특별상을 받았고, 이 형식이 서양 세계의 주류로 들어왔음을 알렸다.[36] 『쥐』에서 역사의 사용은 모호하지만, 그런 한편 작가가 문제라고 생각한 전쟁의 공포를 열심히 전해주려 한다. 작품은 증인의 증언으로 이루어져 있는데 증언이란 당연히 주관성이 있으며, 이런 내러티브에서는 잘 쓰지 않는 비유법을 사용해 낯설게 하는 유형으로 만들었다. 그러나 그것은 아주 사실적이며 지도와 이미지를 매우 정확히 사용한다. 예를 들어 비르케나우 혹은 아우슈비츠로 향하는 지도 같은 것을 보여준다.[37] 이 증언들은 존경을 요구한다. 그의 아버지는 이렇게 말한다.

"너는 가스에 대해 **들어봤겠지**. 하지만 난 소문을 말하는 것이 아니야. 내가 본 것만을 말하는 거라고! 왜냐하면 나는 **목격자**니까."[38] 또한 이것은 한 사람의 이야기이며 전체를 그리려고 하지 않았다.

마리안네 히르슈Marianne Hirsch는 『쥐』에 대해 '후세대의 기억'의 전형이라고 평했다. 홀로코스트를 직접 겪지 않는 이후 세대의 경험을 그렸다는 것이다.[39] 『쥐』는 "아버지의 과거를 상상할 수 없는, 오로지 반복되어 비치고 아이콘이 되어버린 문화적 이미지를 통해서만 그것을 이해해야 하는 아들의 무력함"을 잘 드러낸다. 그러나 히르슈는 또한 소설 속에서 이미지가 늘어나는 것에 대해 "지금까지 사용되지 않았던 자료를 바탕으로 한 그림과 상상으로 그린 그림 모두가 기존에 몇몇 개의 소수 이미지만 성스러운 것으로 만드는 데 대항하기 위해 꼭 필요한 교정 작업"이라고 주장했다.[40] 개인적이면서도 문화적으로 환유적인 성격을 지닌 이 혼합적 그래픽 노블의 형식은 슈피겔만으로 하여금 익숙한 이야기를 새로운 울림을 담아 쓸 수 있도록 해주었다. 비평가들은 이것이 얼핏 비주류적인 혼성 형식으로 보일지라도, 『쥐』의 진지함 덕분에 포스트모던한 풍자와는 대조적으로 슈피겔만이 '역사에서 심리학적·도덕적으로 주제'를 제시했다고 평가한다.[41] 슈피겔만은 자신의 형식과 스타일 속에서 재현의 문제를 둘러싼 방법을 찾았다. 『쥐』에서 저자는 그가 역사와 거리가 있는 사람이라는 것을 알고 있지만, 그가 어릴 때는 결코 듣고 싶어 하지 않던 그것을 맞닥뜨리고 되돌아볼 수밖에 없었다. 이 작품은 패스티시가 아니라 풍자를 없앤 메타픽션이며 재현과 죄책감에 대한 이야기다. 『쥐』는 이 장르의 사소함에 도전해 이 만화물이 아주 복잡하고 끔찍한 이야기를 연민과 열정과 정확성으로 다룰 수 있음을 보여주었다. 여기서 역사는 지워지는 것이 아니라 되살아나는 것이며 그 불편한 공포 속에서 새롭게 제시되는 것이다. 독자는 과거와 자신의 관계를 되돌아보게 되며, 두려움을 떨치고 실제로 일어났던 일들을 새롭게 보게 되는 것이다.

역사물 연극

역사적 사건에 관한 연극인 마이클 프레인Michael Frayn의 〈코펜하겐 Copenhagen〉(NT, 1998년), 피터 모건Peter Morgan의 〈프로스트/닉슨Frost/Nixon〉 (돈마 웨어하우스, 2006년) 등과, 글로브 극장에서 일부러 옛날식으로 꾸민 무대에서 당시의 의상을 입고 상영되는 셰익스피어 연극, 혹은 동시대적 지점을 만들기 위해 논쟁적 연극 작품을 리바이벌하는 것, 즉 옥스퍼드 스테이지 컴퍼니가 존 아든John Arden의 1959년 〈레드코트Redcoat〉를 2003년에 상연한 것, 혹은 내셔널 시어터의 2003년 〈헨리 5세〉 공연 등, 이들 사이에는 어떤 차이점이 있을까?[42] 글로브 극장의 옛날식 연극은 원래 작품을 되살려 거기에 무대의 독창성과 사실성을 더한다. 어떤 면에서 이것은 헤리티지 체험으로서의 연극이며, 리빙 히스토리의 연장이다. 그러나 여기에는 또한 문화적인 가치가 더해진다. 리바이벌 작품은 사회생활이 어떻게 바뀌었는지 비교해 보여준다[논란이 됐던 셰필드 크루서블 극장의 〈영국의 로마인Romans in Britain〉(2006년)에서 보여준 것처럼].[43] 재공연의 중요성은 이것이 어떤 면에서 원래 사건에 대한 재상상과 재연이기도 하지만, 새로운 해석은 현재와 과거의 다른 모습에 어떤 식으로든 무엇을 주장한다는 데 있다. 리바이벌 중에는 종종 현재와 과거의 관계에 대한 주장을 보여주지는 않고 역사적 텍스트를 통조림 속에 보존된 시간의 일부로만 제시하는 것도 있다. 예를 들면 노엘 카워드Noel Coward나 테런스 래티건Terence Rattigan의 1930년대 연극은 대부분 그랬다. 오랜 시간을 거치며 역사가 되어버린 애거사 크리스티의 〈쥐덫Mousetrap〉(세인트 마틴 극장, 1952년~) 같은 작품의 경우는 어떨까? 쇤베르크Schönberg와 부블릴Boublil의 〈레미제라블〉(전 세계, 1980년~)은 역사적 뮤지컬인가 아니면 빅토르 위고Victor Hugo 원작의 각색 작품일 뿐인가? 〈레미제라블〉은 과거를 재현하는 일종의 코스튬 드라마이지만, 또한 익숙한 방식의 현대식 뮤지컬이다. 이것은 시대물이 아니다. 위고 소설의 현대판인 것이다. 그러나 지금까지 20년 넘게 상영되어 문화적 엄숙함이 있다. 별로 도움이 안 될 이런 질문을 던지는 이유는 영화나 소설과 마찬가지로 무대에서 보이는 역사 연극은 복잡 다양해졌으며, 관객이 과거성의 복잡한 담론에 참여하는 것 역시 정교화됐다는 것을 알려주기 위해서다.

연극은 항상 과거와 복합적인 관계에 있다. 내러티브와 공연 내에서 과거를 재현하고 구체화하는 것은 어떤 드라마가 역사의 재개념화와 질문을 허락할 것인지를 구조화하는 것이다. 오늘날 영국 드라마는 오랜 시간을 거쳐 역사와 타협점을 찾았다. 예를 들어 아서 밀러Arthur Miller의 1953년 작『크루서블Crucible』에서 살렘 마녀재판이라는 설정을 매카시 시대의 미국에 대한 비판으로 쓴 것처럼 연극을 최근 정치에 대한 해설의 수단으로 쓰거나, 혹은 단순히 역사 속으로 설정된 상황 안에 내러티브를 제시하기보다는 마이클 프레인이나 톰 스토파드Tom Stoppard는 좀 더 추상적인 용어로 역사를 개념화했다. 그들은 역사가 단지 또 하나의 지식 체계이며 약화되거나 훼손될 수 있는 것으로 보았다. 그들은 역사의 드라마화에서 작가는 사고 구조를 파헤치고 그것을 약화시키며 거기에 도전할 수 있다고 설명했다. 그리고 이런 질문 제기는 그 작품의 형성에 필수적인 부분이 될 수 있으며, 작품 속에서 좀 더 전복적인 결과를 초래할 수 있다. 드라마의 능력은 순간적이고, 짧고 수수께끼 같으며 손에 잡히지 않는다. 이것이 의미하는 것은 역사와 관련된 연극이 좀 더 수명이 짧기 때문에 영화나 소설보다 더 도전적일 수 있다는 뜻이다.

1990년대 주류의 '고급' 영국 드라마는 역사가 견고한 것이라는 생각에 도전하고, 실제로 보고 만질 수 있는 것으로서의 역사를 파헤치는 데 기여했다. 리처드 파머Richard Palmer는 희곡이 역사를 다루는 방식은 이전의 '역사에' 기반을 둔 드라마라는 의미에서 벗어나 역사를 하나의 개념으로 드라마화하는 쪽으로 바뀌어왔다고 말한다.[44] 한편에서 희곡은 좀 더 엄정한 세밀함으로 역사를 봐왔다. 케릴 처칠Caryl Churchill의 페미니스트 연극 〈톱 걸Top Girl〉(로열 코트, 1982년)이나 좀 더 이지적인 프레인과 스토파드의 포스트모더니즘과 논증 불능 등이 그 예다.[45] 앨런 베넷의 〈히스토리 보이스〉(NT, 2004년)는 역사의 기술과 가치와 방법론에 대해 토론을 펼친다. 이와 비교해 현대의 아일랜드 드라마는 현대의 정치·문화적 정체성을 찾기 위해 과거의 재현을 사용한다.[46] 브라이언 프리얼Brian Friel, 프랭크 맥기니스Frank McGuinness와 서배스천 배리Sebastian Barry 같은 작가와 더불어 영국 연극에 큰 영향을 끼쳤다(모든 사람은 역사 희곡에서 아일랜드성을 탐구했다).

영국 드라마 작가들은 이전까지는 주변화됐던 역사를 자세히 살펴보고 그것과 현대 사회의 유사성을 탐구한다. 마크 라벤힐Mark Ravenhill의 〈마더 클랩스 몰리 하우스Mother Clap's Molly House〉(NT, 2001년) 등이 대표적이다. 라벤힐의 희곡은 1726년 복장 도착자의 매춘굴과 2002년 한 섹스 파티를 오가며, 관습을 벗어나는 행위와 그 경계를 따진다. 이처럼 다른 시간대를 한데 붙이는 것은 흔한 방식이다. 처칠의 희곡에서는 서로 다른 시대에서 온 다섯 명의 여자가 모여 디너파티를 벌이는데, 그것은 대처 정권 시절 커리어 우먼의 부상을 표현하기 위한 것이었다. 이것은 또한 과거에 대한 기존의 생각 그리고 현재가 진보라는 생각을 다시 한 번 되돌아보게 한다.

톰: 집구석에 처박혀 있던 그 시절 내내 아빠는 이랬지. "때려죽일 연놈들." 그
러면 난 이랬어 "당신은 역사야, 당신은. 나는 때려죽일 년이지만 거짓말은
안 한다고, 절대로. 어느 날 나는 일어나서 그냥 나갈 거야. 냉장고에 쪽지를
붙여놓고 말이지. '이 집구석 다들 뒈져버려.' 이렇게. 조그마한 남편에 조그
마한 마누라에 조그마한 자식들. 이게 당신의 역사야. 난 미래지. 이게 미래
야. 사람들이 자기 하고 싶은 걸 하는 것. 지가 되고 싶은 것이 되는 것. 근데
왜? 왜 당신이 이걸 망치려고 하는 거야?"[47]

톰은 성Sexuality를 새로운 것, 오랜 편견을 없애버리는 것으로서 원했다.
비록 이 희곡은 성 자체는 변함없는 것이며, 변하는 것은 성이 소비되고
포장되고 경험되는 방식일 뿐이라고 주장하지만. '도덕은 과거의 역사다.
지금은 돈 버는 것이 최고인 세상이다.'[48]

오늘날 영국 연극에는 인종차별주의가 많이 들어 있다. 데이비드 헤어
David Hare와 해럴드 핀터Harold Pinter는 오늘날 정치 상황을 날카롭게 지적한
다. 세라 케인Sarah Kane과 마크 라벤힐은 연극에 새로운 폭력을 선보였다.
그리고 9·11사태 이후 전 지구적인 사건에 대한 다양한 반응이 있다. 〈토
킹 투 테러리스츠Talking to Terrorists〉(아웃 오브 조인트, 2005년)나 〈블랙 워
치〉(스코틀랜드 국립 극단, 2006년) 같은 것이 대표적이다.[49] 현대 연극에서
역사의 사용은 그러나 [데이비드 헤어의 〈알베르트 스피어〉(NT, 2000년), 조지
버나드 쇼의 〈성녀 존St. Joan〉(NT, 2006년)] 종종 개인을 통한 이해를 시도하
거나, 혹은 철학에 관심을 보인다. 철학에 관심을 보이는 유형의 연극이
보여주는 도전이란 기존 지식 체계에 대해 드라마화된 의문을 던진다는
뜻이다. 톰 스토파드의 지적 연극 〈아르카디아Arcadia〉(NT, 1993년), 〈인벤
션 오브 러브The Invention of Love〉(NT, 1997년), 〈유토피아의 해안The Coast of
Utopia〉 3부작(NT, 2002년)과 〈로큰롤Rock and Roll〉(로열 코트, 2006년) 등은

역사를 단순히 배경이나 내러티브의 내용이 아니라 하나의 실체로 탐구한다. 스토파드가 〈아르카디아〉에서 사용한 소품은 이 연극이 문자 그대로 서로 겹치는 역사를 보여주는 능력을 드러낸다. 이 연극은 1809~1812년과 1989년을 오가는 내용이다. 이 연극의 행동은 한 방이면서, 서로 다른 시간대에서 벌어진다. 따라서 한 시대에 사용됐던 소품이 다른 시대에도 남아 있다. 이 같은 과거·현재 사이의 변형은 공연의 유연성을 드러내면서 우아하게 연대기를 뒤엎어버리는 능력을 보여주는 것이다.

역사, 객관성, 논증 불가성 등과 관련해 가장 논쟁의 대상이 됐던 연극은 마이클 프레인의 〈코펜하겐〉(NT, 1998년)이다.[50] 이 연극은 1941년에 물리학자 베르너 하이젠베르크Werner Heisenberg와 닐스 보어Niels Bohr가 코펜하겐에 있는 보어의 집에서 만나는 상황을 그린 것이다.[51] 이 연극은 민감한 소재와 더불어 작가가 하이젠베르크를 등장인물로 설정한 것을 놓고 엄청난 토론이 벌어졌다.[52] 스티븐 바필드Steven Barfield는 프레인이 여러 번 쓴 제작 후기에서 희곡의 역사적 타당성에 대해 그토록 신경을 쓴 것은 그가 연극의 소재에 대해 걱정을 하고 있었음을 드러낸다고 말했다.[53] 바필드는 이어 사실 논쟁을 불러일으킨 것은 제작 후기 그 자체였다고 말했다. 왜냐하면 프레인이 이 연극을 '암흑 물질Dark matter'[4] 같은 것이 그러하듯 '반드시 정확함을 요하는 역사의 형태'로 보았기 때문이다. 프레인이 단순히 그의 연극 작품을 선보이고 주장을 펼쳤다면 아무런 논쟁은 없었을 것이다. 그의 전제는 그가 일종의 '역사적' 개입을 하고 있으며, 그의 작품은 도전과 의심을 받을 준비가 되어 있다는 것이다. 물론 프레인이 자기 작품의 진실성에 대해 고민을 드러낸 것을 볼 때 그는 행동의 동

---

4)   **암흑 물질**: 우주를 구성하는 총물질의 90퍼센트 이상을 차지하고 있고, 전파, 적외선, 가시광선, 자외선, X선, 감마선 등과 같은 전자기파로도 관측되지 않고 오로지 중력을 통해서만 존재를 인식할 수 있는 물질을 말한다.

기를 탓하고, 개인에 대해 언급하고, 역사적 사실을 왜곡할 가능성에 대해 불편함을 느끼고 있다는 것을 알 수 있다. 희곡의 최신 개정판에는 제작 후기가 54쪽에 이르렀다. 그러나 동시에 이 작품의 복합성에 대한 메타 텍스트적인 토론은 연극의 모호함과 역사의 불확정성에 대한 근심을 더 늘어나게 한다. 그 많은 증거가 되는 편지나 인터뷰, 대화 테이프, 회고, 자서전 같은 증거에도 불구하고, 이 만남의 의미와 그들이 맡았던 일의 동기 특히 하이젠베르크에 대해서는 아직도 논쟁이 진행 중이다.

이 연극은 과학과 책임, 도덕성과 역사의 불가해함에 대한 이야기다. 이 연극은 이 만남 자체나 만남의 의미에 대해 여러 가지 가능성을 제시한다. 등장인물 나름의 소망과 동기를 들춰내면서 그 사건의 미래와 함께 자신들의 행동에 대한 후대의 해석을 언급한다. 이 같은 역사에 대한 자의식과 과학적 이해의 시도를 통해 역사 연극을 특정한 형태의 논쟁을 중시하는 공간으로 만드는 것이다. 하이젠베르크의 불확정성의 개념 — 하나의 현상(예를 들면 전자 같은)은 그것이 다른 실재에 미치는 효과에 의해서만 이해될 수 있으며, 그것을 관찰하려는 시도에서 우리는 그것에 영향을 주고 그것을 변화시킨다는 것 — 은 연극에서 역사 자체에 대한 우아한 동기가 된다. 보어는 이것을 이렇게 규정한다.

그렇다면 여기 코펜하겐에서 20세기 중반의 3년 동안 우리는 정확하게 단정할 만한 객관적인 우주가 없다는 것을 발견한다. 그 우주는 일련의 근사치로만 존재한다. 우리와 우주와의 관계에 의해 결정된 한계에서만 존재한다. 사람의 머릿속에 있는 이해를 통해서만이 존재한다.[54]

코펜하겐의 만남은 갖가지 결과물을 낳았고 아주 많은 영향을 미쳤지만, 일어났던 일에 대해, 그것이 남긴 의미에 대해, 왜 그 일이 일어났는지에 대해, 누가 거기에 있었는지에 대해 누구도 동의할 수는 없었다. 희곡에서 보어는 그것이 어느 달이었는지조차 기억 못한다. 그 만남에 대한 사실은 다시 구성될 수 있겠지만, 하이젠베르크의 질주하는 전자처럼 동기는 오로지 추측되고 가정될 뿐이다. 결코 그 자체로 보이거나 이해되지 않는다.

궁극적으로 이 희곡은 드라마를 위해 불가해성을 희생시키며, 보어의 도움을 받아 하이젠베르크가 스스로 허세를 부렸다는 것을 암시한다. 그 만남은 만남이라고 할 수 없다. 과연 보어가 하이젠베르크에게 핵폭탄을 제조하는 길로 가라고 할 것인지 질문을 던지기 전에 만남을 끝냈다는 의미에서 말이다. 만약 보어가 하이젠베르크에게 그의 구상을 소개하기 위해 단순히 무기를 만드는 데 필요한 우라늄의 양을 계산만 한 것이냐고 물었다면(그리고 연극에서 실제로 그는 물어본다) 하이젠베르크는 계산을 했을 것이고, 그랬다면 그가 몇 톤의 우라늄이 필요하다고 추측한 것이 잘못임을 알게 됐을지도 모른다.[55] 이런 드라마적인 아포리아는 보어를 천재로 만들고 하이젠베르크를 흠 많은 영웅으로 만든다. 끊임없는 논쟁이 여러 사건과 이 만남의 동기를 둘러싸고 벌어진 뒤에 실제 핵심 논점은 질문의 부재, 말로 표현되지 않은 것이 되어버렸다. 이 희곡에서 공연되는 불확실함은 모든 역사 공연이나 문화적 제작물의 문제성에 대한 우아한 은유다. 기본적인 지식, 과거의 체험이 어쨌든 그것을 관찰하는 현재의 행동을 통해 전달되고 영향을 받는다.

6부

역사 유물과 해석

Artefact
and
interpretation

새로운 박물관학 이론

이 놀라운 숫자를 한번 보라. 1999년에서 2000년 사이에 영국의 문화 유적지에는 1,200만 명의 방문객이 다녀갔고, 내셔널 트러스트[1)는 270만 회원을 거느리고 있다. 영국의 박물관은 2004~2005년에 470만 명의 방문객을 기록했다. 임페리얼 전쟁 박물관도 같은 기간에 200만 명이 넘는 방문객을 기록했다. 빅토리아 앤드 앨버트 박물관의 방문객 수는 240만 명이다. 이 기록은 중요 박물관의 기록만을 말한 것이다. 2005년에 영국의 박물관과 문화 유적지의 총 방문객은 1억 명이 넘는다. 2001년 박물관의 입장 요금을 없애버리자 2006년까지 거의 500만 명의 관람객이 늘어났다.[1] 이렇게 유적지를 방문하고 역사적 유물을 찾아보는 방식으로 역사를 접하는 것이 내국인이든 외국인이든 영국의 역사 소비 현상에서 중요한 부분을 차지한다.[2] 이런 방식의 역사 소비의 배경 조건은 지난 15년간 미묘하게 변해왔다. 변화는 재정상의 변화, 방법상이나 이론상의 변화 그리고 소비자들의 기대 등에 맞추면서 그렇게 되어온 것이다.[3] 재정적으로 어려움을 겪게 되면서 이들은 자금 조달 방식을 급격하게 바꾸어야 했다. 새로운 박물관학 이론과 탈식민주의의 등장은 전시의 정치학과 역학이 치열한 논쟁의 대상이 됐다는 것을 의미한다. 관람객의 의미가 역사 소비자로 확대됨으로써 관람 목적의 우선순위에도 변화가 생겼다. 즉, 관람객의 체험을 교육적 목적보다 우위에 둔다는 것이다. 이 같은 새로워진 패러다임 외에도, 시민권과 접근권에 대해 정부가 내세운 구호들, 점점 국제화되는 여행 상품 시장에 대한 관심, 그리고 새로운 과학기술의 가능성

---

1) **내셔널 트러스트**: 시민들의 자발적인 기금 모금을 통해 중요한 문화유산을 사들여 보관하는 문화 기금 모임이다.

과 문제점 등이 고려되어야 하며, 여기에 박물관이 역사의 체험을 가장 많이 변화시킨 장소라는 점도 고려되어야 할 것이다.

1980년대 후반과 1990년대 박물관의 성격과 역할에 대한 논쟁이 학문적으로나 실용적인 측면 모두에서 아주 활발하게 일어났다. '신박물관학 New Museology'이라는 이름이 붙은 이 움직임은 박물관의 이데올로기적인 기능에 중점을 둔다. 박물관들은 "상이한 이데올로기 간의 전쟁터이며, 그렇지만 대부분 지배적 엘리트들에 의해 조종당하는 곳"[4]이라고 주장했다. 박물관의 현 실태에 대한 이런 비평은 박물관을 민주화하려는 시도이며, 박물관의 기존 전시, 수집, 재현 방식에 도전장을 던지는 것이었다. 피터 버고Peter Vergo가 주장한 것처럼 신박물관학은 박물관을 사회적·문화적 실체로 재점검해보자는 움직임이었으며, 박물관학을 그 공간에 대한 방법론이라기보다는 하나의 '이론 혹은 인문학'으로 정의하려는 시도였다.[5] 이 같은 새로운 움직임과 관련된 다양한 논쟁이 학계의 논쟁을 촉발시켰으며 특히 다음과 같은 문제가 주요 안건이었다. '박물관은 무엇을 상징하는가? 누구를 위한 것인가? 왜 그것은 특정한 일들을 했는가? 무엇이 박물관의 가치인가? 박물관은 과연 필요한 것인가?' 그런 질문은 '과거'에 대한 개념과, 과거에 대한 우리의 접근 방식에 대한 엄청난 논쟁을 만들어냈다.

특히 신박물관학은 박물관의 정치적인 측면을 강조한다. 박물관의 저변에 있는 이데올로기를 인식하고 이해하는 것을 통해 박물관이 전시 대상을 어떻게 구성하고 그려내려 하는지 알 수 있다는 것이다. 박물관에 대한 정의는 '국제박물관위원회ICOM'의 규율문에 따르면 "비영리단체로 사회와 사회 발전에 기여하는 시설로서 공공에 개방되어 있고, 학습과 교육과 오락을 목표로 인류와 인류 환경의 물질적인 증거를 수집하고 보존하며 소통시키고 전시하는 곳"으로 되어 있다.[6] 신박물관학은 '사회와 사회 발전'에 초점을 맞춰, 박물관이 문화에 끼치는 이데올로기적인 영향을 연구한다. 박물관이 우리를 만든다는 것이다. 우리가 박물관을 만드는 것이 아니라 박물관은 대중을 제어하기 위해 지식을 체계적으로 조직화해 교육시키는 국가의 역할을 나눠서 맡는다. 그렇다면 박물관을 학문적·이론적으로 분석하는 일은 이런 지식 조직화를 해체해 그것의 억압적인 기능을 드러내는 것이라 하겠다. 그렇게 해서 스스로에 대해 자각하는 새로운 박물관의 모습으로 나아갈 수 있게 해주는 것이다. 더 나아가 이런 이론적인 논쟁은 종종 박물관과 관람객의 관계에 집중되기도 한다. 박물관은 정부 기관으로 여겨졌고, 인문주의적인 방식으로 사람을 '교육'시켜 가르치고 관리하려는 데 중점을 두고 있다고 여겨졌다. 박물관과의 상호 작용을 통해 사람은 많이 변화할 수 있다. 박물관은 참여의 공간이다. 그런 의미에서 수동성의 공간이 아니라 중산층 관람객이 연구되고 교육받고 형성되는 그런 장소인 것이다. 박물관은 계층 교육을 위한 장이며, 사회의 물화物化, reification를 위한, 지식의 분류를 위한 장이다. 박물관 공간에 대한 이 같은 '능동적인' 모델은 박물관 관람의 경험 속에 생각보다 많은 것이 들어 있다는 것, 따라서 공공적인 문화유산 시설이 다양한 방식으로 논의되어야 한다는 것을 일깨워준다. 찰스 소머레즈 스미스Charles Saumarez Smith는 이렇게 주장한다.

역사 유물은 시대에 따라 소유주가 바뀌고 의미나 가치도 변화하게 마련이지만 박물관이란 곳은 마치 그런 것과는 전혀 상관없이 작동하는 것처럼 여겨왔다. 하지만 그처럼 유물들이 박물관에서 정적이고 안전하며 변화하지 않는다는 이유로, 그것들의 의미와 용도가 결코 바뀌지 않는다고 여기는 가정은 명백히 틀린 것이다.[7]

그런 논쟁과 맞물려 박물관은 운영 방식을 많이 바꿨다. 먼지 풀풀 나는 난해한 정보들의 저장고 같은 이미지를 털어내 버리고 특정한 정치적 비평에 그들의 대답을 내놓는 식으로 변화해나간 것이다. 여기서의 비평은 주로 영국에서 식민주의적 역사의 소개와 관련된 비판, 또한 여성과 소수 그룹의 재현과 관련된 비판을 말한다. 이 같은 박물관의 변화는 이른바 '헤리티지/문화유산 산업'계가 적극적인 공세를 취하는 방식으로 변화하는 것에 대한 박물관의 대응 방식이었고, 동시에 새로운 관람객을 유치하고 박물관의 구습을 고쳐나가려는 시도의 일환이었다.[8] "박물관이 (마침내!) 스스로에 눈을 뜨기 시작했다. 다양한 모습으로 존재하는 '현실'을 해석하고 재현해낼 수 있는 그들의 권력에 대해"라고 에일린 후퍼그린 힐Eilean Hopper-Greenhill은 주장했다. 그리고 이런 새로운 깨달음 덕분에 박물관은 여러 가지 새로운 시도, 관객과의 상호 작용을 이용한 전시에서부터 지역 공동체 연관 프로젝트 등을 시도하는 방향으로 나아갔다.[9] 이와 동시에 박물관 운영도 급속도로 전문화되어갔다.[10] 1986년 회의에서 채택된 국제박물관위원회의 직업윤리 강령은 박물관 경영, 수집품의 구입과 처분 등에 대한 직업적 원칙을 공식화해놓은 것이다. 전문직으로서의 박물관 학예사에 대한 전문 교육이 1960년대 후반부터 자리 잡기 시작해 1980년부터 1990년대에 이르러서는 여타의 관련 직업에 대해서도 전문 자격을 가르치고 요구하려는 필요가 엄청나게 늘어났다. 4부에서는 또한 정부가 역사적 재현 분야에 개입하기 시작한 것에 대해 살펴볼 것이다. 나라 경제에 도움을 주고 국가에 대한 정의를 내리는 데 도움을 주는 역사적 유물과 역사적 공간을 국가가 어떻게 다루는지 검토할 예정이다.

지난 10~15년 동안 박물관은 전략과 관습을 바꿔왔다. 피터 웰시Peter Welsh는 박물관이 '문화 저장고'나 '교육적' 혹은 '기념적'인 장소에서 '문화 관리소', '학습 센터', '공동의' 시설로 점차 바뀌어가고 있다고 주장했다.

그의 분석은 박물관의 운영 방식이 사회 변화와 학계의 이론적 논쟁에 부응해 바뀌어왔다는 점을 보여준다. 유물의 수집이라는 박물관의 개념에서 새로운 박물관의 이미지, 즉 변화를 거듭하고, 스스로에 대해 분석하고 자각하는 이미지로 변화해나간다는 것이다. 그러므로 이 책의 마지막인 4부에서는 박물관이 지난 몇십 년 동안 겪어왔던 변화방식에 초점을 맞춘다.

15장 박물관
그리고 과거와의 물리적 만남

박물관과 정부 정책

2005년 10월 26일 영국 문화부 장관 데이비드 래미David Lammy가 박물관 협회 회의에서 기조연설을 했는데, 이것은 박물관이 현재 가지고 있는 광범위한 의제를 잘 보여주었다.

> 우리 모두는 박물관이 지닌 능력을 알고 있습니다. 박물관은 우리의 즐거움에, 우리의 영감에, 학습에, 연구 활동과 학문에, 우리의 이해와 재생과 성찰에, 그리고 개인 간에, 공동체 간에, 나라 간에 있어야 할 소통, 그리고 대화와 관용을 키워나가는 것, 이 모든 것에 기여하는 능력을 박물관은 가지고 있는 것입니다.[1]

박물관과 문화유산 프로젝트는 평생 학습, 다양성, 접근권, 교육과 관련된 정치적인 의제 설정에 점점 더 중요한 것이 되어갔다. 래미는 박물관 공간을 현대 세상의 근심에서 초월한 인문학적 안식처로 제시했다.

"국제화의 영향으로 파편화되고 품위 없어지고 더 유동적이고 더 다양화된 사회에서는 사색과 이해를 위한 공간으로서 박물관의 기능이 다른 어느 때보다 더 중요하다."[2] 래미는 박물관을 사람들이 자신들과 세상에 대한 더 나은 이해를 얻어갈 수 있는 사색의 장소라고 주장했다. 9·11사태 이후 시대에 대한 어젠다도 전면에 등장했다. "알찬 토론이 부재하는 시대에 극단주의가 성행하게 마련이다. 공적인 논쟁의 질이 향상될 때……우리는 모두 혜택을 얻게 된다."[3] 박물관은 또한 '국제무대에서 이해를 촉진시키고 문화적 외교 활동을 하는 데 중요한 역할을 한다'. 여기서 중요한 움직임은 2001년에 영국 정부가 박물관의 도덕적·교육적 가치를 인정해 공공 박물관을 일반에게 무료로 개방한 것이다.[4]

래미가 '인문학적인'이라고 쓴 표현의 의미는 문화, 미디어, 스포츠 부처DCMS의 비서관 테사 조웰Tessa Jowell의 2005년 협의회 문서의 머리말 「미래 이해하기: 박물관과 21세기 생활 Understanding the Future: Museums and 21st Century Life」에 잘 정리되어 있다.

박물관과 미술관은 이 나라의 이야기와 국민 그리고 인류 전체의 모든 이야기를 들려준다. 주로 이런 이야기들은 학문과 연구를 통해 해석된다. 대중에게 행해지는 교육과 학문, 계몽의 가치는 모든 세대를 위해 아직도 살아 있다.[5]

그녀는 이어서 "역사와 문화유산이라는 고정점은 세상이 점점 더 작아지고 우리의 가치가 발전해나가면서 훨씬 더 큰 의미를 띤다"라고 했다.[6] 박물관의 교육적·사회적 가치에 대한 래미의 지적, 특히 빠르게 변화하는 세상 속에서 변화하지 않는 참조reference의 고정점으로서 박물관을 제시한 개념은 조웰의 표현과 비슷한 맥락이다. 두 정치가는 모두 영국의 문화유산의 이해에 기반을 둔 시민의식을 강조한다. 시민들은 우리의 과거를 더 잘 이해할 의무가 있다. 그들은 역사의 당사자들이다. 그들은 영국 문화 유적의 이상화된 미소스mythos[1]의 공동 주주이며 공동 소유주다. 국민성nationality은 여기서 역사와 긴장 관계에 있는데, 왜냐하면 과거에 대한 이해가 그 이해의 주체를 시민citizenship으로 교육시킬 수 있기 때문이다. 시민이 국가적인 정체성을 '학습'할 수 있다는 생각은 새 이민자들이 치르는 시민권 시험, 혹은 2002년 이후 영국 공립학교 교과 과정의 시민의식 교육 과목의 규정을 보면 알 수 있다. 이 말은 시민이 과거를 '소유한다'는 것, 과거에 접근할 권한을 가진다는 것, 그리고 역사적·정치적인 문제에 대해 깨어 있어야 한다는 것을 주장한다. 물론 이 '소유'란 말에는 좀 문제가 있기는 하다. 특히 문화유산의 상업화라는 측면에서 보면 그렇다. 상호 작용성과 접근권을 동반하는 역사 지식의 민주화는 그 속에 대상의 자유로운 담론을 형성한다. 그 나라에 사는 사람들은 그 나라 역사의 주주이고 소유권자이며, 의뢰인이고 고객이다. 그들은 권리가 있고 요구할 능력이 있다.

트레이시 맥게이Tracey McGeagh는 박물관, 도서관과 자료보관소 위원회(이하 MLA)의 수석 정책 고문인데, 2006년부터 2008년까지의 의제를 설정했다. "우리가 할 모든 일은 이제 명확하게 박물관 관람객의 혜택에 초점을 맞추도록 한다."[7] MLA는 스스로를 지식 네트워크로 소개한다. 한 개인을 개선시키기 위한 정보의 저장소라는 것이다. '지식에의 투자'는 그들의 5개년 계획의 제목이었다. 조웰의 계몽 관련 어휘를 떠올리게 하는 이 말에서 MLA는 이 계획이 "박물관, 도서관과 자료보관소에 저장된 지식의 풍부함을 통해 공동체의 응집력을 다지고, 학습과 기술을 익히고, 경제적 발전과 창조력의 토대를 만들기 때문에 중요하다"라고 강조한다.[8] 박물

---

1)   **미소스**: 어떤 집단, 문화의 특유한 신앙 양식, 가치관을 의미한다.

관은 유용하고 중요하다. 왜냐하면 사람들에게 역사에 대한 참여권을 확대해주기 때문이다. 지식 전달이나 교육 같은 것보다 이런 이상적인 전망이 있는 박물관은 포용성과 자유로움을 상징한다. "MLA는 지식에 대한 접근이 사람들에게 배우고 영감을 얻을 권한을 부여한다고 강하게 믿고 있다. 그것은 우리로 하여금 우리 스스로와 우리를 둘러싼 세상을 이해하도록 해주고 미래를 위한 좀 더 나은 공동체를 발전시킬 수 있도록 해준다."[9] '포용성'이라는 말과 공동체 발전이라는 말은 반박하기가 어렵다. 특히 2004년 MLA에 대한 모리MORI사의 여론 조사에서 '박물관에 오지 않는 이유'에 대해 "특별히 내가 보고 싶은 것이 없다"라는 설문자들의 대답이 지난 1999년부터 2004년까지 5년 동안 41퍼센트에서 19퍼센트로 22퍼센트 정도 떨어졌다는 사실을 고려해보면 더욱 그렇다.[10] 지난달 박물관을 관람했느냐는 질문에 37퍼센트가 그렇다고 대답했다. 확실히 대중은 박물관과 미술관으로 돌아오고 있으며, 이런 관람객의 급증은 방문자 중심의 접근 모델 및 박물관 디자인과 관련이 있다. 이것은 또한 전시에 대한 대중적인 박물관학 이론과 긴밀히 연관되어 있다. "박물관의 주제는 물질적인 문화여야 하고, 그 물질적인 문화가 전반적인 사람들의 삶 속에서 중요성이 있어야 한다. 학예사들이 진짜라고 여기는 삶의 파편이 아니라 전체적인 삶의 모습을 고려해야 한다는 것이다."[11]

1988년에 토니 베넷Tony Bennett은 '새 박물관 계획new museum initiatives'이 19세기 중반 박물관을 국가 기관으로 바꾸려 했던 법률 개정만큼이나 중요성이 있다고 주장했다. 새 박물관 계획은 '사람들의 일상생활, 관습과 의례 행위 그리고 비엘리트 사회 계층의 전통과 관련된 유물의 수집과 보존과 전시'에 공헌한다는 것인데, 이것이 19세기 중반 '일반 대중의 지도와 계발에 공헌하는 박물관'을 만들기 위해 박물관을 국가 기관으로 바꾸려 했던 것과 비교될 정도로 의미가 중요하다는 뜻이다.[12] 베넷은 조심스럽게 이런 박물관 계획을 '국민의' 것으로 환영했다. 물론 한편으로는 그런 '국민'의 의미를 감상적이게 하는 내재적인 위험을 언급하기는 했지만 말이다.[13] 조웰과 래미의 포용적이고 인문주의적인 표현을 고려해볼 때 베넷의 박물관 권한 확대의 믿음에 대한 언급은 적절한 것으로 보인다. 그들의 야심찬 어휘는 박물관이 중요한 사회적 실체임을 보여준다. 그러나 박물관의 재현 전략이 이데올로기적으로 활용될 수 있다는 점을 거부하려는 측면도 있다. 박물관은 테러에 대항하는 싸움의 일부다. 박물관은 국가적인 자기정의를 하는 데 중요하다. 그것은 계몽의 보고다. 그것은 지식의 저장고다. 래미는 박물관을 반포스트모던한 공간으로 인식하는 듯하다. 정신없이 바쁜 현대 생활에서 탈출해 엄정하고 변치 않는 과거의 위안을 얻는 곳으로, 이 두 명의 정치가가 사용하는 교양적인 언어는 베넷의 박물관 비평, 즉 박물관이 단순히 '역사에 대한 부르주아 신화'를 드러내주는 것이라는 비평이 아직도 유효함을 나타낸다.[14] 그러나 베넷의 견해에 따르면 새로운 박물관 운영 관습을 조심스럽게 받아들이는 것이 가능하다. 소비자 문화의 영향력과 시장 모델은 문제점이 있을 수 있지만, 관람객의 참여권 확대는 획일적인 권력이 소멸할 수 있는 가능성을 드러낸다. MLA는 박물관을 정보의 저장소로 인식한다. 그것이 대중을 노예화하기보다는 그들에게 권력을 줄 수 있는 곳이라는 것이다.

박물관과 문화 유적 관련 문화에 대한 또 하나의 중요한 평론은 존 코너와 실비아 하비Sylvia Harvey가 내놓은 것으로, 정부의 생각의 방향이 어떻게 바뀌었는지에 대한 것이다. 비록 어떤 결론과 목적은 바뀌지 않았지만. "문화유산에 대해 자꾸만 의미를 더 부여하는 것은, 유럽과 국제적 재정 상황의 변화 속에서 약해진 집단정체성의 위협에 대한 하나의 반응"이라는 것이다.[15] 코너와 하비는 1980년대 문화유산에 대한 논쟁이 동족적인 정체성을 만들고 역사를 이용해 내셔널리즘을 만드는 것으로 보고 있다. 신노동당은 이것보다 좀 더 포용적이고 역동적이었다. 그들은 세계화된 경제를 받아들이고 문화 유적을 활용하는 세계화 경제 속의 영국의 위치를 그려내려 노력했다. 고정된 의미의 과거와 '영국성'이라는 경직된 개념보다는 혁신과 교육이 키워드였다. 그러나 이러한 접근과 포용의 교양적인 개념은 베넷의 '부르주아 신화'로 되돌아 가버리는 것이다. 박물관을 특정한 이데올로기의 전파를 위한 최적의 장소로 만드는 것이다. 재건, 교육 그리고 관용이 여기서는 가장 중요한 말이다. 그러나 이것의 배경에는 상업적인 파트너십과 국가 정체성과 경제적 다양성이 존재한다.

박물관이 지난 10년 동안 되살아날 수 있었던 중요한 이유 중 하나는 관광 때문이다. "국제적으로, 역사가 사람들에게 각인시킨 것은 우리의 국가 이미지가 강력한 면모를 지니고 있다는 점이다. 그리고 관광객을 끌어들이는 요소로서 이런 풍요로운 문화적 유산의 가치는 경제적인 관점에서 아주 크다"라고 테사 조웰과 스티븐 바이어스Stephen Byers가 2001년 주장했다.[16] 역사는 갑자기 몰아닥친 경제적 관점 속에서 길을 잃었다. 우리는 문화 유적을 적절하게 '운영/관리'해야 한다. 동시에 '역사적 환경에 대한 대중의 관심이 공고한 리더십, 효과적 파트너십과 건전한 지식 기반과 만나 정책을 개발하도록 해야 한다'.[17] '배움의 자원으로서의 역사적 환경의 가능성이 모두 실현된다는 것은 아주 중요하다.'[18] 역사적 유적지와 역사 유물을 경제 발전을 위해 조작하는 것은 이 책의 중심 동기인 역사 '소비'의 또 다른 행태라 할 수 있다.

외국인들을 대상으로 영국 관광을 관리하는 기관은 크게 세 곳이다. 비지트 브리튼, 비지트 스코틀랜드, 웨일스 관광청. 이것은 영국 조직 체계가 분권화되고 있음을 보여준다. 이처럼 단일화된 조직이 아닌 분화된 조직이 영국 관광을 담당하게 되면서 다른 나라와의 경쟁에서 영국이 불리한 환경이라는 비판을 받았다. 영국의 각 관광협회들은 각각의 주제를 내세워 다양한 역사를 기념하고, 각국의 일상생활 속에 있는 역사의 깊이 있는 울림을 강조했다. 이것은 현대화라는 말과는 부조화를 이루는 것처럼 보이기도 한다. 웨일스 관광청은 예를 들어 '과거의 기운이 온 웨일스에 걸쳐 느껴진다'는 점을 강조한다. '반쯤 허물어진 성이 있는 바람 부는 언덕 위에서부터 지하 탄광의 조용한 어둠에 이르기까지' 그것을 느낄 수 있다는 식이다.[19] 마찬가지로 비지트 스코틀랜드는 과거와 현재 사이의 뚜렷한 교감을 추적해간다. "역사는 나라의 영혼과 영토에 흔적을 남긴다. 그리고 역사는 스코틀랜드인에게 자국에 대한 강렬한 자부심을 안겨준다."[20] 그러나 두 조직은 국가 역사의 개별성/특수성에서 강한 종족적 독립성의 근거를 찾는다. 따라서 그들이 제시하는 과거란 각각 다른 자랑스러움을 내세운다. 웨일스에서는 언어를 강조하며, 자신들만의 독립적인 국회를 가졌다는 점 역시 강조된다. 스코틀랜드는 비록 작은 영토지만 역사 속에서 '영국적인 맥락에서뿐 아니라 유럽과 전 세계적으로 중요한 위치를 차지하고 있다'는 것을 내세워 강한 자부심을 표출한다. 비지트 스코틀랜드 홈페이지는 '아주 특별한 스코틀랜드산産'이라는 부분이 있다. 여기에는 스코틀랜드산 위스키부터 게일 언어까지 다양하게 소개하고 있다. 웨일스 관광청은 다양성을 강조한다. "당신이 무엇을 원하든 웨일스에서는 그것을 할 수 있을 것이다"라는 표현처럼. 이처럼 영국 연방이라는 하나의 우산 아래 있지만 이들은 서로 다른 목소리와 서로 다른 화법으로 자신을 드러내고 있다. 스코틀랜드와 웨일스 관광청 홈페이지는 영국 비지트 브리튼 사이트의 마이크로사이트다. 하지만 온라인상의 홈페이지 구조와는 달리 실제 영국 관광청이라는 독자적 관광청은 없다. 마찬가지로 이런 영국 내 관광을 위한 관광청은 현대 영국 생활의 활력과 다양성을 강조하면서 도시의 생기발랄함과 더불어 멋진 풍경과 종교적인 문화 유적 등 전통적인 매력을 보여준다. 영국의 다양한 곳을 소개하고 각 지역의 독특한 역사를 보여주는 것은 다양성을 강조하는 것으로 보인다. 관광청들은 문화 유적을 핵심 방문지로 활용하지만, 결코 그것이 영국을 파는 유일한 방법은 아니다. 사실 그들은 과거의 문화유산과 새로움을 뒤섞는다. 과거는 살아 있고 생생한 것이지, 돌덩어리처럼 딱딱하게 화석화된 짐 가방이 아니라는 것이다.

여기서 정부는 물질적인 '과거'가 오늘날의 상상력에 끼치는 영향에 대해 관심을 둔다. "과거를 이루는 것들은 지식과 학습 활동의 커다란 보고다."[21]

역사적 환경을 통해 우리는 많은 것을 배울 수 있고, 그것으로부터 우리 경제가 도움을 얻을 수 있으며, 감수성과 상상력을 통해 한 공동체에 속하는 사람들의 소속감을 공유할 수 있게 한다. 그것은 새롭게 무언가를 형성하는 데 자극이 될 수 있으며, 사람들의 삶의 질에 큰 기여를 할 수 있다.[22]

이런 포괄적인 표현은 역사 유물의 강력한 경제적 가능성을 은폐한다. '과거'나 미래 전망에 뿌리내린 일종의 내셔널리즘 같은 개념 역시 마찬가지로 중요하다. 현대 영국은 과거의 구성물들을 이용해 미래를 건설하는 건축적인 콜라주라 할 수 있다. 이것을 좀 더 살펴보자.

역사적 환경은 단순히 물질적으로 남아 있는 것 이상이다. 그것은 우리 스스로를 어떻게 바라보고, 개인으로서 우리의 정체성을 어떻게 보고, 한 나라로서 공동체를 어떻게 볼 것인가 하는 것에 있어 가장 핵심적인 것이다. 역사는 우리나라가 무엇인지, 나라가 어떻게 여기까지 온 것인지, 그것의 성공과 실패는 무엇인지에 대한 물리적인 기억이다. 그것은 집단 기억이다.[23]

역사적인 것들의 상징적 중요성에 대한 이러한 명확한 관점, 특히 국가의 자기규정에서의 명확한 관점을 통해 과거를 현재와 함께 묶으려는 정부의 의지를 짐작해볼 수 있다. 역사적인 것은 현대적인 것과 상호 작용할 수 있다는 것이다. 역사적인 환경, 개념, 유물은 '집단 기억'을 만들어낼 수 있고, 베네딕트 앤더슨Benedict Anderson이 말한 '상상 속의 커뮤니티 Imagined Community'를 만들어낼 수 있다.[24] 대중의 상상력에서 역사의 중요성에 대한 이런 개념은 역사에 대해 정부가 생각하는 것의 핵심이다. 그런 관광지들에 투자해야 한다는 경제적인 의미 역시 중요하다. 과거는 현재를 살고 있는 사람들의 매일매일의 삶 속에서 상호 작용한다. 과거는 물질적으로나 개념적으로 자아와 국가의 정의를 위한 틀을 제공한다. 이런 상호 작용의 역학, 내러티브 콜라주로서의 환경의 동력은 목적론적이며, 그것이 국민성을 중시한다는 면에서 실증주의적이다.

디지털화와 경제

지난 10년간 박물관 운영과 문화 유적지 소비에서 일어난 두 가지 중요한 물질적 변화는 기술적 변화와 재정적 변화다. 온라인 박물관을 만들기 위해 아카이브와 역사 유물을 디지털화하는 것은 관람객의 박물관 경험 방식에 일대 변화를 가져왔다. 박물관 상점들은 이런 시설을 경쟁이나 브랜드화 같은 마케팅 담론 속으로 끌어들였다. 주로 재정 삭감 때문에 상점들이 만들어졌다. 경쟁이나 브랜드화 같은 현상은 전문화된 온라인 상점이 박물관 웹서비스의 일부로 등장하면서 생겨났다. 온라인에서의 수입 발생은 박물관으로서는 디지털화된 자금 조달의 한 방법으로서 그리고 지속적인 웹 서비스의 장점 중 하나로서 권장됐다.

박물관의 이런 운영 변화의 필요는 처음에는 재정 삭감이 주요인이었다. 그러나 좀 더 성공적인 박물관들은 공격적으로 시장점유율과 브랜드의 인지도를 놓고 경쟁하기 시작했고, 점점 더 상업적인 영역으로 과감히 진입해갔다.[25] 박물관은 여가 생활 시장을 놓고 경쟁을 벌이기 시작했으며, 이에 따라 공격적인 브랜드화나 마케팅을 통해 스스로를 규정했다. 이에 따라 박물관의 수집품 구성 자체에도 변화가 생겼다. 수요 주도형의 모델에서는 소비자에게 권한을 주고 그들의 선택과 가치, 체험 등을 중시했다. 박물관은 점점 더 상업화될 수밖에 없었다. 전체 산업은 시장에 민감한 접근법으로 교육과 서비스 지원을 시작했고, '질적인 관람'이 박물관 관련 상품 생산보다 더 중요한 쟁점이 됐다.[26]

박물관과 비즈니스 세계와의 관계가 수익 창출에 더할 나위 없이 중요한 것이 됐다. 그것이 기업체 행사이든, 회의나 접대, 선물, 혹은 후원의 형태이든 간에. 박물관은 상업적인 활동과 축하행사, 회사의 프랜차이즈에 쓰이는 장소가 되어 기업체의 행사에 품위를 더하는 그런 역할을 하게 됐다. 박물관은 기업체가 자사의 기업활동에 문화적 승인을 빌려주면서 필요하면 돈을 주고 쓸 수 있는 곳이 됐다. 마찬가지로 상업적 조직은 박물관에 건물을 후원하거나 운영비용을 지원함으로써 문화자본을 얻을 수 있게 됐다. 즉, 박물관을 재정적으로 돕는다는 사회 공헌의 이미지를 가지면서도 어느 정도는 박물관의 독립성의 부분을 기업이 가져가는 것이다. 기업체들은 말 그대로 문화적 장악력을 구매하는 것이며, 그렇게 함으로써 전시의 구성이나 제시 방식에 영향을 끼칠 수 있는 것이다.[27]

게다가 피오나 매클레인Fiona MacLean이 주장한 것처럼 마케팅과 같은 비즈니스 모델은 박물관 문화의 재건에 엄청나게 중요한 것이 됐다. 예를 들어 매클레인은 박물관의 풀타임 마케팅 담당이 1988년 다섯 명에서 1992년 마흔 명으로 늘어났음을 지적한다.[28] 박물관 조직이 전문화함에 따라 기업 이미지 통합CI과 기업 구조 작업이 필요하게 됐다. 이런 변화들은 신노동당이 내세운 시장 주도의 현대화의 영향 아래 1990년대와 21세기 초반에 진행된 공적인 직업과 대학과 병원 같은 공공 조직의 체질 개선과 함께 진행된 변화라고 할 수 있다. 그러나 박물관의 경우 훨씬 더 경제적인 성격이 강했다. 박물관은 이제 브랜드 인지도, 시장 조사, 사용자 설문 조사, 경영책임, 기업 이미지 통일화 디자인, 회계 감사와 경영 구조 등을 갖추고 박물관 시설을 레저 시장에 판매하는 입장이 됐다. 이 모든 새 패러다임은 모두 소비자를 위해 도입됐다. 그것들은 방문자에게 박물관의 체험을 강화하고 판매하기 위해 면밀히 활용되는 것들이다. 그러므로 문화 유물과 역사적 장소의 소비는 점점 더 체계적이 되어갔다. 방문자의 정보가 기록되고, 박물관은 브랜드 인지도와 사용자 만족을 추구하고, 소비자들의 방문에 대해 박물관은 점점 더 정교하고 면밀히 준비를 했다.[29]

하비와 코너가 언급했던 '상업화된 역사 유산 문화'라는 말을 가장 잘 나타내주는 것은 박물관의 소장품과 관계없는 특정한 활동이다. 사진 전시장Picture Library,[2] 출판 프로젝트, 그리고 가장 중요한 것으로 기념품 가게 등이 그것이다. 문화유산은 소유할 수 있는 것이 됐다. 과거라는 것은 글자 그대로 초콜릿이나 케이크나 비스킷처럼 소비되는 상품이 됐다. 상업적 부서를 통해 박물관은 그 이름과 브랜드가 붙은 소장품과 전시 프로그램을 활용해 수익을 창출해냈다. 일반적으로 박물관의 상업적 부문으로는 박물관의 상점을 운영하는 것 외에 사진 전시장, 출판 작업, 그리고 이벤트 매니지먼트 운영 등이 있다.[30] 또한 점점 더 중요해지고 있는 것은 '후원자' 조직인데, 이것은 박물관과 공생 관계를 유지하면서 재정적 지원을 해주는 대신 더 많은 접근권과 할인을 대가로 받는 형태의 관계다. 박

---

2)   **사진 전시장**: 박물관 소장품과 관련된 그림과 사진 등을 전시하는 곳을 일컫는다.

물관의 '후원자' 혹은 '회원'이 되는 것은 공동체에 속한다는 의미와 회원들 간의 동일화라는 의미를 만들어낸다. 이런 방어적인 명칭을 사용하기 시작한 것은 1980년대 중반에 재정 지원이 삭감되면서부터였다고 볼 수 있다. 비록 대영 박물관 같은 '후원회'들은 이보다 훨씬 더 오래된 조직이기는 하지만. '후원자'가 되는 것은 관람자들에게 활기를 불어넣어 박물관 운영 과정에 참여하도록 하면서, 미래 세대를 위해 문화유산을 보호하는 과정에 참여하는 것이다.[31] 상업화되는 박물관의 이런 변화는 박물관을 단순히 관람하고 직접 경험해보는 것과는 차원이 다른 방식으로 박물관을 이용하는 다양한 방식이 등장했음을 보여준다.

숫자로만 보면 박물관의 상업 부문은 지난 10년간 엄청나게 성장했다. 예를 들어 V&A 엔터프라이즈의 총매출액은 1996년에는 372만 3,754파운드였는데 2004~2005년 845만 420파운드로 껑충 뛰었다. 직원 수 또한 1996년의 69명에서 123명으로 늘어났다.[32] 이런 회사들의 대부분의 수익은 환수되거나 세금으로 지출되지만, 그 규모 자체는 현재 진행되고 있는 운영의 규모와 함께 이것이 10년 동안 얼마나 많이 변화해왔는지 잘 설명해준다. 박물관 상점은 엄청난 양의 상품을 팔아치웠다. 박물관 소장품을 활용한 DVD, 서적, 교육 자료, 장난감, 포스터, 인쇄물, 그림엽서, 게임, 복제 모형 그리고 기타 다양한 상품이 있다. 문화 유산·유물은 하나의 브랜드가 됐다. 초기의 국제박물관위원회의 윤리 강령을 보면 이렇게 밝히고 있다.

박물관 상점을 비롯한 기타 박물관의 상업적 행위는…… 박물관의 소장품과 관련이 있는 것이어야 하고, 이런 소장품의 질적 수준을 훼손해서는 안 된다. 관련 제품과 복제 모형을 판매할 때는 박물관 소장품을 응용해 만들어진 재생 산품이나 상업용 아이템, 기타 상업적 시도 모두는 박물관의 품위나 원래 소장

품의 내재적 가치를 떨어뜨리는 방식으로 제작되어서는 안 된다.[33]

박물관이 점차 더 심한 경쟁과 시장 점유율 싸움에 처하게 되면서 박물관들은 이런 규정에 대해 의문을 품게 됐다. '원래 소장품의 내재적 가치'는 박물관이라는 브랜드와 마케팅을 위해서는 희생될 수도 있다. 박물관 상점 스스로가 주력 상품의 벤처 회사가 됐다. 테이트 모던의 새로운 상점은 미술관의 개조를 총괄했던 건축가 헤어초크 앤드 뫼롱Herzog & de Meuron이 상점의 디자인까지 맡았다. 이 같은 과정은 미술관 자체에도 영향을 미쳤는데, 캐럴 던컨Carol Duncan은 이에 대해 "이런 시설들은 박물관을 비즈니스 세계에서 동떨어진 영역이라기보다는 아예 그것의 한 부분처럼 보이게 한다"라고 주장했다.[34] 물론 이것은 여러 면에서 박물관 후원 네트워크가 시대적 변화를 한 것일 뿐이며, 그것을 비난하는 것은 국가 주도의 인문학적 문화유산 교육에 대한 실증적 자유 담론에 참여하는 것이다. 그러나 그것은 또한 문화유산과 국가 문화에의 대중의 참여가 변화하고 있다는 것을 뜻한다. 역사는 상업화되고 관람객은 박물관의 고객이 되는 식으로 변화가 진행되고 있는 것이다.

경쟁 체제와 시장 상황 위주의 이런 변화가 가져오는 상업적·문화적인 영향은 여러 방면에서 나타난다. 구매 활동, 놀이, 그리고 정보 검색 등이 박물관 체험과 서로 얽혀 있다.[35] 박물관을 체험하는 것은 단순히 그 장소나 유물을 접하는 것이 아니다. 거기에는 기념품을 구매하는 행위로 표현되는 경제적인 기념 행위가 있는 것이다. 어떤 면에서 이것은 정적인 성격이던 박물관과 관람객 사이의 장벽을 무너뜨리는 것이다. 체험에 바탕을 둔 문화유산과의 만남을 통해 박물관이 리빙 히스토리와 같은 방식의 체험을 제공해주는 것이다. 이처럼 문화유산을 소유한다는 관점에서는 소비자는 참여권한 확대를 통해 역사를 단순히 구경한다기보다는 역사

생성 과정의 일부가 되어간다고 볼 수 있다.

박물관 상점은 역사 유적을 복제하고 상징물로 만들어 살 수 있는 것으로 관람객들에게 제시한다. 관람객은 역사를 '소유'할 수 있고 다른 나라의 역사를 살 수 있으며, 가족들에게 선물로 사줄 수 있게 됐다. 그들이 구입한 유물이 실제 역사가 아닌 것은 확실하지만, 그것을 사는 것은 소비자에게 소유의 환상을 실현하게 해준다. 많은 박물관 상점은 그들의 소장품과는 상관없는 상품을 팔며, 심지어 문화적·역사적 진실성을 흐려놓는다. 박물관은 각각의 개성과 독특함을 내세우려 하지만, 박물관 공간의 상업화는 실제로는 문화유산과 역사 체험을 오히려 더욱 균일화시켜버린다. 박물관을 자유롭게 만들겠다고 한 신노동당은 결국 박물관이 그들의 상업적 관심을 확장해나감으로써 고유의 독특함을 지우게 했다. 비록 박물관에 돈을 지급함으로써 문화유산과 체험자의 관계에 전혀 다른 새 패러다임을 가져다주기는 했지만.

박물관 상점은 독립적인 공간인가 혹은 박물관의 부속 공간인가? 물론 상점은 박물관에 속해 있지만, 점점 박물관 외부나 부속으로 상점을 두는 일이 흔해지고 있다. 예를 들어 대영박물관은 박물관 내부 상점에서 수집품과 관련된 복제물, 엽서나 서적, 보석과 직물 등을 판매하기도 하지만 그것 외에도 블룸즈버리 거리와 히스로 공항에 별도의 상점이 있다.[36] 대부분의 박물관 상점은 또한 우편 주문이 가능한 카탈로그와 온라인 상점을 두고 있다. 여러 종류의 박물관에서 온 상품을 파는 다양한 웹사이트가 있으며, 마치 자신이 박물관인 것처럼 오래된 문화 유물과 복제물을 파는 곳도 있다.[37] 박물관과는 별도로 운영되는 상점들은 오리지널 유물과 복제품의 구별을 더욱 모호하게 한다. 유물을 상징화해서 아이콘으로 만드는 일과, 그것을 판매용 아이템으로 여러 버전으로 만들어 유통시키는 일 사이에는 서로 상충하는 역학 구조가 있다. 온라인이나 쇼핑몰 혹은 우편 주문 등을 통해 박물관에 가지 않고도 박물관을 이용하는 것은 그 체험을 더 비현실적이고 가상적인 것으로 만든다. 소비자들은 브랜드를 사는 것이지 특정한 경험을 사는 것이 아니다.

이렇게 유물과 문화유산 체험의 가치를 모호하게 하는 경향과는 달리 박물관은 샤피로와 배리언Varian이 말한 '관심의 경제학'에 포함되어 있다.[38] 그들은 종종 서로 간의 직접적 경쟁 속에 있다. 박물관은 브랜드에 민감해지고 시장 중심적이며 관람객과 영향권 등에 관심을 둔다. 역사 유적·유물의 저장소로서의 기능, 오락과 학습의 기능은 점점 복합화된다. 게다가 공적인 공간으로서의 박물관의 역할은 바뀌었다. 판 알스트와 보가르츠Van Aalst and Boogaarts는 다음과 같이 말한다.

박물관의 물리적인 초점은 일반적으로 공적인 공간의 재개발과 묶여 있고 다른 시설과 섞여 있다. 이런 점에서 보면 단일한 공간 내에 카페나 레스토랑, 이벤트, 박물관 상점 같은 다양한 기능을 뒤섞는 일이 확고한 목표다.[39]

박물관은 다양한 층위의 브랜드화에 나서게 됐다. 예를 들어 지방과 도시별, 유럽의 문화 수도 같은 곳, 그리고 각 지방별 혹은 국가 관광과 연관된 브랜드를 만들어내는 일에 박물관이 활용됐다.

박물관의 상업적 확장은 이로운 면도 있다. 새로운 미국 인디언 박물관 [미츠지탐(Mitsitam) 또는 'let's eat'라고 불리는]은 전시회에 소개된 다섯 지역별 주제에 맞춰 만든 정통의 미국 원주민(인디언) 음식을 제공한다. 이것은 교육적 요소도 있지만 역사적 사실성과 실제 경험을 하려는 사람들의 경제적인 수요 역시 고려한 것이다. 박물관 구조에 시장 모델을 도입하는 것은 재원 마련에 활기를 불어넣고 마케팅이나 관객 경험에 초점을 맞춤으로써 박물관을 되살렸다. 이것은 지난 10년 동안 박물관 체험의 변화에 영향을 가져왔다. 게다가 유물의 민주화, 즉 문화유산과 문화의 대중 상대 대량 판매는 포용성을 향한 변화로 읽을 수 있다. 역사의 상품에 대한 '소유'는 시민들에게 더 많은 참여권한을 가져다주었고, 역사가 그들의 공동체임을 보여주었다. 그러나 유물을 기계적으로 만들고 상업화시킨 것은 또한 그것의 가치를 떨어뜨리고 그것을 국가적·역사적 문화에서 특별한 어떤 것이기보다는 그저 수많은 문화적 상징 중 하나로 만들어버리는 역할도 했다. 이 '소유'의 개념은 접근성과 소유권에 대한 정치적 모델과 같은 맥락이다. 이 장의 나머지 부분은 이런 생각들이 오늘날의 박물관 환경에서 어떻게 작용하는지에 대해, 특히 박물관 소장품의 디지털화를 관찰함으로써 검토해볼 것이다.

'접근성access'이라는 개념은 지난 10년 동안 박물관과 관련된 핵심적인 수사법이었다. 래미와 조웰은 1980년대 후반 박물관 관람자 참여를 장려함으로써 시민의식과 참여에 관한 정부 정책을 이끌어내기 위해 방법론적·이론적으로 노력해왔고, 여기에서부터 이 접근성이라는 개념이 커나간 것이다. 소비자의 박물관 참여와 감시 문화는 접근성이 중요하다는 것을 의미한다. 관람자(혹은 사용자)는 이제 박물관의 중심에 있다. 교육과 보존이 박물관의 중심이 아니다. 접근성에 대한 개념의 변화는 소장품의 배열과 유물의 전시방법, 그리고 전시의 정치학에 직접적인 영향을 미쳤다. 케빈 헤서링턴Kevin Hetherington은 "예술과 문화유산 산업에 속한 접근권은 소비주의와 결합되어 있다"라고 주장한다.[40] 박물관의 사회적 공간은 지난 10년여 동안 큰 변화를 겪었으며 이것은 박물관 상점의 예에서 잘 드러난다. 이런 변화는 근본적으로 박물관의 목적과 의미를 변화시켰다. 예를 들어 장애인들의 접근성에 대한 필요성은 유물이 연구되고 전시되는 방법을 바꾸었다.[41] 박물관을 물리적으로 개념화하는 것도 바뀌었다. 접근성은 또한 지금은 시민의식, 국가적 정체성, 그리고 경제적인 문제와 밀접한 관련이 있다. 역사 유적과 그 나라의 문화 구성 요소에 대한 참여를 확대시키는 것은 박물관이 그것을 보존하는 것만큼이나 중요한 일이 됐다. 이것은 또한 역사 유물의 개념화와 그 의미, 그것의 주변 환경과의 관계, 그것의 박물관 공간 내에서의 처지 역시 변화시켰다.

그렇다면 '접근성'이라는 개념은 박물관 경험과 역사 전시의 재현 전략 양쪽에 어떤 의미를 지니는가? 일반적으로 박물관에서 '접근성'에 근거한 계획은 관람자에게 더 큰 권한을 주고, 학문과 특화된 스토리텔링에 관심을 기울이는 엘리트 문화 기관으로부터 벗어나는 움직임을 중시한다. 초점은 일상의 경험을 중시하는 쪽으로 바뀌며 거대한 이야기를 소소한 이야기로 바꾸는 것에 중점을 둔다. 이것은 이 책에서 여러 장르와 미디어를 통해 검토해온 역사적 참여의 민주화라는 큰 흐름과 일치한다.

2005년에 노스이스트의 박물관이 관객을 모으기 위해 쇼핑센터에서 전시회를 열었다. 학예사들은 그 공간을 받아서 전시의 첫걸음을 내디뎠다. 전시는 한 달 정도 지속됐고 이후 전체 프로젝트는 다른 곳으로 옮겨 갔다. '호기심 가게'라 이름 붙인 움직이는 박물관이 레드카, 스톡턴, 달링턴, 하틀리풀과 미들즈브러에 설치됐다. 10만 명의 쇼핑객이 전시회에 왔다.[42] 마크 시몬스Mark Simmons는 하틀리풀 박물관에서 관람객 개발 매니저로 일하는 사람인데, "'호기심 가게'는 탈의실과 고미술품 전시를 기묘하게 섞어놓은 것이다"라고 주장했다.[43] 그 기획은 텔레비전의 변신 쇼와 호기심 관련 쇼들이 혼합된 형태다. 그 프로젝트는 초기의 호기심의 방3)과 연관성이 있으며, 이 호기심 모델을 21세기 관객에 맞게 개선시킨 것이

---

3) **호기심의 방**: 유럽에서 16세기 중반에서 17세기에 유행한 것으로, 진귀하고 드문 수집품을 모아둔 일종의 수집실이다. 독일어로 쿤스트카머(kunstkammer), 또는 분더카머(wunderkammer)라고 하며, 영어로는 'cabinet of curiosity' 혹은 'cabinet of wonder'로 불린다. 오늘날의 박물관이나 미술관의 기원으로 볼 수 있다.

다. 쇼핑 상점을 박물관으로 바꾼 것은 앞에서 논의된 추세를 뒤집는 것이며 '호기심'이라는 요소는 유물의 독특함에 중점을 둔다. 이런 모델에서의 문화유산은 소비 행위, 즉 쇼핑센터의 일부를 구성하는 일부분이면서 동시에 흔히 볼 수 없고 이상스러운 물건이기도 하다.

이런 식의 박물관 외부 확대 프로젝트는 접근성과 이용 가능성을 대폭 확대시키는 역할을 한다. 이것은 지역의 문화유산에 생기를 불어넣으며, 또 박물관 경험의 질서 정연한 성격에 도전하는 것이다. 이것은 정부가 지원한 르네상스 프로젝트의 일환이었으며, 지방 박물관을 활성화시키기 위한 목적으로 행해졌다. 그 프로젝트는 접근성과 시민의식에 대해 정부가 내세웠던 주장을 반영한다. 하지만 이런 역동적인 프로젝트는 또한 좀 더 복잡한 관람자 경험과 기대 역시 충족시켜야 한다는 필요를 드러낸다. 혁신은 관객 수를 유지하는 데 필요하고 교육의 방법을 개발하는 데 필요하다. 호기심 가게와 같은 프로젝트가 우리에게 보여주는 것은 오늘날 사회가 오래된 것에 대해 새로운 사고방식을 요구한다는 점이다. 사람들의 역사 참여를 이끌기 위해서는 과거를 전시하는 데 그런 소비 과정을 흉내 내는 행위가 필요하다는 것이다.

그런 프로젝트의 독특함은 역사적 물건을 상품으로 판매할 때 개인을 지워나가는 것과는 정반대 방향으로 작동한다. 박물관 경험의 단일성, (브랜드와 유물을 통해 강조되는) 독특함과 역사 참여의 균일성 사이의 대립관계는 지금 박물관에서 일어나고 있는 일을 이해하는 데 꼭 필요한 것이다. 한편으로는 개별화를 강조하는 움직임이 있고, 또 다른 한편으로는 시장에 참여해 관객의 몫을 강조하며 그저 또 하나의 서비스 제공자가 되지 않겠다는 것을 강조하는 것이다. 소장품의 독특함은 특별한 박물관을 도드라지게 하는 것이지만, 이런 특이한 소장품을 접하는 수준은 여러 가지이며 관람자를 동일화하도록 하기 위해 대부분은 차이점을 지워나가는 것이다.

예를 들어 2006년에 BBC 낮 프로그램 〈사람들의 박물관The People's Museum〉은 대중에게 전국 곳곳에 있는 거의 알려지지 않은 소장품 중 숨어 있는 '보물'에 투표를 하라고 했다. 이렇게 자문 형식을 띤, 상호작용적인 지역·국가적 자기규정은 확실히 대중의 권한이 확대됐음을 보여주며, 일반적으로 박물관 소장품의 형성과 연계됐던 권력 구조의 변화를 보여준다. 그것은 지금까지 보이지 않았던 보물의 재천명으로, 단지 거기에서 사람의 손길을 기다려왔던 과거의 잠재력을 강조하고 그 나라의 역사적 백색 소음white noise[4]의 희귀성을 보여주는 것이다. 역사와 함께 매일매일을 살아가고 있기 때문에 사람들은 그것을 무시했으며, 거기에는 그처럼 깊이 있는 물건이 있었지만 늘 존재했기 때문에 사람들 주변에 있는 많은 유물은 대부분 그들의 주의를 끌지 못한 것이다. 이것은 패트릭 라이트가 『오래된 나라에서 살기On Living in an Old Country』라는 책에서 언급했던 일종의 역사성으로, 그가 '일상의 역사적 자각성'으로 이론화했던 현상이다.[44] 이런 초기의 혁신적인 프레임워크에서도 이상한 빈틈과 일어날 것 같지 않은 프랙털fractal이 존재한다. 그 쇼는 이른 오후에 BBC 2에서 방영됐다. 한낮의 '아마추어' 역사 쇼 장르답게 아주 발랄하고 밝고 경쾌하지만 무례한 분위기를 자아내는 종류의 쇼였다. 그런 쇼의 시청자들은 프라임 타임의 다큐멘터리 같은 주류 쇼의 시청자들과는 아주 다른 부류다. 쇼의 진행자 폴 마틴Paul Martin은 또 다른 낮방송 골동품 쇼 〈플로그 잇!Flog It〉을 진행했다. 제작사 리프Reef 텔레비전은 생활양식과 리얼리티 쇼 전문 프로덕션이었다. 오프닝 크레디트 화면은 시점 숏으로 눈에 띄는 빅토리아 양

---

4) **백색 소음**: 모든 가청 주파수를 포함한 소리, 텔레비전 라디오의 주파수가 맞지 않을 때 나는 것과 같은 소리를 의미한다. 일반적으로 불쾌한 소음과는 달리 어린이를 잠재울 때 활용되는 소음을 말한다. 여기서는 주변에 늘 존재하지만 별로 신경 쓰지 않는 것을 비유한다.

식의 돔이 있는 박물관을 향해 도시를 가로질러 카메라가 걸어가서는 입구에 난 문으로 들어가는 식이었다. 그래서 그 쇼는 확고하고 물리적인 박물관을 전시 장소로 보여준다는 개념을 확실히 드러냈다.

접근성과 연관된 좀 더 심층적인 논쟁거리는 상호작용성이다. 상호작용성 이론들은 종종 '참여적인' 박물관 사회 모델을 활용해 박물관의 지위를 그 대상(사람)을 관리·감독하는 정보의 저장고로 강조한다.[45] 그러나 그들은 상호 작용의 역사에서의 자유로운 성격, 즉 자율권을 점점 확대해가고 있는 것이다. 그 첫 번째로 진정한 상호작용적인 박물관은 프랭크 오펜하이머Frank Oppenheimer의 1969년 샌프란시스코 과학관Exploratorium으로, '민주적인 자율권'을 시도한 박물관이었다.[46] 그런 상호작용적인 모델은 관람객을 박물관 체험의 다른 이해와 결부시킨 교육을 시도한다. 이것은 단순한 정보 소통의 모델을 뛰어넘어 관람객을 박물관의 적극적인 참여자로 인식하는 깊이 있는 개념을 지향한다. 여기서 상호작용성이란 관람객의 적극적 참여와 권한 확대를 의미한다. 그것은 접근성에 대한 박물관학의 이론과 정부의 주장과 일치하는 것으로 경험의 다양성을 내세우며, 한 개인이 역사에 접하는 데 일방적인 이야기를 듣는 것보다는 적극적인 참여를 강조하면서 역사 체험의 일정한 소유권을 강조한다. 단순히 유물을 구경하고 그것의 의미를 주워섬기는 것이 아니라 박물관 및 전시물과의 상호 작용을 통해 역사의 내러티브에 편입되도록 한다는 것이다. 박물관들은 관람객에게 자율권을 주고 상호 작용과 교육적 체험을 할 수 있도록 여러 가지 혁신적인 새로운 기술을 수용했다. 박물관 경험은 점점 더 기술 중심적이 됐으며 가상 체험이라든가 손에 들고 조작하는 모바일 기구라든가 터치스크린, 전화기 등이 이용됐다.

박물관 이용객의 공동체를 만드는 방식으로 관객을 끌어들이는 것은 박물관과 관련된 기술을 확대하는 데 확실히 도움이 된다.[47] 이것은 24시간 박물관 프로젝트에서 잘 나타난다. 이것은 영국의 모든 박물관을 하나의 웹사이트에서 모두 소개하는 것이었다. 홈페이지 덕분에 박물관에 직접 가지 않아도 그곳의 정보를 모두 이용할 수 있었다. 그런데 이런 사이트는 누구의 필요에 맞춘 것일까? 박물관이 어떤 면에서 국가를 건설하는 데 필요한 제도적 기구라고 할 수 있다면, 상상의 공동체라는 의미의 국가가 이제 가상공간에 만들어지고 있는 것이다. 가상 박물관은 즉시 국가와 하나가 된다. 한편으로는 그와 동시에 중화되기도 하지만. 영국 정부가 내세웠던 '시민의식'이나 '역사의 이해당사자' 같은 구호는 국민을 역사에 참여하도록 해주었지만 박물관 운영의 디지털화는 새로운 국제 시장의 문을 활짝 열어주었다.

자료보관소의 디지털화와 온라인 박물관의 등장은 박물관의 범위와 관객을 대폭 확장시켰다. 예를 들어 2004년부터 2005년까지 약 400만 명이 테이트 온라인 박물관에 접속했다.[48] 같은 기간에 테이트 박물관을 직접 방문한 사람의 수는 약 600만 명이다. 관람객의 나이나 계층 구성은 완전히 바뀌었고, 그들의 방문 목적도 달라졌다. 로스 패리Ross Parry와 나디아 아바크Nadia Arbach가 주장한 것처럼 이것은 완전히 새로운 논쟁거리를 불러왔다. 관람객들은 물리적인 박물관의 공간 안에 있지 않기 때문에 그들이 웹사이트에서 역사 유물의 위치를 찾아 추적하는 것은 웹사이트 방문자들만이 가지는 특징이다. 중요해진 것은 박물간의 '공간'이 아니라 소장품들이 소개되는 방법이다.[49] 가상 박물관은 관람 경험에 영향을 미쳤는데, 박물관 용어를 쉽게 바꾼다거나 장애인들을 위한 접근을 용이하게 하는 등 개선을 이끌었다. 이런 시도는 박물관에도 국제적인 브랜드의 인지도라든가 권위 있는 소장품 수집을 용이하게 하는 등 좋은 영향을 안겨주기도 했다. 가상 박물관의 이용 환경은 끊임없이 개선되고 있다. 특히 '관람'의 역동성, 맥락 그리고 관람의 '목적'을 개선하는 것이 핵심이다.

온라인 체험이란, 결국 어떤 세상과 동떨어진 형이상학적 가상 세계에서 일어나는 것이 아니다. 온라인 체험은 그 공간에 대해 사용자가 즉각적으로 느끼는 생생하고 물리적인 공간감을 주는 것이다. 전화나 신문, 라디오나 텔레비전이 그런 것과 마찬가지 방식으로.[50]

사실 박물관은 관람객의 관심을 끌기 위해 여타의 다른 관광지와 경쟁해야 하는 입장이며, 그래서 방문객의 접근이나 방문 코스, 지속적 관람이라는 점에서 관람객의 뜻에 따라야만 한다. 관람객은 더는 물리적으로 유물에 의미를 부여할 수 없으며, 마찬가지로 유물도 관람객과 신체적인 만남을 전혀 이루지 못한다. 물리적인 저장 공간으로서의 '박물관'은 사이버 박물관으로 대체됐고, 이 사이버 박물관은 좀 더 협상이 가능한 공간이다. 특정한 유물과 접촉하는 것이 더는 '관람'의 가장 중요한 요소가 아닌 것이다.

18세기 후반부터 박물관은 관람객에게 과거란 것을 '낯선 지역의 것이지만 그들의 도시에서 편안하게 만날 수 있는' 실체로 경험하게 해주었다. 최근의 가상박물관으로의 중심이동은 박물관에 닥친 가장 큰 개념상의 변화라 할 수 있는데, 이것은 박물관 관람이 이제 전 세계 어디서든 어느 때나 가능해졌기 때문이다. 이는 박물관들의 '유럽중심주의'와 박물관의 권위가 무너졌으며, 세상의 시민에게 힘과 소유권을 되돌려 주게 됐음을 의미한다. 박물관은 다른 어떤 역사적인 매체보다 가상 세계로의 변신을 빨리 받아들였으며, 역사가 점점 과학기술을 통해 사람들에게 전달되는 경험이라는 사실을 제대로 이해했다.[51] 물론 박물관의 소장품들은 언제나 대중의 소비를 위해 무엇인가 전달해줄 매체를 필요로 해왔지만, 여기서 중요한 것은 그 방향에서의 변화인 것이다. 또한 자료보관소와 소장품이 디지털화되는 것과 관련된 학예사와 관계된 쟁점도 있다. 전자 자료를 만드는 것은 중요한 일이지만, 이렇게 되자 자료보관소를 실제로 경험하는 것과 관련된 논점은 위축된 것이다. 아마추어, TV, 영화와 컴퓨터 히스토리와 관련해 이 책에서 줄곧 말해온 것처럼 역사 체험에서 가상 세계가 가져온 영향은 유례를 찾기 어려운 것이다. 역사는 언제나 미디어를 통해 전달되는 경험이지만, 텍스트에서 벗어나 가상의 혹은 물질적인 혹은 물리적인 역사로 향해 가는 움직임은 우리에게 새롭고 발전적인 역사방법론을 제시해준다. 역사의 물리적인 소비는 경제적이건 혹은 다른 방식이건 간에, 혁신적으로 바뀐 것이다.

맺는말

과거에 대한 향수는 예전과는 다른 모습이다

이 책은 다음과 같은 용어를 둘러싼 몇 가지 중요한 요소에 대해 논의했다. 체험, 회의론, 대중의 참여권한 확대, 역사 접근, 신체 구현, 다양성, 가상성. 이러한 단어는 현대 사회에서 역사를 대표하는 말이며, 또한 과거가 얼마나 다양하고 다면적이며 모순적일 수 있는지를 보여주는 말이라고 할 수 있다. 대중문화에서 역사가 드러나는 모습은 복합적이고 다양하고, 심층적 연구의 대상이 될 만한 것이다. 그런 연구는 꼭 필요한 일이라고도 말할 수 있겠다. 그와 같은 '문화유산/헤리티지'식 문화, 혹은 역사를 대중적으로 활용하는 것에 대해, 비평계는 대개 그런 장르의 미묘함에 주의를 기울이지 않으며 그런 것이 모두 없어지기를 바란다. 그렇지만 이 책은 대중문화가 역사와 만나는 지점의 역사학적인 범위와 그 중요성, 그리고 그런 상상력의 복합적인 면 등을 설명했다. 이 책에서 살펴본 역사에 대한 이해의 다양한 방법은 그것과 관련된 지식을 보여준다. 그 논의를 통해 사용했던 역사를 '접한다'는 말에 대해서는 여기 맺는말에서 다시 생각해볼 필요가 있다. 이 책에서 서술된 여러 가지 방법들을 통해 역사에 이르게 된 개인이나 주체는 참여적이고, 열정적이며, 적극적이고, 역사의 일부분이며, 헌신적이며, 교감을 느끼는 사람들이다.

유명 인물로서 역사가는 점점 더 문화와 작품 속에서 큰 명망을 얻게 됐고, 그들의 권위에 대해서는 종종 의문이 제기됐다. 그들은 역사와의 만남이라는 의미에서 적극적으로 활동하는 사람들이었으며, 역사 정보의 제시자 혹은 안내자일 뿐 아니라 과거를 탐구하는 것에 연관된 특정한 문화적 표현 기법과 진지함을 보여주는 기표이기도 하다. 물론 학문적인 역사학자는 흔히 대중문화에서 비난받아왔으며 시청자들과 사용자들 역시 으레 전문가와 학자가 제시하는 방향을 따르지 않고 그들 나름대로 개인화된 역사 체험을 추구해왔다. 학계는 역사 지식을 더는 독점할 수 없으며, 그들이 권위에 집착하는 모습을 통해 역사에 대해 완전히 새로운 사고방식이나 접근 방식 — 새뮤얼의 '지식의 사회적 형태(social form of Knowledge)' 같은 — 이 필요하다는 점을 알 수 있다.[1] 헤이든 화이트는 이렇게 말한다.

역사적 사실의 재현에서 나타나는 포스트모더니스트 실험을 통해 우리는 한쪽에 전문 역사학자들이 있고 다른 한편에는 아마추어 애호가, 혹은 역사의 '실용적인' 연구자가 있어 양쪽이 딱 나뉘던 그런 구별을 뛰어넘을 수 있게 됐다. 누구도 과거를 소유하지 않고 누구도 역사 연구 방법이나 과거와 현재 사이의 관계를 연구하는 방법을 독점하지 않는다. 엘리자베스 디즈 어마스Elizabeth Deeds Ermath가 말한 것처럼 우리는 오늘날 모두 역사가다.[2]

이 책에서 살펴본 여러 유형의 과거성이라는 것은 거의 대부분이 '역사적 사실의 재현'으로, 의식적이든 아니든 간에 일종의 실험을 하고 있음을 보여주었다. 그에 따라 권위 있고 제도화된 '역사'는 약화되고, 다양한 형태로 역사를 실험하는 한 방법을 잘 보여준다. 이 책은 일반인들의 참여 권한이 실질적으로 확대되고 박물관 전시나 다큐멘터리 스타일이 변화하는 방식을 통해 역사에 대한 '접근'이 개방되는 모습을 보여주었고, 그런 모습을 통해 그동안 전문가들이 가져왔던 권위가 어떻게 역동적으로 변해가고 있는지 또한 설명했다. 역사라는 것이 문화유산 체험이나 그 관련 상품 정도가 되어버린 사실은 명확하다. 이처럼 과거를 패키지화하고 상품화하는 것에 대해 비평가들은 그것은 그저 '향수의 방식'일 뿐이라고 지적했다. 목적 없는 향수는 그것이 과도하게 중재된 사회 속에서 나타나는 공허한 화법일 뿐이라는 것이다.[3] 그렇지만 지금처럼 과거에 대한 중요성과 역사적 정통성, 공감, 리얼리티, 역사적 진실에 대한 중요성이 강조됐던 적도 없다.

'역사'가 여러 텍스트나 미디어에서 작동하는 방식은 다양하며, 그에 따라 여타 과거 체험이나 역사 담론과 뒤섞인 모습으로 등장하고 있다. 이런 점은 오늘날의 체험이 모순적인 다면성이 있음을 보여준다. 이 책에서는 여러 광범위한 분야 속의 역사를 살펴보았지만 빈티지 패션이라든가 역사 회화, 역사 가상 소설, 잡지 ≪파운드Found≫[1], 국외 관광, 역사적 휴일 같은 것을 다루지는 않았다. 역사는 오늘날의 문화 속에 깊숙이 퍼져 있기 때문에 학자들은 그것이 현실 속에서 어떤 모습으로 등장하고 있는지, 또는 어떻게 개념화되고 있는지에 대해 반드시 이해할 필요가 있다. 역사에 대한 상상은 여러 가지 다양한 유형의 과거성으로 이루어져 있다. 그리고 이런 것들은 모두 어떻게든 함께 존재한다. 역사의 사용자들은 역사를 아주 여러 가지 다른 방식을 통해 접하게 된다. 읽고, 듣고, 먹고, 체

---

1)   **파운드**: 미국 잡지로 일반인들이 생활 속에서 발견한 과거의 메모, 일기, 기타 물품 같은 것을 수집해 소개하는 잡지다.

험하고, 보고, 즐기고, 향기를 맡는 것(조빅 박물관에서 보았던 것처럼)까지 포함한 다양한 방식으로 만나는 것이다. 이 때문에 그처럼 널리 퍼진 역사는 역사학과 관련된 중요한 문제뿐만 아니라 일반적인 대중문화의 구성과 의미와 연관 지어 살펴보아야 하는 것이다.[4] 오늘날 역사와 관련된 상상은 다양한 소비 행위를 통해 경험할 수 있으며, 이것은 여러 형태로 갈리거나 한 가지 형태로 집중되기도 한다. 그것은 한편으로는 한곳으로 집중되어가는 경험이지만 다른 한편으로는 새로운 가능성과 잠재성을 열어젖히는 것이기도 하다. 과거는 환상이고 생활양식상의 선택이며, 문화 산업의 한 부분이고 문화자본을 가져다주는 것이기도 하며, 쟁취하거나 욕망하는 대상이기도 하며, 차이를 드러내고 오늘날의 삶을 반영하는 것이기도 하다. 역사는 개인적인 차원에서, 혹은 집단의 차원 혹은 가족의 차원에서 접하는 것이다. 그것은 동시에 여러 방식으로 체험될 수 있는 것이기도 하다. 역사를 다루는 여러 '장르'를 통해 역사에 대한 접근이 복합적인 성격을 띠고 있음을 알 수 있다. 과거는 내러티브일 수도 있고, 향수일 수도 있으며, 입어 낡아 헤지는 것, 혹은 체험되거나 먹을 수도 있는 것이다. 그것은 게임일 수도 있고, 아주 심각한 전투일 수도 혹은 기분전환용 오락일 수도 있다. 현대 문화가 과거와 만나는 방법은 혼합 장르적이고 복합적이며, 이런 풍부한 다양성은 역사가들에게 도전과 근심을 낳는 것이다.

마이크 피커링Mike Pickering과 에마 케일리Emma Keighley는 문화 속에 나타나는 향수에 대해 "그것은 모순적인 현상이라 해야 할 것이다.……그것은 단일하거나 고정된 상태가 아니다"[5]라고 주장한다. 이처럼 복합적인 의미가 있으며 무엇이라고 딱 잘라 말하기 어려운 의미를 가졌기 때문에 향수는 모호한 용어나 감성적인 말이 될 수밖에 없다는 것이다. 그들은 향수의 개념이 반성과 의견 불일치를 낳을 가능성이 많은 말이며, 그 의미의 불명확함과 그 말의 유행 때문에 궁극적으로 문화에 대한 비판을 낳을 수밖에 없다고 본다. 마찬가지로 '역사'라는 것은 복합성, 차이, 이데올로기, 의문, 술책, 가상성, 도피와 체험을 포함할 수 있는 것이어서 점점 변해가는 대중문화 속에서는 그것의 진정한 가치를 하나의 담화로 볼 수도 있을 것이다. 흔히 역사가들은 역사를 통제하고 경계를 짓기 위해 역사라는 것을 여타의 것들과는 다른 것으로 구분하려 한다. 그러나 '역사를 다루는 것'들이 점차 그 모습을 변형해가고 정통적인 길을 벗어나고 있는 모습을 보아야만 대중의 문화가 바라고 있는 점, 그 속에서 일어나는 움직임, 그리고 거기에 깔려 있는 가정을 읽어낼 수 있을 것이다.

옮긴이 후기

이 책은 제롬 드 그루트Jerome de Groot의 *Consuming History: Historians and heritage in contemporary popular culture*(2008년)를 번역한 것이다. 저자 그루트는 부제에서 밝힌 것처럼 오늘날 대중문화에서 소비되고 있는 역사라는 주제를 TV와 영화, 소설을 비롯해 컴퓨터 게임, 그래픽 노블, 지방사, 계보학 및 리인액트먼트와 박물관의 변화까지 아주 다양한 면에서 제시한다. 역사라는 실체가 오늘날 이 사회에서 작용하는 모습과 함께, 문화적인 상상력을 통해 오늘날 역사가 어떤 모습을 띠고 동력을 발휘하고 있는지를 상세하게 들여다본다. 이런 영역들은 주로 기존의 학문적인 역사학에서는 주목받지 못했거나, 심지어 학자들이 의도적으로 해석을 회피해왔던 '대중적'인 역사의 영역이다.

저자가 주로 다룬 것은 1990년대부터 오늘날까지의 변화다. 이 시기는 대중문화에서 인터넷과 디지털 기술의 혁신적 발달로 대중이 문화적·역사적 정보에 접근하는 방식이 대폭 확대되었으며, 한편으로는 자본의 영향력이 거세지면서 급격히 문화와 역사 분야에서도 상품화가 진행된 시대다. 저자는 이런 시대적·기술적 배경을 거치며 대중문화 속의 역사가 기존의 실증적이고 검증 가능한 역사학을 주도했던 지식의 게이트키퍼 위주에서 벗어나 지적인 헤게모니의 재편이 이루어지고 있다고 한다. 그는 책 전반에서 "참여권한의 확대enfranchise"라는 표현을 통해, 일반 대중이 정보에 접근하는 기회가 늘어나면서 학문적인 정보를 수동적이고 일방적으로 수용하는 역할에서 벗어나 능동적이고 상호작용적이며 체험적인 역사를 소비함으로써 일인칭적이고 자신만의 내러티브를 정립해 역사를 만들어나가는 것에 주목한다. 또 한편으로 자본의 막강한 영향력과 신자유주의 확산에 따라 소비의 대상으로 상품화되고 패키지화되어, 시장경제 속에서 판매의 대상이 되는 역사를 실체로 인정한다.

TV 역사 프로그램에서 전통적인 학자가 아닌 스타 진행자들이 엄청난 인기를 끌면서 이전의 학자들과는 다른 방식으로 역사에 대한 대중적 논쟁을 이끌고, 인터넷을 통한 독서 그룹이나 역사 토론 그룹이 늘어나 기존 학자들의 권위에 대한 도전이 이뤄지고 있다. 또한 리얼리티 프로그램에서 실제로 과거를 시청자들이 체험해보거나 온라인과 결합하면서 이전과는 다른 수준의 계보학에 대한 관심이 폭발해 역사를 '자신에 대한 발견'으로 변화시키는 과정들이 저자의 논지를 뒷받침한다. 그루트는 이런 현상 속에서 일어나는 역사에의 대중적 접근을 단순히 포퓰리스트적이며 세속화·오락화라고 경시해버린 역사학자들은 인식의 전환이 필요하다고 주장한다. 이러한 역사적 접근은 학자들이 생각하는 것처럼 단순하지 않고 복합적이며 기존의 역사 인식에 도전적이고 대안적인 목소리로서 가치를 가진다는 점, 따라서 학자들은 대중문화와 역사가 만나는 커뮤니케이션과 소비 과정을 세세히 들여다보아야 함을 거듭 강조하고 있다. 역사연구나 역사 지식은 학자나 역사학이 독점할 수 있는 것이 아니며, 현재 대중문화에서 나타나는 것처럼 새로운 스타일, 새로운 내러티브와 시각의 등장이 기존 역사학의 관습적이며 권위적인 자세에서 벗어나게 해줄 수 있다는 점을 겸허하게 받아들여야 한다는 것이다.

이 책의 의미는 이처럼 기존의 역사학자들이 무시하고 외면해왔던 자료에 관심을 두고, 새로운 미디어와 디지털 환경 변화에 주목하면서 새로운 문화적 실체로서 사회 속에서 역동적인 모습을 띤 대중적 역사를 진지하게 연구했다는 점이다. 게다가 이 책에서 제시한 사례를 살펴보면 영국의 경우는 백과사전이라 할 만하며, 기타 유럽 국가나 미국의 경우도 분야별로 다양하게 제시하고 있다. 그 분야를 살펴보면 우리로 치면 〈TV쇼 진품명품〉 같은 프로그램에서부터 음악의 리메이크나 원전음악, 컴퓨터 게임의 다양한 분야, 도시 탐험, 일종의 보물 탐험이라 할 수 있는 금속 탐지, 폭로성 전기물, 박물관의 기념품 가게까지 방대하다. 이를 통해 '비학문적인 분야의 대중의 역사 활동'에 대한 모든 것을 빠짐없이 담으려는 노력이 엿보인다.

물론 이런 것들이 역사학의 지적 권위를 해체하고 도전적이며 저항적인 시각과 태도를 견지하려는 새로운 시도라는 점을 책 속에게 일관되게 주장하고는 있지만, 저자 역시 대중 역사가 여전히 기존 역사학의 발전론적 시각과 주관화 등의 한계를 벗어나지 못하는 측면이 있다고 인정한다. 또한 정보의 소유에서 엄청난 민주화를 가져온 정보 기술의 발전이 상품화나 소비문화와 연결되면서 나타나는 부작용, 즉 상업화·기업화가 현실에서 나타나고 있다고 지적하고 있다. 그럼에도 대중문화는 역사학이 목표로 하는 역사적 진실성, 정통성을 완벽하게 재현할 수 없다는 자의식과 문제의식을 스스로 드러내면서 나름의 스타일과 시각을 만들어낸다고 강조하면서, 대중적 역사가 가진 새로운 가능성에 더 초점을 맞춘다. 따라서 이 같은 다양한 대중 역사의 등장이 역사학 자체에 인식론적 변화를 가져왔다고 말하기는 아직 이르다고 볼 때, 이 책에서 살펴본 최근 수십 년간의 변화와 함께 대중에게 불어닥친 '역사'에의 관심이 저자가 말하는 것처럼 '아래로부터의 혁명'적인 움직임을 역사학에 가져올지는 여전히 두고 봐야 할 문제라고 할 수 있다.

그러나 같은 시기에 우리나라에서도 역사에 대한 대중의 관심이 높아지면서 역사 관련 대중 서적이 폭증하고 드라마는 날이 다르게 픽션화되고 있으며, 과거사 분쟁도 일어나고 있다. 따라서 온라인을 중심으로 대중의 참여가 늘어나는 현상과 맞물려 다양한 미디어를 통해 대중이 역사와 관계를 맺고 상호 작용하며 참여하는 모습을 어떻게 진지한 연구 대상으로 삼을 수 있는지에 대해 이 책이 지침서 역할을 할 수 있으리라 생각한다. 저자가 내내 강조하는 것처럼 이 책을 통해 다양한 문화 영역에서 대중이 역사에 깊숙이 참여하고 있다는 점을 문화 연구자들이 인식함으로써, 역사학자들이 자신의 연구 활동을 더 넓은 시각에서 바라보고 대중의 역사 참여에 대해 좀 더 심도 있는 접근을 하는 계기가 되기를 바란다.

2014년 6월
옮긴이 씀

주

서문: 역사와 대중문화

1. K. Jenkins, *Refiguring History*(London: Routledge, 2003), p.38.
2. Ibid., pp.39, 38.
3. Ibid., p.35.
4. 이 점에 대해서는 H. White, "Afterword: manifesto time", in K. Jenkins, S. Morgan and A. Munslow(eds), *Manifestos for History*(London: Routledge, 2007), pp.220~232를 참조.
5. *History in Practice*(London: Arnold, 2000), p.153.
6. Ibid., p.153.
7. 이 용어는 앨런 먼슬로(Alun Munslow)의 것을 빌려왔다.
8. *Theatres of Memory*, London: Verso, 1994, p.13.
9. Ibid., p.8.
10. "History happens", in V. Sobchack(ed.) *The Persistence of History*(London: Routledge, 1996), pp.1~16(p.7).
11. 대중 역사에 대한 좋은 논의가 실린 책으로는 H. Kean, P. Martin and S.J. Morgan(eds), *Seeing History: Public History in Britain Now*(London: Francis Boutle, 2000), and Jordanova, *History in Practice*, pp.126~149가 있다.
12. S. McCracken, *Pulp*(Manchester: Manchester University Press, 1998), pp.21~34.
13. P. Joyce, "The gift of the past: towards a critical history", in Jenkins et al., *Manifestos for History*, pp.88~97; 또한 D. Lowenthal, *The past is a Foreign Country*(Cambridge: Cambridge University Press, 1985); D. Brett, *The Construction of Heritage*(Cork: Cork University Press, 1996); P. Wright, *On Living in an Old Country*(London: Verso, 1985); P.J. Fowler, *The Past in Contemporary Society*(London: Routledge, 1992); and R. Hewison, *The Heritage Industry: Britain in a Climate of Decline*(London: Methuen, 1987) 등에서 문화유산 상품에 대한 여러 가지 반대 의견을 볼 수 있다.
14. "Fabricating heritage", *History & Memory 10*(1)(1995).

15. "The past of the future", in Jenkins *et al.*, *Manifestos for History*, pp.205~219(p.211), 또한 젠킨스의 *The Heritage Crusade and the Spoils of History*(Cambridge: Cambridge University Press, 1998), and "The heritage crusade and its contradictions", in M. Page and R. Mason(eds), *Giving Preservation a History*(London: Routledge, 2004), pp.19~45.

16. "The gift of the past", p.97.

17. Ibid.

18. Ibid., p.96.

19. 존 피스크(John Fiske)는 문화상품의 이러한 잠재력에 대해 다음과 같이 말한다. "만약 특정한 상품이 대중문화의 분야에서 만들어진다면, 그것은 반드시 반항적이거나 회피적인 사용/읽기의 기회를 제공해야 하며, 이런 기회는 받아들여져야 한다. 이런 기회를 만드는 것은 상품의 생산자가 통제할 수 있는 것이 아니다: 그 대신 그것은 상품 사용자들의 대중적인 창조성에 있다." "The commodities of culture", in M.J. Lee(ed.) *The Consumer Society Reader*(Oxford: Blackwell, 2000), p.288.

20. *History in Practice*, p.149. 비슷한 견해로 윌리엄 루빈슈테인(William D. Rubinstein)은 '아마추어 역사'의 다양성에 대해 이렇게 말한다. "이런 것들이 역사학자들에게 해가 될 일은 전혀 없다. 그들은 단지 잘 알지 못했던 이 세계에 대해 이해해나가고 있을 뿐이다." "History and 'amateur' history", in P. Lambert and P. Schofield(eds), *Making History*, London: Routledge, 2004, pp.269~280(p.280). 윌리엄스(G. Williams)도 같은 책, pp.257~269. "Popuar culture and the historians"에서 역사가들에게 대중문화의 효용에 대해 말했다. 로버트 로젠스톤(Robert A. Rosenstone)도 젠킨스와의 공저서 *Manifestos for History*, pp.11~18, p.18 중 "Space for the bird to Fly"에서 "역사가들은 역사가 문화에 던지는 의미를 전달하는 데 한 가지 방식만 있다고 믿어서는 안 된다. 우리는 새롭게 눈을 떠서 인류 역사 이야기에서 의미를 만들어내는 데는 다른 방식으로 말하고 보여주고 소개할 수 있다고 생각해야 한다"라고 주장했다.

21. "Backward looks: mediating the past", Media, *Culture & Society* 28(3)(2006), pp.466~472 (p.466).

22. Ibid., p.470.

23. Ibid., p.470.

24. *The Presence of the Past*, New York: Columbia University Press, 1998.

25. *The Presence of the Past*의 '서문'은 www.chnm.gmu.edu/survey/intro.html(2007년 12월 6일 현재 주소)에서 찾아볼 수 있다. 전국의 1,453명을 대상으로 한 설문 자료는 www.chnm.gmu.edu/survey/question.html에서 볼 수 있다.

26. Two World Wars and One World Cup이나 Ten German Bombers 같은 노래들은 영국과 독일 국가 대표 축구 경기에서 불리는 대표적인 응원가다. 또 네덜란드의 한 회사는 독일 제2차 세계대전의 헬멧 모사품을 2006년 독일 월드컵 당시 네덜란드와 영국 팬들에게 판매했다. 축구 관중의 이런 모습은 자신의 나라가 지닌 특정한 역사를 구술화해 현재까지도 지속적으로 사용하는 흥미로운 사례라 할 수 있다. 응원이라는 행위 속에서 오늘날 자신들의 정체성을 강하게 드러내는 것이다. 당시 뉴스 기사들은 이에 비하면 국수주의적인 색채를 좀 덜어냈다. 이에 대해서는

Luke Harding의 "The tabloid war is over: Germany and the World Cup 2006", Anglo-German Foundation for the Study of Industrial Society special report, www.agf.org.uk/pubs/ pdfs/1519web.pdf(2007년 11월 26일)를 참조.

27. 심지어 블리츠스피리트(BlitzSpirit)라는 이름의 의류 브랜드도 있다. www.blitzspiht.co.uk/aboutus.php.

28. R. Holmes(ed.), *The World at War*, London: Ebury Press(2007), pp.95~115, 131~149를 보라.

29. J. Huizinga, *Homo Ludens: A Study of the Play-Element in Culture*(Boston: Beacon Press, 1955), and C. Rojek, Decenting Leisure(London: Sage, 1995), pp.184~186.

30. 교육철학자 맥펙(J.E. McPeck)의 "Critical thinking and the 'Trivial Pursuit' theory of knowledge", in K.S. Walters(ed.), *Rethinking Reason*(New York: SUNY Press, 1994), pp. 101~118.

31. J. Mittell, *Genre and Television*(London: Routledge, 2004), p.32.

32. J. Culpeper, "Impoliteness and entertainment in the television quiz show: *The Weakest Link*", *Journal of Politeness Research 1*(2005), pp.35~72.

33. B. Guffey, *Retro: The Culture of Revival*, London: Reaktion(2006), p.17.

34. R. Goldman, *Reading Ads Socially*, London: Routledge(1992); R. Grafton Small and S. Linstead, "Advertisements as artefacts: everyday understanding and the creative consumer", *International Journal of Advertising 8*(3)(1989), pp.205~218.

35. S. O'Donohoe, "Raiding the postmodern pantry: advertising intertextuality and the young adult audience", *European Journal of Marketing 31*(3/4)(1997), pp.234~253(p.245).

36. C. Byrne, "Ridley Scott's Hovis advert is voted all-time favourite", *The Independent*, 2 May 2006,

37. *Theatres of Memory*, p.93. 또한 M. Pickering and E. Keightley, "The modalities of nostalgia", *Current Sociology 54*(6)(2006), pp.919~941(p.935)을 보라.

38. www.youtube.com/watch?v=CFLBvLxLJMI(2007년 8월 16일 현재 주소).

39. S. Brown, "Retro-marketing: yesterday's tomorrows, today!", *Marketing Intelligence and Planning 17*(7)(1999), pp.363~376.

40. American Graffiti, 1973, George Lucas; *Grease!*, 1978, Randal Kleiser; *Happy Days* TV series, 1974~1984.

41. *Theatres of Memory*, p.95.

42. G. Withalm, "Commercial intertextuality", in S. Petrilli and P. Calefato(eds), *Logica, dialogica, ideologica*, Milan: Mimesis, 2003, pp.425~435 and "Recycling Dorothy, dinosaurs, and dead actors: digi-textuality in the TV-commercials of the 1990s",. *Semiotische Berichte 27*(1~4)(2003), pp.297~315.

43. 하이네켄의 이런 광고 기법은 1982년 칼 라이너(Carl Reiner)의 영화 *Dead Men Don't Wear Plaid*에서 가져온 것으로, 옛날 필름의 자료 화면을 교차 편집하는 식이다. 이런 기법의 또 다른 영화로는 우디 앨런(Woody Allen)의 〈젤리그(Zelig)〉(1983), 로버트 저메키스(Robert Zemeckis)

의 〈포레스트 검프(Forrest Gump)〉(1994) 등이 있다. 옛 시절의 향수를 불러일으켜 상품성을 높이기 위해 당시의 화면과 현재의 화면을 교차시키거나, 시대를 오가면서 야릇한 긴장감과 그리움을 가져오는 기법이 주류 대중문화에 가장 잘 쓰인 예로는 내털리 콜(Natalie Cole)이 1991년 발표한 노래「언포게터블(Unforgettable)」이다. 여기서는 가수의 아버지 내털리 골러(Natalie Goler)의 원곡과 딸의 노래가 교차적으로 나오면서, 과거와 현재를 훌륭하게 조합한 작품이 됐다. 부녀 관계는 기호학적인 불협화음을 확대시키며, 영향력과 창조성, 그리고 패스티시라는 문제를 함께 생각하게 만든다.

44. 글로리아 위샐름(Gloria Withalm)이 언급한 코카콜라의 1991~1992년 광고도 있다. 가수 폴라 압둘과 엘턴 존이 진 멜라나 제임스 케그니, 험프리 보가트, 루이 암스트롱 같은 옛 인물과 함께 노래하고 춤추는 장면의 광고다. 또 쿠어스 맥주의 1997년 광고에서는 존 웨인이 등장하기도 한다. "Recycling Dorothy", pp.303~304. 그는 또 이것이 미국식 광고에 이미 널리 퍼진 교차 편집 기법이라고 설명했다.

45. B. Cronin and E. Davenport, "E-rogenous zones: positioning pornography in the digital economy", *The Information Society* 17(1)(2001), pp.33~48; J. Coopersmith, "Does your mother know what you really do? The changing nature and image of Computer-based pornography", *History and Technology* 22(1)(2006), pp.1~25. 크로닌(Cronin), 대븐포트(Davenport)와 쿠퍼스미스(Coopersmith)는 포르노그래피의 전형적인 기법이나 경제 모델이 단순히 인터넷을 이해하는 데 중요할 뿐만 아니라 인터넷의 발전 과정에 근본적인 영향력을 가지고 있다고 주장한다.

46. 이것의 한 예로 다음의 웹사이트를 참조. *Sins of Time* "Historic Erotica from a kinder, gentler era", www.sinsoftime.com/, *Historica Erotica* www.historicerotica.com/. 빈티지 포르노그래피 판매 붐에 대한 문헌으로는 K. Riordan, "The joy of texts", *Time Out*, 27 February 2008, pp.38~39.

47. *Pornography: The Secret History of Civilisation*(1999); J. Hoff, "Why is there no history of pornography?", in S. Gubar ed., *For Adult Users Only: The Dilemma of Violent Pornography* (Indiana University Press, 1989), pp.17~47을 보라.

48. 버트리스 스몰이나 이 장르에 대해서는 다음을 참고하라. E. Murphy Selinger, "Rereading the Romance", *Contemporary Literature*, 48(2)(2007), pp.307~324.

49. 이에 대한 설명으로는 J. Radway, *Reading the Romance: Women, Patriarchy and Pop Literature* (Chapel Hill, NC: University of North Carolina Press, 1984); H. Wood, "What Reading the Romance did for us", *European Journal of Cultural Studies* 7(2)(2004), pp.147~154와 래드웨이에 대한 앵(I. Ang)의 비평문헌 "Feminist desire and female pleasure: on Janice Radway's *Reading the Romance*", *Camera Obscura 16*(1988), pp.179~190을 참조할 것.

50. P. Gregory, "Born a writer: forged as a historian", History Workshop Journal 59(2005), pp.237~242.

51. History Freak, "Not even particularly interesting", Posted 11 February 2005, www.amazon.com/review/RB4OA11262UQA/ref=cm_cr_rdp_perm(2008년 2월 24일 현재 주소).

52. Heteroglossia란 말은 미하일 바흐친(Mikhail Bakhtin)이 처음 이론화한 말이다. 참고문헌은 *The Dialogic Imagination*, ed., M. Holquist, trans., C. Emerson and M. Holquist, Austin(TX: University of Texas Press, 1981).

1부 대중적 역사가

1. *History in Practice*(London; Arnold, 2000), p.155.
2. J. Moran, "Cultural Studies and academic stardom", *International Journal of Cultural Studies* 1(1)(1998), pp.67~82.
3. E.W. 사이드(Said)는 "작가와 지성인들의 공적 역할"이라고 표현했다. H. Small(ed.), *The Public Intellectual*, Oxford: Blackwell, 2002, pp.19~40.

1장 대중적 역사가, 대중의 역사가

1. S. Collini, *Absent Minds: Intellectuals in Britain*(Oxford: Oxford University Press, 2007).
2. Y. Alighai-Brown, "History is everywhere-but whose history is it?", *The Independent*, 22 July 2002, p.13; M. Dodd, "The new rock'n'roll", *The New Statesman*, 10 December 2001, www.newstatesman.com/200112100032(2007년 10월 29일 현재 주소).
3. *Empire: How Britain Made the Modem World*(London: Allen Lane, 2003), pp.xiii~xvi. J. Wilson, "Niall Ferguson's imperial passion", *History Workshop Journal 56*(2003), pp.175~183 을 참조.
4. "TV나 대중매체를 통해 지적인 전문가들이 만들어지고 대중에게 전달되며 변화되어가는 과정", 특히 역사학자들이 프로그램 제작에 참여하는 등 실제적인 활동에 대한 유용한 연구로는 벨(E. Bell)과 그레이(A. Gray)의 "History on television: charisma, narrative and knowledge", *European Journal Cultural Studies 10*(1)(2007), pp.113~133, p.113이 있다.
5. J. Langer, "Television's 'personality system'", in P. David Marshal ed., *The Celebrity Culture Reader*(London: Routledge, 2006), pp.181~196.
6. R.A. Posner, *Public Intellectuals*(Boston: Harvard University Press, 2001).
7. www.nytimes.com/2007/06/18/arts/television/18stan.html?partner=rssnyt&emc=rss; www.query.nytimes.com/gst/fullpage.html?res=9C03E6DA1439F937A15752C1A9649C8B4 9C8B63&n=Top/Reference/Times%20Topics/People/S/Schama,%20Simon;www.query.ny times.com/gst/fullpage.html?res=9C03E6DA1439F937A15752C1A9649C8B63&scp=1&sq=si mon+schama+bizarre; www.number10.gov.uk/output/Page 11941.asp; www.gawker.com/news/media/tina-brown/topic-a-with-tina-brown-grammy-wha-grammy-who-032934.php, my italics(2007년 12월 4일 현재 주소).
8. A. Billen, "The man who made history sexy", *The Times*, 20 May 2003, www.enter-

tainment.timesonline.co.uk/tol/arts_and_entertainment/books/article1133953.ece(2007년 12월 4일 현재 주소).

 9. D. Starkey, "Diary", *The Spectator*, 1 March 1997, www.findarticles.com/p/articles/ mi_qa3724/is_199703/ai_n8747043(2007년 11월 16일 현재 주소).

10. A. Martin, "The Queen is a philistine who lacks education", 22 December 2007, www.dailymail.co.uk/pages/live/articles/news/news.html?in_article_id=504137&in_page _id=1770(2008년 2월 1일 현재 주소).

11. 예를 들어 ≪인디펜던트≫는 미디어 면에 두 사람의 계약을 전면 비교하는 기사를 싣기도 했다. Ian Burrell, "Schama's pounds 3m BBC deal", 21 May 2003, www.findarticles.com/p/ articles/mi_qn4158/is_20030521/ai_n12684998(2007년 11월 16일 현재 주소)

12. 이런 논의의 종결점은 2005년 *Prospect UK* 잡지에서 독자 2만 명을 대상으로 한 세계적 지식인을 묻는 투표였다. 후보에는 니얼 퍼거슨(Niall Ferguson), 프랜시스 후쿠야마(Francis Fukuyama), 에릭 홉스봄(Eric Hobsbawn), 티머시 가턴 애시(Timothy Garton Ash) 등 소수의 역사학자들만 포함됐고, 대부분은 작가나 경제학자, 과학자 등이었다.

13. *Historians of Genius: Edward Gibbon*(BBC 4), 2004, 30 February 2004. 21시 30분 방영분.

14. J. Thompson, "History just isn't what it used to be", *The Independent*, 22 February 2004, www.findartides.com/p/articles/mi_qn4159/is_20040222/ai_n12752224(2007년 11월 16일 현재 주소).

15. 이런 입장은 *Independent on Sunday*에 보낸 편지에서 뚜렷이 드러났다. 이 편지에서 그는 기사 속 에서 그가 잘못 소개됐다고 항의했다. 29 February 2004, www.findarticles.com/p/articles/ mi_qn4159/is_20040229/ai_n12750904(2007년 11월 16일 현재주소).

16. *Absolute Power: History Man*(BBC 2), 2003, 10 November, 21:00 시 방영.

17. www.tomandnev.co.uk/drscriptl.htm(2007년 10월 24일 현재 주소).

18. T. Timpson, "Return the Marbles? Forget it", 19 January 2006, www.news.bbc.co.uk/ 1/hi/magazine/4624334.stm(2007년 11월 2일 현재 주소); "Author spotlight: Dorothy King", www.randomhouse.ca/author/results.ppeil?authorid=59405(2007년 11월 2일 현재 주소); D. Smith, "Hands off our Marbles", *The Obsever*, 8 January 2006, www.observer.guardian. co.uk/review/story/0,6903,1681545,00.html(2007년 11월 2일 현재 주소)

19. "The way of the PhDiva", *The Guardian,* 25 May 2005, www.education.guarclian. co.uk/higher/columnist/story/0,9826,1491066,00.html(2007년 11월 2일 현재 주소).

20. H. Deedes, "Tristram is in the hunt for a plum Labour seat", *Independent*, 27 April 2007, www.news.independent.co.uk/people/pandora/article24888588.ece(2007년 11월 5일 현 재 주소)

21. www.whitehouse.gov/mrscheney/(2007년 11월 14일 현재 주소). 특정한 역사 인물에 대한 부시의 편애를 확인하려면 제이컵 와이즈버그(Jacob Weisberg)의 책 *The Bush Tragedy* (London: Bloomsbury, 2008) 중 'Dead Precedents' 장을 참조. pp.223~242.

22. *A History of Britain*: Episode 15, *The Two Winstons*, BBC 1, 2002, 18 June, 21:00 시 방영분.

23. 이 책 외에 참조할 문헌으로는 *2000 Years of Upper Class Idiots In Charge*(London: Doubleday, 2007).

24. *Bumper Book of British Battleaxes*(London: Robson, 1998).

25. 헤이그는 윌리엄 윌버포스(William Wilberforce)와 윌리엄 피트 영거(William Pitt the Younger)의 전기를, 메이저는 크리켓의 역사를 썼다.

26. *The English*(London: Penguin, 1999), p.viii. 그는 이 책에 이어 *On Royalty*(London: Vintage, 2006)를 출간했다.

27. *England, Our England*, London: Hodder & Stoughton, 2007, 뒤표지.

28. 그런 예로는 Stefan Berger, "History and national identity", *History and Policy*, www. historyandpolicy.org/papers/policy-paper-66.html(2007년 12월 13일 현재 주소)이 있다.

29. 미카엘 포틸로(Michael Portillo)와 루시 무어(Lucy Moore)가 *Great Britons*: Episode 11, *The Greatest of them All*, BBC 2, 2002, 24 November, 21시 방영분에서 한 말.

30. *Great Britons*: Episode 2, *Darwin*, BBC 2, 2002, 25 October, 21:00 hrs.

31. *Great Britons*: Episode 7, *Elizabeth*, BBC 2, 2002, 12 November, 21:00 hrs.

32. *Great Britons*: Episode 8, *Newton*, BBC 2, 2002, 15 November, 21:00 hrs.

33. Ibid.

34. *Great Britons*: Episode 3, Diana, BBC 2, 2002, 29, October, 21:00 hrs.

35. Ibid.

36. M. Reynolds, "Who is Jára Cimrman?", *Prague Post*, 27 January 2005, www.praguepost. com/P03/2005/Art/0127/news3.php(2006년 8월 17일 현재 주소). 핀란드에서는 또 '유머러스한' 후보들 부문을 올려놓기도 했다. 스키점프 황제에서 포르노 스타로 전락했던 마티 니캐넨(Matti Nykänen)과 핀란드 사상 최고의 거인 비애뇌 밀린네(Viänö Myllyrinne) 등이 후보였다.

37. 또 유럽 전체를 통틀어 '가장 영향을 끼친 유럽인'을 뽑는 'Europe's 100'이라는 투표도 있었다. www.euro100.org.

38. *My Trade: A Short History of Journalism*(London: Macmillan, 2004).

39. R. Harris, *Selling Hitler: The Story of the Hitler Diaries*(London: Faber & Faver, 1986).

40. D.D. Guttenplan, *The Holocaust on Trial: History, Justice and the David Irving Libel Case*(London: Granta, 2001), and R. Evans, *Lying about Hitler*(London: Basic Books, 2001), pp.1~40을 보라.

41. *The Irving Judgement: David Irving v. Penguin, Books and Professor Deborah Lipstadt*(London: Penguin, 2000), p.1.

42. Ibid., pp.27~109.

43. Ibid., p.348.

44. *The Irving Judgement*, p.2.

45. Evans, *Lying about Hitler*, p.37.

46. R. Ingrams, "Irving was the author of his own downfall", The Independent, 25 February 2006, www.comment.independent.co.uk/commentators/article347567.ece(2007년 11월 13일 현재 주소)

47. M. Greif, "The banality of Irving", *The American Prospect*, 30 November 2002, www. prospect.org/cs/articles?article=the_banality_ot_irving(2007년 11월 13일 현재 주소).

48. *The Irving Judgement*, p.293.

49. Ibid.

50. Guttenplan, *The Holocaust on Trial*, p.277.

51. 게다가 그는 관련 재판 여러 건의 소송비도 물어야 했다. Evans, *Lying about Hitler*, pp.13~14 참조.

52. www.fpp.co.uk(2007년 11월 14일 현재 주소); *The Holocaust on Trial*, p.224.

53. *Lying about Hitler*, p.35.

54. S. Moss, "History's verdict on Holocaust upheld", *The Guardian*, 12 April 2000, www. guardian.co.uk/irving/article/0,181050,00.html(2007년 11월 14일 현재 주소).

2장 출판에서의 대중적 역사

1. D.P. Ryan, *The Complete Idiot's Guide to Ancient Egypt*(London: Alpha, 2002); K.D. Dickson, World War II for Dummies(New York: Wiley, 2001); C. Lee, *This Sceptred Isle-Twentieth Century*(London: BBC Worldwide with Penguin Books, 1999), p.viii; A. Venning, *Following the Drum: The Lives of Army Wives and Daughters*(London: Headline, 2005).

2. 역사 저술은 픽션물처럼 많은 상을 받는 등의 문화자본을 획득하지는 못했다. 그러나 대중적인 고스타상(Gosta Prize)(이전에는 Whitbread 상으로 불리던)에서 전기물 부분을 수상하기도 했고, 제임스 테이트 블랙 기념상(James Tait Black Memorial Prize)에서 전기물상을, 또 새뮤얼 존슨상(Samuel Johnson Prize)에서 논픽션상, 더프 쿠퍼상(Duff Gooper Prize)과 미국에서 매년 선정하는 퓰리처상(Pulitzer Prize)의 역사 부문을 수상하기도 했다. J. Moran, "The reign of hype: the contemporary literary star system", in P. David Marshall ed., *The Celebrity Culture Reader*, pp.324~344. 또한 그녀의 *Star Authors: Literary Celebrity in America*(London: Pluto Press, 2000)를 참조.

3. L. Jardine, *The Curious Life of Robert Hooke*(London: HarperCollins, 2004); W. Dalrymple, *The Last Mughal*(London: Bloomsbury, 2002).

4. J. Thompson, "History just isn't what it used to be", *The Independent*, 22 february 2004, www.findarticles.com/p/articles/mi_qn4159/is_20040222/ai_n12752224(2007년 11월 16일 현재 주소).

5. 여기서 언급한 것들은 대중 역사서들이 담고 있는 주제와 논의 방식의 범위와 복합성을 잘 보여주고 있다: 앨리슨 웨어는 엘리자베스 1세나 이사벨라 여왕, 캐서린 스윈퍼드 같은 역사 속의 주요 여성 인물의 전기를 썼다. 코미디 그룹 몬티 파이선 출신인 테리 존스는 중세나 고대 시대를 재평가 하는 책을 통해 중세의 생활이 생각보다 훨씬 더 세련된 모습이었으며, 미개 야만족들이 이룬 문화적 업적 같은 것들을 새롭게 대중 논의의 장으로 끌어들였다. A.N. 윌슨은 문학적 저널리스트로서 역사 전기물을 썼다. 리베카 프레이저는 국가의 국민들에 대한 역사를 썼고 앨런 헤

인스는 엘리자베스 시대 영국의 스파이와 섹스에 대한 글을 썼다. 이런 저술들은 내러티브 스타일이라거나 스토리텔링 방식이 활용되어 창작적인 요소도 충분했다. 웨어와 윌슨은 또한 역사 픽션물을 썼다. 존스는 고대 이야기의 최신판을 내기도 했다.

6. D. Miller, "The Sobel effect", *Metascience 11*(2002), pp.185~200.
7. *Longitude*(London: Fourth Estate, 1995), p.8.
8. J. Cartwright and B. Baker, *Literature and Science*(Santa Barbara: CA: ABC Clio), p.302.
9. Ibid., p.304.
10. Thompson, "History just isn't what it used to be".
11. *Speaking for Themselves: The Personal Letters of Winston and Clementine Churchill*(London: Black Swan), 1999 등에서 잘 드러난다.
12. T. Benn, *Office Without Power: Diaries 1968~72*(London: Hutchinson, 1988), p.xiii.
13. "나는 오늘 아침에 일어나서 윌리 화이트로와 한판 싸우기로 결심했다. 저 인간만 보면 치가 떨린다", 19 May 1980; "저런 바보 멍청이 같은 제프리 디킨스", 23 March 1981, Ion Trewin ed., *Diaries: Into Politics*(London: Weidenfeld & Nicolson, 2000). 그는 또한 여성 협박자에게 5,000파운드를 지불했다. 9 July 1980, pp.159, 220, 169.
14. *Diaries 1987~1992*(London: Little, Brown, 2002), p.vii.
15. *The Blunkett Tapes*(London: Bloomsbury, 2006). pp.682, 856.
16. 예를 들어 러시아 의사 셰롭스키(Lt. Col. Sherovski)가 *The World at War of the autopsy on Hitler*라는 책에서 히틀러가 고환이 하나밖에 없는 사람이라고 증언한 것은 사실이 아니었다.
17. *The World at War*(London: Ebury Press), 2007.
18. *Their Darkest Hour*(London: Random House), 2007.
19. T. Holman, "Bookselling by numbers", *The Bookseller*, 27 January 2005, p.3.
20. *Being Jordan*, London: John Blake, 2005, p.4.
21. *Diana: Her True Story*, London: Michael O'Mara, 1992.
22. J. McGuigan, "British identity and 'the people's princess'", Sociological Review, 48(1)(2000), pp.1~18; J. Thomas, *Diana's Mourning: A People's History, Cardiff*(University of Wales Press, 2002)를 참조.
23. *The Way We Were: Remembering Diana*(London: HarperCollins, 2006), p.11.
24. Ibid., p.253.
25. *Shadows of a Princess*(London: HarperCollins, 2000), p.vii.
26. Ibid., p.167.
27. 켄 와프(Ken Wharfe)와 로버트 잡슨(Robert Jobson)의 책 *Closely Guarded Secret*(London: Michael O'Mara, 2002) 등.
28. Georgiana, *Duchess of Devonshire*(London: HarperCollins, 1998), p.xvi. 포면의 이 책이 인기를 얻자 이 책처럼 유명한 18세기 여성을 다룬 대중적인 전기물이 뒤이어 나왔다. Paula Byrne, *Perdita: The Life of Mary Robinson*(London: Harper Perennial, 2004)가 대표적인 책이다. 이 책 역시 "18세기의 마돈나"라는 식으로 초기 셀레브리티 문화 속에 등장한 주인공을 다뤘다.

29. *Georgiana*, p.xiv.

30. K. Hawkey, "Theorizing content: tools from cultural history", *Journal of Curriculum Studies* 39(1)(2007), pp.63~76.

31. T. Deary, *The Rotten Romans*, London: Scholastic, 1994, p.5.

32. M. Scanlon and D. Buckingham, "Popular histories: 'education' and 'entertainment' in information books for children", *The Curiculum Journal* 13(2)(2002), pp.141~161.

33. T. Deary, *Rotten Rulers, London: Scholastic*, 2005, p.65.

34. E. MacCallum-Stewart, "'If they ask us why we died': children's literature and the First World War 1970~2005", *The Lion and the Unicorn 31*(2007), pp.176~188. 또한 K. Agnew and G. Fox, *Children at War: From the First World War to the Gulf*(London: Gontinuum, 2001)를 보라.

35. Deary, *Rotten Romans*, p.14.

36. W.C. Sellar and R.J. Yeatman, *1066 and All That*(London: Methuen, 1930).

37. 로턴(D. Lawton)과 기타(C. Ghitty)(eds)가 기초한 *The National Curriculum*(London: Institute of Education, 1988)의 시스템을 세운 1987년의 교육 개혁 방안에 대한 여러 비판적인 논문을 참조.

38. www.nchs.ucla.edu/standardsl.html(2007년 11월 21일 현재 주소).

39. T. Haydn, "History" in J. White(ed.) *Rethinking the School Curriculum*(London: Routledge-Falmer, 2004), pp.87~103(p.87).

40. Ibid., pp.89~91.

41. 이런 경향과는 반대로, 그랜트 바게(Grant Bage)는 역사 교육에서 스토리텔링의 중요성에 대해 강조한다. *Narrative Matters: Teaching and Learning History through Story*(London: Falmer Press, 1999).

42. K. Andreetti, *Teaching History from Primary Evidence*(London: David Fulton, 1993), p.8; J. Blyth, *History in Primary Schools*(Milton Keynes: Open University Press, 1990), pp.27~28.

43. P. Lee www.history.ac.uk/whyhistorymatters/2007-02-12-5-PeterLeeLouder.mp3(2007년 12월 12일).

44. *History: Programme of Study for Key Stage 3*(London: Qualifications and Curriculum Authority, 2007), p.111.

45. www.curriculum.qca.org.uk/subjects/history/index.aspx(2007년 12월 2일 현재 주소).

46. *History*, p.117.

47. G.Bage, *Thinking History 4-14*(London: Routledge, 2000), p.152.

48. K. Barrow, D. Hall, K. Redmond and K. Reed(eds), *Key Stage 3 History: Complete Revision and Practice*(Newcastle-upon-Tyne: Coordination Group Publications, 2005), p.1.

49. A Shepperson(ed.), *GCSE History: Complete Revision and Practice*(Newcastle-upon-Tyne: CGP 2003), p.2.

50. H Cooper, "Historical thinking and cognitive development in the teaching of history", in H. Bourdillon(ed.), *Teaching History*(London: Routledge in association with the Open

University), 1994, pp.101~121(pp.109~111).

51. Deary, *Rotten Rulers*, p.129.

52. Ibid., p.174.

53. 닉 아널드(Nick Arnold)의 『호러블 사이언스』 시리즈(1996~)은 31권의 책과 1권의 잡지로 이 뤄져 있다. 아니타 가네리(Anita Ganeri)의 호러블 지리학은 14권, 샤르탄 포스키트(Kjartan Poskitt)의 호러블 수학은 16권의 시리즈로 나왔다.

54. Scanlon and Buckingham, "Popular histories", p.159.

55. www.harpercollins.co.uk/books/default.aspx?id=11632(2007년 12월 4일 현재 주소).

56. "Esprit de corps", The Spectator, 8 December 2001, www.spectator.co.uk/search/ 19799/part_2/esprit-de-corps.thtml(2007년 12월 4일 현재 주소).

57. The Literary Review, www.harpercollins.co.uk/books/default.aspx?id=11632(2007년 12월 4일 현재 주소).

58. "Tommy", The Independent on Sunday, 6 July 2004, www.arts.independent.co.uk/ books/reviews/article46030.ece(2007년 12월 4일 현재 주소).

59. 이런 공감 개념은 역사 저술에서 흔한 핵심적 요소다. 리처드 홈스(Richard Holmes)라는 로맨 틱 전기 작가는 "공감은 가장 강력하며 가장 필수적인 가장 독자들을 현혹하기 쉬운 감정이다"라 고 말한다. www.contemporarywriters.com/authors/?p=auth119(2007년 12월 4일 현재 주 소), 또한 G. E. Rollyson, "Biography theory and method", *Biography, 25*(2)(2002), pp.363~ 368을 보라.

60. A. Irwin, 'Fighting a war in all but name', The Spectator, 22 May 2006, www.spectator. co.uk/search/22309/fighting-a-war-in-all-but-name.thtml(2007년 12월 4일 현재 주소).

61. J. Hartley and S. Turvey, *Reading Groups*, Oxford: Oxford University Press, 2001, p.4.

62. J. Radway, *Reading the Romance: Women, Patriarchy and Pop Literature*, Chapel Hill NC: North Carolina Press, 1984; and S. McCracken Pulp, Manchester: Manchester University Press, 1998을 보라.

63. Hundreds of Reading Guides at www.readinggroups.co.uk/Guides/default.aspx(2007년 10월 11일 현재 주소)

65. 예를 들어 www.romanhistorybooksandmore.freeservers.com/는 로마사를 위한 온라인 모임 인데 외국 사람들이 많은데도 미국 시간대에 맞추어 정해진 시간에 특정 채팅방에 모여 토론을 한다.

66. 책의 판매와 글쓰기의 상품화에 대한 개괄을 위해서는 다음 책을 참조. C. Squires, *Marketing Literature*, Basingstoke: Palgrave, 2007.

67. J. Wind and V. Mahajan, *Convergence Marketing: Strategies for Reaching the New Hybrid Consumer*, London: Financial Times/ Prentice Hall, 2001.

68. K. O'Sullivan, "The art of biography", 13 October 2006, www.amazon.co.uk/review/ R2CLPQYJU6W1B0/ref=cm_cr_rdp_perm(2007년 10월 12일 현재 주소).

69 "john sutherland IS SHOGKED BY THE STATE OF book-Reviewing on the web", *The*

Telegraph, 19 November 2006, www.telegraph.co.uk/ arts/main.jhtml?xml=/arts/2006/11/ 19/bolists12.xml(2007년 10월 12일 현재 주소).

70. Ibid.

71. www.blog.susan-hill.com/blog/_archives/2006/11/13/2496064.html(2007년 10월 12일 현재 주소)

72. Ibid.

73. Ibid.

74. www.reviewcentre.com/products1358.html(2007년 11월 26일 현재 주소).

75. 같은 형식을 활용하는 전문가 역사책 웹사이트로는 www.historydirect.co.uk이 있다.

3장 대중문화 속의 역사가

1. www.paramountpictures.co.uk/romzom/(2007년 10월 25일 현재 주소).

2. 스케치는 또한 *Newman and Baddiel in Pieces*(BBC 2, 1993)에서 메리 화이트하우스 팀에 의해 사용되었다.

3. 키팅 선생의 이 같은 스승 캐릭터는 제임스 힐턴(James Hilton)의 1934년 영화 〈굿바이 미스터 칩스(Goodbye, Mr. Chips)〉나 미셸 파이퍼(Michelle Pfeiffer)가 헌신적인 교사로 나오는 1995년 영화 〈위험한 아이들(Dangerous Minds)〉에서의 모습을 연상케 한다.

4. J. Cartwright and B. Baker, *Literature and Science*, Santa Barbara(CA: ABC Clio), pp.301~304를 참조.

5. 예를 들어 이언 가터(Ian Garter)의 조사에 따르면 영국 대학교에서 1945~1988년 사이에 나온 소설 중 71퍼센트가 옥스퍼드나 케임브리지 대학을 무대로 하고 있다. *Ancient Cultures of Conceit: British University Fiction in the Post-war Years*(London: Routledge, 1990), p.15.

6. 스티븐 스필버그 감독의 〈인디아나 존스〉 시리즈는 1981년 〈레이더스(Raiders of the Lost Ark)〉를 시작으로, 〈인디아나 존스: 마궁의 사원(Indiana Jones and the Temple of Doom)〉(1984), 〈인디아나 존스: 최후의 성전(Indiana Jones and the Last Crusade)〉(1989), 〈인디아나 존스: 크리스털 해골의 왕국(Indiana Jones and the Kingdom of the Crystal Skull)〉(2008) 등이 나왔다. TV물로도 〈젊은 인디아나 존스 연대기(Young Indiana Jones Chronicles)〉(1992~1993), 젊은 인디아나 존스의 모험(The Adventures of Young Indiana Jones)〉(1999)이 나왔다.

7. *Death Comes as the End*(1944); *The Man in the Brown Suit*(1926); *Murder in Mesopotamia* (1936); *They Came to Baghdad*(1951).

8. Carter, Ancient Cultures, E. Showalter, *Faculty Towers*(Philadelphia, PA: University of Pennsylvania Press, 2005), and L. Blaxter, G. Hughes and M. Tight, "Telling it how it is: accounts of academic life", *Higher Education Quarterly*, 52(3)(1998), pp.300~315를 참조.

9. *A Very Peculiar Practice*가 앤드루 데이비스(Andrew Davies)가 쓴 첫 번째 시리즈물이다. 12장 텔레비전 드라마를 참조.

10. A.S. Byatt, *Possession*(London: Vintage, 1991), p.238.

11. E. Kostova, *The Historian*(London: TimeWarner, 2005), p.644

12. Ibid., p.644.

13. Ibid.

14. *Archangel*(London: Cresset Editions, 2000), p.55.

15. Ibid.

16. E. O'Gorman, "Detective fiction and historical narrative", *Greece and Rome,* 46(1)(1999), pp.19~26.

17. *The Da Vinci Code*(London: Corgi, 2003).

18. *Digital Fortress*(London: Corgi, 2000), p.21.

19. *False Impression*(London: St. Martin's Press, 2006).

20. 이 영화의 속편 〈내셔널 트레저: 비밀의 책(National Treasure: Book of Secrets)〉(2007년)에서 감독 존 터틀타웁(Jon Turteltaub)은 링컨 암살을 파헤친다.

21. 예수의 자식이 아직 살아 있다는 이야기는 가스 이니스(Garth Ennis)와 스티브 딜런(Steve Dillon)이 함께 쓴 그래픽 소설 연작 『프리처(Preacher)』(1995~2000년)에도 나온다. 여기서는 성배가 숨겨져 있는 것이며 거의 군사 조직화된 조직이 예수의 혈통을 지킨다. 『내셔널 트레저(National Treasure)』도 비밀스러운 조직이 은밀하게 숨겨진 보물을 보호하기 위해 애쓰는 내용이며 『미이라(The Mummy)』는 미라로부터 세상을 지키기 위한 조직 메자이의 이야기가 나온 영화다. 코스토바(Kostova)의 『히스토리언(The Historian)』은 드라큘라로부터 터키를 지키기 위해 분투하는 내용이다. 이처럼 아주 오래전의, 부계 혈통의 비밀 지식을 간직한 비밀 그룹에 대한 전통은 템플기사단 단원과 프리메이슨 조직에서 많은 것을 빌려왔다. 따라서 이것은 역사의 음모론과 암암리에 존재하는 특별한 이해단체들과 관련이 있다. 하지만 또한 전통 속에 존재하는 문화적 관심을 이야기하고 있기도 하다. 이런 그룹들은 거의 소멸되고 있는 상태라서, 어리석은 현대인들이 피조물들을 깨어나지 못하도록 막는 데 실패하고 있으며, 그것을 위해 투쟁하는 일도 별로 효과를 거두고 있지 못하다. 템플기사단과 예수의 자식이 있다는 이론은 다음의 이론가들의 책에 의해 대중화됐다. M. Baigent, R. Leigh and H. Lincoln, *The Holy Blood and the Holy Grail*(London: Jonathan Cape, 1982). 이 작가들은 댄 브라운을 2006년에 표절 혐의로 고소했다.

22. Brown, *Da Vinci Code*, p.326.

23. Ibid., p.405.

24. Ibid., p.15. 이 소설 속에서 사실로 여겨지는 것들에 근거해 로버트 랭던의 '공식 웹사이트'를 흉내 낸 사이트들도 있다. www.randomhouse.com/doubleday/davinci/robertlangdon/(2007년 11월 2일 현재 주소).

25. www.danbrown.com/novels/davinci_code/faqs.html(2007년 11월 2일 현재 주소).

26. Ibid.

27. G. Ward, *Christ and Culture*(Oxford: Blackwell, 2005)를 보라.

28. P. Knight, *Conspiracy Culture*(London: Routledge, 2000).

29. 그 예로 S. Berry, *The Templar Legacy*(London: Hodder & Stoughton, 2006), R. Young, *Brethren* trilogy(London: Hodder & Stoughton, 2006, J. Rollins *Map of Bones*(London: Orion, 2005) 등이 있다.

30. D. Polan, "The professors of history", in V. Sobchack(ed.), *The Persistence of History* (London: Routledge, 1996), pp.235~256(p.251).

31. J. Gregory and S. Miller, *Science in Public: Communication, Culture and Credibility*(London: Plenum, 1998); R.K. Sherwin, *When Law Goes Pop: The Vanishing Line Between Law and Popular Culture*(Chicago: University of Chicago Press, 2000).

2부 역사 소비자의 참여권한 확대, 소유 그리고 소비: 아마추어 히스토리

1. "History happens", in V. Sobchack(ed.), *The Persistence of History*(London: Routledge, 1996), pp.1~16(p.7).

2. W.D. Rubinstein, "History and 'amateur' history", in P. Lambert and P. Schofield(eds.) *Making History*(London: Routledge, 2004), pp.269~280을 보라.

3. D.L. Gillespie, A. Leffler and E. Lerner, "'If it weren't for my hobby I'd have a life': dog sports, serious leisure, and boundary negotiations", *Leisure Studies 21*(3/4)(2002), pp. 285~304(p.286).

4. C. Rojek, *Leisure Theory*(Basingstoke: Palgrave Macmillan, 2005), p.178, 또한 R. Stebbins, *Amateurs, Professionals and Serious Leisure*(Montreal: McGill-Queens University Press, 1992)를 보라.

5. Ibid.

4장 일상 속의 역사: 지방사, 금속 탐지, 고미술품 수집

1. W.G. Hoskins, *The Making of the English Landscape*(London: Longman, 1955); P. Riden Local H.P.R. Finberg, *The Local Historian and His Theme*(Welwyn: University College Leicester, 1952); S.J. Davies, "The development of local history writing", in M. Dewe(ed.), *Local Studies Collections: A Manual*(Aldershot: Gower, 1991), pp.28~55.

2. W.G. Hoskins, *Local History in England*(London: Longman, 1972), p.8.

3. Ibid., p.14.

4. *The Local Historian and His Theme*, p.9.

5. *Local History in England*, p.15.

6. Ibid., p.4.

7. Ibid., p.4.

8. Ibid., p.5.

9 *The Local Historian and His Theme*, p.11.

10 J. Sharpe, "History from below", and G. Levi, "On microhistory", in P. Burke(ed.), *New perspectives on Historical Writing*(Cambridge: Polity, 2001), pp.25~43, 97~120을 보라.

11. T.K. Hareven, "The impact of family history and the life course on social history" in R. Wall, T.K. Hareven and J. Ehmer(eds), *Family History Revisited*(London: Associated University Presses, 2001), pp.21~40(p.21).

12. *On Doing Local History*(Lanham, MD: Rowman Altamira, 2003), p.62.

13. S. Friar, *The Sutton Companion to Local History*(Stroud: Sutton, 2004); J. Griffin and T. Lawes, *Exploring Local History*(Reading: Hodder and Stoughton, 1997); D. Iredale and J. Barrett, *Discovering Local History*(Buckinghamshire: Shire, 1999).

14. *Sources for Local History*(Cambridge: Cambridge University Press, 1981), p.1.

15. D. Iredale and J. Barrett, Discovering *Your Old House*(Buckinghamshire: Shire, 1994), p.3.

16. J.R. Ravensdale, *History on Tour Doorstep*(ed.)(B. Brooks, London: BBC, 1982).

17. M. Aston, *Interpreting the Landscape: Landscape Archaeology in Local Studies*(London: BT Batsford, 1985)도 참고.

18. 템퍼스사는 문화 유적 관련 국가 기관인 내셔널 트러스트의 책을 출간했다.

19. "Publications of 2004", *The Local Historian 35*(1)(2004), pp.55~58(p.57).

20. C. Dobinson and S. Denison(저자), H. Cool and K. Sussams(책에 참여한 사람), *Metal Detection and Archaeology in England*(London: English Heritage and Council for British Archaeology, 1995).

21. R. Bland, "A pragmatic approach to the problem of portable antiquities: the experience of England and Wales", *Antiquity 79*(304)(2005), pp.440~447.

22. www.finds.org.uk/index.php(2007년 5월 30일 현재 주소).

23. www.opsi.gov.uk/ACTS/acts1996/1996024.htm(2007년 5월 30일 현재 주소).

24. 이 통계는 Don Henson, Education Officer, Council for British Archaeology로부터 인용.

25. www.treasurenet.com/westeast/(2007년 5월 30일 현재 주소).

26. www.channel4.com/history/microsites/B/bigdig/behind/behind.html(2007년 5월 30일 현재 주소).

27. www.channel4.com/history/microsites/T/timeteam/schools_intro.html(2007년 5월 30일 현재 주소).

28. www.bbc.co.uk/history/familyhistory/get_started/boesinghe_01.shtml(2007년 6월 30일 현재 주소).

29. C. Eddie Palmer and C. J. Forsyth, "Antiques, auctions, and action: interpreting and creating economic value", *Journal of Popular Culture, 39*(2)(2006), pp.234~259(p.239).

30. F. Deblauwe, "Iraq: looting of national treasures", *Washington Post 21*, April 2003, www.washmgtonpost.com/wp-srv/liveonline/03/special/iraq/sp_iraqdeblauwe042103.htm (2007년 3월 1일 현재 주소) and N. Brodie, J. Doole and P. Watson, "Stealing history",

www.savingantiquities.org/pdf/Stealinghistory.pdf(2007년 3월 3일 현재 주소).

31. O. Ashenfelter and K. Graddy, "Auctions and the price of art", *Journal of Economic Literature* 41(3)(2003), pp.763~787.

32. *Theatres of Memory*(London: Verso, 1994), pp.83~118.

33. S.M. Pearce, *Collecting in Contemporary Practice*(London: Sage, 1998), pp.1, 46.

34. Ibid., p.48.

35. 어린이들이 장난감과 수집품 등을 들고 나오는 어린이용 로드쇼도 있다.

36. R. Bishop, "Dreams in the line: a day at the *Antiques Roadshow*", *The Journal of Popular Culture* 35(1)(2001), pp.195~209.

37. 이 프로그램은 BBC 1 중 시청률 15위 내에 꾸준히 들었다.

38. 시청률 자료는 앤절라 피치니(Angela Piccini)와 돈 헨슨(Don Henson)의 다음 문서에 실린 것이다. *Survey of Heritage Television Programming 2005~06* report for English Heritage.

39. *Flog It!*은 17퍼센트, *Cash in the Attic*이 14퍼센트를, *Bargain Hunt*가 13퍼센트를, 골동품과 관련 없는 역사물로는 *Coast with*가 4퍼센트, 막대한 예산을 들여 제작하고 호평을 받았던 *Rome*도 3퍼센트 정도를 기록했다. 피치니와 헨슨은 앤티크 쇼들은 시청률 자료에 넣지 않기로 했는데, 이유는 자신들의 자료는 좀 더 전통적인 의미의 '문화유산'에 대한 텔레비전 프로그램에 대한 것만 다루기 때문이다. 여기서 이런 쇼들을 잘라낸 것을 보면 대중의 상상력 안에서 역사라는 것이 거론될 때 이런 대중적 쇼들이 어떻게 여겨졌나를 알 수 있다.

40. Palmer and Forsyth, "Antiques, auctions, and action", p.239.

41. P. Klemperer, "Auction theory: a guide to the literature", *Journal of Economic Surveys* 13(3)(1999), pp.227~286(pp.228, 273~274), 그리고 또한 E.S. Maskin, J.G. Riley, "Auction theory with private values", *The American Economic Review* 75(2)(1985), pp.150~155를 보라.

42. T. Wonnacott, "Interview", www.bbc.co.uk/antiques/tv_and_radio/bargainhunt_timwonnacott.shtml(2007년 5월 3일 현재 주소).

5장 계보학: 취미, 정치, 과학

1. E.A. Wrigley, "Population history", in Peter Burke(ed.), *History and Historians in the Twentieth Century*(Oxford: Oxford University Press, 2002), pp.141~164; B. Reay, *Microhistories*(Cambridge: Cambridge University Press, 1996).

2. M. Saar, "Genealogy and subjectivity", *European Journal of Philosophy*, 10(2)(2002), pp.231~245.

3. R. Bishop, "'The essential force of the clan': developing a collecting-inspired ideology of genealogy through textual analysis", *The Journal of Popular Culture* 38(6)(2005), pp.990~1010.

4. 로웬설은 1984년까지 계보에 관심을 가지는 인구가 폭발적으로 늘어났다고 지적했다. *The Past is a Foreign Country*(Cambridge: Cambhdge University Press, 1985), p.38.

5. S. Colwell, *The Family Records Centre: A User's Guide*(Kew: Public Record Office, 2002), p.1.

6. Ibid., p.1.

7. *The Past is a Foreign Country*, p.38.

8. N. Barratt, *The Family History Project, Kew: National Archives and the History Channel*(2004), p.xi.

9. Ibid., p.xi.

10. A. Bevan, *Tracing Your Ancestors in the National Archives*(Kew: Public Record office, 2006), p.20. 또한 S. Colwell, The National Archives(Kew: National Archives, 2006)를 보라.

11. *The Joys of Family History*의 "family stories, heirlooms and photographs" 부분을 같이 참조. S. Fowler, *The Joys of Family History*(Kew: Public Record office, 2001), pp.10~15.

12. P. Christian, *The Genealogist's Internet*(Kew: National Archives, 2005), p.ix, pp.5~6과 "Computers in Genealogy", www.ancestry.com/learn/library/article.aspx?article=7356(2007년 3월 6일 현재 주소).

13. M. Olson, "Genealogy newsgroups", www.homepages.rootsweb.com/~socgen/Newshist.htm(2007년 3월 6일 현재 주소).

14. Christian, *The Genealogist's Internet*, p.228.

15. 이런 현상은 전혀 예상치 못한 의외의 것이었다. 1991년 리처드 하비(Richard Harvey)는 신기술이 "워드 프로세싱, 데이터베이스 등의 도움으로 문의에 답변할 수 있는 능력을 갖추기 때문에" 미래의 계보학에 작은 충격을 줄 것이라 전망했다. "Genealoey and family history", in Michael Dewe(ed.), *Local Studies Collections*, pp.173~193(p.191).

16. "P2P leisure exchange: net banditry and the policing of intellectual property", *Leisure Studies 24*(4)(2005), pp.357~369(p.367).

17. C. Needham, "The citizen as consumer: e-government in the UK and US", in R. K. Gibson, A. Römmell and S.J. Ward(eds), *Electronic Democracy*(London: Routledge, 2004), pp.43~70(p.43).

18. N. Katherine Hayles, *How We Became Posthuman: Virtual Bodies in Cybernetics, Literature, and Informatics*(Chicago: University of Chicago Press, 1999), p.19. 세계화된 문화에서 '체현(embodiment)'이 사라지는 것에 대한 논의는 같은 책, pp.1~25, 192~222, p.4 등을 참조. 이 책에서 저자는 미래 인간(posthuman)을 정보로 이루어진 육체라는 이론을 내놓기도 했다. 같은 책, p.11.

19. *Tracing Your Ancestors in the National Archives*(Kew: National Archives, 2006), p.1.

20. Ibid., p.13.

21. *The Family Records Centre*, p.1.

22. 이 자료는 섬프너(C. Sumpner) 등이 내셔널 아카이브와 BBC 방송사를 위해 작성한 리포트 〈당신이 어떤 사람인지 알고 있습니까?(Who Do You Think You Are?)〉 시청자 360명에 대한 조사'에서 인용했다.

23. 이 프로그램의 출연자들은 "이건 탐정소설 같다"라고 소감을 말하기도 했다. *Who Do You Think You Are?* 4:7(BBC 1), 2007, 19 September(BBC 1), 21:00 hrs.

24. *Who Do You Think You Are?* 1:7(BBC 2), 2004, 23 November, 21:00 hrs.

25. *Who Do You Think You Are?* 1:1(BBC 2), 2004, 12 October, 21:00 hrs.

26. *Who Do You Think You Are?* 1:8(BBC 2), 2004, 30 November, 21:00 hrs.

27. Ibid.

28. *Who Do You Think You Are?* 1:7(BBC 2), 2004, 23 November, 21:00 hrs.

29. *Who Do You Think You Are?* 1:10(BBC 2), 2004, 14 December, 21:00 hrs.

30. 이 에피소드는 또 다른 다큐멘터리로 후속 제작됐다. 바디엘은 거기서 가족의 명예 회복의 길을 찾아 나섰다. *Baddiel and the Missing Nazi Billions*(BBC 1), 2007, 15 November, 22:40 방영되었다.

31. 이 부분에 대한 논의는 다음에서 가져왔다. A. Holdsworth, "Moving pictures: family history, memory and photography in *Who Do You Think You Are?* and *Not Forgotten*", 강연회 자료.

32. *Who Do You Think You Are?* 1:10(BBC 2), 2004, 14 December, 21:00 hrs.

33. Ibid.

34. *Who Do You Think You Are?* 1:8(BBC 2), 2004, 30 November, 21:00 hrs.

35. A. Lavender, "Pleasure, performance, and the Big Brother experience", *Contemporary Theatre Review 13*(2)(2002), pp.15~23.

36. G. Turner, *Understanding Celebrity*(London: Sage, 2004), pp.4~5, 23~25.

37. Ibid., pp.5, 6. 이 부분의 내용은 크리스 로젝을 인용한 것을 재인용.

38. 이는 아이트너 퀸(Eithne Quinn)의 의견을 가져왔다.

39. www.walltowall.co.uk/catalogue_detail.aspx?w2wprogram=164(2007년 2월 7일 현재 주소).

40. *You Don't Know You're Born 3*(ITV, 2007), 6 February, 21:00 hrs.

41. Ibid.

42. Ibid.

43. 헤일리는 법적에서 본인 책의 100단어 분량 정도는 해럴드 쿨랜더(Harold Courlander)가 쓴 『아프리카(The African)』이라는 책에서 그대로 가져왔다고 인정한 바 있다. 또 그의 가계도 연구는 게리 밀스(Gary B. Mills)과 엘리자베스 쇼운 밀스(Elizabeth Shown Mills)의 연구에 의해 반론을 받았다. www.en.wikipedia.org/wild/Roots:_The_Saga_of_an_American_Family#_ note-5 (2007년 3월 13일 현재 주소). 또한 R.M. Current, "fiction as history: a review essay", *The Journal of Southern History 52*(1)(1986), pp.77~90을 보라.

44. *Roots*(London: Vintage, 1991), p.662.

45. Ibid., p.669.

46. Ibid., p.670.

47. Ibid., p.681.

48. Ibid., p.681.

49. Ibid., p.681.

50. "Obama told of family's slave-owning history in deep South", *The Observer*, 4 March, 2007, p.3; 계보학적 설명은 www.wargs.com/political/obama.html/에서 볼 수 있다.

51. Ibid.

52. R. Tutton, " 'They want to know where they came from': population genetics, identity and family genealogy", *New Genetics and Society 23*(1)(2004), pp.105~120(p.106).

53. J. Van Dijck, *Imagenation: Popular Images of Genetics*(Basingstoke: Macmillan, 1998); J. Roof, *The Poetics of DNA*(Minneapolis, MN: University of Minnesota Press, 2007)를 보라.

54. Tutton, "Population genetics", pp.106~107.

55. C. Nash, "Genetic kinship", *Cultural Studies 18*(1)(2004), pp.1~33(p.2).

56. J. Johnson and M. Thomas, "Summary: the science of genealogy by genetics", *Developing World Bioethics 3*(2)(2003), pp.103~108.

57. D.A. Bolnick, "'Showing who they really are': commercial ventures in genetic genealogy", www.shrn.stanford.edu/workshops/revisitingrace/Bolnick2003.doc(2007년 3월 15일 현재 주소).

58. M.D. Shriver and R. A. Kittles, "Genetic ancestry and the search for personalised genetic histories", *Nature Reviews Genetics 5*(2004), pp.611~618(p.611).

59. Shriver and Kittles, "Genetic ancestry", p.621.

60. www.oxfordancestors.com/links.html(2007년 3월 16일 현재 주소).

61. C. Elliot and P. Brodwin, "Identity and genetic ancestry tracing", *British Medical Journal 325*(2002), pp.1469~1471, and Nash, 'Genetic kinship'.

62. Tutton, "Population genetics", pp.109~112.

63. www.oxfordancestors.com/your-maternal.html(2007년 3월 16일 현재 주소).

64. www.smgproductions.tv/content/default.asp?page=s2_3_22(2007년 3월 15일 현재 주소).

65. www.pbs.org/wnet/aalives/about.html#(2007년 4월 4일 현재 주소).

66. J. Marks, "'We're going to tell these people who they really are': science and relatedness", in S. Franklin and S. McKinnon(eds), *Relative Values: Reconfiguring Kinship Studies*, Durham, NC: Duke University Press, 2001, pp.355~383.

6장 디지털 히스토리

1. L. Grossman, "You-Yes, You-are TIME's Person of the Year", 17 December 2006, www.time.com/time/magazine/article/0,9171,1570810,00.html(2007년 1월 19일 현재 주소).

2. 그러나 '정보 격차'의 존재로 인해 인터넷이나 웹2.0에 대한 논의는 이것이 서양의 중산층에서 주로 일어나는 현상이라는 것이 전제되어야 한다. 예로 J. Chakraborty and M. M. Bosman, "Measuring the digital divide in the United States: race, income and personal computer ownership", *The Professional Geographer 27*(2005), pp.395~410와 M. Castells, *The Rise of the Network Society*(Oxford: Blackwell, 2000)를 보라.

3. 자유 소프트웨어 재단은 프로그램을 연구·복사 그리고 수정할 수 있는 사용자/프로그래머의 권리를 보장하는 데 크게 기여했다. www.fsf.org/

4. 예로 Castells, *The Rise of the Network Society*를 보라.

5. *History in Practice*(London: Arnold, 2000), p.189.

6. D. J. Cohen and R. Rosenzweig, "Web of lies? Historical knowledge on the Internet", *First Monday 10*(12)(2005), www.fu-stmonday.org/issues/issue10_12/cohen/index.html(2007년 1월 15일 현재 주소).

7. A. Appadurai, "Disjuncture and difference in the global cultural economy", in J. Xavier Inda and R. Rosaldo(eds), *The Anthropology of Globalization*(Oxford: Blackwell, 2002), pp.46~64(p.50).

8. D. J. Gohen, "History and the second decade of the web", *Rethinking History 8*(2)(2004), pp.293~301, 그리고 관련 도서로는 S. Ho, "Blogging as popular history making, blogs as public history: the Singapore case study", *Public History Review 14*(2007), pp.64~79를 보라.

9. "Disjuncture and difference in the global cultural economy", p.50.

10. M. Featherstone, "Archiving cultures", *The British Journal of Sociology 51*(1)(2000), pp.161~184(p.161).

11. Ibid, p.177.

12. M. Bakardjieva, *Internet Society*(London: Sage, 2005)를 보라.

13. "The analysis of culture", in J. Storey(ed.), *Cultural Theory and Popular Culture*(London: Pearson Education, 2006), pp.56~64(p.57).

14. W.H. Dutton, "The Internet and social transformation: reconfiguring access", in W.H. Dutton, B. Kahin, R. O'Callaghan, and A.W. Wyckoff(eds), *Transforming Enterprise*, Cambridge(MA: MIT Press, 2005), pp.375~389(p.383).

15. 예로 마이스페이스와 같은 사이트에 가입하거나 블로그를 여는 박물관의 비율이 기하급수적으로 늘어나고 있다. www.museumblogs.org/ 참조.

16. www.anders.com/lectures/lars_brownworth/12_byzantine_rulers/(2007년 2월 6일 현재 주소).

17. www.news.bbc.co.uk/1/hi/magazine/decades/1990s/default.stm(2007년 6월 22일 현재 주소).

18. www.bbc.co.uk/ww2peopleswar/(2007년 6월 22일 현재 주소).

19. H. Zinn, *A People's History of the United States*, London: HarperPerenial, 2005; A. Arnove, *Voices of a People's History of the United States*, New York: Seven Stories Press, 2004.

20. T. Hunt, "Reality, identity and empathy: the changing face of social history television", *Journal of Social History 39*(3)(2006), pp.843~858; R. Rosenzweig, "Historians and audiences", *Journal of Social History 39*(3)(2006), pp.859~865를 보라.

21. www.911digitalarchive.org.

22. A. Hoskins, "Television and the collapse of memory", *Time and Society 13*(1)(2004), pp.109~127를 보라.

23. Cohen and Rosenzweig, "Web of lies?".

24. R. Rosenzweig, "Scarcity or abundance?, Preserving the past in a digital era", *The American Historical Review 108*(3)(2003), www.historycooperative.org/journals/ahr/108.3/rosenzweig.

html(2007년 1월 15일); R. Anderson, "Author disincentives and open access", *Serials Review* *30*(4)(2004), pp.288~291.

25. R. Rosenzweig, "Scarcity or abundance?". 또한 J. Gomez, *Print is Dead*(Basingstoke: Palgrave Macmillan, 2007)를 보라.

26. Cohen, "History and the second decade of the web", "From Babel to knowledge: data-mining large collections"를 보라. www.chnm.gmu.edu/resources/essays/d/40(2007 년 1월 15일 현재 주소).

27. T. Brabazon, *The University of Google: Education in the PostInformation Age*(Aldershot: Ashgate, 2007). 또한 브라바존의 *Digital Hemlock: Internet Education and the Poisoning of Teaching*(Sydney: University of New South Wales Press, 2002)을 보라.

28. As discussed in, for instance, T. Jordan, *Cyberpower*(London: Routledge, 1999).

29. W. J. Turkel, "Searching for history"(2006.10.12), *Digital History Hacks: Methodology for the Infinite Archive*(2007년 1월 15일 웹 블로그 현재 주소).

30. *The Search: How Google and Its Rivals Rewrote the Rules of Business and Transformed Our Culture*(Boston and London: Nicholas Brearley, 2005).

31. Cohen, "From Babel to knowledge".

32. L. Manovich, *The Language of New Media*(Cambridge, MA: MIT Press, 2001), p.86.

33. K.D. Squire and C.A. Steinkuhler, "Meet the gamers: games as sites for new information literacies", *Library Journal*(2005). www.libraryjournal.com/article/CA516033.html(2007년 1 월 15일 현재 주소).

34. *Information Architecture*(Sebastopol, CA: O'Reilly, 2002), p.23.

35. www.gutenberg-e.org.

36. R. Rosenzweig, "Should historical scholarship be free?", www.chnm.gmu.edu/resources/ essays/d/2(2007년 2월 21일 현재 주소).

37. "The commodities of culture", in M.J. Lee(ed.), *The Consumer Society Reader*(Oxford: Blackwell), pp.282~288(p.283).

38. "P2P leisure exchange", p.367.

39. *The Language of New Media*, p.55.

40. J. Stratton, "Cyberspace and the globalization of culture", in D. Bell and B.M. Kennedy (eds), *The Cybercultures Reader*(London: Routledge, 2000), pp.721~731(p.729); 같은 책에서 S.P. 월버는 이러한 이상주의가 부적절하다고 주장한다. "An archaeology of cyberspaces: virtuality, community, identity", pp.45~55.

41. M. Dery, *Escape Velocity*(New York: Grove Press, 1996), p.6.

42. R. Rosenzweig, "Can history be open source? Wikipedia and the future of the past", www.chnm.gmu.edu/resources/essays/d/42(2007년 2월 9일 현재 주소).

43. Ibid.

44. 일례로 2005년 12월에만 2만 7,000여 명의 사람이 다섯 번 이상 편집을 했다. www.en.

wikipedia.org/wiki/Wikipedia#Po1icies_and_guidelines(2007년 2월 21일 현재 주소)

45. www.en.wikipedia.org/w/index.php?title=Wikipedia:Neutral_point_of_view&oldid=102236018(2007년 2월 21일 현재 주소).

46. www.en.wikipedia.org/wiki/Wildpedia: Verifiability(2007년 2월 21일 현재 주소).

47. P. Jackson, *Maps of Meaning: An Introduction to Cultural Geography*(London: Routledge, 1995). 공간을 분석하고 정렬하는 데 3D 위성 지도의 효용성은 한 지역에 대해 구체적으로 조명하기 전 지형을 먼저 보여주는 뉴스 보도와 같은 방식에서 잘 드러난다.

48. W. Kienreich, M. Granitzer and M. Lux, "Geospatial anchoring of encyclopedia articles", *Tenth International Conference on Information Visualisation* 4(6)(2006), pp.211~215.

49. 이 말은 팀 더비(Tim Derby)의 것을 가져왔다.

50. J.W. Crampton and J. Krygier, "An introduction to critical cartography", *ACME*, 4(1)(2006), pp.11~33(p.19)

51. 지난 2005년 구글 어스가 포착한 허리케인 카트리나의 홍수 피해 장면을 방송사들과 개인 사용자가 사용해 사태가 심각하지 않다고 말하던 미국 정부의 말을 거짓으로 만들어버리면서 구글 어스는 두각을 나타내게 됐다.

52. 이러한 역사적 사실이 기록된 지도는 1940년대 영국을 보여주는 뉴 파퓰러 에디션(New Popular Edition) 지도의 사이트 www.npemap.org.uk에서 더 찾을 수 있다.

53. www.googleearthhacks.com/dlcat40/Sightseeing:-Historical-Placemarks.htm.

54. Rojek, "P2P leisure exchange", p.363.

55. Habermas, *The Structural Transformation of the Public sphere: An Inquiry into a Category of Bourgeois Culture*, trans. Thomas Burger and Frederick Lawrence(Cambridge: Polity Press, 1992), p.xi.

56. E. Rennie, *Community Media*(Oxford: Rowman and Littlefield, 2006), p.3.

57. www.brightonourstory.co.uk/index2.htm; www.clayheritage.org/; www.historyatthecidermuseum.org.uk/; www.igca.mysite.wanadoo-members.co.uk/.

58. L.J. Servon, *Bridging the Digital Divide*(Oxford: Blackwell, 2002).

59. 콤마즈(Commaz)는 콤마넷에 의해 판매된 단순한 데이터베이스 프로그램으로서 가장 널리 사용된 소프트웨어다. 약 200여 개의 지방 아카이브들이 사용 중이다.

60. www.nationalarchives.gov.uk/documents/finalreport.pdf(2007년 2월 22일 현재 주소).

61. Ibid.

62. www.commanet.org/English/Default.htm(2007년 2월 22일 현재 주소).

3부 역사 공연과 연극

1. V. Agnew, "What is re-enactment?", *Criticism* 46(3)(2004), pp.327~339.

2. Raphael Samuel, *Theatres of Memory*(London: Verso, 1994), p.175.

3. Ibid., p.188.

7장 역사 재현

1. J. de Groot, "Empathy and enfranchisement: popular histories", *Rethinking History 10*(3) (2006), pp.391~413을 볼 것.

2. J. Thompson, *War Games: Inside the World of Twentieth Century War Reenactors*(Washington, DC: Smithsonian Books, 2004), p.79. 이 조사의 응답자 중 97.8퍼센트는 백인이었으며, 96.8퍼센트는 남성이었다.

3. V. Agnew, "What is re-enactment?", *Criticism 46*(3)(2004), pp.327~339(p.328).

4. Ibid., p.330. 또한 I. McCalman, "The Little Shop of Horrors: reenacting extreme history", *Criticism 46*(3)(2004), pp.477~486를 보라.

5. "Introduction: making history go", in Della Pollock(ed.), *Exceptional Spaces: Essays in Performance and History*(Chapel Hill, NC: University of North Carolina Press, 1998), pp. 1~48(p.7).

6. Thompson, *War Games*, pp.169~171.

7. www.sealedknot.org/index.asp?Page=about.htm(2005년 5월 5일 현재 주소).

8. www.sealedknot.org/index.asp?Page=cav.htm(2005년 5월 5일 현재 주소).

9. *The Civil War Reenactors' Encyclopedia*(London: Salamander, 2002), p.29.

10. 톰슨은 미국에서 이 시기의 재현에 정규적으로 참여하는 6,000명의 이름을 나열한다.

11. Thompson, *War Games*, p.xvi.

12. 매년 열리는 보인(Boyne) 전투의 재현이 증명해주듯이 역사 재현은 아일랜드에서 정치적 쟁점이 되고 있다.

13. www.drhg.pwp.blueyonder.co.uk/Wars-Info.htm(2005년 5월 5일 현재 주소).

14. Ibid.

15. Thompson, *War Games*, p.153.

16. Ibid., p.xvii.

17. J. Anderson, *Time Machines: The World of Living history*(Nashville, TN: American Asso- ciation of State and Local History, 1984), p.191.

18. Thompson, *War Games*, p.162.

19. 예로 www.authentic-campaigner.com, and www.fcsutler.com을 보라.

20. *A Cock and Bull Story*, 2005, Michael Winterbottom.

21. "Heritage: an interpretation", in D. Uzzell(ed.), *Heritage International*(London and New York: Belhaven Press, 1989), pp.15~23(p.21).

22. T. Stearn, "What's wrong with television history?", *History Today 52*(12)(2002), pp.26~27 (p.27).

23. *Great Britons*: Episode 1(BBC 2), 2002, 22 October, 21:00 hrs.

24. J. Hallam and M. Mashment, *Realism and Popular Cinema*(Manchester: Manchester University Press, 2000), p.19.

25. 블루 플라크는 잉글리시 헤리티지가 관리한다. 등록을 위한 기준 중에는 기념하려는 역사적 인물이 "인류 복지와 행복을 위해 공헌을 했나"가 있다. www.english-heritage.org.uk/server/show/nav.1498(2006년 1월 26일 현재 주소).

26. P. Snow and D. Snow, *Battlefield Britain*(London: BBC Books, 2004), p.11.

27. Wellington, London: HarperCollins, 1996, p.xviii.

28. 이와 유사하게 올리버 크롬웰의 이야기를 다룬 홉스의 〈위대한 영국인들〉은 황량한 평지에 대한 묘사하며, 크롬웰의 전기를 쓰는 데 그의 출신지인 펜 지방의 중요성을 강조한다. 크롬웰의 동기와 가치관 그리고 그의 업적을 이해하기 위해서는 그의 출신지에 대한 이해가 있어야 하는 것이다. *Great Britons*: Episode 4(BBC 2), 2002, 1 November.

29. Snow and Snow, *Battlefield Britain*, p.51.

30. Dir: David McNab, 120 mins, 디스커버리 채널에서 처음 방영됐다.

31. P. Ward, "The future of documentary? 'Conditional tense' documentary and the historical record", in G.D. Rhodes and J. Parris Springer(eds), *Docufictions, Jefferson*(NC: McFarland & Company, Inc, 2006), pp.270~284.

32. *The Making of Virtual History*, www.discoverychannel.co.uk/virtualhistory/_pages/making_of/back_to_1ife.shtml(2006년 1월 26일 현재 주소).

33. Ibid.

34. 사이먼 로버츠(Simon Roberts)의 말. ibid.

35. www.bbc.co.uk/arts/romantics/intro.shtml(2006년 1월 26일 현재 주소).

36 S.F. Roth, *Past into Present: Effective Techniques for First-Person Historical Interpretation*(Chapel Hill, NC: University of North Carolina Press, 1998); K.F. Stover, "Is it real history yet?: An update on living history museums", *Journal of American Culture 12*(2)(1989), pp.13~17을 보라.

37. B. Goodacre and G. Baldwin, *Living the Past*(London: Middlesex University Press, 2002), p.51.

38. 데이비드 로웬설은 관객들의 과거와의 관계를 문제화할 수 있다며, 리빙 히스토리와 일인칭적 역사 해석을 비판했다. *The Past is a Foreign Country*(Cambridge: Cambridge University Press, 1985), p.298.

39. *Theatres of Memory*, p.195.

40. Tivers, "Performing heritage: the use of live 'actors' in heritage presentations", *Leisure Studies*, 21: 3/4(2002), pp.187~200(p.198).

41. Tivers, "Performing heritage", p.194.

42. T. Bennett, *The Birth of the Museum*(London: Routledge, 1995)를 보라.

43. *Theatres of Memory*(London: Verso, 1994), p.175.

44. T. Bennett, "Museums and the people", in Robert Lumley(ed.), *The Museum Time Machine: Putting Cultures on Display*(London: Routledge, 1988), pp.63~85(p.63).

45. www.beamish.org.uk/about.html(2007년 10월 4일 현재 주소).

46. Ibid.

47. www.ironbridge.org.uk/downloads/STRATEGIC%20PLAN%202007-10%20FINAL.pdf

(2007년 10월 8일 현재 주소).

48. "putting your house in order: representations of women and domestic life", in Lumley, *The Museum Time Machine*, pp.102~128.

49. R. Handler and E. Gable, *The New History in an Old Museum: Creating the Past at Colonial Williamsburg*(Durham, NC: Duke University Press), 1997.

50. T. Bridal, *Exploring Museum Theatre*(Walnut Creek, CA: AltaMira Press, 2004), p.5.

51. www.imtal.org/keyQuestions.php(2007년 10월 4일 현재 주소).

52. A. Jackson, "Inter-acting with the past: the use of participatory theatre at museums and heritage sites", *Research in Drama Education* 5(2)(2000), pp.199~215.

53. A. Jackson and H. Rees Leahy, "'Seeing it for real?': Authenticity, theatre and learning in museums", *Research in Drama Education* 10(3)(2005), pp.303~25.

54. www.sca.org/officers/chatelain/ForwardIntothePast.pdf(2007년 10월 3일 현재 주소).

55. www.sca.org/docs/govdocs.pdf(2007년 10월 3일 현재 주소).

56. www.grandcouncil.sca.org/oct05detail4.php(2007년 10월 3일 현재 주소).

57. Ibid.

58. M. Alexander, *Medievalism: The Middle Ages in Modern England*(New Haven, CT: Yale University Press, 2007)을 보라.

59. www.renaissancefestival.com/(2007년 10월 3일 현재 주소); S. Blazer, "The Renaissance pleasure faire", *The Drama Review*(1976), pp.31~37을 참고. 저자는 체험의 임의성을 강조했다. "긴 하루의 어느 때라도 관객을 어떠한 특정한 모임 장소로 이끌려는 노력이 없다"라고 말한다. 같은 책, pp.36~37.

60. www.renfair.com/bristol/(2007년 10월 8일 현재 주소).

61. www.projo.com/lifebeat/content/wk-faire_08-30-07_AK6TPA5.19db2cf.html(2007년 10월 3일 현재 주소).

62. Ibid.

63. www.renfaireworld.com/?SC=wiki(2007년 10월 3일 현재 주소).

64. www.lumleycastle.com/events/elizabethanbanquets.htm(2007년 10월 1일 현재 주소).

65. O. Redon, F. Sabban and S. Serventi, *The Medieval Kitchen*(Chicago: University of Chicago Press, 2000), p.51.

66. M. Black, *The Medieval Cookbook*(London: Thames & Hudson, 1996), p.23.

67. *Take a Thousand Eggs or More*(Pottstown, PA: Cindy Renfrow, 1997).

68. H. Knibb, "'Present but not visible': searching for women's history m museum Collections", *Gender and History* 6(3)(1994), pp.352~369(p.356).

69. 유사한 방식의 프로그램으로는 채널 4의 〈시간을 잊게 하는 다이어트(The Diets That Time Forgot)〉이 있다. 이 프로그램에서는 참가자마다 다이어트 방식 하나를 정해 생활하도록 한다.

70. *Bringing Up Baby*: Episode 1, Channel 4, 25 September 2007, 21:00 hrs.

8장 재활용 문화와 역사 재현/문화적 역사 재현

1. J. Butt, *Playing with History: The Historical Approach to Musical Performance*(Cambridge: Cambridge University Press, 2002).

2. Ibid., pp.54~55.

3. 글로브는 수세기 동안 정통성과 연구에 대한 논의의 장이었다. G. Egan, "Reconstructions of the Globe: a retrospective", *Shakespeare Survey 52*(1999), pp.1~16을 참고.

4. 미국 7곳을 비롯해 도쿄, 프라하, 로마 등 세계에 13곳에 글로브 모사물이 있다.

5. 학자들이 지적했음에도 불구하고, 글로브는 반박할 여지가 많은 여러 가정을 활용해 건설됐다. Egan, "Reconstructions", pp.12~14를 보라.

6. G. Holderness, "Bardolatry; or, the cultural materialist's guide to Stratford-upon-Avon", in G. Holderness(ed.), *The Shakespeare Myth*, Manchester: Manchester University Press, 1988, pp.2~16(p.11). 또한 J. Drakakis, "Theatre, ideology, and institution: Shakespeare and the roadsweepers", 같은 책 pp.24~41을 보라.

7. 셰익스피어 이외의 다른 작가들도 자신의 이름을 딴 명소를 가지고 있지만(켄트의 디킨스 월드는 매년 30만여 명이 방문한다), 글로브는 그의 작품에 대한 열렬한 기념식과 재현에서 특별하다. 그렇기는 하지만 관광객에게 공연되는 연극과 인간 모형이 생생하게 움직이고, 소설 속 건물이 직접 등장하는 테마파크의 차이는 불분명하다.

8. S. Homan, *Access All Eras: Tribute Bands and Global Pop Culture*(Maidenhead: Open University Press, 2006)을 보라.

9. A. Moore, "Authenticity as authentification", Popular Music 21(2)(2002), pp.209~223.

10. 그렇지만 기존 가수들도 지난 20년간 이것을 계속해왔다. 마돈나는 1985년 〈머티리얼 걸(Material Girl)〉의 뮤직비디오에서 의식적으로 〈다이아몬드는 여자들에게 최고의 친구(Diamonds are a Girl's Best Friend)〉 속의 메릴린 먼로를 모사했다.

11. www.completebeatles.com/(2007년 10월 2일 현재 주소).

12. www.zepagain.com/jimmy_page1.html(2007년 10월 1일 현재 주소); www.intothebleach.co.uk/quotes.html#(2007년 10월 1일 현재 주소).

13. 〈온 세상에 노래를 가르쳐 주고 싶어(I'd like to teach the world to sing)〉는 리메이크 곡으로, 1994년 오아시스는 그들의 곡 〈샤커메이커(Shakermaker)〉가 뉴 시커스(new seekers)가 1972년 발표한 이 원곡을 표절한 것으로 소송당하기도 했었다.

14. 유사한 현상으로는 러브(Love)의 「포에버 체인지(Forever Changes)」, 좀비(Zombie)의 「오디세이 앤드 오라클(Odyssey & Oracle)」, 브라이언 윌슨(Brian Wilson)의 「스마일(Smile)」 등 유명 밴드의 주요 앨범을 재현해 공연하는 것이 있다.

15. 영화 〈비 카인드 리와인드(Be Kind Rewind)〉(2008년)의 감독 미셸 공드리(Michael Gondry) 역시 유사한 DIY 방식으로 옛 영화들을 재현하는 모습을 보여준다.

16. www.yokesandchains.com/(2007년 10월 1일 현재 주소).

17. www.iainandjane.com/work/index.shtml(2007년 10월 1일 현재 주소).

18. www.shaze.info/sla.html(2007년 10월 1일 현재 주소).

19. www.sensesofcinema.com/contents/02/21/karmakar.html(2007년 10월 1일 현재 주소).

20. www.wacoreenactment.org; www.milgramreenactment.org(2007년 10월 1일 현재 주소).

21. H. Sumpter, "Back to the future", *Tune Out*, 14~20 March 2007, pp.26-8(p.28).

22. K. Kitamura, "Re-creating chaos: Jeremy Deller's *The Battle of Orgreave*", www.anu.edu.au/hrc/research-platforms/Re-Enactment/Papers/kitamura-katie.pdf(2007년 10월 16일 현재 주소).

23. L. Buck, "Leaving Los Angeles", *Art Forum*, 2002, www.findarticles.com/p/articles/mi_m0268/is_5_40/ai_82469489/pg_1(2007년 9월 28일 현재 주소).

24. "Postmodernism and consumer culture" in J. Belton(ed.), *Movies and Mass Culture* (London: Athlone Press, 1996), pp.185~202(p.188).

25. 작가에게 이메일로 받은 말, 11 October 2006.

26. 작가에게 이메일로 받은 말, 12 December 2004.

27. www.darkplaces.co.uk(2006년 5월 5일 현재 주소).

28. www.abandoned-britain.com/aboutl.htm(2006년 5월 5일 현재 주소).

29. http://www.abandonedpast.co.uk/index.cfm?sid=6605&pid=101184(2006년 5월 5일 현재 주소).

30. "Nicholas Royle: interview", www.bookmunch.co.uk/view.php?id= 1394(2006년 5월 5일 현재 주소).

9장 히스토리 게임

1. B. Rejack, "Toward a virtual re-enactment of history: video games and the recreation of the past", *Rethinking History 11*(3)(2007), pp.411~425를 보라.

2. '메달 오브 아너'는 과거 나치 독재 시절의 상징인 卍 형상을 게임에 등장시키며 독일 정부의 심기를 건드릴 만큼 현실적으로 만들어졌다. 독일에서는 역사 자료를 제외하고는 卍를 사용할 수 없도록 되어 있다. 이로 인해 2000년에는 이 게임이 청소년 유해 매체의 지표로 선정되기도 했었다.

3. B. Atkins, *More than a Game*(Manchester: Manchester University Press, 2003), p.93.

4. 내러티브, 에르고드적 방식 그리고 게임학적인 해석을 위해서는 다음의 책을 참고. G. Frasca, "Simulation versus narrative: introduction to ludology", in M.J.P Wolfe and B. Perron(eds), *The Video Game Theory Reader*(London: Routledge, 2003), pp.221~237; J. Newman, "The myth of the ergodic videogame: some thoughts on player-character relationships in videogames", *Game Studies 2*(1)(2002). www.gamestudies.org/0102/ newman.

5. *Medal of Honr: Rising Sun*(Instruction manual, Redwood City, CA: EA Games, 2003), p.9.

6. www.callofduty.com(2005년 5월 5일 현재 주소).

7. Ibid.

8. Ibid.

9. Ibid.

10. www.eagames.com/offcial/battlefield/1942/us/home.jsp

11. www.brothersinarmsgame.com/uk/features.php(2005년 5월 5일 현재 주소).

12. 실제로 미국이 이라크를 침공한 날 소니는 '충격과 공포(Shock and Awe)'라는 구절의 저작권 보호를 요청했고, 나중에 그 신청을 철회했다.

13. www.conflict.com/conflictDesertStorm2/default.htm(2005년 5월 5일 현재 주소).

14. A.R. Galloway, "Social realism in gaming", *Game Studies* 4(1)(2004), at www.gamestudies.org/0401/galloway/

15. 슐츠(U. Schultze)와 리넥커(J. Rennecker)는 유용한 개요를 제공했다. *Reframing Online Games*(Boston: Sprinter, 2007). 또한 H. Corneliussen and J. Walker Rettberg(eds), *Digital Culture, Play and Identity: A World of Warcraft Reader*(Boston: MIT Press, 2008)의 에세이를 참고.

16. C. R. Ondrejka, "Aviators, moguls, fashionistas and barons: economics and ownership in Second life". 이 글은 *Social Science Research Network*, www.ssrn.com/abstract=614663에서 이용할 수 있다.

17. 2003년부터 IGE와 게이밍 오픈 마켓과 같은 사이트는 '세컨드 라이프'에서 사용되는 린덴 달러와 다른 가상 세계의 화폐를 교환해왔다. 두 사이트 다 매달 수천 달러의 돈이 오고간다. H. Yamaguchi, "An analysis of virtual currencies in online games"(2004), 이 문헌은 다음에서 볼 수 있다. *Social Science Research Network*, www.ssrn.com/abstract=544422; T. Malaby, "Parlaying value: capital in and beyond virtual worlds", *Games and Culture* 1(2)(2006), pp.141~162을 참조.

18. "Constructions and reconstructions of self in virtual reality: playing in the MUDs", www.web.mit.edu/sturkle/www/constructions.html(2007년 9월 7일 현재 주소).

19. 이러한 RPG 게임은 '메달 오브 아너'처럼 일인칭 시점의 모의 전장 인터페이스를 가진 '월드워 II 온라인'과 같은 MMOFPs와는 지향성과 형식이 다르다. 비록 좀 더 높은 순위를 얻는 식의 체험 유도적인 비슷한 방식이 있기는 하지만.

20. www.roma-victor.com/sotw/(2007년 8월 29일 현재 주소).

21. *Shared Fantasy: Role Playing Games as Social Worlds*(Chicago: University of Chicago Press, 1983). 여기서 G. 파인은 게임 시나리오의 창작, 공유, 즐기는 데 공동체의 중요성을 강조한다.

22. S. Turkle, *Life on the Screen: Identity in the Age of the Internet*(New York: Simon and Schuster, 1995)를 참조.

23. T.L. Taylor, "Multiple pleasures: women and online gaming", *Convergence* 9(1)(2003), pp.21~46.

24. 이는 내가 한 농담이 아니다. 케네스 첸(Kenneth Chen)이 한 말이다. "Civilisation and its disk contents: two essays on civilisation and *Civilisation*", *Radical Society* 30(2)(2003), pp.95~107.

25. '문명'은 플레이어의 차례가 존재하며 다른 플레이어들과 상호 작용을 하는 방식이 구조적인 반면, '에이지 오브 엠파이어'는 실시간으로 모든 상황이 동시에 진행된다.

26. 이 게임들의 실증주의 철학은 다음 글에 의해 비판됐다 M. Kapell, "Civilization and its

discontents: American monomythic structure as historical simulacrum", *Popular Culture Review 13*(2)(2002), pp.129~136.

27. Kevin Schut, "Strategic simulations and our past: the bias of computer games in the presentation of history", *Games and Culture 2*(2007), pp.213~235(pp.213, 222).

28. 이 게임의 이러한 문화에 대한 직설적이고 이념주의적인 발상은 첸(Chen)의 "Civilisation and its disk contents"에서 비판받았다.

29. N. Ferguson, "How to win a war", 16 October 2006, *New York Magazine*, www.nymag. com/news/features/22787/(2007년 9월 7일 현재 주소).

30. T. Friedman, "Civilization and its discontents: simulation, subjectivity and space", in G. M. Smith(ed.), *On a Silver Platter: CD-ROMs and the Promises of a New Technology*(New York: New York University Press, 1999), pp.132~150.

31. Ferguson, "How to win a war".

32. *Everything Bad is Good for You*(London: Penguin, 2005), p.62.

33. www.microsoft.com/games/empires/behind-bruce.htm(2007년 8월 29일 현재 주소).

34. Ibid.

35. www.firaxis.com/community/teachers-spk.php(2007년 8월 29일 현재 주소) and see also www.insidehighered.com/news/2005/11/28/civ(2007년 8월 29일 현재 주소), K. Squire and H. Jenkins, "Harnessing the power of games in education", *Insight 3*(2003), pp.5~33, and W. Wright, "Dream machines", *Wired 14*(4)(2006), pp.110~112.

36. *Little Wars* at www.gutenberg.org/dirs/etext03/ltwrs11.txt(2007년 9월 7일 현재 주소).

37. 그 예로 1,300여 명이 매년 보드게임 플레이어 협회의 보드게임 챔피언십에 출전한다.

38. *We the People* card game Rules of Play, Avalon Hill, 1993, 1.0.

39. B. Whitehill, "American games: a historical perspective", *Journal of Studies 2* available at www.boardgamestudies.info/studies/issue2/contents.shtml(2007년 12월 6일 현재 주소)를 보라.

40. P. Shaw, "Abjection sustained: Goya, the Chapman Brothers, and the *Disasters of War*", *Art Hsitory 26*(4)(2003), pp.479~504(p.490).

4부 역사와 텔레비전

1. A. Hill, *Restyling Factual TV*(London: Routledge, 2007)을 보라.

2. J. Corner, "Backward looks: mediating the past", p.470.

3. J. Dovey, *Freakshow: First Person Media and Factual Television*(London: Pluto Press, 2000), p.11.

4. *Reality TV Audiences and Popular Factual Television*(London: Routledge, 2005), p.24. 힐은 관객이 이미 권위에 대해 회의적이고 그렇기 때문에 이러한 진화를 받아들이려 한다고 주장한다.

5. S. Schama, "Television and the trouble with history", in David Cannandine(ed.), *History and the Media, Basingstoke: Palgrave Macmillan*(2004), pp.20~34(p.28)

6. M. Andrejevic, *Reality TV: The Work of Being Watched*(Oxford: Rowman and Littlefield 2004), p.13. 두 번째 문장은 안드레예비치(Andrejevic)이 하워드 라인골드(Howard Rheingold)의 말을 인용한 것이다.

7. Ibid, p.13.

8. Ibid, p.13.

10장 오늘날의 역사 다큐멘터리

1. J. Ellis, "Documentary and truth on television: the crisis of 1999", in A. Rosenrhal and J. Corner(eds), *New Challenges for Documentary*(Manchester: Manchester University Press, 2005), pp.342~359(p.342).

2. M. Renov, "The truth about non-fiction", in M. Renov(ed.) *Theorizing Documentary*(London: Routledge, 1993), pp.1~12, and B. Nichols, "The voice of documentary", in *Rosenthal and Corner, New Challenges for Documentary*, pp.17~34를 보라.

3. *An Introduction to Television Documentary*(Manchester: Manchester University Press, 1997), p.4.

4. Ibid., p.12.

5. B. Nichols, *Blurred Boundaries: Questions of Meaning in Contemporary Culture*(Bloomington, IN: Indiana University Press, 1994), p.118.

6. T. Elsaesser, "Subject positions, speaking positions: from *Holocaust*, Our Hitler and *Heimat* to *Shoah* and *Schindler's List*', in V. Sobchack(ed.), *The Persistence of History*(London: Routledge, 1996), pp.145~186(p.178).

7. Paul Smith(ed.), *The Historian and Film*(Cambridge: Cambridge University Press, 1976).

8. "The colour of war: a poacher among the gamekeepers?", in G. Roberts and P.M. Taylor, *The Historian, Television and Television History*(Luton: University of Luton Press, 2001), pp.45~53.

9. S. Badsey, "*Blackadder Goes Forth* and the 'Two western fronts' debate", in Roberts and Taylor, *The Historian*, pp.113~125.

10. Stearn, "What's wrong with television history?", p.26.

11. I. Kershaw, "The past on the box: strengths and weaknesses", in D. Cannadine(ed.), *History and the Media*(Basingstoke: Macmillan, 2004), pp.118~124(p.121).

12. J. Kuehl, "History on the public screen II", in Smith, *The Historian and Film*, pp. 177~185(pp.178~179).

13. "All our yesterdays", in Cannadine, *History and the Media*, pp.34~50(p.35).

14. "Against the ivory tower: an apologia for 'popular' historical documentaries", in Rosenthal and Corner, *New Challenges for Documentary*, pp.409~419(p.411).

15. "What is history?: now?" in D. Cannadine, *What is History Now?*(Basingstoke: Palgrave Macmillan, 2002), pp.1~19(p.15).

16. Ibid., p.16.

17. 'Tempus fugit' interview, in *A History of Britain* DVD box set, 2002, disc 6, no credits.

18. T. Hunt, "How does television enhance history?" in Cannadine, *History and the Media*, pp.88~103(p.95).

19. Ibid., p.17.

20. T. Downing, "Bringing the past to the small screen", in ibid., pp.7~20(pp.15~16).

21. Ibid., p.17.

22. Ibid., p.17.

23. H. White, *Tropics of Discourse*(Baltimore, MD: Johns Hopkins University Press, 1978).

24. B. Chase, "History and poststructuralism: Hayden White and Frederic Jameson", in B.Schwarz(ed.), *The Expansion of England*(London: Routledge, 1996), pp.61~91(p.67).

25. K. Jenkins, *Refiguring History*(London: Routledge, 2003), pp.46, 49.

26. *Everything Bad Is Good for You*.

27. 이 시리즈에 대해서는 E. Hanna, "A small screen alternative to stone and bronze: *The Great War* series and British television", *European Journal of Cultural Studies 10*(1)(2007), pp. 89~111 을 보라.

28. J. Isaacs, "All our yesterdays", p.38, N. Frankland, *History at War*(London: Giles de la Mare, 1998), p.183, and J.A. Ramsden, "*The Great War*. The Makine of the Series", *Historical Journal of Film, Radio and Television, 22*(1)(2002), pp.7~19.

29. J. Chapman, "*The World at War*. television, documentary, history", in Roberts and Taylor, *The Historian*, pp.127~143.

30. "Tempus fugit".

31. K. Burk, *Troublemaker: The Life and History of A.J.P. Taytor*(New Haven, CT: Yale University Press, 2000), pp.388~397.

32. Burk, *Troublemaker*, pp.394, 395.

33. S. Schama, "Television and the trouble with history", in Cannadine, *History and the Media*, p.27.

34. J. Champion, "Seeing the past: Simon Schama's *A History of Britain* and public history", *History Workshop Journal 56*(2003), 153~174(p.159)에서 인용했다.

35. *A History of Britain*: Episode 1 *Beginnings*(BBC l), 2000, 30 September, 21:00 hrs.

36. Champion, "Seeing the past", p.169(2005년 7월 10일 현재 주소).

37. *A History of Britain*: Episode 9 Revolutions(BBC 1), 2001, 15 May, 21:00 hrs.

38. "Channel 4 Review of 2004" at www.channel4.com/about_c4/spp/c4review_04.doc(2005년 7월 10일 현재 주소).

39. *Elizabeth*: Episode 1(Channel 4, 2000), 4 May, 21:00 hrs.

40. 방송 시청자 연구위원회(BARB)의 시청률 자료는 www.barb.co.uk(2005년 7월 10일 현재 주소)에서 볼 수 있다. BBC 2에서 2004년 12월부터 2005년 1월 아침 9~10시에 재방영됐을 때도 꽤 높은 시청률로 400명~7만 명의 시청자를 끌어모았다. www.viewingfiures.com(2005년 7월 10일 현재 주소)의 자료. 이런 숫자는 UKTV 역사 채널의 하루 총시청자 수와 맞먹는다.

41. BARB에서 가져온 2005년 6월 네 번째 주의 시청률이다. 이것은 2003년, 2004년의 숫자와 거의 동일하다. 이것의 의미는 꾸준한 시청이 이뤄졌다는 것이다. 2003년 히스토리 채널은 0.2퍼센트, 2004년 0.2퍼센트, UKTV 역사 채널은 2003년 0.3퍼센트, 2004년 0.3퍼센트를 기록했다.

42. 그러한 비교 연구는 드물지만 유용하다. 예를 들어 A. Dhoet, "Identifying with the nation: viewer memories of Flemish TV fiction", and S. de Leeuw, "Dutch documentary film as a site of memory: changing perspectives in the 1990s", *European Journal of Cultural Studies* 10(1)(2007), pp.55~73, 75~87을 보라.

43. I. Veyrat-Masson, "french television looks at the past", in Roberts and Taylor, *The Historian*, pp.157~160, and Quand ta télévision explore le temps: L'histoire au petit écran 1953~2000(Paris: Fayard, 2000).

44. Veyrat-Masson, "French television looks at the past", p.157.

45. Ibid., p.159.

46. H. Dauncey, "French Reality TV: more than just a matter of taste?", *European Journal of Communication* 11(1)(1996), pp.83~106

47. *The Holocaust in American Film*(Philadelphia, PA: Jewish Publication Society, 1987), p.193. 프로그램의 에피소드들은 시청 가능 가구 수의 32~41퍼센트가 시청했다. J. Kuehl, "Truth claims", in A. Rosenthal(ed.), *New Challenges for Documentary*(Los Angeles: University of California Press, 1988), pp.103~110.

48. *The Holocaust in American Film*, pp.192~193.

49. T. Ebbrecht, "Docudramatizing history on TV: German and British docudrama and historical event television in the memorial year 2005", *European Journal of Cultural Studies* 10(1)(2007), pp.35~53(p.49).

50. Ibid., p.50.

51. D. Harlan, "Ken Burns and the corning crisis of academic history", *Rethinking History* 7(2)(2003), pp.169~192(p.169).

52. *The American Civil War*(DVD, 2002), 부록으로 나온 소책자 p.7.의 각주를 볼 것.

53. G. Edgerton, *Ken Burns's America*(Basingstoke: Palgrave, 2001).

54. S.F. Wise and D. J. Bercuson(eds)을 참고. 원자료에 관련 논쟁에 대한 토론을 보려면 *The Valour and the Horror Revisited*(Montreal and Kingston: McGill-Queen's University Press, 1994)를 참조.

55. 그런데도 방송은 재방영되지 않았다. www.waramps.ca/news/valour/96-04-03.html(2007년 11월 15일 현재 주소).

11장 리얼리티 역사물

1. J. Corner, "Performing the real", *Television and New Media* 3(3)(2002), pp.255~270(p.263). 또한 L.H. Edwards, "Chasing the real: reality television and documentary forms", in G. Rhodes and J. Parris Springer, *Docufictions*, Jefferson, NC: MacFarland and Co., 2005, pp.253~270; J. Corner's "Archive aesthetics and the historical imaginary: *Wisconsin Death Trip*", *Screen* 47(3)(2006), pp.291~306을 보라.

2. A. Biressi and H. Nunn, *Reality TV: Realism and Revelation*(London and New York: Wallflower Press, 2005), p.2.

3. B. Nichols, *Blurred Boundaries*(Bloomington, IN: Indiana University Press, 1994), p.47.

4 L. Williams, "Mirrors without memories: truth, history, and the new documentary" in A. Rosenthal and J. Corner(eds), *New Challenges for Documentary*(Manchester: Manchester University Press, 2005), pp.59~75(p.60).

5. Corner, "Performing the real", p.267.

6. Ibid., pp.265, 263.

7. www.advanced-television.com/2002/sep16_23.html(2006년 5월 16일 현재 주소).

8. "The voice of documentary", in Rosenthal and Corner, *New Challenges for Documentary*, p.28.

9. *The special edition of Film & History* 37(1)(2007). 이 책에서 저자는 영국, 미국, 호주의 리얼리티 역사물에 대한 유용한 글들을 써서 시각을 교정하기 시작한다.

10. 이 형식의 해로운 가능성을 탐구한 사람 중 하나가 헌트(T. Hunt)다. 그는 "Reality, identity and empathy"에서 프로그램이 제공하는 공감과 역사에의 참여가 사회 역사의 역사서술학 발전에 중요한 역할을 했다고 지적했다.

11. J. Dovey, *Freakshow: First Person Media and Factual Television*(London: Pluto Press, 2000), p.7.

12. Ibid., p.86.

13. M. Andrejevic, *Reality TV: The Work of Being Watched*(Oxford: Rowman and Littlefield, 2004), p.2.

14. Ibid., p.13.

15. Biressi and Nunn, *Reality TV*, p.2.

16. E. Tincknell and P. Raghuram, "*Big Brother*: reconfiguring the 'active' audience of cultural studies?" in S. Holmes; D. Jermyn(eds), *Understanding Reality Television*, London: Routledge, 2004, pp.252~270(p.264).

17. G. Palmer, "*Big Brother*: an experiment in governance", *Television and New Media* 3(3) (2002), pp.295~310(p.297).

18. J. Lewis, "The meaning of real life" in L. Oullette and S. Murray(eds), *Reality TV: Remaking Television Culture*(New York: New York University Press, 2004), pp.288~302(pp.290, 294).

19. R. Kilborn, *Staging the Real*(Vancouver: University of British Columbia Press, 2003), p.15.

20. Schama, "Television and the trouble with history", in D. Cannadine, *History and the*

Media(Basingstoke: Macmillan, 2004), p.9.

21. Ibid.

22. www.endemoluk.com/news/display.jsp?dyn=newsarticle.20031007134350(2008년 2월 4일 현재 주소).

23. www.bbc.co.uk/dna/ww2/A2584208(2008년 2월 4일 현재 주소).

24. www.bbc.co.uk/history/programmes/trench/chat_230302.shtml(2008년 2월 4일 현재 주소).

25. www.bbc.co.uk/history/programmes/archive.shtml(2008년 2월 5일 현재 주소).

26. S. Waisbord, "McTV: understanding the global popularity of TV formats", *Television and New Media* 5(4)(2004), pp.359~383(p.360). 어떤 나라에서는 반발하기도 했다. 예를 들자면 H. Dauncey, "French Reality TV: more than just a matter of taste?", *European Journal Communication* 11(1)(1996), pp.83~106.

27. 에드워즈(L.H. Edwards)는 신화의 영속성에 대해 설명한다. "The endless end of frontier mythology: PBS's *Frontier House 2002*", *Film & Television*, 37(1)(2007), pp.29~34.

28. www.abc.net.au/tv/outbackhouse(2006년 8월 17일 현재 주소). 호주의 역사에 대한 토론은 M. Arrow, "'That history should not have ever been how it was': *The Colony, Outback House*, and Australian history", *Film & History*, 37(1)(2007), pp.54~66을 보라.

29 www.historytelevision.ca/ontv/titledetails.aspx?titleid=22029(2006년 8월 17일 현재 주소).

30. www.pbs.org/wnet/colonialhouse/meet/meet_tuminaro_craig.html(2006년 8월 18일 현재 주소).

31. www.pbs.org/wnet/colonialhouse/meet/meet_tisdale_danny.html(2006년 8월 18일 현재 주소).

32. http://www.abc.net.au/tv/outbackhouse/txt/s1376105.htm(2006년 8월 18일 현재 주소). V. Agnew, "History's affective turn: historical re-enactment and its work in the present", *Rethinking History* 11(3)(2007), pp.299~312를 보라.

33. *Reality TV*. p.14.

34. www.smh.com.au/news/TV-Radio/Settlers-life-unsettles-ABC-viewers/2005/06/14/1118645809421.html(2006년 8월 17일).

35. J. Gardiner, "The Edwardian County House", *History Today* 53(7)(2002), pp.18~21(p.21).

36. Acharz, "'Not this year!' re-enacting contested pasts aboard *The Ship*", *Rethinking History* 11(3)(2007), pp.427~446.

37. J. Finkelstein, *The Art of Self Invention: Image, Identity and the Makeover in Popular Visual Culture*(London: IB Tauris, 2007)를 보라.

38. *The Trench Episode 1*(BBC 2), 2002, 15 March, 21:00 hrs.

39. Gardiner, "The Edwardian Country House", p.21.

40. *Reality TV*, p.2.

41. *The Trench Episode 1*(BBC 2), 2002, 15 March, 21:00 hrs.

42. 목격자의 정당성에 관한 토론에 대해서는 G. Carr, "Rules of engagement: public history and the drama of legitimation", *The Canadian Historical Review* 86(2)(2005), pp.317~354를 보라.

43. 진실성의 개념과 리얼리티 쇼의 행위에 대한 더 많은 논의를 위해서는 Hill, *Reality TV*, pp. 57~79를 참조.

44. 다음의 논의를 참조하라. J. Bignell, *Big brother: Reality TV in the Twenty-first Century* (Basingstoke: Palgrave Macmillan, 2005), pp.80~85.

45. *The 1940s House*: Episode 1(Channel 4, 2002), 2 January, 20:30 hrs.

46. Ibid.

47. www.pbs.org/wnet/colonialhouse/about-rules.html(2006년 8월 18일 현재 주소).

48. 훗날 등장한 〈프론티어 하우스(Frontier House)〉 같은 쇼들은 그런 옛날식 행동의 강요를 피하고 좀 더 현대적이고 게임 쇼 같은 규칙을 만들었다. www.pbs.org/wnet/frontierhouse/project/rules.html

49. *The 1940s House*: Episode 1(Channel 4, 2002), 2 January, 20:30 hrs.

50. 스콧 디프리언트(D. Scott Diffrient)는 다음 글에서 이 궁핍에 대해 연구했다. "History as mystery and beauty as duty in *the 1940s House 1999*", *Film & Television 37*(1)(2007), pp. 43~53.

51. *The 1940s House*: Episode 1(Channel 4, 2002), 2 January, 20:30 hrs.

52. J. Gardiner, *The 1940s House*(London: Channel 4, Books/Macmillan, 2000), p.40.

53. *The 1940s House*: Episode 1(Channel 4, 2002), 2 January, 20:30 hrs.

54. *The 1940s House*: Episode 3(Channel 4, 2002), 11 January, 21:00 hrs.

55. Biressi and Nunn, *Reality TV*, p.99.

56. Ibid., p.107.

57. www.pbs.org/wnet/colonialhouse/meet/meet_samuels_clare.html(2006년 8월 18일).

58. *The 1940s House*: Episode 1(Channel 4, 2002), 2 January 20:30 hrs.

59. *The 1940s House*: Episode 5(Channel 4, 2002), 25 January 21:00 hrs.

60. 마찬가지로 〈파이어니어 퀘스트(Pioneer Quest)〉는 〈파이어니어 퀘스트: 진짜 서부의 생존자 (Pioneer Quest: Survivors of the Real West)〉(Telefilm CA, 2002)를 따랐다.

61. *The 1940s House*: Episode 5(Channel 4, 2002), 25 January 21:00 hrs.

62. 출연자가 독일어로 말한 내용은 다음과 같다. "마치 나는 연료가 가득 찬 보조 탱크를 가지고 있어 필요할 때마다 에너지를 공급받을 수 있는 느낌이다." www.swr.de/schwarzwaldhaus1902/familie/reya.html(2006년 8월 17일 현재 주소).

63. *Outback House*: Episode 2(Sky 3, 2007), 29 March, 19:00 hrs.

64. "*The Trench*: live chat"은 www.bbc.co.uk/history/3d/trench.shml(2005년 5월 5일 현재 주소)에서 사용할 수 있다.

65. Ibid.

66. Ibid.

67. Ibid.

68. Chris Wilson, "Two weeks in the trench"는 www.bbc.co.uk/history/programmes/trench/volunteers_chris_wilson.shtml(2005년 7월 1일 현재 주소)에서 사용할 수 있다.

69. *The Edwardian Country House*: Episode 6, Channel 4, 2002, 28 May, 21:00 hrs.

70. *The Edwardian Country House*: Episode 5, Channel 4, 2002, 21 May, 21:00 hrs.

71. *The Edwardian Country House*: Episode 3, Channel 4, 2002, 7 May, 21:00 hrs.

72. *The Edwardian County House*: Episode 6, Channel 4, 2002, 28 May, 21:00 hrs.

73. *The Edwardian Country House*: Episode 3, Channel 4, 2002, 7 May, 21:00 hrs.

74. Ibid.

75. Ibid.

76. *Outback House*: Episode 2(Sky 3, 2007), 29 March, 19:00 hrs.

77. M. Rymsza-Pawlowska, "*Frontier House*: Reality television and the historical experience", *Film & History* 37(1)(2007), pp.35~42를 보라.

78. Gardiner, "The Edwardian Country House", p.21.

5부 문화 장르로서의 '역사적인 것들'

1. Jordanova in V. Sobchack(ed.), *History in Practice*(London: Arnold, 2000), p.166.

2. N. Perry's chapter on *The Singing Detective*(1986) and its "refusal of a visually and musically accomplished integration" which allows for both nostalgic recognition and subversion in *Hyperreality and Global Culture*(London: Routledge, 1998), pp.24~35(p.34)을 참조.

3. C. Rojek, "After popular culture: hyperreality and leisure", *Leisure Studies* 12(4)(1993), pp.277~289.

4. In F. Jameson, *The Historical Novel*, trans. Hannah and Stanley Mitchell(London: Merlin, 1962), p.63.

5. J. Ellis, "Documentary and truth on television: the crisis of 1999", in A. Rosenthal and J. Corner(eds), *New Challenges for Documentary*(Manchester: Manchester University Press, 2005), pp.342~359(p.353).

6. Ibid.

7. D. Paget, *No Other Way to Tell It: Dramadoc/Docudrama on Television*(Manchester: Manchester University Press, 1998), p.126.

12장 텔레비전 역사물

1. E. Seiter, *Television and New Media Audiences*(Oxford: Clarendon Press, 2002), p.4.

2. C. Monk, "The heritage-film debate revisited", in C. Monk and A. Sargeant(eds), *British Historical Cinema*(London: Routledge, 2002), pp.176~198(pp.177~178).

3. 예로 E. Braun, "'What truth is there in this story?': the dramatisation of Northern Ireland", in J. Bignell, S. Lacey and M. Macmurraugh-Kavanagh(eds), *British Telesision Drama* (Basingstoke: Palgrave, 2000, pp.110~121(p.111)을 보라.

4. 이런 개념의 또 다른 논의에 대해서는 다음을 참고. S. Cardwell, *Adaptation Revisited* (Manchester: Manchester University Press, 2002).

5. L. Cooke, *British Television Drama: A History*(London: BFI, 2003), p.166.

6. *Television Drama: Realism, Modernism, and British Culture*(Oxford: Oxford University Press, 2000), pp.208~209.

7. D. Kompare, "Publishing flow: dvd box sets and the reconception of television", *Television & New Media* 7(4)(2006), pp.335~360.

8. J. Caughie, *Television Drama*(Oxford: Oxford University Press, 2000), p.208.

9. A. Home, *Into the Box of Delights: A History of Children's Television*(London: BBC Books, 1993) 을 보라.

10. 예를 들어 2002년 〈포사이트가 이야기(The Forsyte Saga)〉는 BBC의 고품격 드라마를 만들기 위한 하나의 시도였다. I. Kleinecke, "Representations of the Victorian Age: interior space and the detail of domestic life in two adaptations of Galsworthy's *The Forsyte Saga*", *Screen*, 47(2)(2006), 139~163(pp.149~150)을 보라.

11. C. Brunsdon, "Problems with quality", *Screen 31*(1)(1990), pp.67~90(p.86).

12. 이것의 예외로는 〈브리짓 존스의 일기〉로 현대화된 〈오만과 편견〉, 〈클루리스〉의 원이야기를 제공한 〈엠마〉가 있다. 두 영화에서는 제인 오스틴의 소설을 명시적으로 참조하기보다는 이야 기의 틀을 차용한다. 〈브리짓 존스의 일기〉를 쓴 앤드루 데이비스는 TV 사극 드라마 작가다.

13. Cardwell, *Adaptation Revisited*, p.114.

14. Ibid.

15. R. Nelson, "'They do 'like it up 'em': *Dad's Army* and myths of Old England", in J.Bignell and S. Lacey(eds), *Popular Television Drama*(Manchester: Manchester University Press, 2005), pp.51~68(pp.54~55).

16. S. Cardwell, *Andrew Davies*(Manchester: Manchester University Press, 2004).

17. Middlemarch(1994), [DVD], Episode 1.

18. "Beholding in a magic panorama: television and the illustration of *Middlemarch*", in E. Sheen and R. Giddings(eds), *The Classic Novel: From Page to Screen*(Manchester: Manchester University Press, 2000), pp.71~92(p.74).

19. *Middlemarch*(1994), [DVD], Episode 1.

20. *Middlemarch*(1994), [DVD], Episode 6.

21. *Middlemarch*(1994), [DVD], Episode 1.

22. *Middlemarch*(1994), [DVD], Episode 6.

23. 그리고 나서 E. Sheen, "'Where the garment gapes': faithfulness and promiscuity in the 1995 *Pride and Prejudice*", in Sheen and Giddings, *The Classic Novel*, pp.14~30; Cardwell,

Adaptation Revisited, pp.133~159를 보라.

24. G. Preston, "*Sense and Sensibility*: Ang Lee's sensitive screen interpretation of Jane Austen", K. Bowles, "Commodifying Austen: the Janeite culture of the Internet and commercialization through product and television series spinoffs", in G. MacDonald and A. MacDonald(eds), *Jane Austen on Screen*(Cambridge: Cambridge University Press, 2003), pp.12~15, 15~22를 보라.

25. M. Crang, "Placing Jane Austen, displacing England: touring between book, history and nation", in S. Pucci and J. Thompson(eds), *Jane Austen and Co.: Remaking the Past in Contemporary Culture*(New York: State University of New York Press, 2003), pp.111~132; A. Higson, "English heritage, English literature, English film: selling Jane Austen to movie audiences in the 1990s", in E. Voigts-Virchow(ed.), *Janespotting and Beyond: British Heritage Retrovisions since the Mid-1990s*(Stuttgart: Gunter Narr Verlag, 2004), pp.35~51.

26. S. Fraiman, "Jane Austen and Edward Said: gender, culture, and imperialism", *Critical Inquiry 21*(4)(1995), pp.805~821.

27. C.M. Dole, "Austen, class, and the American market", A. Collins, "Jane Austen, film, and the pitfalls of postmodern nostalgia", L. Troost and S. Greenfield(eds), *Jane Austen in Hollywood*(Kentucky: University Press of Kentucky, 1998), pp.58~78, 79~89.

28 L. Troost and S. Greenfield, "The mouse that roared: Patricia Rozema's *Mansfield Park*, in ibid., pp.188~204.

29. H. Margolis, "Janeite culture: what does the name 'Jane Austen' authorize?", in MacDonald and Macdonald, *Jane Austen on Screen*, pp.22~43, p.28.

30. L. Hopkins, "Mr. Darcy's Body: Privileging the Female Gaze" in Troost and Greenfield, *Jane Austen in Hollywood*, pp.111~121을 보라.

31. 이후에 나온 BBC 시리즈 'The Century That Made Us'는 스코틀랜드 계몽주의와 컬로든 전투에 관한 내용으로 사람들의 인식을 바꾸려 했지만, 여전히 멋쟁이에 관한 다큐드라마나 매춘부 안내서에 관한 프로그램들이 존재했다.

32 J. Pidduck, "Of windows and country walks: frames of space and movement in 1990s Austen adaptations", *Screen 39*(4)(1998), pp.381~400을 보라.

33. H. Wheatley, "Haunted houses, hidden rooms: women, domesticity and the female Gothic adaptation on television", in Bignell and Lacey, *Popular Television Drama*, pp.149~165.

34. 2007년에 방영된 〈올리버 트위스트〉도 이처럼 30분씩 방영됐지만, 5일 연속으로 방영됨으로써 일반 연속극 드라마식의 방송 성격을 더 강조했다.

35. 이에 대한 클래식 문학 연구는 S.M. Gilbert and S. Gubar, *The Madwoman m the Attic: The Woman Writer and the Mneteenth-Century Literary Imagination*(New Haven, CT: Yale University Press, 1979), and Gayatri Chakravorty Spivak, "Three women's texts and a critique of imperialism", *Critical Inquiry*, 12(1)(1985), pp.243~261.

36. 이것은 전례가 있다. 존 포울스(John Fowles)의 『프랑스 중위의 여자』는 1980년에 영화화됐고 역사 소설은 TV 드라마와 영화의 한 장르가 됐다. 여기서 차이는 원작 소설의 자의식과 고전 드라마라는 담론에서 어떻게 표현되는지에 있다. BBC는 이런 식으로 필립 풀먼(Philip Pullman) 의 소설 『연기 속의 루비(The Ruby in the Smoke)』를 제작했다.

37. 〈티핑 더 벨벳〉 이후에도 2005년에는 유사한 제작 이념과 마케팅 전략으로 세라 워터스의 소설 '핑거스미스'를 각색한 시리즈가 방영됐다.

38. *Tipping the Velvet*(2002) [DVD], Episode 1.

39. 영국 방송윤리위원회는 이 시리즈물에 대한 35건의 불만 사항을 받아들이지 않았다. news.bbc. co.uk/1/hi/entertainment/tv_and_radio/2712133.stm(2007년 7월 2일 현재 주소).

40. P. Swaab, "The Line of Beauty", Film Quarterly, 60(3)(2007), 10~15.

41. 이 시리즈는 앨런 블리즈데일의 GBH나 피터 플래너리의 〈북쪽으로 우리 친구들(Our Friends in the North)〉(BBC 1, 1996)처럼 근래 역사에 대한 드라마적 고찰이 아니라 각색됐다는 점에서 코스튬 드라마라고 할 수 있다.

42. P. Wright, *On Living in an Old Country*(London: Verso, 1986), p.42

43. Ibid., p.47.

44. A. Hollinghurst, *The Line of Beauty*(London: Picador, 2005), p.214.

45. Ibid., p.140.

46. Wright, *On Living in an Old Country*, pp.33~38; R. Hewison, *The Heritage Industry* (London: Methuen, 1987), p.52.

47. 이런 역사적 사실성은 대저택 시리즈에서 만큼이나 중요하다; 대저택 시리즈는 〈샤프〉와 마찬가지로 드라마 제작기를 책으로 출간했다. M. Adkin, *The Sharpe Companion*(London: Harper-Collins, 2000).

48. *Sharpe's Rifles*(ITV, 1993), 5 May, 19:00 hrs.

49. In *Sharpe's Rifles and Hornblower*: Mutiny(2001)[DVD] and Loyalty(2003)[DVD].

50. *Sharpe's Rifles*(ITV, 1993), 5 May, 19:00 hrs.

51. Cooke, *British Television Drama*, p.163.

52. T. Mordue, "*Heartbeat* country: conflicting values, coinciding visions", *Environment and Planning 31*(4)(1999), pp.629~646.

53. R. Nelson, *TV Drama in Transition*(Basingstoke: Macmillan, 1997), pp.75~78.

54. A. Higson, *Waving the Flag: Constructing a National Cinema in Britain*(Oxford: Clarendon Press, 1995), p.47.

55. www.hbo.com/rome/watch/season2/episode22.html(2007년 8월 17일 현재 주소).

56. Ibid.

57. 이 시리즈의 사실성은 로마의 시네치타(Cinecitta)에서 촬영을 할 만큼 철저했다. 프로듀서들은 로마 출신의 엑스트라를 출연시키는 것과 '이탈리아의 빛'이 화면에 잡히는 것의 중요성을 강조했다.

58. www.hbo.com/deadwood/(2007년 9월 10일 현재 주소).

59. D. Lavery, "*Deadwood*, David Milch, and television creativity", in D. Lavery(ed.), *Reading Deadwood: A Western to Swear By*(London: IB Tauris, 2006), pp.1~11(p.3).

60. H. Havrilesky, "The man behind *Deadwood*", 5 March 2005, www.dir.salon.com/story/ent/feature/2005/03/05/milch/index.html?pn=2(2007년 8월 22일 현재 주소).

61. D. Lavery(ed.), *This Thing of Ours: Investigating the Sopranos*(New York: Columbia University Press, 2002)의 글들을 보라.

62. www.channel4.com/history/microsites/C/city-of-vice/producer_interviews_extended.html(2008년 1월 23일 현재 주소).

63. *The Last Days of Newgate*(London: Weidenfeld and Nicolson, 2006).

64. www.channel4.com/history/microsites/C/city-of-vice/producer__interviews.html(2008년 1월 23일 현재 주소).

65. www.imdb.com/title/tt0086659/quotes(2007년 9월 12일 현재 주소).

66. Ibid.

67. J. Butler, *Gender Trouble*(London: Routledge, 1990), p.137.

68. S. Badsey, "The Great War since The Great War", *Historical Journal of Film, Radio and Television 22*(1)(2002), pp.37~45를 보라.

69. Badsey, "Blackadder Goes Forth and the 'Two western fronts' debate" in G. Roberts and P.M. Taylor, *The Historian, Television History*(Luton: University of Luton Press, 2001).

70. 예로 M. Dobson and N.J. Watson, *England's Elizabeth: An Afterlife in Fame and Fantasy* (Oxford: Oxford University Press, 2002), and S. Doran and T.S. Freeman(eds), *The Myth of Elizabeth*(Basingstoke and New York: Palgrave Macmillan, 2003)을 보라.

71. 시간 여행을 다룬 드라마의 윤리 문제에 대해서는 K. Mckinney Wiggins, "Epic heroes, ethical issures and time paradoxes in *Quantum Leap*", *Journal of Popular Film and Television 21*(3)(1993), pp.111~120을 보라.

72. *Life on Mars*, 3회(BBC 1), 2006, 23 January, 21시 방영분, *Life on Mars*, 5회(BBC 1), 2006, 6 February, 21시 방영분이다. 마찬가지로 〈애시스 투 애시스〉는 경제 개발에 따라 공동체가 붕괴되어가는 과정을 파헤친다. *Ashes to Ashes*, 3회(BBC 1), 2008, 21 february, 21시 방영분 참조.

73. "Mars drama could spark bullying", 12 April 2007, www.news.bbc.co.uk/1/hi/entertainment/6549163.stm(2007년 9월 11일 현재 주소).

74. R. King, "Life on Mars writers on another planet", *Manchester Evening News*, 21 February 2006, p.15.

75. *Ashes to Ashes*, Episode 1(BBC 1), 2008, 7 February, 21:00 hrs.

76. *Ashes to Ashes*, Episode 2(BBC 1), 2008, 14 February, 21:00 hrs.

77. Ibid.

78. *Ashes to Ashes*, Episode 3(BBC 1), 2008, 21 February, 21:00 hrs.

79. 이것은 1980년 데이비드 보위의 노래 「애시스 투 애시스」와 뮤직비디오를 상호 텍스트로 활용하는 데 잘 드러난다. 이 노래는 보위의 1969년 앨범 '스페이스 오디티'의 중심 캐릭터에 대한

극단적으로 자의식적이고 피폐한 고찰이라 할 수 있다. 다음을 참조. S. Waldrep, *The Aesthetics of Self-Invention: Oscar Wilde to David Bowie*(Minneapolis: University of Minnesota Press, 2004), p.124.

13장 역사 영화

1. I. Vanderschelden, "Strategies for a 'transnational'/French popular cinema", *Modern and Contemporary France 15*(1)(2007), pp.36~50.
2. 그런 예로 다음과 같은 에세이들을 볼 것. R. Rosenstone(ed.), *Revisioning History: Film and the Construction of a New Past*(Princeton, NJ: Princeton University Press, 1995); R. Brent Toplin, *History by Hollywood: The Use and Abuse of the Amrican Past*(Urbana, IL: University of Illinois Press, 1996); Brent Toplin, *Reel History*(Lawrence, KS: University of Kansas Press, 2002); C. Monk and A. Sargeant, *British Historical Cinema*(London: Routledge, 2002); A. Rosenstone, *Visions of the Past*(Cambridge, MA: Harvard University Press, 1995); Andrew Higson, *English Heritage, English Cinema: Costume Drama since 1980*(Oxford: Oxford University Press, 2003).
3. S. Hake, *German National Cinema*(London: Routledge, 2007)를 보라.
4 S. Žižek, "The Dreams of Others", www.inthesetimes.com/article/3183/the_dreams_of_others/(2008년 1월 3일 현재 주소). 지젝은 두 영화 중 〈굿바이 레닌〉에서 오스탈기(Ostalgie)가 더 절실하며 두 영화는 GDR의 공포를 다룰 때는 회피적이라고 주장한다.
5. A. 펀더(A. Funder)는 이 말을 다음에서 인용했다. "Tyranny of terror", 5 May 2007, www.books.guardian.co.uk/review/story/0,2072454,00.html(2008년 2월 11일 현재 주소).
6. 장이머우는 천카이거의 〈황토지〉에서 촬영 감독을 맡았으며, 그는 처음으로 '중국 사회주의 실험 전체에서 독립적인 사상을 가진 문화 비평가'다. J. Silbergeld, *China into Film* (London: Reaktion Books, 1999), p.16.
7. 〈홍등〉, 〈패왕별희〉, 〈국두〉는 모두 적어도 일시적으로 중국에서 배포 금지를 당했다. Silbergeld, *China into Film*, p.55.
8. *Contemporary Spanish Cinema*(Manchester: Manchester University Press, 1998)에서 조던(B. Jordan)과 모건-타모서너스(R. Morgan-Tamosunas)는 향수의 핵심 요소로 '거부 · 왜곡 · 탄압 당한 역사를 되찾는 것'을 꼽았다. Spanish film-making post-1976, p.11. 비슷한 논의가 실린 책으로는 J. Hopewell, *Out of the Past: Spanish Cinema after Franco*(London: BFI Books, 1986)가 있다.
9. S. Hayward, *French National Cinema*(London: Routledge, 2005), 특히 pp.293~332를 보라.
10. P. Powrie, *French Cinema in the 1980s*: Nostalgia and the Crisis of Masculinity(Oxford: Oxford University Press, 1997), pp.13~28을 보라.
11. C. James Grindley, "Arms and the man: the curious inaccuracy of medieval arms and armor in contemporary film", *Film and History 36*(1)(2006), pp.14~19.
12. 헤리티지에 관한 논쟁의 정치에 대한 훌륭한 분석은 A. Higson, *Waving the Flag: Constructing a*

National Cinema in Britain, Oxford: Clarendon Press, 1995, pp.26~27. "The heritage-film debate revisited", C. Monk and A. Sargeant(eds), *British Historical Cinema*(London: Routledge, 2002), pp.177~178을 참고.

13. I. Baucom, "Mournful histories: narratives of postimperial melancholy", *Modern Fiction Studies 42*(2)(1996), pp.259~288.

14. Hewison, *The Heritage Industry*, A. Higson, "Re-presenting the national past: nostalgia and pastiche in the heritage film", Friedman(ed.), *British Cinema and Thatcherism: Fires Were Started*(Minneapolis: University of Minnesota Press, 1993), pp.109~129, P. Wright, *On living in an Old Country*(London: Verso, 1986).

15. A. Higson, "The heritage film and British cinema", in A. Higson(ed.), *Dissolving Views: Key Views on British Cinema*(London: Cassell, 1996), pp.232~248(pp.232~233).

16. Higson, *Waving the Flag*, pp.26~27.

17. R. Samuel, *Theatres of Memory*(London: Verso, 1994), p.242; P. Wright, *A Journey Through Ruins*(London: Radius, 1992), pp.45~67. 논쟁의 전반적인 내용을 위해서는 *On Living in and Old Country*를 보라.

18. *The Heritage Industry*, p.51.

19. J. Pidduck, "Travels with Sally Potter's *Orlando*: gender, narrative, movement", *Screen 38*(2)(1997), pp.172~189.

20. J. Hill, *British Cinema in the 1980s*(Oxford: Glarendon Press, 1999).

21. Cardwell, *Adaptation Revisited*, pp.108~133.

22. 모리스 관련 문헌은 T. Waugh, The Fruit Machine: *Twenty Years of Writing on Queer Cinema* (Durham, NC: Duke University Press, 2000), 그리고 W. Rahan Quince, " 'To Thine own self be true……': adapting E.M. Forster's *Maurice* to the screen", *Literature/film Quarterly 17*(2)(1989), pp.108~112. 〈하워즈 엔드〉 관련 문헌은 Lizzie Franke, *'Howard's End' Sight and Sound 2*(1)(1992), pp.52~53.

23. 간디와 더불어 텔레비전 시리즈 〈왕관 속의 진주(The Jewel in the Crown)〉(1982)와 제임스 아이보리의 영화 〈인도에서 생긴 일(Heat and Dust)〉(1981) 그리고 데이비드 린의 영화는 '제국주의적 영화에 대해 문제 제기를 하는 영화의 출발로 여겨졌다.

24. "Of windows and country walks: frames of space and movement in 1990s Austen adaptations", *Screen 39*(4)(1998), pp.381~400. 또한 그녀의 *Contemporary Costume Drama* (London: BFI, 2004)를 보라.

25. H.k. Bhabha, "Anxious nations, nervous states", in J. Copjec(ed.), *Supposing the Subject* (London: Verso, 1994), pp.201~217을 보라.

26. 그들이 함께한 첫 번째 영화가 문학적 텍스트를 활용해 문화적 갈등을 드러내주는 〈셰익스피어 왈라(Shakespeare Wallah)〉(1965)라는 사실은 이러한 복합성을 잘 보여준다.

27. K. Mckechnie, "Taking liberties with the monarch: the royal bio-pic in the 1990s", in Monk and Sargeant, *British Historical Cinema*, pp.217~236.

28. 예로 M. Dobson and N.J. Watson, *England 's Elizabeth: An Afterlife in Fame and Fantasy* (Oxford: Oxford University Press, 2002); S. Doran and T.S. Freeman(eds), *The Myth of Elizabeth*(Basingstoke and New York: Palgrave Macmillan, 2003); S. Massai(ed.), *Worldwide Shakespeares: Local Appropriations in film and Performance*(London: Routledge, 2005)를 보라.

29. 이러한 자의식적인 주제는 〈조지 왕의 광기〉의 첫 장면에서도 찾아볼 수 있다. 이 장면에서는 왕이 의회의 개회에 앞서 옷을 갖춰 입히는 것이 나오는데, 왕이 계속해 옷을 던져버리는 행동은 그의 비이성과 광기를 보여준다.

30. R. Dudley Edwards, "Why does Ken Loach loathe his country so much?", 30 May 2006, www.dailymail.co.uk/pages/live/articles/news/news.html?in_articleid=388256&in_page_id=1770&in_a_source=(2007년 10월 1일 현재 주소).

31. T. Luckhurst, "Director in a class of his own", *The Times*, 31 May 2006, www.timesonline.co.uk/tol/comment/thunderer/article669926.ece(2007년 10월 1일 현재 주소). 이 기사를 쓴 사람이 당시에 영화를 봤는지는 확실하지 않다. G. Montbiot, "If we knew more about Ireland", *The Guardian*, 6 June 2006, www.guardian.co.uk/commentisfree/story/0,1791178,00.html(2007년 10월 1일 현재 주소).

32. 켄 로치 감독 〈보리밭을 흔드는 바람〉(2006).

14장 상상 속의 역사: 소설, 희곡, 만화

1. *Enough is Enough; or, the Emergency Government*(London: Picador, 2006), pp.367~370.

2. 역사적 대중 소설은 항상 잘 팔리고 있다. H. Hughes, *The Historical Romance*(London: Routledge, 1993); D. Wallace, *The Women's Historical Novel*(Basingstoke: Palgrave Macmillan, 2004)를 보라.

3. P. Gregory, "Born a writer: forged as a historian", *History Workshop Journal* 59(2005), pp.237~242(p.242).

4. P. Gregory, *The Other Boleyn Girl*(London: HarperCollins, 2002), p.359.

5. Ibid., p.365.

6. Ibid., p.276.

7. Ibid., p.525.

8. Ibid., p.276.

9. P. Gregory, *The Queen's Fool*(London: HarperCollins, 2004), p.438.

10. Ibid., p.452.

11. Ibid., p.488.

12. S. Dunn, *The Queen of Subtleties*(London: HarperPerennial, 2005).

13. K. Hughes, "Hal's kitchen", *The Guardian*, 12 June 2004, www.guardian.co.uk/review/story/0,12084,1236078,00.html(2006년 6월 18일 현재 주소).

14. J. Jamison, "A disappointment", Posted 8 October 2004, www.amazon.com/review/

R3MQEPK44XDTZ2/ref=cm_cr_rdp_perm(2005년 3월 3일 현재 주소).

15. T. Lehner, "An appallingly bad book", Posted 24 February 2004, www.amazon.com/review/R2FPHX9VPI638U/ref=cm_cr_rdp_perm(2005년 3월 3일 현재 주소).

16. Christine, "A silly waste of time", posted 21 October 2004, www.amazon.com/review/R3JJ31NFUMHXVP/ref=cm_cr_rdp_perm(2005년 3월 3일 현재 주소).

17. J. Jamison, "A disappointment".

18. www.philippagregory.com/reviews/the-other-boleyn-girl/newsday.php, ellipsis original (2008년 4월 9일 현재 주소)의 리뷰에서 인용했다. 익명의 학생이 그의 에세이에서 이것을 인용해줘서 감사하게 생각한다.

19. *Astraea*(London: Vintage, 2002), p.4.

20. Ibid., p.5.

21. Ibid.

22. Ibid.

23. L. Doan and S. Waters, "Making up lost time: contemporary lesbian writing and the invention of history", in D. Alderson and L. Anderson(eds), *Territories of Desire in Queer Culture: Refiguring the Contemporary Boundaries*(Manchester: Manchester University Press, 2000), pp.12~29.

24. 작가에게 2006년 10월 31일 이메일로 받은 내용이다.

25. 오랫동안 연재된 만화 *Hägar the Horrible*(1973~), 그리고 유사-역사물 판타지 *Conan the Barbarian*[원창안자는 하워드(R.E. Howard, 1932년); 1970년부터 연재되기 시작했다] 등이 있긴 하다.

26. J.A. Hughes, "'Who watches the watchmen?': ideology and 'real world' superheroes", *Journal of Popular Culture* 39(4)(2006), pp.546~557.

27. A. Moore and K. O'Neill, *The League of Extraordinary Gentlemen* Volume 1, LaJolla, CA: America's Best Comics, 2000. 비슷한 방식의 반사실적인 픽션 계역에 있는 작품 E. Lavallee and G. Bond의 *Revere* San Diego, CA: Alias Comics, 2006년은 독립전쟁 영웅이 영국 군인과 늑대인간과 싸우는 이야기다.

28. A. Moore and E. Campbell, *From Hell*(London: Knockabout Comics, 1999), p.33.

29. *King: A Comics Biography of Martin Luther King, Jr.*(Seattle, WA: Fantagraphics Books, 2005).

30. www.komikwerks.com/comic_title.php?ti=86(2007년 11월 23일 현재 주소).

31. J. Witek, *Comic Books as History*(Jackson, TN: University Press of Mississippi, 1989), pp.75~96을 보라.

32. G. Groth, "Critique revisited: an interview with Jack Jackson", *The Comics Journal 213*, www.tcj.com/237/i_jackson.html(2007년 9월 19일 현재 주소).

33. *Maus I: My Father Bleeds History*, London: Penguin, 1987; *Maus II: A Survivor's Tale*, London: Penguin, 1992.

34. 첫 번째 출간된 책에서 그는 이렇게 설명한다. "아돌프 히틀러의 말이다. '유대인은 분명 인종이

기는 하지만, 그들은 인간은 아니다'", *Maus I*, p.4.

35. *Maus II*, pp.98~99, *Maus I*, p.159.

36. Witek, *Comic Books*, p.117.

37. Maus II, pp.70, 84. M. Hirsch, "Surviving images: Holocaust photographs and the work of postmemory", *Yale Journal of Criticism 14*(1)(2001), pp.5~37와 "Family pictures: Maus, mourning and post-memory", *Discourse 15*(2)(1992~1993), pp.3~29 여기서는 이미지와 사진의 재활용에 대해 심도 있는 논의를 볼 수 있다.

38. Maus II, p.69.

39. Hirsch, "Surviving images", p.9. 또한 그녀의 *Family Frames: Photography, Narrative and Postmemory*(Cambridge, MA: Harvard University Press, 1997).

40. Hirsch, "Surviving images", pp.9, 31.

41. M. Orvell, "Writing posthistorically: Krazy Kat, Maus, and the contemporary fiction cartoon", *American Literary History 4*(1)(1992), pp.110~128(p.110).

42. 니컬러스 하이트너는 이 마지막 프로젝트에 대해서 "(이라크에서의) 전쟁이 끝나고 회의주의가 다시 만연하면서 우리는 더욱 냉정하게 생각할 수 있었다. 연극의 선동적인 요소와 왕에 대해 칭송 일색인 부분은 매우 비슷하게 느껴졌다"
www.nationaltheatre.org.uk/Nicholas%20Hytner%20on%20Henry%20V+16746.twl(2007년 12월 7일 현재 주소).

43. 1980년의 원작은 역겨운 무례함을 줬다는 혐의로 도덕 운동가 메리 화이트하우스에 의해 소송당했다.

44. R. H. Palmer, *The Contemporary British History Play*(London: Greenwood Press, 1998.)

45. S. Watt, *Postmodern/Drama*, Ann Arbor(MI: University of Michigan Press, 1998). 또한 M. Vanden Heuvel, "'Is postmodernism?': Stoppard among/against the post moderns", in K.E. Kelly(ed.), *The Cambridge Companion to Tom Stoppard*, Cambridge: Cambridge University Press, 2001, pp.213~229를 보라.

46. Barry, *The Steward of Christendom*, 1995, Royal Court, 1995; Friel, Dancing At Lughnasa, 1990, National Theatre; McGuinness, *Observe the Sons of Ulster Marching Towards the Somme*, 1985, 1996(London: Barbican)에서 리바이벌되었다. M. Llewellyn-Jones, *Contemporary Irish Drama and Cultural Identity, London: Intellect Books*(2002)를 보라. 산문에 관한 내용이기는 하나 A. Arrowsmith, "Photographic memories: nostalgia and Irish diaspora writing", *Textual Practice 19*(2)(2005), 이에 대해 같은 글, pp.297~322는 디아스포라적 문학과 현대 문화에 명시된 헤리티지에 대한 흥미로운 의견을 제공한다.

47. *Mother Clap's Molly House*(London: Methuen, 2001), pp.85~86.

48. Ibid., p.56.

49. G. Saunders: "Love Me or Kill Me". *Sarah Kane and the Theatre of Extremes*(Manchester: Manchester University Press, 2002).

50. 이 연극은 런던의 더처스 극장(Duchess Theatre)에서도 1999년부터 2001년까지 상연됐으며 미

국 브로드웨이에서도 2000년부터 20001년에 상연됐다.

51. V. stewart, "A theatre of uncertainties: science and history in Michael Frayn's *Copenhagen*," *New Theatre Quarterly* 15(4)(1999), pp.301~307을 보라.

52. Matthias Dörries(ed.), *Michael Frayn's Copenhagen in Debate*, Berkeley, CA: University of California Press, 2005; D.C. Cassidy, "A historical perspective on *Copenhagen*", *Physics Today* 53(7)(2000), pp.28~32의 에세이를 보라.

53. "Dark matter: the controversy surrounding Michael Frayn's *Copenhagen*", *Archipelago* 8(3)(2004), pp.80~103.

54. Michael Frayn, *Copenhagen*(London: Methuen, 2003), pp.71~72.

55. Ibid., p.88.

6부 역사 유물과 해석

1. www.culture.gov.uk/grobal/press_notices/archive_2006/dcms032_06.htm(2006년 6월 1일 현재 주소).

2. 그렇지만 확실한 것은 박물관에는 여전히 전 인구 중 작은 비중의, 적극적인 소수의 사람들만이 온다는 점이다. 물론 박물관은 접근성이라는 핵심적인 문제를 극복하기 위해 노력하고는 있다. E. Hooper-Greenhill, *Museums and their Visitors*(London: Routledge, 1994)을 참고.

3. 예로 K. Moore, *Museums and Popular Culture*(London: Leicester University Press, 1997)를 보라.

4. Moore, *Museums and Popular Culture*, p.8. 다음을 보라. P. Vergo(ed.), *The New Museology* (London: Reaktion Books, 1989); T. Bennett, The Birth of the Museum(London: Routledge, 1995); Sharon MacDonald(ed.), *The Politics of Display: Museums, Science, Culture* (London: Routledge, 1998); and E. Hooper-Greenhill, *Museums and the Shaping of Knowledge* (London: Routledge, 1992).

5. "Introduction", in Vergo, *The New Museology*, pp.1~6(p.3).

6. "ICOM Code of Professional Ethics", in G. Edson and D. Dean, *The Handbook for Museums*, (London: Routledge, 1994), pp.238~255(p.239).

7. "Museums, artefacts, and meanings", in Vergo, *The New Museology*, pp.6~22(p.9).

8. 예로 이론과 실제 사이의 복합적 관계에 대해서는 P.H. Welsh, "Re-configuring museums", Museum Management and Curatorship 20(2005), pp.103~130을 보라.

9. *Museums and their Visitors*, p.20.

10. 1980년대 후반부터는 박물관 전문가들을 양성하는 훈련 프로그램이 유행했었다. K. Hudson, "The museum refuses to stand still", in B. Messias Carbonell(ed.), *Museum Studies*(Oxford: Blackwell, 2004), pp.85~92.

15장 박물관 그리고 과거와의 물리적 만남

1. www.culture.gov.uk/global/press_notices/archive_2005/lammy_ma_speech.htm

2. Ibid.

3. Ibid.

4. 이것은 엄청난 방문객 증가 효과를 불러왔다. 이전에는 돈을 내야 했던 국립박물관에는 600만여 명의 방문객들이 더해졌다. 무료로 개방되기 전년과 비교하면 전국적으로 방문객이 75퍼센트 늘어난 것이다.

5. *Understanding the Future: Museums and 21st Century Life*(London: HMSO, 2005), p.3.

6. Ibid.

7. D. Prudames, "Visitors at heart of new Renaissance chapter", *Renaissance News*(Autumn, 2005), p.11.

8. www.mla.gov.uk/webdav/harmonise?Page/@id=73&Document/@id=18357&Section (@stateId_eq_left_hand_root)/@id=4302(2006년 1월 18일 현재 주소).

9. Ibid.

10. "Popularity of museums and galleries", www.mori.com/polls/2004/mla.shtml(2006년 5월 5일 현재 주소).

11. K. Moore, *Museums and Popular Culture*(London: Leicester University Press, 1997), p.5.

12. T. Bennett, "Museums and the people", in Lumley, *The Museum Time Machine*, pp.63~86(p.63).

13. Ibid., p.64.

14 Ibid., p.84.

15. J. Corner and S. Harvey, "Mediating tradition and modernity: the heritage/enterprise couplet", in J. Corner and S. Harvey(eds), *Enterprise and Heritage*(New York: Routledge, 1991), pp.45~75(p.49).

16. *The Historic Environment: A Force for Our Future*, 2001, www.culture.gov.uk/NR/rdonlyres/ EB6ED76A-E1C6-4DB0-BFF7-7086D1CEFB9A/0/historic_environment review_part1.pdf, p.7.

17. Ibid., p.9.

18. Ibid.

19. www.visitwales.co.uk/57660/08.AA.AA.html/?profile=NDpMT05fV1RCMjY2MzEzODk 6TE90 X1dUQjE3OTg0NjExOkVOR0xJU0g6ROI6OjExMzY4MjAyMTE6Ojo(2006년 1월 9일 현재 주소).

20. www.visitscotland.com/aboutscodand/history/(2006년 1월 9일 현재 주소).

21. *The Historic Environment*, p.17.

22. Ibid., p.4.

23. Ibid., p.7.

24. *Imagined Communities: Reflections on the Origin and Spread of Nationalism*(London: Verso, 1991).

25. A. Leon Harney, "Money changers in the temple? Museums and the financial mission", in K. Moore(ed.), *Museum Management*(London: Routledge, 1994), pp.132~147.

26. E. Hooper-Greenhill, *Museum and Gallery Education*(Leicester: Leicester University Press, 1994), p.67.

27. S. Kirby, "Policy and politics: charges, sponsorship, and bias", in Lumley, *The Museum Time Machine*, pp.89~102.

28. *Marketing the Museum*(London: Routledge, 1997), p.37. 또한 E. Hooper-Greenhill, *Museums and their Visitors*(London: Routledge, 1994), M.A. Fopp, *Managing Museums and Galleries* (London: Routledge, 1997), and P. Lewis, "Museums and Marketing", in Moore, *Museum Management*, pp.216~232를 보라.

29. "Counting visitors or visitors who count?" in Lumley, *The Museum Time Machine*, pp.213~230 에서 후퍼그린힐이 묘사한 20년 전 이 직업의 상황과 비교하면 이것은 엄청난 문화적 발전이다. 그녀는 "체험의 질이 중요해지기 시작한다"라고 주장하면서 박물관 직원들에게 '방문객들은 정체불명의 암호'이며 '박물관 관리의 평가는 체험의 심오함보다는 사람들 몸무게의 총합'으로 이루어진다고 말한다. ibid., pp.215, 213 이러한 주장은 S. Runyard and Y. French, *The Marketing and Public Retations Handbook for Museums*, *Galleries and Heritage Foundations*(London: The Stationery Office, 1999)와 대조를 이룬다.

30. "Mediating tradition", p.73.

31. 예로 대영 박물관의 '프렌드'들은 박물관을 그리고 국가를 위한 물품 보전에 중요한 역할을 해왔다. 그들의 재정적·물적 지원이 1968년에 단체가 창설된 이래로 3,500백만 파운드에 이르니 박물관의 소장품 목록에도 영향을 끼친다.

32. 경영 평가 예측 사정 시스템(FAME)의 재무 정보 데이터베이스에서 얻은 정보다.

33. G. Edson, *Museum Ethics*(London: Routledge, 1997), p.242에서 인용. 이 구절은 2004년 ICOM에 의해 비준된 윤리강령에서 따온 듯하며 좀 더 일반적인 다음 문구로 대체됐다. "Income-generating activities should not compromise the standards of the institution or its public." www.icom.museum/ethics.html(2008년 3월 4일 현재 주소)

34. C. Duncan, "Museums and department stores: close encounters" in J. Collins(ed.), *High-Pop: Making Culture mto popular Entertainment*(Oxford: Blackwell, 2002), pp.129~155 (p.129).

35. N. McLaughlin, "Where art and commerce meet", *Marketmg 24*(1), Jan. 9 1986, pp.20~23, M. Kennedy, "Shopping and looking", *Museums Journal 104*(4)(2004), pp.28~29, B. Hodgdon, *The Shakespeare Trade*(Philadelphia, PA: University of Pennsylvania Press, 1998), pp.232~234, and A. Kraus, "Extending exhibits: integrating the museum store", *Museum News 82*(2003), pp.36~39를 보라.

36. 지역 맞춤형 기관들도 이 가상의 혹은 원격의 상업화에 관여되어 있다. 2002년 내서널 헤리티지법은 영국 헤리티지가 수중 고고학에 관여할 수 있고, 해외에서 무역을 할 수 있도록 허용하면서

그들의 권력을 증가시켰다.

37. 예로 www.themuseumstorecompany.com을 보라. 여기서는 "역사의 한 조각을 가지세. ……
    역사의 한 조각을 선물하세요"라는 구호를 내걸고 복제품과 진짜 유물을 판매한다.

38. I. van Aalst and I. Boogaarts, "From museum to mass entertainment: the evolution of the
    role of museums in cities", *European Urban and Resional Studies* 9(3)(2002), pp.195~209(p.209)
    를 인용했다.

39. Ibid., p.196.

40. K. Hetherington, "Museums and the visually impaired: the spatial politics of access",
    Sociological Review 48(3)(2000), pp.444~462(p.450), and Foundation de France/ICOM,
    Museums Without Barriers: A New Deal for Disabled People(London and New York: Routledge,
    1991).

41. Hetherington, "Museums and the visually impaired"를 보라.

42. O. Richwald, "Museum shop is a real curiosity", *Northern Echo*, October 3 2005, p.7. 이 역시
    전국적 시상식에서 여러 번 수상했다

43. www.hartlepool.gov.uk/news/archivednews/curiosityshoptoopenitsdoors(2005년 12월 12
    일 현재 주소).

44. P. Wright, *On Living in an Old Country*, London: Verso, 1986, p.14, the concept here arises
    in his discussion of Agnes Heller's work and *Theory of History* in particular.

45. A. Barry, "On interactivity", in S. Macdonald(ed.), *The Politics of Display: Museums, Science,
    Culture*, London: Routledge, 1998, pp.98~118.

46. Barry, "On interactivity", p.102, italics original. 또한 H. Hein, *The Exploratorium*
    (Washington, DC: Smithsonian, 1990)을 보라.

47. R. Parry, "Including technology", in J. Dodd and R. Sandell(eds), *Including Museums:
    Perspectives on Museums, Galleries and Social Inclusion*(Leicester: RCMG, 2001), pp.110~114; R.
    Parry, *Re-coding the Museum*(London: Routledge, 2007).

48. R. Parry and N. Arbach, "The localized learner: acknowledging distance and situatedness
    in on-line museum learning", in J. Trant and D. Bearman(eds), *Museums and the Web 2005:
    Proceedings*(Toronto: Archives & Museum Informatics). 이는 2005년 3월 31일 www.
    archimuse.com/mw2005/papers/parry/parry.html에 게재됐다(2006년 6월 1일 현재 주소).

49. 여기에는 확실한 교육적 장점과 난관 또한 있다. 다음을 참고. S. J. Knell, "The shape of things
    to come: museums in the technological landscape", *Museum and Society* 1(3)(2003), pp.
    113~121 and S. Brown, "Do richer media mean better learning? a framework for
    evaluating learning experiences in museum web site design", *International Journal of Heritage
    Studis* 12(5)(2006), pp.412~427.

50. Parry and Arbach, "The localized learner" and Parry, *Re-coding the Museum*.

51. 이것에 대한 예로 다양한 학습 방법에 적용되는 온라인 기반의 플랫폼과 기술들에 대한 연구를
    보라. D.T. Schaller, S. Allison-Bunnell and M. Borun, "Learning styles and online

interactives", in Trant and Bearman *Museums and the Web*, available at www.archimuse.com/mw2005/papers/schaller/schaller.html(2006년 6월 1일 현재 주소).

맺는 말: 과거에 대한 향수는 예전과는 다른 모습이다

1. 이 구절은 마틴 데이비스(Martin L. Davies)에게서 빌려왔다.
2. K. Jenkins, S. Morgan and A. Munslow eds., *Manifestos for History*(London: Routledge, 2007), p.231.
3. Ibid., 폴 그레인(Paul Grainge)의 작업을 인용했다. p.932.
4. C. Rojek, *Decentring Leisure*(London: Sage, 2004), p.9. M.L. Davies, *Historics: Why Dominates Contemporary Society*(Abingdon: Routledge, 2006)을 보라.
5. Pickering and Keightley, "The Modalities of Nostalgia", p.937.

찾아보기_인명

찾아보기_작품명

찾아보기_용어

지은이_**제롬 드 그루트**Jerome de Groot

영국 맨체스터 대학교의 교수다. 2004년에 *Royalist Identities*라는 책을 썼으며, 그 외에도 대중문화, 필사 문화, 영국 내전 등에 대한 논문을 발표했다.

옮긴이_**이윤정**

서울대학교 인류학과를 졸업했다. 한국일보 등에서 기자로 일했고, 현재는 대중문화 칼럼니스트 및 평론가로 활동하고 있다. 『제임스 카메론-상상하라, 도전하라, 소통하라』(공저) 등의 책을 썼다.

한울아카데미 1696
역사를 소비하다
역사와 대중문화

지은이 | 제롬 드 그루트
옮긴이 | 이윤정
펴낸이 | 김종수
펴낸곳 | 도서출판 한울
편집책임 | 이교혜

초판 1쇄 인쇄 | 2014년 6월 20일
초판 1쇄 발행 | 2014년 7월 7일

주소 | 413-756 경기도 파주시 광인사길 153 한울시소빌딩 3층
전화 | 031-955-0655
팩스 | 031-955-0656
홈페이지 | www.hanulbooks.co.kr
등록번호 | 제406-2003-000051호

Printed in Korea.
ISBN 978-89-460-5696-1 93300(양장)
ISBN 978-89-460-4878-2 93300(학생판)

* 책값은 겉표지에 표시되어 있습니다.
* 이 책은 강의를 위한 학생판 교재를 따로 준비했습니다.
  강의 교재로 사용하실 때에는 본사로 연락해주십시오.